Der Gläubiger in der Gesamtvollstreckung

Der Gläubiger in der Gesamtvollstreckung

Verfahrenserläuterungen mit Mustern

Herausgegeben von

Wilhelm Happ und Eva Maria Huntemann

Bearbeitet von

Volker von Alvensleben
Christian Graf Brockdorff
Eckart Brödermann
Philip Dohse
Wilhelm Happ
Eva Maria Huntemann
Ulf Liebelt-Westphal
Ilona Muráti

Walter de Gruyter · Berlin · New York 1996

Die Bearbeiter:
Volker von Alvensleben, Rechtsanwalt in Hamburg
Christian Graf Brockdorff, Rechtsanwalt in Berlin
Dr. *Eckart Brödermann,* Rechtsanwalt in Hamburg
Dr. *Philip Dohse,* Rechtsanwalt in Hamburg
Dr. *Wilhelm Happ,* Rechtsanwalt in Hamburg
Dr. *Eva Maria Huntemann,* Rechtsanwältin in Berlin
Ulf Liebelt-Westphal, Rechtsanwalt in Hamburg
Dr. *Ilona Muráti,* Rechtsanwältin in Berlin

Zitiervorschlag: Happ/Huntemann (Hrsg.), GesO § 3 Rn. 16

♾ Gedruckt auf säurefreiem Papier, das die US-ANSI-Norm über Haltbarkeit erfüllt.

Die Deutsche Bibliothek – CIP-Einheitsaufnahme

Der Gläubiger in der Gesamtvollstreckung :
Verfahrenserläuterungen mit Mustern / hrsg. von Wilhelm Happ
und Eva Maria Huntemann. Bearb. von Volker von Alvensleben ... -
Berlin ; New York : de Gruyter, 1996
ISBN 3-11-014471-9
NE: Happ, Wilhelm [Hrsg.]; Alvensleben, Volker von [Bearb.]

Printed in Germany

Datenkonvertierung: Knipp Medien und Kommunikation oHG, Dortmund
Druck: Arthur Collignon GmbH, Berlin
Bindearbeiten: Lüderitz & Bauer GmbH, Berlin
Umschlaggestaltung: Angela Dobrick, Hamburg

Vorwort

Die Gesamtvollstreckungsordnung vom 6.6.1990 regelt für das Gebiet der neuen Bundesländer mit ihren 23 Paragraphen die gleiche Materie, für die in den alten Bundesländern die Konkursordnung aus dem Jahre 1877 mehr als das zehnfache an Vorschriften benötigt. Bereits wegen dieser Kürze, aber auch wegen der aus der historischen Situation erwachsenen Besonderheiten, verlangt sie von dem, der sie anzuwenden hat, ein erhebliches Maß an Verständnis. Das gilt insbesondere für Gläubiger, die unabhängig von ihrer Kenntnis der Konkursordnung hinnehmen müssen, daß im Anwendungsbereich der Gesamtvollstreckungsordnung manches „anders" ist. Außderdem läßt die Gesamtvollstrekkungsordnung, die ihren Ursprung in der früheren Gesamtvollstreckungsverordnung der DDR hat, viel Raum für Auslegungen und Ergänzungen, so daß die bisherige Rechtsprechung in allen Instanzen in hohem Maße uneinheitlich ist.

Die Herausgeber und Autoren möchten mit diesem Buch ihre Erfahrungen aus einer Vielzahl von Verfahren, in denen sie Gläubigerinteressen vertreten haben, für die Praxis nutzbar machen. Dabei hat jeder Autor seine Erfahrungen aus den verschiedenen Abschitten des Gesamtvollstreckungsverfahrens in die entsprechenden Kapitel des Buches eingebracht, woraus ein wirkliches Gemeinschaftswerk entstanden ist.

Das Buch soll ferner Anregungen für die wissenschaftliche Diskussion einiger wichtiger Fragen geben. Auch nach der Verabschiedung der Insolvenzordnung besteht hierzu noch aller Anlaß, da die Gesamtvollstreckungsordnung noch bis zum Jahresende 1998 in Kraft bleibt und für alle bis zu diesem Zeitpunkt eröffneten Verfahren gilt. Dieser Umstand ist im Hinblick auf die ständig wachsende Zahl von Insolvenzen in den neuen Bundesländern von Bedeutung. Zwar ist der Prozentsatz der nach dem Eingang eines Gesamtvollstreckungsantrags tatsächlich eröffneten Verfahren von 82,9 % im Jahre 1991 auf 39 % im Jahre 1994 zurückgegangen (was im Verhältnis zur Quote eröffneter Insolvenzverfahren in den alten Bundesländern immer noch beachtlich ist), jedoch hat sich die absolute Zahl der eröffneten Gesamtvollstreckungsverfahren von 325 im Jahre 1991 auf 1.532 im Jahre 1994 gesteigert. Die aus der Anwendung und Praxis der Gesamtvollstreckungsordnung gewonnenen Erkenntnisse können auch bei der künftigen Auslegung und Anwendung der Insolvenzordnung hilfreich sein, weil die Gesamtvollstreckungsordnung in einigen Bereichen die Regelungen der Insolvenzordnung vorausgenommen hat. Das gilt beispielsweise für die Konzentration der Insolvenzgerichte auf nur noch ein Amtsgericht am Sitz des jeweiligen Landgerichts, die erweiterte Zuständigkeit des Verwalters für die Forderungsanmeldungen und das Führen des Vermögensverzeichnisses, die Definition der Verfahrenskosten und die Regelung, daß durch die Eröffnung des Insolvenzverfahrens alle vorher eingeleiteten Einzelzwangsvollstreckungsmaßnahmen ihre Wirksamkeit verlieren.

Es entspricht der praxisnahen Ausrichtung des Werkes, daß im Anschluß an eine chronologische und systematische Darstellung des Gesamtvollstrekkungsverfahrens aus der Sicht des Gläubigers in einem umfassenden Anhang dem Rechtsanwender Hilfen bei der Umsetzung der Ausführungen und Empfehlungen gegeben werden: Neben dem vollständigen oder auszugsweisen Abdruck einschlägiger Gesetzes- und nicht allgemein zugänglicher Verordnungstexte, den Materialien zur Gesetzgebungsgeschichte, dem Verzeichnis der Gesamtvollstreckungsgerichte und einer tabellarischen Übersicht über die wichtigsten veröffentlichten Entscheidungen, sollen vor allen Dingen die aus der Praxis entwickelten Muster für die einzelnen Verfahrenabschnitte dem Benutzer des Werkes helfen, ein Gesamtvollstreckungsverfahren erfolgreich durchzuführen.
Rechtsprechung und Literatur sind bis zum 30. September 1995 berücksichtigt. Soweit es drucktechnisch möglich war, wurde auch noch auf später veröffentlichte Entscheidungen hingewiesen.
An dieser Stelle sei allen unseren Sektretärinnen gedankt, die mit großem Einsatz und unermüdlicher Geduld wesentlich zur Entstehung des Buches beigetragen haben.
Herausgeber und Autoren sind für Anregungen, Kritik und Verbesserungsvorschläge dankbar.

Hamburg und Berlin, im November 1995

Wilhelm Happ
Eva Maria Huntemann

Inhaltsübersicht

Kapitel 5: Sonderprobleme des DDR-Rechts und des DDR-Folgerechts

Kapitel 6: Gebühren, Vergütungen und Auslagenerstattung

Anhang

Stichwortverzeichnis

Inhaltsverzeichnis

Kapitel 2: Einleitung eines Gesamtvollstreckungsverfahrens und die Anordnung vorläufiger Maßnahmen durch das Gericht

§ 4 Voraussetzungen des Gesamtvollstreckungsverfahrens

§ 5 Anordnung vorläufiger Maßnahmen des Gerichts vor der Verfahrenseröffnung

§ 6 Eröffnung und Ablehnung der Eröffnung

§ 7 Anmeldung der Forderung zur Aufnahme in das Vermögensverzeichnis

§ 8 Gläubigerversammlungen

Kapitel 3: Durchführung des Gesamtvollstreckungsverfahrens

§ 9 Prüfungstermine

§ 10 Aufgaben des Gesamtvollstreckungsgerichts

§ 11 Gläubigerausschuß

§ 12 Weitere Informations- und Mitwirkungsrechte der Gläubiger

§ 13 Vorab zu begleichende Ansprüche

§ 14 Die Rechte der Arbeitnehmer in der Gesamtvollstreckung

§ 15 Klageweise Durchsetzung von Forderungen

§ 16 Sicherungsrechte und ihre Durchsetzung

§ 17 Abwehr von Anfechtungshandlungen des Verwalters

§ 18 Vereinbarungen mit dem Verwalter zur Durchsetzung von Gläubigerrechten

Kapitel 4: Beendigung des Gesamtvollstreckungsverfahrens

§ 19 Vergleich

§ 20 Verteilung und Schlußtermin

§ 21 Die Einstellung des Gesamtvollstreckungsverfahrens

Kapitel 5: Sonderprobleme des DDR-Rechts und des DDR-Folgerechts

§ 22 Anwendbarkeit von DDR-Recht (Grundzüge)

§ 23 Kredit- und sicherungsrechtliche Fragen

Kapitel 6: Gebühren, Vergütungen und Auslagenerstattung

§ 24 Gerichtsgebühren

§ 25 Vergütung des Verwalters und des Sequesters

§ 26 Rechtsanwaltsgebühren

§ 27 Vergütung der Mitglieder des Gläubigerausschusses

Anhang

Verzeichnis der Abkürzungen und der abgekürzt zitierten Literatur

aA	andere(r) Ansicht
Aderhold	Aderhold, Eltje Auslandskonkurs im Inland: Entwicklung und System des Deutschen Rechts mit praktischen Beispielen unter besonderer Berücksichtigung des Konkursrechts der Vereinigten Staaten von Amerika, Englands, Frankreichs sowie der Schweiz Berlin, 1992
aF	alte(r) Fassung
AFG	Arbeitsförderungsgesetz vom 25.06.1969 (BGBl. I S. 582)
AG (mit Ortsnamen)	Amtsgericht
AG	Aktiengesellschaft
AGB-DDR	Arbeitsgesetzbuch der Deutschen Demokratischen Republik vom 16.06.1977 (DDR-GBl. I S. 185; BGBl. 1990 II S. 1207)
AktG	Aktiengesetz vom 06.09.1965 (BGBl. I S. 1089)
AnfG	Gesetz, betreffend die Anfechtung von Rechtshandlungen eines Schuldners außerhalb des Konkursverfahrens vom 21.07.1879 (RGBl. S. 277) in der Fassung der Bekanntmachung vom 20.05.1898 (RGBl. S. 709)
Anm.	Anmerkung
ArbG	Arbeitsgericht
Az.	Aktenzeichen
BAG	Bundesarbeitsgericht
BAG AP	Arbeitsrechtliche Praxis, Entscheidungssammlung des Bundesarbeitsgerichts
Bähner	Bähner, Eberhard Die Prüfung der Schlußrechnung des Konkursverwalters KTS 1991, S. 347 – 363
v. Bar	Bar, Christian von Internationales Privatrecht, Erster Band, Allgemeine Lehren München, 1987
Baumbach/ Lauterbach/ Albers/Hartmann	Baumbach, Adolf/Lauterbach, Wolfgang/Albers, Jan/Hartmann, Peter Zivilprozeßordnung München, 53. Auflage 1995
BB	Der Betriebs-Berater
Begr.	Begründung

Berscheid	Berscheid, Ernst-Dieter Konkurs, Gesamtvollstreckung, Sanierung Wiesbaden, 1992
BetrVG	Betriebsverfassungsgesetz vom 15.01.1972 (BGBl. I S. 13) in der Fassung der Bekanntmachung vom 23.12.1988 (BGBl. I 1989 S. 1, berichtigt S.902)
BezG	Bezirksgericht
BGB	Bürgerliches Gesetzbuch vom 18.08.1896 (RGBl. S. 195)
BGBl	Bundesgesetzblatt
BGH	Bundesgerichtshof
BGHZ	Entscheidungen des BGH in Zivilsachen
Bichlmeier/ Oberhofer	Bichlmeier, Wilhelm/Oberhofer, Hermann Konkurs-Handbuch III: Das Gesamtvollstreckungsverfahren in Ostdeutschland; Ein praktischer Ratgeber Köln, 2. Auflage 1994
Böhle-Stammschräder/ Kilger	Böhle-Stammschräder, Aloys/Kilger, Joachim Vergleichsordnung München, 11. Auflage 1986
Bork	Bork, Reinhard Massezugehörigkeit von Rückgabe- und Entschädigungsansprüchen aus §§ 3 ff. VermG ZIP 1991, S. 988 – 993
BRAGO	Bundesgebührenordnung für Rechtsanwälte vom 26.07.1957 (BGBl. I S. 861, 907)
Braun/ Bußhardt	Braun, Eberhard/Bußhardt, Harald Zwangsvollstreckung nach Einleitung des Gesamtvollstreckungsverfahrens ZIP 1992, S. 902 – 907
Brockdorff	Brockdorff, Christian Graf § 11 Abs. 3 Satz 3 GesO: Örtliche und sachliche Zuständigkeitsnorm? ZIP 1993, S. 980 – 987
Brödermann/ Iversen	Brödermann, Eckart/Iversen, Holger Europäisches Gemeinschaftsrecht und Internationales Privatrecht Tübingen, 1994
Brödermann/ Rosengarten	Brödermann, Eckart/Rosengarten, Joachim IPR – Eine systematische Anleitung zur Fallbearbeitung im Internationalen Privat- und Prozeßrecht Hamburg, 2. Auflage 1996
BT-Drucks.	Drucksache des Deutschen Bundestages
BVerfG	Bundesverfassungsgericht
BVerfGE	Entscheidungen des Bundesverfassungsgerichts
BVerwG	Bundesverwaltungsgericht
Claussen	Claussen, Carsten P.

	Anwendbarkeit des § 32 a GmbHG auf Altkredite an DDR-Unternehmen? ZIP 1990, S. 1173 – 1178
Clemm/Burghart	Burghart, Andreas K. Gesamtvollstreckungsordnung-Kommentar in: Clemm, Herrmann/Etzbach, Ernst/Faßbender, Herrmann J./Messerschmidt, Burkhard/ Pfister, Wolfgang/Schmidt-Räntsch, Jürgen (Hrsg.), Rechtshandbuch Vermögen und Investitionen in der ehemaligen DDR, Band II B 270 München, 1995
DB	Der Betrieb
DDR-GBl.	Gesetzblatt der DDR
DMBilG	Gesetz über die Eröffnungsbilanz in Deutscher Mark und die Kapitalneufestsetzung vom 23.09.1990 (BGBl. II S. 889, 1169, 1245) in der Fassung der Bekanntmachung vom 28.07.1994 (BGBl. I S. 1842)
Dörner	Dörner, Heinrich Interlokales Erbrecht nach der Wiedervereinigung IPRax 1995, S. 89 – 92
DtZ	Deutsch-Deutsche Rechts-Zeitschrift
DWiR	Deutsche Zeitschrift für Wirtschaftsrecht
EGBGB	Einführungsgesetz zum Bürgerlichen Gesetzbuch vom 18.08.1896 (RGBl. S. 604)
EGInsO	Einführungsgesetz zur Insolvenzordnung vom 05.10.1994 (BGBl. I S. 2911)
EGKO	Einführungsgesetz zur Konkursordnung vom 10.02.1877 (RGBl. S. 390)
EGZGB	Einführungsgesetz zum Zivilgesetzbuch der Deutschen Demokratischen Republik vom 19.06.1975 (DDR-GBl. I S. 517)
Eickmann	Eickmann, Dieter VergVO; Kommentar zur Vergütung im Insolvenzverfahren Köln, 1989
Eickmann	Eickmann, Dieter Höchstpersönliches Verwalterhandeln oder Delegationsbefugnis? KTS 1986, S. 197- 207
EinigV	Vertrag zwischen der Bundesrepublik Deutschland und der Deutschen Demokratischen Republik über die Herstellung der Einheit Deutschlands – Einigungsvertrag – vom 31.08.1990 (BGBl. II S. 889)
Einl.	Einleitung
EuGH	Europäischer Gerichtshof

EuZW	Europäische Zeitschrift für Wirtschaftsrecht
EWIR	Entscheidungen zum Wirtschaftsrecht
EZA	Entscheidungssammlung zum Arbeitsrecht
f.,ff.	folgende, fortfolgende
Ferid	Ferid, Murad Internationales Privatrecht Frankfurt/M., 3. Auflage 1986
Fitting/Auffarth/ Kaiser/Heither	Fitting, Karl/Auffarth, Fritz/Kaiser, Heinz/Heither, Friedrich Betriebsverfassungsgesetz – Kommentar München, 17. Auflage 1992
GbR	Gesellschaft bürgerlichen Rechts
GenG	Genossenschaftsgesetz vom 01.05.1889 (RGBl. S. 55) in der Fassung der Bekanntmachung vom 20.05.1898 (RGBl. S. 369, 810)
Gerhard	Gerhard, Walter Zum Zeitpunkt der Wirksamkeit von Beschlüssen nach § 106 KO KTS 1979, S. 260 – 267
Gerold/Schmidt/ v. Eicken/ Madert	Gerold, Wilhelm/Schmidt, Herbert/ v. Eicken, Kurt/Madert, Wolfgang Bundesgebührenordnung für Rechtsanwälte München, 12. Auflage 1995
GesO	Gesamtvollstreckungsordnung in der Fassung der Bekanntmachung vom 23.05.1991 (BGBl. I S. 1185)
GesVO 1975	Verordnung über die Gesamtvollstreckung vom 18.12.1975 (DDR-GBl. I 1976 S. 5)
GesVO 1990	Verordnung über die Gesamtvollstreckung vom 06.06.1990 (DDR-GBl. I S. 285)
GG	Grundgesetz für die Bundesrepublik Deutschland vom 23.05.1949 (BGBl. S.
GKG	Gerichtskostengesetz vom 18.06.1878 (RGBl. S.141) in der Fassung der Bekanntmachung vom 15.12.1975 (BGBl. I S. 3047)
GmbH	Gesellschaft mit beschränkter Haftung
GmbHG	Gesetz betreffend die Gesellschaften mit beschränkter Haftung vom 20.04.1892 (RGBl. S. 477) in der Fassung der Bekanntmachung vom 20.05.1898 (RGBl. S. 846)
GmbHR	GmbH-Rundschau
Gottwald (/*Bearbeiter*)	Gottwald, Peter (Hrsg.) Insolvenzrechts-Handbuch München, 1990
Gottwald (/*Bearbeiter*)	Gottwald, Peter (Hrsg.) Nachtrag Gesamtvollstreckungsordnung zum Insolvenz-Handbuch

	München, 1993
Groß	Groß, Paul J. Sanierung durch Fortführungsgesellschaften Köln, 2. Auflage 1988
Grunsky	Grunsky, Wolfgang Das Arbeitsverhältnis im Konkurs- und Vergleichsverfahren Köln, 3. Auflage 1994
GUG	Gesetz über die Unterbrechung von Gesamtvollstreckungsverfahren in der Fassung der Bekanntmachung vom 23.05.1991 (BGBl. I S. 1191)
GVBl.	Gesetz- und Verordnungsblatt
GVG	Gerichtsverfassungsgesetz vom 27.01.1877 (RGBl. S. 41) in der Fassung der Bekanntmachung vom 09.05.1975 (BGBl. I S. 1077)
Haarmeyer/ Wutzke/Förster	Haarmeyer, Hans/Wutzke, Wolfgang/Förster, Karsten Kommentar zur Gesamtvollstreckungsordnung Köln, 3. Auflage 1995
Hachenburg/Ulmer	Hachenburg, Max/Ulmer, Peter Gesetz betreffend die Gesellschaften mit beschränkter Haftung (GmbHG), Großkommentar; Erster Band: Allg. Einführung, §§ 1 – 34 Berlin/New York, 8. Auflage 1992
Hanisch	Hanisch, Hans Umrechnung von Fremdwährungsforderungen in Vollstreckung und Insolvenz ZIP 1988, S. 341 – 352
Hartmann	Hartmann, Peter Kostengesetze München, 26. Auflage 1995
Hegmanns	Hegmanns, Ekkehard Der Gläubigerausschuß – Eine Untersuchung zum Selbstverwaltungsrecht der Gläubiger im Konkurs Köln, 1986
Henckel	Henckel, Wolfram Anmerkung zu LAG Köln vom 7.10.1982, EZA Nr. 3 zu § 22 KO, S. 23 – 24
Herschel	Herschel, Wilhelm Kündigung im Konkurs BB 1984, S. 987
Hess (*/Bearbeiter*)	Hess, Harald Konkursordnung Neuwied, 5. Auflage 1995
Hess/Binz/ Wienberg	Hess, Harald/Binz, Fritz/Wienberg, Rüdiger Gesamtvollstreckungsordnung

	Neuwied, 2. Auflage 1993
Heymann (/*Bearbeiter*)	Heymann, Ernst/Emmerich, Volker Handelsgesetzbuch, 2. Band §§ 105 – 237 Berlin/New York, 1989
Hillmann	Hillmann, Reinhard Gesellschaftsrecht in den neuen Bundesländern DB 1995, S. 613 – 618
hM	herrschende Meinung
Hommelhoff/ Habighorst	Hommelhoff, Peter/Habighorst, Oliver Gewerbliche Staatsbank-Kredite und ihre Behandlung nach DDR-Beitritt ZIP 1992, S. 665 – 679
InsO	Insolvenzordnung vom 05.10.1994 (BGBl. I S. 2866)
IPR	Internationales Privatrecht
IPRax	Praxis des Internationalen Privat- und Verfahrensrecht
Jaeger (/*Bearbeiter*)	Jaeger, Ernst Konkursordnung mit Einführungsgesetzen, Großkommentar, §§ 71 – 206; §§ 207 – 244, Einführungsgesetz, Vergütungsverordnung Berlin/New York, 8. Auflage 1973
Jauernig	Jauernig, Othmar Zwangspool von Sicherungsgläubigern im Konkurs ZIP 1980, S. 318 – 327
Jayme/Hausmann	Jayme, Erik/ Hausmann, Rainer Internationales Privat- und Verfahrensrecht München, 7. Auflage 1994
KG	Kammergericht, Kommanditgesellschaft
Kilger/ K.Schmidt	Kilger, Joachim/Schmidt, Karsten Konkursordnung München, 16. Auflage 1993
Kimme	Kimme, Johannes Offene Vermögensfragen – Kommentar Köln, Stand Oktober 1994
KO	Konkursordnung vom 10.02.1877 (RGBl. S. 351) in der Fassung der Bekanntmachung vom 20.05.1898 (RGBl. S. 612)
Koch	Koch, Frank Die Sequestration im Konkurseröffnungsverfahren Göttingen, 1982
Kommentar zum ZGB	Ministerium der Justiz (Hrsg.) Kommentar zum Zivilgesetzbuch der Deutschen Demokratischen Republik vom 19. Juni 1975 und zum Einführungsgesetz zum Zivilgesetzbuch der Deutschen Demokratischen Republik vom 19. Juni 1975 Berlin, 1985

KR-*Bearbeiter*	Becker, Friederich/Etzel, Gerhard/Friederich ua. Gemeinschaftskommentar zum Kündigungsschutzgesetz und zu sonstigen kündigungsschutzrechtlichen Vorschriften Neuwied, 3. Auflage 1989
KreisG	Kreisgericht
Kropholler	Kropholler, Jan Internationales Privatrecht Tübingen, 2. Auflage 1994
KSchG	Kündigungsschutzgesetz vom 10.08.1951 (BGBl.I S. 499) in der Fassung der Bekanntmachung vom vom 25.08.1969 (BGBl. I S. 1317)
KTS	Zeitschrift für Konkurs-, Treuhand- und Schiedsgerichtswesen
Kuhn/Uhlenbruck	Kuhn, Georg/Uhlenbruck, Wilhelm Konkursordnung München, 11. Auflage 1994
KündFG	Gesetz zur Vereinheitlichung der Kündigungsfristen von Arbeitern und Angestellten vom 07.10.1993 (BGBl. I S. 1668)
KV	Kostenverzeichnis
Landfermann	Landfermann, Hans-Georg Sanierungsförderung und Gesamtvollstreckung ZIP 1991, S. 826 – 834
Langer-Stein	Langer-Stein, Rose Betriebsübergang im Gesamtvollstreckungsverfahren EuZW 1992, S. 505 – 506
LG	Landgericht
Liebelt-Westphal	Liebelt-Westphal, Ulf Die Zulässigkeit der sofortigen weiteren Beschwerde im Gesamtvollstreckungsverfahren ZIP 1994, S. 1007 – 1010
lit.	Buchstabe
LSG	Landessozialgericht
Lübchen	Lübchen, Gustav Adolf Erläuterungen zur Gesamtvollstreckungsordnung in: Das fortgeltende Recht der DDR III A, 13 Baden-Baden, Stand Juni 1991
Lübchen/ Landfermann	Lübchen, Gustav Adolf/Landfermann, Hans-Georg Das neue Insolvenzrecht der DDR ZIP 1990, S. 829 – 838
Lutter/ Hommelhoff	Lutter, Marcus/Hommelhoff, Peter GmbH-Gesetz Köln, 14. Auflage 1995

MDR	Monatsschrift für Deutsches Recht
MünchKomm (/*Bearbeiter*)	Rebmann, Kurt/Säcker, Franz-Jürgen (Hrsg.) Münchner Kommentar zum BGB, Bd. 1 Allgemeiner Teil (§§ 1 – 240) München, 3. Auflage 1993
MünchKomm (/*Bearbeiter*)	Rebmann, Kurt/Säcker, Franz Jürgen (Hrsg.) Münchner Kommentar zum BGB: Zivilrecht im Einigungsvertrag München, 1991
MünchKomm (/*Bearbeiter*)	Lüke, Gerhard/Walchshöfer, Alfred (Hrsg.) Münchner Kommentar zur ZPO, Bd. 1: §§ 1 -354, Bd. 2: §§ 355 – 802 München, 1992
NJW	Neue Juristische Wochenschrift
Obermüller	Obermüller, Manfred Handbuch Insolvenzrecht für die Kreditwirtschaft Wiesbaden, 4. Auflage 1991
OHG	Offene Handelsgesellschaft
OLG	Oberlandesgericht
Palandt (/*Bearbeiter*)	Palandt, Otto Bürgerliches Gesetzbuch München, 54. Auflage 1995
Pape	Pape, Gerhard Die Lösung von Kompetenzkonflikten zwischen Konkursordnung und Gesamtvollstreckungsordnung WiB 1995, S. 150 – 155
Pape/Voigt	Pape, Gerhard/Voigt, M. E. Joachim Anmerkung zum Urteil des Bundesgerichtshofes vom 26.01.1995, Gz. IX ZR 99/94 ZIP 1995, S. 482 – 483
Pape	Pape, Gerhard Zur Problematik der Unanfechtbarkeit von Stimmrechtsfestsetzungen in der Gläubigerversammlung ZIP 1991, S. 837 – 850
Pape	Pape, Gerhard Zur Stellung und Bedeutung der Gläubigerversammlung im Konkurs ZIP 1990, S. 1251 – 1258
Priester	Priester, Hans-Joachim Das Gesellschaftsverhältnis im Vorgründungsstadium-Einheit oder Dualismus GmbHR 1995, S. 481 – 486
RegE	Gesetzesentwurf der Bundesregierung
RegE InsO	Gesetzesentwurf der Bundesregierung zur Insolvenzordnung, BT-Drucks. 12/2443 vom 15.04.1992

RGBl.	Reichsgesetzblatt
Riedel/Sußbauer/ Keller	Riedel, Fritz/ Sußbauer, Heinrich/ Chemnitz, Jürgen/ Fraunholz, Karljosef/ Keller, Hans-Ludwig Bundesgebührenordnung für Rechtsanwälte München, 7. Auflage 1995
Rodrega/Gogrewe	Rodrega, Jürgen/Gogrewe, Martin Ein Unternehmenskauf in den neuen Bundesländern – Ein Überblick nach den jüngsten Gesetzesänderungen DtZ 1991, S. 353 – 359
Rowedder (*/Bearbeiter*)	Rowedder, Heinz/Fuhrmann, Hans/Koppensteiner, Hans-Georg Gesetz betreffend die Gesellschaft mit beschränkter Haftung (GmbHG) München, 2. Auflage 1990
RpflAnpG	Gesetz zur Anpassung der Rechtspflege im Beitrittsgebiet vom 26.06.1992 (BGBl. I S. 1147)
RpflG	Rechtspflegergesetz vom 05.11.1969 (BGBl. I S. 2065)
Rs.	Rechtssache
Rspr.	Rechtsprechung
Schneider	Schneider, Egon Streitwertkommentar für den Zivilprozeß Köln, 10. Auflage 1992
Scholz (*/Bearbeiter*)	Scholz, Franz/Emmerich, Volker/Crezelius, Georg/Priester, Hans-Joachim Kommentar zum GmbH-Gesetz, Bd. 1: §§ 1 – 44, Anhang Konzernrecht Köln 8. Auflage, 1993
Serick	Serick, Rolf Eigentumsvorbehalt und Sicherungsübertragung, Band V: Verlängerungs- und Erweiterungsform des Eigentumsvorbehaltes und der Sicherungsübertragung Heidelberg, 1982
Slg.	Sammlung
Smid	Smid, Stefan Gesamtvollstreckung – Arbeitsbuch für Gerichte, Verwalter, Gläubiger und betroffene Unternehmen München, 1992
Smid	Smid, Stefan Gesamtvollstreckungsordnung Baden-Baden, 1991
Smid	Smid, Stefan Änderung des Insolvenzrechts der fünf neuen Bundesländer und Ost-Berlins durch Hemmnisbeseitigungsgesetz DtZ 1991, S. 207 – 208
Smid/Zeuner	Smid, Stefan/Zeuner, Marc (Hrsg.)

(/*Bearbeiter*)	Gesamtvollstreckungsordnung, Kommentar Baden-Baden 2. Auflage, 1994
SpTrUG	Gesetz über die Spaltung der von der Treuhandanstalt verwalteten Unternehmen vom 05.04.1991 (BGBl. I S. 854)
st.	ständig(e)
StaatshaftG	Gesetz zur Regelung der Staatshaftung in der Deutschen Demokratischen Republik vom 12.05.1969 (GBl. I S. 34)
Staub	Staub, Hermann Handelsgesetzbuch- Großkommentar Heraugegeben von: Canaris, Claus- Wilhelm/ Schilling, Wolfgang/Ulmer, Peter §§ 230- 237 HGB (bearbeitet von Jürgen Zutt Berlin/New York, 4. Auflage 1990
Staudinger/ (/*Bearbeiter*)	Staudinger, Julius von (Begr.) Kommentar zum Bürgerlichen Gesetzbuch, EGBGB Art. 219 – 222, 230 – 236, Gesetzesanhang zu Art. 230 Berlin, 12. Auflage 1993
Staudinger/ (/*Bearbeiter*)	Staudinger, Julius von (Begr.) Kommentar zum Bürgerlichen Gesetzbuch, Recht der Schuldverhältnisse (§§ 620 – 651 k) Berlin, 12. Auflage 1991
Stein-/Jonas (/*Bearbeiter*)	Stein-Jonas, Friedrich Kommentar zur Zivilprozeßordnung Tübingen, 20. Auflage 1989
str.	streitig
THG	Gesetz zur Privatisierung und Reorganisation des volkseigenen Vermögens vom 17.06.1990 (DDR-GBl. I S. 300)
Thomas/Putzo	Thomas, Heinz/Putzo, Hans Zivilprozeßordnung München, 19. Auflage 1995
Timm	Timm, Wolfram Die Sanierung der sog. Treuhandunternehmen zwischen Marktkonformität und Insolvenzrecht ZIP 1991, S. 413 – 425
Uhlenbruck	Uhlenbruck, Wilhelm Die GmbH & Co. KG in Krise, Konkurs und Vergleich Köln, 1988
Uhlenbruck	Uhlenbruck, Wilhelm Anmerkung zu OLG Nürnberg vom 27.12.1968: Zur Frage des Kostenerstattungsanspruches des Konkursverwalters, wenn eine Klage erst nach der Konkurseröffnung zugestellt, dann aber zurückgenommen wurde KTS 1969, S. 249- 252

Uhlenbruck	Uhlenbruck, Wilhelm Gläubigerberatung in der Insolvenz Köln, 1983
Uhlenbruck/ Delhaes	Uhlenbruck, Wilhelm/Delhaes, Karl Konkurs- und Vergleichsverfahren München, 5. Auflage 1990
Ulmer	Ulmer, Peter Gläubigerschutz bei Treuhandunternehmen Köln, 1991 in ‚Treuhandunternehmen im Umbruch' – Recht und Rechtswirklichkeit beim Übergang in die Marktwirtschaft, S. 39 – 59
Vogler	Vogler, Winfried Zahlungspflichten aus Altkrediten? DWiR 1991, S. 303 – 307
verb.	verbunden(e)
VergVO	Verordnung über die Vergütung des Konkursverwalters, des Vergleichsverwalters, der Mitglieder des Gläubigerausschusses und der Mitglieder des Gläubigerbeirates vom 25.05.1960 (BGBl. I S. 329)
vgl.	vergleiche
Vossius	Vossius, Oliver Sachenrechtsbereinigungsgesetz München, 1995
Weimar/Alfes	Weimar, Robert/Alfes, Jochen Neuregelung des § 613 a BGB für die neuen Bundesländer DB 1991, S. 1830 – 1832
Wenzel	Wenzel, Frank Interlokaler Restschuldtourismus MDR 1992, S. 1023 – 1025
Westen/Schleider	Westen, Klaus/Schleider, Joachim Zivilrecht im Systemvergleich: Das Zivilrecht der DDR und der Bundesrepublik Deutschland Berlin/Baden-Baden, 1984
WiB	Wirtschaftsrechtliche Beratung
Wiesbauer	Wiesbauer, Bruno Der östereichisch-deutsche Konkursvertrag aus östereichischer Sicht ZIP 1982, S. 1285 – 1292
WM	Zeitschrift für Wirtschafts- und Bankrecht, Wertpapiermitteilungen
Woerner	Woerner, Lothar Anmerkung zu BFH vom 7.12.1982 BB 1983, S. 625 – 626
zB	zum Beispiel

Zeuner	Zeuner, Marc Die Restschuldbefreiung ist eingeführt BB 91, Beilage Deutsche Einigung, Nr. 23, S. 10 – 14
ZGB	Zivilgesetzbuch der Deutschen Demokratischen Republik vom 19.06.1975 (DDR-GBl. I S. 465)
ZIP	Zeitschrift für Wirtschaftsrecht und Insolvenzpraxis
Zöller (*/Bearbeiter*)	Zöller, Richard (Begr.) Zivilprozeßordnung Köln, 19. Auflage 1995
ZPO	Zivilprozeßordnung vom 30.01.1877 (RGBl. S. 83) in der Fassung der Bekanntmachung vom 12.09.1950 (BGBl. S. 533)

KAPITEL 1: Einführung

§ 1 Bedeutung der Gesamtvollstreckungsordnung für den Gläubiger: Geschichte und Unwägbarkeiten

Übersicht

Siehe auch Anhang III: Materialien zur Gesetzgebungsgeschichte

Ein Gläubiger, dessen Schuldner seinen Sitz in den Ländern Brandenburg, Mecklenburg-Vorpommern, Sachsen, Sachsen-Anhalt, Thüringen oder in Ost-Berlin hat, sieht sich im Falle der Zahlungsunfähigkeit oder – bei juristischen Personen bzw. einem Nachlaß – auch im Falle der Überschuldung seines Schuldners besonderen insolvenzrechtlichen Fragen gegenübergestellt. Für ihre Bewältigung schafft die Gesamtvollstreckungsordnung („**GesO**") dem Gläubiger den rechtlichen Rahmen. Sie setzt ihm nicht nur im Interesse der Gleichbehandlung mit anderen Gläubigern und im Interesse des Schuldnerschutzes Grenzen für die Durchsetzbarkeit seiner Forderungen, sondern bietet ihm auch Gestaltungschancen. Er hat insbesondere die Möglichkeit, das Gesamtvollstreckungsverfahren von seiner Einleitung bis zur Beendigung aktiv zu beobachten und in entscheidenden Momenten auf die Verfahrensgestaltung einzuwirken. In den Materialien zur Gesamtvollstreckungsordnung wird auf die Gestaltungsrechte der Gläubiger ausdrücklich hingewiesen: 1

> „In der Verordnung werden die Rechte und Pflichten der Beteiligten exakt fixiert. Die Gesamtvollstreckung ist so ausgestaltet, daß es sich nicht um ein herkömmliches Vollstreckungsverfahren handelt, sondern die Durchführung den Beteiligten weitgehend selbst unter Leitung des Gerichtes obliegt. Es handelt sich um ein Verfahren der staatlich überwachten **Selbstverwaltung**, das der gleichmäßigen Befriedigung der Gläubiger aus dem pfändbaren Vermögen des Schuldners, unter Ausschluß eines individuellen Einzeleingriffs, dient."[1]

---

1 Ziff. 1 der Begründung der Beschlußvorlage des Justizministeriums der DDR zum Beschluß des Ministerrates zur Verordung über die Gesamtvollstreckung und zur Verordung über die Vollstreckung in Grundstücke vom 30.05.1990 (abgedruckt im Anhang III.2), vgl. auch Begr.RegE. zum Staatsvertrag vom 18.05.1990, BT-Drucks. 11/7350 S. 127: „Als Zwischenlösung ist deshalb die Verordnung über die Gesamt-

2 Die begrüßenswerte Absicht, „die Rechte und Pflichten der Beteiligten" exakt zu fixieren, ist aus vielen Gründen, insbesondere wohl auch aus Zeitnot, leider nicht so umgesetzt worden, wie es für die reibungslose Abwicklung von Gesamtvollstreckungsverfahren erforderlich gewesen wäre. Daraus ergeben sich für alle Beteiligten am Verfahren, insbesondere für den Gläubiger, eine Reihe von Risiken und Gefahren, aber auch Chancen. Auf sie wird in den folgenden Kapiteln dieses Buches näher einzugehen sein. Es erscheint jedoch sinnvoll, zuvor die Geschichte der Gesamtvollstreckungsordnung zu skizzieren.

I. Geschichte der Gesamtvollstreckungsordnung

3 Die Entwicklung zu der heutigen Gesamtvollstreckungsordnung geschah in folgenden Stufen:[2]

— Die **Konkursordnung vom 10.02.1877**[3] wurde in der DDR mit der Einführung der Zivilprozeßordnung vom 19.06.1975[4] aufgehoben.

— Auf der Grundlage der in § 208 Abs. 1 der Zivilprozeßordnung enthaltenen Ermächtigung erließ der Minister der Justiz am 18.12.1975 die **„Verordnung über die Gesamtvollstreckung"** (im folgenden auch **„GesVO 1975"**).[5] Diese trat am 01.01.1976 in Kraft. Sie entstand vor dem Hintergrund des umfassenden Anerkenntnisses von Volkseigentum, insbesondere der volkseigenen Betriebe, über deren Vermögen nach dem DDR-Wirtschaftssystem keine Insolvenz eintreten konnte.[6] Dementsprechend war sie im wesentlichen auf den Einzelschuldner ausgerichtet, der als Inhaber eines kleinen Privatbetriebes „in Konkurs" ging.[7]

4 — Aus der Verordnung über die Gesamtvollstreckung entwickelte der Ministerrat aufgrund einer im Staatsvertrag über die Schaffung einer Währungs-, Wirtschafts- und Sozialunion übernommenen Verpflichtung[8] die **„Verordnung über die Gesamtvollstreckung vom 06.06.1990"** (im folgenden **„GesVO 1990"**). Sie ersetzte mit Inkrafttreten am 01.07.1990 die bisherige

---

vollstreckung, beispielsweise durch stärkere Berücksichtigung der Gläubigerinteressen, ... so auszubauen, daß sie den Anforderungen und der Praxis entspricht".

2 Vgl. hierzu auch *Graf Brockdorff*, ZIP 1993, 980, 982-983.

3 RGBl. 1877, 351.

4 DDR-GBl. I 1977, 533.

5 DDR-GBl. I 1976, 5.

6 In diesem Sinne *Smid*/Zeuner, Einleitung GesO Rn. 11.

7 Ziff. 1 der Begründung dere Beschlußvorlage des Justizministeriums der DDR zum Beschluß des Ministerrates zur Verordnung über die Gesamtvollstreckung und zur Verordnung über die Vollstreckung in vom 30.05.1990.

8 Art. 4 Abs. 1 Satz 2 iVm. Anlage III, II.6. des Vertrages vom 18.05.1990 über die Schaffung einer Währungs-, Wirtschafts- und Sozialunion zwischen der Bundesrepublik Deutschland und der Deutschen Demokratischen Republik (BGBl. 1990 II 537).

Verordnung über die Gesamtvollstreckung aus dem Jahre 1975.[9] Durch den Einigungsvertrag[10] wurde sie mit einigen Änderungen als **„Gesamtvollstrekkungsordnung“** in den Rang eines Bundesgesetzes erhoben.[11] Sie gilt bis zur Einführung eines neuen gesamtdeutschen Insolvenzrechts in den fünf neuen Bundesländern und Ost-Berlin fort[12] (vgl. auch unten § 2 Rn. 4).

Die Gesamtvollstreckungsverordnung in der Fassung vom 06.06.1990 ist Teil eines Gesetzespaketes, das insgesamt den Übergang des sozialistischen Wirtschaftssystems in die soziale Marktwirtschaft begleiten und abfedern sollte.[13] Sie ist damit unmittelbarer Ausdruck des Vereinigungsprozesses zweier völlig unterschiedlich entwickelter Gesellschaftssysteme, wie er sich im ersten Halbjahr des Jahres 1990 angebahnt und mit der Schaffung der Währungs-, Wirtschafts- und Sozialunion bereits am 01.07.1990 teilweise verwirklicht hatte. Schon Ende 1989 war geplant, im Zuge der staatlichen Einheit auch das Insolvenzrecht insgesamt zu reformieren, damit das entsprechende Gesetzgebungswerk bald als gesamtdeutsche, in den europäischen Raum eingebettete Kodifikation in Kraft gesetzt werden konnte.[14] Den beteiligten Gesetzgebungskörperschaften blieb aufgrund dieses Prozesses und des Zeitdrucks kein anderer Weg, als im Zusammenhang mit der Annäherung der damals noch existierenden beiden Staaten auch für Insolvenzverfahren Regelungen zu finden, die dem Einigungsprozeß gerecht wurden. Weder die Konkursordnung noch die Verordnung über die Gesamtvollstreckung der DDR aus dem Jahre 1975 schienen hierfür geeignet. Deshalb entschied man sich dafür, als Übergangsregelung bis zum Inkrafttreten des angestrebten einheitlichen, reformierten Insolvenzrechts die geltende und bei den DDR-Gerichten bekannte GesVO 1975 auch für Insolvenzverfahren mittlerer und größerer Unternehmen auszubauen[15] und sie **5**

9 Vgl. § 24 der Verordnung über die Gesamtvollstreckung, DDR-GBl. 1990, 1285, 1286.

10 Vertrag zwischen der Bundesrepublik Deutschland und der Deutschen Demokratischen Republik über die Herstellung der Einheit Deutschlands – Einigungsvertrag –, DDR-GBl. 1990 I, 1627, 1629; BGBl. 1990 II 889.

11 Vgl. die Erläuterung zu Kapitel III der Anlage II des Einigungsvertrages, zu Sachgebiet A, Abschnitt II Nr. 1 (BR-Drucks. 605/90, BT-Drucks. 11/7817), abgedruckt im Anhang III.3.

12 Vgl. Art. 9 Abs. 2 des Einigungsvertrages iVm. Art. 8, 3 Einigungsvertrag sowie Anlage II zum Einigungsvertrag, Kapitel III Sachgebiet A Abschnitt II Nr. 1.

13 Ziff. 1 der Begründung der Beschlußvorlage zum Beschluß des Ministerrates zur Verordnung über die Gesamtvollstreckung und zur Verordnung über die Vollstreckung in Grundstücke vom 30.05.1990; Begr.RegE. zum Staatsvertrag vom 18.05.1990, BT-Drucks. 11/7350 S. 127; *Haarmeyer/Wutzke/Förster*, GesO Einl. Rn. 7.

14 Vgl. *Lübchen* (seinerzeit Leiter der Abteilung Zivilrecht im Ministerium der Justiz der DDR, Berlin-Ost)/*Landfermann* (seinerzeit Leiter der Arbeitsgruppe Insolvenzrechtsreform im Bundesministerium der Justiz, Bonn), ZIP 1990, 829, 830.

15 Ziff. 1 der Begründung der Beschlußvorlage zum Beschluß des Ministerrates zur Verordnung über die Gesamtvollstreckung und zur Verordnung über die Vollstreckung in Grundstücke, vom 30.05.1990; Begr.RegE. zum Staatsvertrag vom 18.05.1990, BT-Drucks. 11/7350 S. 127.

als Übergangsregelung auf dem Gebiet der ehemaligen DDR bis zur Verabschiedung eines gesamtdeutschen Gesetzeswerkes in Kraft zu setzen.[16] Dieser Weg wurde für ökonomischer und effektiver gehalten als das sonst notwendige Inkraftsetzen der Konkursordnung.[17] Hierfür sprach auch die Überlegung, daß die Vorschriften der Konkursordnung im Beitrittsgebiet seit Jahren nicht mehr gelehrt wurden und deshalb überwiegend unbekannt waren. Hinzu kommt, daß mit der Einführung der Konkursordnung für eine begrenzte Übergangszeit den Juristen der DDR zugemutet worden wäre, sich für einen relativ kurzen Zeitraum von nur wenigen Jahren in zwei komplexe Regelungswerke einzuarbeiten.[18]

II. Unwägbarkeiten

6 Auch fünf Jahre nach Inkrafttreten der Gesamtvollstreckungsordnung sind zahlreiche Fragen zum Umgang mit diesem Gesetz noch ungeklärt. Abgesehen davon, daß der „Reiz des Neuen“ verflogen sein mag[19], stehen die Gläubiger nach wie vor zahlreichen ungeklärten oder in verschiedenen Gerichtsbezirken unterschiedlich behandelten Problemen gegenüber.[20] Viele Rechtsfragen können Oberlandesgerichten zum Zwecke der Vereinheitlichung der Rechtsprechung nicht vorgelegt werden, da die Gesamtvollstreckungsordnung nach der angreifbaren, aber wohl überwiegenden Meinung keine sofortige weitere Beschwerde zulassen soll (vgl. dazu unten § 6 Rn. 132). Die danach letztinstanzliche Entscheidungskompetenz der Landgerichte führt dazu, daß die Gesamtvollstreckungsordnung in den neuen Bundesländern von nahezu jedem Landgericht verschieden ausgelegt wird. Daraus folgt, daß häufig nicht einmal innerhalb des Zuständigkeitsbereichs eines Oberlandesgerichts die Gesamtvollstreckungsordnung einheitlich angewendet wird.

7 Dies führt für alle Beteiligten an Gesamtvollstreckungsverfahren (Verwalter, Schuldner, Gläubigern und häufig auch bei zuständigen Gesamtvollstreckungsgerichten und Gläubiger) in hohem Maße zu **Rechtsunsicherheit.**

Ein kürzlich vom Bundesverfassungsgericht entschiedenes Beispiel[21] mag dies verdeutlichen:
Die Bestimmung von § 14 Abs. 1 Satz 1 GesO hat folgenden Wortlaut:

„Der Verwalter hat nach Ablauf der Anmeldefrist eingehende Forderungsanmeldun-

---

16 Vgl. Ziff. 4 des Ressort-Zwischenberichts des Ministeriums der Justiz der DDR zum Einigungsvertrag vom 20.07.1990 sowie *Lübchen/Landfermann* ZIP 1990, 829; *Haarmeyer/Wutzke/Förster*, GesO Einl. Rn. 27.

17 So *Lübchen/Landfermann* ZIP 1990, 829, 830.

18 Vgl. *Lübchen/Landfermann* ZIP 1990, 829, 830.

19 So *Smid*/Zeuner Einl. Rn. 12.

20 Siehe aber auch die Übersichten in Anhang IV über die mittlerweile zur Auslegung der Gesamtvollstreckungsordnung veröffentlichten Entscheidungen.

21 BVerfG, Beschluß vom 26.04.1995 – Az. 1 BvL 19/194 und 1 BvR 1454/94 –.

gen noch anzuerkennen und in das Vermögensverzeichnis aufzunehmen, wenn die Verspätung unverschuldet war und das Gericht zustimmt.“

Diese Regelung ist von den Gerichten in den neuen Bundesländern in verschiedener Weise angewendet und ausgelegt worden. Die Zulassung einer verspäteten Anmeldung wurde beispielsweise nach folgenden Kriterien beurteilt:

— Verspätete Anmeldungen sind nur zulässig, wenn das mangelnde Verschulden dargelegt und begründet ist. Nach dieser Auffassung enthält § 14 Abs. 1 Satz 1 GesO eine Ausschlußfrist.[22]
— Verspätete Anmeldungen sind dann unabhängig vom Verschulden zuzulassen, wenn durch die Verspätung das Verfahren nicht verzögert wird.[23]
— Verspätete Anmeldungen sind zuzulassen, wenn sie vor dem Prüfungstermin eingehen.[24]

Die unterschiedliche Handhabung von § 14 GesO führt heute noch dazu, daß **8** ein verspätet anmeldender Gläubiger, dem etwa entgegen der Vorschrift von § 6 Abs. 2 GesO[25] der Eröffnungsbeschluß nicht übersandt wurde, bei der Anmeldung seiner Forderung nach Ablauf der Anmeldefrist nicht beurteilen kann, ob seine Forderung in das Vermögensverzeichnis aufgenommen und geprüft werden wird.

Ein Gläubiger, der sich aktiv um die Wahrnehmung seiner Interessen kümmern **9** will oder muß, kommt daher nicht umhin, sich auch mit einer Vielzahl von gesamtvollstreckungsrechtlichen Details auseinanderzusetzen und sich auf die Entscheidungen „einzulassen“, die der Ministerrat der DDR nach kurzer, aber intensiver Beratung zur Vorbereitung der Wirtschafts- und Währungsunion mit der Bundesrepublik Deutschland getroffen hat. Dies gilt um so mehr, als die Gesetzgeber des Einigungsvertrages (die Parlamente der Deutschen Demokratischen Republik und der Bundesrepublik Deutschland) gemeinsam die Fortgeltung der Gesamtvollstreckungsverordnung beschlossen haben (vgl. oben Rn. 4).

---

22 So jetzt BVerfG, Beschluß vom 26.04.1995 – Az. 1 BvL 19/194 und 1 BvR 1454/94 –.

23 BezG Frankfurt/Oder ZIP 1992, 878; so zB auch AG Cottbus, Beschluß vom 06.11.1994 – Az. 64(31 VN) N 11/90 -(unveröffentlicht): „Auf ein Verschulden der Verspätung kommt es hier nicht unbedingt (sic) darauf an, da das Verfahren als solches noch nicht abschlußreif ist und noch ein Forderungsprüfungstermin ansteht.“

24 AG Dresden ZIP 1994, 494; LG Dresden ZIP 1994, 961; in diesem Sinne konkludent auch AG Stendal, Az. 7 N 86/93, Beschlüsse vom 03.05.1994 (Zulassung der vor dem festgesetzten ersten Prüfungstermin eingegangenen verspäteten Forderungsanmeldungen und Nichtzulassung der nach diesem Termin eingegangenen Forderungsanmeldungen; unveröffentlicht).

25 Ob die Verletzung dieser Bestimmung das Verschulden des verspätet anmeldenden Gläubigers entfallen läßt, ist gleichfalls umstritten. Dafür: OLG Dresden ZIP 1993, 1826; dagegen: LG Dresden ZIP 1993, 1505, 1507. Vgl. im einzelnen § 7 Rn. 31 ff.

III. Bedeutung der Gesamtvollstreckungsordnung in der Zukunft

10 Auch nach der am 05.10.1994 beschlossenen Insolvenzordnung („InsO"),[26] die erst am 01.01.1999[27] als Ganzes[28] in Kraft tritt, wird die Gesamtvollstreckungsordnung noch für alle Verfahren in den neuen Bundesländern, deren Eröffnung bis zum 31.12.1998 beantragt werden wird, von Bedeutung sein (vgl. Art. 104 EGInsO[29]).

11 Gläubiger, die **aus den alten Bundesländern** stammen, haben sich daher mit einem Rechtssystem auseinanderzusetzen, das in vielen Punkten von der ihnen bekannten Konkursordnung abweicht.[30] Gläubiger **aus den neuen Bundesländern** sehen sich gesetzlichen Regelungen gegenüber, die zum Teil erheblich von den Vorschriften der bis zum 30. Juni 1990 im Gebiet der ehemaligen DDR geltenden GesVO 1975 abweichen. Zum Beispiel enthielt die GesVO 1975 keine Regelung zur Anfechtung von Rechtshandlungen, wie sie die GesO (seit ihrer Fassung als GesVO 1990) in ihrem § 10 jetzt vorsieht.[31]

12 Die geschilderten unterschiedlichen Erfahrungshorizonte, die nicht nur bei Gläubigern, sondern auch bei Richtern, Rechtspflegern, Verwaltern, Schuldnern und Beratern zu beobachten sind, machen es in Anbetracht der Auslegungsschwierigkeiten eines kurzen, für eine Übergangszeit geschaffenen Gesetzes unausweichlich, daß unterschiedliche Rechtsauffassungen bestehen und fortbestehen werden. Rechtssicherheit wird auch im Laufe der nächsten Jahre nicht in allen Punkten zu erreichen sein. Um so wichtiger ist die genaue Beschäftigung mit Einzelheiten, die man als Gläubiger im Anwendungsbereich der Gesamtvollstreckungsordnung nicht allein den Gerichten und Verwaltern überlassen sollte. Denn anders als im Anwendungsbereich der Konkursordnung können diese in den Beitrittsländern nicht auf eine über 100jährige Rechtsprechung zurückgreifen. Damit sind die Lösungen vieler Rechtsfragen im Anwendungsbereich der Gesamtvollsteckungsordnung offen und damit nicht kalkulierbar. Der Gläubiger kann sich nicht darauf verlassen, daß die Angelegenheit gleichsam „von allein" ohne sein aktives Mitwirken in seinem besten Interesse erledigt wird. Hier zu helfen, ist Ziel dieses Buches.

---

26 BGBl. 1994 I, 2866.

27 Vgl. § 335 InsO iVm. Art. 110 Abs. 1 des Einführungsgesetzes zur Insolvenzordnung (EGInsO) vom 05.10.1994, BGBl. 1994 I, 2911, 2952.

28 Teilweise ist die InsO bereits in Kraft: vgl. § 335 InsO iVm. Art. 110 Abs. 2 EGInsO.

29 Art. 104 EGInsO bestimmt: „In einem Insolvenzverfahren, das nach dem 31. Dezember 1998 beantragt wird, gelten die Insolvenzordnung und dieses Gesetz auch für Rechtsverhältnisse und Rechte, die vor dem 1. Januar 1999 begründet worden sind."

30 Vgl. die Übersicht zu *Haarmeyer/Wutzke/Förster* Einl. Rn. 35 ff. (Auflistung von zwanzig Unterscheidungspunkten); Clemm u.a./*Burghart* Einf. GesO Rn. 13 ff.

31 Vgl. die Darstellung der GesVO 1975 bei *Smid*/Zeuner/*Gehloff* § 23 GesO Rn. 2 ff.; *Haarmeyer/Wutzke/Förster* § 23 GesO Rn. 2 ff.

§ 2 Anwendbarkeit der Gesamtvollstreckungsordnung

Übersicht

Ein Gläubiger sieht sich gesamtvollstreckungsrechtlichen Fragen nur dann gegenübergestellt, wenn für die Durchsetzung seiner Ansprüche die Gesamtvollstreckungsordnung in zeitlicher und räumlicher Hinsicht anwendbar ist, das Verfahren also nicht etwa in den Anwendungsbereich der Gesamtvollstreckungsordnung von 1975 (vgl. § 1 Rn. 3) oder der Konkursordnung fällt. **1**

I. Abgrenzung in zeitlicher Hinsicht

Mit Inkrafttreten des Einigungsvertrages am 03.10.1990[1] gilt die Gesamtvollstreckungsverordnung 1990 der ehemaligen DDR in leicht abgeänderter Form als Gesamtvollstreckungsordnung fort (vgl. § 1 Rn. 4). Seitdem ist die Gesamtvollstreckungsordnung bisher noch zweimal abgeändert worden.[2] Sie gilt heute in der Fassung vom 24.06.1994.[3] Ihr zeitlicher Anwendungsbereich ist für die Vergangenheit und die Zukunft begrenzt: **2**

— Die Gesamtvollstreckungsordnung gilt für alle Gesamtvollstreckungsverfah- **3**

1 Vgl. § 1 Fn. 10.

2 Vgl. Art. 5 des Gesetzes zur Beseitigung von Hemmnissen bei der Privatisierung von Unternehmen und zur Förderung von Investitionen vom 22.03.1991, BGBl. 1991 I 766, 783 (betreffend die Abkürzung „GesO“ sowie die Regelungen in §§ 9, 10 und 19 GesO) und Art. 5 des Gesetzes zur Änderung des Rechtspflegergesetzes und anderer Gesetze vom 24.06.1994, BGBl. 1994 I 1374, 1375 (betreffend §§ 11 und 23 GesO).

3 Vgl. vorherige Fn.

ren, deren Eröffnung **nach dem 01.07.1990** beantragt worden ist (§ 23 GesO). Verfahren, die im räumlichen Anwendungsbereich der Gesamtvollstreckungsordnung (vgl. dazu unten Rn. 5 ff.) am 01.07.1990 bereits eröffnet und heute noch nicht abgeschlossen sind, werden nach der Gesamtvollstreckungsverordnung von 1975 abgewickelt. Bei deren Anwendung sind allerdings im Hinblick auf den auch in Art. 9 Abs. 2 Einigungsvertrag[4] verankerten Grundsatz der verfassungskonformen Auslegung die Rechte der Gläubiger in größerem Umfang zu wahren, als dies der Wortlaut der Gesamtvollstreckungsverordnung von 1975 nahelegt.[5]

4 — Mit der Insolvenzordnung und dem Einführungsgesetz zur Insolvenzordnung vom 05.10.1994 hat der Gesetzgeber dem Anwendungsbereich der Gesamtvollstreckungsordnung in zeitlicher Hinsicht auch für die Zukunft eine Grenze gesetzt. Soweit die Regelungen der Insolvenzordnung und des Einführungsgesetzes zur Insolvenzordnung nicht bereits heute schon die Gesamtvollstreckungsordnung ergänzen (vgl. § 3 Rn. 13 ff.), wird die Insolvenzordnung am 01.01.1999 in Kraft treten (§ 335 InsO iVm. Art. 110 Abs. 1 EGInsO).[6] Die Gesamtvollstreckungsordnung gilt damit nur für alle Insolvenzverfahren, deren Eröffnung **vor dem 01.01.1999** beantragt wird (vgl. Art. 103, 104 EGInsO).

II. Abgrenzung in räumlicher Hinsicht

5 Räumlich ist der Anwendungsbereich der Gesamtvollstreckungsordnung gegenüber der in den alten Bundesländern geltenden Konkursordnung einerseits und gegenüber ausländischem Insolvenzrecht andererseits abzugrenzen. Derartigen Abgrenzungsfragen sieht sich ein Gläubiger beispielsweise gegenüber, wenn er erwägt, einen Antrag auf Eröffnung eines Konkurs- oder Gesamtvollstreckungsverfahrens über das Vermögen eines Schuldners zu stellen, der seinen Wohnsitz oder eine Betriebsstätte sowohl in den neuen als auch in den alten Bundesländern hat.

1. Abgrenzung der Gesamtvollstreckungsordnung gegenüber der Konkursordnung

6 Die GesVO 1990 enthielt lediglich in § 22 eine Regelung zur Abgrenzung gegenüber ausländischen Insolvenzverfahren. „Interlokalrechtliche" Bestim-

---

4 Art. 9 Abs. 2 Einigungsvertrag lautet: „Das in Anlage II aufgeführte Recht der Deutschen Demokratischen Republik bleibt mit den dort genannten Maßgaben in Kraft, soweit es mit dem Grundgesetz unter Berücksichtigung dieses Vertrags sowie mit dem unmittelbar geltenden Recht der Europäischen Gemeinschaften vereinbar ist."

5 Vgl. im einzelnen zu den Regelungen der GesVO 1975 und zur ergänzenden Auslegung in verfasssungskonformer Weise *Smid*/Zeuner/*Gehloff* § 23 GesO Rn. 2 bis 23.

6 Für einen Überblick über die wichtigsten Änderungen des Insolvenzrechts durch die Insolvenzordnung vgl. *Haarmeyer/Wutzke/Förster* Einl. GesO Rn. 129 ff.

mungen zur Abgrenzung zwischen dem Anwendungsbereich der Konkursordnung und dem der Gesamtvollstreckungsordnung sind erst aufgrund des Beitritts der Deutschen Demokratischen Republik zur Bundesrepublik Deutschland erforderlich geworden, weil dadurch insolvenzrechtliche Teilgebiete geschaffen wurden.

Der Einigungsvertrag regelt in zwei parallelen „interlokalrechtlichen" Bestimmungen, inwieweit sich die Konkursordnung auf Vermögen im Beitrittsgebiet erstreckt und inwieweit die Gesamtvollstreckungsordnung Vermögen in den alten Bundesländern erfaßt. Beide Bestimmungen beruhen auf dem für das internationale Insolvenzrecht entwickelten und in § 22 Abs. 1 GesO festgeschriebenen „Universalitätsprinzip".[7] Nach diesem Prinzip soll ein Insolvenzverfahren grundsätzlich alle im In-und Ausland belegenen Vermögensgegenstände des Schuldners erfassen.[8] Entsprechend erstreckt sich ein im Geltungsbereich einer der Teilrechtsordnungen (Gesamtvollstreckungsordnung oder Konkursordnung) eröffnetes Insolvenzverfahren auch auf das Vermögen des Schuldners im Anwendungsbereich der anderen insolvenzrechtlichen Teilrechtsordnung. So bestimmt Anlage II zum Einigungsvertrag, Kapitel III, Sachgebiet A, Abschnitt II Ziff. 1 d: 7

> „Ein Gesamtvollstreckungsverfahren erfaßt auch das im Geltungsbereich der Konkursordnung befindliche Vermögen des Schuldners. Die Zwangsvollstreckung in solches Vermögen oder ein gesondertes Konkursverfahren hierüber sind nicht zulässig."

Der umgekehrte Fall der Erstreckung eines Konkursverfahrens auch auf im Geltungsbereich der Gesamtvollstreckungsordnung belegenes Vermögen des Schuldners ist durch die im Einigungsvertrag vorgesehene Ergänzung von § 22 GesO im Absatz 4 dieser Vorschrift geregelt worden.[9] Danach soll die Regelung des § 22 Abs. 1 GesO für ein Konkursverfahren, das im Geltungsbereich der Konkursordnung eröffnet wird, entsprechend gelten. § 22 Abs. 1 GesO könnte damit streng genommen zur Lösung interlokalrechtlicher Fragen wie folgt zu lesen sein: 8

> „Ein Konkursverfahren erfaßt auch das im Geltungsbereich der Gesamtvollstreckungsordnung befindliche Vermögen des Schuldners. Dies gilt nicht,
> 1.wenn das verfahrenseröffnende Konkursgericht nach der Gesamtvollstreckungsordnung nicht zuständig ist;
> 2.wenn das Konkursverfahren den Grundprinzipien des Gesamtvollstreckungsrechts widerspricht."

Allerdings macht die uneingeschränkte Anwendung von § 22 Abs. 1 GesO 9

---

7 So ausdrücklich die Erläuterungen zu Kapitel III der Anlage II des Einigungsvertrages zu Sachgebiet A, Abschnitt II Nr. 1 (BR-Drucks. 605/90; BT-Drucks. 11/7817), abgedruckt im Anhang III.3.

8 Vgl. BGHZ 95, 256, 263 ff. sowie Kilger/*K.Schmidt* § 22 GesO Anm. 2 a); *Hess/Binz/Wienberg* § 22 GesO Rn. 1; Hess/*Binz* KO § 22 GesO Rn. 1.

9 Anlage II zum Einigungsvertrag, Kapitel III, Sachgebiet A, Abschnitt II Ziff. b, 1 nn.

einschließlich der in Satz 2 Nr. 1 und 2 genannten beiden Ausnahmen auch bei der vorstehenden Lesart keinen Sinn.[10] Die durch den Einigungsvertrag geschaffene Verweisung in § 22 Abs. 4 GesO auf die Regelungen zur Abgrenzung gegenüber ausländischem Insolvenzrecht in § 22 Abs. 1 GesO ist deshalb einschränkend als eine Verweisung nur auf **§ 22 Abs. 1 Satz 1 GesO** zu lesen. Hierfür spricht folgendes:

10 — Die zitierten Vorschriften zum räumlichen Anwendungsbereich der Gesamtvollstreckungsordnung und der Konkursordnung sind beide durch den Einigungsvertrag geschaffen worden. Sie sollten im Interesse eines einheitlichen deutschen interlokalen Insolvenzrechts auch einheitlich ausgelegt werden.[11] Den Abweichungen sollte keine materielle Bedeutung zugemessen werden. Sie sind eher gesetzestechnischer Art.[12]

11 — Die entsprechende Anwendung von § 22 Abs. 1 Satz 2 **Nr. 1** GesO würde zu unangemessenen Ergebnissen führen. Die Anwendung dieser Norm in der hier erörterten Lesart würde bedeuten, daß ein Konkursverfahren im Geltungsbereich der Gesamtvollstreckungsordnung nur dann anerkannt werden könnte, wenn das Konkursgericht auch nach den Regelungen der Gesamtvollstreckungsordnung zuständig wäre. Die Zuständigkeitsregelungen der Gesamtvollstreckungsordnung, die in einigen Fällen zu anderen Ergebnissen führen als die Zuständigkeitsregelungen der Konkursordnung (vgl. unten Rn. 15 ff., 20), gingen der Konkursordnung grundsätzlich vor. Damit wäre der Anwendungsbereich der Gesamtvollstreckungsordnung weiter als derjenige der Konkursordnung. Dieses Ergebnis ist im Interesse eines einheitlichen deutschen Insolvenzrechtes zu vermeiden.

12 — Ein Grund für die Einbeziehung einer „ordre public"-Klausel (§ 22 Abs. 1 Satz 2 **Nr. 2** GesO)[13] ist auch nicht erkennbar. Der Zweck einer „ordre public"-Klausel ist es, die Anwendung fremden Rechtes zu vermeiden, das zu Ergebnissen führt, die mit den Grundprinzipien deutschen Rechtes offensichtlich unvereinbar sind.[14] Ein solcher Zweck ist hier nicht erkennbar, weil Wertungswidersprüche bei zwei insolvenzrechtlichen Teilrechtsordnungen, die beide an dem Wertesystem des Grundgesetzes zu messen sind (vgl. Art. 9 Abs. 2 Einigungsvertrag[15]), nicht auftreten können.[16]

13 Die Konsequenzen für den Gläubiger werden im folgenden dargestellt.

---

10 Vgl. auch Clemm u.a./*Burghart* § 22 GesO Rn. 4; *Haarmeyer/Wutzke/Förster* § 22 GesO Rn. 12 (offenkundiges Redaktionsversehen).

11 In diesem Sinne auch Gottwald/*Arnold*, Nachtrag GesO S. 207 Rn. 7 f.

12 So auch die Einschätzung von Gottwald/*Arnold*, Nachtrag GesO S. 207 Rn. 7.

13 Vgl. zu dieser Regelung Gottwald/*Arnold*, Nachtrag GesO S. 214 Rn. 44.

14 Vgl. Art. 6 EGBGB und dazu *Kropholler*, Internationales Privatrecht, S. 222 ff; vgl. auch *Brödermann/Rosengarten*, IPR Rn. 82 ff.

15 Abgedruckt in Fn. 4.

16 Im Ergebnis so auch Gottwald/*Arnold*, Nachtrag GesO S. 213 Rn. 41 bis 42.

2. Bestimmung des zuständigen Insolvenzgerichtes

Das für die Durchführung eines Insolvenzverfahrens zuständige Amtsgericht wird im Anwendungsbereich der Gesamtvollstreckungsordnung nach § 1 Abs. 2 GesO und im Anwendungsbereich der Konkursordnung nach § 71 Abs. 1 KO bestimmt. Die Regelungen haben zwar einen voneinander abweichenden Wortlaut, führen aber nur in wenigen Fällen und auch nur in Insolvenzverfahren über das Vermögen natürlicher Personen zu unterschiedlichen Ergebnissen. **14**

a) Insolvenzverfahren über das Vermögen juristischer Personen

Ist über die Zuständigkeit des Insolvenzgerichtes zur Eröffnung eines Insolvenzverfahrens über das Vermögen einer juristischen Person zu entscheiden, kommt es sowohl im Anwendungsbereich der Gesamtvollstreckungsordnung als auch im Anwendungsbereich der Konkursordnung auf den **Hauptverwaltungssitz** des Schuldners an. Für den Anwendungsbereich der Gesamtvollstreckungsordnung läßt sich dies dem Wortlaut von § 1 Abs. 2 GesO entnehmen („Sitz").[17] Für den Anwendungsbereich der Konkursordnung folgt dies aus der Interpretation von § 71 Abs. 1 KO. Danach ist das Amtsgericht am Ort der gewerblichen Hauptniederlassung des Gemeinschuldners und in Ermangelung eines solchen am Ort seines allgemeinen Gerichtsstandes zuständig (vgl. ebenso § 2 Vergleichsordnung). Unter der gewerblichen Niederlassung wird das Zentrum der geschäftlichen Bestätigung verstanden,[18] das sich im wesentlichen mit dem Hauptverwaltungssitz einer juristischen Person deckt.[19] **15**

Damit wird für juristische Personen die gerichtliche Zuständigkeit in der Gesamtvollstreckungsordnung und in der Konkursordnung nach denselben Kriterien bestimmt. In beiden Fällen reicht eine **Zweigniederlassung** oder die Auslagerung einer betrieblichen Funktion (etwa Produktion) eines Unternehmens aus dem Ort der Hauptniederlassung **nicht** aus, um die Zuständigkeit eines Insolvenzgerichtes zu begründen.[20] **16**

Sollte sich ein Konkursgericht unter Verstoß gegen § 71 Abs. 1 KO oder aufgrund einer Verkennung des zugrundeliegenden Sachverhaltes für zuständig erklären, obwohl im Grunde genommen ein Amtsgericht im Anwendungsbereich der Gesamtvollstreckungsordnung zuständig wäre, ist es dem nach § 1 Abs. 2 GesO eigentlich zuständigen Gericht verwehrt, ein Gesamtvollstreckungsverfahren zu eröffnen.[21] Solange ein Insolvenzverfahren bei einem zu einer der beiden deutschen insolvenzrechtlichen Teilrechtsordnungen gehörigen Gericht anhängig ist, darf ein Gericht der anderen Teilrechtsordnung ein **17**

---

17 Vgl. *Smid*/Zeuner § 1 GesO Rn. 117 f.
18 Jäger/*Weber* § 71 KO Rn. 3; Kuhn/*Uhlenbruck* § 71 KO Rn. 3.
19 Ebenso Gottwald/*Arnold*, Nachtrag GesO S. 209 Rn. 20.
20 Vgl. für den Anwendungsbereich der GesO: *Smid*/Zeuner § 1 GesO Rn. 118; für den Anwendungsbereich der KO: Kuhn/*Uhlenbruck* § 71 KO Rn. 3.
21 Ebenso Gottwald/*Arnold*, Nachtrag GesO S. 212 Rn. 37; S. 213 f. Rn. 43.

Verfahren nicht eröffnen. Hierfür spricht ferner die nach Art. 8 Einigungsvertrag auch in den neuen Bundesländern geltende Vorschrift des § 160 GVG, nach der Vollstreckungen, Ladungen und Zustellungen in ganz Deutschland unabhängig davon durchzuführen sind, in welchem Bundesland die gerichtliche Entscheidung erging.[22] Ist ein Insolvenzverfahren irgendwo in Deutschland **rechtskräftig** eröffnet worden, kann die Zuständigkeit des eröffnenden Gerichtes nicht mehr in Frage gestellt werden.[23]

18 Bis zur Rechtskraft des Eröffnungsbeschlusses kann ein Gläubiger eine fristgebundene sofortige Beschwerde (vgl. § 7 Rn. 125) erheben, wenn er der Ansicht ist, daß ein unzuständiges Gericht das Verfahren eröffnet hat. Er sollte in diesem Fall eine Verweisung an das örtlich zuständige Gericht beantragen. Eine solche Verweisung ist in entsprechender Anwendung von § 281 ZPO, auf die sowohl in § 1 Abs. 3 GesO als auch in § 72 KO verwiesen wird, zulässig.[24] Sind die tatsächlichen Umstände, aus denen sich die Zuständigkeit des Insolvenzgerichtes ergibt, so unklar, daß sich sowohl die Antragstellung bei einem Gericht im Anwendungsbereich der Gesamtvollstreckungsordnung als auch bei einem Gericht im Anwendungsbereich der Konkursordnung rechtfertigen läßt, sollte der Gläubiger versuchen, bei dem ihm günstiger erscheinenden Gericht die Eröffnung des Konkurs- oder Gesamtvollstreckungsverfahrens zu beantragen. Da eine sofortige Beschwerde im Hinblick auf die nur zweiwöchige Beschwerdefrist (vgl. § 7 Rn. 125) vielfach nur einem sehr aufmerksamen Beteiligten möglich sein dürfte, erscheint es sinnvoll, sich bereits frühzeitig mit der Zuständigkeitspräferenz („Forum-shopping") auseinanderzusetzen.

19 Sind die tatsächlichen Umstände, aus denen sich die Zuständigkeit eines Gesamtvollstreckungsgerichtes oder eines Konkursgerichtes ergibt, nicht hinreichend zu ermitteln, kann es zu einem **negativen Kompetenzkonflikt** (keine Zuständigkeit feststellbar) kommen. In diesem Fall kann der Bundesgerichtshof als übergeordnetes Gericht in entsprechender Anwendung von § 36 Nr. 6 ZPO[25] das zuständige Insolvenzgericht bestimmen.[26]

---

22 So überzeugend Gottwald/*Arnold*, Nachtrag GesO S. 214 Rn. 43 Fn. 18. Wörtlich bestimmt § 160 GVG: „Vollstreckungen, Ladungen und Zustellungen werden nach Vorschrift der Prozeßordnungen bewirkt ohne Rücksicht darauf, ob sie in dem Land, dem das Prozeßgericht angehört, oder in einem anderen deutschen Land vorzunehmen sind."

23 So zutreffend Gottwald/*Arnold*, Nachtrag GesO S. 211 Rn. 28, S. 212 f. Rn. 38 ff., S. 213 f. Rn. 43; aA wohl *Pape* WIB, 1995 150, 154 f., der für die Anwendung von §§ 36 f. ZPO eintritt; in diesem Sinne auch LG Göttingen ZIP 1995, 580, 581 (ohne aber die Frage „abschließend" zu entscheiden).

24 BGH ZIP 1992, 1274 (unter II.1.); in diesem Sinne wohl auch Gottwald/*Arnold*, Nachtrag GesO S. 212 Rn. 32 f. (mit Argumenten gegen die Anwendung der Regelungen zur Rechtswegverweisung nach §§ 17 bis 17 b GVG).

25 Vgl. Anhang II.4.

26 Vgl. BGH ZIP 1992, 1274; Gottwald/*Arnold*, Nachtrag GesO S. 212 Rn. 35; *Pape* WIB 1995, 150, 154 (IV. 3. b) und 155 (V).

b) Insolvenzverfahren über das Vermögen natürlicher Personen

Wenn die gewerbliche Niederlassung und der Wohnsitz des Schuldners zusammenfallen, führen die unterschiedlichen Regelungen in § 1 Abs. 2 GesO und in § 71 Abs. 1 KO auch bei natürlichen Personen zu gleichen Ergebnissen. **20**

Wenn der Wohnsitz und die gewerbliche Niederlassung auseinanderfallen, ist nach § 71 Abs. 1 KO das Gericht am Ort der gewerblichen Niederlassung,[27] nach § 1 Abs. 2 GesO das Wohnsitzgericht zuständig. Zu einem interlokalrechtlichen Konflikt zwischen den beiden deutschen insolvenzrechtlichen Teilrechtsordnungen kommt es, wenn zwischen dem Wohnsitz und dem Ort der gewerblichen Niederlassung die **Landesgrenze zwischen einem alten und einem neuen Bundesland** liegt. Wohnt der Schuldner zB in (West-)Berlin und führt er sein Geschäft in Potsdam, kommt es zu einem **negativen Kompetenzkonflikt** (keine Zuständigkeit feststellbar), über den der Bundesgerichtshof in entsprechender Anwendung des § 36 Nr. 6 ZPO entscheiden müßte (vgl. oben Rn. 19). Wohnt der Kaufmann umgekehrt in Potsdam und betreibt er seine gewerbliche Niederlassung in (West-)Berlin, besteht ein **positiver Kompetenzkonflikt** (mehrere Zuständigkeiten). Im Interesse einer einheitlichen insolvenzrechtlichen Lösung sollte dann nicht der Zuständigkeitsregelung in der Gesamtvollstreckungsordnung nach § 22 Abs. 1 Satz 2 Nr. 1 Vorrang eingeräumt werden (vgl. dazu oben Rn. 8, 11). Stattdessen sollte in entsprechender Anwendung von § 71 Abs. 2 KO das Verfahren bei dem Gericht durchgeführt werden, bei welchem zuerst die Eröffnung des Verfahrens beantragt worden ist.[28] Ist ein Insolvenzverfahren bereits rechtskräftig sowohl durch ein Konkursgericht als auch durch ein Gesamtvollstreckungsgericht eröffnet worden, wird das zuständige Gericht durch den Bundesgerichtshof bestimmt (§ 36 Nr. 5 ZPO). **21**

Gelegentlich nutzen Schuldner die Unterschiede zwischen der Gesamtvollstreckungsordnung und der Konkursordnung: Durch die **Wohnsitzverlegung** von einem alten Bundesland in das Beitrittsgebiet läßt sich die Zuständigkeit eines Gesamtvollstreckungsgerichts und die Durchführung eines Gesamtvollstreckungsverfahrens mit der Möglichkeit der beschränkten Restschuldbefreiung (§ 18 Abs. 2 Satz 3 GesO)[29] erwirken. Die Zulässigkeit eines solchen Umzugs zum Zwecke der Vermeidung eines Konkursverfahrens ist umstritten.[30] Im Hinblick auf das Grundrecht auf Freizügigkeit (Art. 11 GG) wird ein Wohn- **22**

---

27 Jäger/*Weber* § 71 KO Rn. 2.

28 So auch Gottwald/*Arnold*, Nachtrag GesO S. 211 Rn. 27; aA wohl *Pape* WIB, 1995 150, 154 f., der für die Anwendung von §§ 36 f. ZPO eintritt; in diesem Sinne auch LG Göttingen ZIP 1995, 580, 581 (ohne aber die Frage „abschließend" zu entscheiden).

29 Vgl. *Haarmeyer/Wutzke/Förster* § 18 GesO Rn. 53 ff.; *Smid*/Zeuner § 18 GesO Rn. 38, 51 ff.

30 Vgl. für die Zulässigkeit: *Zeuner* BB 1991, Supplement Deutsche Einigung, Folge 23, 10, 12 ff.; *Smid*/Zeuner § 1 GesO Rn. 97; dagegen: *Haarmeyer/Wutze/Förster* § 1 GesO Rn. 258; kritisch auch: *Wenzel* MDR 1992, 1023, 1025.

sitzwechsel aber stets zu tolerieren sein, wenn er tatsächlich vollzogen wurde und der Schuldner im Beitrittsgebiet nunmehr den räumlichen Schwerpunkt der gesamten Wohnverhältnisse errichtet hat.[31]

c) Zuständigkeit mehrerer Insolvenzgerichte bei Fällen mit Auslandsbezug

23 Gelegentlich kann es auch in Fällen mit Auslandsbezug vorkommen, daß zwei oder mehr Insolvenzgerichte zuständig sind, die teils im Anwendungsbereich der Gesamtvollstreckungsordnung und teils im Anwendungsbereich der Konkursordnung liegen. Dies ist denkbar, wenn der Schuldner seinen Wohnsitz oder Hauptverwaltungssitz im **Ausland** hat. Dann sehen sowohl § 22 Abs. 2 GesO als auch § 238 KO die Eröffnung eines auf das Inlandsvermögen beschränkten Insolvenzverfahrens vor (vgl. unten Rn. 32). Hat zB ein schwedisches Unternehmen Niederlassungen in Hamburg und Magdeburg oder hat eine im Ausland lebende Privatperson Grundbesitz in den alten und den neuen Bundesländern, kommt sowohl die Eröffnung eines dinglich beschränkten Gesamtvollstreckungsverfahrens als auch die Eröffnung eines dinglich beschränkten Konkursverfahrens in Betracht. In diesen Fällen sollte in entsprechender Anwendung von § 71 Abs. 2 KO nur das Gericht zuständig sein, bei dem die Eröffnung des Verfahrens zuerst beantragt worden ist.[32] Das nach der Gesamtvollstreckungsordnung oder der Konkursordnung eröffnete beschränkte dingliche Insolvenzverfahren erfaßt jeweils auch das Vermögen des Schuldners, das im Geltungsbereich der anderen deutschen insolvenzrechtlichen Teilrechtsordnung belegen ist.[33]

3. Auswirkungen der Gesamtvollstreckungsordnung auf ein eröffnetes Vergleichsverfahren

24 Das Vergleichsverfahren ist in den neuen Bundesländern abweichend vom Anwendungsbereich der Konkursordnung nicht gesondert geregelt. Die Möglichkeit eines Vergleiches zwischen dem Schuldner und den Gläubigern ist für den Anwendungsbereich der Gesamtvollstreckungsordnung lediglich in § 16 GesO vorgesehen (vgl. dazu unten § 19).

25 Die räumliche Abgrenzung zwischen einem in den alten Bundesländern durchzuführenden Vergleichsverfahren und einem im Beitrittsgebiet beantragten Gesamtvollstreckungsverfahren ist in der Gesamtvollstreckungsordnung nicht ausdrücklich geregelt worden. Die Vorschrift von § 22 Abs. 4 GesO nimmt nur auf „Konkursverfahren" Bezug, die im Geltungsbereich der Konkursordnung eröffnet werden. Damit läßt sie offen, ob die Eröffnung eines Gesamtvollstreckungsverfahrens zulässig ist, wenn im Anwendungsbereich der Konkursordnung ein Vergleichsverfahren eröffnet wird. Da die Gesamtvollstreckungsord-

31 Vgl. Palandt/*Heinrichs* § 7 BGB Rn. 1.
32 Vgl. so auch Gottwald/*Arnold*, Nachtrag GesO S. 211 Rn. 27.
33 Gottwald/*Arnold*, Nachtrag GesO S. 209 Rn. 22.

nung als ein einheitliches Insolvenzverfahren ausgestaltet ist und auch den Vergleich einschließt,[34] sollte § 22 Abs. 4 GesO entsprechend auf die Eröffnung eines Vergleichsverfahrens in den alten Bundesländern angewendet werden.[35] Damit wird durch ein rechtskräftig eröffnetes Vergleichsverfahren die Eröffnung eines Gesamtvollstreckungsverfahrens ausgeschlossen.

4. Abgrenzung der Gesamtvollstreckungsordnung gegenüber ausländischem Konkursrecht

Die Gesamtvollstreckungsordnung enthält in § 22 GesO eine über das Internationale Konkursrecht der Konkursordnung hinausgehende[36] Regelung für Gesamtvollstreckungsverfahren mit Auslandsberührung. Danach sind ausländische Insolvenzverfahren grundsätzlich anzuerkennen, die Anerkennung steht jedoch der Eröffnung eines auf das Inlandsvermögen beschränkten Gesamtvolstreckungsverfahrens nicht entgegen. Fragen der Auswirkung eines inländischen Gesamtvollstreckungsverfahrens auf im Ausland belegenes Vermögen und Fragen der Durchsetzung von Masseansprüchen durch den Verwalter im Ausland („Aktivlegitimation") sind hingegen in § 22 GesO nicht geregelt. **26**

a) Anerkennung ausländischer Insolvenzverfahren

Ausgehend von dem Prinzip, daß ein Insolvenzverfahren grundsätzlich alle im In- und Ausland belegenen Vermögensgegenstände des Schuldners erfassen soll (Universalitätsprinzip, vgl. oben Rn. 7), wird ein ausländisches Insolvenzverfahren grundsätzlich auch im Anwendungsbereich der Gesamtvollstreckungsordnung anerkannt (§ 22 Abs. 1, 2 GesO). Dies gilt jedoch nur unter der Voraussetzung, daß das ausländische Gericht des Staates der Verfahrenseröffnung nach inländischem Recht zuständig ist und das ausländische Verfahren nicht den Grundprinzipien des inländischen Rechts widerspricht (§ 22 Abs. 1 Satz 2 GesO). Auf Einzelheiten soll hier nicht eingegangen werden.[37] **27**

Eine umfassende, vorrangig zu beachtende abweichende Regelung besteht bisher nur im Verhältnis zwischen Österreich und Deutschland aufgrund eines Staatsvertrages vom 25.05.1979,[38] der nach Art. 11 des Einigungsvertrages auch **28**

---

34 Vgl. Ziff. 1 der Begründung der Beschlußvorlage des Justizministeriums der DDR zum Beschluß des Ministerrates zur Verordnung über die Gesamtvollstreckung und über die Verordnung über die Vollstreckung in Grundstücke vom 30.05.1990.

35 So zuerst Kilger/*K.Schmidt* § 22 GesO Anm. 4 a).

36 So auch Smid/*Zeuner* § 22 GesO Rn. 19; *Haarmeyer/Wutzke/Förster* § 22 GesO Rn. 4 f.

37 Siehe hierzu *Aderhold*, Auslandskonkurs im Inland, S. 168 ff.; *Hess/Binz/Wienberg* § 22 GesO Rn. 2 ff.; Smid/*Zeuner* § 22 GesO Rn. 14 ff.; Gottwald/*Arnold*, Nachtrag GesO S. 195 ff.; *Haarmeyer/Wutzke/Förster* § 22 GesO Rn. 2-6.

38 Vertrag zwischen der Bundesrepublik Deutschland und der Republik Österreich auf dem Gebiet des Konkurs- und Vergleichs-(Ausgleichs-)Rechts, BGBl. 1985 II 410,

im Anwendungsbereich der Gesamtvollstreckungsordnung zu beachten ist.[39] Art. 1 dieses Vertrages bestimmt:

> „Wird in einem Vertragsstaat, dessen Gerichte nach diesem Vertrag zuständig sind, das Konkursverfahren eröffnet, so erstrecken sich die Wirkungen des Konkurses nach Maßgabe der Bestimmungen dieses Vertrages auf das Gebiet des anderen Vertragsstaates.“

29 „Konkursverfahren“ im Sinne des Staatsvertrages ist auch ein Gesamtvollstreckungsverfahren.[40]

30 Der Staatsvertrag kann in der Konsequenz dazu führen, daß ein in Österreich eröffnetes Insolvenzverfahren aufgrund dieses Vertrages anzuerkennen ist, obwohl das österreichische Gericht nach den Zuständigkeitsvorschriften der Gesamtvollstreckungsordnung (§§ 22 Abs. 1 Nr. 1, 1 Abs. 2 GesO) nicht zuständig wäre (vgl. die Zuständigkeitsregelungen in Art. 2 des Staatsvertrages). Der Staatsvertrag wird durch ein Ausführungsgesetz ergänzt,[41] das durch den Einigungsvertrag im Beitrittsgebiet in Kraft gesetzt worden ist (Anlage 1, Kap. III, Sachgebiet A, Abschnitt II, Nr. 18).

31 Weitere umfassende, vorrangig anwendbare staatsvertragliche Vereinbarungen bestehen bisher nicht. Insbesondere ist noch nicht abzusehen, wann das auf Art. 220 EG-Vertrag gestützte Übereinkommen über Insolvenzverfahren in Kraft treten wird, das im Herbst 1995 bereits von der Mehrzahl der Vertragsstaaten unterzeichnet worden ist.[42] Im Verhältnis zu den Niederlanden besteht eine inhaltlich beschränkte staatsvertragliche Regelung, die aber nur die gegenseitige Anerkennung von Eintragungen in die „Konkurstabelle“ und von in einem Konkurs- oder Vergleichsverfahren abgeschlossenen Vergleichen betrifft (vgl. unten Rn. 35). Am 05.06.1990 haben die Bundesrepublik Deutschland, Belgien, Frankreich, Griechenland, Italien, Luxemburg und die Türkei in Istanbul ein Europäisches Übereinkommen über gewisse internationale Aspekte des Konkurses unterzeichnet, das aber bisher noch von keinem Staat ratifiziert worden ist.[43]

411, 712; vgl. die Darstellung des Vertrages bei *Aderhold*, Auslandskonkurs im Inland, S. 148 ff., *Wiesbauer*, ZIP 1982, 1285 – 1292 (aus österreichischer Sicht).

39 Vgl. *Brödermann/Rosengarten*, IPR Rn. 188 ff. (Fall 18 a).

40 BReg., Erläuterungen zu den Anlagen des Einigungsvertrages, BT-Drucks. 11/7817 S. 29.

41 Ausführungsgesetz zum deutsch-österreichischen Konkursvertrag (DöKVAG) vom 03.03.1985, BGBl. 1985 I 535, 780.

42 Vgl. Rat der Europäischen Union, Dok.-Nr. 9213/95 (Limité) vom 12.09.1995. Das Übereinkommen enthält in Art. 16 ff wesentlich erleichterte Anerkennungsvoraussetzungen. Zur Bedeutung des Übereinkommens für das Internationale Privatrecht vgl. auch *Brödermann*/Iversen, Europäisches Gemeinschaftsrecht und IPR, Rn. 68 Fn. 52.

43 *Jayme/Hausmann*, Internationales Privat- und Verfahrensrecht, 7. Aufl. 1994, H., Anm. 1 auf S. 561.

b) Gegenständlich beschränktes Gesamtvollstreckungsverfahren

Trotz der Anerkennung eines ausländischen Insolvenzverfahrens sieht § 22 Abs. 2 GesO – ähnlich wie § 238 Abs. 2 KO – die Möglichkeit der Eröffnung eines Gesamtvollstreckungsverfahrens vor, das gegenständlich auf das im Inland befindliche Vermögen des Schuldners beschränkt ist.[44] Das Verfahren kann jederzeit, also auch nach Einleitung des ausländischen Insolvenzverfahrens, eröffnet werden. Die Verfahrenseröffnung findet unter erleichterten Bedingungen statt, da nach § 22 Abs. 3 GesO im Hinblick auf das ausländische Insolvenzverfahren der Nachweis der Zahlungsunfähigkeit oder Überschuldung entbehrlich ist. Die Insolvenzreife wird unwiderleglich vermutet.[45] **32**

Dies würde dazu führen, daß dasselbe Grundstück sowohl in dem ausländischen als auch in dem inländischen Insolvenzverfahren zur Masse gezogen werden könnte. Im Hinblick auf den ausdrücklichen Wortlaut von § 22 Abs. 2 GesO, der der Bestimmung in § 238 KO insoweit entspricht, muß in diesem Fall der Beschlag durch den inländischen Verwalter **Vorrang** haben. Andernfalls wäre die Vorschrift in § 22 Abs. 2 GesO sinnentleert. Für eine einschränkende Anwendung dieser Regelung besteht deshalb kein Ansatzpunkt.[46] **33**

c) Wirkung des Gesamtvollstreckungsverfahrens auf im Ausland belegenes Vermögen

Aus dem auf dem „Universalitätsprinzip“ beruhenden § 22 Abs. 1 GesO (vgl. oben Rn. 7) läßt sich der Wille des Gesetzgebers entnehmen, die Wirkungen des Gesamtvollstreckungsverfahrens auch auf das im Ausland belegene Vermögen zu erstrecken. Ob die Erfassung im Ausland belegenen Vermögens im Ausland anerkannt wird, hängt von dem jeweils betroffenen ausländischen internationalen Konkursrecht ab.[47] **34**

Eine vorrangige, umfassende staatsvertragliche Regelung der Wirkung deutscher Insolvenzverfahren im Ausland besteht bisher nur im Verhältnis zu **Österreich** (vgl. oben Rn. 28 ff.). In **Holland** werden in Gesamtvollstreckungs- **35**

---

44 Im Verhältnis zu Österreich wird die Bestimmung in § 22 Abs. 2 GesO durch § 1 des deutsch-österreichischen Konkursvertragsausführungsgesetzes (vgl. oben Rn. 30) ergänzt.

45 Kilger/*K.Schmidt* § 23 GesO Anm. 3.

46 So aber Smid/*Zeuner* § 22 GesO Rn. 23 aE.

47 Gottwald/*Arnold*, Insolvenzrechts-Handbuch § 122 KO Rn. 60 ff. (mit einer Übersicht zur Rechtslage in einzelnen Staaten); vgl. zB zur Verwehrung der Anerkennung in Belgien Handelsgericht Brüssel KTS 1978, 247 ff. (Verstoß des deutschen internationalen Konkursrechts gegen den belgischen Ordre Public, weil die Möglichkeit eines gegenständlich beschränkten Konkursverfahrens das in Belgien zwingend geltende Universalitätsprinzip durchbräche). Für die Anerkennung in Frankreich nach Durchführung eines gerichtlichen Anerkennungs- und Vollstreckungsverfahrens, vgl. z.B. Cour d'Appel von Paris, 1. Kammer, Section C, Urteil v. 09.02.1993 (Az. 92-8095).

verfahren begründete Titel (vgl. § 20 Rn. 68) nach Art. 16 des deutsch-niederländischen Staatsvertrages vom 30.08.1962 anerkannt.[48]

§ 3 Ergänzung der Gesamtvollstreckungsordnung durch andere Rechtsvorschriften

Übersicht

Siehe auch Anhang II: Gesetzestexte

1 Es wurde bereits darauf hingewiesen, daß die Gesamtvollstreckungsordnung durch **internationale** Übereinkommen ergänzt oder **verdrängt** werden kann, so zB durch den deutsch-niederländischen Staatsvertrag vom 30.08.1962 (vgl. dazu oben § 2 Rn. 35) oder den Vertrag vom 25.05.1979 zwischen der Bundesrepublik Deutschland und der Republik Österreich auf dem Gebiet des Konkurs- und Vergleichsrechts (vgl. dazu oben § 2 Rn. 28 ff.). Außer solchen staatsvertraglichen Rechtsnormen gibt es eine Vielzahl von **nationalen** Bestimmungen, die die Gesamtvollstreckungsordnung ergänzen. Neben den bereits erwähnten Vorschriften der Anlage 2 zum Einigungsvertrag (vgl. dazu § 2 Rn. 7 ff.) werden die Vorschriften der Gesamtvollstreckungsordnung durch zahlreiche Bestimmungen anderer Gesetze ergänzt, die im wesentlichen nachstehend genannt werden.

I. Zivilprozeßordnung

2 Nach § 1 Abs. 3 GesO sind auf das Verfahren der Gesamtvollstreckung die Vorschriften der Zivilprozeßordnung (ZPO) entsprechend anzuwenden, **soweit**

48 Vgl. Art. 16 Abs. 1 c-d) des Vertrages zwischen der Bundesrepublik Deutschland und dem Königreich der Niederlande über die gegenseitige Anerkennung und Vollstreckung gerichtlicher Entscheidungen und anderer Schuldtitel in Zivil- und Handelssachen, BGBl. 1965 II 26, 27.

die GesO keine abweichenden Regelungen trifft. Diese Verweisung bezieht sich nach Art. 8 iVm. Anlage I des Einigungsvertrages (dort Kapitel III Sachgebiet A Abschnitt III Nr. 28 b) auf die seit dem 03.10.1990 in ganz Deutschland geltende bundesdeutsche ZPO.[1]

Die Bestimmungen der ZPO sind auf das Gesamtvollstreckungsverfahren aber 3
nur insoweit anwendbar, als dies mit der besonderen Natur des Gesamtvollstreckungsverfahrens zu vereinbaren ist.[2] Das Gesamtvollstreckungsverfahren ist als nichtstreitiges Verfahren der rechtsfürsorgerischen Beaufsichtigung ausgestaltet, das den Zweck verfolgt, alle am Verfahren beteiligten Gläubiger gleichmäßig zu befriedigen (vgl. § 1 Rn. 1). Es handelt sich demnach nicht um einen streitigen Mehrparteienprozeß im herkömmlichen Sinne.[3] Die Vorschriften der ZPO sind daher trotz der insoweit uneingeschränkten Verweisung in § 1 Abs. 2 GesO unanwendbar, wenn sie speziell auf die streitige Zweiparteienstruktur zugeschnitten sind.

Nach diesen Grundsätzen sind insbesondere folgende Vorschriften der ZPO im 4
Gesamtvollstreckungsverfahren anwendbar:[4]

— §§ 13 ff. ZPO:	Allgemeiner Gerichtsstand
— § 36 ZPO:	Bestimmung des örtlich zuständigen Gerichts (vgl. dazu auch oben § 2 Rn. 19, 21)
— §§ 41 ff. ZPO:	Ausschließung und Ablehnung von Gerichtspersonen
— § 51 ZPO:	Vorschriften über die Prozeßfähigkeit
— §§ 80 ff. ZPO:	Vollmachtserteilung
— §§ 91 ff. ZPO:	Regeln über die Verfahrenskosten, und zwar hinsichtlich der Eröffnung des Verfahrens und des Beschwerdeverfahrens (vgl. § 24), nicht aber hinsichtlich der Verwaltung; anwendbar sind auch die Vorschriften über die Bewilligung der Prozeßkostenhilfe, wenn ein Gläubiger oder der Verwalter, nicht aber wenn der Schuldner Prozeßkostenhilfe beantragt[5]
— §§ 136 ff. ZPO:	Leitung der mündlichen Verhandlung

1 So deutlich auch die Erläuterung zu Kapitel III der Anlage II des Einigungsvertrages, zu Sachgebiet A, Abschnitt II Nr. 1 (BR-Drucks. 605/90, BT-Drucks. 11/7817), abgedruckt im Anhang III.3.

2 *Haarmeyer/Wutzke/Förster* § 1 GesO Rn. 152; Smid § 1 GesO Rn. 126 ff.; Kilger/*K.Schmidt* § 1 GesO Anm. 5.

3 *Hess/Binz/Wienberg* § 1 GesO Rn. 230; *Smid*/Zeuner § 1 GesO Rn. 126 ff.

4 Vgl. Anhang II.4, in dem die nachfolgend genannten Vorschriften teilweise abgedruckt sind.

5 Vgl. *Smid*/Zeuner § 1 GesO Rn. 130; *Hess/Binz/Wienberg* § 1 GesO Rn. 230; LG Frankfurt/Oder, ZIP 1995, 1211 zur Anwendung von § 91a ZPO bei Begleichung der dem Gesamtvollstreckungsantrag zugrundeliegenden Forderung.

— §§ 159 ff. ZPO:	Regelung der Protokollierung
— §§ 166 ff. ZPO:	Zustellungsvorschriften, insbesondere auch diejenigen über die öffentliche Zustellung (§§ 203, 204, 208, 270 ZPO)
— §§ 214 ff. ZPO:	Ladung der Verfahrensbeteiligten (vgl. dazu § 8 Rn. 5 ff.)
— §§ 233 ff. ZPO:	Wiedereinsetzung in den vorigen Stand (vgl. § 7 Rn. 38 ff.)
— § 294 ZPO:	Glaubhaftmachung
— § 281 ZPO:	Verweisung bei Unzuständigkeit
— § 299 ZPO:	Akteneinsicht (vgl. § 12 Rn. 8 ff.)[6]
— § 319 ZPO:	Berichtigung von Beschlüssen
— §§ 355 ff. ZPO:	Beweisaufnahme
— §§ 567 ff. ZPO:	Beschwerde[7]
— §§ 704, 724 ff., 794 ff. ZPO:	Bestimmungen über Titel und Klauselerteilung[8]
— §§ 811, 850 ZPO:	Pfändungsschutzvorschriften[9]
— §§ 900 ff. ZPO:	eidesstattliche Versicherung.[10]

5 **Unanwendbar** sind hingegen die allgemeinen Vorschriften über das (Einzel)-Zwangsvollstreckungsverfahren (§§ 703 ff. ZPO).[11] Auch die Vorschriften über die Aussetzung und Unterbrechung (§§ 239 ff. ZPO) und das Ruhen des Verfahrens (§ 251 ZPO)[12] sind aufgrund der Funktion des Gesamtvollstreckungsverfahrens und der bestehenden besonderen Regelungen im Gesamtvollstreckungs-Unterbrechungsgesetz nicht auf das Gesamtvollstreckungsverfahren anwendbar[13] (vgl. aber unten § 6 Rn. 66 ff. für die Unterbrechung von Zivilprozessen durch die Eröffnung der Gesamtvollstreckung).

6 **Bestimmungen des Gesetzes über die freiwillige Gerichtsbarkeit** sind im Gesamtvollstreckungsverfahren **nicht** anwendbar.[14]

---

6 Zur Frage der Akteneinsicht im laufenden Verfahren vgl. Kuhn/*Uhlenbruck* § 72 KO Rn. 3 ff.

7 *Smid*/Zeuner § 1 GesO Rn. 131; *Hess/Binz/Wienberg* § 1 GesO Rn. 230.

8 So auch *Smid*/Zeuner § 1 GesO Rn. 131; *Hess/Binz/Wienberg* § 18 GesO Rn. 97 (unklar insoweit § 1 GesO Rn. 230).

9 Vgl. § 1 Abs. 1 Satz 2 GesO sowie *Smid*/Zeuner § 1 GesO Rn. 93 ff., 131; aA *Hess/ Binz/ Wienberg* § 1 GesO Rn. 230.

10 Vgl. Kilger/*K.Schmidt* § 1 GesO Anm. 5; *Smid*/Zeuner § 1 GesO Rn. 53; *Haarmeyer/Wutzke/ Förster* § 1 GesO Rn. 152; *Hess/Binz/Wienberg* § 1 GesO Rn. 230.

11 Vgl. *Hess/Binz/Wienberg* § 2 GesO Rn. 85 unter Hinweis auf Jaeger/*Weber* § 72 KO Rn. 5.

12 *Hess/Binz/Wienberg* § 2 GesO Rn. 85.

13 *Smid*/Zeuner § 1 GesO Rn. 131.

14 *Smid*/Zeuner § 1 Rn. 128; *Haarmeyer/Wutzke/Förster* § 1 GesO Rn. 151; vgl. Kuhn/*Uhlenbruck* § 72 KO Rn. 1.

II. Gerichtsverfassungsgesetz

Die alle Gerichtsverfahren erfassenden verfahrensrechtlichen Normen des Gerichtsverfassungsgesetzes (GVG) sind auch im Gesamtvollstreckungsverfahren ergänzend heranzuziehen, obwohl die Gesamtvollstreckungsordnung auf sie nicht ausdrücklich verweist.[15] Damit sind insbesondere folgende Vorschriften anwendbar: **7**

— §§ 156 ff. GVG: Rechtshilfe
— §§ 169 ff. GVG: Sitzungspolizei
— § 184 GVG: Gerichtssprache.[16]

Nur **eingeschränkt anwendbar** sind die Vorschriften über die Öffentlichkeit des Verfahrens (§§ 169 ff. GVG; vgl. § 8 Rn. 16). Nach § 175 Abs. 2 GVG kann beispielsweise einzelnen Personen der Zutritt zur grundsätzlich nicht öffentlichen Gläubigerversammlung vom Gericht gestattet werden (vgl. § 8 Rn. 16). **8**

III. Konkursrechtliche Spezialregelungen des Handels-und Gesellschaftsrechts sowie sonstige Verweisungsvorschriften (§ 1 Abs. 4 GesO)

In § 1 Abs. 4 **Satz 1** GesO ist die ergänzende Anwendung von insolvenzrechtlichen Regelungen des Handels- und Wirtschaftsrechts für Personen- und Kapitalgesellschaften vorgesehen. Darüber hinaus enthält § 1 Abs. 4 **Satz 2** GesO eine Bestimmung über die Behandlung von Verweisungsnormen auf die Konkursordnung, die in handels- und wirtschaftsrechtlichen oder anderen Rechtsvorschriften enthalten sind. **9**

Enthalten die Vorschriften des Handels- und Wirtschaftsrechts konkursrechtliche Bestimmungen (§ 1 Abs. 4 **Satz 1** GesO), **ergänzen** diese für ihren Anwendungsbereich die Gesamtvollstreckungsordnung. Insbesondere ist auf die Vorschriften des Handels- und Gesellschaftsrechts hinzuweisen, die den zuständigen Gesellschaftsorganen **Pflichten im Zusammenhang mit dem Insolvenzantrag** auferlegen und die Eintragung der Eröffnung des Insolvenzverfahrens in das Handelsregister vorschreiben. In gesellschaftsrechtlicher Hinsicht sind insbesondere die §§ 60 Abs. 1 Nr. 4, 63 GmbHG über den Konkurs der GmbH zu nennen.[17] Allerdings verweist § 63 GmbHG in seinem **10**

---

15 *Haarmeyer/Wutzke/Förster* § 1 GesO Rn. 151; *Smid*/Zeuner § 1 GesO Rn. 132.
16 *Smid*/Zeuner § 1 GesO Rn. 132.
17 Diese Vorschriften lauten wörtlich:
— § 60 Nr. 4 GmbHG:
„(1) Die Gesellschaft mit beschränkter Haftung wird aufgelöst: durch die Eröffnung des Konkursverfahrens; wird das Verfahren nach Abschluß eines Zwangsvergleichs aufgehoben oder auf Antrag des Gemeinschuldners einge-

Absatz 2 im Zusammenhang mit der Insolvenz einer GmbH auf **§§ 207 Abs. 2, 208 KO**[18] und ist insoweit eine Verweisungsnorm im Sinne von § 1 Abs. 4 Satz 2 GesO (vgl. Rn. 11). Dementsprechend werden diese Vorschriften der Konkursordnung durch § 1 Abs. 1 Satz 1 und § 2 Abs. 1 GesO **ersetzt.**[19] Ferner regelt § 64 GmbHG[20] die Antragspflicht des Geschäftsführers der GmbH. Auch auf den **Straftatbestand** des § 84 GmbHG und die Anwendbarkeit der Konkursstraftatbestände der §§ 283 ff. StGB (vgl. zB § 283 Abs. 1 Ziff. 1 StGB)[21] ist ausdrücklich hinzuweisen.

11 Soweit gemäß § 1 Abs. 4 **Satz 2** GesO in anderen Rechtsvorschriften auf die Konkursordnung **verwiesen** wird (vgl. zB § 60 Abs. 1 Nr. 4 GmbHG, §§ 209 Abs. 2 Nr. 2, 214 BGB), treten im Anwendungsbereich der Gesamtvollstreckungsordnung die gesamtvollstreckungsrechtlichen Vorschriften an die Stelle der konkursrechtlichen Vorschriften. Mit der Übertragung zahlreicher Aufgaben vom Richter auf den Rechtspfleger in den fünf neuen Bundesländern ist nach § 1 Abs. 4 Satz 2 GesO nunmehr auch § 18 RpflG auf Gesamtvollstrek-

---

stellt, so können die Gesellschafter die Fortsetzung der Gesellschaft beschließen …"

— § 63 GmbHG:

(1) Über das Vermögen der Gesellschaft findet das Konkursverfahren außer dem Fall der Zahlungsunfähigkeit auch in dem Fall der Überschuldung statt.

(2) Die auf das Konkursverfahren über das Vermögen einer Aktiengesellschaft bezüglichen Vorschriften in § 207 Abs. 2, § 208 der Konkursordnung finden auf die Gesellschaft mit beschränkter Haftung entsprechende Anwendung."

18 *Smid/Zeuner* § 1 GesO Rn. 58.

19 AA *Smid* Einleitung Rn. 28.

20 § 64 GmbHG lautet:

„(1) Wird die Gesellschaft zahlungsunfähig, so haben die Geschäftsführer ohne schuldhaftes Zögern, spätestens aber drei Wochen nach Eintritt der Zahlungsunfähigkeit, die Eröffnung des Konkursverfahrens oder die Eröffnung des gerichtlichen Vergleichsverfahrens zu beantragen. Dies gilt sinngemäß, wenn das Vermögen der Gesellschaft nicht mehr die Schulden deckt. Eine schuldhafte Verzögerung des Antrags liegt nicht vor, wenn die Geschäftsführer die Eröffnung des gerichtlichen Vergleichsverfahrens mit der Sorgfalt eines ordentlichen Geschäftsmanns betreiben.

(2) Die Geschäftsführer sind der Gesellschaft zum Ersatz von Zahlungen verpflichtet, die nach Eintritt der Zahlungsunfähigkeit der Gesellschaft oder nach Feststellung ihrer Überschuldung geleistet wreden. Dies gilt nicht von Zahlungen, die auch nach diesem Zeitpunkt mit der Sorgfalt eines ordentlichen Geschäftsmanns vereinbar sind. Auf den Ersatzanspruch finden die Bestimmungen in § 43 Abs. 3 und 4 entsprechende Anwendung.

21 *Haarmeyer/Wutzke/Förster* § 1 GesO Rn. 157. § 283 Abs. 1 Ziff. 1 StGB bestimmt wörtlich:

„Mit Freiheitsstrafe bis zu fünf Jahren oder mit Geldstrafe wird bestraft, wer bei Überschuldung oder bei drohender oder eingetretener Zahlungsunfähigkeit

1. Bestandteile seines Vermögens, die im Falle der Konkurseröffnung zur Konkursmasse gehören, beiseite schafft oder verheimlicht ode in einer den Anforderungen einer ordnungsgemäßen Wirtschaft widersprechenden Weise zerstört, beschädigt oder unbrauchbar macht …"

kungsverfahren anwendbar. Diese Vorschrift regelt die Abgrenzung zwischen der Zuständigkeit des Richters und des Rechtspflegers (vgl. § 10 Rn. 7).[22]

Nach § 1 Abs. 4 GesO sind nach Maßgabe des dargestellten Unterschieds zwischen Satz 1 und Satz 2 folgende Vorschriften zu beachten,[23] deren Aufzählung jedoch keinen Anspruch auf Vollständigkeit erhebt:[24] 12

— §§ 141 a ff. Arbeitsförderungsgesetz (AFG)[25];
— § 27 Arbeitnehmererfindungsgesetz (ArbNErfG);
— §§ 92, 93, 262 Abs. 1 Nr. 3, 4, 263, 274, 283 Nr. 14, 289, 401 Aktiengesetz (AktG);
— §§ 5, 6 Abs. 2 Gesetz zur Sicherung der Bauforderungen (BauFdgG);
— § 15 Gesetz über Bausparkassen (BSpKG);
— §§ 42, 53, 74, 75, 86, 89, 209, 214, 218, 377, 401 Abs. 2, 418 Abs. 2, 512, 728, 736, 773 Abs. 1 Nr. 3, 1670, 1781 Nr. 3, 1975 ff, 1988 ff. Bürgerliches Gesetzbuch (BGB);
— §§ 32 ff. Gesetz über die Verwahrung und Anschaffung von Wertpapieren (DepotG);
— §§ 98 ff. Gesetz betreffend die Erwerbs- und Wirtschaftsgenossenschaften (GenG);
— §§ 32 a, 32 b, 60 Abs. 1 Nr. 4, 63, 64, 84 Gesetz betreffend die Gesellschaften mit beschränkter Haftung (GmbHG);
— § 77 Handwerksordnung (HandwO);
— §§ 32, 130 a, 130 b, 131 Nr. 3, 138, 141, 144 ff., 171 Abs. 2, 177 a, 236 f., 370 Handelsgesetzbuch (HGB);
— § 1 Gesetz über die Auflösung und Löschung von Gesellschaften und Genossenschaften (LöschG);
— § 6 Gesetz über die Pfandbriefe und verwandten Schuldverschreibungen öffentlich-rechtlicher Kreditanstalten (PfandbrG, vgl. auch § 12 Abs. 3 PfandbrG);
— § 18 Rechtspflegergesetz (RpflG, vgl. dazu unten § 4 Rn. 49);
— §§ 11, 18, 19 des Gesetzes betreffend die gemeinsamen Rechte der Besitzer von Schuldverschreibungen (SchuldverschrRechtsG);
— § 6 Gesetz gegen den unlauteren Wettbewerb (UWG);
— §§ 42, 49 Gesetz über die Beaufsichtigung der privaten Versicherungsunternehmer (VAG);
— § 36 Gesetz über das Verlagsrecht (VerlagsG);
— §§ 13 ff., 77, 157, 177 Gesetz über den Versicherungsvertrag (VVG);
— Art. 43, 44 Wechselgesetz (WG);
— §§ 240, 243, 782, 786, 993 Zivilprozeßordnung (ZPO).

---

22 Kilger/*K.Schmidt* § 2 GesO Rn. 6.
23 Vgl. *Haarmeyer/Wutzke/Förster*, 2. Aufl., § 1 GesO Rn. 156.
24 Weitere in Betracht kommende Vorschriften können dem Einführungsgesetz zur Insolvenzordnung (EGInsO) vom 5. Oktober 1994, BGBl. 1994 I, 2911, entnommen werden.
25 Abgedruckt in Anhang II.5.

IV. Insolvenzordnung und Einführungsgesetz zur Insolvenzordnung

13 Nach Art. 110 Abs. 2 und 3 EGInsO sind einige Vorschriften der Insolvenzordnung[26] und des Einführungsgesetzes zur Insolvenzordnung bereits seit dem 19.10.1994 (dem Tag nach der Verkündung der InsO und des EGInsO) in Kraft.

14 Dies gilt nach Art. 110 Abs. 2 EGInsO insbesondere für folgende **Regelungen der InsO**:

— § 2 Abs. 2 InsO:	Ermächtigung der Landesregierungen zum Erlaß von Verordnungen zur Regelung der Zuständigkeit der Insolvenzgerichte
— § 7 Abs. 3 InsO:	Zuständigkeit der Oberlandesgerichte für die Entscheidung über die weitere Beschwerde
— § 65 InsO:	Ermächtigung des Bundesministeriums der Justiz zur Regelung der Vergütung und Erstattung der Auslagen des Insolvenzverwalters durch Rechtsverordnung[27]
— §§ 73 Abs. 2, 65 InsO:	Ermächtigung zum Erlaß einer Rechtsverordnung betreffend die Vergütung der Mitglieder des Gläubigerausschusses.[28]

15 Nach Art. 110 Abs. 3 EGInsO sind auch bereits mehrere **Bestimmungen des EGInsO** in Kraft getreten, die die Anerkennung von „Konkursvorrechten“ bestimmter Gläubiger aus einem Mitgliedsstaat der Europäischen Union,[29] des Europäischen Wirtschaftsraums[30] oder der Schweiz betreffen, zB

— Art. 54 Nr. 4 EGInsO:	„Konkursvorrechte“ zu Gunsten bestimmter Schuldverschreibungsgläubiger einer öffentlich-rechtlichen Kreditanstalt,
— Art. 85 Nr. 2, lit. e EGInsO:	ebenfalls „Konkursvorrechte“ zu Gunsten

26 Vgl. Anhang II.3.

27 Von dieser Ermächtigung hat der Verordnungsgeber bisher keinen Gebrauch gemacht.

28 Auch von dieser Ermächtigung hat der Verordnungsgeber noch keinen Gebrauch gemacht.

29 Vertrag über die Europäische Union (EU), abgeschlossen am 07.02.1992 in Maastricht (ABl. 1992 Nr. C 224/1, 2 und BGBl. 1992 II 1251), der seit dem 01.11.1993 in Kraft ist.

30 Abkommen über den Europäischen Wirtschaftsraum (EWR-Vertrag) vom 02.05.1992 (ABl. 1994 L 1 S. 3; BGBl. 1993 II 266, 267), abgeändert durch das gemeinsam mit dem EWR-Vertrag am 01.01.1994 in Kraft getretene Anpassungsprotokoll zum Abkommen über den Europäischen Wirtschaftsraum (ABl. 1994 Nr. L 1 S. 572; BGBl. 1993 II 1294, 1295), vgl. die Mitteilung (ABl. 1994 Nr. L 1 S. 606) und die Bekanntmachung vom 16.12.1993 (BGBl. 1993 I 2436).

bestimmter Schuldverschreibungsgläubiger eines Realkreditinstituts und

— Art. 87 Nr. 8, lit. d EGInsO: „Konkursvorrechte" zu Gunsten bestimmter Lebensversicherungsunternehmen, Kranken- und Unfallversicherungsunternehmen und freier Versicherungsunternehmen.

Ferner ist die Bestimmung in Art. 105 EGInsO in Kraft, die die Durchsetzung von Forderungen aus Finanztermingeschäften im Insolvenzverfahren betrifft. **16**

Diese Regelungen der Insolvenzordnung und des Einführungsgesetzes zur Insolvenzordnung ergänzen schon heute die Vorschriften der Gesamtvollstreckungsordnung. Unerheblich ist, daß sie nur „Konkursvorrechte" erwähnen. Damit sind auch Vorrechte im Gesamtvollstreckungsverfahren gemeint. **17**

Auch soweit die Regelungen der Insolvenzordnung noch nicht ausdrücklich in Kraft sind (vgl. § 2 Rn. 4), kommt trotzdem schon heute ihre ergänzende **Heranziehung zur Auslegung** der Gesamtvollstreckungsordnung und zur Schließung von Lücken in Betracht.[31] Diese Absicht des Gesetzgebers der Gesamtvollstreckungsordnung ergibt sich vor allem aus der Begründung zur Beschlußvorlage des Ministerrates der Deutschen Demokratischen Republik vom 06.06.1990:[32] **18**

> „Die Erarbeitung des vorliegenden Entwurfs einer neuen Verordnung über die Gesamtvollstreckung vollzog sich in Abstimmung mit der Arbeitsgruppe Insolvenzrecht des Bundesjustizministeriums. Dort wird seit längerem eine neue Gesetzgebung zum Insolvenzrecht vorbereitet, welche die überholte Konkursordnung aus dem Jahr 1877 ersetzen soll. Hinweise aus den geplanten Insolvenzrechtsbestimmungen flossen in den DDR-Entwurf ein. Weitere Gesetzgebungsarbeiten werden ein gesamtdeutsches Insolvenzrechtsverfahren zum Ziel haben."

Im Hinblick auf diesen Willen des Gesetzgebers ist es sachgerecht, bei der Auslegung unklarer oder lückenhafter Bestimmungen der Gesamtvollstreckungsordnung im Vorgriff auf das Inkrafttreten der Insolvenzordnung deren Inhalt heranzuziehen.[33] **19**

V. Gesamtvollstreckungs-Unterbrechungsgesetz

Die ursprünglich noch vom DDR-Gesetzgeber geschaffene zweite Verordnung über die Gesamtvollstreckung – Unterbrechung des Verfahrens – vom **20**

---

31 In diesem Sinne auch *Haarmeyer/Wutzke/Förster* Einl. Rn. 76.

32 Begründung zur Beschlußvorlage des Ministerrates der Deutschen Demokratischen Republik zum Beschluß zur Verordnung über die Gesamtvollstreckung und über die Verordnung über die Vollstreckung in Grundstücke vom 06.06.1990.

33 So zB OLG Naumburg, Urt. v. 22.12.1994 – Az. 2 U 33/94 – unter I 4. c) zu § 95 Abs. 1 InsO. Für eine Synopse zwischen den Paragraphen der Gesamtvollstreckungsordnung und der Insolvenzordnung siehe *Haarmeyer/Wutzke/Förster* Anhang I S. 749 ff.

25.07.1990[34] gilt nach Art. 9 Abs. 2 iVm. Anlage II Einigungsvertrag (dort Kapitel III, Sachgebiet A Abschnitt II Nr. 2) noch heute als Gesetz über die Unterbrechung von Gesamtvollstreckungsverfahren (GUG) fort. Dieses Gesetz, das die Voraussetzungen für eine Unterbrechung des Gesamtvollstreckungsverfahrens zum Zwecke der Sanierung des Schuldners regelt, ist durch die Änderung aufgrund des Hemmnisbeseitigungsgesetzes[35] nunmehr als dauerhaftes Instrument festgeschrieben worden.[36] In der Praxis kommt dieses Gesetz aber selten oder gar nicht zur Anwendung, weil sich kaum ein Garantiegeber (zB eine Bank) finden wird, der sich dazu verpflichtet, die während der Unterbrechung entstehenden Forderungen gegen den Schuldner aus bestehenden oder neu eingegangenen Verträgen zu garantieren. Dieses Gesetz soll daher hier nicht weiter erörtert werden.[37]

VI. Konkursordnung

21 Aufgrund der in vielen Teilen fragmentarischen Regelung der Gesamtvollstreckungsordnung (vgl. § 1 Rn. 2) wird die historisch gewachsene Konkursordnung in der Praxis häufig analog herangezogen.[38] Hierbei ist jedoch Vorsicht geboten.[39]

22 Es gibt keinen Grundsatz, nach dem die Bestimmungen der Konkursordnung allgemein zur Ausfüllung von Lücken in der Gesamtvollstreckungsordnung heranzuziehen sind. Dazu hätte es einer ausdrücklichen gesetzgeberischen Anordnung bedurft. Ein solcher Generalverweis existiert aber weder in der Gesamtvollstreckungsordung noch im Einigungsvertrag.[40]

23 Unter dem Gesichtspunkt der „Einheit der Rechtsordnung“ scheint es sachdienlich, einzelne Vorschriften der Konkursordnung heranzuziehen, die in der Gesamtvollstreckungsordnung nicht oder unvollständig enthalten sind. Dies gilt insbesondere in den Fällen, in denen die Vorschriften der Konkursordnung auch Eingang in die Insolvenzordnung gefunden haben. So haben die Gerichte – teilweise allerdings zuweit gehend – folgende Paragraphen der Konkursordnung für entsprechend anwendbar gehalten:[41]

34 DDR-GBl. 1990 I, 782.
35 Art. 6 des Gesetzes zur Beseitigung von Hemmnissen bei der Privatisierung von Unternehmen und zur Förderung von Investitionen vom 22.03.1991, BGBl. 1991 I, 766, 784.
36 Vgl. *Landfermann*, Sanierungsförderung und Gesamtvollstreckung, ZIP 1991, 826 ff.
37 Vgl. die Kommentierung bei *Haarmeyer/Wutzke/Förster* Einl. GUG – § 9 GUG; siehe aber auch unten § 14 Rn. 5.
38 OLG Naumburg ZIP 1995, 575, 576 unter II.1.
39 OLG Naumburg, Urt. v. 22.12.1994 – Az. 2 U 33/94 – unter I.2.a).
40 Vgl. dazu nur *Haarmeyer/Wutzke/Förster* Einleitung Rn. 75, 78 f.
41 Vgl. Anhang II.2.

— § 15 S. 2 KO iVm. § 878 BGB:	Nachträgliche Verfügungsbeschränkungen;[42]
— § 46 KO:	Ersatzaussonderung;[43]
— § 59 Abs. 1 Nr. 4:	Ansprüche aus einer rechtlosen Bereicherung der Masse;[44]
— § 60 KO:	Rangordnung der Massegläubiger;[45]
— § 63 KO:	Ausgeschlossene Forderungen; [46]
— § 65 KO:	Betagte Forderungen;[47]
— § 68 KO:	Gesamtschuldner;[48]
— § 73 Abs. 3 KO:	Sofortige weitere Beschwerde;[49]
— § 76 KO:	Öffentliche Bekanntmachungen;[50]
— § 146 KO:	Feststellungsklagen;[51]
— § 148 KO:	Streitwert von Feststellungsklagen[52]
— § 152 KO:	Ausschlußfrist. [53]
— § 170 KO:	Vorauszahlung auf Vorrechtsforderungen.[54]

Die Anwendung anderer Vorschriften, wie zB § 54 KO,[55] haben die Gerichte **24**
hingegen abgelehnt.

Nach dem Willen der Gesetzgeber des Einigungsvertrages sind ferner die **25**
Vorschriften der Konkursordnung zum Nachlaßkonkurs (§§ 214 ff. KO) in Ergänzung der Gesamtvollstreckungsordnung entsprechend anzuwenden.[56]

---

42 OLG Naumburg, Urt. v. 22.12.1994 – Az. 2 U 33/94 – unter I.2.a).

43 OLG Naumburg, Urteil vom 20.09.1994 – Az. 1.V. 250/93 –; LG Berlin, Urteil vom 25.11.1994 -Az. 91.0.250/94 –.

44 LG Meiningen ZIP 1995, 1690; aA LG Mönchengladbach ZIP 1995, 1840.

45 siehe Fn. 44.

46 LG Cottbus, Urteil vom 20.10.1994 – Az. 17 O 99/93 – (unveröffentlicht), inzident bestätigt durch Brandenburgisches Oberlandesgericht, Urteil vom 11.05.1995 – Az. 8 U 84/94 –: Zurückweisung der Berufung.

47 LG Dresden, Urteil vom 17.10.1995 –AZ. Ø 41 325/94 (unveröffentlicht).

48 LG Cottbus, Urteil vom 20.10.1994 – Az. 17 O 99/93 –, (unveröffentlicht); LG Dresden, Urteil vom 06.12.1994 – Az. 41 0 804/94 –; ZIP 1995, 491; Brandenburgisches Oberlandesgericht, Urteil vom 11.05.1995 – Az. 8 U 84/94 – unter III.4.

49 OLG Naumburg (4. Zivilsenat) ZIP 1993, 1573, 1574; aA OLG Naumburg (5. Zivilsenat) ZIP 1994, 1031; OLG Dresden, Beschluß vom 25.07.1994 – Az. 3 W 358/93 –; OLG Rostock ZIP 1993, 1417.

50 LG Chemnitz, Urteil vom 24.11.1994 – Az. 1 0 3729/94 –.

51 OLG Brandenburg, Beschluß vom 20.12.1994 – Az. 8 W 111/94 –; OLG Naumburg WM 1993, 1395; OLG Dresden ZIP 1993, 1194; LG Dresden ZIP 1993, 1123; vgl. kritisch hierzu unten § 15 Rn. 12ff. .

52 OLG Naumburg ZIP 1995, 575, 576; OLG Nauenburg OLG NL 1995, 263.

53 OLG Naumburg ZIP 1995, 575.

54 AG Rostock, Beschluß v. 10.01.1995 ((61) 9 N 88/92), unveröffentlicht.

55 OLG Naumburg, Urteil vom 22.12.1994 – Az. 2 U 33/94 – unter I 4 c.

56 So ausdrücklich die Erläuterung zu Kapitel III der Anlage II des Einigungsvertrages, zu Sachgebiet A, Abschnitt II Nr. 1 (BR-Drucks. 605/90, BT-Drucks. 11/7817), abgedruckt im Anhang 3 Nr. 2; vgl. auch *Haarmeyer/Wutzke/Förster* Einl. GesO Rn. 78.

VII. Vergütungsverordnung

26 Die Vergütung und die Erstattung von Auslagen des Verwalters und der Mitglieder des Gläubigerausschusses richtet sich nach der Verordnung über die Vergütung des Konkursverwalters, des Vergleichsverwalters, der Mitglieder des Gläubigerausschusses und der Mitglieder des Gläubigerbeirats vom 25.05.1960 (§ 21 Abs. 1 GesO).[57]

---

57 Vgl. zur Vergütung §§ 25 und 27; die VergVO ist abgedruckt im Anhang II.6.

KAPITEL 2: Einleitung eines Gesamtvollstreckungsverfahrens und die Anordnung vorläufiger Maßnahmen durch das Gericht

§ 4 Voraussetzungen des Gesamtvollstreckungsverfahrens

Übersicht

Übersicht

Siehe auch in Anhang I folgendes Muster:
Muster 1: Antrag auf Eröffnung des Gesamtvollstreckungsverfahrens
Muster 2: Anhörung des Schuldners vor Eröffnung des Gesamtvollstreckungsverfahrens
Muster 3: Gerichtliche Anforderung eines Kostenvorschusses
Muster 4: Gerichtliche Anforderung der Glaubhaftmachung der Forderung des Gläubigers, der den Gesamtvollstreckungsantrag gestellt hat

1 Ein Gesamtvollstreckungsverfahren kann nur unter bestimmten Voraussetzungen eröffnet werden. Erforderlich ist, daß der Schuldner, über dessen Vermögen die Gesamtvollstreckung eröffnet werden soll, **gesamtvollstreckungsfähig** ist und in seiner Person ein **Gesamtvollstreckungsgrund** vorliegt. Ferner bedarf es eines **Antrages** auf Eröffnung des Gesamtvollstreckungsverfahrens.

I. Gesamtvollstreckungsfähigkeit

2 Nach § 1 Abs. 1 GesO sind alle natürlichen und juristischen Personen gesamtvollstreckungsfähig. Ferner kann über das Gesamthandsvermögen einer nicht rechtsfähigen Personengesellschaft und über einen Nachlaß das Gesamtvollstreckungsverfahren eröffnet werden.

1. Gesamtvollstreckungsfähigkeit natürlicher Personen

3 Für natürliche Personen macht die Gesamtvollstreckungsordnung keinen Unterschied zwischen Kaufleuten und Nichtkaufleuten. Gesamtvollstreckungsfähig sind **alle** Personen; einziges Kriterium ist die Rechtsfähigkeit. Damit sind auch Kinder, Minderjährige und selbst Geisteskranke gesamtvollstreckungsfähig.[1]

2. Gesamtvollstreckungsfähigkeit juristischer Personen

4 Alle **juristischen Personen des Privatrechts** sind gesamtvollstreckungsfähig, so insbesondere:

— die Aktiengesellschaft,
— die Kommanditgesellschaft auf Aktien,
— die Gesellschaft mit beschränkter Haftung,
— die eingetragene Genossenschaft,

---

1 Vgl. *Haarmeyer/Wutzke/Förster* § 1 GesO Rn. 9.

— die Stiftung und
— der rechtsfähige Verein.

Ebenso ist die **Gesellschaft mit beschränkter Haftung im Aufbau** (GmbH i.A.) und die **Aktiengesellschaft im Aufbau** (AG i.A.) gesamtvollstreckungsfähig.[2] Solche Gesellschaften sind durch Umwandlung ehemaliger „Wirtschaftseinheiten“,[3] wie zB ehemalige volkseigene Betriebe (VEB) und Kombinate (VEK), gemäß § 11 Abs. 2 Treuhandgesetz vom 17.06.1990 (**THG**)[4] entstanden. **5**

Ehemalige VEB und VEK, die **nicht** in Kapitalgesellschaften **umgewandelt** wurden (vgl. § 11 Abs. 5 THG), sind nach herrschender Auffassung ebenfalls gesamtvollstreckungsfähig.[5] So haben zahlreiche Gerichte bereits Gesamtvollstreckungsverfahren über das Vermögen nicht umgewandelter ehemaliger VEB eröffnet.[6] Umstritten ist allerdings die Frage, ob in derartigen Fällen überhaupt ein Insolvenzgrund vorliegen kann, weil eine Haftung des Bundes, des Landes oder der Kommune für die von der ehemaligen volkseigenen Wirtschaftseinheit begründeten Verbindlichkeiten in Betracht kommt.[7] **6**

Für **Vereine und Stiftungen** stellt sich ein Sonderproblem: Wird ein Verein oder eine Stiftung aufgelöst und fällt das Vermögen gemäß §§ 45 Abs. 3, 88 BGB dem Fiskus an, ist ungeklärt, nach welchen Regeln im Falle der Überschuldung vorzugehen ist. Für das Konkursverfahren wird das angefallene Vermögen in diesem Fall nach den Regeln über den Nachlaßkonkurs verwertet. Die Gesamtvollstreckungsordnung enthält demgegenüber keine Vorschriften über das Verfahren zur Abwicklung eines Nachlasses. Es erscheint sachdienlich, in diesem Fall die Vorschriften der Konkursordnung über den Nachlaßkonkurs (§§ 214 – 235 KO) ebenfalls entsprechend anzuwenden. Hierfür spricht der Verweis in § 46 Satz 1 BGB auf die Vorschriften über eine dem Fiskus als gesetzlichem Erben anfallende Erbschaft.[8] **7**

---

2 LG Berlin EWiR 91, 575; *Haarmeyer/Wutzke/Förster* § 1 GesO Rn. 21 mwN: aA *Hess/Binz/ Wienberg* § 1 GesO Rn. 9.

3 Vgl. zum Begriff „Wirtschaftseinheiten“ § 2 Abs. 1 des Gesetzes über das Vertragssystem in der sozialistischen Wirtschaft -Vertragsgesetz – vom 25.03.1982, DDR-GBl. 1982 I, 293.

4 Gesetz zur Privatisierung und Reorganisation des volkseigenen Vermögens (Treuhandgesetz) vom 17.06.1990 (DDR-GBl. I, 300, geändert durch Gesetz zur Beseitigung von Hemmnissen bei der Privatisierung von Unternehmen und zur Förderung von Investitionen vom 22.03.1991, BGBl. I, 787).

5 *Smid*/Zeuner § 1 GesO Rn. 10; *Haarmeyer/Wutzke/Förster* § 1 GesO Rn. 14; *Hess/ Binz/ Wienberg* § 1 GesO Rn. 9.

6 Vgl. zB Kreisgericht der Stadt Chemnitz, Beschluß vom 08.11.1990 – Az. 37 VK 9/90 –.

7 Vgl. *Smid*/Zeuner § 1 GesO Rn. 10.

8 Vgl. Jäger/*Weber* § 213 KO Rn. 1, 10; Kuhn/*Uhlenbruck* § 213 KO Rn. 1.

8 Auch die **juristischen Personen des öffentlichen Rechts** sind gesamtvollstreckungsfähig.[9] Hierzu zählen:

— die Körperschaften,[10]
— die Stiftungen und
— die Anstalten (§ 89 BGB).[11]

3. Gesamtvollstreckungsfähigkeit nicht rechtsfähiger Personengesellschaften

9 Nicht rechtsfähige Personengesellschaften sind nach § 1 Abs. 1 Satz 1 GesO ebenfalls gesamtvollstreckungsfähig. Nicht für alle Personengesellschaften ist aber sicher, ob sie als „nicht rechtsfähige Personengesellschaft“ im Sinne dieser gesamtvollstreckungsrechtlichen Vorschrift angesehen werden können.

a) Handelsgesellschaften

10 Gesamtvollstreckungsfähig sind alle „nicht rechtsfähigen Personengesellschaften“ (§ 1 Abs. 1 Satz 1 GesO). Nach der Literatur sind dies nur solche Gesellschaften, die gesamthänderisch organisiert und mit einem Gesamthandsvermögen ausgestattet sind.[12] Dies sind in erster Linie die **offene Handelsgesellschaft** (oHG) und die **Kommanditgesellschaft** (KG) einschließlich der **GmbH & Co. KG**.

b) Gesellschaft bürgerlichen Rechts

11 Auch die **Gesellschaft bürgerlichen Rechts (GbR)** ist nach herrschender Meinung in der Literatur gesamtvollstreckungsfähig.[13] Dies ergibt sich aus dem Wortlaut des § 1 Abs. 1 GesO, der alle „nicht rechtsfähigen Personengesellschaften“ ohne weitere Differenzierung und damit auch die GbR umfaßt. Nach einer einschränkenden Auffassung in der Literatur[14] kann die GbR allenfalls dann gesamtvollstreckungsfähig sein, wenn Gesamthandsvermögen gebildet worden ist. Die Mehrheit der BGB-Gesellschaften, die als reine Innengesellschaften kein solches Vermögen gebildet haben, sind damit nach der herrschen-

---

9 *Haarmeyer/Wutzke/Förster* § 1 GesO Rn. 12; vgl. auch Kuhn/*Uhlenbruck* § 213 KO Rn. 1 ff. (zur Konkursordnung).

10 Zur Insolvenzfähigkeit von Bund und Ländern vgl. Kuhn/*Uhlenbruck* § 213 KO Rn. 2 ff., anders jetzt § 12 InsO Abs. 1 Nr. 1.

11 Zur Gesamtvollstreckungsfähigkeit von Kirchen, kirchlichen Einrichtungen und ihren Organisationen vgl. *Haarmeyer/Wutzke/Förster* § 1 GesO Rn. 43 sowie Kuhn/*Uhlenbruck* § 213 KO Rn. 2 c).

12 Kilger/*K.Schmidt* § 1 GesO Anm. 1 c).

13 *Haarmeyer/Wutzke/Förster* § 1 GesO Rn. 13; *Hess/Binz/Wienberg* § 1 GesO Rn. 10 ff.; *Smid/* Zeuner § 1 GesO Rn. 13 ff.

14 Kilger/*K.Schmidt* § 1 GesO Anm. 1 c).

den Meinung gesamtvollstreckungsfähig, nicht aber nach der vorgenannten Auffassung.

In der Praxis wirkt sich der Theorienstreit auf die Rechtsposition des Gläubigers nicht aus. Soweit Gesamthandsvermögen vorhanden ist, liegt nach beiden Auffassungen Gesamtvollstreckungsfähigkeit vor. Das Gesamthandsvermögen kann daher verwertet und an die Gläubiger verteilt werden. Ist kein Gesamthandsvermögen vorhanden, findet auch nach der herrschenden Meinung im Regelfall kein Gesamtvollstreckungsverfahren statt, weil es an dem für die Deckung der Verfahrenskosten notwendigen Vermögen fehlt. Im Ergebnis scheidet auch nach herrschender Ansicht die Eröffnung eines Verfahrens nach § 4 Abs. 2 GesO aus, wenn kein Gesamthandsvermögen gebildet ist. Gesamtvollstreckungsverfahren über das Vermögen der einzelnen, persönlich haftenden Gesellschafter werden dadurch nicht ausgeschlossen.

Die **stille Gesellschaft** ist zwar eine GbR,[15] aber gleichwohl nicht gesamtvoll- **12**
streckungsfähig.[16] Der stille Gesellschafter erbringt seine Einlage durch Übertragung an den Inhaber des Handelsgeschäfts (§ 230 HGB), so daß zwischen dem stillen Gesellschafter und dem Hauptgesellschafter nur eine schuldrechtliche Beziehung besteht.[17] Eine gesonderte Gesamtvollstreckung ist daher auch nicht erforderlich. Außerdem handelt es sich um eine reine Innengesellschaft, bei der die Gesellschafter nicht nach außen auftreten. Eigene Verbindlichkeiten der (Innen-)Gesellschaft und damit sowohl die Zahlungsunfähigkeit als auch eine Überschuldung sind mithin ausgeschlossen.

4. Gesamtvollstreckungsfähigkeit von Rechtsgebilden im Gründungsstadium

Die Vorschrift von § 1 Abs. 1 Satz 1 GesO erfaßt auch Rechtsgebilde, die zwar **13**
noch nicht in ihrer endgültigen Form errichtet worden sind, die sich aber durch Abschluß des Gesellschaftsvertrages bereits im Gründungsstadium befinden.

Unter diesen Rechtsgebilden ist als besonders wichtiges Beispiel die **Vorgesellschaft** für eine GmbH (Vor-GmbH) zu nennen. Sie entsteht mit notarieller Beurkundung des Gesellschaftsvertrages, dessen Abschluß man in Anlehnung an die Terminologie des Aktiengesetzes (§ 29 AktG) als Errichtung der Gesellschaft bezeichnen kann. Die rechtliche Einordnung dieser Vorgesellschaft war lange umstritten, von der Rechtsprechung wird sie als eine Gesellschaft sui generis angesehen.[18] Sie untersteht weitgehend bereits dem Recht der juristischen Person. Auf die Einzelheiten der gesellschaftsrechtlichen Einordnung der Vorgesellschaft kommt es aus gesamtvollstreckungsrechtlicher Sicht nicht an:

---

15 Vgl. *Staub/Zutt* § 230 HGB Rn. 7; *Heymann* § 230 HGB Rn. 3.

16 *Haarmeyer/Wutzke/Förster* § 1 GesO Rn. 25; *Hess/Binz/Wienberg* § 1 GesO Rn. 43.

17 BGHZ 7, 378, 380; Heymann/*Horn* § 230 HGB Rn. 3.

18 BGH WM 1980, S. 956; ausführlich hierzu Scholz/*K.Schmidt* § 11 GmbHG Rn. 21; Lutter/ *Hommelhoff* § 11 GmbHG Rn. 2.

Auch dann, wenn man diese Vorgesellschaften aber als Personengesellschaft ansehen sollte, wäre jedenfalls im Geltungsbereich der Gesamtvollstreckungsordnung die **Insolvenzfähigkeit** gegeben, da nach § 1 Abs. 1 Satz 1 GesO sowohl juristische Personen als auch nicht rechtsfähige Personengesellschaften gesamtvollstreckungsfähig sind.

14 Vorstehendes gilt in entsprechender Weise auch für **Vorvereine und Vorgenossenschaften** bis zur Eintragung des Vereins oder der Genossenschaft im Vereins- bzw. Genossenschaftsregister. Diese sind stets gesamtvollstreckungsfähig, wenn sie bereits Gesamthandsvermögen gebildet haben.

15 Die **Vorgründungsgesellschaft**, das heißt eine zum Zwecke der Gründung einer juristischen Person eingegangene Innengesellschaft mehrerer künftiger Gründer,[19] ist grundsätzlich **nicht gesamtvollstreckungsfähig.**[20] Etwas anderes gilt nur, wenn sie entweder als Gesellschaft bürgerlichen Rechts bereits Gesamthandsvermögen gebildet hat (s. Rn. 11) oder nach außen aufgetreten und damit keine reine Innengesellschaft mehr ist.

16 Der im konkursrechtlichen Schrifttum geführte Streit um die Insolvenzfähigkeit von Vorgründungs- und Vorgesellschaften besteht damit für den Anwendungsbereich der Gesamtvollstreckungsordnung nicht. Durch die Regelung in § 1 Abs. 1 Satz 1 GesO steht fest, daß auch diese Rechtsgebilde als nicht rechtsfähige Personengesellschaften gesamtvollstreckungsfähig sind.

5. Gesamtvollstreckungsfähigkeit von Nachlaßvermögen

17 § 1 Abs. 1 Satz 1 GesO regelt, daß die Gesamtvollstreckung auch über einen Nachlaß stattfindet.[21] Dadurch ist den Nachlaßgläubigern ein gemeinschaftlicher Zugriff auf den **Nachlaß als nichtrechtsfähiges Sondervermögen** eröffnet. Zur Masse gehört das Nachlaßvermögen, das zum Zeitpunkt der Eröffnung des Gesamtvollstreckungsverfahrens vorhanden war. Der Zeitpunkt des Erbfalles ist hingegen nicht maßgeblich.[22] Der Erbe oder die Erbengemeinschaft[23] sind in ihrer Eigenschaft als Träger der in der Masse vereinigten Vermögenswerte und Nachlaßverbindlichkeiten Schuldner des Gesamtvollstreckungsverfahrens. Die Gesamtvollstreckungsbeschlagnahme ist aber auf den Nachlaß als Sondervermögen beschränkt.[24] Die Nachlaßgesamtvollstreckung stellt damit die orga-

---

19 Scholz/*K.Schmidt* § 11 GmbHG Rn. 14; Hachenburg/*Ulmer* § 11 GmbHG Rn. 21; *Lutter*/Hommelhoff § 11 GmbHG Rn. 23; Priester, GmbHR 1995, 481 f.

20 Kilger/*K.Schmidt* § 1 GesO Anm. 1 c); vgl. *Kuhn/Uhlenbruck* § 207 KO Vorbem. D Rn. 4 – 10 mwN.

21 Vgl. die Erläuterung zu Kapitel III der Anlage II des Einigungsvertrages, zu Sachgebiet A, Abschnitt II Nr. 1 (BR-Drucks. 605/90, BT-Drucks. 11/7817), abgedruckt im Anhang Nr. 3.
„In § 1 Abs. 1 Satz 1 wird klargestellt, daß auch über das zu einem Nachlaß gehörende Vermögen die Gesamtvollstreckung erfolgen kann."

22 *Smid*/Zeuner § 1 GesO Rn. 51.

23 *Haarmeyer/Wutzke/Förster* § 1 GesO Rn. 74.

24 *Smid*/Zeuner § 1 GesO Rn. 51.

nisierte Verwaltung und Abwicklung eines dem oder den Erben zufallenden Sondervermögens dar.[25]

Die Gesamtvollstreckungsordnung enthält keine Bestimmungen über den **Ablauf**[26] der Nachlaßgesamtvollstreckung. Die bei der Durchführung der Nachlaßgesamtvollstreckung auftretenden rechtlichen Probleme werden durch **entsprechende Anwendung der Nachlaßkonkursvorschriften** (§§ 214 – 235 KO) gelöst.[27] 18

II. Gesamtvollstreckungsgründe

Sachliche Voraussetzung für die Eröffnung des Gesamtvollstreckungsverfahrens ist ein materieller Eröffnungsgrund. Dieser muß zum Zeitpunkt des Eröffnungsbeschlusses vorliegen und zur Überzeugung des Gesamtvollstreckungsgerichts feststehen.[28] Wird Beschwerde gegen den Eröffnungsbeschluß oder gegen den die Verfahrenseröffnung ablehnenden Beschluß eingelegt (dazu § 6 Rn. 117 ff.), kommt es auf den Zeitpunkt der letzten Entscheidung im Beschwerdeverfahren an. Eröffnungsgründe sind entweder die **Zahlungsunfähigkeit** oder die **Überschuldung**. 19

1. Zahlungsunfähigkeit

Die Zahlungsunfähigkeit stellt einen Grund dar für die Eröffnung des Gesamtvollstreckungsverfahrens über das Vermögen einer **natürlichen** oder **juristischen Person** sowie einer **nicht rechtsfähigen Personengesellschaft** (vgl. zur Gesamtvollstreckungsfähigkeit oben Rn. 2 ff.). Abweichend von den Bestimmungen der Konkursordnung ist die Zahlungsunfähigkeit auch Grund für die Eröffnung eines Gesamtvollstreckungsverfahrens über einen **Nachlaß.**[29] 20

Der **Begriff der Zahlungsunfähigkeit** ist in der Gesamtvollstreckungsordnung nicht geregelt. Unter Zahlungsunfähigkeit wird überwiegend das auf Mangel an Zahlungsmitteln beruhende, voraussichtlich dauernde Unvermögen des Schuldners verstanden, seine fälligen Geldschulden ganz oder teilweise zu erfüllen.[30] 21

---

25 Kilger/*K.Schmidt* § 1 GesO Anm. 1 d).

26 Instruktiv zum Ablauf: Smid/Zeuner/*Fehl* Anhang I zu § 1 GesO „Nachlaßkonkurs".

27 So auch die Begründung zum Gesetzesentwurf der InsO vom 05.04.1992, BT-Drucksache 12/ 2443 zum 3. Abschnitt („Nachlaßinsolvenzverfahren") S. 229; *Hess/Binz/Wienberg* § 1 GesO Rn. 98; aA *Haarmeyer/Wutzke/Förster* § 1 GesO Rn. 73 und Einleitung Rn. 74 und *Smid/* Zeuner § 1 GesO Rn. 13 (die §§ 214 ff KO direkt anwenden und sich hierfür unzutreffenderweise auf Anlage I Kap. III Sachgebiet A Abschnitt III Nr. 28 a des Einigungsvertrages beziehen).

28 Vgl. *Hess/Binz/Wienberg* § 1 GesO Rn. 112.

29 So ausdrücklich die Erläuterung zu Kapitel III der Anlage II des Einigungsvertrages, zu Sachgebiet A, Abschnitt II Nr. 1 (BR-Drucks. 605/90, BT-Drucks. 11/7817), abgedruckt im Anhang Nr. 3; kritisch Kilger/*K.Schmidt* § 1 GesO Anm. 2 d).

Diese aus dem Konkursrecht der alten Bundesländer entlehnte Definition gilt nach der wohl überwiegenden Auffassung auch für den in der Gesamtvollstreckungsordnung gleichlautend verwendeten Begriff.[31]

22 Von der Zahlungsunfähigkeit ist die **bloße Zahlungsstockung** abzugrenzen, die noch keinen Grund für die Eröffnung eines Gesamtvollstreckungsverfahrens darstellt. Eine Zahlungsstockung liegt vor, wenn der Schuldner lediglich einzelne Verbindlichkeiten vorübergehend nicht befriedigt, wie dies beispielsweise bei verzögertem Eingang von Außenständen oder bei einem unerwarteten Forderungsausfall geschehen kann. Es muß aber absehbar sein, daß die Illiquidität nur vorübergehender Natur ist.[32] In der konkursrechtlichen Rechtsprechung zur Zahlungsstockung werden Zeiträume von einer Woche bis hin zu drei Monaten als vorübergehend angesehen.[33] Letztlich wird die Frage, ob eine bloße Zahlungsstockung oder aber schon eine Zahlungsunfähigkeit vorliegt, anhand der Umstände des Einzelfalles zu entscheiden sein.

23 Der **Zeitpunkt**, in dem die Zahlungsunfähigkeit eintritt, ist in der Regel für den außenstehenden Gläubiger nicht erkennbar. Für den Bereich der Konkursordnung bestimmt § 102 Abs. 2 KO daher, daß Zahlungsunfähigkeit insbesondere dann anzunehmen ist, wenn der Schuldner seine **Zahlungen eingestellt** hat. Diese Erscheinungsform der Zahlungsunfähigkeit wird auch in § 10 Abs. 1 Nr. 4 GesO genannt. Sie beschreibt die offensichtliche, nach außen sichtbare **Zahlungsunfähigkeit**. Im Zusammenhang mit der Feststellung der Zahlungsunfähigkeit werden die zur Zahlungseinstellung nach § 102 Abs. 2 KO entwickelten Grundsätze sinngemäß anzuwenden sein,[34] so daß Zahlungsunfähigkeit des Schuldners auch dann vorliegt, wenn dieser seine Zahlungen eingestellt hat.[35]

24 **Zahlungseinstellung** liegt als stärkste Form der Zahlungsunfähigkeit nach ständiger Rechtsprechung dann vor, wenn der Schuldner wegen eines voraussichtlich dauernden Mangels an Zahlungsmitteln seine fälligen und von den jeweiligen Gläubigern ernsthaft eingeforderten Verbindlichkeiten im allgemeinen nicht mehr erfüllen kann und wenn dieser Zustand mindestens für die beteiligten Verkehrskreise erkennbar wird.[36] Wechselproteste und die Hingabe ungedeckter Schecks sind ein starkes Indiz für die Zahlungseinstellung, insbesondere dann, wenn dies mehrfach geschieht. Gleiches gilt für die Nichtzahlung

---

30 *Hess/Binz/Wienberg* § 1 GesO Rn. 104; Kilger/*K.Schmidt* § 1 GesO Anm. 2 a); Kuhn/*Uhlenbruck* § 102 KO Rn. 2.

31 *Hess/Binz/Wienberg* § 1 GesO Rn. 104; Kilger/*K.Schmidt* § 1 GesO Anm. 2 a). Für nur eingeschränkte Übernahme dieses Begriffs in den Bereich der GesO *Haarmeyer/Wutzke/Förster* § 1 GesO Rn. 85 ff.

32 *Hess/Binz/Wienberg* § 1 GesO Rn. 105; *Smid*/Zeuner § 1 GesO Rn. 56; vgl. auch Kuhn/*Uhlenbruck* § 102 KO Rn. 2 e) (zum Anwendungsbereich der KO).

33 *Hess/Binz/Wienberg* § 1 GesO Rn. 105; *Smid*/Zeuner § 1 GesO Rn. 56; vgl. auch Kuhn/*Uhlenbruck* § 102 KO Rn. 2 e) (zum Anwendungsbereich der KO).

34 *Hess/Binz/Wienberg* § 1 GesO Rn. 106.

35 Vgl. hierzu jetzt auch § 17 Abs. 2 Satz 2 InsO.

36 BGH WM 1975, 6; Kuhn/*Uhlenbruck* § 102 KO Rn. 2 f.

von Löhnen und Gehältern, die Einstellung des Geschäftsbetriebes, Pfändungen durch den Gerichtsvollzieher und die Geschäftsschließung.[37] Auch das Vorliegen eines Antrages auf Abgabe der eidesstattlichen Versicherung oder auf Erlaß eines Haftbefehls zur Erzwingung derselben können ein solches Indiz sein.[38]

2. Überschuldung einer juristischen Person

Bei juristischen Personen ist neben der Zahlungsunfähigkeit auch die Über- **25**
schuldung ein Grund für die Eröffnung eines Gesamtvollstreckungsverfahrens.

Der **Begriff der Überschuldung** ist – wie auch derjenige der Zahlungsunfähig- **26**
keit – in der Gesamtvollstreckungsordnung nicht näher bestimmt. Für juristische Personen ist daher auf die Definitionen in § 92 Abs. 2 Satz 2 AktG, § 64 Abs. 1 Satz 1 GmbHG und § 98 Abs. 1 Nr. 2 GenG abzustellen.[39]

Hiernach liegt eine Überschuldung einer juristischen Person vor, wenn das **27**
Vermögen die Schulden nicht mehr deckt. Die in der Vergangenheit angewendeten Methoden zur Vermögensbewertung insbesondere von **Unternehmen** und damit auch zur Feststellung des Überschuldungstatbestandes haben sich nicht bewährt. Sie stellen nämlich alternativ auf eine Bewertung nach dem Zerschlagungswert oder aber dem Fortführungswert ab. Bei der Bewertung des Aktivvermögens nach Fortführungsswerten ergeben sich in der Regel jedoch erhebliche Unterschiede zu einer Bewertung nach Liquidationswerten.

Deshalb hat sich für die Feststellung der Überschuldung eines Unternehmens **28**
der neue **zweistufige Überschuldungsbegriff** durchgesetzt, weil bei Anwendung dieses Begriffes beide Bewertungsmethoden kombiniert werden können. Hiernach kann von einer Überschuldung nur dann gesprochen werden, wenn das Vermögen einer Gesellschaft bei Ansatz von Liquidationswerten unter Einbeziehung der stillen Reserven die bestehenden Verbindlichkeiten nicht

---

37 Kuhn/*Uhlenbruck* § 102 KO Rn. 2 f.

38 *Hess/Binz/Wienberg* § 1 GesO Rn. 110.

39 Diese Vorschriften bestimmen:
– § 92 Abs. 2 AktG:
„Wird die Gesellschaft zahlungsunfähig, so hat der Vorstand ohne schuldhaftes Zögern, spätestens aber drei Wochen nach Eintritt der Zahlungsunfähigkeit, die Eröffnung des Konkursverfahrens oder des gerichtlichen Vergleichsverfahrens zu beantragen. Dies gilt sinngemäß, wenn das Vermögen der Gesellschaft nicht mehr die Schulden deckt. Der Antrag ist nicht schuldhaft verzögert, wenn der Vorstand die Eröffnung des gerichtlichen Vergleichsverfahrens mit der Sorgfalt eines ordentlichen und gewissenhaften Geschäftsleiters betreibt. ...“
– § 64 Abs. 1 GmbHG entspricht inhaltlich § 92 Abs. 2 AktG.
– § 98 Abs. 1 Nr. 2 GenG:
„(1) Das Konkursverfahren über das Vermögen einer Genossenschaft findet statt
...
2. bei einer Genossenschaft, bei der die Genossen Nachschüsse bis zu einer Haftsumme zu leisten haben, auch in Fällen, in denen das Vermögen die Schulden nicht mehr deckt (Überschuldung) und die Überschuldung ein Viertel des Gesamtbetrages der Haftsummen aller Genossen übersteigt; ...“

deckt **(rechnerische Überschuldung) und** die Finanzkraft der Gesellschaft nach überwiegender Wahrscheinlichkeit mittelfristig nicht zur Fortführung des Unternehmens ausreicht **(Überlebens- und Fortbestehensprognose)**.[40]

29 Der ordentliche Kaufmann hat also zunächst unter Zugrundelegung von Liquidationswerten zu prüfen, ob das Unternehmen rechnerisch überschuldet ist. Wenn dies der Fall ist, muß er anschließend aufgrund einer betriebswirtschaftlichen Rentabilitätsanalyse und der Finanzierungslage des Unternehmens sowie fundierter Erwartungen hinsichtlich der zukünftigen Entwicklung feststellen, ob aufgrund dieser Analyse in absehbarer Zeit mit der Liquidation des Unternehmens zu rechnen ist oder ob das Unternehmen fortgeführt werden kann. Folgt aus der Analyse die Nichtexistenzfähigkeit des Unternehmens oder die Notwendigkeit, dieses in absehbarer Zeit zu liquidieren, so ist die Bewertung mit Liquidationswerten durchzuführen.[41] Gelangt aber die Geschäftsleitung einer Gesellschaft (Vorstand oder Geschäftsführer) aufgrund der betriebswirtschaftlichen Analyse zu der Überzeugung, daß die Gesellschaft lebensfähig ist und in absehbarer Zeit nicht mit der Liquidation gerechnet werden muß, so hat die Bewertung unter Berücksichtigung der Fortführung der Gesellschaft zu erfolgen. Ergibt sich dabei keine Überschuldung der Gesellschaft, so besteht auch keine Verpflichtung, einen Antrag auf Eröffnung des Gesamtvollstreckungsverfahrens zu stellen, und zwar unabhängig davon, ob bei Ansatz der bei einer Veräußerung zu erzielenden Erlöse eine Überschuldung gegeben wäre oder nicht.[42]

30 Dieser zweistufige Überschuldungsbegriff ist zumindest zur Beurteilung einer Unternehmensüberschuldung anzuwenden. Bei juristischen Personen, die **kein Unternehmen** betreiben, wird die Überschuldung hingegen weiterhin auf der Grundlage der herkömmlichen Bewertung nach Liquidationswerten festzustellen sein. Wenn kein Unternehmen betrieben wird, gibt es auch keinen Fortführungswert, der beachtet werden könnte.

31 Für die Prüfung der Überschuldung von Treuhandunternehmen ist auf die Auswirkungen des DM-Bilanzgesetzes (vgl. § 24 DMBilG) hinzuweisen.[43]

3. Überschuldung einer nicht rechtsfähigen Personengesellschaft

32 Bei einer im Sinne von § 1 Abs. 1 Satz 1 GesO nicht rechtsfähigen Personengesellschaft kann neben der Zahlungsunfähigkeit die Überschuldung Grund für die Eröffnung eines Gesamtvollstreckungsverfahrens sein. Dies gilt über den Wortlaut von § 1 Abs. 1 Satz 1 GesO hinaus auch für nicht rechtsfähige Personengesellschaften, wenn deren unbeschränkt haftender Gesellschafter eine

---

40 BGH ZIP 1992, 1382, 1386 mwN; BGH ZIP 1995, 819, 824 f.
41 *Hess/Binz/Wienberg* § 1 GesO Rn. 116.
42 *Hess/Binz/Wienberg* § 1 GesO Rn. 119; Kilger/*K.Schmidt* § 102 KO Anm. 2 b).
43 Ausführlich *Smid*/Zeuner § 1 GesO Rn. 66 ff.

juristische Person ist. So ist beispielsweise im Falle der Überschuldung einer **oHG** dann das Gesamtvollstreckungsverfahren zu eröffnen, wenn deren Gesellschafterkreis ausschließlich aus juristischen Personen besteht. Bei der KG muß nur der oder die persönlich haftenden Gesellschafter juristische Person sein.[44] Dies ergibt sich aus den §§ 130 a, 177 a HGB. Danach sind die organschaftlichen Vertreter der zur Vertretung der Personengesellschaft ermächtigten juristischen Person im Überschuldungsfall verpflichtet, die Eröffnung des Konkurs- oder Vergleichsverfahrens zu beantragen. Diese Verpflichtung gilt nach § 1 Abs. 4 GesO auch im Geltungsbereich der Gesamtvollstreckungsordnung,[45] so daß auch ohne eine § 209 Abs. 1 Satz 3 KO entsprechende Regelung in der Gesamtvollstreckungsordnung die Überschuldung insoweit einen Eröffnungsgrund darstellt.

Zur Frage, wann eine Überschuldung vorliegt, kann auf die Ausführungen zur **33** juristischen Person verwiesen werden (vgl. oben Rn. 25).

4. Überschuldung eines Nachlasses

Die Überschuldung eines Nachlasses eröffnet ebenfalls die Möglichkeit der **34** Eröffnung eines Gesamtvollstreckungsverfahrens über den Nachlaß.

Der für juristische Personen nach den vorgenannten Ausführungen geltende **35** zweistufige Überschuldungsbegriff (vgl. Rn. 28) ist beim **Nachlaß** nicht anzuwenden, da ein Nachlaß zumindest in der Regel keinen Fortführungswert hat. Zweckmäßigerweise sollte deshalb auf die im Zusammenhang mit dem Nachlaßkonkurs entwickelte Definition zurückgegriffen werden. Danach liegt eine Überschuldung vor, wenn die Aktiva des Nachlasses zur vollen Befriedigung aller Nachlaßverbindlichkeiten zum Zeitpunkt der Eröffnung des Verfahrens nicht ausreichen.[46]

III. Eröffnungsantrag

Das Gesamtvollstreckungsverfahren wird nur auf Antrag eröffnet. Dieser ist **36** beim zuständigen Gericht einzureichen. In bestimmten Fällen besteht eine Pflicht zur Antragstellung.

1. Zuständiges Gericht

Der Antrag auf Eröffnung eines Gesamtvollstreckungsverfahrens über das **37** Vermögen eines Schuldners ist bei dem sachlich und örtlich zuständigen Gericht einzureichen. Innerhalb des Gerichts besteht eine Aufgabenverteilung zwischen dem Richter und dem Rechtspfleger.

---

44 Kilger/*K.Schmidt* § 1 GesO Anm. 2 c).
45 Kilger/*K.Schmidt* § 1 GesO Anm. 2 c).
46 Kuhn/*Uhlenbruck* § 215 KO Rn. 2; Kilger/*K.Schmidt* § 215 KO Anm. 1.

a) Amtsgerichtliche Zuständigkeit und Zuständigkeitskonzentration

38 Nach dem Wortlaut von § 1 Abs. 2 GesO ist für die Gesamtvollstreckung das „Kreisgericht" zuständig, in dessen Bereich der Schuldner seinen Wohnsitz oder Sitz hat. Nachdem nunmehr sämtliche fünf neuen Bundesländer den im Gerichtsverfassungsgesetz vorgesehenen Gerichtsaufbau eingeführt haben, ist gemäß § 15 Abs. 1 Rechtspflegeanpassungsgesetz[47] **(RPflAnpG)** an die Stelle der Zuständigkeit der Kreisgerichte die der Amtsgerichte getreten.

39 Für Gesamtberlin ist nach dem Einigungsvertrag das Amtsgericht Berlin-Charlottenburg zuständig. Dabei ist zu beachten, daß in Ost-Berlin die Regelungen der Gesamtvollstreckungsordnung anzuwenden sind, während in den ehemaligen Westsektoren von Berlin weiterhin die Konkursordnung gilt (zur interlokalrechtlichen Abgrenzung zwischen der Gesamtvollstreckungsordnung und der Konkursordnung vgl. § 2 Rn. 6 ff.).[48]

40 Die örtliche Zuständigkeit für die Durchführung des Verfahrens richtete sich ursprünglich nach der 1. Durchführungsverordnung über die Gesamtvollstrekkung vom 31.07.1990.[49] Diese Verordnung ist mittlerweile überholt, da sämtliche neuen Bundesländer von der Verordnungsermächtigung in § 21 Abs. 2 GesO Gebrauch gemacht und eine Zuständigkeitskonzentration auch nach Einführung des vierstufigen Gerichtsaufbaus angeordnet haben.

41 Die in den einzelnen Ländern durch Landesverordnung vorgenommene Zuständigkeitskonzentration hat zur Folge, daß die Zuständigkeit bei bestimmten Amtsgerichten zusammengefaßt worden ist.[50] Die Zuständigkeitskonzentration für die Verfahren nach der Gesamtvollstreckungsordnung ist deshalb nach

---

47 BGBl I 1992, 1147.

48 Einigungsvertrag Anlage II Kap. III Sachgebiet A Abschn. IV Nr. 2 iVm. § 5 der zweiten Verordnung über die Konzentration amtsgerichtlicher Zuständigkeiten vom 04. September 1972, GVBl. 1972, S. 2301.

49 DDR-GBl. 1990 I, 1152.

50 Vgl.
- für **Brandenburg**:
  Verordnung über gerichtliche Zuständigkeiten und Zuständigkeitskonzentrationen (Gerichtszuständigkeitsverordnung) vom 03.11.1993, GVBl. Brandenburg II, Nr. 77;
- für **Mecklenburg-Vorpommern**:
  Verordnung über die Konzentration von Zuständigkeiten der Gerichte (Konzentrationsverordnung – KonzVO M-V) vom 28.03.1994, GBl. Mecklenburg-Vorpommern, 514;
- für **Sachsen-Anhalt**:
  Verordnung über Zuständigkeiten der Amtsgerichte und Landgerichte in Zivilsachen (Zuständigkeitsverordnung) vom 01.09.1992, GVBl. LSA, 664;
- für **Sachsen**:
  Verordnung des Sächsischen Staatsministeriums der Justiz über gerichtliche Zuständigkeiten (Sächsisches Gesetz- und Verordnungsblatt) vom 08.12.1992, 605;
- für **Thüringen**:
  Verordnung über gerichtliche Zuständigkeiten in der ordentlichen Gerichtsbarkeit vom 12.08.1993, GVBl. Thüringen, 563.

Ländern und Amtsgerichtsbezirken geordnet, im einzelnen abgedruckt im Anhang V.

b) Bestimmung des zuständigen Gerichts nach Wohnsitz oder Sitz

Die örtliche Zuständigkeit eines für mehrere Amtsgerichtsbezirke bestimmten **42**
Gesamtvollstreckungsgerichts richtet sich bei natürlichen Personen nach deren Wohnsitz (vgl. §§ 12 bis 16 ZPO) und bei juristischen Personen sowie Personenhandelsgesellschaften nach deren Sitz (§ 17 ZPO). Für die GbR und als solche behandelte Vermögensmassen sowie den Nachlaß sind Besonderheiten zu berücksichtigen.

aa) Zuständigkeit für natürliche Personen

Bei natürlichen Personen ist der Wohnsitz des Schuldners für die Bestimmung **43**
des örtlich zuständigen Gesamtvollstreckungsgerichts maßgebend (§ 13 ZPO). Hat ein Schuldner mehrere Wohnsitze, für die verschiedene Gesamtvollstreckungsgerichte zuständig wären, könnte ein Verfahren grundsätzlich bei jedem dieser Gesamtvollstreckungsgerichte eröffnet werden.[51] In der Konkursordnung ist in § 71 Abs. 2 bestimmt, daß bei der Zuständigkeit mehrerer Gerichte dasjenige, bei welchem zuerst die Eröffnung des Verfahrens beantragt worden ist, die Zuständigkeit der übrigen ausschließt. Diese Regelung ist für das Gesamtvollstreckungsverfahren entsprechend anzuwenden, so daß das Amtsgericht örtlich zuständig bleibt, bei dem zuerst der Antrag auf Eröffnung des Gesamtvollstreckungsverfahrens gestellt wurde (vgl. auch bereits oben § 2 Rn. 21 für interlokalrechtliche Zuständigkeiten).[52] Der Auffassung, nach der im Falle mehrerer Gerichtsstände die Zuständigkeit nach §§ 1 Abs. 3 GesO iVm. § 36 Nr. 3 ZPO[53] durch das im Rechtszug zunächst höhere Gericht bestimmt werden soll,[54] ist nicht zu folgen. Eine Bestimmung nach § 36 Nr. 3 ZPO kommt nur dann in Betracht, wenn **mehrere Personen,** die bei verschiedenen Gerichten ihren allgemeinen Gerichtsstand haben, als Streitgenossen verklagt werden sollen, und für den Gerichtsstand ein gemeinschaftlicher, besonderer Gerichtsstand nicht begründet ist. Diese Voraussetzungen liegen bei mehreren Wohnsitzen nur eines Schuldners nicht vor. Eine Bestimmung durch das im Rechtszuge zunächst höhere Gericht ist deshalb nicht möglich, wenn sich nicht ausnahmsweise mehrere Gerichte rechtskräftig für zuständig oder unzuständig erklärt haben (§ 36 Nr. 5, 6 ZPO).[55]

---

51 Vgl. RGZ 102, 82, 86.

52 *Smid*/Zeuner § 1 GesO Rn. 120; aA Kilger/*K.Schmidt* § 1 GesO Anm. 4; *Hess/Binz/Wienberg* § 1 GesO Rn. 225.

53 Vgl. Anhang II.4.

54 In diesem Sinne wohl *Haarmeyer/Wutzke/Förster* § 1 GesO Rn. 263.

55 Vgl. BGH ZIP 1992, 1274 (für den Fall des negativen Kompetenzkonflikts).

bb) Zuständigkeit für juristische Personen und Vermögensmassen

44 Bei juristischen Personen und Vermögensmassen ist für die Bestimmung des örtlich zuständigen Gesamtvollstreckungsgerichts der Sitz der Gesellschaft oder Vermögensmasse maßgebend (§ 17 ZPO). Als Sitz gilt regelmäßig der Ort, an dem die Verwaltung geführt wird (§ 17 Abs. 1 Satz 2 ZPO). Im allgemeinen wird hierunter die Hauptniederlassung verstanden, weil sich hier der Schwerpunkt der Geschäftstätigkeit der juristischen Person oder Vermögensmasse befindet. Hingegen sind Zweigniederlassungen selbst dann nicht als Sitz des Schuldners im Sinne des § 1 Abs. 2 GesO anzusehen, wenn sie einen eigenständigen Geschäftsbetrieb entfalten (vgl. § 2 Rn. 15 f.). Entscheidend ist in der Regel der im Handelsregister eingetragene Sitz, der durch die Satzung bestimmt wird[56] und in der Praxis meist mit dem tatsächlichen Verwaltungssitz übereinstimmt.

cc) Zuständigkeit für die Gesellschaft bürgerlichen Rechts

45 Im Falle der Insolvenz einer Gesellschaft bürgerlichen Rechts (vgl. oben Rn. 11) bestimmt sich die gerichtliche Zuständigkeit danach, an welchem Ort für und gegen die Gesellschaft wirksame Zustellungen vorgenommen werden können. Dies ist in der Regel dort, wo der oder die geschäftsführungsbefugten Gesellschafter ihren Wohnsitz haben. Wird hierdurch die Zuständigkeit mehrerer Gerichte begründet, kann die Zuständigkeit nicht nach § 36 Nr. 3 ZPO bestimmt werden. Die Anwendung dieser Vorschrift würde voraussetzen, daß die Gesamtvollstreckung über das Vermögen der einzelnen Gesellschafter eröffnet würde. Dies ist jedoch nicht der Fall, weil nach § 1 Abs. 1 Satz 1 GesO die Gesamtvollstreckung unmittelbar in das Gesellschaftsvermögen der Gesellschaft bürgerlichen Rechts erfolgt.[57] Es gilt deshalb auch hier, daß das Gericht zuständig ist, bei dem zuerst ein Antrag auf Eröffnung des Gesamtvollstreckungsverfahrens eingegangen ist (vgl. auch oben Rn. 43 sowie § 2 Rn. 23 für den Fall interlokalrechtlicher Zuständigkeitskonflikte).

dd) Zuständigkeit für den Nachlaß

46 Für die Nachlaßgesamtvollstreckung enthält die Gesamtvollstreckungsordnung keine Regelung. Diese Regelungslücke ist, wie bereits dargelegt (vgl. oben Rn. 18), durch die entsprechende Anwendung der konkursrechtlichen Vorschriften (§§ 214 ff. KO) zu schließen. Nach § 214 KO ist demnach das Amtsgericht ausschließlich zuständig, bei dem der Erblasser zum Zeitpunkt seines Todes den allgemeinen Gerichtsstand hatte. Denkbar wäre auch, über § 1 Abs. 3 GesO iVm. § 27 ZPO direkt eine Zuständigkeit des Gerichts anzunehmen, bei dem der Erblasser zum Zeitpunkt seines Todes den allgemeinen Gerichtsstand hatte.

56 Vgl. Gottwald/*Uhlenbruck*, Nachtrag GesO S. 4 f.; aA *Haarmeyer/Wutzke/Förster* § 1 GesO Rn. 258.
57 *Smid*/Zeuner § 1 GesO Rn. 119.

Nach § 27 Abs. 1 ZPO bezieht sich dieser Gerichtsstand aber nicht auf die insolvenzrechtliche Zuständigkeit, sondern lediglich auf Ansprüche, die vor den Gerichten im ordentlichen Verfahren geltend zu machen sind. Der entsprechenden Anwendung der spezielleren Regelung des § 214 KO ist daher der Vorzug zu geben,[58] da diese die Gesamtvollstreckungsordnung im sinnvoller Weise ergänzt.

c) Folgen der Antragstellung bei einem örtlich unzuständigen Gericht

Wenn der Antrag auf Eröffnung eines Gesamtvollstreckungsverfahrens bei einem örtlich unzuständigen Gericht eingereicht wird, ist er abzuweisen. Stellt das Gesamtvollstreckungsgericht seine Unzuständigkeit fest, hat es dem Antragsteller jedoch Gelegenheit zu geben, die Verweisung an das örtlich zuständige Gericht zu beantragen (vgl. § 1 Abs. 3 GesO iVm. §§ 281 Abs. 1, 139 ZPO; vgl. auch § 2 Rn. 18). Der Antragsteller ist von dem Gesamtvollstreckungsgericht entsprechend zu belehren.[59] Wird eine Verweisung beantragt, hat das unzuständige Gericht die Verweisung an das örtlich zuständige Gericht durch Beschluß auszusprechen (§ 1 Abs. 3 GesO iVm. §§ 281, 495 ZPO). Gegen diesen Beschluß ist kein Rechtsmittel möglich, er ist für das Gericht, an das verwiesen wird, bindend (§ 281 Abs. 2 ZPO).[60] **47**

Maßgeblicher **Zeitpunkt** für die Ermittlung der örtlichen Zuständigkeit ist der Eingang des Gesamtvollstreckungsantrages bei Gericht (zur Wohnsitzverlegung von den alten Bundesländern in das Beitrittsgebiet zum Zwecke der Zuständigkeitsbegründung vgl. § 2 Rn. 22). **48**

d) Zuständigkeit des Richters oder des Rechtspflegers

Für Gesamtvollstreckungsverfahren ist grundsätzlich der Rechtspfleger zuständig (vgl. § 3 Nr. 2 e) RPflG und Anlage I Kap. III Sachgebiet A Abschnitt III Nr. 3 a Abs. 1 Einigungsvertrag).[61] Dies gilt jedoch nicht uneingeschränkt. Zunächst können die Aufgaben des Rechtspflegers gemäß Anlage I Kap. III Sachgebiet A Abschnitt III Nr. 3 Abs. 3 Einigungsvertrag auch vom Richter wahrgenommen werden.[62] Nach § 18 Abs. 1 RPflG ist dem Richter zudem das Verfahren bis zur Entscheidung über die Eröffnung vorbehalten. Zu diesem Verfahren gehören neben der Ausfertigung des Eröffnungsbeschlusses die begleitenden Maßnahmen und die Bestellung des Verwalters. Der Richter kann **49**

58 AA Kilger/*K.Schmidt* § 1 GesO Anm. 4.

59 *Smid*/Zeuner § 1 GesO Rn. 123; *Hess/Binz/Wienberg* § 1 GesO Rn. 229; *Thomas/Putzo* § 139 ZPO Rn. 11.

60 BGH ZIP 1992, 1274; *Smid*/Zeuner § 1 GesO Rn. 123; *Hess/Binz/Wienberg* § 1 GesO Rn. 239.

61 Vgl. die Erläuterung zu Kapitel III der Anlage II des Einigungsvertrages, zu Sachgebiet A, Abschnitt II Nr. 1 (BR-Drucks. 605/90, BT-Drucks. 11/7817), abgedruckt im Anhang III.3.

62 *Haarmeyer/Wutzke/Förster* § 1 GesO Rn. 262.

sich nach § 18 Abs. 2 RPflG weitere Entscheidungen vorbehalten. Er kann demnach auch nach der Eröffnung Aufgaben des Rechtspflegers an sich ziehen. Eine Rückübertragung dieser Geschäfte auf den Rechtspfleger ist jederzeit möglich. Zu beachten ist allerdings, daß die Vorschriften des Rechtspflegergesetzes insoweit auf die Gesamtvollstreckung keine Anwendung finden, als sie Regelungen des Konkursverfahrens betreffen, die im Gesamtvollstreckungsverfahren weder direkt noch entsprechend gelten.[63]

50 Folgende Tätigkeiten werden regelmäßig durch Richter wahrgenommen:[64]

— Anhörung der Verfahrensbeteiligten (§ 2 GesO);
— Entgegennahme von Erklärungen;
— Bekanntmachungen;
— Anordnung vorläufiger Maßnahmen (§ 2 Abs. 3 GesO);
— Verfahrenseröffnungsbeschluß oder dessen Ablehnung (§ 5 GesO);
— Bestellung, Abberufung und Neubestellung des Verwalters;
— Einberufung der Gläubigerversammlung (§ 15 Abs. 2 Satz 1 GesO);
— Bestellung eines vorläufigen Gläubigerausschusses (§ 15 Abs. 2 Satz 3 GesO);
— Bestätigung eines gerichtlichen Vergleichs (§ 16 Abs. 5 Satz 1 GesO);
— Bestätigung des Verteilungsvorschlags (§ 18 Abs. 1 Satz 2 GesO);
— Einstellungsbeschluß (§ 19 Abs. 1 Satz 1 GesO).

2. Antragstellung und Prüfung der Eröffnungsvoraussetzungen

51 Das Gesamtvollstreckungsverfahren wird nur auf **Antrag** (vgl. Muster 1) eröffnet (§ 2 Abs. 1 Satz 1 GesO). Ein Tätigwerden des Gerichts von Amts wegen ist ausgeschlossen. Der Antrag kann schriftlich oder zu Protokoll der Geschäftsstelle des zuständigen Gesamtvollstreckungsgerichts gestellt werden (vgl. hierzu Rn. 37 ff.).[65] Hierbei kann sich der Antragsteller insbesondere durch einen Rechtsanwalt vertreten lassen.[66] Der Antrag auf Eröffnung des Gesamtvollstreckungsverfahrens ist eine Prozeßhandlung. **Befristete und bedingte** Anträge auf Einleitung der Gesamtvollstreckung sind deshalb unzulässig.[67]

Im Falle der Insolvenz von juristischen Personen, die durch ihre Organe vertreten werden (vgl. § 35 GmbHG, 78 AktG, §§ 161 Abs. 2, 170 HGB, § 278 AktG), sind die Sonderregelungen der Konkursordnung für juristische

63 *Haarmeyer/Wutzke/Förster* § 1 GesO Rn. 149; Uhlenbruck/*Gottwald*, Nachtrag GesO S. 5 Rn. 3.
64 Vgl. Uhlenbruck/*Gottwald*, Nachtrag GesO S. 5 Rn. 2.
65 *Smid*/Zeuner § 2 GesO Rn. 5.
66 *Smid*/Zeuner § 2 GesO Rn. 5; Hess/*Hess* § 103 KO Rn. 18.
67 *Haarmeyer/Wutzke/Förster* § 2 GesO Rn. 11.

Personen (§§ 207 ff. KO[68]) mit einer in der Literatur vertretenen Ansicht entsprechend anzuwenden.[69]

a) Antragsberechtigung

Sowohl der Schuldner als auch jeder Gläubiger sind berechtigt, einen Antrag auf Eröffnung des Gesamtvollstreckungsverfahrens zu stellen (§ 2 Abs. 1 GesO). **52**

aa) Antrag des Schuldners

Antragsberechtigt ist zunächst **der Schuldner**, über dessen Vermögen das Gesamtvollstreckungsverfahren eröffnet werden soll. **53**
Im Falle der Zahlungsunfähigkeit einer **natürlichen Person** können diese selbst, ein von ihr Bevollmächtigter oder ein gesetzlicher Vertreter (zB bei Prozeßunfähigkeit) den Antrag stellen.[70]

Bei **juristischen Personen** ist grundsätzlich der Vorstand oder die Geschäftsführung gemäß den jeweiligen spezialgesetzlichen Normen berechtigt, einen Antrag auf Eröffnung des Gesamtvollstreckungsverfahrens zu stellen (vgl. § 92 Abs. 2 AktG; § 99 GenG; § 64 GmbHG; zur Antragspflicht vgl. unten Rn. 62). Das Antragsrecht steht hierbei jedem Geschäftsführer oder Mitglied des Vorstandes selbständig zu, und zwar unabhängig von der Regelung der Vertretungsmacht im Innenverhältnis der Gesellschaft.[71] Wenn die Gesellschaft aufgelöst ist, sind in gleicher Weise die Liquidatoren antragsberechtigt (vgl. § 268 Abs. 2 AktG; § 99 GenG; § 71 Abs. 4 GmbHG). **54**

Für die **Personenhandelsgesellschaft** ist jeder persönlich haftende Gesellschafter antragsberechtigt. Für die GmbH & Co. KG steht die Antragsbefugnis jedem Geschäftsführer der Komplementär-GmbH zu.[72] **55**

Bei der **Gesellschaft bürgerlichen Rechts** ist jeder Gesellschafter unabhängig von den gesetzlichen Vertretungsregeln oder einer vereinbarten Gesamtvertretung antragsbefugt.[73] **56**

Zur Antragstellung für die Gesamtvollstreckung über einen **Nachlaß** ist der **Erbe**, bei mehreren Erben jeder für sich allein, berechtigt. Dies ergibt sich aus einer entsprechenden Anwendung von § 217 Abs. 1 KO.[74] Neben den Erben ist auch der **Testamentsvollstrecker** antragsbefugt, wenn ihm die Verwaltung des Nachlasses im Ganzen zusteht (§ 217 Abs. 1 KO).[75] **57**

Prokura und Handlungsvollmacht berechtigen nicht zur Stellung eines Eröff- **58**

68 Abgedruckt im Anhang II.2.
69 *Haarmeyer/Wutzke/Förster* Einl. GesO Rn. 78.
70 *Smid*/Zeuner § 2 GesO Rn. 8.
71 Vgl. § 63 GmbHG Abs. 2 iVm. § 208 KO Abs. 1.
72 Vgl. Kuhn/*Uhlenbruck* § 103 KO Rn. 8 a).
73 *Smid*/Zeuner § 2 GesO Rn. 11.
74 Zur Anwendbarkeit vgl. Rn. 18.
75 Zum Antragsrecht des Erbschaftskäufers vgl. *Smid*/Zeuner § 2 GesO Rn. 12.

nungsantrages, da die Antragstellung keine Rechtshandlung ist, die der Betrieb eines Handelsgewerbes gewöhnlich mit sich bringt.[76]

59 Wegen der besonderen Voraussetzungen für die mit der Antragstellung verbundene **Glaubhaftmachung** vgl. unten Rn. 80 ff.

bb) Antrag eines Gläubigers

60 Neben dem Schuldner ist **jeder Gläubiger** zur Antragstellung berechtigt (§ 2 Abs. 1 GesO). Gläubiger ist, wer im Zeitpunkt der Antragstellung einen Anspruch gegen den Schuldner hat.[77]

61 Stellt ein Gläubiger einen Antrag, ist er nach der anwendbaren Vorschrift von § 50 Abs. 1 GKG als Antragsteller Schuldner der Gebühr für das Verfahren über den Antrag auf Eröffnung des „Konkursverfahrens" (vgl. § 24 Rn. 20). Wird der Antrag abgewiesen oder zurückgenommen, ist der Antragsteller auch Schuldner der in dem Verfahren entstandenen Auslagen. Die Gebühr wird mit Einreichung des Antrages fällig.
Es kann sich als nützlich erweisen, wenn der antragstellende Gläubiger dem Antrag eine für den Schuldner bestimmte zustellungsfähige **Durchschrift** oder anwaltlich beglaubigte Ablichtung beifügt. Andernfalls besteht die Gefahr, daß das Gericht den Antragsteller zur Nachreichung einer Abschrift oder Durchschrift auffordert[78] und dadurch die Eröffnung des Verfahrens verzögert wird.

b) Antragspflichtige

62 Nach dem Gesetz sind bestimmte Personen verpflichtet, einen Antrag auf Eröffnung eines Gesamtvollstreckungsverfahrens zu stellen, wenn die entsprechenden Voraussetzungen vorliegen. Es sind zwei Gruppen zu unterscheiden:

63 Folgende Personen trifft die Antragspflicht, wenn der Schuldner zahlungsunfähig **oder** überschuldet ist:

64 — Vorstandsmitglieder und Liquidatoren einer **Aktiengesellschaft** sowie Geschäftsführer und Liquidatoren einer **GmbH** (vgl. §§ 92 Abs. 2, 268 Abs. 2, 278 Abs. 3, 283 Nr. 14 AktG, §§ 64, 71, 84 GmbHG); eine Einschränkung der Antragspflicht für Kapitalgesellschaften, deren Anteile von der Treuhandanstalt bzw. deren Nachfolgeorganisation gehalten werden, sieht die Vorschrift des § 56 d DMBilG vor;

65 — organschaftliche Vertreter einer zur Vertretung einer **Personenhandelsgesellschaft** oder **Kommanditgesellschaft auf Aktien** ermächtigten juristischen Person, deren sämtliche persönlich haftenden Gesellschafter ihrerseits juristische Personen sind sowie deren Liquidatoren (§§ 130 a, 177 a HGB, 278 Abs. 2 AktG);

---

76 *Haarmeyer/Wutzke/Förster* § 2 GesO Rn. 27; *Hess/Binz/Wienberg* § 2 GesO Rn. 6.
77 *Smid*/Zeuner § 2 GesO Rn. 8.
78 In diesem Sinne *Uhlenbruck/Delhaes* HRB Bd. 3 Rn. 214.

— Vorstandsmitglieder und Liquidatoren einer **Genossenschaft** (vgl. §§ 99, 148 GenG). 66

Andere Personen sind **nur im Falle der Überschuldung** zur Antragstellung verpflichtet: 67

— Vorstandsmitglieder und Liquidatoren eines **Vereins** oder einer **Stiftung des bürgerlichen Rechts** sowie die Vertretungsorgane der **juristischen Personen des öffentlichen Rechts** (Körperschaften, Stiftungen und Anstalten) (vgl. §§ 42 Abs. 2, 48, 53, 86, 88, 89 Abs. 2 BGB); 68

— Erben und Nachlaßverwalter bei Überschuldung eines **Nachlasses** (§§ 1980, 1985 BGB) sowie der überlebende **Ehegatte**, der die Gütergemeinschaft fortsetzt, bei Überschuldung des Gesamtgutes (§ 1489 Abs. 1 iVm. § 1980 BGB). 69

Die Verpflichtung zur Antragstellung entfällt nicht dadurch, daß der antragspflichtige organschaftliche Vertreter oder Liquidator sein Amt niederlegt.[79] 70

Auch wenn ein Gläubiger bereits einen Antrag auf Eröffnung des Gesamtvollstreckungsverfahrens gestellt hat, bleiben die vorstehenden Antragspflichten bestehen.[80] 71

c) Zeitpunkt der Antragstellung bei Antragspflicht

Besteht eine Antragspflicht, ist der Eröffnungsantrag **ohne schuldhaftes Zögern**, spätestens aber drei Wochen nach Eintritt der Zahlungsunfähigkeit oder nachdem sich eine Überschuldung aus der Aufstellung der Bilanz ergeben hat, zu stellen (§§ 92 Abs. 2 AktG, 64 Abs. 2 GmbHG, 99 Abs. 1 GenG, 130 a Abs. 1, 161 HGB, 278 Abs. 2 AktG).[81] 72

Der **Beginn** der Dreiwochenfrist ist in den entsprechenden Vorschriften des Handels- und Gesellschaftsrechts nicht geregelt. Nach der Rechtsprechung des BGH[82] zur Konkursantragspflicht beginnt die Dreiwochenfrist bei **Überschuldung** eines antragspflichtigen Unternehmens mit der Kenntnis des zuständigen Organs vom Vorliegen des Insolvenzgrundes. Die Dreiwochenfrist ist nach Auffassung des BGH die absolute Höchstgrenze für den Insolvenzantrag. Von jeder antragspflichtigen Person ist, abhängig von dem Geschäftsumfang, ein bestimmter Planungsaufwand zu verlangen, nach dem aufgrund einer zuverlässigen Eigenprüfung festgestellt werden kann, ob eine Überschuldung vorliegt oder nicht. 73

Im Falle der Zahlungsunfähigkeit des Schuldners beschränkt sich die Verpflichtung zur Eigenprüfung auf die Überprüfung der Liquidität des Unternehmens. 74

---

79 Vgl. BGH NJW 1952, 554; Kuhn/*Uhlenbruck* § 103 KO Rn. 8 e) mwN.
80 Vgl. Kuhn/*Uhlenbruck* § 103 KO Rn. 8 a).
81 Kuhn/*Uhlenbruck* § 103 KO Rn. 9. Vgl. auch Fn. 39.
82 Vgl. BGHZ 75, 96, 108 (Herstatt).

d) Inhalt des Antrages

75 Der Inhalt des Antrages (vgl. Muster 1) muß deutlich zum Ausdruck bringen, daß ein Gesamtvollstreckungsverfahren eingeleitet werden soll.

76 Als inhaltliche Mindestanforderungen sollte der Antrag Angaben enthalten über

— den **Wohnsitz** oder den **Sitz** des Schuldners vgl. hierzu § 2 Rn. 14 ff.);

77 — die genaue Bezeichnung der **Parteien** (zB ladungsfähige Anschrift des Schuldners, Vertretungsverhältnisse – §§ 253, 191 ZPO iVm. § 1 Abs. 3 GesO);

78 — die **Glaubhaftmachung der Gläubigerforderung** oder

79 — die **Gründe für die Einleitung des Gesamtvollstreckungsverfahrens** (Zahlungsunfähigkeit und/oder Überschuldung; vgl. hierzu im einzelnen oben Rn. 19 ff.).[83]

Insbesondere die Anforderungen an den Antrag im Zusammenhang mit der Glaubhaftmachung von Forderung und Insolvenzgrund bereiten in der Praxis häufig Schwierigkeiten. Diese Voraussetzungen werden deshalb nachfolgend behandelt.

aa) Begriff der Glaubhaftmachung

80 Für die Glaubhaftmachung finden über § 1 Abs. 3 GesO die zu § 294 ZPO entwickelten Grundsätze Anwendung. An die Glaubhaftmachung hat das Gericht demnach regelmäßig geringere Anforderungen zu stellen als an den vollen Beweis.[84] Der Beweis setzt eine an Sicherheit grenzende Wahrscheinlichkeit voraus. Die Glaubhaftmachung hingegen läßt eine überwiegende Wahrscheinlichkeit des glaubhaft zu machenden Umstandes ausreichen.[85] Demnach ist neben allen **präsenten Beweismitteln** auch die **eidesstattliche Versicherung** als Mittel der Glaubhaftmachung zulässig.[86]

bb) Glaubhaftmachung durch den Gläubiger

81 In der Gesamtvollstreckungsordnung ist nicht geregelt, ob -wie im Konkursverfahren (vgl. § 105 Abs. 1 KO) – der Gläubiger seine **Forderung glaubhaft machen** muß. Ohne dies im einzelnen zu problematisieren und zu begründen, gehen Rechtsprechung und Literatur zutreffend davon aus, daß die Glaubhaftmachung der Gläubigerforderung als weitere Voraussetzung gegeben sein muß, um einem Gläubigerantrag stattzugeben.[87] Zwar wird in § 2 Abs. 1 Satz 2

---

83 Vgl. auch die teilweise abweichende Auflistung bei *Haarmeyer/Wutzke/Förster* § 2 GesO Rn. 14.

84 *Smid*/Zeuner § 2 GesO Rn. 35.

85 *Haarmeyer/Wutzke/Förster* § 2 GesO Rn. 106 mwN.

86 Vgl. *Smid*/Zeuner § 2 GesO Rn. 37; *Haarmeyer/Wutzke/Förster* § 2 GesO Rn. 105.

87 LG Halle ZIP 93, 1036; *Smid*/Zeuner § 2 GesO Rn. 38; Kilger/*K.Schmidt* § 2 GesO

GesO im Gegensatz zu § 105 Abs. 1 KO die Glaubhaftmachung für die Zulassung des Antrages nicht ausdrücklich verlangt. Die Glaubhaftmachung ist aber wegen des Rechtsschutzbedürfnisses des Schuldners geboten, dessen Rechte durch den Antrag des Gläubigers in erheblichem Maße berührt werden. Dies gilt auch für die Finanzbehörden, sonstige Behörden und die Sozialversicherungsträger.[88]

Die Glaubhaftmachung erfolgt nach Möglichkeit durch Vorlage von Urkunden, **82**
aus denen sich die Forderung ergibt, erforderlichenfalls durch eine entsprechende eidesstattliche Versicherung.[89] Die Forderung braucht grundsätzlich nicht tituliert, darf aber nicht verjährt oder gestundet sein. Insbesondere Pfändungsprotokolle über fruchtlose Pfändungen, Schuldtitel, Wechsel, Schuldscheine, Kontoauszüge oder Rechnungen über Warenlieferungen, aus denen sich das Bestehen der Gläubigerforderung ergibt, können in diesem Zusammenhang verwendet werden.[90]

Der Gläubiger, der den Antrag auf Einleitung des Gesamtvollstreckungsverfah- **83**
rens stellt, hat gemäß § 2 Abs. 1 Satz 2 GesO ferner die **Zahlungsunfähigkeit oder die Überschuldung** glaubhaft zu machen.

Auch zur Glaubhaftmachung der **Zahlungsunfähigkeit** hat der Gläubiger **84**
seinem Antrag entsprechende Unterlagen beizufügen, aus denen sich der behauptete Insolvenzgrund schlüssig ergibt. Die bloße Angabe oder der Nachweis von Indizien für das Vorliegen eines Insolvenzgrundes reicht zur Glaubhaftmachung nicht aus. Gleiches gilt für die Hingabe einzelner ungedeckter Schecks des Schuldners oder einzelner Wechselproteste. Allerdings kann eine Vielfalt solcher Indizien zur Glaubhaftmachung der Zahlungsunfähigkeit ausreichen. Weitere Indizien sind die Einstellung des Geschäftsbetriebes durch den Schuldner, die Nichtzahlung von Löhnen und Gehältern oder die Nichtabführung von Sozialversicherungsbeiträgen.[91] Ebenso ist die Bescheinigung eines Gerichtsvollziehers oder Vollstreckungsbeamten über den fruchtlosen Verlauf einer Pfändung zur Glaubhaftmachung der Zahlungsunfähigkeit im Regelfall ausreichend.

Die **Überschuldung** des Antragsgegners ist hingegen ungleich schwieriger **85**
glaubhaft zu machen. Der Gläubiger hat regelmäßig keine Informationen oder interne Kenntnisse über das Rechnungswerk des Schuldners. Wenn allerdings mit der Buchführung vertraute Mitarbeiter des Schuldners an Eides Statt versichern, daß die Gesellschaft überschuldet ist, dürfte dies ausreichen. Insbesondere bei Insolvenzanträgen von Arbeitnehmern sind solche internen Kenntnisse denkbar.[92]

Anm. 1; *Haarmeyer/Wutzke/Förster* § 2 GesO Rn. 100; *Hess/Binz/Wienberg* § 2 GesO Rn. 48.

88 Zu den Einzelheiten vgl. Kuhn/*Uhlenbruck* § 105 KO Rn. 3 b) und Rn. 3 c).

89 Vgl. *Haarmeyer/Wutzke/Förster* § 2 GesO Rn. 101.

90 Kuhn/*Uhlenbruck* § 105 KO Rn. 3 r).

91 Kuhn/*Uhlenbruck* § 105 KO Rn. 3 d) mwN.

92 Kuhn/*Uhlenbruck* § 105 KO Rn. 3 d).

cc) Glaubhaftmachung durch den Schuldner und sonstige antragsberechtigte Personen

86 Der Antrag des **Schuldners** erfordert grundsätzlich weder die Glaubhaftmachung der Zahlungsunfähigkeit und/oder Überschuldung noch die schlüssige Darlegung einer Gläubigerforderung. Ausnahmsweise ist jedoch der Insolvenzgrund ebenfalls glaubhaft zu machen, wenn bei einer juristischen Person oder Personengesellschaft der Antrag nicht von allen Vertretungsberechtigten oder Liquidatoren gestellt wird (§§ 208, 210, 213 KO; § 100 Abs. 2 GenG).

87 Das gleiche gilt, wenn bei einer **Personenhandelsgesellschaft** nicht sämtliche Gesellschafter den Antrag stellen. Der Insolvenzgrund ist dann von dem oder den antragstellenden Gesellschafter(n) ebenfalls glaubhaft zu machen.[93]

88 Auch für den Fall eines Antrages auf Eröffnung der Gesamtvollstreckung über einen **Nachlaß**, der nicht von sämtlichen Miterben gestellt wird, ist die Überschuldung des Nachlasses glaubhaft zu machen (§ 217 Abs. 2 KO). Hierbei ist in entsprechender Anwendung des § 220 KO die Antragsfrist von zwei Jahren seit Annahme der Erbschaft zu beachten.

dd) Rechtsfolgen fehlender Glaubhaftmachung

89 Macht der zur Glaubhaftmachung Verpflichtete seine Forderung und/oder den Insolvenzgrund in seinem Antrag nicht hinreichend glaubhaft, so wird das Gesamtvollstreckungsgericht ihm regelmäßig eine Frist setzen, binnen derer er den Mangel heilen kann.[94] Wenn die Glaubhaftmachung nicht gelingt, ist der Antrag als unzulässig zurückzuweisen mit der Folge, daß der Antragsteller die Kosten zu tragen hat (§§ 1 Abs. 3 GesO, 91 ZPO). Hiergegen steht dem Betroffenen nach § 20 GesO die sofortige Beschwerde zu.

3. Rücknahme des Antrages

90 Der Antrag kann bis zur **Wirksamkeit** des Eröffnungsbeschlusses zurückgenommen werden.[95] Der Eröffnungsbeschluß wird regelmäßig wirksam, wenn er dem Verwalter, dem Schuldner oder einem Gläubiger mit Einverständnis des Gerichts bekanntgeworden ist (vgl. zur Wirksamkeit im einzelnen § 6 Rn. 20). Er ist aber als Verfahrenshandlung nicht nach den §§ 119 ff. BGB anfechtbar.[96] Wird der Eröffnungsbeschluß mit der sofortigen Beschwerde angegriffen (vgl. § 6 Rn. 117), kann der Antrag noch bis zur Rechtskraft der Entscheidung über die Beschwerde zurückgenommen werden.

---

93 *Smid*/Zeuner § 2 GesO Rn. 11.

94 Vgl. Muster 4.

95 Kuhn/*Uhlenbruck* § 103 KO Rn. 3; aA *Smid*/Zeuner § 2 GesO Rn. 7; *Haarmeyer/Wutzke/Förster* § 2 GesO Rn. 20; Kilger/*K.Schmidt* § 103 KO Anm. 2.

96 Vgl. nur *Smid*/Zeuner § 2 GesO Rn. 7 mwN; Kuhn/*Uhlenbruck* § 103 KO Rn. 3 h).

§ 5 Anordnung vorläufiger Maßnahmen des Gerichts vor der Verfahrenseröffnung

Übersicht

Siehe auch im Anhang I folgende Muster:
Muster 5: Anordnung der Sequestration
Muster 8: Beschluß über die Aufhebung der Sequestration und Ablehnung der Eröffnung des Gesamtvollstreckungsverfahrens

Zwischen Stellung des Gesamtvollstreckungsantrags und der Eröffnung des Gesamtvollstreckungsverfahrens kann das Gesamtvollstreckungsgericht nach § 2 Abs. 3 GesO vorläufige Maßnahmen zur Sicherung der Masse treffen, wenn ihm bei der Prüfung der Eröffnungsvoraussetzungen (vgl. § 2 Abs. 2 GesO) Anhaltspunkte für eine mögliche Schädigung oder Verringerung des Schuldnervermögens bekannt werden.[1] **1**

I. Sinn und Zweck vorläufiger Sicherungsmaßnahmen

Maßnahmen zur Sicherung der Gesamtvollstreckung sollen vor allem der Erhaltung und der Sicherung des Vermögens des Schuldners dienen und sind nach § 2 Abs. 3 GesO insbesondere zur Sicherung einzelner Vermögenswerte, Guthaben und Forderungen des Schuldners anzuordnen. Außerdem kann das Gericht Verfügungen des Schuldners von seiner Zustimmung abhängig machen oder die Verfügungsbefugnis insgesamt auf andere Weise beschränken. **2**

Die Befugnisse des Gesamtvollstreckungsgerichts entsprechen im wesentlichen den in § 106 Abs. 1 Satz 2 KO dem Konkursgericht eingeräumten Möglich- **3**

---

1 *Haarmeyer/Wutzke/Förster* § 2 GesO Rn. 144; Kilger/*K. Schmidt* § 106 KO Anm. 2.

keiten. § 2 Abs. 3 GesO enthält jedoch einen ausführlicheren Beispielskatalog über die in Betracht kommenden Sicherungsmaßnahmen.[2]

4 Die vorläufigen Maßnahmen dienen dem Schutz der in § 17 GesO genannten **Gläubiger** und derjenigen Personen, denen **Pfand- und Eigentumsrechte** im Sinne des § 12 Abs. 1 GesO (vgl. hierzu § 16 Rn. 1 ff.) an Gegenständen des Schuldnervermögens zustehen.[3]

II. Beschluß des Gerichts

5 Die in Betracht kommenden Sicherungsmaßnahmen sind vom Gesamtvollstreckungsgericht **durch Beschluß** anzuordnen. Seine Entscheidung hat das Gericht nach **pflichtgemäßem Ermessen** unter Wahrung des Verhältnismäßigkeitsgrundsatzes zu treffen.[4] Das Gesamtvollstreckungsgericht hat vorläufige Maßnahmen zur Sicherung der Gesamtvollstreckung anzuordnen, wenn dies aufgrund der ihm bekannten Umstände erforderlich ist, um eine Gefährdung der Masse zu verhindern (sogenannte „Ermessensreduzierung auf Null").[5]

1. Antrag eines Verfahrensbeteiligten

6 Die unverzügliche Einleitung von Sicherungsmaßnahmen kann **von Gläubigern** oder dem Antragsteller **vorgeschlagen** werden. Bezieht sich der Vorschlag auf **bestimmte** vorläufige Maßnahmen, ist er nur als Anregung zum Erlaß solcher Maßnahmen anzusehen. Da die Anordnungen nach § 2 Abs. 3 GesO von Amts wegen zu treffen sind, ist eine formelle Zurückweisung eines solchen „Antrages" nicht erforderlich.

2. Anhörung des Schuldners

7 Vor Erlaß eines Beschlusses zur Anordnung vorläufiger Sicherungsmaßnahmen bedarf es grundsätzlich keiner vorherigen **Anhörung des Schuldners.**[6] Wenn zB die Anordnung einer vorläufigen Maßnahme dazu dient, masseschädigende Verhaltensweisen des Schuldners zu verhindern, verbietet sich eine Anhörung sogar, um den Schuldner nicht zu warnen.

8 Selbst wenn die Anordnung der vorläufigen Maßnahme dem Schutz des Schuldners dient, um insbesondere Vollstreckungen in die künftige Gesamtvollstreckungsmasse zu verhindern, ist seine Anhörung nicht erforderlich. Die

2 *Haarmeyer/Wutzke/Förster* § 2 GesO Rn. 147; Kilger/*K. Schmidt* § 2 KO Anm. 3.

3 *Smid*/Zeuner § 2 GesO Rn. 83.

4 Vgl. BGH NJW-RR 1986, 1188, 1189; *Haarmeyer/Wutzke/Förster* § 2 GesO Rn. 145; *Hess/ Binz/Wienberg* § 2 GesO Rn. 91; Kilger/*K.Schmidt* § 106 KO Anm. 2.

5 Vgl. *Haarmeyer/Wutzke/Förster* § 2 GesO Rn. 147.

6 Uhlenbruck/*Gottwald*, Nachtrag GesO S. 12 Rn. 3; *Haarmeyer/Wutzke/Förster* § 2 GesO Rn. 61; vgl. Kuhn/*Uhlenbruck* KO § 106 GesO Rn. 1 b mwN; einschränkend F. Koch, Die Sequestration im Konkurseröffnungsverfahren, S. 36, 39.

Anordnung erfolgt in diesen Fällen ausdrücklich im Interesse des Schuldners und greift daher nur formal in seine Rechtsposition ein. Die Gewährung rechtlichen Gehörs sollte aber unverzüglich nachgeholt werden.[7]

Folgt das Gericht mit seiner Entscheidung dem Vorschlag eines Schuldners zur Anordnung von Sicherungsmaßnahmen, so muß der Schuldner vor der Anordnung vorläufiger Maßnahmen gehört werden, da in diesem Fall die gerichtliche Anordnung nicht allein auf dem Ergebnis amtlicher Ermittlungen beruht.[8] **9**

3. Rechtsmittel

Die Entscheidung des Gerichts über die **Anordnung** von Sicherungsmaßnahmen kann mit der sofortigen **Beschwerde** nach § 20 GesO angegriffen werden (vgl. hierzu § 6 Rn. 117 ff.).[9] Sie ist jedoch inhaltlich nur daraufhin überprüfbar, ob das Gesamtvollstreckungsgericht seinen Ermessensspielraum über- bzw. unterschritten oder sein Ermessen überhaupt nicht ausgeübt hat. Nur im Fall des Ermessensfehl- oder -nichtgebrauchs darf das Beschwerdegericht eine eigene Ermessensentscheidung treffen und diese an die Stelle des angefochtenen Beschlusses setzen. Denn die Ermessensausübung durch das Gesamtvollstreckungsgericht gehört zum Kernbereich der richterlichen Unabhängigkeit.[10] **10**

Gegen die **Ablehnung** von Sicherungsmaßnahmen, die ein Gläubiger angeregt hat, steht diesem kein Rechtsmittel zu, da er nicht antragsberechtigt ist (vgl. oben Rn. 6). **11**

III. Vorläufige Maßnahmen zur Sicherung der Gesamtvollstreckung

Das Gericht kann alle ihm zur Sicherung der Masse geeigneten, notwendig erscheinenden Anordnungen treffen. Insbesondere kommen folgende Maßnahmen in Betracht:[11] **12**

— Allgemeines Verfügungsverbot;
— Anordnung der vorläufigen Verwaltung (Sequestration);
— Sperrung von Postsendungen aller Art;
— Schließung des Geschäftsbetriebs;
— Siegelung der Geschäftsräume, gegebenenfalls weiterer Räume oder Gebäude;
— Zwangsverwaltung von Grundstücken;

---

7 AA *Haarmeyer/Wutzke/Förster* § 2 GesO Rn. 173.
8 Vgl. Kuhn/*Uhlenbruck* § 106 KO Rn. 1 b); zum rechtlichen Gehör ausführlich § 73 KO Rn. 2 ff.
9 *Haarmeyer/Wutzke/Förster* § 2 GesO Rn. 156.
10 OLG Karlsruhe MDR 1986, 1033.
11 Vgl. Kuhn/*Uhlenbruck* § 106 KO Rn. 2; *Haarmeyer/Wutzke/Förster* § 2 GesO Rn. 154.

— Beschlagnahme einzelner Vermögenswerte, Guthaben oder Forderungen des Schuldners;
— Ermächtigung des Sequesters zur Fortführung des Betriebes.

13 Die zu treffenden Sicherungsmaßnahmen werden in der Regel in einem **einheitlichen Sicherungsbeschluß** (vgl. Muster 5) angeordnet.[12] Die wichtigsten Maßnahmen werden nachfolgend im einzelnen erläutert.

1. Allgemeines Verfügungsverbot

14 Die wirksamste Maßnahme zur Sicherung der Masse ist der Erlaß eines allgemeinen Verfügungsverbotes gegenüber dem Schuldner.[13] Es untersagt dem Schuldner jede Handlung, die geeignet ist, sich negativ auf den Vermögensbestand auszuwirken. Ein derartiges Verbot fällt unter die in §§ 135, 136 BGB normierten Veräußerungsverbote[14], so daß jede verbotswidrig vorgenommene Verfügung nicht absolut, sondern **nur den Gesamtvollstreckungsgläubigern** gegenüber unwirksam ist.[15] Darüber hinaus finden die Vorschriften über den gutgläubigen Erwerb vom Nichtberechtigten gemäß §§ 135 Abs. 2 iVm. 136 BGB entsprechende Anwendung.

a) Zeitpunkt der Wirksamkeit

15 Der das Verfügungsverbot anordnende Beschluß wird mit dem Zeitpunkt seiner Verkündung wirksam. Unerheblich ist es, ob der Adressat bei der Verkündung anwesend ist oder nicht (§§ 1 Abs. 3 GesO, 329 Abs. 1 Satz 2, 312 ZPO).[16] Wird der Beschluß nicht verkündet, tritt seine Wirksamkeit erst mit Zustellung an den Schuldner ein.[17]

16 Der Beschluß ist für den Schuldner mit der sofortigen Beschwerde anfechtbar (vgl. § 6 Rn. 117 ff.). Die Rechtsmittelfrist beginnt in jedem Fall mit Zustellung des Beschlusses an den Schuldner (§ 1 Abs. 3 GesO iVm. § 329 Abs. 3 ZPO).

b) Inhalt und Wirkungen

17 Nach Verkündung oder Zustellung des allgemeinen Verfügungsverbots sind vom Schuldner vorgenommene Rechtsgeschäfte über Vermögensgegenstände, die zur Masse gehören würden, den Gläubigern gegenüber **grundsätzlich unwirksam**. Dies gilt beispielsweise für die Übertragung, Belastung, Änderung

---

12 *Haarmeyer/Wutzke/Förster* § 2 GesO Rn. 155.
13 BGH NJW-RR 1986, 1188,1189.
14 LG Stralsund EWIR 1995, 853.
15 *Haarmeyer/Wutzke/Förster* § 2 GesO Rn. 161; vgl. Kuhn/*Uhlenbruck* § 106 KO Rn. 4; BGHZ 19, 355, 359; Palandt/*Heinrichs* § 136 BGB Rn. 3.
16 Vgl. Kuhn/*Uhlenbruck* § 106 KO Rn. 3.
17 BGH ZIP 1982, 464; aA W. *Gerhard* KPS 1979, 265 f.

und Aufhebung von Rechten, ferner für den Verzicht auf Rechte, den Erlaß und die Einziehung von Forderungen, soweit der eingezogene Forderungsbetrag nicht in die Masse gelangt. Ebenso gehört auch die Zahlung von Schulden zu den unwirksamen Verfügungen.[18] Der Zahlungsempfänger hat den erhaltenen Betrag deshalb auf Verlangen des Verwalters zurückzuzahlen.

Verfügungen nach Erlaß des allgemeinen Verfügungsverbotes sind aber ausnahmsweise wirksam, wenn der gutgläubige Empfänger von dem Verfügungsverbot keine Kenntnis hatte oder haben mußte (§§ 135 Abs. 2 iVm. §§ 892 f., 932 ff. BGB).[19] Geschützt ist aber nach dem Wortlaut des Gesetzes nur der rechtsgeschäftliche gutgläubige Erwerb vom Nichtberechtigten. Am guten Glauben fehlt es bei Kenntnis oder grob fahrlässiger Unkenntnis vom Verfügungsverbot. Der gute Glaube wird allerdings **nicht** in jedem Fall **durch die öffentliche Bekanntmachung** des Verbots **ausgeschlossen.** **18**

Eine **Bank** darf ein Guthaben an den Schuldner nicht mehr auszahlen. War der Bank das allgemeine Verfügungsverbot nicht bekannt und beruht die Unkenntnis nicht zumindest auf grober Fahrlässigkeit, kann die Bank gleichwohl befreiend an den Kunden leisten.[20] Dies gilt auch für Verfügungen im Lastschriftverfahren.[21] **19**

Nach wohl herrschender Meinung berührt die Anordnung vorläufiger Sicherungsmaßnahmen weder den allgemeinen Bankvertrag noch sonstige Sparverträge und Vereinbarungen der Bank mit dem Schuldner. Etwas anderes gilt für den Kontokorrentvertrag, bei dem durch das Verfügungsverbot die antizipierte Verfügungs- und Verrechnungsvereinbarung erlischt.[22] **20**

Erbringt ein gutgläubig erwerbender Dritter seine Gegenleistung an den Schuldner und gelangt diese nicht zur Masse, wird er insoweit von seiner Verbindlichkeit in entsprechender Anwendung des § 407 BGB frei[23] und muß nicht nochmals an die Masse leisten. **21**

c) Grundbuch- und Registersperre

Die Gesamtvollstreckungsordnung enthält keine § 113 KO entsprechende Vorschrift, nach der die allgemeine Verfügungssperre auf Ersuchen des Gerichts in das Grundbuch, Schiffsregister und Schiffsbauregister einzutragen ist und hierdurch eine Grundbuch- bzw. Registersperre eintritt.[24] Dem Gesamtvollstreckungsgericht steht es jedoch im Rahmen des ihm eingeräumten Ermessens frei, die zur Sicherung des Verfügungsverbotes erforderlichen Anordnungen zu **22**

---

18 Kuhn/*Uhlenbruck* § 106 KO Rn. 4 d mwN.
19 *Haarmeyer/Wutzke/Förster* § 2 GesO Rn. 161; Jaeger/*Weber* § 106 KO Rn. 4, 5.
20 Vgl. *Obermüller*, Handbuch Insolvenzrecht für die Kreditwirtschaft, Rn. 608.
21 Vgl. wiederum *Obermüller*, Handbuch Insolvenzrecht für die Kreditwirtschaft, Rn. 791 sowie Kuhn/*Uhlenbruck* § 106 KO Rn. 5 mwN.
22 Vgl. Kuhn/*Uhlenbruck* § 106 KO Rn. 5.
23 Jaeger/*Weber* § 106 KO Rn. 8.
24 Zu den Wirkungen im einzelnen vgl. Kuhn/*Uhlenbruck* § 106 KO Rn. 4 a).

erlassen. Da die Eintragung des allgemeinen Verfügungsverbots zur Unterbindung des gutgläubigen Erwerbs von erheblichem Nutzen ist, entspricht eine entsprechende Anordnung im Regelfall der pflichtgemäßen Ermessensausübung[25] und der Praxis der Gesamtvollstreckungsgerichte.

2. Vorläufige Verwaltung (Sequestration)

23 Der weder in der Konkursordnung noch in der Gesamtvollstreckungsordnung ausdrücklich erwähnte Begriff der **Sequestration** ist nur in § 938 Abs. 2 ZPO genannt. Hierunter versteht man die **Sicherstellung und Verwaltung einer Sache oder eines Vermögens.**[26] Aus dem Wortlaut des § 2 Abs. 3 GesO, daß „insbesondere" die Sicherung einzelner Vermögenswerte, Guthaben oder Forderungen des Schuldners angeordnet werden kann, ergibt sich im Umkehrschluß auch die Zulässigkeit der Beschlagnahme des gesamten Vermögens. Letzteres ist regelmäßige Gerichtspraxis (vgl. Muster 5).

24 Durch die Anordnung der Sequestration werden die der Gesamtvollstreckung unterliegenden Vermögensgegenstände des Schuldners der Sicherung – und erforderlichenfalls auch der Verwaltung – durch eine vom Gericht eingesetzte Vertrauensperson unterworfen.[27] In der Regel wird der vom Gesamtvollstreckungsgericht vorgesehene spätere Verwalter zum Sequester bestellt und zugleich als Gutachter mit der Prüfung beauftragt, ob das vorhandene Vermögen zur Deckung der Kosten eines Gesamtvollstreckungsverfahrens ausreicht.

a) Zweck und Umfang der Sequestration

25 Die Anordnung einer Sequestration dient primär der Sicherung der Gläubiger vor masseminderndern Verfügungen oder tatsächlichen Verschiebungen durch den Schuldner.[28] Gleichzeitig soll die Erhaltung und gegebenenfalls erforderliche Verwaltung der vorhandenen Haftungsmasse im Interesse aller Verfahrensbeteiligten sichergestellt werden.[29]

26 Dieser Sicherungszweck bestimmt auch die Grenzen der Sequestration. Der Sequester ist weder Vertreter der Haftungsmasse noch Vertreter des Schuldners. Das Vermögen des Schuldners soll für das künftige Verfahren gesichert, gesammelt und erhalten werden.[30] Demnach ermächtigt die Bestellung den Sequester nur zur Vornahme aller Handlungen, die notwendig sind, um die

---

25 *Hess/Binz/Wienberg* § 2 GesO Rn. 94; ähnlich im Ergebnis wohl auch *Haarmeyer/Wutzke/Förster* § 2 GesO Rn. 164.
26 *Smid*/Zeuner § 2 GesO Rn. 43.
27 *Hess/Binz/Wienberg* § 2 GesO Rn. 100.
28 *Smid*/Zeuner § 2 GesO Rn. 93.
29 *Haarmeyer/Wutzke/Förster* § 2 GesO Rn. 176; vgl. auch *Smid*/Zeuner § 2 GesO Rn. 91 ff.
30 *Hess/Binz/Wienberg* § 2 GesO Rn. 102.

künftige Haftungsmasse zu sichern und zu erhalten.[31] Dies umfaßt im wesentlichen die Inbesitznahme des Schuldnervermögens.

Ob die Sequestration auch Gegenstände umfaßt, an denen **Aus- und Absonderungsrechte** bestehen, ist im Geltungsbereich der Konkursordnung umstritten.[32] Für die Gesamtvollstreckungsordnung wird jedoch durch die §§ 5 Nr. 4, 7 Abs. 2 und 12 Abs. 2 GesO klargestellt, daß diese Gegenstände im Falle der Gesamtvollstreckung der Pfändung unterliegen und damit grundsätzlich auch von der Sequestration umfaßt sind (vgl. auch § 6 Rn. 25 ff.). 27

b) Anordnung von Amts wegen

Wie bereits dargelegt, wird auch die Sequestration grundsätzlich **von Amts wegen** vom Gesamtvollstreckungsgericht nach Zulassung des Gesamtvollstreckungsantrages durch Beschluß angeordnet. In dem Beschluß ist der Umfang der vorläufigen Sicherungsmaßnahmen anzugeben. 28

Auch für die Sequestration gilt, daß Anträge von Gläubigern oder sonstigen Dritten nur als Anregungen zu verstehen sind. Solche Anträge sind deshalb nicht zu bescheiden und auch nicht rechtsmittelfähig (vgl. auch oben Rn. 6 und 10). 29

c) Aufgaben und Befugnisse des Sequesters

Die Aufgaben und Befugnisse des Sequesters und damit auch der hierauf bezogene Inhalt des Sequestrationsbeschlusses sind im einzelnen umstritten. Der BGH geht für die Konkursordnung davon aus, daß die Befugnisse des Sequesters nur sehr begrenzt und mit denen des Konkursverwalters nicht vergleichbar sind.[33] Demgegenüber wird in der Literatur teilweise die Auffassung vertreten, daß die Kompetenz des Sequesters erheblich weiter gehen kann, wenn das Gericht die Befugnisse des Sequesters im einzelnen ausdrücklich festlegt.[34] Allerdings lassen sich die Art und der Umfang der gebotenen Maßnahmen oftmals nicht von vornherein vom Gericht definieren, sondern ergeben sich erst im Zuge der Sequestration. Deshalb erscheint es sachgerecht, im Sequestrationsbeschluß einen Rahmen vorzugeben, innerhalb dessen der Sequester verwalten und gegebenenfalls sogar verfügen darf (vgl. hierzu Muster 5). Will der Sequester die vom Gericht eingeräumten Kompetenzen überschreiten, hat er für die beabsichtigte Maßnahme die Erlaubnis des Gerichts einzuholen. Das Gesamtvollstreckungsgericht hat bei der Entscheidung in jedem Einzelfall den zu erfüllenden Sicherungszweck zu beachten.[35] Die Übertragung 30

31 Vgl. Kuhn/*Uhlenbruck* § 106 KO Rn. 12.
32 Vgl. zum Meinungsstand Kuhn/*Uhlenbruck* § 106 KO Rn. 8.
33 BGH ZIP 1988, 727, 728 mwN.
34 *Haarmeyer/Wutzke/Förster* § 2 GesO Rn. 154; *Smid*/Zeuner § 2 GesO Rn. 93 mwN.
35 Zu den einzelnen Befugnissen vgl. Kuhn/*Uhlenbruck* § 106 KO Rn. 13 ff. mwN.

von Kompetenzen muß dort ihre Grenzen haben, wo diese dazu führen würden, dem Sequester die Befugnisse eines Verwalters zu übertragen.[36]

31 Da der Sequestrationsbeschluß ein Vollstreckungstitel im Sinne des § 794 Nr. 3 ZPO ist, kann der Sequester sich mittels eines Gerichtsvollziehers in den Besitz der sequestrierten Masse setzen. Es bedarf insbesondere nicht eines die Wegnahme anordnenden Beschlusses des Gesamtvollstreckungsgerichts.[37] Um dem Sequester Zutritt zu den Wohn- und Geschäftsräumen des Schuldners zu verschaffen, ist deshalb auch keine besondere gerichtliche Durchsuchungsanordnung erforderlich.[38] Soweit der Schuldner die Zugehörigkeit eines Gegenstandes zur Sequestrationsmasse bestreitet oder sonstige Gründe zwingend gegen die Vollstreckung aus dem Sequestrationsbeschluß sprechen, steht ihm die Vollstreckungserinnerung nach § 766 ZPO zu.[39]

3. Anordnung einer Postsperre

32 Eine Post- und Telegrafensperre darf als vorläufige Maßnahme iSd. § 2 Abs. 3 GesO nicht angeordnet werden. Eine solche Anordnung stellt einen erheblichen Eingriff in das Grundrecht der Unverletzbarkeit des Brief- Post- und Fernmeldegeheimnisses aus Art. 10 Abs. 1 GG dar. Sie bedarf deshalb einer ausdrücklichen gesetzlichen **Ermächtigung**, an der es bisher jedenfalls für den Zeitraum bis zum Abschluß des Sequestrationsverfahrens fehlt.[40] Mit der Regelung in § 6 Abs. 2 Nr. 2 GesO hat der Gesetzgeber zum Ausdruck gebracht, daß er **ab Eröffnung des Gesamtvollstreckungsverfahrens** eine entsprechende Ermächtigung für das Gericht schaffen wollte. Für das Sequestrationsverfahren fehlt es bereits an einem solchen Anhaltspunkt für eine Rechtsgrundlage. Deshalb lehnt mittlerweile die überwiegende Meinung in der Literatur zu Recht die Verhängung einer Postsperre im Sequestrationsverfahren ab.[41] Auch die Rechtsprechung hat Zweifel daran geäußert, ob die Vorschriften der Gesamtvollstreckungsordnung eine solche – grundgesetzlich erforderliche – gesetzliche Grundlage für eine richterlich angeordnete Postsperre im Rahmen vorläufiger Maßnahmen im Sinne von § 2 Abs. 3 GesO in ausreichendem Maße vorsehen.[42]

---

36 *Haarmeyer/Wutzke/Förster* § 2 GesO Rn. 177.

37 *Hess/Binz/Wienberg* § 2 GesO Rn. 104; *Hess* § 106 KO Rn. 9; vgl. auch Kuhn/*Uhlenbruck* § 106 KO Rn. 8 a) mwN.

38 *Haarmeyer/Wutzke/Förster* § 2 GesO Rn. 182; Kuhn/*Uhlenbruck* § 106 KO Rn. 18; LG Duisburg ZIP 1991, 674.

39 Vgl. Kuhn/*Uhlenbruck* § 106 KO Rn. 8 c) mwN.

40 Vgl. LG Stendal DtZ 1993, 317.

41 *Haarmeyer/Wutzke/Förster* § 2 GesO Rn. 170; *Smid*/Zeuner § 6 GesO Rn. 26; ders. DtZ 1991, 207; aA *Hess/Binz/Wienberg* § 2 GesO Rn. 104 a).

42 LG Halle, Beschluß vom 18.12.1992, ZIP 1993, 152; für die Postsperre nach Eröffnung des Gesamtvollstreckungsverfahrens vgl. *Smid*/Zeuner § 6 GesO Rn. 26 mwN.

4. Vorläufige Einstellung anderweitiger Vollstreckungsmaßnahmen

Nach den konkursrechtlichen Vorschriften bleiben Zwangsvollstreckungsmaßnahmen einzelner Gläubiger auch dann zulässig, wenn ein allgemeines Verfügungsverbot oder die Sequestration angeordnet worden ist.[43] Für das Gesamtvollstreckungsverfahren stellt § 2 Abs. 4 GesO klar, daß Einzelzwangsvollstreckungsmaßnahmen (zu deren Einleitung und Beendigung vgl. unten § 6 Rn. 37 ff.) aufgrund des Gesamtvollstreckungsantrages vorläufig einzustellen sind.[44] Dies trägt der Funktion der gleichmäßigen Gläubigerbefriedigung in der Gesamtvollstreckung Rechnung. **33**

Das Verbot von Einzelzwangsvollstreckungen tritt kraft Gesetzes **mit der Einreichung eines Eröffnungsantrages** ein. Die vorläufige Einstellung von Einzelzwangsvollstreckungsmaßnahmen ist aber gleichwohl von dem für die Gesamtvollstreckung zuständigen Gericht von Amts wegen durch Beschluß anzuordnen. Das Gericht darf diesen Beschluß jedoch erst dann erlassen, wenn es den Eröffnungsantrag für zulässig erachtet.[45] Ohne eine derartige ausdrückliche Anordnung könnte jede Einzelzwangsvollstreckung allein durch einen Antrag vereitelt werden, selbst wenn dieser unzulässig oder rechtsmißbräuchlich wäre. Die Einstellungsanordnung ist daher durch Beschluß zwingend auszusprechen. Verletzt das Gesamtvollstreckungsgericht diese Pflicht, bleiben Einzelzwangsvollstreckungsmaßnahmen zulässig. Werden infolge der grundsätzlichen Wirksamkeit von Einzelzwangsvollstreckungsmaßnahmen Gläubiger beeinträchtigt oder tritt sogar Massearmut ein, könnten Staatshaftungsansprüche bestehen.[46] **34**

Der Einstellungsbeschluß erfaßt alle zivilrechtlichen und verwaltungsrechtlichen Zwangsvollstreckungsmaßnahmen. Er kann mit der sofortigen Beschwerde gemäß § 20 GesO (vgl. § 6 Rn. 117 ff.) angefochten werden. **35**

---

43 Kuhn/*Uhlenbruck* § 106 KO Rn. 4 b) mwN.

44 *Haarmeyer/Wutzke/Förster* § 2 GesO Rn. 213; Kuhn/*Uhlenbruck* § 14 KO Rn. 9 a).

45 *Haarmeyer/Wutzke/Förster* § 2 GesO Rn. 214.

46 *Smid*/Zeuner § 2 GesO Rn. 150.

§ 6 Eröffnung und Ablehnung der Eröffnung

Übersicht

Übersicht

Siehe auch im Anhang I folgende Muster:
Muster 2: Anhörung des Schuldners vor Eröffnung des Gesamtvollstreckungsverfahrens
Muster 6: Eröffnungsbeschluß
Muster 7: Veröffentlichung des Eröffnungsbeschlusses
Muster 8: Beschluß über die Aufhebung der Sequestration und Ablehnung der Eröffnung des Gesamtvollstreckungsverfahrens
Muster 9: Rubrumsberichtigungsantrag
Muster 10: Beschluß des Gerichts über Rubrumsberichtigung

Die Durchführung eines Gesamtvollstreckungsverfahrens setzt dessen Eröffnung durch Gerichtsbeschluß voraus. Das Gericht kann die Eröffnung des Verfahrens unter bestimmten Voraussetzungen auch ablehnen. Gegen beide Beschlüsse können die hiervon Betroffenen Rechtsmittel einlegen. **1**

I. Entscheidung über die Eröffnung

Das Gericht prüft die Einleitung der Gesamtvollstreckung, nachdem ihm ein Antrag auf Eröffnung des Verfahrens zugegangen ist (§ 2 Abs. 2 Satz 1 GesO). Dabei hat es die Verpflichtung, **alle Umstände, die für die Eröffnung des Verfahrens von Bedeutung sein können** (§ 2 Abs. 1 Satz 2 GesO), von Amts wegen zu ermitteln.[1] Es kann zur **Sachverhaltsaufklärung** insbesondere **2**

1 *Smid*/Zeuner § 2 GesO Rn. 47; *Hess/Binz/Wienberg* § 2 GesO Rn. 61; *Haarmeyer/Wutzke/Förster* § 2 GesO Rn. 128.

Zeugen vernehmen und Sachverständige mit gutachterlichen Stellungnahmen beauftragen sowie den Schuldner befragen (§ 2 Abs. 2 Satz 3 GesO). Art und Umfang der Ermittlungen liegen im Ermessen des Gerichts. Zur ordnungsgemäßen Ermessensausübung gehört auch, den Schuldner notfalls unter Ausschöpfung von Zwangsmitteln, zur Abgabe der Verzeichnisse gemäß § 3 Abs. 1 GesO anzuhalten.[2]

1. Anhörung des Schuldners

3 Während die Anhörung zur **Sachverhaltsermittlung** nach § 2 Abs. 2 Satz 3 GesO **im Ermessen** des Gerichts liegt, **muß** das Gericht vor der Entscheidung über die Eröffnung oder deren Ablehnung den Schuldner anhören. Dies ist in § 4 Abs. 1 GesO ausdrücklich vorgeschrieben und Ausdruck des Anspruchs auf rechtliches Gehör (Art. 103 Abs. 1 GG). Das Gericht hat deshalb eine **Anhörung des Schuldners** in jedem Falle unabhängig davon vorzunehmen, ob dies zur Sachverhaltsaufklärung notwendig ist. Der Anspruch auf rechtliches Gehör unterliegt jedoch der Beschränkung, daß dieses nicht um den Preis einer unzumutbaren Verfahrensverzögerung gewährt werden muß. Es ist deshalb erforderlich aber auch ausreichend, dem Schuldner **Gelegenheit**[3] zur Stellungnahme zu geben.

4 Ist der Schuldner eine juristische Person, so bezieht sich die Anhörungspflicht auf sämtliche Geschäftsführer oder Vorstandsmitglieder.[4] Bei Personenvereinigungen bezieht sie sich nicht nur auf die Geschäftsführer oder geschäftsführenden Gesellschafter, sondern auf alle Gesellschafter der oHG oder GbR.[5] Demgegenüber sind bei einer Kommanditgesellschaft nur die zur Vertretung berechtigten Komplementäre anzuhören. Da die Kommanditisten von der Geschäftsführung ausgeschlossen sind und auch den Handlungen des persönlich haftenden Gesellschafters nicht widersprechen können (§ 164 HGB), ist ihre Anhörung nicht erforderlich.[6]

5 Stellt der **Schuldner** selbst den Antrag auf Eröffnung eines Gesamtvollstreckungsverfahrens, so bringt er damit bereits zum Ausdruck, daß er der Eröffnung zustimmt. Er dürfte deshalb im Falle eines Eigenantrages nur anzuhören sein, wenn das Gericht beabsichtigt, seinen Antrag abzulehnen.[7]

---

2 Vgl. LG Stendal ZIP 1995, 1106, 1107.

3 BVerfGE 6, 12, 14.

4 *Hess/Binz/Wienberg* § 4 GesO Rn. 3; *Haarmeyer/Wutzke/Förster* § 4 GesO Rn. 3.

5 *Hess/Binz/Wienberg* § 4 GesO Rn. 2; *Haarmeyer/Wutzke/Förster* § 4 GesO Rn. 3; Smid/Zeuner-*Smid* § 4 GesO Rn. 4.

6 AA *Smid*/Zeuner § 4 GesO Rn. 5 unter Hinweis auf eine Entscheidung des Bundesgerichtshofs (KTS 1978, 24, 27), die sich allerdings nur mit der Anhörung der Gesellschafter einer oHG befaßt.

7 So auch *Smid*/Zeuner § 4 Rn. 4; Gottwald/*Uhlenbruck* § 17 GesO Rn. 6; *Haarmeyer/Wutzke/Förster* § 4 GesO Rn. 2; aA Hess/*Binz* KO § 4 GesO Rn. 1.

2. Anhörung weiterer Personen

Die Anhörung weiterer Personen vor der Entscheidung des Gerichts ist nicht zwingend vorgeschrieben. Die Vorschrift des § 4 Abs. 1 Satz 1 GesO bestimmt lediglich, daß das Gericht, soweit der Schuldner ein Unternehmen betreibt, die zuständige Wirtschafts- und Finanzbehörde sowie die Banken, mit denen der Schuldner in Verbindung steht, anhören **kann**. Die Entscheidung hierüber hat das Gericht nach pflichtgemäßem Ermessen zu treffen. **6**

3. Form der Anhörung

Die Anhörung kann mündlich oder schriftlich erfolgen. Formerfordernisse bestehen nicht. Kommt das Gericht der Anhörungspflicht nicht nach, ist dies ein Verfahrensmangel, der die Aufhebung des Eröffnungsbeschlusses rechtfertigt.[8] **7**

4. Gerichtliche Entscheidung

Nach Abschluß der Sachverhaltsaufklärung entscheidet das Gericht durch **Beschluß** über die Eröffnung des Verfahrens. Liegen ein wirksamer Antrag sowie die in § 1 GesO genannten Voraussetzungen vor und bestehen keine Ablehnungsgründe gemäß § 4 Abs. 2 GesO (vgl. unten Rn. 106), **hat** das Gericht das Gesamtvollstreckungsverfahren **zu eröffnen**.[9] **8**

II. Inhalt, Wirkung und Bekanntmachung des Eröffnungsbeschlusses

Mit der Eröffnung des Gesamtvollstreckungsverfahrens treten verschiedene Rechtsfolgen ein, sobald der Eröffnungsbeschluß wirksam wird. Diese Wirkungen sind im Eröffnungsbeschluß allerdings nicht vollständig aufgeführt. **9**

1. Inhalt des Eröffnungsbeschlusses

Der gesetzlich vorgeschriebene Inhalt des Eröffnungsbeschlusses ergibt sich aus § 5 Satz 2 GesO. Im Eröffnungsbeschluß ist danach **10**

— dem Schuldner die Verfügung über sein Vermögen zu verbieten (§ 5 Nr. 1 GesO); **11**

— ein vorläufiger Verwalter zu bestellen und die Verwaltung des Vermögens des Schuldners durch diesen anzuordnen (§ 5 Nr. 2 GesO); **12**

---

8 *Hess/Binz/Wienberg* § 4 GesO Rn. 6; OLG Düsseldorf KTS 1959, 175; *Haarmeyer/Wutzke/Förster* § 4 GesO Rn. 5.

9 Vgl. Kilger/*K.Schmidt* § 5 GesO Anm. 1.

13 — denjenigen, die eine zum Vermögen des Schuldners gehörende Sache besitzen oder dem Schuldner zu einer Leistung verpflichtet sind, die Leistung an den Schuldner zu verbieten und aufzugeben, nur noch an den Verwalter zu leisten (§ 5 Nr. 5 GesO);

Ferner ist

14 — den Gläubigern des Schuldners aufzugeben, innerhalb der festzusetzenden Anmeldefrist ihre Forderungen beim Verwalter anzumelden (§ 5 Nr. 3 GesO) und

15 — den Inhabern von Eigentums- oder Pfandrechten aufzugeben, diese Rechte innerhalb der Anmeldefrist beim Verwalter geltend zu machen (§ 5 Nr. 4 GesO).

16 Die beiden Angaben nach § 5 Nr. 3 und 4 GesO sind mit dem Hinweis zu versehen, daß die Gläubiger im Falle einer Versäumung der Frist bei der Erlösverteilung unberücksichtigt bleiben können bzw. das Eigentums- oder Pfandrecht infolge der Verwertung der Sache erlöschen kann. Es dürfte in der Regel sachdienlich sein, Forderungen und Eigentums- oder Pfandrechte gleichzeitig beim Verwalter geltend zu machen (vgl. zur Forderungsanmeldung im einzelnen § 7 Rn. 2 ff., zu Eigentums- und Pfandrechten § 16 Rn. 2 ff.). Der Eröffnungsbeschluß dürfte regelmäßig unterschrieben werden. Im Falle öffentlicher Bekanntmachung ist der Beschluß auch bei fehlender Unterschrift existent und wirksam, wenn die Verlautbarung im Einverständnis des Insovenzrichters erfolgt ist, und dieser die Entscheidung zweifelsfrei nachträglich gebilligt hat.[10]

17 Die **Anmeldefrist** ist für den Gläubiger von besonderer Bedeutung, da die Überschreitung der Frist dazu führen kann, daß der Gläubiger vom Gesamtvollstreckungsverfahren ausgeschlossen wird (§ 14 GesO und § 7 Rn. 31 ff.). Im Hinblick auf diese für den Gläubiger einschneidende Wirkung eines etwaigen Fristversäumnisses sollten die Gerichte im Interesse der Gläubiger die Frist zur Anmeldung von Forderungen möglichst großzügig bemessen. Zu denken ist hier an **vier bis sechs Monate** ab dem Zeitpunkt des Eröffnungsbeschlusses. Die Bestimmung in § 138 KO, nach der in Konkursverfahren die Forderungsanmeldefrist lediglich zwei Wochen bis drei Monate betragen soll, ist auf Gesamtvollstreckungsverfahren nicht entsprechend anwendbar, weil in der Konkursordnung eine dem § 14 GesO entsprechende Norm über die Gestaltung der Anmeldefrist als Ausschlußfrist fehlt.

18 Nach § 5 GesO hat das Gericht nicht die Möglichkeit, auf einzelne der vorgenannten Anordnungen zu verzichten. Der Eröffnungsbeschluß entfaltet seine Wirksamkeit daher nur, wenn er diese Angaben enthält. Unterläßt das

10 BGH ZIP 1995, 1757, 1759.

Gericht die Anordnung einer dieser Maßnahmen, treten diese nicht bereits kraft Gesetzes ein.[11]

Darüber hinaus wird in der Praxis regelmäßig mit dem Eröffnungsbeschluß der Termin der ersten **Gläubigerversammlung** sowie der Termin zur **Prüfung der Forderungen** bestimmt. Dies ist in § 5 GesO zwar nicht vorgesehen, in vielen Fällen jedoch sachdienlich (zur ordnungsgemäßen Einberufung vgl. im einzelnen § 8 Rn. 5 ff.). Beide Termine sollte der Gläubiger nach Möglichkeit wahrnehmen, da sie ein geeignetes Forum bieten, um sich über Einzelheiten des Verfahrens und die Anerkennung seiner angemeldeten Forderung und etwaiger Sicherungsrechte zu informieren. Zugleich kann der Gläubiger durch Teilnahme an der Beschlußfassung auf das weitere Verfahren Einfluß nehmen. Gläubigerversammlung und Prüfungstermin werden unten in § 8 und § 9 ausführlich erläutert, zu weiteren Mitwirkungs- und Informationsrechten des Gläubigers vgl. § 12. **19**

2. Zeitpunkt des Wirksamwerdens

Der Eröffnungsbeschluß gilt als im Zeitpunkt der Stunde der Eröffnung erlassen. Dies ist der Zeitpunkt, zu welchem der Richter den Eröffungsbeschluß unterzeichnet hat.[12] **Rechtlich wirksam** wird der Eröffnungsbeschluß indes erst mit dem Verlassen des internen Geschäftsbereichs des Gerichts.[13] Das ist der Fall, wenn der unterschriebene Beschluß von der Geschäftsstelle des Gerichts zur Mitteilung in den Postausgang gegeben worden ist.[14] Gleiches gilt, wenn er mit Einverständnis des Gerichts wenigstens einem Verfahrensbeteiligten zumindest formlos zur Kenntnis gebracht worden ist,[15] beispielsweise, wenn er dem Schuldner, Verwalter oder einem Gläubiger, sei es auch nur telefonisch, mitgeteilt oder dem Grundbuchamt oder Registergericht übersandt wurde.[16] **20**

Die rechtliche Wirksamkeit tritt dann allerdings **rückwirkend** zum Zeitpunkt des Erlasses ein, sofern dieser Zeitpunkt, wie in § 7 Abs.1 GesO vorausgesetzt, im Beschluß genannt worden ist.[17] **21**

Versäumt es das Gericht, den Zeitpunkt der Eröffnung im Beschluß zu nennen, muß der Zeitpunkt der Wirksamkeit anders bestimmt werden. Die Gesamtvollstreckungsordnung enthält hierfür keine Regelung. Demgegenüber normiert die Konkursordnung in § 108 Abs. 2 KO die unwiderlegbare Vermutung,[18] daß **22**

---

11 Ebenso *Smid*/Zeuner § 5 GesO Rn. 30; aA Kilger/*K.Schmidt* § 5 GesO Anm. 2.
12 Vgl. BGHZ 50, 242, 247; Smid/*Zeuner* § 7 GesO Rn. 4.
13 BGH ZIP 1992, 464, 465.
14 *Haarmeyer/Wutzke/Förster* § 5 GesO Rn. 10; Smid/*Zeuner* § 5 GesO Rn. 23.
15 Smid/*Zeuner* § 5 GesO Rn. 23; § 7 GesO Rn. 5; Kilger/*K.Schmidt* § 5 GesO Anm. 1.
16 *Haarmeyer/Wutzke/Förster* § 5 GesO Rn. 10.
17 BGH ZIP 1995, 1757, 1759.
18 *Kuhn/Uhlenbruck* § 108 KO Rn. 3; Kilger/*K.Schmidt* § 108 KO Anm. 2.

als Zeitpunkt der Eröffnung die Mittagsstunde des Tages gilt, an welchem der Beschluß erlassen wurde.

23 Die gesetzliche Fiktion des § 108 Abs. 2 KO sollte auch im Rahmen der Gesamtvollstreckung angewandt werden. Gegen die Anwendung von § 108 Abs. 2 KO ist vorgebracht worden, der Eröffnungsbeschluß greife in Rechte des Schuldners und des Gläubigers ein, weswegen es für die Vermutung des Zeitpunktes einer gesetzlichen Grundlage bedürfe, die in der Gesamtvollstreckungsordnung fehle; vielmehr werde der Eröffnungsbeschluß in diesem Fall mit der Zustellung an den Schuldner wirksam.[19] Diese Auffassung vermag nicht zu überzeugen. Gerade weil die Eröffnung in Rechte des Schuldners oder der Gläubiger eingreift, ist es erforderlich, daß der Zeitpunkt der Wirksamkeit des Eröffnungsbeschlusses eindeutig und genau festgestellt werden kann. Dies ist durch die Fiktion der Mittagsstunde als Erlaßzeitpunkt gewährleistet. Die Anwendung des § 108 Abs. 2 KO im Rahmen der Gesamtvollstreckungsordnung ist daher im Sinne der Rechtssicherheit geboten.[20]

3. Wirkung der Eröffnung

24 Mit der Eröffnung der Gesamtvollstreckung endet zunächst die Möglichkeit, einen nach § 2 GesO gestellten Antrag auf Eröffnung des Gesamtvollstreckungsverfahrens zurückzunehmen.[21] Daneben hat die Eröffnung im wesentlichen folgende Wirkungen:

a) Pfändung des Vermögens des Schuldners

25 Mit der Eröffnung der Gesamtvollstreckung wird die **Pfändung des Vermögens des Schuldners** bewirkt (§ 7 Abs. 1 GesO).

aa) Zeitpunkt der Pfändung

26 Maßgeblich für die Pfändungswirkung ist der im Eröffnungsbeschluß genannte Zeitpunkt. Sofern dieser Zeitpunkt nicht angegeben worden ist, wird die Pfändung in analoger Anwendung des § 108 Abs. 2 KO mit der Mittagsstunde des Tages des Erlasses des Eröffnungsbeschlusses bewirkt (vgl. oben Rn. 20 ff.).

bb) Umfang der Pfändung

27 Der Pfändung unterliegt das **gesamte pfändbare Vermögen** des Schuldners (§ 7 Abs. 2 GesO). Insoweit entspricht die Regelung der Gesamtvollstreckungsordnung der in § 1 KO niedergelegten Definition der Konkursmasse.[22]

---

19 Smid/*Zeuner* § 5 GesO Rn. 24 f.

20 Im Ergebnis so auch *Haarmeyer/Wutzke/Förster* § 5 GesO Rn. 11; *Hess/Binz/Wienberg* § 5 GesO Rn. 3; Hess/*Binz* KO § 5 GesO Rn. 3.

21 Smid/*Zeuner* § 5 GesO Rn. 5.

Dies gilt auch für das dem BGB bis zur Wiedervereinigung unbekannte Gebäudeeigentum[23] sowie Restitutions- und anderweitige Rückübertragungsansprüche,[24] die ebenfalls der Beschlagnahme unterliegen.

Ferner wird in § 7 Abs. 2 GesO ausdrücklich erwähnt, daß **alle** im Besitz des Schuldners befindlichen Sachen sowie die vom Schuldner genutzten Grundstücke oder Gebäude der Pfändung unterliegen. Diese Regelung weicht von dem Begriff der Konkursmasse in der Konkursordnung ab. Während nach der Konkursordnung nur eigenes Vermögen des Schuldners in die Konkursmasse fällt, unterliegt im Gesamtvollstreckungsverfahren **auch fremdes Vermögen** der Beschlagnahme, sofern der Schuldner im Besitz des Vermögensgegenstandes ist oder ein Grundstück oder Gebäude nutzt. Diese Besonderheit der Gesamtvollstreckungsordnung ist darauf zurückzuführen, daß angesichts der zahlreichen ungeklärten Eigentumsverhältnisse zum Schutz der Masse auch solche Vermögenswerte erfaßt werden sollen, bei denen die Zugehörigkeit zum Vermögen des Schuldners noch ungeklärt ist.[25] **28**

Die Auffassung, im Besitz des Schuldners befindliche oder von ihm genutzte Vermögensgegenstände unterfielen nur der Pfändung, wenn sie zugleich pfändbares Vermögen des Schuldners bildeten,[26] vermag demgegenüber nicht zu überzeugen. Denn dann wäre deren ausdrückliche Erwähnung in § 7 Abs. 2 GesO überflüssig. Diese ist vielmehr nur dann verständlich, wenn neben dem pfändbaren eigenen Vermögen des Schuldners auch fremdes Vermögen unter den Voraussetzungen des § 7 Abs. 2, 2. Alternative GesO in die Masse fällt. Durch die Einbeziehung dieser Vermögenswerte entsteht den wirklichen Eigentümern auch kein Nachteil. Der Verwalter hat im Rahmen der möglichst zügigen Durchführung der Gesamtvollstreckung die Rechtslage zu klären und die Vermögensgegenstände gegebenenfalls gemäß § 12 Abs. 1 GesO an die Berechtigten herauszugeben. **29**

Ob sich ein Vermögensgegenstand im Besitz des Schuldners befindet, bestimmt sich nach den Vorschriften des Bürgerlichen Gesetzbuches über den Besitz (§§ 854 ff. BGB).[27] Dabei ist für die Frage seiner Beschlagnahmefähigkeit unerheblich, ob der Besitz rechtmäßig oder rechtswidrig ist. Auch dies ist vom Verwalter im Gesamtvollstreckungsverfahren zu klären. **30**

Die zweite Alternative des § 7 Abs. 2 GesO erfaßt die Nutzung von Grundstücken und Gebäuden aufgrund eines **Nutzungsrechts**. Hierunter fallen auch die ehemaligen und fortgeltenden mietrechtlichen Nutzungsverhältnisse gemäß §§ 94 ff. ZGB sowie die Nutzungsrechte aufgrund der §§ 287 ff. ZGB[28] in **31**

---

22 Vgl. zum Begriff der Konkursmasse im einzelnen *Hess* § 1 KO Rn. 15 ff; Kilger/*K.Schmidt* § 1 KO Anm. 2 ff.; *Kuhn/Uhlenbruck* § 1 KO Rn. 11 ff.
23 *Haarmeyer/Wutzke/Förster* § 7 GesO Rn. 4, 10.
24 *Haarmeyer/Wutzke/Förster* § 7 GesO Rn. 4; *Bork* ZIP 1991, 998, 990.
25 *Haarmeyer/Wutzke/Förster* § 7 GesO Rn. 20; Smid/*Zeuner* § 7 GesO Rn. 25.
26 *Hess/Binz/Wienberg* § 7 GesO Rn. 23 ff.
27 *Haarmeyer/Wutzke/Förster* § 7 GesO Rn. 22; Smid/*Zeuner* § 7 GesO Rn. 26.
28 Ausführlich Smid/*Zeuner* § 7 GesO Rn. 28 ff., jedoch noch ohne Berücksichtigung

ihren Modifikationen durch das Schuldrechtsänderungsgesetz[29] und das Sachenrechtsbereinigungsgesetz.[30]

32 **Beschlagnahmefrei** ist das **unpfändbare Vermögen** in den von der ZPO (§§ 808 ff.) vorgegebenen Grenzen.[31] Ebensowenig unterliegen **Neuerwerbungen** des Schuldners nach Eröffnung des Gesamtvollstreckungsverfahrens der Pfändung.[32]

b) Verlust der Verfügungs- und Verwaltungsbefugnis

33 Für das Konkursverfahren wird in § 6 KO angeordnet, daß der Gemeinschuldner mit Eröffnung des Konkursverfahrens die Befugnis verliert, über sein zur Konkursmasse gehörendes Vermögen zu verfügen und dieses zu verwalten.

34 Ein vergleichbares gesetzlich normiertes Verfügungs- und Verwaltungsverbot enthält die Gesamtvollstreckungsordnung nicht. Gleichwohl wird teilweise die Auffassung vertreten, auch im Gesamtvollstreckungsverfahren verliere der Schuldner kraft Gesetzes seine Verwaltungs- und Verfügungsbefugnis, ohne daß es einer besonderen Anordnung bedürfe, da § 7 GesO nach seinem Sinn und Zweck der Regelung des § 6 Abs. 1 KO entspreche.[33] Der Annahme eines gesetzlichen Verbotes aufgrund des systematischen Zusammenhangs und des Zwecks der Regelung steht jedoch der Gesetzesvorbehalt entgegen.[34] Aus diesem Grund muß das Verwaltungs- und Verfügungsverbot, wie in § 5 Satz 2 Nr. 1 und 2 GesO bestimmt, **im Eröffnungsbeschluß ausdrücklich angeordnet** werden.[35] Sodann wird es zusammen mit dem Eröffnungsbeschluß wirksam, und zwar rückwirkend bezogen auf den Zeitpunkt seines Erlasses (vgl. oben Rn. 33 f.).

35 Der Verlust der **Verfügungsbefugnis** bedeutet für den Schuldner im wesentlichen, daß es ihm verboten ist, rechtsgeschäftliche Handlungen zur Übertragung von Rechten vorzunehmen, die die Masse schmälern.[36] Dieses Verbot ist gegenständlich auf die der Beschlagnahme unterliegenden Vermögensgegen-

---

durch die Änderungen aufgrund des Schuldrechtsänderungsgesetzes und des Sachenrechtsbereinigungsgesetzes.

29 Gesetz zur Änderung schuldrechtlicher Bestimmungen im Beitrittsgebiet (Schuldrechtsänderungsgesetz – SchuldRÄndG) vom 21.09.1994, BGBl. 1994 I S. 2538.

30 Gesetz zur Sachenrechtsbereinigung im Beitrittsgebiet (Sachenrechtsbereinigungsgesetz – SachenRBerG) BGBl. 1994 I S. 2457; vgl. *Vossius*, Sachenrechtsbereinigungsgesetz, Einleitung Rn. 15 ff.

31 Vgl. zur Anwendbarkeit der Vorschriften der ZPO ausführlich Smid/*Zeuner* § 1 GesO Rn. 3 ff.

32 Kilger/*K.Schmidt* § 1 KO Anm. 1 A.c); *Smid*/Zeuner § 1 GesO Rn. 108; *Hess/Binz/Wienberg* § 7 GesO Rn. 16; so jetzt auch Smid/*Zeuner* § 7 GesO Rn. 14 ff. (anders noch die Vorauflage § 7 Rn. 10 ff.).

33 *Haarmeyer/Wutzke/Förster* § 7 GesO Rn. 1 ff.; ohne Begründung im Ergebnis ebenso Kilger/*K.Schmidt* § 5 GesO Anm. 2 a).

34 Smid/*Zeuner* § 7 GesO Rn. 12.

35 *Haarmeyer/Wutzke/Förster* § 5 GesO Rn. 13; Smid/*Zeuner* § 7 GesO Rn. 12.

36 *Haarmeyer/Wutzke/Förster* § 5 GesO Rn. 14; *Smid*/Zeuner § 5 GesO Rn. 32.

stände beschränkt. Die unter Verletzung des Verbotes vorgenommenen Verfügungen sind den Gesamtvollstreckungsgläubigern gegenüber insoweit unwirksam.[37] Der Verwalter muß den vom Schuldner unter Verletzung des Verfügungsverbotes geleisteten Gegenstand vom Empfänger herausverlangen, allerdings auch die erhaltene Gegenleistung herausgeben;[38] hierfür gelten die allgemeinen bereicherungsrechtlichen Vorschriften des Bürgerlichen Gesetzbuches (§§ 812 ff. BGB).

Der Verlust der **Verwaltungsbefugnis** des Schuldners, der sich aus der Anordnung des Insolvenzgerichts nach § 5 Satz 2 Nr. 2 GesO ergibt, hat vor allem zur Folge, daß die Prozeßführungsbefugnis des Schuldners über das der Pfändung unterliegende Vermögen auf den Verwalter übergeht.[39] **36**

c) Unwirksamkeit von Einzelzwangsvollstreckungsmaßnahmen

In § 2 Abs. 4 GesO wird zum Schutz der Masse angeordnet, daß anderweitige Zwangsvollstreckungsmaßnahmen vorläufig einzustellen sind, sobald ein Antrag auf Eröffnung der Gesamtvollstreckung gestellt worden ist. Daran anknüpfend bestimmt § 7 Abs. 3 GesO, daß vor Eröffnung der Gesamtvollstreckung eingeleitete Vollstreckungsmaßnahmen zugunsten einzelner Gläubiger ihre Wirksamkeit verlieren (§ 7 Abs. 3 Satz 1 GesO). In den Fällen, in denen das Gericht zur Durchführung der Zwangsvollstreckung angerufen worden ist, muß das Einzelzwangsvollstreckungsverfahren an das Gesamtvollstreckungsgericht verwiesen werden (§ 7 Abs. 3 Satz 2 GesO; hierzu im einzelnen unten Rn. 47). **37**

Damit geht § 7 Abs. 3 GesO über die vergleichbare Vorschrift des § 14 KO hinaus. Nach § 14 KO bleiben solche Rechte, die vor der Eröffnung des Konkursverfahrens im Wege der Einzelzwangsvollstreckung begründet worden sind, bestehen; lediglich ab dem Zeitpunkt der Eröffnung des Konkursverfahrens finden Maßnahmen der Einzelzwangsvollstreckung nicht mehr statt.[40] Demgegenüber verlieren nach § 7 Abs. 3 Satz 1 GesO auch alle vor der Eröffnung des Gesamtvollstreckungsverfahrens eingeleiteten Einzelzwangsvollstreckungsmaßnahmen ihre materielle Wirksamkeit.[41] Dies hat zB zur Folge, daß ein im Geltungsbereich der Konkursordnung vor der Eröffnung begründetes Pfändungspfandrecht wirksam bleibt[42] und der Gläubiger insoweit einen Anspruch auf abgesonderte Befriedigung hat. Ein vor Eröffnung des Gesamtvollstreckungsverfahrens begründetes Pfandrecht verliert hingegen seine Wirk- **38**

---

37 *Haarmeyer/Wutzke/Förster* § 5 GesO Rn. 14; *Hess/Binz/Wienberg* § 7 GesO Rn. 8; Smid/*Zeuner* § 5 GesO Rn. 32.
38 Smid/*Zeuner* § 5 GesO Rn. 35.
39 Smid/*Zeuner* § 7 GesO Rn. 13; *Kuhn/Uhlenbruck* § 6 KO Rn. 4.
40 Kilger/*K.Schmidt* § 14 KO Anm. 3.
41 BGH ZIP 1995, 480, 481; BGH ZIP 1995, 1425, 1426 ff.; *Haarmeyer/Wutzke/Förster* § 7 GesO Rn. 25; Kilger/*K.Schmidt* § 7 GesO Anm. 3 a).
42 Vgl. hierzu *Kuhn/Uhlenbruck* § 14 KO Rn. 2.

samkeit, sofern nicht der Gläubiger bereits aus der Verwertung des Pfandgegenstandes den Erlös erhalten hat.[43]

39 Dies scheint auf den ersten Blick ungerecht. Jedoch wird durch die strengere Regelung der Gesamtvollstreckungsordnung dem insolvenzrechtlichen Grundsatz der gleichmäßigen Befriedigung aller Gläubiger besser Rechnung getragen.[44] Während im Konkursrecht nur die Möglichkeit der Anfechtung unter den Bedingungen der §§ 29 ff. KO zur Verfügung steht, ist durch die gesetzliche Anordnung der Unwirksamkeit sämtlicher vor Eröffnung eingeleiteter und noch nicht beendeter Einzelzwangsvollstreckungsmaßnahmen umfassender gewährleistet, daß sich nicht ein einzelner Gläubiger zu Lasten der anderen Gläubiger befriedigen kann.

aa) Voraussetzungen des § 7 Abs. 3 Satz 1 GesO

40 Ihre Wirksamkeit verlieren Maßnahmen der Einzelzwangsvollstreckung, die **im Zeitpunkt des Erlasses des Eröffnungsbeschlusses**[45] eingeleitet, aber noch nicht abgeschlossen sind (zur Bestimmung des Eröffnungszeitpunktes vgl. oben Rn. 20 ff.).

41 Zu diesen Zwangsvollstreckungsmaßnahmen gehören ua.[46]

— die Pfändung beweglicher Sachen, §§ 804 ff. ZPO;
— die Pfändung von Forderungen und sonstigen Rechten, § 828 ZPO;
— die Vollstreckung gemäß §§ 883 ff. ZPO;
— die Eintragung einer Zwangs- oder einer Arresthypothek;
— die Vollziehung eines Arrestes;
— die Vorpfändung, § 845 ZPO und
— Maßnahmen im Verwaltungszwangsverfahren.

42 **Über den Gesetzeswortlaut hinaus** erfaßt die in § 7 Abs. 3 GesO angeordnete Unwirksamkeit auch Maßnahmen der Einzelzwangsvollstreckung in **beschlagnahmefreies Vermögen** (vgl. hierzu auch Rn. 27 ff.), insbesondere neu erworbenes Vermögen. Im Gegensatz zu § 14 KO sieht dies die Vorschrift des § 7 Abs. 3 GesO nicht vor. Aus der Bestimmung über die Restschuldbefreiung des Schuldners nach § 18 Abs. 2 Satz 3 GesO[47] ist der Gedanke zu entnehmen, daß dem Schuldner grundsätzlich die Möglichkeit gegeben werden soll, zu neuem Vermögen zu gelangen. Dieser Zweck kann aber nur erreicht werden, wenn schon vor Beendigung des Gesamtvollstreckungsverfahrens die Schutz-

---

43 Vgl. hierzu ausführlich BGH ZIP 1995, 480 f.; mit zustimmender Anmerkung von *Pape*/Voigt, S. 482 f.

44 BGH ZIP 1995, 480, 481; *Haarmeyer/Wutzke/Förster* § 7 GesO Rn. 24; so wohl auch Smid/ *Zeuner* § 7 GesO Rn. 36.

45 Smid/*Zeuner* § 7 GesO Rn. 41.

46 Vgl. im einzelnen *Haarmeyer/Wutzke/Förster* § 7 GesO Rn. 28; *Hess/Binz/Wienberg* § 7 GesO Rn. 35 ff.

47 Vgl. *Haarmeyer/Wutzke/Förster* § 18 GesO Rn. 53 ff.; *Smid*/Zeuner § 18 GesO Rn. 38, 51 ff.

wirkungen des § 18 Abs. 2 Satz 3 GesO eintreten und eine Zwangsvollstreckung unterbleibt.[48]

Gläubiger von nicht anmeldungsfähigen Forderungen, **von Aussonderungs- und Absonderungsrechten** sowie Massegläubiger können jederzeit ohne Rücksicht auf den Entstehungszeitpunkt ihrer Forderung die Zwangsvollstreckung betreiben (vgl. auch § 16 Rn. 14, 22).[49] Die Durchsetzung derartiger Forderungen im Wege der Einzelzwangsvollstreckung bleibt unbeschadet der Gesamtvollstreckung zulässig, da diese Forderungen außerhalb des Gesamtvollstrekkungsverfahrens stehen und Vermögensgegenstände betreffen, die nicht zur Masse gehören. **43**

Hinsichtlich der Frage, zu welchem Zeitpunkt eine Vollstreckungsmaßnahme **eingeleitet** ist, muß nach dem die Vollstreckung durchführenden Organ unterschieden werden: Die Zwangsvollstreckung durch den **Gerichtsvollzieher** ist eingeleitet, sobald er mit der Vollstreckungstätigkeit begonnen hat. Obliegt die Zwangsvollstreckung einem **Vollstreckungsgericht**, beginnt sie gemäß § 750 ZPO mit der Zustellung des zuvor vom Gericht erlassenen Beschlusses (zB Pfändungs- und Überweisungsbeschluß).[50] Bei einem Arrest ist eine Zustellung hingegen entbehrlich (§ 929 Abs. 3 ZPO), die Vollziehung verliert jedoch ihre Wirkung, wenn die Zustellung nicht binnen einer Woche nachgeholt wird. Die Vollstreckung beginnt aber auch hier mit dem Beginn der Tätigkeit des Gerichtsvollziehers.[51] **44**

Unterschiedliche Auffassungen werden zu der Frage vertreten, zu welchem Zeitpunkt die Zwangsvollstreckung **abgeschlossen** ist. Teilweise wird die Beendigung der Maßnahme angenommen, sobald ein die Absonderung begründendes Pfändungspfandrecht entstanden ist.[52] Damit würde indes der Kreis der von § 7 Abs. 3 GesO erfaßten Zwangsvollstreckungen erheblich beschränkt werden. Deshalb ist die Zwangsvollstreckung auch im Rahmen der Gesamtvollstreckungsordnung erst dann als beendet anzusehen, wenn der Gläubiger aus der einzelnen Zwangsvollstreckungsmaßnahme bereits vollständig, auch hinsichtlich der Kosten, durch Eingang des Geldes befriedigt wurde. Gleiches gilt, wenn eine Vollstreckungsmaßnahme durch Verwertung des Gegenstandes und Auskehrung des Erlöses durchgeführt worden ist, auch wenn der Gläubiger noch nicht vollständig befriedigt wurde.[53] Dies gilt etwa für eingetragene **Zwangs**hypotheken. Solange diese nicht durch den Abschluß der Zwangsver- **45**

---

48 So auch *Hess/Binz/Wienberg* § 7 GesO Rn. 28 f.

49 *Hess/Binz/Wienberg* § 7 GesO Rn. 31.

50 Zöller/*Stöber* vor § 704 ZPO Rn. 33.

51 Vgl. Smid/*Zeuner* § 7 Rn. 43; vgl. zum Begriff der „Einleitung" bei einer zwangssicherungshypothek ausführlich BGH ZIP 1995, 1425ff.

52 So *Braun/Bußhardt* ZIP 1992, 902, 905; ihnen folgend *Hess/Binz/Wienberg* § 7 GesO Rn. 31.

53 BGH ZIP 1995, 480, 481; *Haarmeyer/Wutzke/Förster* § 7 GesO Rn. 27; Smid/*Zeuner* § 7 GesO Rn. 45; zum Zwangsvollstreckungsrecht allgemein vgl. Zöller/*Stöber* vor § 704 ZPO Rn. 33.

steigerung zur Befriedigung des gesicherten Gläubigers geführt hat, ist die Zwangsvollstreckungsmaßnahme dagegen noch nicht abgeschlossen.[54] Das Grundbuch wird hinsichtlich der bereits eingetragenen Zwangshypothek in einem solchen Fall mit Eröffnung des Gesamtvollstreckungsverfahrens unrichtig.

46 Sofern ein Gläubiger bereits Leistungen aus einer noch nicht abgeschlossenen Zwangsvollstreckungsmaßnahme erhalten hat, läßt die mit der Eröffnung des Gesamtvollstreckungsverfahrens verbundene Unwirksamkeit eingeleiteter Einzelzwangsvollstreckungsmaßnahmen den Rechtsgrund für die Leistung **rückwirkend entfallen.** Solange der Gläubiger noch nicht vollständig befriedigt ist, sind deshalb bereits erhaltene Leistungen nach den Vorschriften über die ungerechtfertigte Bereicherung gemäß §§ 812 ff. BGB zu erstatten. Damit greift ab Kenntnis des Eröffnungsbeschlusses auch die verschärfte Haftung des § 819 BGB ein. Jedoch dürfte der zur Erstattung verpflichtete Gläubiger mit seiner im Gesamtvollstreckungsverfahren angemeldeten Forderung gemäß § 7 Abs. 5 GesO aufrechnen können, da der Rechtsgrund für die Pfändung erst im Zeitpunkt der Eröffnung des Gesamtvollstreckungsverfahrens entfallen ist und die Aufrechnungslage deshalb „im Zeitpunkt der Eröffnung des Verfahrens" bestanden hat.

bb) Verweisung nach § 7 Abs. 3 Satz 2 GesO

47 Nach § 7 Abs. 3 Satz 2 GesO sind Verfahren der Einzelzwangsvollstreckung an das Gericht zu verweisen, das die Gesamtvollstreckung durchführt. Dies bedeutet nicht, daß die Einzelzwangsvollstreckung dort fortgeführt wird. Sofern die Forderung eines Gläubigers im Gesamtvollstreckungsverfahren anerkannt worden ist, kann aus einem früheren Forderungstitel ohnehin nicht mehr vollstreckt werden, da dieser **Titel** durch eine vollstreckbare Ausfertigung des die jeweilige Forderung betreffenden Auszugs aus dem Vermögensverzeichnis **aufgezehrt** wird (vgl. § 18 GesO).[55]

48 Gläubiger titulierter Forderungen, die im Gesamtvollstreckungsverfahren keine Forderungen angemeldet haben, können die Zwangsvollstreckung aus dem vor Verfahrenseröffnung erwirkten Titel **nach Abschluß des Verfahrens** weiter bei dem ursprünglich zuständigen Vollstreckungsgericht betreiben, da der Titel selbst seine Wirksamkeit durch die Verfahrenseröffnung nicht verloren hat. Ein bestehender Titel verliert nur dann seine Wirksamkeit, wenn ein neuer Titel (nämlich der Auszug aus dem Vermögensverzeichnis) erteilt wird. Dieser Fall kann nicht eintreten, wenn die Forderung nicht angemeldet wurde.

49 In der Gesamtvollstreckung nicht geregelt ist das weitere Schicksal der an das

---

54 BGH ZIP 1995, 1425, 1426; LG Chemnitz ZIP 1995, 306; AG Meiningen ZIP 1995, 308, 309.

55 *Haarmeyer/Wutzke/Förster* § 7 GesO Rn. 34; ebenso zum Geltungsbereich der Konkursordnung: RGZ 93, 209, 213; 112, 297, 300; *Kuhn/Uhlenbruck* § 164 KO Rn. 1 b; Kilger/ *K.Schmidt* § 164 KO Anm. 2.

Gesamtvollstreckungsgericht verwiesenen Vollstreckungsverfahren, wenn der Eröffnungsbeschluß aufgehoben oder das Verfahren anderweitig vorzeitig beendet wird. Da das Gesamtvollstreckungsverfahren in diesen Fällen nicht durchgeführt wird, können die bereits begonnenen Verfahren der Einzelzwangsvollstreckung fortgeführt werden. Diese Verfahren sollten daher an das ursprünglich zuständige Gericht zurückverwiesen werden, da das Gesamtvollstreckungsgericht nur aufgrund der Einheitlichkeit des Gesamtvollstreckungsverfahrens zuständig war. Der Sachzusammenhang mit dem Gesamtvollstrekkungsverfahren besteht nicht mehr, wenn das Verfahren vorzeitig beendet wird. Zweck der Vorschrift des § 7 Abs. 3 Satz 2 ist es nicht, eine neue Zuständigkeit für Zwangsvollstreckungsverfahren zu schaffen. Das sachnähere Gericht wird darüber hinaus häufig das ursprünglich zuständige Gericht sein.[56]

d) Leistungen an den Schuldner nach Eröffnung (§ 7 Abs. 4 GesO)

Leistungen, die nach der öffentlichen Bekanntmachung des Eröffnungsbe- **50**
schlusses an den Schuldner erbracht werden, sind unwirksam, sofern sie nicht in das gepfändete Vermögen gelangen (§ 7 Abs. 4 GesO). Eine entsprechende Regelung findet sich auch in § 8 Abs. 1 KO, die allerdings nicht auf die öffentliche Bekanntmachung, sondern auf die Eröffnung des Konkursverfahrens Bezug nimmt. Damit ist in beiden Gesetzen der maßgebliche Zeitpunkt objektiv bestimmbar.

Demnach kann der Verwalter erneut Leistung verlangen, sofern die Leistung **51**
nicht in die Pfändungsmasse gelangt ist. Hatte der Leistende von der Eröffnung des Gesamtvollstreckungsverfahrens Kenntnis, ist er auch nicht schutzwürdig. Fraglich ist jedoch, was geschieht, wenn der (Dritt-)Schuldner ohne Kenntnis der Eröffnung an den Schuldner geleistet hat. In § 8 Abs. 2 und 3 KO ist für diesen Fall eine den (Dritt-)Schuldner schützende Beweislastregel geschaffen worden. Die Gesamtvollstreckungsordnung enthält demgegenüber keine Bestimmung, die den gutgläubig leistenden Dritten schützen oder wenigstens entlasten würde.

In der Literatur ist umstritten, ob zum Schutz des (Dritt-)Schuldners im **52**
Rahmen des § 7 Abs. 4 GesO die Vorschrift des § 8 Abs. 3 KO analog angewendet werden muß. Es herrscht aber insoweit Übereinstimmung, daß der gutgläubig leistende (Dritt-)Schuldner nicht völlig schutzlos sein soll. Sofern die analoge Anwendung des § 8 Abs. 3 KO abgelehnt wird, soll deshalb als Korrektiv der Gutglaubensschutz des § 242 BGB in der Weise eingreifen, daß ein Verstoß gegen Treu und Glauben vorliegt, wenn der Verwalter den (Dritt-)Schuldner, der seine Unkenntnis von der Eröffnung nachgewiesen hat, erneut in Anspruch nimmt.[57]

Es fragt sich, aus welchem Grund auf den allgemeinen Gutglaubensschutz **53**

56 So im Ergebnis auch Smid/*Zeuner* § 7 GesO Rn. 49; *Haarmeyer/Wutzke/Förster* § 7 GesO Rn. 36; Gottwald/*Gerhard* Nachtrag GesO S. 48 Rn. 15.

57 *Haarmeyer/Wutzke/Förster* § 7 GesO Rn. 43; Smid/*Zeuner* § 7 GesO Rn. 52 f.

zurückgegriffen werden soll, da mit der Regelung des § 8 Abs. 3 KO eine insolvenzrechtlich erprobte Regelung zur Verfügung steht.[58] Hinzu kommt, daß bei der Anwendung des Grundsatzes von Treu und Glauben ebenfalls im Einzelfall geprüft werden muß, ob der Schuldner seine fehlende Kenntnis von der Eröffnung des Gesamtvollstreckungsverfahrens ausreichend dargetan hat. Insoweit können sich die zu § 8 Abs. 3 KO entwickelten Grundsätze als äußerst hilfreich erweisen. Wenn schon im Hinblick auf allgemeine Gerechtigkeitserwägungen das Bedürfnis anerkannt ist, den gutgläubig Leistenden zu schützen, so erscheint es sinnvoll, die der Gesamtvollstreckungsordnung nächstverwandte Vorschrift des § 8 Abs. 3 KO anzuwenden, um diese Lücke zu füllen.[59]

e) Aufrechnung (§ 7 Abs. 5 GesO)

54 Gemäß § 7 Abs. 5 GesO kann ein Gläubiger noch im Verfahren die Aufrechnung erklären, wenn er **im Zeitpunkt der Eröffnung** des Verfahrens **zur Aufrechnung berechtigt** war. Die bei Eröffnung der Gesamtvollstreckung bestehende Aufrechnungslage bleibt **auch nach Eröffnung erhalten**. Weitere Regelungen enthält die Gesamtvollstreckungsordnung nicht.

aa) Maßgeblicher Zeitpunkt

55 Der Gläubiger muß im Zeitpunkt der Eröffnung des Gesamtvollstreckungsverfahrens (Stunde des Erlasses des Eröffnungsbeschlusses[60]) zur Aufrechnung berechtigt sein. Im Hinblick auf die Anforderungen, die im Gesamtvollstreckungsverfahren an die Berechtigung zur Aufrechnung zu stellen sind, könnten die Regelungen der §§ 53 ff. KO zu berücksichtigen sein.[61] Während § 53 KO ebenfalls den Grundsatz aufstellt, daß das Aufrechnungsrecht im Konkurs erhalten bleibt, enthalten §§ 54, 55 KO Erweiterungen bzw. Einschränkungen gegenüber den allgemeinen Aufrechnungsvorschriften des BGB. In der Literatur[62] wird zum Teil die Auffassung vertreten, eine analoge Anwendung der §§ 54, 55 KO komme auch im Rahmen der Gesamtvollstreckungsordnung in Betracht. Vor allem sollen nach dieser Auffassung die Einschränkungen der Zulässigkeit der Aufrechnung, die in § 55 KO niedergelegt sind, auf die Gesamtvollstreckung übertragen werden.

56 Demgegenüber vertritt das Oberlandesgericht Naumburg[63] die Auffassung, eine entsprechende Anwendung des § 54 KO sei im Gesamtvollstreckungsverfahren

58 Für die analoge Anwendung des § 8 Abs. 2 und 3 KO *Hess/Binz/Wienberg* § 7 GesO Rn. 51; Hess/*Binz* KO § 7 GesO Rn. 51.
59 Zum Inhalt des § 8 Abs. 3 KO vgl. *Kuhn/Uhlenbruck* § 8 KO Rn. 6 ff. sowie *Hess/Binz/Wienberg* § 7 GesO Rn. 52 ff.
60 Smid/*Zeuner* § 7 GesO Rn. 56.
61 Abgedruckt im Anhang II.2.
62 Lübchen/Landfermann ZIP 1990, 829, 833.
63 Urteil vom 22.12.1994 – Az. 2 U 33/94 –, unveröffentlicht.

nicht gerechtfertigt.[64] Insbesondere im Hinblick auf § 95 InsO, der die erweiterten Aufrechnungsmöglichkeiten des § 54 KO nicht aufgreift,[65] müsse man den § 7 Abs. 5 GesO als abschließende Regelung betrachten. Diese Frage wird vom Bundesgerichtshof zu klären sein, dem sie zur Entscheidung vorliegt.

bb) Voraussetzungen der Aufrechnungslage

Die Voraussetzungen der Aufrechnungslage bestimmen sich nach den allgemeinen Vorschriften der §§ 387 ff. BGB. Die Forderungen müssen sich gegenseitig und gleichartig gegenüberstehen. Die Forderung, mit der der Gläubiger aufrechnen will, muß wirksam und fällig, die Forderung des Schuldners, gegen die er aufrechnen will, erfüllbar sein.[66] Gegen Forderungen, die erst nach Eröffnung oder in der Phase zwischen der Anordnung der Sequestration und Gesamtvollstreckungseröffnung entstehen, kann der Gläubiger nicht aufrechnen.[67] Die Aufrechnung darf ferner nicht durch die in §§ 390 ff. BGB enthaltenen Aufrechnungsverbote ausgeschlossen sein.[68] **57**

cc) Aufrechnungserklärung

Zur wirksamen Aufrechnung bedarf es ferner einer Aufrechnungserklärung (§ 388 BGB). Sie ist vor Eröffnung des Verfahrens gegenüber dem Schuldner und nach Eröffnung gegenüber dem Verwalter abzugeben. Auch in einem späteren Prozeß kann die Aufrechnung noch erklärt werden. **58**

dd) Wirkung der Aufrechnung

Die **wirksame Aufrechnung** hat zur Folge, daß die Forderungen, soweit sie sich decken, als in dem Zeitpunkt erloschen gelten, in dem sie sich erstmals **59**

---

64 In diesem Sinne auch *Hess/Binz/Wienberg* § 7 GesO Rn. 90 c.

65 § 95 InsO bestimmt wörtlich:
„(1) Sind zur Zeit der Eröffnung des Insolvenzverfahrens die aufzurechnenden Forderungen oder eine von ihnen noch aufschiebend bedingt oder nicht fällig oder die Forderungen noch nicht auf gleichartige Leistungen gerichtet, so kann die Aufrechnung erst erfolgen, wenn ihre Voraussetzungen eingetreten sind. Die §§ 41, 45 sind nicht anzuwenden. Die Aufrechnung ist ausgeschlossen, wenn die Forderung, gegen die aufgerechnet werden soll, unbedingt und fällig wird, bevor die Aufrechnung erfolgen kann.
(2) Die Aufrechnung wird nicht dadurch ausgeschlossen, daß die Forderungen auf unterschiedliche Währungen oder Rechnungseinheiten lauten, wenn diese Währungen oder Rechnungseinheiten am Zahlungsort der Forderung, gegen die aufgerechnet wird, frei getauscht werden können. Die Umrechnung erfolgt nach dem Kurswert, der für diesen Ort zur Zeit des Zugangs der Aufrechnungserklärung maßgeblich ist."

66 Zu den Einzelheiten vgl. etwa *Palandt/Heinrichs* § 387 BGB Rn. 4 ff.

67 BGH ZIP 1995, 1200, 1201ff.; KG ZIP 1995, 53, 54f.

68 Da sich insoweit gegenüber der zivilrechtlichen Rechtslage keine gesamtvollstreckungsspezifischen Abweichungen ergeben, wird wegen der weiteren Einzelheiten der Aufrechnungsverbote auf die allgemeine zivilrechtliche Literatur verwiesen.

aufrechenbar gegenüberstanden (§ 389 BGB).[69] Der Gläubiger kann insoweit volle Befriedigung erlangen, ohne auf die Quote beschränkt zu sein. Eine Anmeldung der Forderung zur Aufnahme in das Vermögensverzeichnis scheidet dagegen aus, da die Forderung durch Erfüllung im Wege der Aufrechnung erloschen ist, soweit sich die Forderungen der Höhe nach decken.

60 Bei einer **unwirksamen Aufrechnung** behält der Gläubiger seine Forderung gegenüber der Masse und erhält nach deren Aufnahme in das Vermögensverzeichnis gegebenenfalls eine quotale Befriedigung. Die Forderung des Schuldners gegenüber dem Gläubiger verbleibt bei der Pfändungsmasse.[70]

61 Ergeben sich für den Gläubiger Zweifel, ob die von ihm erklärte Aufrechnung wirksam ist, sollte die Forderung vorsorglich zur Aufnahme in das Vermögensverzeichnis angemeldet werden. Andernfalls könnte die Aufnahme der Forderung in das Vermögensverzeichnis, wenn sich die Unwirksamkeit der Aufrechnung herausgestellt hat, unter Hinweis auf eine verschuldete Versäumung der Forderungsanmeldungsfrist zurückgewiesen werden (§ 14 GesO; vgl. unten § 7 Rn. 31 ff. zur verspäteten Forderungsanmeldung).

ee) Aufrechnung des Verwalters

62 Der Verwalter ist ebenfalls im Rahmen der Bestimmungen der §§ 387 ff. BGB zur Aufrechnung berechtigt.[71] Dies ist in der Gesamtvollstreckungsordnung zwar nicht ausdrücklich bestimmt worden, ergibt sich aber aus der ihm eingeräumten Verwaltungs- und Verfügungsbefugnis.

f) Auswirkungen eines Gesamtvollstreckungsverfahrens auf anhängige oder rechtshängige Prozesse

63 Die Eröffnung des Gesamtvollstreckungsverfahrens wirkt sich auf einen Rechtsstreit, in dem die Klage zwar schon eingereicht, aber noch nicht zugestellt ist, anders aus als auf einen Prozeß, bei dem die Zustellung der Klage bereits erfolgt ist.

aa) Auswirkungen der Eröffnung eines Gesamtvollstreckungsverfahrens auf anhängige Rechtsstreitigkeiten

64 Eine beim Gericht anhängige Klage, die noch nicht zugestellt ist, wird mit zwischenzeitlich erfolgender Eröffnung des Gesamtvollstreckungsverfahrens **unzulässig**, wenn sie nicht ausnahmsweise massefreies Vermögen (arg. § 7 GesO) betrifft.[72] Dies gilt jedenfalls dann, wenn man mit der herrschenden

---

69 § 389 BGB bestimmt wörtlich: „Die Aufrechnung bewirkt, daß die Forderungen, soweit sie sich decken, als in dem Zeitpunkt erloschen gelten, in welchem sie zur Aufrechnung geeignet einander gegenübergetreten sind."

70 Smid/*Zeuner* § 7 GesO Rn. 68.

71 *Hess/Binz/Wienberg* § 7 GesO Rn. 121; Smid/*Zeuner* § 7 GesO Rn. 58.

Lehre von der Amtstheorie ausgeht. Nach dieser handelt der Verwalter zwar mit Wirkung für und gegen die Masse, materiellrechtlich und prozessual jedoch im eigenen Namen.[73] Die Klage gegen den Schuldner müßte vom Gericht daher als unzuläsig zurückgewiesen werden, weil als richtiger Beklagter nach Eröffnung des Gesamtvollstreckungsverfahrens lediglich der Verwalter in Betracht kommt. Im Fall der Eröffnung des Gesamtvollstreckungsverfahrens sollte der Gläubiger daher versuchen, die durch Erhebung einer unzulässigen Klage entstehenden Kosten[74] zu vermeiden. Die eingereichte, aber noch nicht zugestellte und damit noch nicht rechtshängige Klage (§§ 261 Abs. 1, 253 Abs. 1 ZPO) sollte er möglichst noch vor ihrer Zustellung zurücknehmen und seine Forderung gegen den Verwalter zur Aufnahme in das Vermögensverzeichnis anmelden (§ 11 GesO). Eine Verfahrensunterbrechung und -wiederaufnahme gemäß §§ 240 ff. ZPO[75] tritt für zum Zeitpunkt der Eröffnung des Insolvenzverfahrens noch nicht rechtshängige Verfahren nicht ein.[76]

Läßt sich die Rücknahme der Klage vor ihrer Zustellung nicht mehr erreichen, **65** kann der Kläger versuchen, die Aussetzung des Prozesses in entsprechender Anwendung von § 148 ZPO zu erwirken.[77] Er könnte dann zunächst seine Forderung bei dem Verwalter anmelden und, im Falle des Bestreitens der angemeldeten Forderung durch den Verwalter, eine Rubrumsänderung beantragen,[78] den Klagantrag auf Anerkenntnis der Forderung bzw. Feststellung zur Tabelle umstellen (vgl. § 15 Rn. 11 ff.) und das Verfahren wieder aufnehmen.

bb) Auswirkungen der Eröffnung eines Gesamtvollstreckungsverfahrens auf rechtshängige Prozesse

Wird nach Eintritt der Rechtshängigkeit (§ 261 Abs. 1 ZPO) über das Ver- **66** mögen des Schuldners die Gesamtvollstreckung angeordnet, so hat die Eröffnung die Verfahrensunterbrechung zur Folge, wenn der Rechtsstreit die Insolvenzmasse betrifft (§ 240 ZPO).[79] Die Unterbrechung ist unabhängig davon, ob der Schuldner als Kläger oder Beklagter am Rechtsstreit teilnimmt. Sie tritt nach neuerer Auffassung auch dann ein, wenn der Schuldner als notwendiger

---

72 Für den Fall, daß die Klage massefreies Vermögen der GmbH betrifft, vgl. Zöller/*Greger* § 240 ZPO Rn. 9.

73 Kilger/*K.Schmidt* § 6 KO Anm. 2a, 7a; *Kuhn/Uhlenbruck* § 6 KO Anm. 17 ff.

74 Vgl. zu einer Kostenfolge im Falle der Zustellung nach Eröffnung des Konkursverfahrens: KG Berlin MDR 1990, 831, 832.

75 Ab Inkrafttreten der InsO und der EGInsO: § 240 ZPO in der Fassung von Art. 18 Nr. 2 EGInsO iVm. den Wiederaufnahmeregelungen der InsO.

76 Vgl. OLG Nürnberg KTS 1969, 249, 251 (zu einer in Unkenntnis der Eröffnung eines Konkursverfahrens über das Vermögen des Gegners eingereichte Klage); *Kuhn/Uhlenbruck*, Vorbem. §§ 10-12 KO Rn. 4 (zur Konkurseröffnung vor Zustellung des Mahnbescheides).

77 So Jäger/*Lent* § 10 KO Rn. 2a; *Uhlenbruck*; Anmerkung (zu OLG Nürnberg KTS 1969, 249), KTS 1969, 251, 252.

78 Vgl. wiederum *Uhlenbruck* KTS 1969, 251, 252.

79 Abgedruckt im Anhang II.4.

Streitgenosse am Rechtsstreit beteiligt ist.[80] Hingegen werden **selbständige Beweisverfahren, Schiedsverfahren oder nicht vermögensrechtliche Streitigkeiten** durch die Eröffnung eines Insolvenzverfahrens nicht unterbrochen.[81] **Unterlassungsklagen** werden nach § 240 ZPO nur unterbrochen, wenn sie den Bestand oder die Verwertbarkeit der Masse betreffen.[82] Sie werden hingegen nicht unterbrochen, wenn sie sich gegen rein tatsächliche Störungen richten, die vom Schuldner ausgehen.[83]

67 Die Unterbrechung nach § 240 ZPO ist auch unabhängig davon, ob der von der Gesamtvollstreckungsordnung betroffene Schuldner durch einen Prozeßbevollmächtigten vertreten ist; § 246 ZPO nimmt auf § 240 ZPO nicht Bezug und gilt daher im Falle der Insolvenz nicht.

68 Der Rechtsstreit wird erst mit Erlaß des Eröffnungsbeschlusses[84] unterbrochen, nicht bereits mit der Anordnung von Sicherungsmaßnahmen nach § 2 Abs. 3 GesO. Die Unterbrechung gilt kraft Gesetzes;[85] ein entsprechender Unterbrechungsbeschluß des Prozeßgerichts hat nur deklaratorische Wirkung.

g) Rechtsstellung von Gesellschaften als Gesamtvollstreckungsschuldner

69 Die Eröffnung des Gesamtvollstreckungsverfahrens über das Vermögen einer Gesellschaft hat neben den bereits beschriebenen Folgen zugleich Auswirkungen auf den rechtlichen Fortbestand der Gesellschaft. Wird die Gesamtvollstreckung über das Vermögen eines Gesellschafters eröffnet, so kann dies ebenfalls Folgen für den Fortbestand der Gesellschaft haben.

aa) Gesamtvollstreckung über das Vermögen der Gesellschaft

70 Wird das Gesamtvollstreckungsverfahren über das Vermögen einer **Personenhandels- oder Kapitalgesellschaft** eröffnet, wird diese **aufgelöst**. Dies folgt für die OHG und die KG aus §§ 131 Nr. 3 und 161 Abs. 2 HGB, für die GmbH aus § 60 Abs. 1 Nr. 4 GmbHG.[86] Die Vor-GmbH wird ebenfalls aufgelöst.[87] Für die AG ist die Auflösung in § 262 Abs. 1 Nr. 3 AktG vorgesehen, für die KGaA ergibt sie sich aus §§ 131 Nr. 3 und 161 Nr. 2 HGB, § 289 Abs. 1

---

80 Kilger/*K.Schmidt* § 10 KO Anm. 1 b, *Kuhn/Uhlenbruck* Vorbem. §§ 10 – 12 KO Rn. 9; Baumbach/Lauterbach/Albers/*Hartmann* § 240 ZPO Rn. 8; aA zB noch Kilger/*K.Schmidt*, 15. Aufl. § 10 KO Anm. 1 b.

81 *Kuhn/Uhlenbruck*, Vorbem. §§ 10 – 12 KO Rn. 6, 5 und 11.

82 Vgl. Kilger/*K.Schmidt* § 10 KO Anm. 1 c; vgl. auch Baumbach/Lauterbach/Albers/*Hartmann* § 240 ZPO Rn. 12.

83 *Kuhn/Uhlenbruck* Vorbem. §§ 10 – 12 KO Rn. 12; *Stein/Jonas/Schumann* § 240 ZPO Rn. 8.

84 Vgl. § 108 KO, der im Anwendungsbereich der Gesamtvollstreckungsordnung entsprechend anzuwenden ist; vgl. *Haarmeyer/Wutzke/Förster* § 5 GesO Rn. 11; *Hess/Binz/Wienberg* § 5 GesO Rn. 3; aA Smid/*Zeuner* § 5 GesO Rn. 14 ff.

85 Baumbach/Lauterbach/Albers/*Hartmann* § 240 ZPO Rn. 1.

86 Vgl. § 3 Fn. 17.

87 Rowedder/*Rittner* § 11 GmbHG Rn. 64.

AktG. In den vorgenannten Bestimmungen wird zwar nur auf die „Eröffnung eines Konkursverfahrens" abgestellt, dies gilt nach § 1 Abs. 4 Satz 2 GesO aber auch hinsichtlich der Eröffnung eines Gesamtvollstreckungsverfahrens (vgl. § 3 Rn. 9 f.).

Bei einer **GmbH & Co. KG** folgt aus der Auflösung der KG nicht notwendig die Auflösung der GmbH. Allerdings kann die Satzung der GmbH einen derartigen Auflösungsgrund vorsehen. **71**

Rechtsfähige Vereine verlieren mit der Eröffnung des Gesamtvollstreckungsverfahrens gemäß § 42 BGB ihre Rechtsfähigkeit, die Gesamtvollstreckung stellt aber keinen Auflösungsgrund dar.[88] Gemäß § 728 BGB wird die Gesellschaft bürgerlichen Rechts durch die Eröffnung eines Gesamtvollstreckungsverfahrens über das Vermögen **eines Gesellschafters** aufgelöst. Für den Fall, daß ein Gesamtvollstreckungsverfahren **über das Vermögen einer Gesellschaft bürgerlichen Rechts selbst** eröffnet wird (vgl. zu dieser Möglichkeit § 4 Rn. 11 f.), wird in der Literatur vertreten, daß die Gesellschaft vorbehaltlich ausdrücklicher Bestimmungen im Gesellschaftsvertrag über die Auflösung der Gesellschaft wie ein Verein zu behandeln ist.[89] **72**

bb) Gesamtvollstreckung über das Vermögen eines Gesellschafters

Wird über das Vermögen eines Gesellschafters die Gesamtvollstreckung eröffnet, werden die **OHG** nach § 131 Nr. 5 HGB, die **KG** nach §§ 131 Nr. 5 iVm. 161 Abs. 2 HGB und die **Gesellschaft bürgerlichen Rechts** nach § 728 BGB aufgelöst, sofern nicht der Gesellschaftsvertrag die Fortsetzung unter den verbleibenden Gesellschaftern vorsieht. Für die KG gilt dies sowohl hinsichtlich des persönlich haftenden Komplementärs als auch bezüglich des Kommanditisten.[90] **73**

Demgegenüber berührt das Gesamtvollstreckungsverfahren über das Vermögen eines Gesellschafters oder Aktionärs den Fortbestand einer **GmbH** bzw. **AG** grundsätzlich nicht. Für die **KGaA** ist zu unterscheiden: Bei Gesamtvollstreckung über das Vermögen des persönlich haftenden Gesellschafters wird die Gesellschaft nach §§ 131 Nr. 5 iVm. 161 Abs. 2 HGB, § 289 Abs.1 AktG aufgelöst. Hingegen ist die Insolvenz eines Kommanditaktionärs für den Bestand der Gesellschaft ohne Bedeutung, wie dies in § 289 Abs. 3 AktG ausdrücklich bestimmt wird. **74**

In der **GmbH & Co. KG** wird die KG mit Eröffnung der Gesamtvollstreckung über das Vermögen eines Kommanditisten nach §§ 131 Nr. 5 iVm. 161 Abs. 2 HGB aufgelöst, sofern nicht der Gesellschaftsvertrag die Fortsetzung unter den übrigen Gesellschaftern vorsieht.[91] Die Gesellschaft wird ebenfalls aufgelöst, **75**

---

88 Palandt/*Heinrichs* § 42 BGB Rn. 1.
89 So Smid/*Zeuner* § 5 GesO Rn. 7.
90 Smid/Zeuner § 5 GesO Rn. 7
91 *Uhlenbruck*, GmbH & Co.KG S. 602.

wenn über das Vermögen der Komplementär-GmbH die Gesamtvollstreckung eröffnet wird.[92]

4. Kenntnisnahme vom Eröffnungsbeschluß

76 Die Möglichkeit der Gläubiger, von dem Eröffnungsbeschluß Kenntnis zu nehmen, wird durch die Regelungen über seine Bekanntmachung (§ 6 GesO) geschaffen. Die Vorschrift bestimmt in ihren Absätzen 1 bis 3 im einzelnen neben der Form der öffentlichen Bekanntmachung und Zustellung (§ 6 Abs. 1 GesO) in § 6 Abs. 2 und 3 die Pflicht, bestimmten Personen bzw. Institutionen den Eröffnungsbschluß zu übersenden. Diese Pflicht wird in der Praxis nicht immer beachtet.

77 Aus den jeweils gewählten Formulierungen („ist ... bekanntzumachen"; „ist zu übersenden"; „hat ... zu übersenden") folgt der zwingende Charakter der Bestimmung. Sie sollen dem Anspruch der Betroffenen auf rechtliches Gehör (Art. 103 Abs. 1 GG) Rechnung tragen.[93]

a) Öffentliche Bekanntmachung (§ 6 Abs. 1 Satz 1 GesO)

78 Das Gesamtvollstreckungsgericht ist verpflichtet, den Eröffnungsbeschluß in einer Tageszeitung und auszugsweise im Bundesanzeiger **öffentlich bekannt zu machen** (§ 6 Abs. 1 Satz 1 GesO).[94]

aa) Publikationsorgan der öffentlichen Bekanntmachung

79 Der Eröffnungsbeschluß ist zwingend im **Bundesanzeiger** auszugsweise zu veröffentlichen (vgl. Muster 6). Für die Veröffentlichung in einer **Tageszeitung** kann das Gesamtvollstreckungsgericht gegebenenfalls unter mehreren wählen.

80 Bei der Auswahl der Tageszeitung, in der der Eröffnungsbeschluß veröffentlicht werden soll, hat das Gericht allerdings dem Zweck des § 6 Abs. 1 Satz 1 GesO Rechnung zu tragen, dem von der Gesamtvollstreckung betroffenen Personenkreis Kenntnis von der Eröffnung des Verfahrens zu verschaffen[95]. Daher ist eine Tageszeitung auszuwählen, die am Sitz des Schuldners verbreitet ist. Dies kann eine lokale, regionale oder überregionale Tageszeitung sein. Die Tageszeitung muß jedoch von überregionaler Verbreitung sein, wenn auch der Schuldner überregional tätig ist.[96] Darüber hinaus werden die Eröffnungsbeschlüsse häufig im Amtsblatt des jeweiligen Bundeslandes veröffentlicht. Dies

---

92 Zu den Einzelheiten vgl. *Uhlenbruck*, GmbH & Co. KG, S. 480 ff.

93 Smid/*Zeuner* § 6 GesO Rn. 1.

94 LG Halle, Beschluß vom 09.12.1994 (Az. 2 T 203/94), rechtskräftig gemäß Beschluß des OLG Naumburg vom 10.07.1995 (Az. 5 W 25/95), das die weitere sofortige Beschwerde als unzulässig verworfen hat. Siehe ferner *Haarmeyer/Wutzke/Förster* § 6 GesO Rn. 7; Smid/*Zeuner* § 6 GesO Rn. 5 f.

95 *Haarmeyer/Wutzke/Förster* § 6 GesO Rn. 3.

96 Smid/*Zeuner* § 6 GesO Rn. 5.

ersetzt jedoch nicht die zwingend erforderliche Einrückung im Bundesanzeiger.[97]

Der Gläubiger darf sich nicht darauf verlassen, daß Eröffnungsbeschlüsse **81** immer in einer bestimmten Tageszeitung veröffentlicht werden. Im Hinblick auf die Praxis einiger Gesamtvollstreckungsgerichte kann er deshalb nur dann sicher sein, nicht durch Unkenntnis von Verfahrenseröffnungen Rechtsnachteile zu erleiden, wenn er den Bundesanzeiger regelmäßig auf neu eröffnete Verfahren durchsieht. Dies empfiehlt sich insbesondere wegen der nachfolgend zu erläuternden Zustellungsfiktion der öffentlichen Bekanntmachung. Die Beachtung der Veröffentlichung hat darüber hinaus für die Kenntnisnahme von der Forderungsanmeldungsfrist (vgl. § 5 Satz 2 Nr. 3 GesO) Bedeutung. Wird diese Frist versäumt und eine Forderung erst nach ihrem Ablauf angemeldet, besteht das Risiko, von der weiteren Teilnahme am Gesamtvollstreckungsverfahren wegen verschuldet verspäteter Anmeldung ausgeschlossen zu werden (vgl. § 7 Rn. 31 ff.). Einige Gesamtvollstreckungsgerichte[98] vertreten in diesem Zusammenhang die Auffassung, daß zumindest Großgläubiger zur regelmäßigen Lektüre des Bundesanzeigers verpflichtet seien.

bb) Wirkung der öffentlichen Bekanntmachung

Die öffentliche Bekanntmachung ersetzt die gerichtliche Zustellung des Eröff- **82** nungsbeschlusses an die Personen, die von der Verfahrenseröffnung in ihren Rechten betroffen sein können. Deshalb muß die Zustellung zu einem genau bestimmbaren **Zeitpunkt** als bewirkt angesehen werden können. Dies ist insbesondere für den Lauf der Rechtsmittelfrist (vgl. unten Rn. 90) bedeutsam. Die Gesamtvollstreckungsordnung selbst enthält zur Bestimmung des Zustellungszeitpunktes keine Regelung. Demgegenüber sehen sowohl die Konkursordnung (§ 76 Abs. 1 und 3 KO) als auch die Zivilprozeßordnung (§ 206 Abs. 1 ZPO)[99] eine **Zustellungsfiktion** vor.

Die Anwendung des § 76 KO könnte mit der Vereinheitlichung der Konkurs- **83** und der Gesamtvollstreckungsordnung begründet werden.2[100] Dagegen spricht jedoch, daß es sich bei der Frage der Zustellungsfiktion der öffentlichen

97 In diesem Sinne ausdrücklich die Erläuterungen zu Kapitel III der Anlage II des Einigungsvertrages, zu Sachgebiet A Abschnitt II Nr. 1 (BR-Drucks. 605/90, BT-Drucks. 11/7817), abgedruckt im Anhang III 3. (unter Hinweis auf die entsprechenden Bestimmungen in §§ 76 Abs. 1 Satz 1, 111 Abs. 2 KO).

98 So zB das Amtsgericht Stendal; auch das LG Dresden nimmt besonders für juristische Personen und Sozialversicherungsträger eine erhöhte Informationspflicht an, vgl. etwa LG Dresden, Entscheidung vom 02.03.1995 (Az. 2 T 0803/94) unter Hinweis auf LG Dresden ZIP 1994, 961 ff. und ZIP 1994, 1200 ff.

99 Vgl. Anhang II.4.

100 So *Haarmeyer/Wutzke/Förster* § 6 GesO Rn. 6; Kilger/*K.Schmidt* § 6 GesO Anm. 2 a); Smid/ *Zeuner* § 6 GesO Rn. 9, wonach die Zustellung nach § 76 Abs. 1 KO „mit Ablauf des zweiten Tages nach der Ausgabe des die Einrückung oder die erste Einrückung enthaltenen Blattes“ als bewirkt gelten soll.

Bekanntmachung um eine verfahrensrechtliche Frage handelt. Hierfür verweist § 1 Abs. 3 GesO auf die Vorschriften der ZPO. Diese enthalten für den Fall einer öffentlichen Bekanntmachung eine Zustellungsfiktion (§§ 203 f. ZPO, insbesondere § 206 ZPO, vgl. auch früher § 41 Abs. 3 ZPO der DDR).[101] Für eine analoge Anwendung der Vorschriften der Konkursordnung ist unter diesen Umständen kein Raum. Im übrigen bedeutet eine Zustellungsfiktion die Gefährdung des Anspruchs auf rechtliches Gehör, so daß eine analoge Anwendung von Vorschriften, die Zustellungsfiktionen enthalten, unterbleiben muß.[102]

84 Gemäß § 206 Abs. 1 ZPO iVm. § 1 Abs. 3 GesO gilt somit der Eröffnungsbeschluß als an dem Tage zugestellt, an dem seit der letzten Einrückung in die öffentlichen Blätter **ein Monat** verstrichen ist.[103] Durch die Monatsfrist, die deutlich länger als die in § 76 KO vorgesehene Frist von zwei Tagen ist, wird das Gesamtvollstreckungsverfahren nicht verzögert oder erschwert.[104] Angesichts der Dauer eines Gesamtvollstreckungsverfahrens gibt es keinen hinreichenden Grund, die Frist zur Anmeldung von Forderungen so zu bemessen, daß sie vor dem Eintritt der Zustellungsfiktion des § 206 Abs. 1 ZPO abläuft. Die Gerichte bestimmen zur Anmeldung von Forderungen regelmäßig eine Frist von mindestens sechs bis zehn Wochen. Im Hinblick auf die vom Bundesverfassungsgericht gebilligte Ausschlußwirkung von § 14 Abs. 1 GesO (vgl. § 7 Rn. 43 ff.) sollten die Forderungsanmeldungsfristen großzügig bemessen werden. Schließlich gilt das Verfahren schon als im Zeitpunkt des Erlasses eröffnet, so daß unabhängig von dem Eintritt der Zustellungsfiktion die Wirkungen der Eröffnung bereits vorher eingetreten sind (vgl. oben Rn. 20 ff.).

b) Zustellung (§ 6 Abs. 1 Satz 2 GesO)

85 Das **Gesamtvollstreckungsgericht** muß den Eröffnungsbeschluß dem **Schuldner** und dem vom Gericht bestellten **Verwalter zustellen** (§ 6 Abs. 1 Satz 2 GesO).

aa) Zustellungsadressaten

86 Der Wortlaut des § 6 Abs. 1 Satz 2 GesO ist nicht abschließend. Über den Wortlaut hinaus gebietet der Grundsatz des rechtlichen Gehörs (Art. 103 Abs. 1 GG), den Eröffnungsbeschluß denjenigen Personen zuzustellen, die von

---

101 § 41 Abs. 3 ZPO der DDR lautet wörtlich: „Die Bekanntmachung gilt als bewirkt, wenn bei der letzten Veröffentlichung 6 Wochen vergangen sind."

102 Ebenso *Smid* § 6 GesO (1. Auflage) Rn. 7 GesO; *ders.*, Gesamtvollstreckung S. 66 f.

103 Ebenso LG Halle ZIP 1995, S. 485, 489, hinsichtlich eines öffentlich bekanntzumachenden Vergütungsbeschlusses; LG Halle ZIP 1995, 1757, 1758; aA Smid/*Zeuner* § 6 GesO Rn. 7 ff. (wie hier noch in der 1. Auflage); *Haarmeyer/Wutzke/Förster* § 6 GesO Rn. 6; *Hess/Binz/Wienberg* § 6 GesO Rn. 1, jedoch ohne Begründung.

104 So aber *Haarmeyer/Wutzke/Förster* § 6 GesO Rn. 5.

dem Beschluß beschwert sein können und dem Gericht bekannt sind.[105] Zu diesem Personenkreis gehört insbesondere der Gläubiger, der einen Antrag auf Eröffnung des Gesamtvollstreckungsverfahrens gestellt hat. Wird das Verfahren auf Antrag eines Gläubigers eröffnet, könnte der Gläubiger zB beschwert sein, wenn die in § 5 GesO vorgesehenen Anordnungen, etwa im Hinblick auf die Sicherung des Schuldnervermögens, nicht getroffen worden sind. Dem antragstellenden Gläubiger ist der Beschluß erst recht dann zuzustellen, wenn sein Antrag ganz oder teilweise abgelehnt wird (§ 4 Abs. 3 GesO).[106] In diesem Fall folgt seine Beschwer schon aus der Ablehnung des Antrags.

Im Falle der Eröffnung des Gesamtvollstreckungsverfahrens ist der Beschluß **87** den in § 6 Abs. 2 GesO genannten Personen zu übersenden, so zB dem Zustellpostamt, Kreditinstituten und registerführenden Behörden. Im Falle der Ablehnung der Verfahrenseröffnung sollte der Beschluß jedenfalls den Kreditinstituten zugestellt werden, die im Rahmen der Entscheidung über die Eröffnung des Verfahrens gemäß § 4 Abs. 1 GesO angehört worden sind.

Darüber hinausgehende Pflichten zur Zustellung des Eröffnungsbeschlusses **88** bestehen nicht. Insbesondere ist das Gericht nicht verpflichtet, den Beschluß jedem Gläubiger zuzustellen, der etwa in dem vom Schuldner zu erstellenden Gläubigerverzeichnis aufgelistet ist. Dagegen spricht vor allem, daß gemäß § 6 Abs. 3 GesO eine Verpflichtung zur formlosen Übersendung des Eröffnungsbeschlusses bereits dem **Verwalter** auferlegt ist (vgl. unten Rn. 92 f.).

bb) Form der Zustellung

Die Gesamtvollstreckungsordnung regelt nicht, in welcher Form die Zustellung **89** zu erfolgen hat. Hierbei handelt es sich um eine verfahrensrechtliche Frage. Deshalb sind die Vorschriften der §§ 166 ff. ZPO über die Zustellung entsprechend anzuwenden (§ 1 Abs. 3 GesO).[107] Die ZPO sieht verschiedene Formen der Zustellung vor. In der Praxis erfolgt die Zustellung jedoch regelmäßig durch Aufgabe bei der Post mit Zustellurkunde gemäß §§ 175, 190 ff. ZPO.

c) Versäumung der öffentlichen Bekanntmachung oder der Zustellung

Versäumt das Gericht die öffentliche Bekanntmachung oder die Zustellung des **90** Eröffnungsbeschlusses, so hat dies nicht die Unwirksamkeit des Beschlusses zur Folge, da dieser bereits mit der Unterzeichnung durch den Richter und der Abgabe in den Geschäftsgang wirksam wird (vgl. oben Rn. 20). Die Nichtveröffentlichung und die Versäumung der Zustellung führt nur zu einer Verlänge-

---

105 So auch Smid/*Zeuner* § 6 GesO Rn. 15; *Haarmeyer/Wutzke/Förster* § 6 GesO Rn. 12 mwN.

106 Im Ergebnis so auch *Haarmeyer/Wutzke/Förster* § 6 GesO Rn. 12; Smid § 6 GesO Rn. 12.

107 So im Ergebnis auch Smid/*Zeuner* § 6 GesO Rn. 13; vgl. auch *Haarmeyer/Wutzke/Förster* § 6 GesO Rn. 12.

rung der Frist zur Einlegung von Rechtsmitteln gegen den Eröffnungsbeschluß (siehe unten Rn. 125).

d) Übersendung durch das Gericht (§ 6 Abs. 2 GesO)

91 Gemäß § 6 Abs. 2 GesO ist der Eröffnungsbeschluß, wiederum durch das **Gesamtvollstreckungsgericht**, verschiedenen Institutionen zu übersenden. Dies sind

— die für den Schuldner zuständige Industrie-und Handelskammer bzw. Handwerkskammer,
— das Zustellpostamt,
— die registerführenden Behörden; diese sind zugleich aufzufordern, die Eröffnung des Gesamtvollstreckungsverfahrens in das Register einzutragen (§ 6 Abs. 2 GesO) und
— die Kreditinstitute des Schuldners; diese sind, soweit sie Forderungen gegenüber dem Schuldner haben, in der Regel dem **Gläubigerverzeichnis** zu entnehmen, das der Schuldner nach § 3 Abs. 1 Nr. 2 GesO vor Erlaß des Eröffnungsbeschlusses abzugeben hat.

Die Benachrichtigung kann durch formlose Übersendung des Eröffnungsbeschlusses erfolgen.[108]

e) Übersendung durch den Verwalter (§ 6 Abs. 3 GesO)

92 Schließlich sieht § 6 Abs. 3 GesO vor, daß der **Verwalter** den Eröffnungsbeschluß an die **Gläubiger zu übersenden** hat, von denen bis zum Ablauf der Anmeldefrist bekannt wird, daß ihnen Forderungen oder Rechte gegen den Schuldner zustehen. Der Kreis der bekannten Gläubiger ergibt sich in erster Linie aus dem Gläubigerverzeichnis, das der Schuldner dem Gericht gemäß § 3 GesO vorzulegen hat, oder aber aus eingehenden Forderungsanmeldungen. Eine weitergehende Nachforschungspflicht des Verwalters besteht nicht.

93 Die Übersendung ist an keine bestimmte Form gebunden. Dies ergibt sich aus dem Wortlaut von § 6 Abs. 3 GesO und begegnet keinen Bedenken. Im Hinblick auf die Einlegung von Rechtsmitteln gilt die Zustellung an die Gläubiger ohnehin aufgrund der öffentlichen Bekanntmachung gemäß § 6 Abs. 1 Satz 1 GesO als bewirkt (vgl. unten Rn. 127).

5. Offensichtliche Unrichtigkeiten des Eröffnungsbeschlusses: Berichtigung gemäß § 319 ZPO analog

94 Offensichtliche Unrichtigkeiten des Eröffnungsbeschlusses, wie etwa die unrichtige Bezeichnung des Schuldners oder anderer Umstände, können und sollten im Hinblick auf die **Klarstellung der Person des Schuldners** sowie die

---

108 Smid/*Zeuner* § 6 GesO Rn. 17.

spätere erforderliche **Ordnungsmäßigkeit eines vollstreckbaren Titels** berichtigt werden. Um die Berichtigung beim Gesamtvollstreckungsgericht zu erreichen, muß ein Berichtigungsantrag gestellt werden. Möglich ist es aber auch, gegen den Beschluß mit einem Rechtsmittel vorzugehen. Im einzelnen:

a) Anspruchsgrundlage

Die Berichtigung kann in entsprechender Anwendung des § 319 ZPO iVm. § 1 Abs. 3 GesO beantragt werden, da es sich bei ihr um eine das Verfahren betreffende Frage handelt. Die Vorschrift des § 319 ZPO, die unmittelbar nur von der Berichtigung von Urteilen spricht,[109] gilt auch für gerichtliche Beschlüsse[110] und damit auch für einen Eröffnungsbeschluß.[111] **95**

b) Begriff der offensichtlichen Unrichtigkeit

Von einer offensichtlichen Unrichtigkeit kann grundsätzlich nur dann gesprochen werden, wenn der Fehler aus dem Zusammenhang des Beschlusses oder den übrigen Umständen für – regelmäßig rechtsunkundige -Außenstehende ohne weiteres erkennbar ist. Außerhalb des Beschlusses liegende offenbare Umstände oder Daten, die sich aus öffentlichen Registern oder Tabellen ergeben, können bei der Feststellung der offensichtlichen Unrichtigkeit herangezogen werden.[112] In Betracht kommt hier vor allem eine unzutreffende Bezeichnung des Schuldners (vgl. hierzu Muster 9, 10). **96**

c) Verfahren

Das Verfahren auf Berichtigung kann jederzeit **auf Antrag** oder **von Amts wegen** (vgl. § 319 Abs. 3 ZPO) eingeleitet werden[113]. Jeder Antrag auf Berichtigung löst die Amtsprüfungspflicht aus.[114] Grundsätzlich geht § 319 ZPO davon aus, daß die Parteien als an dem Rechtsstreit Beteiligte einen Berichtigungsantrag stellen. Im Falle des Eröffnungsbeschlusses sind die Gläubiger als Verfahrensbeteiligte anzusehen, da sie in ihren Rechten von dem Eröffnungsbeschluß betroffen sein können. Deshalb ist -neben dem Verwalter **97**

---

109 Abgedruckt im Anhang II.4.

110 Zöller/*Vollkommer* § 319 ZPO Rn. 3; Baumbach/Lauterbach/Albers/*Hartmann* § 319 ZPO Rn. 2; sofern man das Gesamtvollstreckungsverfahren der freiwilligen Gerichtsbarkeit zuordnen will, gilt der in § 319 ZPO niedergelegte Grundsatz im Rahmen der freiwilligen Gerichtsbarkeit als allgemeiner Rechtsgrundsatz, vgl. BGHZ 106, 272 mwN = BGH NJW 89, 1281.

111 AG Rostock, Abt. Gesamtvollstreckung, Beschluß vom 15.02.1994 (N 10/90, unveröffentlicht); konkludent so auch AG Magdeburg, Abt. Gesamtvollstreckung, Beschluß vom 25.10.1993 (N 18/90, unveröffentlicht).

112 Zöller/*Vollkommer* § 319 ZPO Rn. 9 mwN zur Rspr. und zu Fallgruppen.

113 Baumbach/Lauterbach/Albers/*Hartmann* § 319 ZPO Rn. 26.

114 Zöller/*Vollkommer* § 319 ZPO Rn. 21; MünchKomm/*Musielak* § 319 ZPO Rn. 11 f.

und dem Schuldner – auch ihnen das Recht einzuräumen, einen Berichtigungsantrag zu stellen.[115]

98 Über den Antrag entscheidet das Gericht, das die zu berichtigende Entscheidung erlassen hat, somit das **Gesamtvollstreckungsgericht**. Die Entscheidung ergeht gemäß § 319 Abs. 2 ZPO durch Beschluß. Die mündliche Verhandlung ist freigestellt, § 319 Abs. 2 Satz 1 ZPO. In der Regel sind die Parteien jedoch anzuhören.[116] Dieses Recht haben im Gesamtvollstreckungsverfahren jedenfalls der Verwalter und der Schuldner, da sie von der Berichtigung unmittelbar betroffen sind.

99 Der die Berichtigung aussprechende Beschluß ist, ebenso wie der Eröffnungsbeschluß, **bekanntzumachen**. Den Beteiligten ist er zuzustellen. Die Entscheidung ist gerichtsgebührenfrei zu treffen.[117]

d) Frist

100 Gemäß § 319 Abs. 1 ZPO sind offenbare Unrichtigkeiten **jederzeit** zu berichtigen. Demzufolge ist die Berichtigung an keine Frist gebunden. Sie kann auch noch nach Einlegung eines Rechtsmittels oder nach Eintritt der Rechtskraft des Eröffnungsbeschlusses beantragt und vorgenommen werden.[118]

e) Wirkung

101 Die Berichtigung des Eröffnungsbeschlusses wirkt auf den Zeitpunkt seines Erlasses zurück. Die berichtigte Fassung tritt dann an die Stelle des ursprünglichen Beschlusses. Eine neue Rechtsmittelfrist wird dadurch grundsätzlich nicht in Gang gesetzt. Eine Ausnahme gilt, wenn erst aus der berichtigten Fassung hervorgeht, wogegen das Rechtsmittel zu richten oder welche Partei beschwert ist. In diesen Fällen beginnt mit der Zustellung des Berichtigungsbeschlusses eine neue Rechtsmittelfrist.[119]

f) Rechtsmittel gegen die Berichtigung oder deren Ablehnung

102 Gegen die Ablehnung eines Antrags auf Berichtigung gibt es kein Rechtsmittel (§ 319 Abs. 3, 1. Halbsatz ZPO). Jedoch kann der Beschluß ausnahmsweise mit der einfachen Beschwerde angefochten werden, wenn der Berichtigungs-

---

115 So auch AG Magdeburg, Abt. Gesamtvollstreckung, Beschluß vom 25.10.1993 (N 18/90), unveröffentlicht); konkludent auch AG Rostock, Abt. Gesamtvollstrekkung, Beschluß vom 15.02.1994 (N 10/90, unveröffentlicht).

116 MünchKomm/*Musielak* § 319 ZPO Rn. 23; Zöller/*Vollkommer* § 319 ZPO Rn. 23.

117 AG Magdeburg, Abt. Gesamtvollstreckung, Beschluß vom 25.10.1s993 (N 18/90, unveröffentlicht).

118 Zöller/*Vollkommer* § 319 ZPO Rn. 21; so konkludent zB auch die in der vorigen Fußnote zitierte Entscheidung des AG Magdeburg.

119 Vgl. im einzelnen MünchKomm/*Musielak* § 319 ZPO Rn. 16; Zöller/*Vollkommer* § 319 ZPO Rn. 25.

antrag ohne sachliche Prüfung oder durch ein unzuständiges Gericht abgelehnt worden ist.[120]

Der Beschluß, der die Berichtigung ausspricht, ist mit der sofortigen Beschwerde angreifbar (§ 319 Abs. 3, 2. Halbsatz ZPO). Hierfür gelten die allgemeinen Vorschriften (vgl. hierzu §§ 567 ff., 577 ZPO und unten Rn. 117 ff.). **103**

g) Rechtsmittel statt Berichtigungsantrag

Insbesondere im Hinblick auf den Lauf der Rechtsmittelfrist, die durch den Berichtigungsantrag regelmäßig nicht unterbrochen wird,[121] kann es geboten sein, statt eines Berichtigungsantrages gegen den Eröffnungsbeschluß **sofortige Beschwerde** einzulegen und darin – auch oder nur – die Berichtigung zu beantragen. Dies erscheint dann sinnvoll, wenn es im Einzelfall schwierig zu beurteilen ist, ob die Voraussetzungen des § 319 ZPO vorliegen, da im Wege des Berichtigungsantrages nur offensichtliche Unrichtigkeiten berichtigt werden können. **104**

Die Partei kann wählen, ob sie einen Berichtigungsantrag stellt oder ein Rechtsmittel einlegt.[122] Jedoch trägt die die Beschwerde einlegende Partei das Risiko, daß ihre Beschwer wegen der nachfolgend von Amts wegen vorgenommenen Berichtigung rückwirkend entfällt und das Rechtsmittel deshalb kostenpflichtig verworfen wird.[123] Teilweise wird deshalb die Ansicht vertreten, daß in diesem Fall das Rechtsmittel für erledigt erklärt werden kann.[124] **105**

III. Ablehnung der Eröffnung

Die Eröffnung eines Gesamtvollstreckungsverfahrens kann aus formellen oder materiellen Gründen abgelehnt werden. Über die Ablehnung der Verfahrenseröffnung entscheidet das Gesamtvollstreckungsgericht durch Beschluß. **106**

1. Ablehnungsgründe

Bei Mängeln des Antrags und bei Vorliegen einer der in § 4 Abs. 2 GesO genannten Voraussetzungen hat das Gericht die Eröffnung der Gesamtvollstreckung abzulehnen. Darüber hinaus muß das Gericht auch ohne ausdrückliche gesetzliche Regelung die Eröffnung ablehnen, wenn die Gesamtvollstreckungsgründe gemäß § 1 Abs. 1 GesO – Zahlungsunfähigkeit und/oder Überschuldung (vgl. § 4 Rn. 19 ff.) – nicht vorliegen. **107**

---

120 MünchKomm/*Musielak* § 319 ZPO Rn. 20 mwN zur Rspr.; Zöller/*Vollkommer* § 319 ZPO Rn. 27.
121 Zöller/*Vollkommer* § 319 ZPO Rn. 21.
122 So die hM, BGH MDR 1978, 307, 308; MünchKomm/*Musielak* § 319 ZPO Rn. 17 mwN; aA Zöller/*Vollkommer* § 319 ZPO Rn. 2.
123 MünchKomm/*Musielak* § 319 ZPO Rn. 18.
124 So Stein/Jonas/*Leipold* § 319 ZPO Rn. 13.

a) Mängel des Antrages

108 Das Gericht hat die Eröffnung abzulehnen, wenn bereits die formellen oder materiellen Voraussetzungen der Zulässigkeit des Antrages nicht erfüllt sind. Hierzu zählt u.a. die fehlende Antragsberechtigung des Antragstellers (vgl. § 4 Rn. 52 ff.) oder der Umstand, daß der im Antrag bezeichnete Schuldner nicht gesamtvollstreckungsfähig ist (vgl. zur Gesamtvollstreckungsfähigkeit § 4 Rn. 2 ff.).

109 Will das Gericht die Eröffnung wegen derartiger Mängel des Antrages ablehnen, so hat es dem Antragsteller zuvor rechtliches Gehör zu gewähren und ihm die Möglichkeit einzuräumen, die Mängel des Antrages zu beseitigen.[125]

b) Ablehnungsgründe gemäß § 4 Abs. 2 GesO

110 Weitere Gründe für die Ablehnung sind in § 4 Abs. 2 GesO geregelt. Auch diese Gründe haben **zwingenden Charakter** („... ist abzulehnen, ...).[126] Liegen die Voraussetzungen für die Ablehnung gemäß § 4 Abs. 2 GesO vor, hat das Gericht kein Ermessen und muß die Eröffnung ablehnen.

aa) Masseunzulänglichkeit

111 Häufigster Ablehnungsgrund ist die Masseunzulänglichkeit.[127] Gemäß § 4 Abs. 2, 1. Alt. GesO ist die Eröffnung abzulehnen, wenn das Vermögen des Schuldners so gering ist, daß die **Kosten des Verfahrens nicht gedeckt werden können.**

112 Allerdings sieht § 107 Abs. 1 Satz 2 KO für diesen Fall vor, daß das Verfahren gleichwohl zu eröffnen ist, wenn zur Deckung der Verfahrenskosten ein ausreichender **Kostenvorschuß** geleistet wird. Eine vergleichbare Regelung trifft die Gesamtvollstreckungsordnung nicht. Es muß aber auch im Anwendungsbereich der Gesamtvollstreckungsordnung einem Gläubiger die Möglichkeit gegeben werden, ein vermeintlich massearmes Verfahren auf seine Kosten eröffnen zu lassen (zur Berechnung der Verfahrenskosten vgl. § 24 und § 25).[128] Gewährt man dem antragstellenden Gläubiger die Möglichkeit, die Ablehnung der Eröffnung durch Zahlung eines Vorschusses abzuwenden[129] und leistet er dann diesen Vorschuß nicht, so besteht die Verpflichtung des Gerichtes zur Abweisung des Antrages ohnehin. Andernfalls verschließt man dem Antragsteller ebenso wie den weiteren Gläubigern den Weg der Gesamtvollstrek-

---

125 So auch *Hess/Binz/Wienberg* § 4 GesO Rn. 14; Smid/*Zeuner* § 4 GesO Rn. 13.

126 Smid/*Zeuner* § 4 GesO Rn. 26.

127 Vgl. AG Report 1995, R 219: 1994 wurden 63,2 % der Gesamtvollstreckungsverfahren mangels Masse abgelehnt.

128 Vgl. *Haarmeyer/Wutzke/Förster* § 4 GesO Rn. 25; *Hess/Binz/Wienberg* § 4 GesO Rn. 22 ff.; Smid/*Zeuner* § 4 GesO Rn. 20; Kilger/*K.Schmidt* GesO § 4 GesO Anm. 3 a).

129 Vgl. Anhang I Muster 3.

kung und damit zugleich der gleichmäßigen Befriedigung aller Gläubiger. Ist der Antragsteller oder ein anderer Gläubiger bereit, den erforderlichen Kostenvorschuß zu entrichten und das Risiko des Verlustes zu übernehmen, dürfte es schon der verfassungsrechtliche Eigentumsschutz des Art. 14 GG – der auch die Forderung eines Gläubigers umfaßt[130] – gebieten, die Eröffnung des Verfahrens zuzulassen.[131] Dies entspricht auch der überwiegenden Praxis der Gesamtvollstreckungsgerichte.

bb) Beseitigung des Gesamtvollstreckungsgrundes

Das Gericht hat die Eröffnung ferner dann abzulehnen, wenn die Gewähr besteht, daß der Gesamtvollstreckungsgrund (Zahlungsunfähigkeit oder Überschuldung) beseitigt wird (§ 4 Abs. 2, 2. Alt. GesO). Nach dem Wortlaut der Formulierung von § 4 Abs. 2, 2. Alt. GesO besteht die Pflicht zur Ablehnung der Eröffnung allerdings nur, wenn der Gesamtvollstreckungsgrund der **Zahlungsunfähigkeit** behoben wird. Entsprechend sollte auch bei Beseitigung der **Überschuldung** die Ablehnung der Verfahrenseröffnung möglich sein.[132] **113**

Hinsichtlich der für die Beseitigung der Zahlungsunfähigkeit Gewähr bietenden Stellen nimmt § 4 Abs. 2, 2. Alt. GesO auf § 4 Abs. 1 GesO Bezug. Dort werden die zuständige Wirtschafts- und Finanzbehörde sowie die Banken, mit denen der Schuldner in Geschäftsbeziehung steht, aufgeführt. Es dürfte jedoch auch möglich und zulässig sein, daß weitere Personen durch die Gewährsübernahme die Eröffnung der Gesamtvollstreckung ebenfalls abwenden können, zB durch die Einräumung von Sicherheiten. Hierfür sprechen vor allem die Bestimmungen des Gesamtvollstreckungs-Unterbrechungsgesetzes, die auch andere Personen als Garantiegeber zulassen. In § 3 Abs. 2 GUG werden insoweit neben den Banken die Treuhandanstalt (nach ihrer Umbenennung nunmehr „Bundesanstalt für vereinigungsbedingte Sonderaufgaben") sowie andere natürliche und juristische Personen genannt.[133] **114**

2. Beschluß über die Ablehnung

Die Entscheidung über die Ablehnung der Eröffnung ergeht ebenfalls durch **Beschluß**. Der zivilprozessuale Grundsatz, daß Beschlüsse, gegen die ein Rechtsmittel gegeben ist, zu begründen sind,[134] muß auch hier gelten. Da der Beschluß mit dem Rechtsmittel der sofortigen Beschwerde angegriffen werden kann (vgl. unten Rn. 117 ff.), sind die Gründe für die Ablehnung der Eröffnung im Beschluß anzugeben (vgl. hierzu Muster 8). **115**

---

130 Vgl. zuletzt BVerfG ZIP 1995, 923, 924.

131 So auch Smid/*Zeuner* § 4 GesO Rn. 20.

132 So auch *Lübchen/Landfermann* ZIP 1990, 829, 833; *Haarmeyer/Wutzke/Förster* § 4 GesO Rn. 30; *Hess/Binz/Wienberg* § 4 GesO Rn. 33; *Smid*/Zeuner § 4 GesO Rn. 18; so wohl auch Kilger/*K.Schmidt* § 4 GesO Anm. 3 b).

133 In diesem Sinne wohl auch *Haarmeyer/Wutzke/Förster* § 4 GesO Rn. 29 ff.

134 Vgl. hierzu Zöller/*Vollkommer* § 329 Rn. 24 mwN.

116 Der Beschluß ist gemäß § 4 Abs. 3 GesO dem Schuldner sowie gegebenenfalls dem antragstellenden Gläubiger **zuzustellen.**[135] Hinsichtlich der Form der Zustellung wird auf die Ausführungen oben zu Rn. 75 ff. verwiesen.

IV. Rechtsmittel

117 Gegen die Entscheidung des Gerichtes, die Eröffnung des Gesamtvollstreckungsverfahrens anzuordnen oder abzulehnen, ist die formfreie **sofortige Beschwerde** zulässig (§ 20 GesO). Ob gegen die Entscheidung des Landgerichts im Beschwerdeverfahren der Rechtsbehelf der **weiteren sofortigen Beschwerde** gegeben ist, ist streitig.

1. Sofortige Beschwerde

118 Nach § 1 Abs. 3 GesO gelten für die sofortige Beschwerde die Bestimmungen der Zivilprozeßordnung und damit die Regelungen der §§ 577 und 567 ff. ZPO.[136] Dabei ist folgendes zu beachten:

a) Einlegung der sofortigen Beschwerde

119 Die sofortige Beschwerde ist bei dem Gericht einzulegen, das die angefochtene Entscheidung erlassen hat (§ 569 Abs. 1 ZPO). In Gesamtvollstreckungsverfahren ist dies nunmehr in allen neuen Bundesländern das **Amtsgericht**, dort die Abteilung Gesamtvollstreckung. Nur in dringenden Fällen kann die sofortige Beschwerde auch bei dem Beschwerdegericht – in Gesamtvollstreckungsverfahren also dem Landgericht – eingelegt werden (§ 569 Abs. 1 ZPO). Die Einlegung bei dem Beschwerdegericht ist zur Fristwahrung auch ausreichend, wenn kein dringender Fall vorliegt (§ 577 Abs. 2 Satz 2 ZPO).

120 Die Beschwerde kann entweder durch Einreichung einer **Beschwerdeschrift** (§ 569 Abs. 2 Satz 1 ZPO) oder mündlich durch Erklärung zu Protokoll der Geschäftsstelle eingelegt werden (§ 569 Abs. 2 Satz 2 ZPO). Die sofortige Beschwerde muß nicht durch einen bei dem örtlichen Gericht zugelassenen Rechtsanwalt erhoben werden, da der **Anwaltszwang** nach § 78 Abs. 3 ZPO nicht für Prozeßhandlungen gilt, die durch Erklärung zu Protokoll der Geschäftsstelle vorgenommen werden können. Die sofortige Beschwerde kann daher vom Betroffenen selbst, mündlich oder schriftlich, oder auch durch einen beim Beschwerdegericht nicht zugelassenen Rechtsanwalt oder sonstigen Bevollmächtigten erhoben werden.

---

135 Vgl. *Haarmeyer/Wutzke/Förster* § 4 GesO Rn. 36; *Smid*/Zeuner § 4 GesO Rn. 33.
136 Vgl. Anhang II.4.

Sofern die Beschwerde schriftlich erhoben und nicht zu Protokoll erklärt wird, muß die Beschwerdeschrift vom Beschwerdeführer oder seinem Bevollmächtigten eigenhändig **unterschrieben** sein.[137] **121**

Bei **schriftlicher** Einlegung ist die Form auch gewahrt, wenn die Beschwerde per **Telegramm,**[138] per **Fernschreiber,**[139] per **Telefax** oder **Telebrief**[140] eingelegt wird. Eine auf diesem Wege eingelegte Beschwerde ist vom Absender unmittelbar an das Gericht zu senden. Durch die Versendung an einen Dritten am Ort des Gerichts, der die Beschwerdeschrift dann bei Gericht einreicht, wird die Schriftform hingegen nicht gewahrt.[141] **122**

Die mittels der genannten elektronischen Übermittlungsarten eingelegte Beschwerde ist auch dann als vollständig eingegangen anzusehen, wenn der Inhalt der Beschwerdeschrift aufgrund eines Mangels der Empfangsanlage unlesbar angekommen ist, sofern sich der Inhalt der Beschwerdeschrift nachträglich feststellen läßt.[142] Da die sofortige Beschwerde keinen bestimmten Antrag und auch keine Begründung enthalten muß,[143] reicht es zur Fristwahrung aus, wenn aus der Beschwerdeschrift erkennbar ist, gegen welche Entscheidung des Gerichts sich der Beschwerdeführer wendet. Gleichwohl empfiehlt es sich stets, dem Gericht die Gründe für die Einlegung des Rechtsmittels der sofortigen Beschwerde darzulegen. Aus diesem Grunde sollte in der Beschwerdeschrift eine umfassende Begründung angekündigt werden, wenn sie noch nicht in ihr enthalten ist. **123**

Häufig bleibt dem Betroffenen aus Zeitnot, beispielsweise am letzten Tag der Beschwerdefrist, nur die Möglichkeit, die Beschwerde mittels der genannten elektronischen Übermittlungswege einzulegen. In derartigen Fällen wird es als ausreichend angesehen, wenn dem Gericht mitgeteilt wird, daß man sich gegen die angefochtene Entscheidung wende und der elektronisch übermittelten Schrift mit einfacher Post eine Begründung werde folgen lassen. Dabei ist es nicht zwingend erforderlich, in der Schrift auch das Wort „Beschwerde" zu verwenden, solange nur aus ihr eindeutig zu entnehmen ist, daß man gegen die zu nennende Entscheidung vorgeht.[144] Das Gericht muß aufgrund der Ver- **124**

---

137 Vgl. hierzu im einzelnen Thomas/*Putzo* § 129 ZPO Rn. 5; Baumbach/Lauterbach/-Albers/*Hartmann* § 129 ZPO Rn. 9; MünchKomm/*Peters* § 129 ZPO Rn. 9.

138 Thomas/*Putzo* § 129 ZPO Rn. 11; Baumbach/Lauterbach/Albers/*Hartmann* § 129 ZPO Rn. 45 mwN; MünchKomm/*Peters* § 129 ZPO Rn. 16, Fn. 28.

139 Vgl. BGHZ 101, 276; BGHZ 97, 283; BVerfG NJW 87, 2067; Baumbach/Lauterbach/Albers/*Hartmann* § 129 ZPO Rn. 21; MünchKomm/*Peters* § 129 ZPO Rn. 16, Fn. 29.

140 Vgl. Thomas/*Putzo* § 129 ZPO Rn. 13; Baumbach/Lauterbach/Albers/*Hartmann* § 129 ZPO Rn. 44, 20, 21; MünchKomm/*Peters* § 129 ZPO Rn. 16 Fn. 30.

141 BGHZ 79, 314.

142 Vgl. BGHZ 105, 40; Baumbach/Lauterbach/Albers/*Hartmann* § 129 ZPO Rn. 22.

143 Allgemeine Meinung, vgl. Thomas/*Putzo* § 569 ZPO Rn. 7; Baumbach/Lauterbach/-Albers/*Hartmann* § 569 ZPO Rn. 6; MünchKomm/*Braun* § 569 ZPO Rn. 3.

144 Vgl. Baumbach/Lauterbach/Albers/*Hartmann* § 869 ZPO Rn. 4.

pflichtung zur Gewährung rechtlichen Gehörs (Art. 104 Abs. 1 GG) die Begründung abwarten, bevor es seine Entscheidung erläßt.[145]

b) Beschwerdefrist

125 Die sofortige Beschwerde ist binnen einer **Notfrist** (§ 223 Abs. 3 ZPO) von **zwei Wochen** einzulegen (§ 577 Abs. 2 Satz 1 ZPO). Der Ablauf der Frist wird also in den Gerichtsferien nicht gehemmt (§ 223 Abs. 2 ZPO).

126 **Die Frist beginnt** mit der **Zustellung** des Beschlusses.[146] Dabei ist zu unterscheiden:

— Der Beschluß über die **Ablehnung** des Antrags auf Eröffnung der Gesamtvollstreckung ist dem Schuldner und dem antragstellenden Gläubiger zuzustellen (§ 4 Abs. 3 GesO; vgl. hierzu oben Rn. 85).
— Der Beschluß über die **Eröffnung** des Gesamtvollstreckungsverfahrens ist dem Schuldner und dem vom Gericht bestellten Verwalter zuzustellen (§ 6 Abs. 1 GesO; vgl. hierzu oben Rn. 85).

127 Im Falle der **öffentlichen öffentlicher Bekanntmachung** des Beschlusses beginnt die Zwei-Wochen-Frist nach der hier vertretenen Ansicht mit Ablauf der Monatsfrist gemäß § 206 Abs. 1 ZPO[147] (vgl. oben Rn. 81), nach der Gegenansicht nach Ablauf der Zwei-Tages-Frist gemäß § 76 KO (vgl. oben Rn. 80). Erlangt der Gläubiger rechtzeitig von dem Eröffnungsbeschluß Kenntnis, sollte er eine etwaige Beschwerde vorsorglich innerhalb von 2 Wochen nach Ablauf der (kürzeren) Zwei-Tages-Frist erheben, damit nicht über die Rechtzeitigkeit der sofortigen Beschwerde gestritten werden muß.

128 Bei einer Fristversäumung ist eine **Wiedereinsetzung** in den vorigen Stand (§§ 233 ff. ZPO) nur auf Antrag und nur dann möglich, wenn der Beschwerdeführer an der fristgerechten Einlegung der Beschwerde ohne Verschulden verhindert war. Es ist außerdem die zweiwöchige Wiedereinsetzungsfrist gemäß § 234 ZPO zu beachten.

c) Beschwerdeberechtigung

129 Die sofortige Beschwerde kann von jedem eingelegt werden, der durch die Entscheidung des Gerichts beschwert ist. Eine **Beschwer** liegt vor, wenn die Entscheidung des Gerichts für den Beschwerdeführer sachlich nachteilig ist.[148]

130 Im Gegensatz zur Konkursordnung (§ 109 KO) enthält die Gesamtvollstreckungsordnung **keine** Regelungen über eine **Beschränkung des Beschwerderechtes** dahingehend, daß gegen den Eröffnungsbeschluß nur dem Schuldner

145 MünchKomm/*Braun* § 569 ZPO Rn. 3; OLG München MDR 1959, 308.
146 *Haarmeyer/Wutzke/Förster* § 20 GesO Rn. 9; Thomas/*Putzo* § 577 ZPO Rn. 5.
147 So auch LG Halle ZIP 1995, 1757, 1758.
148 Vgl. hierzu ausführlich Thomas/*Putzo* § 511 ZPO Vorbem. Rn. 16 ff.; MünchKomm/*Rimmelspacher* vor § 511 ZPO Rn. 13 f.

und gegen den die Eröffnung ablehnenden Beschluß nur dem Antragsteller ein Beschwerderecht zusteht. Deshalb ist auch jeder Gläubger berechtigt, der durch den (Eröffnungs- oder Ablehnungs-)Beschluß des Gerichts beschwert ist, die sofortige Beschwerde zu erheben.[149]

d) Wirkung der Einlegung der Beschwerde

Die Einlegung der Beschwerde hat keine aufschiebende Wirkung (§ 572 Abs. 1 **131**
ZPO). Das Gericht kann jedoch anordnen, daß die Vollziehung des Eröffnungsbeschlusses ausgesetzt wird (§ 572 Abs. 2 ZPO). Diese Anordnung kann von Amts wegen erfolgen;[150] ein Antrag ist hierfür nicht erforderlich.

2. Weitere sofortige Beschwerde

Die **weitere sofortige Beschwerde** ist nach der gemäß § 1 Abs. 3 GesO auch **132**
für das Gesamtvollstreckungsverfahren anwendbaren Vorschrift von § 568 Abs. 2 ZPO nur zulässig, wenn dieses im Gesetz besonders bestimmt ist. Eine solche besondere Bestimmung findet sich in § 73 Abs. 3 KO für das Konkursverfahren, nicht aber in § 20 GesO für das Gesamtvollstreckungsverfahren. Die Zulässigkeit der sofortigen weiteren Beschwerde ist deshalb von mehreren Oberlandesgerichten verneint worden.[151] Der 4. Zivilsenat des OLG Naumburg hat sie dagegen bejaht,[152] da die GesO insoweit eine planwidrige Regelungslücke enthalte, die durch die analoge Anwendung des § 73 Abs. 3 KO in angemessener Weise auszufüllen sei.[153] Zu der noch fortbestehenden Streitfrage ist zu bemerken:

a) Regelungslücke

Bei Übernahme der GesO durch den Einigungsvertrag war eine ausdrückliche **133**
Zulassung der sofortigen weiteren Beschwerde im Wortlaut der GesO nicht erforderlich, da die Zivilprozeßordnung im Zeitpunkt der Wiedervereinigung die Bestimmung des § 568 Abs. 2 Satz 1 ZPO noch nicht enthielt. Die

149 Ebenso Gottwald/*Uhlenbruck* Nachtrag GesO S. 21 Rn. 14; aA *Haarmeyer/Wutzke/Förster* § 6 GesO Rn. 36, 39 (unter Hinweis auf BVerfG NJW 90, 1902). Das Bundesverfassungsgericht hat seine Entscheidung aber zu § 109 ZPO getroffen. Diese Regelung ist im Gesamtvollstreckungsverfahren nicht anwendbar.

150 Vgl. Baumbach/Lauterbach/Albers/*Hartmann* § 572 ZPO Rn. 7.

151 OLG Rostock, ZIP 1993, 1417, 1417; OLG Naumburg (5. Zivilsenat), ZIP 1994, 1031, 1031; OLG Dresden (nicht veröffentlicht) Beschluß vom 25.07.1994, Gz. 3 W 358/93.

152 OLG Naumburg ZIP 1993, 1573, 1574.

153 Im Ergebnis ebenso OLG Naumburg ZIP 1993, 1573, 1574; *Liebelt-Westphal* ZIP 1994, 1007 f.; so wohl auch Smid/*Zeuner* § 20 GesO Rn. 36 f.; aA *Haarmeyer/Wutzke/Förster* § 20 GesO Rn. 15; Kilger/*K.Schmidt* § 20 GesO Anm. 3; Gottwald/*Uhlenbruck* Nachtrag GesO S. 21 Rn. 14; nun auch *Hess/Binz/Wienberg* § 20 GesO Rn. 8.

Notwendigkeit der ausdrücklichen Zulassung der sofortigen weiteren Beschwerde ist erst mit Aufnahme der Vorschrift von § 568 Abs. 2 Satz 1 in die Zivilprozeßordnung durch das Rechtspflege-Vereinfachungsgesetz[154] vom 17.12.1990 entstanden. Hieraus und aus der weiteren Rechtsentwicklung durch die Änderung der Gerichtsorganisation in den neuen Ländern ergab sich insoweit eine Regelungslücke in der GesO.[155]

b) Planwidrigkeit der Regelungslücke

134 Diese Regelungslücke ist planwidrig, da der Gesetzgeber weder in der GesVO 1975 noch in der GesVO 1990 noch in der nunmehr gültigen Gesamtvollstreckungsordnung eine bewußte Entscheidung für einen verkürzten Rechtsmittelzug im Gesamtvollstreckungsverfahren treffen wollte.[156]

135 Gegen die Planwidrigkeit dieser Regelungslücke spricht nicht, daß der Zuständigkeitsbereich der Beschwerdegerichte in den neuen Bundesländern (Bezirksgerichte) mit dem Zuständigkeitsbereich der Beschwerdegerichte in den alten Bundesländern (Oberlandesgerichte) nicht vergleichbar war[157] und der Einigungsvertrag für einzelne gesonderte Angelegenheiten ausdrücklich eine Zuständigkeit für die Entscheidung einer sofortigen Beschwerde bei besonderen Senaten des Bezirksgerichts am Sitz der Landesregierung begründete.[158] Mit dem Ausschluß einer Beschwerde gegen Entscheidungen des Bezirksgerichtes und damit dem Ausschluß der weiteren Beschwerde durch den Gesetzgeber sollte nur verhindert werden, daß der Bundesgerichtshof sich mit Beschwerdeverfahren hätte befassen müssen. Diese Intention des Gesetzgebers, die ausdrücklich in den Erläuterungen zum Einigungsvertrag genannt ist,[159] sollte aber nicht die Möglichkeit der Erhebung der sofortigen weiteren Beschwerde in Gesamtvollstreckungsverfahren generell ausschließen. Da durch das Rechtspflege-Anpassungsgesetz die Rahmenbedingungen für den viergliedrigen Gerichtsaufbau vom Bundesgesetzgeber geschaffen und zudem die Beschränkung des Beschwerderechtes aufgrund des Einigungsvertrages mit diesem Gesetz ausdrücklich aufgehoben wurden,[160] kann man annehmen, daß diese Einschränkung des Beschwerderechtes nur so lange gelten sollte, wie in den neuen Bundesländern noch kein vierstufiger Gerichtsaufbau existierte. Nachdem dieser nunmehr geschaffen worden ist, ergibt sich eine vorher nicht vorhandene Rechtschutzlücke, da keine über einen Landgerichtsbezirk hinausgehende

---

154 BGBl. I 1990, 2847.

155 Vgl. im einzelnen *Liebelt-Westphal* ZIP 1994, 1007f.; ebenso *Smid*/Zeuner § 20 GesO Rn. 37.

156 Vgl. im einzelnen *Liebelt-Westphal* ZIP 1994, 1007f.

157 So OLG Dresden, Beschluß vom 25.07.1994, Gz. 3 W 358/93 (nicht veröffentlicht).

158 So OLG Dresden, Beschluß vom 25.07.1994, Gz. 3 W 358/93 unter Hinweis auf Kapitel III Sachgebiet A Abschnitt III Nr. 1 k Abs. 1 und l Einigungsvertrag.

159 Erläuterungen zu den Maßgaben k und l des Kapitel III Sachgebiet A Abschnitt III Nr. 1 des Einigungsvertrages.

160 Vgl. § 17 Nr. 1 d Rechtspflege-Anpassungsgesetz vom 26.06.1992, BGBl I, 1147

einheitliche Rechtsanwendung mehr gewährleistet ist. Dies führt etwa dazu, daß sich zu der Frage, wann eine Forderung im Sinne des § 14 GesO (hierzu § 5 Rn. 31 ff.) unverschuldet verspätet angemeldet worden ist, in den verschiedenen Landgerichtsbezirken eine völlig unterschiedliche Rechtsprechung herausgebildet hat (vgl. auch § 1 Rn. 7).

Eine Intention, in Gesamtvollstreckungsverfahren den Rechtsschutz zu beschränken, läßt sich auch nicht dem Rechtspflege-Vereinfachungsgesetz[161] oder dem Rechtspflege-Anpassungsgesetz[162] entnehmen.[163] Dies gilt auch für das Gesetz zur Änderung des Rechtspflegergesetzes und anderer Gesetze vom 24.06.1994.[164] Die mit diesem Gesetz vorgenommene Änderung des § 11 Abs. 3 Satz 3 GesO zur Zuständigkeit für Klagen gegen den Verwalter[165] stellt kein Indiz dafür dar, daß der Gesetzgeber die Möglichkeit einer sofortigen weiteren Beschwerde bewußt weggelassen hat. Grund für die Änderung von § 11 GesO war vielmehr der Wille des Gesetzgebers, noch kurz vor Ende der Legislaturperiode und dem aus damaliger Sicht kurz bevorstehenden Inkrafttreten der Insolvenzordnung ein in der Praxis drängendes Problem kurzfristig lösen zu wollen. Die Entscheidung des 4. Zivilsenats des OLG Naumburg verdient deshalb Zustimmung. **136**

161 Vom 17.12.1990, BGBl. I, 2847.

162 Vom 26.06.1992, BGBl I, 1147.

163 Vgl. *Liebelt-Westphal* ZIP 1994, 1007, 1009f.

164 BGBl. I, 1377.

165 Vgl. Art. 5 des Gesetzes zur Änderung des Rechtspflegergesetzes und anderer Gesetze vom 24.06.1994, BGBl I, S. 1374

§ 7 Anmeldung der Forderung zur Aufnahme in das Vermögensverzeichnis

Übersicht

Siehe auch in Anhang I folgende Muster:

Muster 11: Forderungsanmeldung und Anmeldung von Ansprüchen auf abgesonderte Befriedigung

Muster 12: Antrag des Gläubigers auf Zustimmung zur Aufnahme einer verspätet angemeldeten Forderung in das Vermögensverzeichnis

Muster 13: Beschwerde des Gläubigers wegen Nichtaufnahme einer verspätet angemeldeten Forderung in das Vermögensverzeichnis

Muster 14: Beschluß des Gerichts über die Aufnahme einer verspätet angemeldeten Forderung in das Vermögensverzeichnis

Der Gläubiger muß seine Forderungen bis zum Ablauf der **im Eröffnungsbeschluß** vom Gesamtvollstreckungsgericht **festgelegten Anmeldefrist** beim Verwalter anmelden. Die Forderungen sind vom Verwalter in das Vermögensverzeichnis des Schuldners aufzunehmen. Wird die **Anmeldefrist versäumt,** werden Forderungen nur unter den **strengen Voraussetzungen des § 14 GesO** vom Verwalter in das Vermögensverzeichnis aufgenommen. 1

I. Anforderung an die Anmeldung einer Forderung

Für Forderungsanmeldungen bestimmt die Gesamtvollstreckungsordnung nur, daß sie innerhalb der Anmeldefrist beim Verwalter vorzunehmen sind (§ 5 Satz 2 Ziffer 3 GesO). Weitere Einzelheiten über die formalen und inhaltlichen Anforderungen an die Anmeldung einer Forderung sind in der Gesamtvollstreckungsordnung nicht geregelt. 2

1. Adressat der Anmeldung

Anders als im Geltungsbereich der Konkursordnung (§ 139 Satz 1 KO) ist Adressat der Forderungsanmeldung der **Verwalter** (§ 5 Satz 2 Ziffer 3 GesO) und nicht das Gesamtvollstreckungsgericht. Meldet ein Gläubiger seine Forderung versehentlich nicht beim Verwalter, sondern beim Gesamtvollstreckungsgericht an, so hat das Gesamtvollstreckungsgericht die Forderungsanmeldung an den Verwalter weiterzuleiten.[1] Für die Rechtzeitigkeit der Forderungsanmeldung ist jedoch der **fristgerechte Eingang beim Verwalter** entscheidend.[2] Falls die Forderungsanmeldung daher innerhalb der Anmeldefrist beim Gesamtvollstreckungsgericht eingehen sollte, jedoch nicht rechtzeitig an den Verwalter weitergeleitet wird, ist die Forderungsanmeldungsfrist nicht gewahrt.[3] 3

Bei der Anmeldung der Forderung kann sich der Gläubiger vertreten lassen. Der Vertreter hat der Forderungsanmeldung eine **schriftliche Vollmacht** beizufügen (§ 1 Abs. 3 GesO iVm. § 80 Abs. 1 ZPO).[4] 4

Läßt sich ein Gläubiger durch einen **Rechtsanwalt** vertreten, wird die ordnungsgemäße Bevollmächtigung vermutet (§ 1 Abs. 3 GesO iVm. § 88 Abs. 2 ZPO).[5] Sollte die Bevollmächtigung des Rechtsanwalts durch den Verwalter oder durch einen anderen Gläubiger gerügt werden, ist die einstweilige Zulassung der Forderungsanmeldung möglich (§ 1 Abs. 3 GesO iVm. § 89 Abs. 1 5

1 *Hess/Binz/Wienberg* § 5 GesO Rn. 31; Hess/*Binz* KO § 5 GesO Rn. 31; für den umgekehrten Fall im Geltungsbereich der KO vgl. Kuhn/*Uhlenbruck* § 139 KO Rn. 7 mwN.
2 *Haarmeyer/Wutzke/Förster* § 5 GesO Rn. 23 f.; *dies.* § 11 GesO Rn. 47.
3 *Hess/Binz/Wienberg* § 5 GesO Rn. 31.
4 Vgl. LG München ZIP 1992, 789, 790; Anhang II.4.
5 *Hess/Binz/Wienberg* § 5 GesO Rn. 52; Kuhn/*Uhlenbruck* § 139 KO Rn. 8.

Satz 1 ZPO). Der Rechtsanwalt hat eine schriftliche Vollmacht jedoch unverzüglich nachzureichen.[6] Wird die Bevollmächtigung erst im Prüfungstermin durch den Verwalter oder einen Gläubiger gerügt, so kann die Forderung – wenn der Rechtsanwalt nicht noch im Termin eine Vollmacht vorlegen kann – erst nach deren Vorlage in einem weiteren Prüfungstermin geprüft werden, da vorher noch nicht feststeht, ob die Forderung wirksam angemeldet worden ist. In Betracht kommt auch, die Prüfung der Forderung zu vertagen (vgl. zur Vertagung § 9 Rn. 39).

2. Zeitpunkt der Anmeldung

6 Wie bereits erwähnt (vgl. Rn. 1), hat die Forderungsanmeldung vor Ablauf der im Eröffnungsbeschluß bestimmten Anmeldefrist zu erfolgen (§ 5 Satz 2 Ziffer 3 GesO). Zu berücksichtigen ist aber, daß vor Ablauf der Anmeldefrist üblicherweise die erste Gläubigerversammlung stattfindet (siehe hierzu § 8 Rn. 4). Um bei der ersten Gläubigerversammlung das Stimmrecht ausüben zu können, kann es sich für den Gläubiger anbieten, seine Forderung schon vor der ersten Gläubigerversammlung und damit deutlich vor Ablauf der Anmeldefrist anzumelden.

3. Form der Anmeldung

7 Die Gesamtvollstreckungsordnung schreibt für die Form der Anmeldung nicht die Einhaltung bestimmter Formalien vor. Der Gläubiger kann seine Forderungen daher entgegen einer vereinzelt in der Literatur vertretenen Auffassung[7] nicht nur **schriftlich**, sondern auch **mündlich beim Verwalter anmelden.**[8] Zu berücksichtigen ist allerdings, daß ein nicht anwaltlicher Vertreter bei der mündlichen Anmeldung eine schriftliche Vollmacht vorzulegen hat.[9] Deswegen kann ein Gläubiger telefonisch nur seine eigene Forderung anmelden.

8 Zum besseren Nachweis, insbesondere der Fristwahrung, empfiehlt sich für den Gläubiger eine schriftliche Forderungsanmeldung. Diese sollte dem Verwalter entweder persönlich ausgehändigt oder aber rechtzeitig vor Ablauf der Forderungsanmeldungsfrist per Post an ihn abgesandt werden. Da der Verwalter nicht verpflichtet ist, den Eingang einer Forderungsanmeldung zu bestätigen, sollte die **Forderungsanmeldung** zudem per **Einschreiben/Rückschein versandt** werden, um den fristgerechten Zugang beim Verwalter überwachen und im Prüfungstermin oder einem Verfahren nach § 14 GesO gegebenenfalls zuverlässig nachweisen zu können. Zu berücksichtigen ist jedoch, daß die Versen-

---

6 Vgl. Kuhn/*Uhlenbruck* § 139 KO Rn. 8.

7 *Hess/Binz/Wienberg* § 5 GesO Rn. 48; Hess/*Binz* KO § 5 GesO Rn. 39.

8 Zur entsprechenden Regelung im Geltungsbereich der Konkursordnung vgl. Kuhn/*Uhlenbruck* § 139 KO Rn. 7.

9 *Hess/Binz/Wienberg* § 5 GesO Rn. 52; Hess/*Binz* § 5 GesO Rn. 43; Kuhn/*Uhlenbruck* § 139 KO Rn. 8.

dung der Forderungsanmeldung per Einschreiben/Rüchschein zu zeitlichen Verzögerungen führen kann, beispielsweise wenn das Verwalterbüro nicht mehr mit zur Entgegennahme der Postsendung bevollmächtigten Personen besetzt ist. Die Forderungsanmeldung sollte daher möglichst rechtzeitig abgesandt werden. Wird die Forderungsanmeldung **per Telefax** übersandt, empfiehlt es sich, daß sich ein Dritter, der in einem etwaigen Prozeß als Zeuge auftreten kann, den ordnungsgemäßen Eingang vom Verwalter telefonisch bestätigen läßt und dies in einem Aktenvermerk festhält.

4. Inhalt der Anmeldung

Anforderungen an den Inhalt der Anmeldung werden in der Gesamtvollstrek- **9**
kungsordnung ebenfalls nicht geregelt. Ausreichend ist daher, wenn in der Forderungsanmeldung der **Anspruchsgrund**, die **Forderungshöhe** und ein etwaiges beanspruchtes **Vorrecht im Sinne von § 17 Abs. 3 GesO** angegeben wird (vgl. Muster 11).[10]

a) Anspruchsgrund und Forderungshöhe

Aus der Forderungsanmeldung müssen sich die Tatsachen ergeben, aufgrund **10**
derer dem Gläubiger die Forderung dem Grunde nach und in der geltend gemachten Höhe gegenüber dem Schuldner zusteht.[11] Die Forderung ist wie auch Nebenansprüche in **Deutsche Mark** anzugeben.[12] Fremdwährungsforderungen sind ebenfalls in Deutscher Mark anzumelden.[13] Hierbei ist der Umrechnungskurs des Tages der Eröffnung des Gesamtvollstreckungsverfahrens zugrundezulegen,[14] da der Verwalter anderenfalls kein Vermögensverzeichnis aufstellen kann. Darüber hinaus widerspräche es dem Grundsatz der Gleichbehandlung der Gläubiger (vgl. § 1 Rn. 1), wenn die anderen Gläubiger das Risiko eines sich während des Gesamtvollstreckungsverfahrens verändernden Umrechnungskurses tragen müßten.

Bei der Forderungsanmeldung sind auch die bis zur Eröffnung des Gesamtvoll- **11**
streckungsverfahrens angefallenen Nebenansprüche anzumelden, wie beispielsweise Zinsen und Kosten (vgl. § 63 KO und zu dessen Anwendbarkeit § 3 Rn. 23). Die auf die Hauptforderung angefallenen Zinsen müssen dabei nicht betragsmäßig angegeben werden. Ausreichend ist, daß der Zinssatz und der Zeitraum, für den die Zinsen geltend gemacht werden, genau bezeichnet werden.[15]

---

10 *Hess/Binz/Wienberg* § 5 GesO Rn. 32; Hess/*Binz* KO § 5 GesO Rn. 32, 38.

11 RGZ 93, 14; *Haarmeyer/Wutzke/Förster* § 11 GesO Rn. 49.

12 Vgl. *Hess/Binz/Wienberg* § 5 GesO Rn. 45.

13 BGH ZIP 1989, 926; Kuhn/*Uhlenbruck* § 139 KO Rn. 1 m).

14 Vgl. hierzu Kuhn/*Uhlenbruck* § 139 KO Rn. 2 mwN; aA *Hanisch* ZIP 1988, 341, 347 f.

15 BGH WM 1957, 1334, 1335; *Hess/Binz/Wienberg* § 5 GesO Rn. 46; Kuhn/*Uhlenbruck* § 139 KO Rn. 2.

12 Stehen einem Gläubiger **mehrere Forderungen** gegenüber dem Schuldner zu, müssen diese in der Forderungsanmeldung **getrennt aufgeführt** werden. Nicht ausreichend ist, daß der Gesamtbetrag der Forderungen angegeben wird.[16]

13 Eine rechtliche Würdigung des Sachverhalts braucht die Anmeldung nicht zu enthalten. Erforderlich ist auch nicht, daß etwa vorhandene Unterlagen der Forderungsanmeldung beigefügt werden. Eine solche Verpflichtung ergibt sich weder aus der Gesamtvollstreckungsordnung noch würde sie sich aus einer entsprechenden Anwendung von § 139 Satz 3 KO ergeben, da es sich hierbei um eine bloße Ordnungsvorschrift handelt.[17]

14 Bei Ansprüchen aus Wechseln, Schecks und bereits titulierten Forderungen ist zu berücksichtigen, daß der entsprechende **Wechsel**, **Scheck** oder Titel spätestens im Prüfungstermin **vorzulegen** ist.[18] Falls der Gläubiger nicht am Prüfungstermin persönlich teilnehmen will, um die Urkunde vorzulegen, sollten diese Unterlagen dem Verwalter bereits mit der Forderungsanmeldung vorgelegt werden. Entsprechendes gilt für bereits titulierte Ansprüche gegen den Schuldner. Wird der Titel nicht spätestens im Prüfungstermin vorgelegt,[19] ist der Anspruch wie eine nicht titulierte Forderung zu behandeln (vgl. im einzelnen § 9 Rn. 33).

b) Angabe eines Vorrechts nach § 17 Abs. 3 GesO

15 Beansprucht der Gläubiger die **bevorrechtigte Befriedigung** seiner Forderung nach § 17 Abs. 3 GesO, ist dies **in der Forderungsanmeldung anzugeben.**[20] Nicht erforderlich ist, die betreffende Ziffer von § 17 Abs. 3 GesO zu nennen. Das beanspruchte Vorrecht kann zum Beispiel auch durch den Hinweis auf eine „bevorrechtigte Gehaltsforderung“ bezeichnet werden.[21] Ergibt sich für den Verwalter aus der Anmeldung oder aus anderen Umständen, zB Geschäftsunterlagen, daß es sich um eine offensichtlich bevorrechtigte Forderung handelt, hat der Verwalter aufgrund der ihm obliegenden Fürsorgepflicht auf eine ordnungsgemäße Anmeldung hinzuwirken, indem er den Gläubiger auf den möglichen Mangel der Anmeldung der Forderung hinweist.[22] Unterläßt er einen solchen Hinweis, kann er sich schadensersatzpflichtig machen.[23]

16 Erfüllt die Forderung des Gläubigers die Voraussetzungen nach § 17 Abs. 3 Ziffer 1 – 3 GesO, wird die Angabe des Vorrechts in der Anmeldung jedoch unterlassen oder auf den Hinweis des Verwalters nicht nachgeholt, so ist die

---

16 Kuhn/*Uhlenbruck* § 139 KO Rn. 2.
17 *Smid*/Zeuner § 11 GesO Rn. 20; Kuhn/*Uhlenbruck* § 139 KO Rn. 9.
18 Zu Scheck- und Wechselforderungen *Hess/Binz/Wienberg* § 11 GesO Rn. 46; zu titulierten Forderungen *Hess/Binz/Wienberg* § 11 GesO Rn. 58 ff.
19 Vgl. Kuhn/*Uhlenbruck* § 146 KO Rn. 32.
20 *Hess/Binz/Wienberg* § 5 GesO Rn. 47. Hess/*Binz* KO § 5 GesO Rn. 38.
21 Vgl. Jäger/*Weber* § 139 KO Rn. 4; Kuhn/*Uhlenbruck* § 139 KO Rn. 6.
22 *Smid*/Zeuner § 11 GesO Rn. 18 (unter Hinweis auf § 139 ZPO analog); *Hess/Binz/Wienberg* § 5 GesO Rn. 47.
23 KG ZIP 1987, 119; *Hess/Binz/Wienberg* § 5 GesO Rn. 61.

Forderung im Prüfungstermin und bei der Verteilung wie eine nicht bevorrechtigte Forderung nach § 17 Abs. 3 Ziffer 4 GesO zu behandeln.

Zur Konkursordnung wird die Auffassung vertreten, daß ein bestehendes Vorrecht nachgemeldet werden kann, und zwar auch noch nach Ablauf der Anmeldefrist und sogar nach Feststellung der Forderung.[24] Im Geltungsbereich der Gesamtvollstreckungsordnung ist jedoch zu berücksichtigen, daß die Geltendmachung eines Vorrechts nach **Ablauf der Anmeldefrist** nur unter den Voraussetzungen des **§ 14 GesO** erfolgen kann (vgl. unten Rn. 31 ff.).[25] 17

c) Besondere Forderungen

Aufschiebend und auflösend bedingte, befristete, betagte, besicherte und unbestimmte Forderungen sowie Ansprüche, die nicht auf einen Geldbetrag lauten, sind ebenfalls innerhalb der Anmeldefrist vom Gläubiger beim Verwalter anzumelden (vgl. Muster 11 zur Forderungsanmeldung). 18

Betagte (also noch nicht fällige) **Forderungen** gelten für die Berücksichtigung im Gesamtvollstreckungsverfahren entsprechend § 65 KO als fällig und sind – sofern sie unverzinslich sind – für den Zeitraum zwischen Verfahrenseröffnung und Fälligkeit abzuzinsen (§ 65 Abs. 2 KO). 19

Auflösend bedingte Forderungen gelten als unbedingte Forderungen und sind entsprechend bei der Verteilung zu berücksichtigen, es sei denn, daß die auflösende Bedingung bis zu diesem Zeitpunkt eingetreten ist.[26] 20

Besicherte Forderungen können vom Gläubiger unter Hinweis auf die gewährten Sicherheiten „für den Ausfall" angemeldet werden. Der Gläubiger beansprucht nur insoweit Befriedigung, als nach der Verwertung der gewährten Sicherheiten noch ein Ausfall zu verzeichnen ist. Der Gläubiger kann jedoch auch jederzeit auf die ihm gewährten Sicherheiten verzichten,[27] so daß die besicherte Forderung zu einer unbesicherten Forderung wird und der Gläubiger nicht nur in Höhe des Ausfalls bei der Verteilung zu berücksichtigen ist. Dies empfiehlt sich insbesondere dann, wenn die gewährten Sicherheiten nicht mehr werthaltig sind, sondern dem Gläubiger sogar Kosten, zB für die Entsorgung, entstehen könnten. 21

Auch **Forderungen** gegenüber dem Schuldner, **die nicht auf einen Geldbetrag gerichtet** sind, wie Mängelbeseitigungsansprüche, können angemeldet werden, da die Gesamtvollstreckungsordnung nicht zwischen Geld-und sonstigen Forderungen unterscheidet. Entsprechendes gilt für der Höhe nach unbestimmte und ungewisse Ansprüche. Der Wert solcher Forderungen ist vom Gläubiger entsprechend der Regelung in § 69 KO **in Geld** zu schätzen. Der Gläubiger kann nur in Höhe dieser auf Geld beschränkten Forderung, deren Höhe 22

24 Vgl. Kuhn/*Uhlenbruck* § 139 KO Rn. 6.
25 aA wohl Hess/*Binz* KO § 5 GesO Rn. 38.
26 Vgl. Kuhn/*Uhlenbruck* § 67 KO Rn. 2.
27 Vgl. Kuhn/*Uhlenbruck* § 139 KO Rn. 2.

gerichtlich nachgeprüft werden kann, an der Verteilung teilnehmen. Handelt es sich um eine Forderung aus einem gegenseitigen Vertrag, hat der Verwalter allerdings nach § 9 Abs. 1 Satz 1 GesO die Möglichkeit, noch nach der Forderungsanmeldung zu erklären, daß der Vertrag erfüllt werden soll.[28]

23 Sofern die Auszahlungsvoraussetzungen noch nicht vorliegen, ist der auf **aufschiebend bedingte, befristete** und **besicherte Forderungen** entfallende Erlösanteil vom Verwalter bei der Verteilung entsprechend der Regelung in § 168 KO zurückzuhalten.[29] Die Auskehrung erfolgt erst bei einer Nachtragsverteilung (§ 12 Abs. 3 Satz 2 GesO), sobald die Auszahlungsvoraussetzungen vorliegen.

5. Unterbrechungswirkung der Anmeldung

24 Die **ordnungsgemäße Anmeldung** einer Forderung **unterbricht** die **Verjährung** (§ 209 Abs. 2 Ziff. 2 iVm. § 209 Abs. 1 BGB, vgl. § 3 Rn. 11).[30] Erforderlich ist hierfür nur die Angabe des Anspruchsgrundes und der Forderungshöhe, während ein bestehendes Vorrecht für die Unterbrechung der Verjährung nicht angegeben werden muß. Wird der Mangel einer nicht ordnungsgemäßen Forderungsanmeldung später behoben, tritt die Verjährungsunterbrechung erst zu diesem Zeitpunkt ein.

25 Eine zwischenzeitlich eingetretene Verjährung wird daher nicht mehr beseitigt.[31] Der Gläubiger einer Forderung, für die Verjährung droht, hat daher darauf zu achten, daß er seine Forderung unabhängig von der Forderungsanmeldungsfrist vor Eintritt der Verjährung anmeldet.

6. Gesamtschuldnerische Haftung des Schuldners

26 Die Gesamtvollstreckungsordnung enthält keine § 68 KO[32] entsprechende Vorschrift, welche die Berücksichtigung einer Forderung in voller Höhe bis zur vollständigen Befriedigung des Gläubigers regelt, wenn der Schuldner bei Verfahrenseröffnung hierfür gemeinsam mit einem Dritten gesamtschuldnerisch (beispielsweise aus § 421 BGB oder § 12 Abs. 2 SpTrUG) haftet. Mittlerweile ist in der Rechtsprechung anerkannt, daß der in § 68 KO enthaltene -und wortgleich in die Insolvenzordnung übernommene[33] – Grundsatz auch im

28 *Hess/Binz/Wienberg* § 9 GesO Rn. 54; Hess/*Binz* KO § 9 GesO Rn. 54; vgl. auch BGH WM 1984, 231, 232 (zur Einordnung nicht erfüllter gegenseitiger Ansprüche als Konkursforderung) und BGH ZIP 1988, 322 (zur Konkursordnung).

29 *Hess/Binz/Wienberg* § 18 GesO Rn. 92; Hess/*Binz* KO § 18 GesO Rn. 91; vgl. auch Kuhn/*Uhlenbruck* § 65 KO Rn. 7.

30 siehe auch MünchKomm/*von Feldmann* § 209 BGB Rn. 19; Kuhn/*Uhlenbruck* § 139 KO Rn. 1 q); Kilger/ *K.Schmidt* § 139 KO Anm. 3.

31 Kuhn/*Uhlenbruck* § 139 KO Rn. 1 q).

32 Abgedruckt im Anhang II.2.

33 Vgl. § 50 RegE InsO und § 43 InsO.

Geltungsbereich der Gesamtvollstreckungsordnung entsprechend anzuwenden ist.[34]

Wird der Gläubiger nach Eröffnung des Gesamtvollstreckungsverfahrens vom Dritten **teilweise** befriedigt, führt dies nicht zu einer Ermäßigung der vom Gläubiger angemeldeten Forderung, die dann – in geringerer Höhe – anteilig zu befriedigen wäre. Vielmehr ist der volle Forderungsbetrag vom Verwalter anzuerkennen und bei der Erlösverteilung zu berücksichtigen (vgl. § 68 KO). **27**

Selbstverständlich kann der Gläubiger nicht mehr als die vollständige Begleichung seiner Forderung verlangen. Er hat deshalb seine Forderungsanmeldung zurückzunehmen, wenn ein anderer Gesamtschuldner die Forderung während des Gesamtvollstreckungsverfahrens **vollständig** begleicht, oder die Berücksichtigung des vollen Forderungsbetrages bei der Schlußverteilung aufgrund der Teilzahlung eines anderen Schuldners zu einer Überzahlung führen würde. **28**

7. Anmeldung von Eigentums- und Pfandrechten

Neben den Geldforderungen und den in Geld zu schätzenden Forderungen soll der Gläubiger seine **Eigentums- und Pfandrechte** beim Verwalter innerhalb der Anmeldungsfrist anmelden (§ 5 Satz 2 Ziffer 4 GesO). Die Anmeldung und Einhaltung der Anmeldungsfrist stellen jedoch keine Voraussetzungen für die Geltendmachung dieser Rechte gegenüber dem Verwalter dar. Die Aufforderung des Gesamtvollstreckungsgerichts im Eröffnungsbeschluß soll den Gläubiger vielmehr nur vor dem Verlust seiner Rechte infolge der Verwertung der betreffenden Gegenstände durch den Verwalter schützen. Die Anmeldung solcher Rechte ist beispielhaft dem Muster 11 zur Forderungsanmeldung zu entnehmen. **29**

Werden Eigentums- und Pfandrechte vom Gläubiger nicht innerhalb der Anmeldungsfrist beim Verwalter angemeldet, ist der Verwalter spätestens nach Ablauf der Anmeldungsfrist zur Verwertung der betreffenden Gegenstände berechtigt, wenn er nicht auf anderem Wege vom Bestehen dieser Rechte Kenntnis erlangt oder seine Unkenntnis auf Fahrlässigkeit beruht. Etwaige **Ansprüche eines Gläubigers** bestehen im Falle der Verwertung aber an dem hierbei erzielten **Erlös** fort (vgl. dazu § 16 Rn. 24 ff.).[35] Werden die Eigentums- und Pfandrechte hingegen ordnungsgemäß angemeldet, hat der Verwalter die im Eigentum Dritter stehenden Gegenstände an diese herauszugeben (§ 12 Abs. 1 Satz 1 GesO). Der Verwalter hat allerdings die Möglichkeit, Pfandrechte durch Zahlung des besicherten Betrages an den Gläubiger abzulösen (§ 12 Abs. 1 Satz 1 GesO). In der Praxis erklärt sich der Verwalter häufig gegenüber den **30**

---

34 LG Leipzig, Urteil vom 07.09.1994 – Az. 4 O 4071/93 – (unveröffentlicht); LG Cottbus, Urteil vom 20.10.1994 – Az. 17 O 99/93 – (unveröffentlicht); Brandenburgisches Oberlandesgericht, Urteil vom 11.05.1995 – Az. 8 U 84/94 – (unter III.4.); konkludent auch OLG Dresden, Urteil vom 27.12.1994 – Az. 2 U 1349/94 – (unveröffentlicht).

35 *Hess/Binz/Wienberg* § 5 GesO Rn. 70; Hess/*Binz* KO § 5 GesO Rn. 60.

Gläubigern bereit, ohne Übergabe der Sache mit einem Pfandrecht belastete oder zur Sicherheit übereignete Gegenstände gegen Zahlung einer Provision zu verwerten (vgl. unten § 18 Rn. 17 ff.).

II. Verspätete Forderungsanmeldung

31 Auch nach Ablauf der im Eröffnungsbeschluß bestimmten Forderungsanmeldungsfrist (vgl. Rn. 6) kann der Gläubiger seine Forderung noch beim Verwalter anmelden. Die Gesamtvollstreckungsordnung sieht hierfür aber in § 14 Abs. 1 GesO die Beschränkung vor, daß die Forderung nur dann in das Vermögensverzeichnis aufzunehmen ist, wenn die Verspätung unverschuldet war und das Gericht zustimmt.

32 Die Gründe für die Aufnahme von § 14 Abs. 1 GesO in die Gesamtvollstreckungsordnung sind bis heute nicht geklärt. Weder die Konkursordnung, die mit ihrem § 142 die Anmeldung einer Forderung bis zum Schlußtermin zuläßt, noch der beim Inkrafttreten der GesO vorliegende Regierungsentwurf für die Insolvenzordnung haben mit einer entsprechenden Regelung als Vorbild zur Verfügung gestanden (vgl. § 204 RegEInsO). Die Insolvenzordnung sieht – ebenso wie der Regierungsentwurf – den Ausschluß verschuldet verspätet angemeldeter Forderungen nicht vor, sondern läßt in § 177 Abs. 1 InsO die Anmeldung von Forderungen nach Ablauf der im Eröffnungsbeschluß bekanntgegebenen Forderungsanmeldungsfrist ohne weitere Voraussetzungen zu. Die Vorschrift von § 177 Abs. 1 InsO legt fest, daß Forderungen, die nach Ablauf der Anmeldungsfrist angemeldet werden, zu prüfen sind. Die Prüfung kann in einem gesonderten Prüfungstermin, der gegebenenfalls auf Kosten des Gläubigers einzuberufen ist, oder im schriftlichen Verfahren erfolgen.[36]

33 Die Regelung in § 14 GesO führt in der Praxis zu großen Unsicherheiten. Das gilt nicht nur für das Kriterium der Verspätung, sondern auch für das in § 14 GesO nur andeutungsweise geregelte Verfahren der Behandlung einer verspätet angemeldeten Forderung und den vom Gläubiger zu ergreifenden Rechtsweg.

1. Darlegung der Entschuldigung der Verspätung

34 Der Gläubiger hat im Falle einer Verspätung seiner Anmeldung Entschuldigungsgründe vorzutragen. Als solche kommen beispielsweise postalische Versehen trotz korrekter Adressierung und rechtzeitiger Absendung in Betracht

36 Der Ablauf des schriftlichen Verfahrens ist nicht geregelt, da diese Möglichkeit der Prüfung erst unmittelbar vor der Verabschiedung der Insolvenzrechtsordnung zusätzlich in § 177 Abs. 1 InsO aufgenommen worden ist. Aus § 177 Abs. 1 InsO ergibt sich lediglich, daß eine angemeldete Forderung als festgestellt gilt, wenn im schriftlichen Verfahren ein Widerspruch weder von dem Verwalter noch von einem Insolvenzgläubiger erhoben wird. Daraus dürfte jedenfalls zu schließen sein, daß in das schriftliche Verfahren alle Gläubiger einzubeziehen sind.

oder eine versehentliche gerichtliche Anordnung des Anmeldetermins vor dem Termin, zu dem die öffentliche Bekanntmachung als erfolgt gilt (vgl. § 8 Rn. 11)[37].

Hat der Gläubiger bereits im Zeitpunkt der Vorbereitung der Forderungs- **35** anmeldung Kenntnis vom Ablauf der Forderungsanmeldungsfrist („bewußt verspätete Forderungsanmeldung"), so sollte die Forderungsanmeldung neben dem üblichen und notwendigen Inhalt (vgl. oben Rn. 9 ff.) auch Gründe zur Entschuldigung der Verspätung enthalten. Der Gesetzeswortlaut zwingt den Gläubiger zwar nicht dazu, die Entschuldigungsgründe bereits zusammen mit der verspäteten Forderungsanmeldung vorzutragen. Der Gläubiger sollte jedoch bereits in diesem Verfahrensstadium durch Aufnahme der **Entschuldigungsgründe in das Anmeldungsschreiben** auf eine positive Entscheidung des Verwalters hinwirken (siehe Muster 12).

Tritt der Verspätungstatbestand ohne Kenntnis des Gläubigers ein, etwa durch **36** ungewöhnlich lange Postlaufzeiten („unbewußt verspätete Forderungsanmeldung"), kann die Anmeldung naturgemäß noch keine Entschuldigungsgründe enthalten. Es liegt im Interesse des Gläubigers, diese gegenüber dem Verwalter umgehend in einem **gesonderten Schreiben** darzulegen.

2. Anforderungen an die Entschuldigung

Die an eine Entschuldigung der Verspätung zu stellenden Anforderungen sind **37** in der Gesamtvollstreckungsordnung nicht geregelt. Sie sind in der Literatur und der bisher nur vereinzelt hierzu vorliegenden[38] Rechtsprechung umstritten. Im Hinblick auf eine neuere Entscheidung des Bundesverfassungsgerichts vom 26.04.1995[39] wird man einen subjektiven Verschuldensmaßstab anwenden müssen, wobei die Einzelheiten noch ungeklärt sind. In Betracht kommen verschiedene Ansatzpunkte:

a) Anknüpfung an die Kriterien für die Wiedereinsetzung in den vorigen Stand (§ 233 ZPO)

Nach der überwiegend in der Rechtsprechung vertretenen Auffassung ist bei **38** § 14 Abs. 1 GesO von einem individualisierten Verschuldensbegriff auszugehen, bei dem gemäß § 1 Abs. 3 GesO die Grundsätze von § 233 ZPO[40] heranzuziehen sind.[41] Dies sind die für die Wiedereinsetzung in den vorigen Stand nach Versäumnis einer zivilprozessualen Frist entwickelten Kriterien.

---

37 So geschehen in dem vom AG Frankfurt ZIP 1995, 1614f. entschiedenen Fall.

38 Vgl. für Frankfurt/Oder: BezG Frankfurt/Oder, ZIP 1992, 878; für Dresden: OLG Dresden, ZIP 1993, 1826; LG Dresden, ZIP 1993, 1505; LG Dresden ZIP 1994, 961; und für Magdeburg: LG Magdeburg ZIP 1995, 144.

39 BVerfG ZIP 1995, 923.

40 Vgl. Anhang II.4.

41 LG Dresden ZIP 1993, 1123, 1124 und 1994, 961, 963; LG Magdeburg ZIP 1995, 144.

39 Anders als der im materiellen Zivilrecht geltende Begriff des objektivierten Verschuldens berücksichtigt der **individualisierte Verschuldensbegriff**, ob der Säumige unter den gegebenen Umständen, insbesondere unter Berücksichtigung der in seiner Lage, Erfahrung und Bildung zu erwartenden Sorgfalt die Frist hätte einhalten können.[42] So hat das Landgericht Dresden zB für Großgläubigerbanken entschieden, daß es ihnen beziehungsweise ihren Vertretern zuzumuten sei, sich durch die Lektüre bestimmter Veröffentlichungsorgane, insbesondere des Bundesanzeigers, laufend darüber zu unterrichten, ob eine mit ihr in Geschäftsverbindung stehende Person von einem Gesamtvollstreckungsverfahren betroffen und eine Frist für die Forderungsanmeldung festgesetzt worden ist.[43] Dieses Argument wird von einem überwiegenden Teil der Literatur jedoch zu Recht als nicht überzeugend abgelehnt.[44] Das gilt zumindest für **Nichtkaufleute**, denen sowohl die Erfahrung, als auch die personellen Kapazitäten für die tägliche Lektüre des Bundesanzeigers und die Möglichkeit der schnellen Reaktion -gegebenenfalls unter Einschaltung eines Rechtsanwaltes -fehlen. Häufig wird ein nicht am kaufmännischen Verkehr Beteiligter von dem Lauf einer Anmeldefrist nur dann Kenntnis erlangen, wenn der Schuldner selbst oder ein anderer Gläubiger ihm dies mitteilt. Am kaufmännischen Verkehr beteiligten **Großgläubigern** sollte zumindest dann kein Verschulden im Sinne von § 14 GesO zur Last gelegt werden, wenn sie sich so **organisiert** haben, daß der Bundesanzeiger oder andere Veröffentlichungsorgane regelmäßig auf die Eröffnung von Gesamtvollstreckungsverfahren hin überprüft werden.[45]

40 Hat der Gläubiger einen Rechtsanwalt mit der Forderungsanmeldung beauftragt, so hat er sich dessen etwaiges Verschulden nach §§ 85 Abs. 2 ZPO, 278 BGB zurechnen zu lassen.[46]

b) Anknüpfung an andere Kriterien

41 Nach einer von verschiedenen Gerichten praktizierten Auffassung sind alle verspäteten Forderungsanmeldungen, die beim Verwalter **bis zum Prüfungstermin** eingehen, grundsätzlich als nicht verschuldet anzusehen.[47] Diese Orien-

---

42 LG Dresden ZIP 1994, 961, 963; LG Magdeburg ZIP 1995, 144 mwN; vgl. auch *Haarmeyer/ Wutzke/Förster* § 14 GesO Rn. 10; Kilger/*K.Schmidt* § 14 GesO Anm. 2 a) (kritisch); vgl. auch AG Frankfurt/Oder ZIP 1995, 1614, 1615, welches diese Rechtsauffassung auch auf öffentlich-rechtliche Körperschaften erstreckt; abweichend hierzu *Tappmeier* EWIR § 14 GesO 4/95.

43 LG Dresden ZIP 1994, 961, 963; vgl. in diesem Sinne auch LG Magdeburg ZIP 1995, 144 f. (eine Forderung des Finanzamtes betreffend); aA Hess/*Binz* KO § 14 GesO Rn. 60.

44 *Hess/Binz/Wienberg* § 14 GesO Rn. 4; Hess/*Binz* KO § 14 GesO Rn. 60; vgl. auch Kilger/*K.Schmidt* § 14 GesO Anm. 2 a) aE; aA *Haarmeyer/Wutzke/Förster* § 14 Rn. 13.

45 Vgl. BFH BB 1983, 624, 625 mit Anm. Woerner (zum Organisationsverschulden des Finanzamtes bei der Kontrolle einer Revisionsfrist).

46 Vgl. BVerfG ZIP 1995, 923, 924 (unter B.I.3.a).

47 AG Dresden ZIP 1994, 494; LG Dresden ZIP 1994, 961; in diesem Sinne konkludent

tierung allein an dem Zeitpunkt überzeugt nicht, da damit Fragen der Verfahrensverzögerung und des Grades der Verspätung nicht hinreichend von der Frage des Verschuldens getrennt werden. Auch das Bemühen sicherzustellen, daß die anderen Gläubiger so schnell wie möglich umfassend über die in dem Verfahren angemeldeten Forderungen informiert werden,[48] vermag die Anknüpfung an den Prüfungstermin für die Erfüllung des Verschuldenstatbestandes nicht zu rechtfertigen. Verschulden im Sinne von § 14 GesO ist ein subjektiver Begriff (vgl. oben Rn. 39), der nicht objektiv am Zeitpunkt der Anmeldung festgemacht werden kann.

Vielfach wird über den Wortlaut von § 14 GesO hinaus eine verspätete Forderungsanmeldung immer dann als entschuldigt zugelassen, wenn die Verspätung nicht **zu einer Verfahrensverzögerung** führt.[49] Diese – zum Teil nicht begründete [50]- Auffassung entspricht der Stellungnahme des Bundesministeriums für Justiz vom 10.04.1995 in dem Verfassungsbeschwerdeverfahren 1 BvR 1454/94 und dem Vorlageverfahren 1 BvL 19/94.[51] Dort heißt es: 42

> „Zur Gewährleistung eines effektiven rechtlichen Gehörs im Gesamtvollstreckungsverfahren hält die Bundesregierung eine verfassungskonforme Auslegung der Präklusionsvorschrift des § 14 Abs. 1 GesO dahin für geboten, daß schuldhaft verspätete Forderungsanmeldungen jedenfalls dann zur Prüfung zuzulassen sind, wenn dies im konkreten Fall nicht zu einer Verzögerung des Verfahrens führt."

Nach der Entscheidung des Bundesverfassungsgerichts vom 26.04.1995[52] läßt sich die verschuldensunabhängige Zulassung von verspätet angemeldeten Forderungen aber nicht damit begründen, daß dies der Vermeidung eines verfassungswidrigen Eingriffs in die Rechte der Gläubiger dient. Das Bundesverfassungsgericht hat seine Entscheidung wie folgt begründet: 43

> Der Ausschluß schuldhaft verspätet angemeldeter Forderungen vom Gesamtvollstreckungsverfahren nach § 14 Abs. 1 Satz 1 GesO sei durch die Ermächtigung zur gesetzlichen Bestimmung von Inhalt und Schranken des Eigentums gedeckt.[53] Zwar bewirke der Ausschluß von der Teilnahme am Gesamtvollstreckungsverfahren in aller Regel, daß der Gläubiger seine Forderung noch nicht einmal mit der Quote im 44

---

auch AG Stendal, Beschlüsse vom 03.05.1994 (Zulassung der vor dem festgesetzten ersten Prüfungstermin eingegangenen verspäteten Forderungsanmeldungen und Nichtzulassung der nach diesem Termin eingegangenen Forderungsanmeldungen) – Az. 7 N 86/93 – (unveröffentlicht).

48 So die Argumentation des Amtsgerichtes Stendal in einem von einem der Verfasser wahrgenommenen Prüfungstermin.

49 BezG Frankfurt/Oder ZIP 1992, 878; so zB auch AG Cottbus, Beschluß vom 06.11.1994 – Az. 64(31 VN) N 11/90 -(unveröffentlicht): „Auf ein Unverschulden der Verspätung kommt es hier nicht unbedingt an, da das Verfahren als solches noch nicht abschlußreif ist und noch ein Forderungsprüfungstermin ansteht." Aus dem Schrifttum siehe *Smid*/Zeuner § 14 GesO Rn. 22.

50 So BezG Frankfurt/Oder ZIP 1992, 878.

51 Az. IV A 3-1004 E (4920) – 4 A 0378/95; IV A 3-1004 E (4926) – 4 A 0387/95; Stellungnahme vom 10.04.1995, S. 17.

52 BVerfG ZIP 1995, 923.

53 BVerfG ZIP 1995, 923, 924 (unter B.I.3).

Gesamtvollstreckungsverfahren durchsetzen könne.[54] Die grundsätzlich weiterhin bestehende Forderung sei ferner ohne wirtschaftlichen Wert, weil eine gelöschte Gesellschaft regelmäßig kein Vermögen mehr habe, auf das zugegriffen werden könne. Bei einer natürlichen Person läge dies kaum anders. Die Vorschrift des § 14 Abs. 1 Satz 1 GesO verfolge aber den Zweck, das Gesamtvollstreckungsverfahren zu straffen und zu beschleunigen. Die materielle Berechtigung der angemeldeten Forderungen soll – so das Bundesverfassungsgericht – tunlichst zeitnah zur Eröffnung des Verfahrens **in nur einem Termin** geprüft werden. Das Verfahren solle nicht durch die Notwendigkeit weiterer Prüfungstermine belastet und der Abschluß des Verfahrens hierdurch hinausgeschoben werden. Aus dem Gesichtspunkt der Verfahrensbeschleunigung heraus sei der Eingriff in das Eigentum des verspätet anmeldenden Gläubigers gerechtfertigt.[55]

45 Das auch vom Bundesministerium für Justiz befürwortete[56] Kriterium des Einflusses der Verspätung auf eine Verzögerung des Verfahrens, d.h. also die Prüfung jeder nachgemeldeten Forderung ungeachtet eines Verschuldens, solange das Verfahren hierdurch nicht verzögert wird, hält das Bundesverfassungsgericht für nicht anwendbar. Denn wenn jede nachgemeldete Forderung auf die Ursächlichkeit einer Verzögerung des Verfahrens zu prüfen sei, könne dies wiederum zu einer Verschleppung des Verfahrens führen.[57] Müsse stets geprüft werden, ob eine verspätete Anmeldung das Verfahren tatsächlich verzögere, so ergebe sich schon daraus und aus dem möglichen Streit hierüber nach Auffassung des Bundesverfassungsgerichts eine längere Verfahrensdauer. Zudem würde hierdurch der Beschleunigungsdruck, der von einer starren Frist auf die Gläubiger ausgeübt werde, deutlich abgeschwächt.

46 Das Bundesverfassungsgericht hat ferner entschieden, § 14 Abs. 1 Satz 1 GesO sei trotz der Ungleichbehandlung von Gläubigern, die Forderungen im Anwendungsbereich der Gesamtvollstreckungsordnung geltend machen, gegenüber Gläubigern von Schuldnern im Konkursverfahren mit dem allgemeinen Gleichheitssatz vereinbar, verstoße also nicht gegen Art. 3 Abs. 1 GG.[58] Die aus sachlich einleuchtenden Gründen (Vermeidung einer Überforderung der Verfahrensbeteiligten) getroffene gesetzgeberische Entscheidung sei tolerierbar, weil der Gesetzgeber zwei völlig unterschiedliche Rechtssysteme nicht sofort habe angleichen können und die Regelung ohnehin mit der durch die Insolvenzordnung eintretende Rechtsvereinheitlichung außer Kraft trete.

c) Folgerung für die Praxis

47 Nach der Entscheidung des Bundesverfassungsgerichts ist damit zu rechnen, daß die Frage der Verfahrensverzögerung durch eine verspätete Forderungsanmeldung in Zukunft von den Gesamtvollstreckungsgerichten nicht mehr geprüft werden wird. Vielmehr werden die Gerichte nunmehr darauf abstellen, ob die Forderung innerhalb der Forderungsanmeldugsfrist angemeldet wurde,

54 BVerfG ZIP 1995, 923, 924 (unter B.I.2).

55 BVerfG ZIP 1995, 923, 924 (unter B.I.3.b.aa); so auch *Haarmeyer/Wutzke/Förster* § 14 Rn. 9.

56 Stellungnahme des Bundesministeriums für Justiz vom 10.04.1995 in dem Verfassungsbeschwerdeverfahren 1 BvR 1454/94 und dem Vorlageverfahren 1 BvL 19/94; vgl. oben Fn. ##.

57 BVerfG ZIP 1995, 923, 924 (unter B.III.b.cc).

58 BVerfG ZIP 1995, 923, 925 (unter B.II.).

jedenfalls aber so rechtzeitig vor dem Prüfungstermin, daß der Verwalter hinreichend Zeit für die Prüfung der Forderung hat. Falls dies nicht geschehen ist, wird der Gläubiger nachvollziehbare Gründe für die Entschuldigung der verspäteten Anmeldung seiner Forderungen vorzubringen haben (vgl. oben Rn. 38 ff.). Der Gläubiger kommt daher nicht umhin, vor Ablauf der Anmeldungsfrist, spätestens aber vor dem veröffentlichten Datum des Prüfungstermins, vorsorglich den **theoretisch möglichen Höchstbetrag** seiner Forderung beim Verwalter **anzumelden**. Bei dieser Fallkonstellation sollte der Gläubiger den Verwalter darauf hinweisen, daß die Forderungsanmeldung nur fristwahrend erfolgt und der genaue Forderungsbetrag später mitgeteilt werden wird.

3. Verfahren

Die Gesamtvollstreckungsordnung selbst regelt nur unvollkommen, auf welche Weise eine verspätet angemeldete Forderung gegebenenfalls noch in das Vermögensverzeichnis aufgenommen und geprüft werden muß. Dies hat in der Vergangenheit gelegentlich dazu geführt, daß sich weder der Verwalter noch das Gesamtvollstreckungsgericht dazu veranlaßt sahen, über die Aufnahme einer verspätet angemeldeten Forderung in das Vermögensverzeichnis zu entscheiden. Aufgrunddessen konnten Gläubiger in Einzelfällen über mehrere Jahre hinweg ihre Gläubigerrechte nicht wahrnehmen, zB ihr Stimmrecht nicht ausüben (vgl. § 8 Rn. 25 ff.). Mittlerweile hat der Bundesgerichtshof durch zwei Urteile vom 25.11.1993[59] und 27.04.1995[60] einen Verfahrensweg zur Ausfüllung der fragmentarischen Bestimmung in § 14 Abs. 1 GesO entwickelt. Danach sind folgende Verfahrensabläufe zu unterscheiden: 48

a) Prüfung durch den Verwalter

Zunächst muß der Verwalter prüfen, ob die Forderung seiner Auffassung nach unverschuldet verspätet angemeldet worden und in das vorläufige Vermögensverzeichnis aufzunehmen ist.[61] Kommt er zu einem positiven Ergebnis, so hat er dies **dem Gesamtvollstreckungsgericht mitzuteilen** und es um „Zustimmung“ zu dieser Entscheidung zu ersuchen (vgl. hierzu sogleich Rn. 54). 49

Kommt der Verwalter zu dem Ergebnis, daß die Verspätung der Anmeldung verschuldet war und deshalb die Forderung nicht in das Vermögensverzeichnis aufzunehmen ist, so hat er dies **dem Gläubiger mitzuteilen**. Unterläßt er eine solche Mitteilung oder weigert er sich ausdrücklich, die Entschuldigungsgründe zu prüfen, kann der Gläubiger beim Gesamtvollstreckungsgericht unter Darlegung des Sachverhaltes anregen, den Verwalter im Rahmen der **Aufsichtspflicht** (vgl. § 10 Rn. 8 ff.) zur Prüfung des Verschuldens bei der verspäteten 50

59 BGHZ 124, 247.
60 BGH ZIP 1995, 932.
61 LG Berlin ZIP 1995, 1613, 1614.

Anmeldung anzuhalten.[62] Unterläßt es der Verwalter, trotz der Mahnung durch das Gesamtvollstreckungsgericht weiterhin, die Entschuldigungsgründe zu prüfen, kann in dieser Unterlassung oder Weigerung ein Grund für die Abberufung des Verwalters liegen.[63] Ferner kommen gegebenenfalls Schadenersatzansprüche gegen den Verwalter in Betracht.[64]

51 Sollte das Gesamtvollstreckungsgericht seinerseits auf -möglicherweise wiederholte – Anregungen, den Verwalter zu mahnen, nicht reagieren, kommt eine **Dienstaufsichtsbeschwerde** beim Präsidenten des Amtsgerichts oder dem diesen übergeordneten Präsidenten des Landgerichts in Betracht. Hierbei kann auch auf Amtshaftungsansprüche gegen den Justizfiskus hingewiesen werden.[65]

52 Im Hinblick auf diese Möglichkeiten, auf den Verwalter im Wege der Dienstaufsicht nach § 8 Abs. 3 GesO einzuwirken, ist eine Klage im ordentlichen Prozeß vor dem sachlich zuständigen Amts- oder Landgericht auf Prüfung des Verschuldens und Entscheidung über die Zulassung der verspätet angemeldeten Forderung[66] unzulässig. Es fehlt das Rechtsschutzbedürfnis.[67]

b) Entscheidung des Gesamtvollstreckungsgerichts

53 Sobald der Verwalter über die Frage der Entschuldigung der Verspätung eine Entscheidung getroffen hat, muß das Gesamtvollstreckungsgericht die Verspätung prüfen. Die Praxis der Gesamtvollstreckungsgerichte zur Entscheidungsfindung über die Aufnahme verspätet angemeldeter Forderungen ist uneinheitlich.

aa) Entscheidung des Gesamtvollstreckungsgerichts bei positiver Vorentscheidung des Verwalters

54 Bei positiver Vorentscheidung des Verwalters hat das Gesamtvollstreckungsgericht aufgrund der Aktenlage sowie des Sachvortrags von Verwalter und Gläubiger zu prüfen, ob die Voraussetzungen für die Zulassung der Forderung erfüllt sind. Ein Ermessensspielraum hierfür besteht nicht. Liegen die Voraussetzungen einer nicht schuldhaften Verspätung vor und ist der Verteilungsvorschlag noch nicht bestätigt, darf das Gesamtvollstreckungsgericht seine Zustimmung nicht versagen.[68]

---

62 BGHZ 124, 247, 253; BGH ZIP 1995, 932, 934 (unter II.2.c).
63 Vgl. BGH ZIP 1995, 932, 934 (unter II.2.c).
64 BGH ZIP 1995, 932, 934 (unter II.2.c) aE).
65 Vgl. LG Potsdam ZIP 1994, 1879, 1880; BGH ZIP 1995, 932, 934 (unter II.2.c) aE).
66 Zur Auslegung des Wortes „Anerkennung" in § 14 Abs. 1 Satz 1 GesO im Sinne der „Zulassung" zum vorläufigen Vermögensverzeichnis vgl. *Smid*/Zeuner § 14 GesO Rn. 26-28.
67 BGH ZIP 1995, 932, 933 f. (unter II.).
68 *Smid*/Zeuner § 14 GesO Rn. 30.

bb) Entscheidung des Gesamtvollstreckungsgerichts bei negativer Vorentscheidung des Verwalters

Bei negativer Vorentscheidung des Verwalters hat sich das Gesamtvollstrekkungsgericht nach der Rechtsprechung des Bundesgerichtshofs ebenfalls mit der Frage der Verspätung auseinanderzusetzen, wenn der Gläubiger dem Gesamtvollstreckungsgericht den Sachverhalt zur Kenntnis bringt. Der Gläubiger kann sich **an das zuständige Gesamtvollstreckungsgericht** wenden und um eine abweichende Entscheidung ersuchen[69] (ein Beispiel bietet Muster 12). Die zustimmende Entscheidung des Gesamtvollstreckungsgerichts **„überwindet“** nach Ansicht des Bundesgerichtshofs die ablehnende Entscheidung des Verwalters und verpflichtet ihn, die Forderung vorläufig in das Verzeichnis aufzunehmen und im Termin auf ihre Berechtigung zu prüfen.[70] 55

cc) Verfahren der Entscheidungsfindung durch das Gesamtvollstreckungsgericht

Für das Verfahren über die Entscheidungsfindung durch das Gesamtvollstrekkungsgericht hat sich noch keine einheitliche Gerichtspraxis herausgebildet. Einige Gesamtvollstreckungsgerichte entscheiden unter Ausschluß anderer Gläubiger auf den entsprechenden Antrag des Gläubigers durch Beschluß und geben allenfalls dem Verwalter Gelegenheit zur Stellungnahme (vgl. Muster 14). Andere Gesamtvollstreckungsgerichte berufen durch öffentliche Bekanntmachung die Gläubiger zu einem Prüfungstermin ein und entscheiden im Verlaufe dieses Termins – in dem die Fragen der Entschuldigung für die Verspätung mit dem Verwalter, dem betroffenen Gläubiger und den anderen anwesenden Gläubigern erörtert werden – darüber, ob die Forderung in das Vermögensverzeichnis aufzunehmen ist.[71] Da der Wortlaut von § 14 Abs. 1 GesO die Einbeziehung der anderen Gläubiger in die Entscheidungsfindung über die Frage der Zulassung verspätet angemeldeter Forderungen nicht vorsieht, aber auch nicht ausschließt, dürften beide Verfahrensweisen zulässig sein. 56

c) Aufnahme der verspätet angemeldeten Forderung in das Vermögensverzeichnis

Einer positiven Entscheidung des Gesamtvollstreckungsgerichts über die Aufnahme der verspätet angemeldeten Forderung in das Vermögensverzeichnis hat der Verwalter zu entsprechen. 57

Sollte der Verwalter – insbesondere im Falle der Überwindung seiner Vorentscheidung durch das Gesamtvollstreckungsgericht (oben Rn. 55) – seiner Verpflichtung nicht nachkommen, die Forderung in das Verzeichnis aufzuneh- 58

69 BGHZ 124, 247, 251; BGH ZIP 1995, 932, 934 (unter II.1.).
70 BGHZ 124, 247, 253; BGH ZIP 1995, 932, 933 (unter II.2.a).
71 So AG Chemnitz, Beschluß vom 28.07.1994 – Az. N 39/91 –, (unveröffentlicht).

men und zu prüfen, so hat das Gesamtvollstreckungsgericht ihn im Rahmen der **Aufsichtspflicht** (§ 8 Abs. 3 S. 1 GesO) hierzu anzuhalten.[72] Der Gläubiger der entschuldigt verspätet angemeldeten Forderung kann seinerseits beim Gesamtvollstreckungsgericht anregen, im Wege der Dienstaufsicht tätig zu werden (vgl. auch Rn. 50).

59 Der Verwalter kann die Entscheidung des Gesamtvollstreckungsgerichts über die Zulassung der verspätet angemeldeten Forderung im Wege der sofortigen Beschwerde (§ 20 GesO) anfechten (vgl. unten Rn. 70).

60 Wenn der Verwalter entgegen der rechtskräftigen Weisung des Gesamtvollstreckungsgerichts die Forderung nicht in das Vermögensverzeichnis aufnimmt und trotz der Weisung des Gerichts, die Forderung zu prüfen, an seiner Haltung festhält, setzt der Verwalter einen wichtigen Grund für seine Abberufung; diese ist ihm allerdings zuvor anzudrohen.[73] Da die Weigerung des Verwalters den ordnungsgemäßen Ablauf des Gesamtvollstreckungsverfahrens nachhaltig stört, folgt aus ihr, daß der Verwalter für die ihm übertragene Aufgabe ungeeignet sei.[74] Ausdrücklich nicht entschieden hat der Bundesgerichtshof hingegen bisher die Frage, ob gegen den Verwalter auch ein Zwangsgeld angedroht und festgesetzt werden darf.[75] Hiergegen spricht, daß die Gesamtvollstreckungsordnung – anders als die Konkursordnung (§ 84 KO) – keine Ermächtigungsgrundlage enthält (vgl. § 8 Abs. 3 Satz 2 GesO).[76]

d) Weiterer Prüfungstermin

61 Die Vorschrift von § 14 GesO trifft keine Aussage darüber, wann das Gesamtvollstreckungsgericht einen Termin zur Prüfung der verspätet angemeldeten Forderung anzuberaumen hat. Wenn das Gericht einen weiteren Prüfungstermin nicht für erforderlich hält, sondern die Forderung im schriftlichen Verfahren prüfen lassen will (vgl. Rn. 56), ist fraglich, mit welcher Frist es den Verwalter anzuhalten hat, die Forderung in das vorläufige Vermögensverzeichnis aufzunehmen und zu prüfen. Der Gläubiger hat ein Interesse daran, daß die Prüfung seiner Forderung **möglichst rasch** erfolgt, da er vor der Entscheidung von Gesamtvollstreckungsgericht und Verwalter über die Zulassung der verspätet angemeldeten Forderung seine Verfahrensrechte – insbesondere also seine Stimmrechte (§ 8 Rn. 25 f.) oder das Recht auf Einberufung einer Gläubigerversammlung (vgl. § 8 Rn. 46 ff.) – nicht wahrnehmen kann.

62 In der Praxis ist die Vorgehensweise der einzelnen Gesamtvollstreckungsgerichte uneinheitlich. Während einige Gerichte das Verfahren sehr zügig abwickeln und den Prüfungstermin innerhalb von drei Monaten nach der Entscheidung

72 BGH, ZIP 1994, 157, 159.
73 BGH, ZIP 1995, 932, 934 (unter II.2.c).
74 So BGH aaO (vorige Fußnote).
75 BGH ZIP 1995, 932, 934 (unter II.2.c).
76 LG Potsdam ZIP 1994, 1879, 1880; Kilger/*K.Schmidt* § 8 GesO Anm. 3; *Haarmeyer/Wutzke/ Förster* § 2 GesO Rn. 170 f. und § 5 GesO Rn. 33 f.

über die Aufnahme der Forderung in das Vermögensverzeichnis anberaumen, verfügen andere Gesamtvollstreckungsgerichte die Anberaumung der Prüftermine gemeinsam mit der Anberaumung des Schlußtermins. In letzterem Falle ist der Gläubiger also bis zum Schlußtermin nicht nur von seinem Stimmrecht ausgeschlossen, sondern darf, da das Gesamtvollstreckungsverfahren nicht öffentlich ist, beispielsweise auch den Verteilungsvorschlag (vgl. § 20 Rn. 4 ff.) und das dazu gehörige Schlußverzeichnis (§ 20 Rn. 6) nicht einsehen. Diese Vorgehensweise greift **unverhältnismäßig** in die Rechte des verspätet anmeldenden Gläubigers ein. Zwar muß der Gläubiger, der durch seine eigene Verspätung den vorläufigen Ausschluß von Mitwirkungsrechten an dem Verfahren selbst verursacht hat, sich dies zurechnen lassen und hat daher für einige Zeit diesen „rechtlosen" Zustand hinnehmen. Die verspätete Anmeldung darf aber nicht dazu führen, daß er vom gesamten Verfahren bis zum Schlußtermin ausgeschlossen bleibt, selbst wenn eine Prüfung seiner Forderung zeitnah zur Aufnahme in das vorläufige Vermögensverzeichnis möglich wird. In einem solchen Fall muß er zwar gegebenenfalls die Kosten für einen Prüfungstermin auf sich nehmen (vgl. § 142 KO), hat aber einen **Anspruch auf ein zügig durchgeführtes Prüfungsverfahren**.

Diesen Anspruch durchzusetzen ist allerdings schwierig, weil auch insoweit 63
Regelungen in der Gesamtvollstreckungsordnung nicht vorhanden sind, die Konkursordnung eine entsprechende Verspätungsproblematik nicht kennt und daher analog anwendbare Regelungen nicht bereit hält. Es erscheint jedenfalls sinnvoll, an das zuständige Gesamtvollstreckungsgericht einen förmlichen **Antrag auf Anberaumung eines Prüfungstermins** zu stellen und zugleich auch die Aufnahme der Forderung in das vorläufige Vermögensverzeichnis zu beantragen.

Sollte das Gesamtvollstreckungsgericht auf einen Antrag **durch Beschluß** 64
entscheiden, so ist hiergegen das Rechtsmittel der **Beschwerde** gegeben (§ 20 GesO, vgl. zur sofortigen weiteren Beschwerde § 6 Rn. 132 ff.).

Entscheidet das Gesamtvollstreckungsgericht über den Antrag auf Anberau- 65
mung eines Prüfungstermins hingegen **formlos oder gar nicht**, kann es allenfalls im Wege der **Dienstaufsichtsbeschwerde** dazu angehalten werden, einen zeitnahen Termin zur Prüfung der Forderung festzusetzen. Denn das Begehren einer Weisung an das Amtsgericht durch das Beschwerdegericht ist nach der bisher vorliegenden Rechtsprechung wegen fehlenden Rechtsschutzbedürfnisses unzulässig. Dies wird damit begründet, daß eine derartige Weisung in die Verfahrensweise des Gesamtvollstreckungsgerichts eingreifen würde und daher dem Beschwerdegericht nicht zustünde.[77] Damit kommt der Gläubiger im Extremfall nicht umhin, gegebenenfalls Jahre auf die Prüfung seiner Forderung zu warten.

Zweifelhaft ist, ob eine **Feststellungsklage** (§ 256 ZPO) gegen den Verwalter in 66
Betracht kommt, wenn dem Antrag auf Anberaumung eines Prüfungstermins

77 LG Dresden ZIP 1994, 1200.

nicht binnen eines angemessenen Zeitraums von einigen Monaten entsprochen wird. Nach der Rechtsprechung des Bundesgerichtshofs zum Vorrang des gesamtvollstreckungsverfahrensrechtlichen Mittels der Dienstaufsicht gegenüber einem Rechtsstreit im ordentlichen Prozeß ist jedoch davon auszugehen, daß auch in diesen Fällen das Rechtsschutzbedürfnis für eine Klage fehlt. Dies entspricht auch der Rechtsprechung des Reichsgerichts und des Bundesgerichtshofs zur Konkursordnung, nach der eine Klage auf Aufnahme in das Vermögensverzeichnis (§ 146 Abs. 2 KO) nicht zulässig ist.[78]

67 Wird der weitere **Prüfungstermin** auf einen Zeitpunkt **unmittelbar vor dem Schlußtermin** anberaumt (vgl. zu dieser Praxis § 20 Rn. 22 f.), besteht nach dieser Rechtsprechung die Gefahr, daß der Gläubiger mit seiner Forderung bei der Schlußverteilung nicht berücksichtigt wird. Im Hinblick auf den Vorrang gesamtvollstreckungsverfahrensrechtlicher Rechtsbehelfe empfiehlt es sich in diesen Fällen, zunächst eine sofortige Beschwerde gemäß § 20 GesO gegen die Anberaumung des Schlußtermins zu erheben.

4. Rechtsmittel gegen ablehnende oder zustimmende Entscheidung des Gesamtvollstreckungsgerichts

68 Rechtsmittel kommen nicht nur gegen die verfahrensrechtlichen Entscheidungen des Gesamtvollstreckungsgerichts über die Anberaumung eines Prüfungstermins in Betracht (vgl. § 20 Rn. 26). Der verspätet anmeldende Gläubiger oder die jeweils anderen Gläubiger können vor allem auch durch ablehnende oder zustimmende Entscheidungen von Verwalter oder Gesamtvollstreckungsgericht über die Zulassung der verspätet angemeldeten Forderung beschwert werden. Für die hiergegen bestehenden Rechtsmittel ist danach zu unterscheiden, ob der anmeldende oder die jeweils anderen Gläubiger beschwert sind.

a) Beschwerdebefugnis des anmeldenden Gläubigers und des Verwalters

69 Ist der Verwalter bereit, die verspätet angemeldete Forderung in das Verzeichnis aufzunehmen, verweigert das Gesamtvollstreckungsgericht jedoch seine Zustimmung, so kann der davon betroffene Gläubiger diese Entscheidung mit der **sofortigen Beschwerde** anfechten (vgl. Muster 13). Dieses Rechtsmittel ergibt sich aus § 20 GesO.[79] Ebenso steht dem Gläubiger die Möglichkeit der

---

78 RGZ 86, 394, 396; BGH LM § 146 KO Nr. 1.

79 *Haarmeyer/Wutzke/Förster* § 14 Rn. 23; Kilger/*K.Schmidt* § 14 Anm. 2 b); BezG, Frankfurt/ Oder, ZIP 1992, 284 und BGH, ZIP 1993, 157. Vor der Verkündung der vorgenannten BGH-Entscheidung waren Rechtsprechung und Literatur überwiegend der Ansicht, bei einer ablehnenden Entscheidung des Verwalters habe der Gläubiger vor einem ordentlichen Gericht Feststellungsklage zu erheben. Der gegen den Gesamtvollstreckungsverwalter gerichtete Anspruch auf Anerkennung und Prüfung einer verspätet angemeldeten Forderung sei nicht mit Rechtsbehelfen des Gesamt-

sofortigen Beschwerde offen, wenn das Gesamtvollstreckungsgericht von seiner durch die Rechtsprechung des Bundesgerichtshofs geschaffenen Befugnis, eine ablehnende Vorentscheidung des Verwalters zu „überwinden" (vgl. oben Rn. 55), keinen Gebrauch macht und damit die Aufnahme der verspätet angemeldeten Forderung in das Vermögensverzeichnis ablehnt.

Beschließt das Gesamtvollstreckungsgericht entgegen der Vorentscheidung des Verwalters, daß die Forderung in das Vermögensverzeichnis aufzunehmen ist, steht – wie bereits in Rn. 59 erwähnt – das Recht zur sofortigen Beschwerde **dem Verwalter** zu.[80] **70**

b) Beschwerdebefugnis der anderen Gläubiger

In § 14 GesO nicht geregelt ist ferner die Frage, ob die anderen Gläubiger gegen die Entscheidung des Verwalters oder des Gesamtvollstreckungsgerichts, die Forderung in das Vermögensverzeichnis aufzunehmen, Rechtsmittel einlegen können. Die anderen Gläubiger können erheblich davon betroffen sein, wenn eine verspätet angemeldete Forderung noch in das Vermögensverzeichnis aufgenommen und später auch vom Verwalter anerkannt wird, weil ihre Quote sich hierdurch beträchtlich verringern kann. Nach dem Wortlaut des § 20 GesO, der **allen** von einer Entscheidung des Gesamtvollstreckungsgerichts Betroffenen die Beschwerdemöglichkeit einräumt, dürfte die Zulässigkeit einer Beschwerde zu bejahen sein. Angesichts der uneinheitlichen Verfahrenspraxis bei den verschiedenen Gesamtvollstreckungsgerichten ist es allerdings sehr zweifelhaft, ob ein Gläubiger überhaupt je davon erfährt, daß eine verspätet angemeldete Forderung vom Gesamtvollstreckungsgericht in das Vermögensverzeichnis aufgenommen worden ist. In jedem Falle ist davon auszugehen, daß die gemäß § 239 ZPO zustellungspflichtigen Beschlüsse zwar im Regelfalle dem verspätet anmeldenden Gläubiger sowie dem Verwalter, nicht aber allen anderen hiervon betroffenen Gläubigern zugestellt werden. Da ein nicht zugestellter, aber zustellungspflichtiger Beschluß keine Rechtsmittelfrist auslöst, wäre in allen Fällen, in denen die anderen Gläubiger etwa erst im Schlußtermin von der Aufnahme der verspätet angemeldeten Forderung in das vorläufige Vermögensverzeichnis erfahren, eine sofortige Beschwerde nach § 20 GesO noch möglich. **71**

vollstreckungsverfahrens, sondern in einem gesonderten Erkenntnisverfahren zu verfolgen (siehe nur OLG Dresden, ZIP 1993, 1193, 1194 und ZIP 1993, 1826).

80 BGHZ 124, 247, 253; BGH ZIP 1995, 932, 934 (unter II.2.b).

§ 8 Gläubigerversammlungen

Übersicht

Siehe auch im Anhang I folgende Muster:
Muster 6: Eröffnungsbeschluß
Muster 15: Antrag des Gläubigers auf Ergänzung der Tagesordnung für eine Gläubigerversammlung
Muster 16: Zwischenbericht des Verwalters
er 17: Protokoll des Gerichts über die erste Gläubigerversammlung

1 Die Gläubigerversammlung ist das wichtigste Organ der staatlich überwachten **Selbstverwaltung** der Gläubiger.[1] Diese ist im Gesamtvollstreckungsverfahren in erheblich stärkerem Maße als im Konkursverfahren so ausgestaltet, daß die Durchführung des Verfahrens den Beteiligten weitgehend selbst obliegt. Dem Gericht verbleiben lediglich Kontroll- und Leitungsbefugnisse.

---

1 Beschluß des Ministerrates der DDR 10/13/90 zur Verordnung über die Gesamtvollstreckung und über die Verordnung über die Vollstreckung in Grundstücke vom 06.06.1990, S. 2 der Begründung (Siehe unten Anhang III 2.); *Smid*/Zeuner § 15 GesO Rn. 4. Zu den Aufgaben der Gläubigerversammlung vgl. *Pape* ZIP 1990, 1251 f.

Die erste Gläubigerversammlung wird regelmäßig kurz nach der Eröffnung des Verfahrens einberufen. Ihre Aufgabe besteht insbesondere darin, den Verwalter zu bestellen, Beschluß zu fassen über eine Fortführung oder Schließung des Unternehmens sowie gegebenenfalls einen Gläubigerausschuß zu wählen. Im Laufe des Gesamtvollstreckungsverfahrens finden weitere Gläubigerversammlungen statt zur Prüfung der angemeldeten Forderungen (siehe unten Rn. 40 ff.), zur Abstimmung über den Verteilungsvorschlag des Verwalters (Schlußtermin, siehe § 20 Rn. 21 ff.) oder auch zur Information der Gläubiger oder Beschlußfassung über bestimmte Handlungen des Verwalters. **2**

I. Erste Gläubigerversammlung

Die erste Gläubigerversammlung, wie auch alle späteren Gläubigerversammlungen, kann nur vom Gericht einberufen werden (§ 15 Abs. 1 GesO). Die Einberufung erfolgt in der Praxis oftmals mit dem Eröffnungsbeschluß (siehe Muster 6), der auszugweise im Bundesanzeiger sowie in einer Tageszeitung veröffentlicht wird (§ 6 Abs. 1 GesO). Er enthält oftmals den Termin für die erste Gläubigerversammlung (vgl. im einzelnen § 6 Rn. 19, Muster 6). **3**

1. Zeitpunkt der ersten Gläubigerversammlung

Hinsichtlich des Zeitpunkts der ersten Gläubigerversammlung sieht die Gesamtvollstreckungsordnung nur vor, daß diese nach der Bestellung des Verwalters zu erfolgen hat (§ 15 Abs. 1 Satz 3 GesO). Nach § 1 Abs. 3 GesO hat die Bestimmung des Zeitpunkts deshalb gemäß §§ 214 ff. ZPO[2] zu erfolgen. Sie steht im pflichtgemäßen Ermessen des Gesamtvollstreckungsgerichts.[3] Dieses Ermessen ist jedoch insoweit reduziert, als die erste Gläubigerversammlung **unmittelbar nach Bestellung des Verwalters** anzuberaumen ist. Denn die Gläubigerversammlung hat im Rahmen ihres Rechts auf Selbstverwaltung auch über die Person des Verwalters abzustimmen und kann einen anderen als den vom Gericht bestellten Verwalter wählen. Um dieses Recht effektiv ausüben zu können, sollte die erste Gläubigerversammlung spätestens sechs Wochen nach Eröffnung des Verfahrens und Ernennung des vom Gericht bestellten Verwalters durchgeführt werden. Dies entspricht auch § 110 KO, nach der diese Gläubigerversammlung binnen eines Monats nach Eröffnung des Verfahrens stattzufinden hat. Bei einer Zusammenkunft der Gläubiger zu einem späteren Zeitpunkt wären die wesentlichen Entscheidungen (über eine Geschäftsfortführung und Verwertungsmaßnahmen) durch den vom Gericht eingesetzten Verwalter dagegen regelmäßig bereits getroffen, so daß die Gläubiger auf den Verlauf des Verfahrens keinen nennenswerten Einfluß mehr ausüben könnten. **4**

---

2 Vgl. Anhang II.4.

3 Zöller/*Stöber* § 216 ZPO Rn. 18.

2. Ladung zur ersten Gläubigerversammlung

5 Zur Gläubigerversammlung hat das Gesamtvollstreckungsgericht **den Verwalter** und **die Gläubiger** zu laden (§ 15 Abs. 1 Satz 1 GesO). Die Anwesenheit des Verwalters bei der ersten Gläubigerversammlung ist zwar in der Gesamtvollstreckungsordnung nicht ausdrücklich vorgesehen, ihre Notwendigkeit ergibt sich aber aus dem Sinn und Zweck der ersten Gläubigerversammlung. In der ersten Gläubigerversammlung wird der vom Gesamtvollstreckungsgericht vorläufig bestellte (vgl. § 6 Rn. 12) oder ein anderer Verwalter gewählt,[4] der der ersten Gläubigerversammlung Bericht zu erstatten hat und für Rückfragen der Gläubiger zur Verfügung stehen muß. In der Praxis erstattet der Verwalter in der Regel zunächst seinen Bericht, damit die Gläubiger eine Grundlage für ihre Abstimmung über die Person des Verwalters haben.

6 Keine Aussage trifft die Gesamtvollstreckungsordnung darüber, nach welchen Vorschriften die Ladung zu erfolgen hat. Insbesondere fehlen Regelungen, wie sie § 111 Abs. 1 und 3 KO für die Bekanntmachung der Termine der Gläubigerversammlungen (öffentliche Bekanntmachung und Zustellung an die bekannten Gläubiger) und § 93 Abs. 2 Satz 1 KO für die Berufung der Gläubigerversammlung (öffentliche Bekanntmachung) enthält. Diese Regelungslücke der Gesamtvollstreckungsordnung ist durch entsprechende Anwendung der vorgenannten konkursrechtlichen Bestimmungen und nicht über § 1 Abs. 3 GesO durch die Vorschriften der Zivilprozeßordnung zu schließen. Die Zivilprozeßordnung ist auf Verfahren mit wenigen, aber jedenfalls bekannten Parteien zugeschnitten. Diese Bestimmungen passen nicht für Massenverfahren mit einem in der Regel großen Kreis von Beteiligten.[5] Jedoch kann § 1 Abs. 3 GesO insoweit als Rechtsfolgenverweisung verstanden werden, als sich die Durchführung der jeweils durch die Gesamtvollstreckungsordnung vorgeschriebenen Mitteilungen und Ankündigungen nach Maßgabe der Zivilprozeßordnung richten.

7 Nach dem Vorstehenden erfolgt die Ladung zur ersten Gläubigerversammlung durch das Gesamtvollstreckungsgericht im Wege der **öffentlichen Bekanntmachung durch Einrückung in den Bundesanzeiger** (§§ 203, 204 Abs. 3 ZPO).[6]

8 Neben der öffentlichen Bekanntmachung sollte das Gesamtvollstreckungsgericht in analoger Anwendung von § 111 KO auch die ihm bekannten Gläubiger laden, und zwar nach Maßgabe der §§ 214, 208, 166 f. ZPO. Da keine Pflicht des Gerichtes zur Ermittlung von Gläubigern besteht,[7] kommt dieser Verpflichtung bei der Ladung zur ersten Gläubigerversammlung weniger praktische

4 Vgl. Hess/*Binz* , KO, § 15 GesO Rn. 14 ff.; *Smid* § 15 GesO Rn. 32 ff.

5 LG Halle ZIP 1995, 1757, 1758.

6 *Smid*/Zeuner § 15 GesO Rn. 15; *Haarmeyer/Wutzke/Förster § 15 GesO Rn. 5; Gottwald/Klopp* S. 32 Rn. 4.

7 Vgl. Jaeger/Weber § 111 KO Rn. 3.

Bedeutung zu, insbesondere wenn die Ladung bereits in Verbindung mit der Bekanntmachung des Eröffnungsbeschlusses erfolgt.

In der Praxis werden die Verfahrensbeteiligten häufig **nur** im Wege der öffentlichen Bekanntmachung geladen und es erfolgt keine Ladung der dem Gericht bekannten Gläubiger. Diese Praxis führt zu einer Einschränkung des Rechtsschutzes der Gläubiger und einer Minderung ihres verfassungsrechtlich garantierten Anspruchs auf rechtliches Gehör (Art. 103 Abs. 1 GG). Im Hinblick auf den Zweck der Verfahrensbeschleunigung,[8] die Besonderheit des Insolvenzverfahrens als einem Masseverfahren, in dem der Kreis der Beteiligten groß ist, und unter dem Gesichtspunkt der Praktikabilität (Vermeidung zusätzlicher Belastung der Gerichte in den neuen Bundesländern) muß diese Einschränkung des Rechtes der Gläubiger toleriert werden.[9] Eine andere Rechtsauffassung wurde wegen der Rechtsfolge der Nichtigkeit von Beschlüssen einer nicht ordnungsgemäß einberufenen Gläubigerversammlung (dazu Rn. 10) zu nicht hinnehmbarer Rechtsunsicherheit führen. Daß die Ladung der Gläubiger ausschließlich durch öffentliche Bekanntmachung in Übereinstimmung steht mit den Grundsätzen der Gesamtvollstreckungsordnung ergibt sich auch aus § 5 iVm. § 6 Abs. 1 Satz 1 GesO. Danach ist es ausreichend, wenn beispielsweise die Beschlagnahme des Schuldnervermögens (§ 5 Nr. 1 GesO) oder die mit Ausschlußwirkung versehene Forderungsanmeldungsfrist (§ 5 Nr. 3 GesO), die Inhalt des Eröffnungsbeschlusses sein müssen, ebenfalls nur öffentlich bekanntgemacht werden (§ 6 Abs. 1 Satz 1 GesO). Dies muß erst recht für die weniger einschneidende Rechtsfolgen auslösende Ladung zur Gläubigerversammlung gelten.[10] Für die dem Verwalter bereits bekannten Gläubiger werden die mit der bloßen öffentlichen Bekanntmachung der Ladung verbundenen Folgen zudem dadurch gemildert, daß der Verwalter ihnen den „Eröffnungsbeschluß“ zu übersenden hat (§ 6 Abs. 3 GesO). 9

Beschlüsse einer Gläubigerversammlung, zu der nicht ordnungsgemäß geladen worden ist, sind nicht lediglich anfechtbar, sondern **nichtig**. Das entspricht für den Anwendungsbereich der Konkursordnung der überwiegenden Auffassung in der Literatur.[11] Danach sind Beschlüsse, die in einer nicht ordnungsgemäß einberufenen Gesellschafterversammlung gefaßt werden, nur dann nicht nichtig, wenn sämtliche Gesellschafter anwesend oder vertreten sind.[12] Das gleiche muß entsprechend auch für Gläubigerversammlungen im Gesamtvollstreckungsverfahren angewendet werden.[13] Dies kann zwar insbesondere im Hinblick auf die Unsicherheiten, die in der Praxis hinsichtlich der Zustellung des Eröffnungsbeschlusses bestehen, zur Unwirksamkeit zahlreicher Gläubigerversammlungs- 10

8 Vgl. BVerfG ZIP 1995, 923, 924.
9 Vgl. auch LG Halle ZIP 1995, 486, 488 und 1757, 1758.
10 LG Halle ZIP 1995, 486, 488.
11 Kuhn/*Uhlenbruck* § 98 KO Rn. 2 und 3; Hess § 98 KO Rn. 2; Jäger § 98 KO Rn. 1.
12 Kuhn/*Uhlenbruck* § 98 KO Rn. 2 und 3 mHa.: BGHZ 11, 231, 238; BGHZ 19, 108, 109; Hess § 98 KO Rn. 2; Jäger § 98 KO Rn. 1.
13 Kuhn/*Uhlenbruck* § 98 KO Rn. 2 und 3.

beschlüsse führen. Der Schutz der Gläubiger ist jedoch vorrangig. Die Nichtigkeitsfolge führt in Gesamtvollstreckungsverfahren auch nicht zu untragbaren Ergebnissen. Die wichtigste Entscheidung der Gläubigerversammlung, nämlich der Beschluß über die Bestellung des Verwalters wäre zwar unwirksam, aber der Verwalter bliebe aufgrund seiner vorherigen wirksamen vorläufigen Bestellung durch das Gesamtvolstreckungsgericht in seinem Amt. Er könnte und kann seine Befugnisse aufgrund dieser Bestellung ausüben. Es wäre aber in jedem Fall eine Gläubigerversammlung nachzuholen und der Verwalter durch eine ordnungsgemäß einzuberufende Gläubigerversammlung zu wählen. Die Nichtigkeitsfolge wirkt unmittelbar, so daß eine Feststellung der Nichtigkeit durch das Gesamtvollstreckungsgericht nicht erforderlich ist.[14] Einzelne Gläubiger, die sich auf die Nichtigkeit des Beschlusses der Gläubigerversammlung berufen, müssen deshalb die Nichtigkeit des Beschlusses nicht besonders feststellen lassen. Sie können unmittelbar gegen die aufgrund des nichtigen Beschlusses ergriffene Maßnahme des Verwalters oder des Gerichts vorgehen.

11 Die Gesamtvollstreckungsordnung regelt nicht die **Ladungsfristen** für die erste Gläubigerversammlung. Diese ist der Zivilprozeßordnung zu entnehmen (§ 1 Abs. 3 GesO). Sie beträgt mindestens **drei Tage** ab der Zustellung (§ 217 ZPO). Da die Ladung zur ersten Gläubigerversammlung der öffentlichen Zustellung bedarf (vgl. Rn. 7), die erst einen Monat nach der Veröffentlichung als erfolgt gilt (§ 206 ZPO),[15] kann eine erste Gläubigerversammlung frühestens einen Monat und 3 Tage nach der Veröffentlichung stattfinden.[16]

3. Ort der ersten Gläubigerversammlung

12 Die Gesamtvollstreckungsordnung bestimmt ebenfalls nicht über den Ort zur Durchführung der ersten Gläubigerversammlung. In § 15 Abs. 4 Satz 1 GesO wird lediglich klargestellt, daß Gläubigerversammlungen unter der Leitung des Gesamtvollstreckungsgerichts stehen. Im Ergebnis zutreffend wird von der Literatur daher überwiegend die Auffassung vertreten, daß die erste **Gläubigerversammlung bei dem zuständigen Gericht** stattfinden müsse. Dies ergibt sich insbesondere aus den gemäß § 1 Abs. 3 GesO ergänzend anwendbaren Vorschriften der Zivilprozeßordnung, nach denen jegliche Termine an der Gerichtsstelle stattzufinden haben (§ 219 Abs. 1 ZPO).

4. Ablauf der ersten Gläubigerversammlung

13 Die Gläubigerversammlung wird vom Gericht geleitet. Von wenigen Ausnahmen abgesehen haben zu ihr nur Gläubiger und deren Vertreter Zutritt.

---

14 Vgl. Kuhn/*Uhlenbruck* § 98 KO Rn. 3.

15 LG Halle ZIP 1995, 1757, 1758.

16 Vgl. zum Prüfungstermin *Hess/Binz/Wienberg* § 11 GesO Rn. 20; ebenso Hess/*Binz* KO § 15 GesO Rn. 3.

a) Hausrecht des Gerichts

Wie alle Gläubigerversammlungen findet auch die erste Gläubigerversammlung unter der Leitung des Gerichts statt (§ 15 Abs. 4 Satz 1 GesO).[17] Dem Gericht steht hierbei das **Hausrecht** zu. Es hat für eine ordnungsgemäße Durchführung der Versammlung zu sorgen.[18] Aufgrund der ergänzenden Anwendbarkeit der Zivilprozeßordnung gelten für die Leitung der Gläubigerversammlung die §§ 136 bis 144, 156 ZPO. Darüber hinaus übt das Gericht die Ordnungsgewalt in der Sitzung entsprechend §§ 176 bis 183 GVG[19] aus. Diese Vorschriften enthalten für gerichtliche Sitzungen einen allgemeinen Grundsatz.[20] Das Gesamtvollstreckungsgericht kann danach unter den Voraussetzungen des § 178 GVG **Verwarnungen** aussprechen, ein Ordnungsgeld bis zu DM 2.000,00 festsetzen oder eine Ordnungshaft bis zu einer Woche anordnen. Wird die Sitzung von einem Rechtspfleger geleitet, können von diesem allerdings nur Geldstrafen verhängt werden (§ 4 Abs. 2 Satz 2 RPflG, Art. 104 Abs. 2 GG). **14**

b) Protokollierungspflicht des Gerichtes

Das Gericht hat seine Beschlüsse und die der Gläubigerversammlung in ein **Protokoll** aufzunehmen und hierbei auch die Abstimmungsergebnisse im einzelnen zu protokollieren. Dem Protokoll muß sich entnehmen lassen, wie viele Gläubiger anwesend waren, einem Vorschlag zugestimmt und in welchem Umfang die abgegebenen Stimmen angemeldete Forderungen repräsentiert haben (vgl. Muster 17).[21] Sofern das Protokoll den Inhalt der Gläubigerversammlung und/oder deren Beschlüsse nicht zutreffend wiedergibt, kann es nach § 1 Abs. 3 GesO iVm. § 164 Abs. 1 ZPO von Amts wegen oder auf Antrag eines Beteiligten jederzeit berichtigt werden, und zwar hinsichtlich jeder Unrichtigkeit, nicht nur wegen offenbarer Unrichtigkeiten[22]. **15**

c) Parteiöffentlichkeit

Das Gericht hat für den Ausschluß der Öffentlichkeit[23] Sorge zu tragen. Die Gesamtvollstreckungsordnung ordnet dies zwar nicht ausdrücklich an; es dürfte aber dem Charakter der „Verhandlungen" – ähnlich der in Vollstreckungs-oder Familiensachen – entsprechen, Gläubigerversammlungen grundsätzlich **nur als parteiöffentlich** anzusehen, so daß die Teilnahme an ihnen nur Gläubigern oder **16**

17 *Smid*/Zeuner § 15 GesO Rn. 39; *Hess/Binz/Wienberg* § 15 GesO Rn. 5; Hess/*Binz* KO § 15 GesO Rn. 5.
18 *Smid*/Zeuner § 15 GesO Rn. 39.
19 Abgedruckt im Anhang II.4.
20 *Smid*/Zeuner § 11 GesO Rn. 32.
21 *Smid*/Zeuner § 15 GesO Rn. 43; Hess/*Binz* KO § 15 GesO Rn. 8.
22 Vgl. Baumbach/Lauterbach/Albers/*Hartmann* § 164 ZPO Rn. 2.
23 Vgl. hierzu *Smid*/Zeuner § 15 GesO Rn. 41, 42; *Hess/Binz/Wienberg* § 15 GesO Rn. 7 mwN; Hess/*Binz* KO § 15 GesO Rn. 6f.

ihren Vertretern und Mitgliedern des Gläubigerausschusses gestattet ist.[24] In Einzelfällen kann das Gericht auch anderen Personen die Teilnahme an der Gläubigerversammlung gestatten (§ 175 Abs. 2 Satz 1 GVG).

17 Um dem Grundsatz der Nichtöffentlichkeit gerecht zu werden, muß das Gericht jeden Anwesenden, der ihm nicht persönlich bekannt ist, zur Vorlage von **Ausweispapieren** anhalten. Organe oder Prokuristen einer Gesellschaft/Handelsunternehmen haben bei einigen Gerichten zur ordnungsgemäßen Legitimation nicht nur ihren Ausweis, sondern darüber hinaus auch einen Auszug aus dem Handelsregister vorzulegen. Um das Risiko der Teilnahmeverweigerung auszuschließen, sollten diese Personen vorsorglich einen aktuellen und beglaubigten Handelsregisterauszug mitführen. Soweit sich Gläubiger vertreten lassen, haben die Vertreter ihre Bevollmächtigung durch Vorlage einer entsprechenden Urkunde nachzuweisen.

18 Rechtsanwälte haben wegen der Regelung in § 88 ZPO eine **schriftliche Vollmacht** nur vorzulegen, wenn ein anderer Beteiligter den Mangel der Vollmacht rügt.[25] Von Amts wegen erfolgt eine Prüfung nicht (§ 88 Abs. 2 letzter Halbsatz ZPO). Im Bestreitensfalle kann die Vollmacht nachgereicht werden. Vorsorglich sollten aber auch Rechtsanwälte eine schriftliche Vollmacht mitführen.

19 Der Nachweis der Teilnahmeberechtigung empfiehlt sich insbesondere deshalb, weil eine Entscheidung des Gerichts über den Ausschluß eines Gläubigers oder seines Vertreters von der Teilnahme sofort wirksam wird. Auch eine Beschwerde gegen diesen Beschluß hat keine aufschiebende Wirkung (siehe § 6 Rn. 131). Selbst eine stattgebende Beschwerdeentscheidung führt dazu, daß die Gläubigerversammlung zunächst ohne den ausgeschlossenen Gläubiger abgehalten wird; in diesem Fall ist sie aber zu wiederholen.

d) Teilnahmerecht von Presse und Sondergläubigern

20 Ungeachtet des Grundsatzes der bloßen Parteiöffentlichkeit hat neben den Gläubigern (darunter auch ab- und aussonderungsberechtigten Gläubigern) regelmäßig auch die **Presse** die Möglichkeit, auf Antrag an der Versammlung teilzunehmen.[26] Ferner haben auch Massegläubiger das Recht, an der Versammlung teilzunehmen.[27]

---

24 Vgl. *Haarmeyer/Wutzke/Förster* § 15 GesO Rn. 14; ebenso *Smid*/Zeuner § 15 GesO Rn. 40.

25 Vgl. MünchKomm § 88 ZPO Rn. 1, 4.

26 *Smid*/Zeuner § 15 GesO Rn. 41; *Hess/Binz/Wienberg* § 15 GesO Rn. 7; Hess/*Binz* KO § 15 GesO Rn. 7.

27 Str. dafür: *Hess/Binz/Wienberg* § 15 GesO Rn. 7, 7 a); Hess/*Binz* KO § 15 GesO Rn. 7; *Smid*/Zeuner § 15 GesO Rn. 41; dagegen: *Haarmeyer/Wutzke/Förster* § 15 GesO Rn. 9, soweit es Massegläubiger betrifft.

5. Abstimmungen und Stimmrechte

Für die Beschlußfassung in der Gläubigerversammlung ist es wichtig, wie die Mehrheitsbildung erfolgt und welches Gewicht die Stimmen der einzelnen Gläubiger haben. **21**

a) Anforderungen an die Beschlußfassung

Beschlüsse der Gläubigerversammlung müssen mit einer doppelten Mehrheit gefaßt werden:[28] Nach § 15 Abs. 4 Satz 2 GesO bedürfen die Beschlüsse zunächst der einfachen Mehrheit der anwesenden Gläubiger **(Mehrheit nach Köpfen)**. Erfolgt die Beschlußfassung nicht einstimmig, ist **zusätzlich** erforderlich, daß die Mehrheit der anwesenden Gläubiger auch mindestens die **Hälfte der Summe der Forderungen** der anwesenden Gläubiger auf sich vereinigt.[29] **22**

Die Gesamtvollstreckungsordnung weicht damit von der in der Konkursordnung bestimmten ausschließlichen Anknüpfung an den Wert der Forderung ab. Hierdurch wird erreicht, daß einerseits Großgläubiger nicht dazu in der Lage sind, ihre Rechte einseitig durchzusetzen, sie aber andererseits auch nicht von den Kleingläubigern überstimmt werden können. Diese Methode kann indes zu einer Lähmung der Gläubigerversammlung führen, da außer in Fällen der Stimmengleichheit auch dann keine Mehrheitsentscheidung zustande kommt, wenn einzelne Großgläubiger mehr als die Hälfte der angemeldeten Forderungen auf sich vereinigen und gegen den zur Abstimmung gestellten Vorschlag stimmen. **23**

b) Festsetzung des Stimmrechtes

Besonders in der ersten Gläubigerversammlung stellt sich die Frage, wer als Gläubiger und gegebenenfalls mit welcher Forderungshöhe an Abstimmungen der Gläubigerversammlung teilnehmen darf. Denn zahlreiche Gerichte beraumen die erste Gläubigerversammlung bereits für einen Zeitpunkt vor Ablauf der Forderungsanmeldungsfrist an. Dies scheint zwar im Hinblick auf die Bewertung von Stimmrechten in der Gläubigerversammlung nicht sachgerecht, ist aber vor dem Hintergrund sinnvoll, daß der erst in der Gläubigerversammlung zu wählende Verwalter Adressat der Forderungsanmeldung ist. **24**

Das Verfahren der Stimmrechtsfestsetzung ist in der Gesamtvollstreckungsordnung nicht geregelt. In Anlehnung an die Konkursordnung (§ 95 KO) ist davon auszugehen, daß das Stimmrecht durch Beschluß des Gerichts festzusetzen ist.[30] Die Entscheidung über das Stimmrecht dem Grunde und der Höhe nach ist **25**

---

28 Vgl. *Lübchen* § 15 Anm. 2.
29 Vgl. Erläuterung zu Kapitel III der Anlage II des Einigungsvertrages, zu Sachgebiet A, Abschnitt II Nr. 1 (abgedruckt im Anhang III.3.)
30 *Hess* KO § 95 KO Rn. 3; Hess/*Binz Hess/Binz/Wienberg* § 15 GesO Rn. 7 g.

aufgrund der bloßen Behauptung des Bestehens einer Forderung nicht möglich, wenn ein anderer Gläubiger – nicht aber ein Massegläubiger –[31] oder der Verwalter das Bestehen oder die Höhe der Forderung bestreitet. In diesem Falle obliegt es dem betroffenen Gläubiger, seine Forderung darzulegen.[32] Ist die Darlegung schlüssig, bleibt ein Widerspruch gegen das Stimmrecht nur dann beachtlich, wenn der Widersprechende die Gründe seines Bestreitens **substantiiert darlegt**.[33] Läßt sich auch hiernach keine eindeutige Entscheidung finden, so hat der Gläubiger seine Forderung – etwa durch Vorlage von Verträgen oder Rechnungen -glaubhaft zu machen.[34] Es empfiehlt sich daher aus Vorsichtsgründen, entsprechende Unterlagen zur ersten Gläubigerversammlung mitzubringen.

26 Häufig ist das Gericht in der Gläubigerversammlung im Hinblick auf das Bestehen von Forderungen schwierigen Rechtsfragen ausgesetzt, über die im Rahmen einer Gläubigerversammlung nicht abschließend entschieden werden kann. Es besteht dann nur die Möglichkeit,

- — den Gläubiger von der Abstimmung auszuschließen,
- — den Gläubiger lediglich mit einem Teil der Forderung zur Abstimmung zuzulassen, damit das Verfahren für den Fall, daß sich der behauptete Anspruch nachträglich als nicht bestehend herausstellt, nicht von ihm maßgeblich beeinflußt werden kann oder
- — den Gläubiger mit dem vollen Wert seiner Forderung zur Abstimmung zuzulassen.

27 Da die erstgenannte Möglichkeit unter Berücksichtigung der Rechte des betroffenen Gläubigers (Art. 103 Abs. 1 und 14 Abs. 1 GG) abzulehnen ist, muß ein Gesamtvollstreckungsgericht das Stimmrecht – jedenfalls teilweise – bereits dann zusprechen, wenn das Bestehen des behaupteten Anspruch möglich erscheint.[35] Der Umfang des gewährten Stimmrechts ist vom Gericht im Protokoll zu vermerken.

c) Rechtsmittel gegen die Entscheidung über das Stimmrecht

28 Die Zulässigkeit der sofortigen Beschwerde gegen Entscheidungen des Gerichts über das Stimmrecht ist in der Vergangenheit zunächst unter Hinweis auf § 95 Abs. 3 KO verneint worden.[36] Nunmehr vertreten Rechtsprechung und Literatur überwiegend zu Recht die Auffassung, daß der Beschluß des Gerichts nach

---

31 *Smid*/Zeuner § 15 GesO Rn. 4.

32 *Smid*/Zeuner § 15 GesO Rn. 48; ähnlich *Pape* ZIP 1991, 843.

33 Vergleichbar *Pape* ZIP 1991, 843.

34 *Smid*/Zeuner § 15 GesO Rn. 48; siehe auch *Pape* ZIP 1991, 843.

35 In diesem Sinne: BezG Leipzig ZIP 1992, 1507; *Smid*/Zeuner § 15 GesO Rn. 51, 62; *Pape* ZIP 1991, 843.

36 *Haarmeyer/Wutzke/Förster* § 15 GesO Rn. 18 a.

§ 20 GesO mit der sofortigen Beschwerde angegriffen werden kann.[37] Zur Einlegung der Beschwerde siehe oben § 6 Rn. 119.

6. Beschlüsse der ersten Gläubigerversammlung

Die erste Gläubigerversammlung beschließt über die Bestellung des Verwalters, die Fortführung des Unternehmens des Schuldners, die Bildung eines Gläubigerausschusses und den Umfang der Berichtspflicht des Verwalters. **29**

a) Bestellung des Verwalters

Das Gesamtvollstreckungsgericht hat mit dem Eröffnungsbeschluß zunächst einen vorläufigen Verwalter bestellt (vgl. § 6 Rn. 12). In der ersten Gläubigerversammlung ist durch die Gläubiger dieser oder ein anderer Verwalter zu wählen (§ 15 Abs. 3 Satz 1 GesO). Dieser Verwalter ist vom Gericht zu ernennen. Das Gericht darf die Ernennung also nur dann versagen, wenn ihm der durch die Gläubiger gewählte Verwalter als nicht geeignet erscheint (§ 15 Abs. 3 Satz 2 GesO). Dies kann der Fall sein, wenn das Gericht die begründete Befürchtung hat, der Gewählte sei unzuverlässig oder unfähig, die Aufgaben eines Verwalters ordnungsgemäß zu erfüllen.[38] **30**

In der Praxis werden regelmäßig die von den Gesamtvollstreckungsgerichten zunächst zum Verwalter bestellten Personen in der ersten Gläubigerversammlung in ihrem Amt bestätigt. Nur in Ausnahmefällen wählen die Gläubiger einen anderen Verwalter. **31**

b) Beschluß über Fortführung oder Schließung des Unternehmens

Der Beschluß über die Fortführung oder Schließung des Schuldnerunternehmens ist nach dem Wortlaut der Gesamtvollstreckungsordnung nicht zwingend bereits in der ersten Gläubigerversammlung zu fassen (§ 15 Abs. 5 GesO). In der Praxis stimmen die Gläubiger hierüber jedoch regelmäßig in ihrer ersten Gläubigerversammlung ab. Die Entscheidung bedarf einer sorgfältigen Abwägung, da mit der Fortführung eines Unternehmens Kosten, insbesondere Personalkosten, verbunden sind, aber auch zu die Teilungsmasse erhöhenden Gewinnen oder sogar zur Sanierung des Unternehmens führen kann. Den Gläubigern ist die Beurteilung der Erfolgsaussichten einer Fortführung des Unternehmens in aller Regel nicht möglich, so daß sie für die Abstimmung auf **32**

---

37 *Smid*/Zeuner § 15 GesO Rn. 50 f.; *Haarmeyer/Wutzke/Förster* § 15 GesO Rn. 20 f.; Kilger/ *K. Schmidt* § 20 GesO Anm. 1 a); BezG Leipzig ZIP 1992, 1507; aA wohl *Hess/ Binz/Wienberg* § 15 GesO Rn. 13 a f., die aber die außerordentliche Beschwerde in Einzelfällen zulassen wollen.

38 Vgl. *Hess/Binz/Wienberg* § 15 GesO Rn. 15; Hess/*Binz* KO § 15 GesO Rn. 15; *Haarmeyer/Wutzke/Förster* § 15 GesO Rn. 28.

die Empfehlung des bisherigen Verwalters angewiesen sind. Zumeist wird der Empfehlung des Verwalters gefolgt.

c) Wahl eines Gläubigerausschusses

33 Zu den in der ersten Gläubigerversammlung zu fassenden Beschlüssen gehört auch die Entscheidung, ob zur Wahrnehmung der Rechte der Gläubiger ein Gläubigerausschuß gebildet werden soll.

34 Der Verwalter ist in stärkerem Maße gegenüber einem Gläubigerausschuß als gegenüber der Gläubigerversammlung zur Rechenschaftslegung verpflichtet. Er unterliegt damit, wenn ein Gläubigerausschuß gewählt wird, einer sehr weitgehenden Kontrolle der Gläubiger (vgl. zu den Einzelheiten § 11 Rn. 31 ff.).

35 Dies führt in der Praxis allerdings dazu, daß die Gläubigerversammlung selbst über den Fortgang des Verfahrens nur noch äußerst schleppend und in Einzelfällen gar nicht mehr informiert wird. Nicht selten versuchen auch einzelne Gläubiger oder Gläubigergruppen, durch die Bestellung eines Gläubigerausschusses und seine Besetzung ihre persönlichen Interessen durchzusetzen.

36 Bei Abwägung der für und gegen die Bildung eines Gläubigerausschusses sprechenden Argumente läßt sich nicht pauschal feststellen, daß seine Bildung für die Gläubiger von Vor- oder Nachteil ist. Letztlich wird diese Entscheidung im Einzelfall getroffen werden müssen. Jedenfalls stellt die Bildung eines Gläubigerausschusses die weitgehenste Möglichkeit der Gläubiger dar, auf das Verfahren Einfluß zu nehmen und den Verwalter zu überwachen (vgl. hierzu § 11 Rn. 31 ff.).

d) Umfang der Berichtspflicht des Verwalters

37 In der ersten Gläubigerversammlung wird ferner festgelegt, in welchem zeitlichen Rhythmus der Gläubigerversammlung durch den Verwalter Bericht zu erstatten bzw. Rechnung zu legen ist (§ 15 Abs. 5 Satz 2 GesO). Die Festlegung der Gläubigerversammlung muß dabei für den Verwalter zumutbar sein. Es muß ein vernünftiger Kompromiß zwischen dem Arbeits- und Zeitaufwand des Verwalters einerseits und den Gläubigerinteressen andererseits gefunden werden.[39] Der Verwalter hat in den von ihm zu erstellenden Berichten über die Entwicklung der Vermögenssituation des Schuldners bis zur Verfahrenseröffnung und unter Vorlage aussagekräftiger Unterlagen die Entwicklung des Vermögens vom Zeitpunkt der Eröffnung des Verfahrens bis zur Aufstellung des jeweiligen Berichtes darzulegen.[40]

38 Mit diesen Auskünften erfüllt der Verwalter regelmäßig die ihm obliegende Informationspflicht gegenüber den Gläubigern. Er ist grundsätzlich nicht verpflichtet, **einzelne** Gläubiger außerhalb der Gläubigerversammlung über den

---

39 *Smid*/Zeuner § 15 GesO Rn. 67; BGHZ 70, S 86, 91.

40 Vgl. *Smid*/Zeuner § 15 GesO Rn. 68; vgl. auch Anhang I Muster 16.

Stand des Verfahrens zu unterrichten (vgl. § 12 Rn. 14 ff.). Die Gläubiger haben lediglich die Möglichkeit, sich aus den vom Verwalter erstellten Berichten zu informieren, die Gerichtsakte einzusehen und weitere Fragen in der Gläubigerversammlung anzusprechen.[41] Eine Verpflichtung zur Auskunft über den Stand des Verfahrens besteht aber dann, wenn dies für den Gläubiger zum Zwecke seiner Rechte unerläßlich ist (vgl. § 12 Rn. 16).[42]

In der Praxis werden Anfragen einzelner Gläubiger von den Verwaltern aber **39** regelmäßig beantwortet. Einige Verwalter verlangen zur Schonung der Masse, daß der anfragende Gläubiger Portokosten übernimmt oder einen Freiumschlag für die Rückantwort beifügt. Dies ist insbesondere bei massearmen Verfahren der Fall.

II. Weitere Gläubigerversammlungen

Nach der ersten Gläubigerversammlung zur Beschlußfassung über die Wahl des **40** Verwalters und die Bildung eines Gläubigerausschusses kann es im Laufe eines Gesamtvollstreckungsverfahrens sinnvoll und erforderlich sein, eine oder mehrere weitere Gläubigerversammlungen einzuberufen, durch die die Gläubiger am Gesamtvollstreckungsverfahren beteiligt werden. Unter bestimmten Voraussetzungen können die Gläubiger selbst beantragen oder anregen, eine weitere Gläubigerversammlung einzuberufen. Die Einberufung erfolgt durch das Gericht.

1. Aufgaben und Befugnisse der weiteren Gläubigerversammlung

Die Gläubigerversammlung ist ein Organ der Gläubigerselbstverwaltung (siehe **41** oben Rn. 1). Um die Selbstverwaltungsaufgaben sachgerecht erfüllen zu können, hat die Gläubigerversammlung das Recht, die Tätigkeit des Verwalters zu überwachen und zu beaufsichtigen; dies allerdings nur in beschränktem Umfang. Ob ihr neben den im Gesetz ausdrücklich genannten Entscheidungen (Wahl des Verwalters, Beschluß über die Fortführung oder Schließung des Unternehmens des Schuldners, Abschluß eines Vergleichs, Bestimmung des Umfangs der Berichtspflicht) weitere Befugnisse zustehen, ist in der Gesamtvollstreckungsordnung nicht geregelt. Entsprechend der Konkursordnung wird man davon ausgehen müssen, daß die Gläubigerversammlung im Rahmen von Gesamtvollstreckungsverfahren gegenüber dem Verwalter ebenfalls **keine Weisungsbefugnis** hat und diesem gegenüber lediglich **Empfehlungen** aussprechen

41 *Smid*/Zeuner § 15 GesO Rn. 68.

42 Vgl. aber *Smid*/Zeuner § 15 GesO Rn. 68 (eine Unterrichtung habe nur dann zu erfolgen, wenn diese ohne Zeitaufwand möglich **und** zum Zwecke der Verfolgung von Rechten unerläßlich ist).

kann.[43] Der Gläubigerversammlung steht damit ebensowenig wie einem Gläubigerausschuß (siehe § 11 Rn. 31), das Recht zu, den Verwalter zur Vornahme bestimmter Handlungen zu verpflichten. Handelt der Verwalter entgegen der Empfehlung der Gläubigerversammlung, erhöht dies aber sein Haftungsrisiko nach § 8 Abs. 1 Satz 2 GesO.

42 Die Gesamtvollstreckungsordnung nennt anders als die Konkursordnung keine Rechtsgeschäfte, denen die Gläubigerversammlung **zustimmen** muß. Im Anwendungsbereich der **Konkursordnung** ist die Zustimmung der Gläubigerversammlung gemäß § 132 f. KO zu folgenden Handlungen erforderlich:

— Unterstützungszahlung an Unterhaltsberechtigte des Schuldners,
— Schließung oder Fortführung des Geschäftsbetriebs,
— die Bestimmung der Stelle, bei welcher und unter welchen Bedingungen Gelder, Wertpapiere und Kostbarkeiten hinterlegt werden sollen,
— Verkauf unbeweglicher Gegenstände aus freier Hand,
— Veräußerung des Geschäfts- oder des Warenlagers des Schuldners im ganzen,
— Veräußerung eines Rechts auf den Bezug wiederkehrender Einkünfte,
— Aufnahme von Darlehen,
— Übernahme fremder Verbindlichkeiten,
— Verpfändung von Massegegenständen,
— Erwerb von Grundstücken.

43 Zahlreiche Gerichte wenden einzelne der vorstehenden Zustimmungsvorbehalte auch im Anwendungsbereich der Gesamtvollstreckungsordnung an. Beispielsweise kommt es häufig zur Einberufung von Gläubigerversammlungen bei einer anstehenden Veräußerung von Grundstücken. Im Hinblick darauf, daß die Gesamtvollstreckungsordnung den Zustimmungskatalog der §§ 132 ff. KO **nicht** enthält und in § 15 Abs. 6 GesO lediglich vorsieht, daß „bedeutsame Rechtsgeschäfte" der Zustimmung des Gläubiger**ausschusses** bedürfen, „soweit ein solcher bestellt ist", wird man den Zustimmungskatalog der Konkursordnung entgegen dieser teilweise anzutreffenden Praxis nicht entsprechend anwenden können.

2. Einberufung weiterer Gläubigerversammlungen

44 Auch eine weitere Gläubigerversammlung kann nur durch das Gericht einberufen werden (§ 15 Abs. 1 Satz 1 GesO). Diese Einberufung erfolgt von Amts wegen oder auf Antrag.

a) Einberufung von Amts wegen

45 Das Gericht kann jederzeit eine Gläubigerversammlung einberufen, wenn es diese in Erfüllung seiner Überwachungsaufgaben für sachdienlich hält. Es kann

---

43 Vgl. Kuhn/*Uhlenbruck*, § 93 KO Rn. 1; *Pape* ZIP 1990, 1251, 1254.

hierbei auch der Anregung einzelner Gläubiger folgen.[44] Ferner kann jeder Gläubiger im Falle der Anberaumung einer Gläubigerversammlung die Aufnahme weiterer Punkte auf die Tagesordnung anregen.

b) Einberufung auf Antrag

Die Einberufung einer weiteren Gläubigerversammlung ist auch auf Antrag möglich. Der Antrag muß allerdings hinreichend bestimmt sein. 46

aa) Antragsberechtigte

Antragsberechtigt sind der **Gläubigerausschuß**, der **Verwalter** und **Gläubiger**. 47
Sofern der Antrag vom Gläubigerausschuß oder vom Verwalter gestellt wird, ist das Gericht **verpflichtet**, einen Termin zur Abhaltung einer Gläubigerversammlung anzuberaumen. Für den Antrag einzelner Gläubiger gilt dies nur, wenn sie **ein Fünftel** der angemeldeten Forderungen repräsentieren (§ 15 Abs. 1 Satz 2 GesO). Da das Gericht regelmäßig aufgrund eigener Unterlagen nicht beurteilen kann, ob die antragstellenden Gläubiger ein Fünftel der angemeldeten Forderungen vertreten, wird es hierzu den Verwalter zur Auskunft auffordern. Da das Gesetz das Wort „Gläubiger" undifferenziert verwendet, kommt es dabei nicht darauf an, ob die Forderungen rechtzeitig angemeldet, bereits geprüft oder anerkannt wurden.

Sofern die antragstellenden Gläubiger der Auffassung sind, daß sie entgegen der 48
Darstellung des Verwalters ein Fünftel der angemeldeten Forderungsbeträge vertreten, trifft sie hierfür die Darlegungs- und Beweislast.

Falls einzelne Gläubiger die Durchführung einer Gläubigerversammlung begeh- 49
ren, aber nicht ein Fünftel der angemeldeten Forderungen vertreten, können sie versuchen, andere Gläubiger dazu zu bewegen, sich dem Antrag anzuschließen (siehe § 12 Rn. 36 ff.). Gelingt dies nicht, besteht die Möglichkeit, das Gericht auf etwaige Mißstände in der Verwaltung hinzuweisen, so daß das Gericht von sich aus eine Gläubigerversammlung von Amts wegen anberaumen kann. Dem einzelnen Gläubiger, der weniger als ein Fünftel der angemeldeten Forderungen repräsentiert, steht gegen die Ablehnung seines Antrages zwar das Rechtsmittel der **sofortigen Beschwerde** nach § 20 GesO zu; die formell zulässige Beschwerde ist aber regelmäßig unbegründet, weil dem Gläubiger kein Anspruch auf Einberufung einer Gläubigerversammlung zusteht, wenn er nicht mehr als ein Fünftel der angemeldeten Forderung vertritt.

bb) Antragsinhalt

Der Antrag muß die einzelnen Punkte, zu deren Behandlung (Abstimmung 50
oder Erörterung) die Gläubigerversammlung einberufen werden soll, konkret

---

44 Vgl. Anhang I Muster 15.

benennen. Sofern der Antrag Vorschläge zur Tagesordnung nicht enthält, darf er vom Gericht zurückgewiesen werden.

51 Wenn das Gericht einem ordnungsgemäßen Antrag nicht stattgibt oder aber nur einzelne der von dem Antragstellenden konkret beantragten Themen in die Tagesordnung aufnimmt, steht dem Antragsteller hingegen das Beschwerderecht aus § 20 GesO zu. Bei der Entscheidung über einen ordnungsmäßigen Antrag handelt es sich nämlich nicht nur um eine lediglich verfahrensleitende Maßnahme. Vielmehr hat der Gläubiger in diesem Fall einen Anspruch auf Durchführung einer Gläubigerversammlung zu den beantragten Themen.[45]

3. Ladung und Tagesordnung

52 Das Gericht hat die Gläubiger zur Versammlung zu laden und in der Ladung die Tagesordnung bekanntzugeben.

a) Ladung

53 Für die Ladung zu einer weiteren Gläubigerversammlung gelten die bereits dargestellten allgemeinen Grundsätze (siehe oben Rn. 5ff.) und die gleichen Ladungsfristen wie im Falle der ersten Gläubigerversammlung (vgl. oben Rn. 11).[46]

b) Tagesordnung

54 Die Gesamtvollstreckungsordnung enthält entgegen §§ 93 und 98 KO keine Bestimmungen über die Tagesordnung von Gläubigerversammlungen. Da eine ordnungsgemäße Wahrnehmung der Rechte der Gläubigerr aber nur dann möglich ist, wenn sie den Gegenstand der anberaumten Gläubigerversammlung kennen, ist es in entsprechender Anwendung von §§ 98 KO, 124 Abs. 1 Satz 1 AktG, 51 Abs. 2 GmbHG, 46 Abs. 2 Satz 1 GenG, 32 Abs. 1 Satz 2 BGB erforderlich, daß mit der Einberufung der Gläubigerversammlung eine Information der Gläubiger über die Tagesordnung erfolgt.[47]
Die Tagesordnung ermöglicht dem Gläubiger eine sachgerechte Vorbereitung der Gläubigerversammlung und gibt ihm aufgrund der angekündigten Themen die Möglichkeit zu entscheiden, an der Gläubigerversammlung teilzunehmen oder ihr fernzubleiben. Der Gläubiger hat auch die Möglichkeit, eine Ergänzung der ihm unvollständig erscheinenden Tagesordnung zu beantragen (vgl. Muster 15).

---

45 Anders LG Magdeburg ZIP 1995, S. 578, dort hat die Gläubigerversammlung aber der Änderung der Tagesordnung zugestimmt.
46 *Smid*/Zeuner § 15 GesO Rn. 7.
47 *Smid*/Zeuner § 15 GesO Rn. 6; vgl. auch § 74 Abs. 2 InsO.

Beschlüsse der Gläubigerversammlung über Gegenstände, die nicht in der veröffentlichten oder zugestellten Tagesordnung bekannt gemacht wurden, sind **nichtig.**[48] Es gelten somit die gleichen Rechtsfolgen wie im Falle einer nicht ordnungsmäßig einberufenen ersten Gläubigerversammlung (vgl. oben Rn. 10). 55

48 Vgl. Kuhn/*Uhlenbruck* § 98 KO Rn. 2.

KAPITEL 3: Durchführung des Gesamtvollstreckungsverfahrens

§ 9 Prüfungstermine

Übersicht

Siehe auch im Anhang I folgende Muster:

Muster 18: Beschluß des Gerichts über die Anberaumung eines weiteren Prüfungstermins

Muster 19: Vermögensverzeichnis des Verwalters

Muster 20: Auszug aus dem Vermögensverzeichnis des Verwalters

1 Die Prüfung der von den Gläubigern angemeldeten Forderungen erfolgt in dem hierfür anzuberaumenden **ersten Prüfungstermin** oder gegebenenfalls in **weiteren** Prüfungsterminen.

I. Erster Prüfungstermin

2 Nach Ablauf der Forderungsanmeldungsfrist und im Anschluß an die Aufstellung des Vermögensverzeichnisses durch den Verwalter findet der erste Prüfungstermin statt (§ 11 Abs. 2 GesO). In diesem Prüfungstermin werden die angemeldeten Forderungen vom Verwalter und den anwesenden Gläubigern hinsichtlich ihrer Berechtigung dem Grunde und der Höhe nach sowie ihres Rangs im Sinne von § 17 Abs. 3 GesO geprüft.

1. Vorbereitung des Prüfungstermins

3 Für die Vorbereitung des ersten Prüfungstermins ist in § 11 Abs. 2 Satz 1 GesO nur bestimmt, daß dieser nach Ablauf der Forderungsanmeldungsfrist und im Anschluß an die Aufstellung des Vermögensverzeichnisses durch den Verwalter stattzufinden hat. Die zeitlichen und weiteren formellen Anforderungen an eine ordnungsgemäße Einberufung und den Ort der Durchführung werden nicht geregelt.

4 Dementsprechend haben sich in der **Praxis unterschiedliche Verfahrensweisen** der Gesamtvollstreckungsgerichte herausgebildet, die von einer kurzfristigen Anberaumung des ersten Prüfungstermins und Ladung durch öffentliche Bekanntmachung – ähnlich der gesetzlichen Regelung in der Konkursordnung – bis hin zur längerfristigen Terminierung und persönlichen Ladung der Gläubiger reichen.

a) Einberufung des ersten Prüfungstermins durch das Gesamtvollstreckungsgericht

5 Der erste **Prüfungstermin** stellt eine **besondere Gläubigerversammlung** im Sinne von § 15 GesO dar.[1] Die für die allgemeine Gläubigerversammlung geltenden Regelungen sind daher auch bei der Einberufung des ersten Prüfungstermin zu beachten. Für die Einberufung des ersten Prüfungstermins ist das Gesamtvollstreckungsgericht zuständig (§ 15 Abs. 1 Satz 1 GesO).[2]

---

1 *Smid*/Zeuner § 11 GesO Rn. 32.

2 *Hess/Binz/Wienberg* § 11 GesO Rn. 23 f.; Hess/*Binz* KO § 11 GesO Rn. 21f.; Gottwald/*Eickmann* Nachtrag GesO S. 97 Rn. 3.; *Smid*/ Zeuner § 11 GesO Rn. 31 f.; *Haarmeyer/Wutzke/Förster* § 11 GesO Rn. 64.

b) Anberaumung des ersten Prüfungstermins bereits mit dem Eröffnungsbeschluß

Für die Einberufung des ersten Prüfungstermins gelten nach § 15 Abs. 1 Satz 1 GesO in Verbindung mit §§ 11 Abs. 2 und 1 Abs. 3 GesO die Vorschriften der Zivilprozeßordnung.[3] Das Gesamtvollstreckungsgericht hat daher bei der Terminierung des Prüfungstermins die in §§ 216 ff. ZPO[4] enthaltenen Regelungen zu beachten.[5] **6**

Der erste **Prüfungstermin** wird in der Praxis der Gesamtvollstreckungsgerichte meist schon **im Beschluß** über die **Eröffnung des Gesamtvollstreckungsverfahrens anberaumt**. Zwar ist in §§ 5, 11 GesO nicht vorgesehen, daß der erste Prüfungstermins bereits im Eröffnungsbeschluß festgesetzt werden muß. Die Terminierung kann jedoch gleichzeitig vorgenommen werden, da § 5 GesO lediglich die Mindestanforderungen an den Inhalt des Eröffnungsbeschlusses bestimmt und damit keinen abschließenden Katalog über den Inhalt des vom Gesamtvollstreckungsgericht zu erlassenden Eröffnungsbeschlusses enthält.[6] **7**

Das Gesamtvollstreckungsgericht ist gleichwohl nicht verpflichtet, den ersten Prüfungstermin bereits im Eröffnungsbeschluß festzusetzen, da aufgrund der ergänzend anwendbaren Bestimmungen der Zivilprozeßordnung keine bestimmten Fristen oder Zeitpunkte für die Terminsbestimmung gelten (§§ 214 ff. ZPO).[7] Das Gesamtvollstreckungsgericht hat den ersten **Prüfungstermin** von Amts wegen lediglich unverzüglich zu bestimmen (§ 216 Abs. 1 ZPO).[8] Es **kann** ihn – im Rahmen des ihm zustehenden Ermessensspielraums – auch **erst im Anschluß an** die **erste Gläubigerversammlung** oder **nach Ablauf der Forderungsanmeldungsfrist anberaumen.**[9] **8**

In der Literatur wird hierzu teilweise die Ansicht vertreten, der Gesetzgeber habe eine der Regelung in § 110 KO entsprechende Verpflichtung zur **gleichzeitigen** Anberaumung des ersten Prüfungstermins und der ersten Gläubigerversammlung im Beschluß über die Eröffnung des Gesamtvollstreckungsverfahrens offenbar als Selbstverständlichkeit betrachtet und es deshalb unterlassen, ausdrücklich eine entsprechende Bestimmung vorzusehen.[10] Für einen solchen gesetzgeberischen Willen finden sich jedoch keine Anhaltspunkte. Vielmehr beabsichtigte der Gesetzgeber, sowohl den Organen der Gläubigerschaft (Gläu- **9**

---

3 *Smid*/Zeuner § 11 GesO Rn. 32 und § 15 GesO Rn. 9 ff.; *Hess/Binz/Wienberg* § 11 GesO Rn. 24.

4 Vgl. Anhang II.4.

5 *Hess/Binz/Wienberg* § 11 GesO Rn. 24; *Haarmeyer/Wutzke/Förster* § 11 GesO Rn. 65.

6 Kilger/*K. Schmidt* § 5 GesO Anm. 3; *Haarmeyer/Wutzke/Förster* § 5 GesO Rn. 40; vgl. auch *Smid*/Zeuner § 5 GesO Rn. 69.

7 *Hess/Binz/Wienberg* § 11 GesO Rn. 24 ff.

8 Vgl. im einzelnen Zöller/*Stöber* § 216 ZPO Rn. 17.

9 So zB die Praxis des AG Stendal.

10 So *Hess/Binz/Wienberg* § 11 GesO Rn. 23; Hess/*Binz* KO § 11 GesO Rn. 21.

bigerversammlung und Gläubigerausschuß)[11], als auch dem Gesamtvollstreckungsgericht weitgehende **Handlungsfreiheit** einzuräumen. Hierzu dürfte auch die Festsetzung und damit die gegebenenfalls spätere Bekanntmachung des ersten Prüfungstermins zählen. Abweichend von der Konkursordnung obliegt nicht dem Gesamtvollstreckungsgericht, sondern dem Verwalter die Erstellung des Vermögensverzeichnisses des Schuldners (§ 11 Abs. 1 GesO). Dessen Fertigstellung vor Beginn des ersten Prüfungstermins liegt also nicht im Einflußbereich des Gesamtvollstreckungsgerichts. Eine **spätere Anberaumung** des ersten Prüfungstermins, zum Beispiel erst nach Ablauf der Forderungsanmeldungsfrist oder der Erstellung des Vermögensverzeichnisses durch den Verwalter, kann sich daher als **sinnvoll** erweisen.

c) Zeitpunkt des ersten Prüfungstermins

10 Hinsichtlich des Zeitpunkts des ersten Prüfungstermins enthält die Gesamtvollstreckungsordnung ebenfalls keine ausdrückliche Regelung, so daß auch insoweit die Bestimmungen der ZPO ergänzende Anwendung finden (§ 1 Abs. 3 GesO).[12] Die Bestimmung des Zeitpunkts hat von Amts wegen nach §§ 214 ff. ZPO zu erfolgen. Sie steht damit im pflichtgemäßen Ermessen des Gesamtvollstreckungsgerichts.[13] Ein **erster Prüfungstermin** kann daher entweder entsprechend § 138 KO auf einen Zeitpunkt von **einer Woche** bis zu **zwei Monaten nach Ablauf der Forderungsanmeldungsfrist** festgelegt werden.[14] Möglich ist aber auch die Durchführung zu einem **früheren oder späteren Zeitpunkt**. Es ist wünschenswert, daß dieser Termin nicht unmittelbar nach Ablauf der Forderungsanmeldungsfrist stattfindet, damit beim ersten Prüfungstermin die angemeldeten Forderungen auch möglichst abschließend geprüft werden können.[15] Der Zeitraum zwischen dem Ende der Forderungsanmeldungsfrist und dem ersten Prüfungstermin sollte vielmehr ausreichend bemessen werden, damit zur Vorprüfung der Forderungen durch den Verwalter genügend Zeit zur Verfügung steht. Es erscheint daher sachgerecht, den Prüfungstermin **nicht früher als sechs Monate** nach Ablauf der **Forderungsanmeldungsfrist** und sinnvollerweise am Ende des ersten Drittels der voraussichtlichen Dauer des Gesamtvollstreckungsverfahrens abzuhalten (siehe zur andernfalls erforderlichen Vertagung des Prüfungstermins und dem „vorläufigen Bestreiten" von Forderung, unten Rn. 39, 40 ff.).

11 Zu berücksichtigen ist, daß bei gleichzeitiger Veröffentlichung des ersten Prüfungstermins mit dem Beschluß über die Eröffnung des Gesamtvollstrek-

---

11 Vgl. zu den Organen der Gläubigerschaft Kilger/*K.Schmidt* § 15 GesO Anm. 1.

12 Vgl. zu den Ladungsvorschriften *Smid*/Zeuner § 1 GesO Rn. 130; *Hess/Binz/Wienberg* § 1 GesO Rn. 230; *Haarmeyer/Wutzke/Förster* § 1 GesO Rn. 151 ff.

13 Zöller/*Stöber* § 216 ZPO Rn. 18.

14 Vgl. *Hess/Binz/Wienberg* 11 GesO Rn. 26; Hess/*Binz* KO § 11 GesO Rn. 22 und *Haarmeyer/Wutzke/Förster* § 11 GesO Rn. 26, die einen Prüfungstermin nicht eher als drei Wochen nach Ablauf der Anmeldefrist befürworten.

15 In diesem Sinne auch BVerfG ZIP 1995, 923, 924 (unter B. I. 3. b. aa).

kungsverfahrens – wie auch bei der ersten Gläubigerversammlung – die Monatsfrist nach § 206 ZPO für die Wirksamkeit einer öffentlichen Zustellung und darüber hinaus die Ladungsfrist nach § 217 ZPO einzuhalten sind (vgl. oben § 8 Rn. ...). Ein erster Prüfungstermin kann daher frühestens einen Monat und drei Tage nach Bekanntmachung des Termins im Bundesanzeiger stattfinden, es sei denn, alle Verfahrensbeteiligten können durch persönliche Zustellung (Gerichtsvollzieher/Postzustellung) geladen werden.

d) Ort des ersten Prüfungstermins

Über den Ort zur Durchführung des ersten Prüfungstermins enthalten weder **12**
§ 11 GesO noch die allgemeine Vorschrift für Gläubigerversammlungen in § 15 GesO eine ausdrückliche Regelung. In § 15 Abs. 4 Satz 1 GesO wird lediglich klargestellt, daß Gläubigerversammlungen unter der Leitung des Gesamtvollstreckungsgerichts stehen. Im Ergebnis zutreffend wird von der Literatur überwiegend die Auffassung vertreten, daß der erste **Prüfungstermin bei Gericht** stattzufinden hat.[16] Dies ergibt sich insbesondere aus den ergänzend anwendbaren Vorschriften der ZPO, nach denen jegliche Termine an der Gerichtsstelle abgehalten werden müssen (§ 1 Abs. 3 GesO iVm § 219 Abs. 1 ZPO).

e) Ladung zum ersten Prüfungstermin

Zum Prüfungstermin hat das Gesamtvollstreckungsgericht *den Verwalter* und **13**
die Gläubiger zu laden (§ 15 Abs. 1 Satz 1 GesO). Für die Ladung zum Prüfungstermin gelten die bereits dargestellten allgemeinen Grundsätzen für die Ladung zu Gläubigerversammlungen (vgl. § 8 Rn. 5 ff.)[17]

Auch wenn für die Ordnungmäßigkeit der Ladung ausschließlich auf die **14**
öffentliche Bekanntmachung abzustellen sein wird (vgl. § 8 Rn. 7 f.), dürfte es als eine Verpflichtung der Gerichte anzusehen sein, die Gläubiger dann durch die persönliche Zustellung zu laden, wenn

— ein Gläubiger in dem vom Schuldner vor Verfahrenseröffnung zu erstellenden **Gläubigerverzeichnis** (§ 3 Abs. 1 Ziff. 2 GesO) benannt ist,
— sich jeder Gläubiger vor Einberufung des ersten Prüfungstermins beim Gesamtvollstreckungsgericht und/oder dem Verwalter unter Angabe seiner Anschrift **gemeldet** hat oder
— der erste **Prüfungstermin** nach Ablauf der Forderungsanmeldungsfrist **anberaumt** wird und das Gesamtvollstreckungsgericht die **Anschriften** aller Gläubiger über den Verwalter **ermitteln kann**.

Die Praxis einiger gesamtvollstreckungsgerichte, dieser Verpflichtung mit Hilfe des Verwalters nachzukommen, dürfte nicht zu beanstanden sein.

---

16 *Hess/Binz/Wienberg* § 11 GesO Rn. 20; *Smid*/Zeuner § 11 GesO Rn. 31 f.

17 *Smid*/Zeuner § 11 Rn. 31 GesO; aA *Hess/Binz/Wienberg* § 11 Rn. 24, die eine Ladung mit Zustellung nach den Vorschriften der ZPO fordern.

15 Für die *Ladungsfrist* gelten die allgemeinen Regelungen (vgl. dazu § 8 Rn. 11).

16 Die *Tagesordnung* für den Prüfungstermin ist mit der Ladung bekanntzumachen (vgl. § 8 Rn. 54). Der Tagesordnungspunkt der Prüfung der angemeldeten Forderungen kann mit weiteren Punkten (zB Berichterstattung durch den Verwalter) verbunden werden.

f) Ladung des Schuldners

17 Im Prüfungstermin hat sich der Schuldner zu den angemeldeten Forderungen zu erklären (§ 11 Abs. 2 Satz 2 GesO). Dies setzt voraus, daß auch der Schuldner zum Prüfungstermin persönlich geladen wird.[18]

2. Durchführung des Prüfungstermins

18 Beim ersten Prüfungstermin werden alle ordnungsgemäß und fristgerecht angemeldeten Forderungen geprüft. Verspätet angemeldete Forderungen können unter den Voraussetzungen des § 14 Abs. 1 GesO ebenfalls im ersten oder einem weiteren Prüfungstermin geprüft werden (siehe zur verspäteten Forderungsanmeldung auch § 7 Rn. 31 ff.).

a) Leitung des ersten Prüfungstermins

19 Die **Leitung** des ersten Prüfungstermins **obliegt dem Gesamtvollstreckungsgericht**, da es sich beim Prüfungstermin um eine besondere Gläubigerversammlung (§ 15 Abs. 4 Satz 1 GesO) handelt (vgl. § 8 Rn. 13ff.). Das Gesamtvollstreckungsgericht hat hierüber **Protokoll** zu führen.

b) Teilnahme am Prüfungstermin

20 Am Prüfungstermin haben der Verwalter und der Schuldner teilzunehmen. Darüber hinaus sind die Gläubiger zur Teilnahme berechtigt.

21 Der **Verwalter** hat den Prüfungstermin **persönlich wahrzunehmen**. Er darf sich nicht durch Dritte vertreten lassen.[19] Ihm ist jedoch gestattet, einen Beistand zum Prüfungstermin hinzuzuziehen.[20]

22 Der **Schuldner** ist aufgrund der ihm persönlich obliegenden Verpflichtung, sich zu den angemeldeten Forderungen zu erklären (§ 11 Abs. 2 Satz 2 GesO), zur **Teilnahme am Prüfungstermin verpflichtet**.[21] Er kann sich dabei nicht durch einen Bevollmächtigten im Sinne von § 141 Abs. 3 Satz 2 ZPO vertreten lassen,

---

18 Vgl. *Hess/Binz/Wienberg* § 11 GesO Rn. 24; *Smid*/Zeuner § 11 GesO Rn. 31 und 33.

19 *Haarmeyer/Wutzke/Förster* § 11 GesO Rn. 70; Kilger/*K.Schmidt* § 141 KO Anm. 2; andere Ansicht *Hess/Binz/Wienberg* § 11 GesO Rn. 27 unter Hinweis auf *Eickmann*, KTS 1986, S. 197, 204; vgl. auch Kuhn/*Uhlenbruck* § 141 KO Rn. 1.

20 Vgl. Kuhn/*Uhlenbruck* § 141 KO Rn. 1.

21 *Haarmeyer/Wutzke/Förster* § 11 GesO Rn. 71.

da er im Hinblick auf die Forderungsprüfung nicht Partei ist.[22] Dies hat zwar zur Folge, daß der Schuldner auch nicht nach § 141 Abs. 3 Satz 1 ZPO zur Teilnahme gezwungen werden kann.[23] Aufgrund der Erklärungspflicht des Schuldners zu den angemeldeten Forderungen (§ 11 Abs. 2 Satz 2 GesO), die die Teilungsmasse vor Inanspruchnahme durch unberechtigte Forderungen schützen soll, ist der Schuldner jedoch wie ein Zeuge anzusehen[24], so daß seine Anwesenheit im Prüfungstermin mit den Mitteln des § 380 ZPO erzwungen werden kann.[25]

Die **Teilnahme** am Prüfungstermin ist **für die Gläubiger nicht vorgeschrieben.** **23**
Ein Prüfungstermin kann daher auch in Abwesenheit der anmeldenden Gläubiger stattfinden.[26] Sofern sich Gläubiger im Prüfungstermin vertreten lassen, haben die Vertreter ihre Vertretungsberechtigung gegenüber dem Gericht durch Vorlage einer Vollmacht nachzuweisen[27] (siehe hierzu im einzelnen oben § 8 Rn. 18).

Der Prüfungstermin stellt ebenso wie die Gläubigerversammlung nach § 15 **24**
GesO keine Sitzung vor dem erkennenden Gericht im Sinne von § 169 GVG dar, so daß die Verhandlung nicht öffentlich ist.[28] Vom Gericht können daher Einlaß- und Ausweiskontrollen durchgeführt werden, damit unbefugte Dritte nicht am Prüfungstermin teilnehmen.[29]

Das Recht zur Teilnahme am Prüfungstermin steht über die zuvor genannten **25**
Personen hinaus auch Massegläubigern zu, da der Prüfungstermin eine Gläubigerversammlung darstellt, zu deren Teilnahme sie berechtigt sind.[30] Entsprechendes gilt – unabhängig von der Frage der Aufnahme in das Vermögensverzeichnis – auch für Gläubiger, die ihre Forderung erst nach Ablauf der Forderungsanmeldungsfrist beim Verwalter nachgemeldet haben oder ihre Forderung gegebenenfalls erst im Prüfungstermin nachmelden (§ 14 Abs. 1 GesO).

Zur Teilnahme am Prüfungstermin können schließlich auch sonstige Dritte **26**
zugelassen werden, die ein berechtigtes Interesse haben (§ 175 Abs. 2 GVG), wie beispielsweise die Presse (vgl. § 8 Rn. 20 zur gleichgelagerten Thematik für Gläubigerversammlungen).

---

22 *Smid*/Zeuner § 11 GesO Rn. 33; aA aber *Hess/Binz/Wienberg* § 11 Rn. 31 unter Hinweis auf § 141 Abs. 3 Satz 2 ZPO.
23 *Smid*/Zeuner § 11 GesO Rn. 33.
24 *Smid*/Zeuner § 11 GesO Rn. 33.
25 *Smid*/Zeuner § 11 GesO Rn. 33; ebenso im Ergebnis *Haarmeyer/Wutzke/Förster* § 11 GesO Rn. 71 unter Hinweis auf § 141 ZPO.
26 *Hess/Binz/Wienberg* § 11 GesO Rn. 32; Hess/*Binz* KO § 11 GesO Rn. 30.
27 *Hess/Binz/Wienberg* § 15 GesO Rn. 8; Hess/*Binz* KO § 15 GesO Rn. 8.
28 *Hess/Binz/Wienberg* § 15 GesO Rn. 6; Hess/*Binz* KO § 15 GesO Rn. 6.
29 *Smid*/Zeuner § 11 GesO Rn. 32.
30 *Smid*/Zeuner § 15 GesO Rn. 41; andere Ansicht Gottwald/*Eickmann* Nachtrag GesO S. 97 Rn. 3.

c) Erklärungspflicht des Schuldners

27 Der **Schuldner** ist verpflichtet, sich im Prüfungstermin **zu den angemeldeten Forderungen zu erklären** (§ 11 Abs. 2 Satz 2 GesO), damit die Teilungsmasse vor Inanspruchnahme durch unberechtigte Forderungen geschützt wird.[31] Er kann aber nur zur Teilnahme am Prüfungstermin (vgl. oben Rn. 20 und § 9 Rn. 17), nicht aber zur Abgabe dieser Erklärungen gezwungen werden. Denn anders als nach §§ 141 Abs. 2, 101 Abs. 2 KO kann mangels Rechtsgrundlage die Abgabe von Erklärungen nicht mit Zwangsmitteln gegen den Schuldner durchgesetzt werden.[32] Sofern sich der Schuldner daher nicht freiwillig zu den angemeldeten Forderungen erklärt, sind der Verwalter – aber auch die Gläubiger – berechtigt, gegen den Schuldner einen hierauf gerichteten Titel im Klagewege zu erwirken.

d) Forderungsanerkennung und Bestreiten

28 Ordnungsgemäß und fristgerecht angemeldete Forderungen können im Prüfungstermin vom Verwalter und den zum Bestreiten berechtigten Gläubigern ausdrücklich anerkannt werden. Selbst wenn kein ausdrückliches Anerkenntnis erklärt wird, ist eine Forderung nach § 1 Abs. 3 GesO iVm. § 138 Abs. 3 ZPO als stillschweigend anerkannt anzusehen, wenn weder der Verwalter noch die zum Bestreiten berechtigten Gläubiger die Forderung ausdrücklich bestreiten.[33] Dieses **Anerkenntnis**, welches später **nicht** von einer zum Bestreiten berechtigten Person **widerrufen oder angefochten** (§ 1 Abs. 3 GesO iVm. § 307 ZPO) werden kann,[34] stellt die **Grundlage** für die Berücksichtigung des betreffenden Gläubigers im Rahmen der **Verteilung** (§ 18 GesO) dar, so daß dem Prüfungstermin aus Sicht der Gläubiger eine besondere Bedeutung innerhalb des Gesamtvollstreckungsverfahrens zukommt.

29 Dem Verwalter steht das Recht zu, die zu prüfenden Forderungen dem Grunde, der Höhe und/oder dem angemeldeten Rang im Sinne von § 17 Abs. 3 GesO nach im ganzen oder teilweise zu bestreiten (§ 11 Abs. 2 Satz 1 GesO). Der Gläubiger einer bestrittenen Forderung muß in diesem Fall Klage gegen den Verwalter erheben (§ 11 Abs. 3 Satz 1 GesO), um seine Forderung durch gerichtliche Hilfe anerkennen zu lassen und an der Verteilung nach § 18 GesO teilzunehmen.

30 Für die Wirksamkeit des Bestreitens ist **nicht erforderlich**, daß der Verwalter begründet, **aus welchem Grund** die angemeldete Forderung **bestritten** wird.[35]

---

31 *Smid*/Zeuner § 11 GesO Rn. 33.

32 *Smid*/Zeuner § 11 Rn. 33.

33 *Hess/Binz/Wienberg* § 11 GesO Rn. 34; Hess/*Binz* KO § 11 GesO Rn. 36.

34 Vgl. Zöller/*Vollkommer* Vor § 306 ZPO Rn. 6 mwN; Kuhn/*Uhlenbruck* § 145 KO Rn. 5 a) und 5 b).

35 *Smid*/Zeuner § 11 GesO Rn. 37; *Hess/Binz/Wienberg* § 11 GesO Rn. 40; Hess/*Binz* KO § 11 GesO Rn. 37; Kuhn/*Uhlenbruck* § 144 KO Rn. 2 a).

Erforderlich und ausreichend ist vielmehr, daß die angemeldete Forderung mündlich im Prüfungstermin bestritten wird.[36] Unzureichend ist demgegenüber ein nur schriftliches Bestreiten der angemeldeten Forderung oder der Vermerk des Bestreitens in dem vom Verwalter erstellten Vermögensverzeichnis.[37] In diesen Fällen ist die Forderung daher anerkannt.[38] Ein Gläubiger, der im Prüfungstermin anwesend war und dessen Forderung vom Verwalter nicht mündlich bestritten wurde, braucht sich den Bestreitensvermerk also nicht entgegenhalten zu lassen.

In gleicher Weise wie der Verwalter sind auch die im Prüfungstermin anwesenden **Gläubiger** - mit Ausnahme der Massegläubiger – **zum Bestreiten** von Forderungen anderer Gläubiger **berechtigt** (§ 11 Abs. 2 Satz 1 GesO). Wird eine Forderung von einem Gläubiger bestritten, ist der Verwalter nicht berechtigt, die Forderung in dem Vermögensverzeichnis des Schuldners als anerkannt zu vermerken. Gläubiger, deren Forderung bestritten worden sind, müssen daher zur Wahrung ihrer Rechte Klage gegen den bestreitenden (anderen) Gläubiger auf Anerkennung der Forderung erheben. **31**

Für das Recht zum Bestreiten ist unerheblich, ob die vom bestreitenden Gläubiger selbst angemeldete Forderung bereits geprüft, anerkannt, in materieller Hinsicht berechtigt und/oder ihrerseits gegebenenfalls sogar bestritten worden ist. Ausreichend für das Recht zum Bestreiten ist allein eine formell ordnungsgemäße Forderungsanmeldung. Auf die Rechtzeitigkeit der Anmeldung kommt es entgegen einer in der Literatur vertretenen Auffassung nicht an,[39] da für das Recht zum Bestreiten nicht maßgeblich ist, ob die Forderung des Bestreitenden selbst bereits geprüft und/oder anerkannt worden ist. **32**

Bestritten werden können im Prüfungstermin auch bereits **titulierte Ansprüche** gegen den Schuldner, wenn der Titel schon vor Eröffnung des Gesamtvollstreckungsverfahrens bestanden hat oder zumindest das Urteil mündlich verkündet worden ist.[40] Sofern der Titel ordnungsgemäß vom Gläubiger spätestens im Prüfungstermin dem Verwalter und den anderen Gläubigern zur Prüfung vorgelegt wird,[41] obliegt nicht dem Gläubiger, sondern dem bestreitenden Verwalter oder Drittgläubiger die Verpflichtung zur Klageerhebung (§ 11 Abs. 3 Satz 2 GesO). Wird der **Titel** hingegen nicht **bei** der **Forderungsanmeldung erwähnt** oder **im Prüfungstermin vorgelegt**, wird der Anspruch wie eine nicht titulierte Forderung behandelt. Es besteht allerdings **33**

36 Vgl. Kuhn/*Uhlenbruck* § 144 KO Rn. 2 e).

37 *Smid*/Zeuner § 11 GesO Rn. 44; Gottwald/*Eickmann* Nachtrag GesO S. 98 Rn. 7.

38 Vgl. RGZ 55, 157, 160 (zur Konkursordnung); *Hess/Binz/Wienberg* § 11 GesO Rn. 40; Hess/*Binz* KO § 11 GesO Rn. 37; vgl. auch Kuhn/*Uhlenbruck* § 144 KO Rn. 2 e).

39 Siehe *Smid*/Zeuner § 11 GesO Rn. 37; Hess/*Binz* KO § 11 GesO Rn. 36; wie hier wohl *Hess/Binz/Wienberg* § 11 GesO Rn. 38; Zur Ordnungsmäßigkeit vgl. Kuhn/*Uhlenbruck* § 139 KO Rn. 1 ff.

40 *Smid*/Zeuner § 11 GesO Rn. 40; vgl. auch Kuhn/*Uhlenbruck* § 146 KO Rn 31.

41 Zu dieser Verpflichtung Kuhn/*Uhlenbruck* § 146 KO Rn. 32 und oben § 7 Rn. ... .

die Möglichkeit, einen weiteren Prüfungstermin zur Titelvorlage zu beantragen.[42]

e) Besondere Arten des Anerkennens und Bestreitens einer Gläubigerforderung

34 Sowohl das Anerkenntnis als auch das Bestreiten einer Gläubigerforderung kann vom Verwalter oder den zum Bestreiten berechtigten Gläubigern unter Einschränkungen erklärt werden.

35 So muß bei **absonderungsberechtigten** Gläubigern, die eine besicherte Forderung beim Verwalter angemeldet haben (dazu § 7 Rn. 21), das Anerkenntnis der Forderung „in Höhe des nachzuweisenden Ausfalls" in das Vermögensverzeichnis des Schuldners aufgenommen werden.[43] Die Forderung des absonderungsberechtigten Gläubigers ist damit vorbehaltlos anerkannt. Die zum Bestreiten berechtigten Personen können später nur noch einwenden, daß der Gläubiger bereits aus der für die angemeldete Forderung bestellten Sicherheit Befriedigung habe erlangen können und daher kein Ausfall oder jedenfalls nicht in der geltend gemachten Höhe eingetreten sei. Um bei der Verteilung berücksichtigt zu werden, muß der Gläubiger bis zur Verteilung seinen tatsächlichen Ausfall nachweisen.

36 Werden später Einwendungen gegen die Höhe des Ausfalls erhoben, hat der Gläubiger, um bei der Verteilung berücksichtigt zu werden, Klage gegen denjenigen zu erheben, der den Ausfall bezweifelt.[44] Hierbei ist vom Gläubiger unter Hinweis auf die anerkannte Forderung darzulegen und ggf. zu beweisen, in welcher Höhe seine Forderung nicht durch Verwertung der ihm bestellten Sicherheiten befriedigt worden ist. Möglich ist schließlich auch, daß der Gläubiger auf sein Recht zur Absonderung und Verwertung der Sicherheiten verzichtet; in diesem Fall ist der einschränkende Zusatz des Forderungsanerkenntnisses „in Höhe des nachzuweisenden Ausfalls" im Vermögensverzeichnis des Schuldners vom Verwalter zu streichen.

37 Wird eine **Wechsel- oder Scheckforderung** eines Gläubigers im Prüfungstermin anerkannt, muß der Wechsel oder Scheck nach Art. 39 WG, Art. 34 ScheckG dem Verwalter bis zur Verteilung vorgelegt werden. Das Anerkenntnis des Verwalters ist daher mit dem Zusatz „unter der Bedingung des Art. 39 WG/Art. 40 ScheckG" zu erklären und entsprechend im Vermögensverzeichnis des Schuldners aufzunehmen.[45] Hat der Gläubiger den Scheck oder Wechsel vorgelegt, ist der Zusatz im Vermögensverzeichnis des Schuldners zu streichen oder mit einem entsprechenden Vermerk zu versehen.

38 Ist die angemeldete Forderung **teilweise unstreitig**, kann auch das Bestreiten inhaltlich beschränkt werden, beispielsweise im Hinblick auf die Höhe der Forderung oder den angemeldeten Rang im Sinne von § 17 Abs. 3 Ziffer 1. bis

42 Vgl. hierzu Kuhn/*Uhlenbruck* § 146 KO Rn. 32.
43 Vgl. Kuhn/*Uhlenbruck* § 144 KO Rn. 2 d).
44 Vgl. Kuhn/*Uhlenbruck* § 144 KO Rn. 2 d).
45 Vgl. Kuhn/*Uhlenbruck* § 144 KO Rn. 2 d).

3. GesO. Entsprechend hat der Verwalter den gegebenenfalls eingeschränkten Umfang des Bestreitens im Vermögensverzeichnis des Schuldners aufzunehmen.

f) Vertagung der Forderungsprüfung bei tatsächlich oder rechtlich zweifelhaften Forderungen

Häufig kann im Prüfungstermin die Berechtigung von angemeldeten Forderungen aufgrund **tatsächlicher und/oder rechtlicher Unsicherheiten** nicht abschließend vom Verwalter oder den zum Bestreiten berechtigten Personen beurteilt werden. In diesem Fall empfiehlt sich, daß die Prüfung dieser Forderungen nicht fortgesetzt und eine **Vertagung des Prüfungstermins** beantragt wird, damit eine abschließende Prüfung der Forderung nach Klärung der tatsächlichen und/oder rechtlichen Zweifel in einem weiteren Prüfungstermin ermöglicht wird.[46] Diese Verfahrensweise bietet sich nicht nur wegen der tatsächlichen oder rechtlichen Schwierigkeiten, sondern insbesondere auch aus Kostengründen an, da bis zum Bestreiten der Forderung eine Klage nach § 11 Abs. 3 Satz 1 GesO unzulässig wäre.[47] **39**

g) „Vorläufiges Bestreiten“ einer Gläubigerforderung durch den Verwalter – was tun?

In der Praxis werden Forderungen, deren tatsächlicher und/oder rechtlicher Bestand noch nicht abschließend geklärt worden ist, von den Verwaltern häufig „vorläufig bestritten“. Das **„vorläufige Bestreiten“** stellt insofern ein **vollwertiges Bestreiten** der Forderung dar, als die Forderung des betreffenden Gläubigers nicht anerkannt und damit bei der Verteilung nicht zu berücksichtigen ist. Im Gegensatz zum einfachen Bestreiten macht der Verwalter durch das „vorläufige Bestreiten“ nur deutlich, daß er sich noch nicht endgültig entschieden hat, ob er die Forderung endgültig bestreiten oder aber doch noch nachträglich anerkennen will.[48] **40**

Umstritten ist in Rechtsprechung und Literatur die Frage, ob die Klage eines Gläubigers zulässig ist,[49] dessen Forderung „vorläufig bestritten“ wurde oder ob der Gläubiger das endgültige Bestreiten der Forderung abzuwarten[50] hat. Zu **41**

---

46 Vgl. *Hess/Binz/Wienberg* § 11 GesO Rn. 42; Hess/*Binz* KO § 11 GesO Rn. 43, 40; vgl. auch Kuhn/*Uhlenbruck* § 144 KO Rn. 2 h).

47 Vgl. Kuhn/*Uhlenbruck* § 142 KO Rn. 5 unter Hinweis auf §§ 136 Abs. 3, 227 Abs. 3 ZPO.

48 Vgl. insbesondere Kuhn/*Uhlenbruck* § 144 KO Rn. 2 g).

49 So OLG Hamm KTS 1974 S. 178; OLG Köln KTS 1979 S. 119; LG Göttingen ZIP 1979 S. 1471, 1472; *Hess/Binz/Wienberg* § 11 GesO Rn. 44; Hess/*Binz* KO § 11 GesO Rn. 41f.; Kuhn/*Uhlenbruck* § 144 KO Rn. 2 g) m.w.N.; *Hess/Kropshofer* § 144 KO Rn. 12; wohl auch *Smid*/Zeuner § 11 GesO Rn. 38.

50 So OLG Karlsruhe ZIP 1989 S. 791; OLG Düsseldorf ZIP 1982 S. 201; in jedem Fall zu weitgehend *Haarmeyer/Wutzke/Förster* § 11 GesO Rn. 74.

folgen ist der wohl herrschenden Auffassung, daß ein **Gläubiger** auch schon dann **zur Klageerhebung berechtigt** ist, wenn seine Forderung lediglich „vorläufig bestritten" wird. Auch eine nur „vorläufig bestrittene" Forderung nimmt an der Verteilung nach § 18 GesO nicht teil, so daß der Gläubiger berechtigt sein muß, seine Forderung im Klagewege anerkennen zu lassen, um sein Recht zur Teilnahme an der Verteilung durchzusetzen. Zwar weist die Gegenauffassung zu Recht daraufhin, daß insbesondere der Verwalter in der oftmals nur kurzen Vorbereitungszeit bis zum ersten Prüfungstermin die Berechtigung aller angemeldeten Forderungen nicht im einzelnen prüfen kann. Möglich ist jedoch, daß der Verwalter die **Vertagung** des Prüfungstermins beantragt, wenn ihm bei umfangreichen oder komplizierten Sachverhalten noch keine abschließende Entscheidung möglich ist (vgl. auch Rn. 39). Hinzukommt, daß die meisten Verwalter bereits vor Eröffnung des Gesamtvollstreckungsverfahrens als Sequester eingesetzt waren und daher mit den Verbindlichkeiten des Schuldners weitgehend vertraut sein dürften, zumindest aber vertraut sein müßten. Entsprechend kann daher auch bei Eröffnung des Gesamtvollstreckungsverfahrens eingeschätzt werden, welcher Zeitraum nach Ablauf der Forderungsanmeldungsfrist voraussichtlich zur Vorprüfung der Forderungen benötigt wird und zu welchem Zeitpunkt der erste Prüfungstermin – dessen Termin in der Gesamtvollstreckungsordnung nicht festgelegt ist – damit frühestens stattfinden kann (vgl. auch oben Rn. 10).

42 Wird eine „vorläufig bestrittene" Forderung nicht im Anschluß an den Prüfungstermin nachträglich anerkannt und bestreitet der Verwalter die Forderung auch nicht endgültig, sollte der **Gläubiger** dem Verwalter **vor Klageerhebung** eine ausreichend bemessene **Frist zur nachträglichen Forderungsanerkennung** setzen und ihn nach den Gründen für das Bestreiten fragen. Reagiert der Verwalter hierauf nicht, ist der Gläubiger zur Klageerhebung berechtigt. Es ist dem Gläubiger nicht zuzumuten, infolge der Untätigkeit des Verwalters auf unbestimmte Zeit von seinen Mitwirkungsrechten im Gesamtvollstreckungsverfahren ausgeschlossen zu sein.[51] Gleiches muß gelten und die Klagerhebung zulässig sein, wenn der Verwalter die Forderung des Gläubigers im Prüfungstermin ohne nähere Angaben nur „vorläufig" bestritten und sein Bestreiten mehrere Monate lang nicht näher begründet hat.[52] Auch in diesem Fall hat der Gläubiger ein berechtigtes Interesse daran, Klarheit über die Berechtigung seiner Forderung und ein Mitwirkungsrecht im Gesamtvollstreckungsverfahren zu erhalten. Um aber Streitigkeiten über die Kosten im Falle eines sofortigen Anerkenntnisses durch den Verwalter zu vermeiden (vgl. § 93 ZPO), sollte der Gläubiger den Verwalter vor Klageerhebung unter Fristsetzung zur Forderungsanerkennung auffordern.

43 Hat der Verwalter eine zur Anerkennung gesetzte Frist verstreichen lassen, muß er auch bei einem sofortigen Anerkenntnis der Klage des Gläubigers die **Kosten**

51 LG Göttingen ZIP 1989, 1971, 1972, Kuhn/*Uhlenbruck* § 146 KO Rn. 6; aA *Haarmeyer/Wutzke/Förster* § 11 GesO Rn. 74.

52 AA *Haarmeyer/Wutzke/Förster* § 11 GesO Rn. 74 (ohne nähere Begründung).

des Rechtsstreits tragen.[53] Entsprechendes gilt, wenn der Verwalter die „vorläufig bestrittene“ Forderung nach Anhängigkeit aber vor Rechtshängigkeit außergerichtlich nachträglich anerkennt; in diesem Fall muß der Gläubiger im Wege der Klageänderung seinen materiell-rechtlichen Kostenerstattungsanspruch mit einem bezifferten Leistungsantrag geltend machen, da eine Erledigung der Hauptssache vor Rechtshängigkeit nach herrschender Meinung nicht in Betracht kommt. Gegen den weiteren vorgeschlagenen Weg, Feststellung der Kostentragungspflicht des Verwalters zu beantragen, bestehen Bedenken, da hierdurch keine Leistungsklage, sondern das Kostenfestsetzungsverfahren vorbereitet werden soll.[54]

h) Bestreiten einer Gläubigerforderung durch den Schuldner ?

Im Gegensatz zu §§ 164 Abs. 2, 144 KO enthält die Gesamtvollstreckungsordnung keine ausdrückliche Regelung über das Bestreiten der Forderung eines Gläubigers durch den Schuldner. In § 11 Abs. 2 Satz 1 und Satz 2 GesO ist lediglich bestimmt, daß nur der Verwalter und die Gläubiger eine Forderung bestreiten können, während sich der Schuldner zu den Forderungen nur erklären kann. Gleichwohl sollte dem **Schuldner das Recht zum Bestreiten** einer Forderung eingeräumt werden,[55] da ihm während des Gesamtvollstreckungsverfahrens die Prozeßführungsbefugnis weitgehend entzogen ist. Der Verwalter übt als Partei kraft Amtes die Rechte des Schuldners aus. Im Gegensatz zu einer juristischen Person als Schuldner, die nach Beendigung eines Gesamtvollstreckungsverfahrens aus dem Handels-, Vereins-oder Genossenschaftsregister gelöscht wird, ist eine natürliche Person anschließend wieder in vollem Umfang prozeßführungsbefugt, so daß ihr nach dem Rechtsstaatsprinzip (Art. 20 Abs. 3 GG) gegenüber weiteren Rechts- und insbesondere Vollstreckungshandlungen der Gläubiger Rechtsschutz zu gewähren ist.[56] Dieser Grundsatz würde aber verletzt, wenn einem Gläubiger ein vollstreckbarer Auszug aus dem bestätigten Vermögensverzeichnis nach § 18 Abs. 2 Satz 2 GesO vom Gesamtvollstreckungsgericht erteilt würde, ohne daß der Schuldner hiergegen eine Verteidigungsmöglichkeit hat. **44**

Auch im Falle des Bestreitens einer Forderung durch den Schuldner gilt die Forderung jedoch als anerkannt, so daß der Gläubiger bei der Verteilung nach § 18 GesO berücksichtigt wird.[57] Allerdings kann einem Gläubiger entsprechend in § 164 Abs. 2 KO nach Beendigung des Gesamtvollstreckungsverfahrens **kein vollstreckbarer Auszug** aus dem bestätigten Vermögensverzeichnis nach § 18 Abs. 2 Satz 2 GesO erteilt werden, wenn die **Forderung im** **45**

53 Vgl. LG Göttingen ZIP 1989 S. 1471; Kuhn/*Uhlenbruck* § 144 KO Rn. 2 g).

54 Zur Erledigung des Rechtsstreits vor Rechtshängigkeit vgl. insbesondere Zöller/*Vollkommer* § 91 a ZPO Rn. 16 und 40 mwN.

55 *Smid*/Zeuner § 11 GesO Rn. 42; Gottwald/*Eickmann* Nachtrag GesO S. 98 Rn. 8; *Hess*/*Binz*/*Wienberg* § 18 GesO Rn. 96; Hess/*Binz* KO § 11 GesO Rn. 35

56 Vgl. *Smid*/Zeuner § 11 GesO Rn. 42.

57 Vgl. zur Regelung in der KO: Kilger/*K.Schmidt* § 144 KO Anm. 4.

Prüfungstermin vom Schuldner bestritten worden ist.[58] Der Gläubiger ist in diesem Fall aber berechtigt, entweder schon während des Gesamtvollstreckungsverfahrens Feststellungsklage oder nach Abschluß des Gesamtvollstreckungsverfahrens Leistungsklage gegen den Schuldner zu erheben.[59]

i) Aufnahme des Prüfungsergebnisses in das Vermögensverzeichnis und Mitteilung des Prüfungsergebnisses an die Gläubiger

46 Wird eine Forderung im Prüfungstermin anerkannt, ist das Anerkenntnis vom Verwalter in das **Vermögensverzeichnis des Schuldners** (vgl. Muster 19) aufzunehmen (§ 11 Abs. 2 Satz 3 GesO). Wird die Forderung nur teilweise anerkannt und damit zum Teil bestritten, beispielsweise im Hinblick auf die Forderungshöhe oder das angemeldete Vorrecht, hat der Verwalter das Teil-Anerkenntnis in das Vermögensverzeichnis aufzunehmen.

47 In der Literatur wird die Ansicht vertreten, daß der Verwalter zusätzlich auch den Umfang des Bestreitens einer Forderung in das Vermögensverzeichnis aufzunehmen und zu vermerken hat, ob die Forderung durch einen Gläubiger oder den Schuldner bestritten worden ist.[60] Eine solche Verpflichtung ist in § 11 Abs. 2 Satz 3 GesO aber nicht ausdrücklich erwähnt.[61] Um jedoch zu dokumentieren, daß die Forderung bereits geprüft worden ist, durch wen und in welchem Umfang eine Forderung gegebenenfalls bestritten wurde und gegen wen und mit welchem Inhalt Klage nach § 11 Abs. 3 Satz 1 GesO zu erheben ist, sind nicht nur Anerkenntnisse, sondern auch die **weiteren Ergebnisse** des Prüfungstermins **im Vermögensverzeichnis zu vermerken**. Wird kein Bestreiten eines Gläubigers vermerkt, ist davon auszugehen, daß alle Gläubiger die angemeldete Forderung anerkannt haben (vgl. oben Rn. 28).

48 Im Anschluß an den Prüfungstermin hat der **Verwalter** den beteiligten Gläubigern nicht nur den Umfang des **Anerkenntnisses mitzuteilen**, wie § 11 Abs. 2 Satz 3 GesO dies ausdrücklich bestimmt. Vielmehr hat er auch die Gläubiger, deren Forderungen bestritten worden sind, über das **Bestreiten zu unterrichten**.[62] Dies erfolgt in der Praxis häufig durch Übermittlung einer Kopie aus dem Vermögensverzeichnis des Verwalters.[63]

49 Es ist nicht erforderlich, daß der Verwalter dem Gläubiger einer bestrittenen Forderung den Grund des Bestreitens darlegt, da schon im Prüfungstermin das Bestreiten nicht begründet werden muß. Es empfiehlt sich aber für den

---

58 *Smid*/Zeuner § 11 GesO Rn. 42; Gottwald/*Eickmann* Nachtrag GesO S. 98 Rn. 8; *Hess/Binz/Wienberg* § 18 GesO Rn. 96.

59 Vgl. Kuhn/*Uhlenbruck* § 164 KO Rn. 2.

60 Vgl. *Hess/Binz/Wienberg* § 11 GesO Rn. 46; Hess/*Binz* KO § 11 GesO Rn. 44; *Haarmeyer/Wutzke/Förster* § 11 GesO Rn. 83; *Smid*/Zeuner § 11 GesO Rn. 47.

61 So im Ergebnis auch Kilger/*K.Schmidt* § 11 Geso Anm. 3.

62 *Hess/Binz/Wienberg* § 11 GesO Rn. 33; Hess/*Binz* KO § 11 GesO Rn. 31; *Haarmeyer/Wutzke/Förster* § 11 GesO Rn. 85.

63 Vgl. Anhang I Muster 20

Gläubiger einer bestrittenen Forderung, vor Klageerhebung den Verwalter über den Grund des Bestreitens zu befragen. Insbesondere, wenn der Anspruch in der Forderungsanmeldung nur der Höhe und dem Grunde nach bezeichnet und nicht hinreichend schlüssig – gegebenenfalls ohne Beifügung überprüfbarer Unterlagen – dargelegt worden ist, könnte der Verwalter im Falle der Klageerhebung gegenüber dem Anspruch des Gläubigers ein sofortiges Anerkenntnis mit der Folge erklären, daß der Gläubiger die Kosten des Rechtsstreits tragen muß (§ 93 ZPO). Falls der Verwalter sich auf Nachfrage des Gläubigers nicht über seine Gründe für das Bestreiten erklärt, hat er die Kosten des Rechtsstreits auch im Fall des sofortigen Anerkenntnisses des Klaganspruchs zu tragen.

3. Zurücknahme des Bestreitens/nachträgliche Forderungserkennung

Die Gesamtvollstreckungsordnung enthält keine Regelung über die Möglichkeit und das etwaige Procedere einer nachträglichen Anerkennung von Forderungen, die im Prüfungstermin vom Verwalter und/oder Gläubigern bestritten oder „vorläufig bestritten“ worden sind. Ob eine **nachträgliche Zurücknahme des Bestreitens** - in der Praxis häufig gleichbedeutend als „nachträgliches Anerkenntnis“ bezeichnet – möglich ist und welche Voraussetzungen hierfür erfüllt sein müssen, läßt sich dem Gesetz nicht entnehmen. 50

a) Zulässigkeit der nachträglichen Anerkennung bestrittener Forderungen

In der Literatur sowohl zur Gesamtvollstreckungs- als auch zur Konkursordnung wird zutreffend davon ausgegangen, daß im Prüfungstermin vom Verwalter und/oder Gläubigern bestrittene oder „vorläufig bestrittene“ Forderungen nachträglich anerkannt werden können.[64] Das **nachträgliche Anerkenntnis** stellt eine **Zurücknahme des ursprünglichen Bestreitens** oder des „vorläufigen Bestreitens“ der geprüften Forderung dar mit der Folge, daß das ursprüngliche Bestreiten unwirksam wird.[65] 51

b) Nachträgliche Anerkennung durch Erklärung gegenüber dem Gläubiger

In der Rechtsprechung und Literatur zur Gesamtvollstreckungsordnung wird nicht die Frage untersucht, wie eine bestrittene Forderung nachträglich anerkannt werden kann. Im Geltungsbereich der Konkursordnung wird hierzu allgemein die Ansicht vertreten, daß die Zurücknahme des Widerspruchs sowohl gegenüber dem **Konkursgericht** als auch gegenüber dem **Gläubiger** der 52

---

64 Zur Gesamtvollstreckungsordnung *Hess/Binz/Wienberg* § 11 GesO Rn. 41; Hess/*Binz* KO § 11 GesO Rn. 39; zur Konkursordnung vgl. BGH WM 1957, S. 1225, 1226; Kilger/*K.Schmidt* § 144 KO Anm. 2; *Hess/Kropshofer* § 144 KO Rn. 7; Gottwald/*Eickmann*, Insolvenzrechtshandbuch, § 64 Anm. 8.

65 BGH WM 1957, 1225, 1226; Kilger/*K.Schmidt* § 144 KO Anm. 2.

Forderung erklärt werden kann.[66] Erklärt der Widersprechende die Zurücknahme des Widerspruchs gegenüber dem Gläubiger, muß dieser unter Nachweis der Zurücknahme des Widerspruchs die Berichtigung der Tabelle beim Konkursgericht beantragen. Richtet der Widersprechende die Erklärung dagegen an das Konkursgericht, schließt die Erklärung den Berichtigungsantrag ein,[67] so daß vom Gläubiger keine gesonderte Berichtigung der Tabelle veranlaßt werden muß.[68]

53 Die zur Konkursordnung vertretene Ansicht ist grundsätzlich auch auf die nachträgliche Anerkennung im Anwendungsbereich der Gesamtvollstreckungsordnung übertragbar, da das Bestreiten nach § 11 Abs. 2 Satz 1 GesO materiellrechtlich dem in § 144 Abs. 2 KO geregelten Widerspruch entspricht.[69] Im Gesamtvollstreckungsverfahren ist allerdings die Besonderheit zu berücksichtigen, daß der Verwalter für die Erstellung und Führung des Vermögensverzeichnisses verantwortlich ist (§ 11 Abs. 1 Satz 1 GesO) und das Prüfungsergebnis in die Tabelle aufzunehmen hat (§ 11 Abs. 2 Satz 3 GesO)[70]. Es stellt sich daher die Frage, ob die Zurücknahme des Bestreitens nur gegenüber dem betreffenden Gläubiger oder auch gegenüber dem Gesamtvollstreckungsgericht zu erklären ist. Die mögliche Zurücknahme des Widerspruchs im Geltungsbereich der Konkursordnung durch Erklärung auch gegenüber dem Konkursgericht hat ihre Berechtigung darin, daß das Vermögensverzeichnis dort vom Konkursgericht geführt wird und das Konkursgericht für die Aufnahme des Prüfungsergebnisses in die Tabelle verantwortlich ist[71] (§ 145 Abs. 1 Satz 1 KO). Im Geltungsbereich der Gesamtvollstreckungsordnung kann jedoch nur der Verwalter den Vermerk über eine etwaige Zurücknahme des Bestreitens in das Vermögensverzeichnis eintragen. In beiden Fällen ist daher keine Mitwirkung des Gesamtvollstreckungsgerichts erforderlich, so daß im Geltungsbereich der Gesamtvollstreckungsordnung die **Zurücknahme des Bestreitens nur durch Erklärung gegenüber dem Gläubiger** der betreffenden Forderung[72] und nicht gegenüber dem Gesamtvollstreckungsgericht erfolgen kann.

54 Falls die Forderung nicht vom Verwalter, sondern von einem Gläubiger bestritten worden ist, sollte der Bestreitende das nachträgliche Anerkenntnis dem Verwalter anzeigen, damit dieser den Anerkennungsvermerk im Vermö-

---

66 Kuhn/*Uhlenbruck* § 144 KO Rn. 2 f; Jäger/*Weber* § 141 KO Anm. 10; Kilger/*K.Schmidt* § 144 KO Anm. 2; *Hess/Kropshofer* § 144 KO Rn. 7.

67 Vgl. Jäger/*Weber* § 141 KO Anm. 10.

68 Jäger/*Weber* § 141 KO Anm. 10.

69 *Smid*/Zeuner § 11 GesO Rn. 37; *Hess/Binz/Wienberg* § 11 GesO Rn. 34.

70 Vereinzelt wurde die Auffassung vertreten, daß das Prüfungsergebnis vom Gesamtvollstreckungsgericht in die Tabelle eingetragen werden müsse, vgl. z.B. *Haarmeyer/Wutzke/Förster* 2. Aufl. § 11 GesO Rn. 35. Hiergegen spricht jedoch der Wortlaut von § 11 Abs. 2 Satz 3 GesO, der diese Aufgabe ausdrücklich dem Verwalter zuweist

71 Diese Aufgabe obliegt im Geltungsbereich der Konkursordnung dem Konkursgericht (§§ 141, 145 Abs. 1 KO).

72 LG Dresden ZIP 1995, 665; *Hess/Binz/Wienberg* § 11 GesO Rn. 41.

gensverzeichnis eintragen kann, auch wenn dies die Gesamtvollstreckungsordnung nicht ausdrücklich vorsieht.[73]

c) Nachträgliche Anerkennung ohne erneuten Prüfungstermin

Für die **Zurücknahme des Widerspruchs**, sei es einer bestrittenen oder einer „vorläufig bestrittenen" Forderung, bedarf es nach der Konkursordnung **keines weiteren Prüfungstermins**. Das nachträgliche Anerkenntnis kann vielmehr **auch außerhalb einer Gläubigerversammlung** vom Bestreitenden erklärt werden.[74] Hierdurch wird zwar den übrigen zum Bestreiten berechtigten Personen die Möglichkeit genommen, die Forderung in einem weiteren Prüfungstermin nunmehr ihrerseits zu bestreiten. Diese konnten aber bereits im ersten Prüfungstermin die Forderung bestreiten, so daß sich das als unwiderrufliches Anerkenntnis darstellt (vgl. oben Rn. 28). Außerdem stellt ein nachträgliches Anerkenntnis aufgrund der bereits erfolgten Prüfung der Forderung keine erneute Forderungsprüfung dar, sondern unterliegt als Zurücknahme des ursprünglichen Bestreitens oder „vorläufigen Bestreitens" nicht den formalen Anforderungen eines Prüfungstermins.[75] **55**

Diese für die Konkursordnung entwickelten Grundsätze gelten grundsätzlich[76] **56** auch für die nachträgliche Anerkennung nach der Gesamtvollstreckungsordnung, da auch hier allen Gläubigern und dem Verwalter im Prüfungstermin die Gelegenheit zur Stellungnahme und ggf. zum Bestreiten von Forderungen Dritter gegeben wird. Es besteht daher auch im Gesamtvollstreckungsverfahren **kein Anspruch auf Abhaltung eines neuen Prüfungstermins**, wenn eine Forderung im Vertrauen auf ein Bestreiten durch Dritte nicht auch von demjenigen bestritten wird, der die betreffende Forderung ebenfalls für nicht gerechtfertigt hält. Anderenfalls würde der Grundsatz der Verfahrensökonomie verletzt, da jedes nachträgliche Anerkenntnis zu einem erneuten Prüfungstermin führen würde, obwohl bereits alle Beteiligten die Möglichkeit zum Bestreiten hatten. Auch wenn das Bestreiten des Verwalters oder eines einzelnen Gläubigers allen anderen Gläubigern zustatten kommt, steht die Zurücknahme des Bestreitens im Belieben desjenigen, der die Forderung bestritten hat.[77] Wird

73 So *Hess/Binz/Wienberg* § 11 GesO Rn. 41.

74 BGH WM 1957, S. 1226; vgl. auch Jaeger/*Weber* § 141 KO Anm. 10; Kuhn/*Uhlenbruck* § 144 KO Rn. 2 f); Kilger/*K.Schmidt*, § 144 KO Anm. 2, die auf die nur erforderliche Erklärung hinweisen gegenüber dem Konkursgericht oder dem Konkursverwalter hinweisen.

75 Vgl. auch die der Entscheidung des BGH WM 1957, S. 1225, 1226 zugrunde liegende Fallgestaltung zur entsprechenden Rechtslage im Geltungsbereich der Konkursordnung.

76 Eine Ausnahme stellt nur die Prüfung verspätet angemeldeter Forderungen in einem besonderen Prüfungstermin dar, vgl. hierzu oben § 7 Rn. 63 ff..

77 Vgl. Jäger/*Weber* § 141 KO Anm. 10.

das Bestreiten zurückgenommen, erhalten Dritte damit nicht noch einmal Gelegenheit, die Forderung in einem neuen Prüfungstermin zu bestreiten.[78]

4. Beurkundung des Prüfungsergebnisses

57 Nach der Konkursordnung ist eine im Prüfungstermin anerkannte Forderung durch das Konkursgericht in die Tabelle einzutragen (§ 145 Abs. 1 Satz 1 KO). Mit der Eintragung des Anerkenntnisses in die Tabelle gilt die festgestellte Forderung nach § 145 Abs. 2 KO als rechtskräftiges Urteil gegenüber allen anderen Konkursgläubigern und dem Konkursverwalter.[79] Es fragt sich, ob diese Vorschrift auf die Gesamtvollstreckung anwendbar ist. Die Gesamtvollstreckungsordnung enthält keine § 145 KO entsprechende Bestimmung über die Urteilswirkung der Eintragung oder die Notwendigkeit einer Eintragung des Anerkenntnisses im Vermögensverzeichnis. Eine solche Wirkung könnte der Eintragung im Vermögensverzeichnis, die aufgrund der ausdrücklichen Regelung in § 11 Abs. 2 Satz 3 GesO vom Verwalter vorzunehmen ist, höchstens dann zukommen, wenn das Anerkenntnis – wie es vielfach in der Literatur vertreten[80] und teilweise von den Gesamtvollstreckungsgerichten in der Praxis auch gehandhabt wird -vom Gesamtvollstreckungsgericht in analoger Anwendung von § 145 Abs. 1 KO zu beurkunden wäre. Das ist aber nicht der Fall. Die Gesamtvollstreckungsordnung sieht die Führung des Vermögensverzeichnisses jedoch durch den Verwalter vor und ordnet **keine Beurkundung der Eintragungen im Vermögensverzeichnis** durch das Gesamtvollstrekkungsgericht an. Für eine Beurkundung der Eintragungen im Vermögensverzeichnis besteht auch kein Bedürfnis, da der Anerkennende an sein im Prüfungstermin oder später abgegebenes Anerkenntnis gebunden ist (siehe oben Rn. 28). Zwar erteilt das Gesamtvollstreckungsgericht nach Abschluß des Gesamtvollstreckungsverfahrens aus dem Vermögensverzeichnis eine vollstreckbare Ausfertigung (§ 18 Abs. 2 Satz 2 GesO), so daß der Eintragung im Vermögensverzeichnis – wie in § 145 KO ausdrücklich geregelt – die Wirkung eines Titel zukommt. Das **Gesamtvollstreckungsgericht bestätigt** im Schlußtermin jedoch nicht nur den Verteilungsvorschlag (§ 18 Abs. 2 Satz 1 GesO), sondern hat auch das **Vermögensverzeichnis** zu bestätigen (§ 18 Abs. 2 Satz 2). Erst mit dieser Bestätigung kommt den Eintragungen im Vermögensverzeichnis die Wirkung eines Titels zu. Vor der Bestätigung des Vermögensverzeichnisses durch das Gesamtvollstreckungsgericht können daher keine vollstreckbaren Ausfertigungen aus dem Vermögensverzeichnis erteilt werden.

---

78 Jäger/*Weber* § 141 KO Anm. 10.

79 Vgl. im einzelnen Kuhn/*Uhlenbruck* § 145 KO Rn. 3 ff.

80 Gottwald/*Eickmann* Nachtrag GesO S. 98 Rn. 9; *Hess/Binz/Wienberg* § 11 GesO Rn. 46; auch noch *Haarmeyer/Wutzke/Förster* 2. Aufl. § 11 Rn. 35, die aber aufgegeben worden ist (vgl. 3. Aufl., § 11 GesO Rn. 79 ff.) Hess/*Binz* KO § 11 GesO Rn 44.

II. Weitere Prüfungstermine

Die Gesamtvollstreckungsordnung sagt nichts darüber aus, ob im Anschluß an den ersten Prüfungtermin weitere Prüfungstermine durchgeführt werden können. Da jedoch nicht bestimmt worden ist, daß nur ein Prüfungstermin stattzufinden hat und insbesondere verspätet angemeldete Forderungen unter den Voraussetzungen des § 14 GesO auch nach dem ersten Prüfungstermin zur Prüfung zuzulassen sind (vgl. § 7 Rn. 31 ff.), geht auch die Gesamtvollstreckungsordnung von der **Notwendigkeit weiterer Prüfungstermine** aus. In diesen weiteren Prüfungsterminen ist dem Verwalter und den Gläubigern die Möglichkeit zum Bestreiten von verspätet angemeldeten Forderungen zu geben. Ein weiterer Prüfungstermin kann ferner stattfinden, wenn die Prüfung einer Forderung im ersten Prüfungstermin vertagt worden ist (zur Vertagung des Prüfungstermins siehe oben Rn. 39). **58**

Da es sich bei den weiteren Prüfungsterminen ebenfalls um besondere Gläubigerversammlungen im Sinne von § 15 Abs. 1 GesO handelt, gelten für weitere Prüfungstermine die gleichen Regelungen wie für die Einberufung und Durchführung des ersten Prüfungstermins (vgl. Muster 18). **59**

§ 10 Aufgaben des Gesamtvollstreckungsgerichts

Übersicht

1 Dem **Gesamtvollstreckungsgericht** kommen im Gesamtvollstreckungsverfahren unterschiedliche Aufgaben zu. Sie lassen sich in zwei Kategorien einteilen:

— Das Gericht hat zunächst eine umfassende **Entscheidungskompetenz** über die **Eröffnung** eines Gesamtvollstreckungsverfahren;
— im laufenden Verfahren bis zum Abschluß des Verfahrens obliegt ihm die **Leitung und Überwachung.**

2 Zahlreiche weitere Aufgaben, die im Anwendungsbereich der Konkursordnung ebenfalls vom Gericht zu erfüllen sind, werden von der Gesamtvollstreckungsordnung **auf den Verwalter** übertragen. So hat zB der Verwalter und nicht das Gericht

— den Eröffnungsbeschluß an die Personen zu übersenden, von denen ihm bekannt wird, daß ihnen Forderungen oder sonstige Rechte gegen den Schuldner zustehen (§ 6 Abs. 3 GesO);
— Forderungsanmeldungen entgegenzunehmen (§ 5 Abs. 1 Satz 3 GesO);
— das Vermögensverzeichnis aufzustellen (§ 11 Abs. 1 GesO);
— die angemeldeten Forderungen und sonstigen Rechte im Umfange des Anerkenntnisses in das Verzeichnis aufzunehmen (§ 11 Abs. 3 Satz 3 GesO).

Insoweit verbleibt dem **Gericht** nur eine Aufsichtsfunktion.

I. Aufgaben und Befugnisse des Gerichts bei der Einleitung des Gesamtvollstreckungsverfahrens

Vor der Eröffnung eines Gesamtvollstreckungsverfahrens bestehen die Aufgaben des Gerichts zunächst darin zu prüfen, ob die Voraussetzungen der Verfahrenseröffnung gegeben sind und bejahendenfalls einen vom Gesetz inhaltlich vorgeschriebenen Eröffnungsbeschluß zu erlassen (vgl. hierzu im einzelnen § 6 Rn. 2 ff.). Der Erlaß des Beschlusses ebenso wie dessen Ablehnung steht in der ausschließlichen Entscheidungskompetenz des Gesamtvollstreckungsgerichts. Zur Prüfung der Voraussetzungen der Zahlungsfähigkeit bzw. Überschuldung und der Frage, ob die Massekosten vom Vermögen des Schuldners gedeckt sind, bedient sich das Gericht regelmäßig der Hilfe eines Sachverständigen. **3**

Das Gericht kann nach Eingang des Antrages auf Eröffnung des Gesamtvollstreckungsverfahrens gemäß § 2 Abs. 3 GesO bis zur Entscheidung über die Eröffnung **vorläufige Maßnahmen** zur Sicherung der Durchführung des Gesamtvollstreckungsverfahrens treffen, insbesondere zur Vermeidung von Einzelzwangsvollstreckungsmaßnahmen (vgl. hierzu im einzelnen § 5). **4**

Entscheidet das Gesamtvollstreckungsgericht, das Verfahren zu eröffnen, muß es gemäß § 5 GesO einen vorläufigen Verwalter bestellen (§ 5 Nr. 2 GesO) und diesem eine Ernennungsurkunde ausstellen (§ 8 Abs. 1 GesO). Die Ernennungsurkunde muß Angaben darüber enthalten, in welchem Umfang dem Verwalter Befugnisse erteilt worden sind. Die Erteilung der Ernennungsurkunde ist notwendig, damit sich der Verwalter gegenüber Dritten ausweisen und seine Rechte sachgerecht ausüben kann. Mit der Übergabe der Ernennungsurkunde an den Verwalter und der Annahme der Ernennungsurkunde beginnt das Amt des Gesamtvollstreckungsverwalters.[1] **5**

II. Aufgaben und Befugnisse des Gerichts nach Eröffnung des Gesamtvollstreckungsverfahrens

Die Aufgaben des Gesamtvollstreckungsgerichts ändern sich nach Eröffnung des Gesamtvollstreckungsverfahrens. Die Herrschaft des Gerichts über das Eröffnungsverfahren wird abgelöst von einer **Aufsichtsfunktion**, die das Gesamtvollstreckungsgericht nunmehr **gegenüber dem Verwalter und den Entscheidungen der Gläubiger** zu erfüllen hat. Dabei wird nach der Eröffnung des Verfahrens und der Ernennung des Verwalters regelmäßig nicht mehr der Richter, sondern der Rechtspfleger tätig (§ 18 RpflG). Der Richter kann das Verfahren aber wieder übernehmen, wenn er es für erforderlich hält (§ 18 Abs. 2 Satz 3 RpflG). **6**

Weil in der Zeit unmittelbar nach dem 03.10.1990 nicht ausreichend Rechtspfle- **7**

1 *Haarmeyer/Wutzke/Förster* § 8 GesO Rn. 3.

ger zur Verfügung standen, sind deren Aufgaben zunächst nahezu ausschließlich von Richtern wahrgenommen worden.[2] Nunmehr ist in zahlreichen Amtsgerichtsbezirken die Durchführung von Gesamtvollstreckungsverfahren entsprechend den Bestimmungen des Einigungsvertrages (Anlage I, Kapitel III, Sachgebiet A, Abschnitt III Nr. 3 a Abs. 1) und der Vorschrift von § 3 Nr. 2 e Rechtspflegergesetz **auf die Rechtspfleger** übertragen worden (vgl. § 4 Rn. 49). Soweit das Rechtspflegergesetz, das an den Regelungen der Konkursordnung ausgerichtet ist, angewendet wird, ist es im Sinne der Gesamtvollstreckungsordnung auszulegen. Deshalb kann es nicht immer uneingeschränkt Anwendung finden (vgl. § 4 Rn. 49).

1. Aufsicht über die Tätigkeit des Verwalters

8 Dem Gericht obliegt die Aufsicht über die Vermögensverwaltung durch den Verwalter. Ihm stehen zur Durchführung und Sicherung dieser Verwaltung bestimmte Aufsichtsmittel zur Verfügung.

a) Aufsicht über die Vermögensverwaltung

9 Die für das Verfahren wesentlichste Befugnis des Gerichts nennt § 8 Abs. 3 Satz 1 GesO. Hiernach **unterliegt die Vermögensverwaltung der Aufsicht** des Gesamtvollstreckungsgerichts. Das Gericht hat **von Amts wegen** zu überwachen, ob der Verwalter seine Pflichten (vgl. oben Rn. 2) erfüllt.[3]

10 Das Gericht kann aufgrund seiner Befugnisse auch einzelnen Gläubigern, die Zweifel an der Rechtmäßigkeit der Vorgehensweise eines Verwalters haben, unterstützend zur Seite stehen. Zwar haben einzelne Gläubiger keine Möglichkeit, den Verwalter zu bestimmten Handlungen oder Unterlassungen im Zuge des Gesamtvollstreckungsverfahrens zu zwingen. Es ist aber jedem Gläubiger möglich, dem Gericht den Sachverhalt darzulegen, aus dem sich eine umstrittene Handlung des Verwalter ergibt, damit es von seinen Befugnissen Gebrauch machen kann (vgl. § 12 Rn. 30).

11 Das Gesamtvollstreckungsgericht kann auch förmlich um den Erlaß einer Entscheidung gebeten werden (vgl. § 12 Rn. 33). Sofern es einen derartigen **Antrag eines einzelnen Gläubigers** ablehnt, ist diese Entscheidung gemäß § 20 GesO mit der sofortigen Beschwerde anfechtbar.[4]

b) Aufsichtsmittel

12 Als Mittel der Aufsicht über die Vermögensverwaltung des Verwalters hat das Gesamtvollstreckungsgericht die Befugnis, jederzeit **Einblick in die Buch- und**

---

2 Vgl. *Haarmeyer/Wutzke/Förster* § 2 GesO Rn. 2 (2. Aufl.) ; Gottwald/*Klopp* Nachtrag GesO S. 24 Rn. 1.

3 *Smid*/Zeuner/*Carl* § 8 GesO Rn. 110.

4 Str. vgl. Kuhn/*Uhlenbruck* § 83 KO Rn. 3 mwN.

Kassenführung des Verwalters zu nehmen.[5] Das Gericht darf in Zweifelsfällen auch von ihm **Auskunft** über unklare oder etwaige rechtswidrige Handlungen verlangen.

Kommt ein Verwalter einzelnen Verpflichtungen nicht nach, kann das Gericht – zunächst vorläufig – einen **Sonderverwalter** bestellen, der den Verwalter für einen bestimmten Aufgabenbereich überwacht oder vertritt. Einen entsprechenden Antrag kann auch der Verwalter stellen, wenn er die Berechtigung der Forderung eines Gläubigers zB aufgrund eines **Interessenkonfliktes** nicht selbst zu prüfen vermag. Als schärfstes Aufsichtsmittel hat das Gericht die Möglichkeit, bei Vorliegen eines wichtigen Grundes den **Verwalter abzuberufen** (§ 8 Abs. 3 Satz 2 GesO). Wichtige Gründe sind beispielsweise die Verhinderung der Ausübung des Amtes wegen Krankheit oder die Zerstörung des Vertrauensverhältnisses zwischen dem Verwalter und den Gläubigern bzw. dem Verwalter und dem Gericht.[6] Darüber hinaus ist die Abberufung möglich, wenn sich nach der Übernahme herausstellt, daß der Verwalter zur Übernahme des Amtes nicht geeignet ist.[7] Auch ein pflichtwidriges Verhalten rechtfertigt eine Abberufung, wenn der Verwalter sich beispielsweise an Gegenständen aus der Masse bereichert.[8] Ferner ist die Abberufung des Verwalters gerechtfertigt, wenn dieser rechtmäßige Weisungen des Gerichtes nicht ausführt. **13**

Aus der Überwachungspflicht des Gerichts folgt auch das Recht, den Verwalter **abzumahnen**, wenn es Maßnahmen feststellt oder solche zu befürchten sind, die mit der Vermögensverwaltungspflicht des Verwalters nicht in Übereinstimmung stehen. **14**

Fraglich ist, inwieweit das Gesamtvollstreckungsgericht durch **Weisungen** in die Tätigkeit des Verwalters im einzelnen aktiv eingreifen darf. Das gilt insbesondere für Weisungen, die die Verwertung der Masse betreffen, beispielsweise durch Erlösvorgaben bei der Veräußerung von Massegegenständen oder Weisungen dahingehend, ob und in welchem Umfang Aktiv- oder Passivprozesse geführt werden dürfen oder müssen. Die Befugnis zum Erlaß solcher Weisungen läßt sich zunächst aus der durch § 8 Abs. 3 Satz 1 GesO angeordneten Aufsichtspflicht des Gerichts ableiten, da eine Aufsicht über die Tätigkeit des Verwalters sachgerecht nur möglich ist, wenn dem Gesamtvollstreckungsgericht auch die Möglichkeit eingeräumt ist, Weisungen zu erteilen.[9] Keinesfalls wird man die Aufsichtspflicht darauf beschränken dürfen, dem Verwalter lediglich rechtswidrige Maßnahmen zu untersagen.[10] Die Vornahme rechtswidriger Handlungen ist dem Verwalter bereits kraft Gesetzes verboten, so daß es einer Unterlassungsanweisung insoweit nicht bedarf. Dem Gesamtvollstrek- **15**

---

5 Smid/Zeuner-*Smid/Carl* § 8 GesO Rn. 117.

6 Gottwald/*Klopp* Nachtrag GesO § 37 Rn. 10; aA hinsichtlich der Zerstörung des Vertrauensverhältnisses LG Halle ZIP 1993, 1739, 1740.

7 LG Halle ZIP 1994, 572, 576; LG Halle ZIP 1993, 1739.

8 LG Halle ZIP 1993, 1739.

9 Ebenso *Smid*/Zeuner/*Carl* § 8 GesO Rn. 119.

10 So wohl *Hess/Binz/Wienberg* § 8 Rn. 29; Hess/*Binz* KO § 8 GesO Rn. 29.

kungsgericht muß im Rahmen seiner Aufsicht gerade auch obliegen, die wirtschaftliche Zweckmäßigkeit der vom Verwalter vorzunehmenden/vorgenommenen Handlungen zu überwachen.[11]

16 Bei der Durchsetzung von zulässigen Weisungen unterliegt das Gesamtvollstreckungsgericht aber Beschränkungen. Es kann seine Weisungen nicht durch Auferlegung eines **Zwangsgeldes** durchsetzen, da die Gesamtvollstreckungsordnung keine der Vorschrift in § 84 KO entsprechende Regelung enthält.[12] Als einziges „Zwangsmittel" steht dem Gericht das Abberufungsrecht gemäß § 8 Abs. 3 Satz 2 GesO zur Verfügung. Soll deshalb die Aufsicht des Gerichtes einigermaßen effektiv sein, wird man ihm das Abberufungsrecht auch bei „mittelschweren" Verfehlungen, die aber gleichwohl eine derartige Verfügung des Gerichtes erforderlich machen, zubilligen müssen. Andererseits wird man eine derartige Herabstufung der Anforderungen an das Vorliegen eines wichtigen Grundes nur rechtfertigen können, wenn entsprechend dem allgemeinen Verhältnismäßigkeitsgrundsatz dem Verwalter bei nicht schwerwiegenden Verstößen die Abberufung vorher angedroht worden ist.[13]

2. Aufsicht über Gläubigerversammlungen, Prüfungstermine und Gläubigerhandlungen

17 Neben seiner Aufsichtsfunktion gegenüber dem Verwalter kommt dem Gesamtvollstreckungsgericht auch die Aufgabe einer Kontrolle gegenüber den Entscheidungen der Gläubiger zu. Dies wird zunächst bei den Pflichten des Gesamtvollstreckungsgerichts im Zusammenhang mit der **Einberufung und Durchführung von Gläubigerversammlungen und Prüfungsterminen** deutlich. So beruft das Gesamtvollstreckungsgericht von Amts wegen nicht nur die erste Gläubigerversammlung und bei Vorliegen der Voraussetzungen von § 15 Abs. 1 Satz 2 GesO weitere Gläubigerversammlungen ein (vgl. § 8 Rn. 3). Das Gericht **leitet** die Versammlungen[14] und hat für die **Einhaltung der Nichtöffentlichkeit** Sorge zu tragen.[15] Für die Versammlungsleitung gelten die Bestimmungen in §§ 136 ff. und 159 ff. ZPO nach § 1 Abs. 3 GesO entsprechend (vgl. § 3 Rn. 4). Ebenso gelten auch die Bestimmungen zur Sitzungspolizei in §§ 169 ff. GVG (vgl. § 3 Rn. 6).

18 Das Gesamtvollstreckungsgericht übt die Kontrolle über die **Rechtmäßigkeit von Beschlüssen der Gläubigerversammlungen** aus. So kann es die Ernennung eines von der Gläubigerversammlung nach § 15 Abs. 3 Satz 1 GesO gewählten „anderen" Verwalters verweigern, wenn dieser für das Amt eines Verwalters

---

11 Ebenso *Smid*/Zeuner/*Carl* § 8 GesO Rn. 113 unter Aufgabe des gegenteiligen Rechtsstandpunktes; aA wohl *Haarmeyer/Wutzke/Förster* § 8 GesO Rn. 94.

12 Allg. Ansicht: Kilger/*K.Schmidt* § 8 GesO Anm. 3; *Smid*/Zeuner/*Carl* § 8 GesO Rn. 119; *Haarmeyer/Wutzke/Förster* § 8 GesO Rn. 99.

13 *Haarmeyer/Wutzke/Förster* § 8 GesO Rn. 100

14 *Haarmeyer/Wutzke/Förster* § 15 GesO Rn. 13; *Smid*/Zeuner § 15 GesO Rn. 39.

15 Vgl. hierzu *Smid*/Zeuner § 15 GesO Rn. 41, 42.

ungeeignet ist (§ 15 Abs. 1 Satz 3 GesO). Hierzu kommt es aber nur, wenn die Gläubigerversammlung nicht den vom Gericht bestellten Verwalter bestätigt (vgl. § 8 Rn. 30).

Ein von der Gläubigerversammlung nach § 16 GesO beschlossener **Vergleich** ist vom Gesamtvollstreckungsgericht durch Beschluß zu bestätigen (§ 16 Abs. 5 GesO). Das Gericht hat diese Bestätigung zu versagen, wenn der Vergleich auf unlautere Weise zustandegekommen ist oder einen Teil der Gläubiger unangemessen benachteiligt. Die insoweit zugrunde liegende Bestimmung in § 16 Abs. 5 Satz 3 GesO („kann") ist mißverständlich; dem Gesamtvollstreckungsgericht steht lediglich ein **Beurteilungsspielraum** zu.[16] 19

3. Zustimmung zu verspäteten Forderungsanmeldungen (§ 14 GesO)

Nachdem der Bundesgerichtshof[17] entschieden hat, daß eine Versagung der Berücksichtigung einer verspätet angemeldeten Forderung durch den Verwalter ausschließlich in die Entscheidungskompetenz des Gesamtvollstreckungsgerichts fällt (vgl. § 7 Rn. 54-55), kommt der Vorschrift von § 14 Abs. 1 Satz 1 GesO über die Zustimmung des Gesamtvollstreckungsgerichts eine erhebliche Bedeutung zu. Ist das Gesamtvollstreckungsgericht entgegen der Rechtsauffassung des Verwalters der Ansicht, daß die verspätetet angemeldete Forderung in das Vermögensverzeichnis aufgenommen werden muß, kann es dem Verwalter im Rahmen seiner Aufsichtsbefugnisse auferlegen, die Forderung in das Vermögensverzeichnis aufzunehmen oder der Aufnahme zu widersprechen (vgl. § 7 Rn. 57 ff.). 20

4. Festsetzung der Vergütung für Verwalter und Sequester

Das Gesamtvollstreckungsgericht entscheidet über die vom Verwalter zu beantragende Vergütung und die Erstattung seiner Auslagen (§ 21 Abs. 1 Satz 1 GesO iVm. § 6 der VergVO).[18] Ferner entscheidet das Gesamtvollstreckungsgericht über die Vergütung des Gläubigerausschusses und des vor Eröffnung des Verfahrens eingesetzten Sequesters (zur Höhe der Vergütung vgl. hierzu im einzelnen die ausführlichen Darstellungen in §§ 25 und 27). 21

Die Vergütung wird auf **Antrag des Verwalters** vom Gericht durch **Beschluß** festgesetzt (§ 6 Abs. 1 VergVO). Vor der Festsetzung der Vergütung des Verwalters sind dem Schuldner und der Gläubigerversammlung[19] **rechtliches** 22

---

16 Kilger/*K.Schmidt* § 16 GesO Anm. 2 d.

17 BGH ZIP 1994, 157.

18 Verordnung über die Vergütung des Konkursverwalters, des Vergleichsverwalters, der Mitglieder des Gläubigerausschusses und der Mitgleider des Gläubigerbeirats vom 25.05.1960 (BGBl. I S. 329), abgedruckt in Anhang II.6.

19 Str., aA die hM: vgl. *Hess* KO § 1 VergVO Rn. 2; Kuhn/*Uhlenbruck* § 85 KO Rn. 16 d; *Eickmann* § 6 VergVO Rn. 8.

Gehör zu gewähren, da die Höhe der Vergütung sich auf die zur Verteilung stehende Masse auswirkt. Der Beschluß ist den Verfahrensbeteiligten zuzustellen (§ 329 Abs. 3 2. Alt. ZPO). Eine öffentliche Zustellung, wie sie nach § 76 Abs. 3 KO in Konkursverfahren möglich wäre, ist im Geltungsbereich der Gesamtvollstreckungsordnung nur unter den Voraussetzungen von §§ 203 ff. ZPO zulässig (Aufenthalt des Zustellungsadressaten unbekannt). Eine Regelungslücke, die die Anwendung von § 76 Abs. 3 KO rechtfertigen würde, besteht aufgrund der ausdrücklichen Verweisung auf die ZPO nicht (vgl. § 6 Rn. 83).

23 Entscheidet das Gericht entgegen der Auffassung einzelner Gläubiger oder des Schuldners, steht diesen die sofortige Beschwerde nach § 20 GesO gegen den Beschluß zu.[20]

5. Entscheidung über vorab zu befriedigende Ansprüche (§ 13 GesO)

24 Nach § 13 Abs. 1 GesO bedarf eine Befriedigung der Masseverbindlichkeiten der „Einwilligung des Gerichts" (vgl. hierzu § 13 Rn. 10).

III. Staatshaftung bei Pflichtverletzung

25 Erfüllt das Gericht die ihm obliegenden Aufgaben nicht oder nicht ordnungsgemäß und erleiden Gläubiger, Schuldner oder Dritte hierdurch einen Vermögensnachteil, besteht ein Staatshaftungsanspruch. Hierfür gilt im Geltungsbereich der Gesamtvollstreckungsordnung das **Staatshaftungsgesetz**[21] der ehemaligen DDR als Landesrecht fort (vgl. Anlage II, Kapitel III, Sachgebiet B, Abschnitt III Nr. 1 des Einigungsvertrages).[22] Gemäß § 1 Abs. 4 des Staatshaftungsgesetzes ist die Haftung auch bei gerichtlichen Entscheidungen gegeben. Die Haftung greift folglich bei Handlungen von Justizsekretären, Rechtspflegern und Richtern ein.[23] Sie ist **verschuldensunabhängig**. Staatshaftungsansprüche verjähren aber bereits nach einem Jahr (§ 4 Abs. 1 StaatshaftungsG).

26 Die Staatshaftung ergibt sich ferner aus der Anwendung des **§ 839 Abs. 2 BGB**, da das Spruchrichterprivileg für die Entscheidungen und Maßnahmen des Insolvenzgerichtes nicht gilt.[24]

---

20 *Hess* KO § 6 VergVO Rn. 3.

21 Gesetz zur Regelung der Staatshaftung in der Deutschen Demokratischen Republik vom 12.05.1969 StHg-DDR S. 34, abgedruckt im Sartorius III, DDR-GBl. I S. 329; vgl. Sartorius III Nr. 120.

22 Palandt/*Thomas* Art. 232 § 10 EGBGB Rn. 3.

23 Vgl. *Smid*/Zeuner Einleitung Rn. 85.

24 Vgl. *Smid*/Zeuner Einl. Rn. 86, der die zu § 839 BGB entwickelten Grundsätze auch im Staatshaftungsgesetz angewendet wissen will.

§ 11 Gläubigerausschuß

Übersicht

Siehe auch im Anhang I folgende Muster:
Muster 21: Beschluß des Gerichts über die Bestellung als vorläufiges Mitglied des Gläubigerausschusses
Muster 22: Geschäftsordnung für den (gewählten) Gläubigerausschuß

Die Gläubiger können auf unterschiedliche Weise an dem Verfahren mitwirken 1
und dabei das Handeln des Verwalters unterstützen und kontrollieren. Den größten Einfluß auf das Verfahren üben sie aus, wenn sie dem Verwalter einen Gläubigerausschuß zur Seite stellen. Der Gläubigerausschuß ist ein mit Unterstützungs- und Kontrollaufgaben ausgestatteter Repräsentant der Gläubiger. Bedeutsame Rechtsgeschäfte des Verwalters, die in § 15 Abs. 6 GesO beispielhaft aufgeführt sind, bedürfen seiner Zustimmung.

I. Bestellung oder Wahl eines Gläubigerausschusses

2 Ein Gläubigerausschuß wird in der Regel immer dann gebildet, wenn entweder das Gericht oder aber die Gläubigerversammlung einen solchen zur Unterstützung und/oder Kontrolle des Verwalters für notwendig erachtet.

1. Bestellung des vorläufigen Gläubigerausschusses durch das Gericht

3 Nach § 15 Abs. 2 Satz 3 GesO ist das **Gesamtvollstreckungsgericht** befugt, einen **vorläufigen Gläubigerausschuß** zu bestellen, wenn es diesen nach **pflichtgemäßer Ermessensausübung** für erforderlich hält. Das kann etwa der Fall sein, wenn schon vor der ersten Gläubigerversammlung Verwertungsmaßnahmen in erheblichem Umfang vorgenommen werden sollen. Lediglich im Falle der Insolvenz einer **Genossenschaft** ist gemäß § 103 GenG iVm. § 1 Abs. 4 GesO bei der Eröffnung des Verfahrens vom Gericht **zwingend** ein vorläufiger Gläubigerausschuß zu bestellen.

4 Als **Mitglieder** des vorläufigen Gläubigerausschusses kommen die Personen in Betracht, die auch durch die Gläubigerversammlung in einen Gläubigerausschuß gewählt werden können, also Gläubiger und sachkundige Dritte (vgl. hierzu unten im einzelnen unten Rn. 14).

5 Die **gerichtliche Bestellung** erfolgt durch **Beschluß**. Dieser kann mit der sofortigen Beschwerde angefochten werden, wenn der Anfechtende durch den Beschluß beschwert ist (§ 20 GesO; vgl. zum Beschwerdeverfahren § 6 Rn. 117 ff.). Für Gläubiger dürfte dies nur im Ausnahmefall zutreffen, da die Einsetzung eines vorläufigen Gläubigerausschusses ebenso wie die Bestellung bestimmter Personen für sich genommen die Rechte der übrigen Gläubiger noch nicht beeinträchtigen kann. Das Gericht kann die Bestellung solange widerrufen, wie nicht das betroffene Mitglied durch die Gläubigerversammlung bestätigt worden ist.[1]

6 Die Mitglieder des vom Gericht bestellten vorläufigen Gläubigerausschusses haben die gleichen **Rechte, Pflichten und Verantwortlichkeiten** wie die Mitglieder des von der **Gläubigerversammlung** gewählten Gläubigerausschusses (vgl. hierzu unten Rn. 22 ff.); ebenso wie diese können sie ihr Amt auch nicht ohne weiteres niederlegen (vgl. unten Rn. 19 ff.).

7 **Die Tätigkeit des vorläufigen Gläubigerausschusses endet mit der ersten Gläubigerversammlung (§ 15 Abs. 2 Satz 3 GesO).**[2] Diese beschließt über die Beibehaltung eines Gläubigerausschusses sowie gegebenenfalls über seine Zusammensetzung.[3] Eine Ausnahme besteht für den Fall der Insolvenz einer

---

1 Vgl. Kuhn/*Uhlenbruck* § 87 KO Rn. 2 c.
2 *Smid*/Zeuner § 15 GesO Rn. 24; *Haarmeyer/Wutzke/Förster* § 15 GesO Rn. 32 ?
3 Vgl. *Hess/Binz/Wienberg* § 15 GesO Rn. 28; *Haarmeyer/Wutzke/Förster* § 15 GesO Rn. 32.

Genossenschaft. Hier ist der Gläubigerausschuß selbst beizubehalten. Lediglich die Besetzung kann durch die Gläubigerversammlung verändert werden.[4]

2. Von der Gläubigerversammlung gewählter Gläubigerausschuß

Die Wahl eines Gläubigerausschusses liegt im Ermessen der Gläubigerversammlung. Sie „kann", muß aber nicht einen Gläubigerausschuß wählen (§ 15 Abs. 2 Satz 1 GesO). Die Wahl eines Gläubigerausschusses bietet sich insbesondere in größeren und schwierigeren Verfahren an[5], also insbesondere in den Gesamtvollstreckungsverfahren, in denen umfangreiche Verwertungshandlungen erforderlich sind oder der Geschäftsbetrieb des Schuldners mit zahlreichen Arbeitsplätzen fortgeführt und gegebenenfalls sogar saniert werden soll. In kleineren Verfahren dürften die Kosten eines Gläubigerausschusses hingegen regelmäßig außer Verhältnis zu seinem Nutzen stehen. 8

a) Beschlußfassung und Wahl

In der Gläubigerversammlung ist ein **Beschluß** darüber herbeizuführen, ob ein Gläubigerausschuß gewählt wird und aus welchen Personen er zusammengesetzt sein soll. Hat das Gericht bereits einen vorläufigen Gläubigerausschuß bestellt (vgl. dazu oben Rn. 3 ff.), so können dessen Mitglieder mit der Wahl bestätigt werden. Da die Bestellung eines Gläubigerausschusses durch einen Beschluß der Gläubigerversammlung erfolgt, ist hiergegen ein Rechtsmittel nicht gegeben.[6] 9

Für diesen Beschluß ist die **einfache Mehrheit** der anwesenden Gläubiger erforderlich, die zudem mehr als die **Hälfte** der Summe der von diesen Gläubigern **angemeldeten Forderungsbeträge** auf sich vereinigen müssen (vgl. zur Beschlußfassung im einzelnen § 8 Rn. 21 ff.). Beschließt die Gläubigerversammlung mit der erforderlichen Mehrheit die Bestellung eines Gläubigerausschusses, so hat sie anschließend auch die Mitglieder des Ausschusses zu wählen. Für die Wahl gelten die gleichen Mehrheitserfordernisse. 10

Die nachträgliche Ergänzung eines Gläubigerausschusses um weitere Mitglieder ist möglich. Die Gläubigerversammlung kann auch bereits bei der Wahl des Gläubigerausschusses einen oder mehrere **Ersatzmitglieder** bestellen. Dies ist zu empfehlen, um die jederzeitige Handlungsfähigkeit des Gläubigerausschusses zu gewährleisten.[7] Ebenso kann sie den Gläubigerausschuß ermächtigen, bei Wegfall eines Mitgliedes einen Nachfolger selbst zu bestimmen.[8] Für den Fall, 11

---

4 Vgl. *Haarmeyer/Wutzke/Förster* § 15 GesO Rn. 30 b.
5 So auch *Hegmanns* S. 50; *Smid*/Zeuner § 15 GesO Rn. 14; vgl. auch Kuhn/*Uhlenbruck* § 87 KO Rn. 1.
6 *Haarmeyer/Wutzke/Förster* § 15 GesO Rn. 30 c.
7 So auch Smid/Zeuner § 15 GesO Rn. 15.
8 In diesem Sinne Uhlenbruck, Gläubigerberatung in der Insolvenz, Seite 401.

daß eine solche Bestimmung nicht getroffen, aber die Anzahl der Gläubigerausschußmitglieder in der ersten Gläubigerversammlung festgelegt worden ist, muß eine Gläubigerversammlung einberufen werden, in der für das ausgeschiedene Mitglied ein neues Mitglied gewählt wird. Bis zu der Wahl eines Ersatzmitgliedes kann das Gericht in entsprechender Anwendung von § 15 Abs. 2 Satz 3 GesO ein vorläufiges Gläubigerausschußmitglied bestellen.[9] Jedem Gläubiger steht es frei, dem Gericht entsprechende Anregungen zu unterbreiten.

12 Das **Amt** als Gläubigerausschußmitglied **beginnt** mit der Annahme der Wahl, wozu der Gewählte indes nicht verpflichtet ist.

b) Mitglieder

13 Über die **Zahl der Mitglieder** des Gläubigerausschusses enthalten weder die Gesamtvollstreckungsordnung noch die Konkursordnung eine Regelung. Durch die Verwendung der Begriffe „Ausschuß„ und „Mitglieder" in § 15 Abs. 2 Satz 3 und Abs. 6 Satz 5 GesO hat der Gesetzgeber jedoch klargestellt, daß der Gläubigerausschuß aus mehreren Mitgliedern bestehen muß.[10] Über die Anzahl der Mitglieder des Gläubigerausschusses entscheidet die Gläubigerversammlung.[11] Für den Bereich der Konkursordnung wird die Wahl von nur zwei Mitgliedern als zulässig erachtet.[12] Dies dürfte auch für die Mitgliederzahl des Gläubigerausschusses nach der Gesamtvollstreckungsordnung zutreffen. Üblich und zweckmäßig ist jedoch eine ungerade Zahl von Gläubigerausschußmitgliedern, um bei Entscheidungen des Gläubigerausschusses eine Mehrheitsbildung zu ermöglichen.

14 **Wählbar** sind nicht nur Gläubiger des Schuldners und deren Vertreter, sondern auch unbeteiligte Dritte, wenn diese **sachkundig** sind.[13] Dies ist der Fall, wenn sie nach ihren persönlichen oder beruflichen Kenntnissen dazu in der Lage sind, die Aufgaben auszuführen, die einem Gläubigerausschußmitglied von Gesetzes wegen obliegen. Auch **juristische Personen** können Mitglied eines Gläubigerausschusses sein. Sie werden dann durch ihre gesetzlichen Vertreter oder durch geeignete dritte Personen in dem Ausschuß vertreten. Dies war bisher umstritten, wurde aber inzwischen durch eine Entscheidung des Bundesgerichtshofs klargestellt.[14] Um die Arbeitsfähigkeit des Gläubigerausschusses zu gewährleisten, muß die juristische Person grundsätzlich einen **bestimmten** organschaftlichen Vertreter oder sonstigen Dritten (zB einen Rechtsanwalt) als Vertreter in den Ausschuß entsenden, der allein die Rechte und Pflichten des Gläubigerausschußmitgliedes wahrnimmt.[15] Die Person des Vertreters wird in der Praxis in

---

9 So AG Magdeburg, Beschluß vom 04.10.1994 – Az.: N 84/91 (unveröffentlicht).
10 Ähnlich Jäger/*Lent* § 87 KO Rn. 2 zu den Regelungen der Konkursordnung.
11 *Haarmeyer/Wutzke/Förster* § 15 GesO Rn. 30 c.
12 Kuhn/*Uhlenbruck* § 87 KO Rn. 3.
13 *Smid*/Zeuner § 15 GesO Rn. 25; *Haarmeyer/Wutzke/Förster* § 15 GesO Rn. 31.
14 BGH WM 1994, 166, 167; ebenso *Haarmeyer/Wutzke/Förster* § 15 GesO Rn. 31 a.
15 Vgl. Kuhn/*Uhlenbruck* § 88 KO Rn. 1 a.

dem Protokoll der Gläubigerversammlung, in der die Bestellung erfolgt, namentlich festgehalten.

Im Hinblick auf seine besondere Stellung im Verfahren und mögliche Interessenkonflikte kann der **Schuldner** nicht Ausschußmitglied werden[16]; aus dem gleichen Grund sollte auch ein organschaftlicher Vertreter des Schuldners (zB der Geschäftsführer einer GmbH) nicht vom Gericht in den vorläufigen Gläubigerausschuß berufen werden. Dies gilt auch für Gläubiger bzw. sachkundige andere Personen, bei denen Interessenkollisionen zu befürchten sind (etwa Personen, die mit dem Schuldner in enger wirtschaftlicher Verbindung stehen oder von diesem abhängig sind).[17] Ebenso ist der Verwalter nicht wählbar, weil dies dem Sinn und Zweck der Überwachungsfunktion des Gläubigerausschusses zuwiderlaufen würde. **15**

Üblicherweise wird die Gläubigerversammlung dafür sorgen, daß die **verschiedenen Interessenlagen** der einzelnen Gläubigergruppen im Gläubigerausschuß repräsentiert sind: Die absonderungsberechtigten Gläubiger (zB Lieferanten), die Gläubiger mit den höchsten Forderungen (zB Banken, Krankenkassen) und die Kleingläubiger. Auch ein Vertreter der Arbeitnehmer (zB der Betriebsratsvorsitzende) wird in der Regel in den Gläubigerausschuß gewählt. Diese in der Praxis bereits heute bei größeren Gesamtvollstrekkungsverfahren übliche Zusammensetzung des Gläubigerausschusses sieht nunmehr auch die Insolvenzordnung in § 67 Abs. 2 InsO vor. **16**

c) Beendigung der Ausschußmitgliedschaft

Die Mitgliedschaft im Gläubigerausschuß endet durch Tod oder Einstellung der Gesamtvollstreckung. Ungeklärt sind die in der Praxis wichtigen Fragen, ob die Mitgliedschaft in einem Gläubigerausschuß auch durch Entscheidung der Gläubigerversammlung oder des Gläubigerausschußmitgliedes selbst beendet werden kann. Hierzu enthält die Gesamtvollstreckungsordnung keine Bestimmungen. **17**

aa) Abberufung

Im Geltungsbereich der Konkursordnung kann die durch die Gläubigerversammlung erfolgte Bestellung zum Mitglied des Gläubigerausschusses durch **Beschluß der Gläubigerversammlung** widerrufen werden (§ 92, 2. Halbsatz KO).[18] Bei entsprechender Anwendung dieser Vorschrift könnte die Gläubigerversammlung selbst – ohne Zustimmung des Gerichtes – über die Abberufung eines Gläubigerausschußmitgliedes entscheiden. Nach den Bestimmungen der zum 01.01.1999 in Kraft tretenden Insolvenzordnung (vgl. § 2 Rn. 4 und § 3 **18**

---

16 Vgl. Kuhn/*Uhlenbruck* § 87 KO Rn. 2.

17 Vgl. *Smid*/Zeuner, § 15 GesO Rn 28; *Hess/Binz/Wienberg* § 15 GesO Rn. 27; *Haarmeyer/Wutzke/Förster* § 15 GesO Rn. 31.

18 Vgl. auch Anhang I Muster 21.

Rn. 13 ff.), die insoweit mit dem im Zeitpunkt der Schaffung der Gesamtvollstreckungsordnung vorliegenden Regierungsentwurf der Insolvenzordnung im wesentlichen übereinstimmen, ist eine Abwahl durch die Gläubigerversammlung dagegen nur von **vorläufig** vom Gericht eingesetzten Gläubigerausschußmitgliedern möglich (vgl. § 68 Abs. 2 InsO).[19] Hingegen können von der Gläubigerversammlung gewählte Gläubigerausschußmitglieder nach der Insolvenzordnung nicht von der Gläubigerversammlung abgewählt werden. Die Gläubigerversammlung kann lediglich die **Entlassung eines Gläubigerausschußmitgliedes beim Insolvenzgericht beantragen** (§ 70 Satz 2 InsO).[20] Bei entsprechender Anwendung dieser Bestimmung, die im Vorgriff auf die Vereinheitlichung des deutschen Insolvenzrechts sinnvoll erscheint, ist die Abwahl eines Gläubigerausschußmitgliedes durch die Gläubigerversammlung also nicht möglich. Entlassungsbefugt ist allein das Gericht. Die Gläubigerversammlung oder einzelner Gläubiger können die Entlassung eines Gläubigerausschußmitgliedes nur bei Gericht anregen oder beantragen. Für diese Lösung spricht zudem, daß anderenfalls ein Gläubigerausschußmitglied auf (möglicherweise willkürliche) Veranlassung eines Großgläubigers jederzeit von der Gläubigerversammlung abberufen werden könnte. Dies widerspricht der Funktion des Gläubigerausschusses, der im Interesse aller Gläubiger tätig werden soll (vgl. unten Rn. 24 ff.).

bb) Niederlegung, Entlassung

19 Ungeklärt ist ferner die Frage, ob ein Mitglied des Gläubigerausschusses sein Amt **niederlegen** darf und wem gegenüber die entsprechende Erklärung abzugeben ist.

20 Für den Geltungsbereich der Konkursordnung wird hierzu vertreten, daß die Niederlegung durch das Mitglied selbst nicht zulässig sei, das Ausschußmitglied aber beim zuständigen Konkursgericht seine Entlassung aus wichtigem Grunde beantragen könne.[21] Für dieses Verfahren spricht, daß es einem Gläubigerausschußmitglied bei Vorliegen eines wichtigen Grundes möglich sein muß, von seinem Amt entbunden zu werden. Da auf der anderen Seite die Niederlegung aber nicht in das freie Ermessen des Gläubigerausschußmitgliedes gestellt werden darf, ist es sachgerecht, zur Gewährleistung der Kontinuität der Zusammensetzung und der Zusammenarbeit des Ausschusses die Entscheidung über die gewünschte Entlassung aus dem Amt dem Gericht als neutralem Aufsichtsorgan über das Gesamtvollstreckungsverfahren zu überlassen. Der Zweck und die Funktionsfähigkeit des Gläubigerausschusses gebieten es, die Amtsinhaberschaft nicht der jederzeitigen Disposition der Mitglieder zu über-

---

19 Diese Vorschrift entspricht dem bei Erlaß der GesO vorliegenden § 79 Abs. 2 Satz 1 RegEInsO.

20 Diese Vorschrift entspricht dem bei Erlaß der GesO vorliegenden § 81 Satz 2 RegEInsO.

21 Vgl. Kuhn/*Uhlenbruck* § 87 KO Rn. 8.

lassen. Andererseits ist es dem Gläubigerausschußmitglied nicht zuzumuten, trotz Vorliegen eines wichtigen Grundes für das Ausscheiden (zB berufliche Veränderung, Krankheit) gegen seinen Willen an dem Amt festgehalten zu werden. Für die **Übertragung der Entscheidungsbefugnis auf das Gericht** spricht auch die in § 70 Satz 2 InsO[22] vorgesehene Regelung. Danach kann die Entlassung eines Mitglieds des Gläubigerausschusses aus wichtigem Grund lediglich auf **Antrag des Gläubigerausschußmitgliedes** erfolgen.

Das Gericht entscheidet über die Entlassung unter Abwägung der Interessen aller Beteiligten nach pflichtgemäßem Ermessen durch Beschluß, der gemäß § 20 GesO von den hierdurch Betroffenen angefochten werden kann. Die Mitgliedschaft im Gläubigerausschuß endet mit der Rechtskraft des die Beendigung der Mitgliedschaft aussprechenden Beschlusses. **21**

II. Aufgaben und Befugnisse des Gläubigerausschusses

Als unabhängiger Repräsentant der Gläubiger nimmt der Gläubigerausschuß Aufgaben der Gläubigerselbstverwaltung wahr. Ihm sind die in § 15 Abs. 6 GesO genannten Aufgaben zugewiesen. Er ist dabei grundsätzlich weder an Weisungen gebunden, noch ist er weisungsbefugt. **22**

1. Gläubigerausschuß als Kollegialorgan

Der Gläubigerausschuß kann nach dem Wortlaut des § 15 Abs. 6 GesO seine Rechte nur als **Kollegium** ausüben. Insoweit weicht § 15 GesO von der Parallelvorschrift in § 88 KO, der auf die „Mitglieder des Gläubigerausschusses" Bezug nimmt, ab. In letzterer wird zwischen Individualpflichten und Kollegialpflichten unterschieden, wobei die Unterstützungs- und Überwachungspflichten den einzelnen Ausschußmitgliedern obliegen. Eine solche Differenzierung ist in § 15 GesO nicht enthalten. Hieraus folgt, daß der Ausschuß alle ihm obliegenden Pflichten als Kollegialorgan wahrnehmen muß. Er kann aber einzelne seiner Mitglieder mit der Wahrnehmung bestimmter ihm obliegender Pflichten oder Befugnisse betrauen. Dies gilt nicht, wo der Gläubigerausschuß als Kollegialorgan Beschlüsse zu fassen hat.[23] **23**

2. Rechtsstellung gegenüber den Gläubigern

Durch die Wahl eines Gläubigerausschusses delegiert die Gläubigerversammlung ihre Selbstverwaltungsbefugnis (vgl. § 1 Rn. 1) auf den Gläubigerausschuß,[24] der damit die Funktion ihres Repräsentanten ausübt. **24**

Als ein von der Gläubigerversammlung eingesetztes Kollegium handelt der **25**

---

22 Vgl. Fußnote 15.
23 Kuhn/*Uhlenbruck* § 87 KO Rn 8.
24 Kilger/*K. Schmidt* § 15 GesO Anm. 3a; vgl. auch Kuhn/*Uhlenbruck* § 87 KO Rn. 1.

Gläubigerausschuß weitgehend selbständig und steht zu den Gläubigern in keinem Auftragsverhältnis.[25] Zweifelhaft ist aber, ob die Gläubigerversammlung dem Gläubigerausschuß **Weisungen erteilen** kann und – wie dies für den Anwendungsbereich der Konkursordnung[26] und teilweise auch für den Anwendungsbereich der Gesamtvollstreckungsordnung[27] vertreten wird – durch ihre Beschlüsse die **Beschlüsse des Gläubigerausschusses ersetzen** kann:

26 Für die Weisungsabhängigkeit des Gläubigerausschusses spricht im Anwendungsbereich der Konkursordnung die Überlegung, daß die Gläubigerversammlung jederzeit und ohne Begründung die Entlassung eines Gläubigerausschußmitgliedes beschließen kann. Dieser Ausgangspunkt besteht aber im Anwendungsbereich der Gesamtvollstreckungsordnung nicht, denn dort hat die Gläubigerversammlung nur das Recht, die Entlassung des Gläubigerausschusses zu beantragen (vgl. dazu Rn. 18). Deshalb ist mit dem Reichsgericht[28] festzuhalten, daß der Gläubigerausschuß zwar mit dem Willen der Gläubiger und durch ihre Wahl bestellt wird, jedoch nicht in einem Mandatsverhältnis zu den Gläubigern steht. Vielmehr kommt ihm, sobald er gewählt ist, die rechtliche Stellung und Funktion eines von den Gläubigern wesentlich unabhängigen, selbständigen gesetzlichen **Hilfsorgans des Verwalters** zu, dem (ebenso wie dem Verwalter) im Verhältnis zum Schuldner und dessen Vermögen im öffentlichen Interesse Aufgaben für die Durchführung der Zwecke des Gesamtvollstreckungsverfahrens obliegen. Er entnimmt seine Rechte und Pflichten unmittelbar aus dem Gesetz und nicht aus einem Mandat der Gläubiger. Deshalb hat die Gläubigerversammlung auch **keine Ersetzungskompetenz** hinsichtlich der von dem Gläubigerausschuß getroffenen Entscheidungen.[29]

27 Dies schließt aber nicht aus, daß der Gläubigerausschuß von sich aus der Gläubigerversammlung besonders wichtige Angelegenheiten zur Entscheidung vorlegt. Dies gilt zB für Fragen, die für die weitere Abwicklung des Verfahrens von zentraler Bedeutung sind.[30]

28 Den **nicht im Gläubigerausschuß vertretenen Gläubigern** steht es aber jederzeit frei, die Einberufung einer Gläubigerversammlung anzuregen oder unter den Voraussetzungen von § 15 Abs. 1 Satz 2 GesO zu beantragen (vgl. § 8 Rn. 46 ff.), in der der Gläubigerausschuß der Gläubigerversammlung Bericht zu erstatten hat. Denn die Gläubigerversammlung ist nur dann in der Lage, gegebenenfalls bei dem Gericht die Abberufung eines Gläubigerausschußmitgliedes zu beantragen, wenn sie sich darüber informieren kann, ob der Gläubigerausschuß seinen gesetzlichen Kontroll- und Unterstützungspflichten hinreichend gerecht wird. Daher sind die Gläubiger auch dazu berechtigt,

25 Vgl. Jaeger/*Weber* § 87 KO Rn 1; Kuhn/*Uhlenbruck* § 87 KO Rn 1.
26 *Hegmanns* S. 65; Kuhn/*Uhlenbruck* §§ 133, 134 KO Rn. 1c.
27 *Haarmeyer/Wutzke/Förster* § 15 GesO Rn. 33.
28 So RGZ 31, 119, 121 f. (für einen nach der Konkursordnung gewählten Gläubigerausschuß).
29 AA *Haarmeyer/Wutzke/Förster* § 15 GesO Rn. 33.
30 *Hegmanns* S. 62 f.

jederzeit Einsicht in die Protokolle der Sitzungen des Gläubigerausschusses zu nehmen, sofern die Einsichtnahme nicht mißbräuchlich erscheint oder dem Zweck des Gesamtvollstreckungsverfahrens nicht zuwiderläuft.[31] Die Anspruchsgrundlage für die Berichterstattungspflicht ergibt sich aus dem Grundsatz der Gläubigerselbstverwaltung (vgl. § 1 Rn. 1), der es gebietet, daß die Gläubiger das von ihnen selbst eingesetzte Gremium kontrollieren und überwachen können.

3. Rechtsstellung gegenüber dem Gesamtvollstreckungsgericht

Der Gläubigerausschuß unterliegt nicht der **fachlichen Aufsicht** durch das Gesamtvollstreckungsgericht.[32] Das Gericht ist deshalb auch nicht befugt, dem Gläubigerausschuß oder seinen Mitgliedern **Weisungen** zu erteilen oder wirksam gefaßte Beschlüsse zu überprüfen bzw. deren Ausführung zu untersagen. Der Gläubigerausschuß untersteht aber der **Rechtsaufsicht** des Gerichts.[33] Es bleibt dem Gericht unbenommen, gegebenenfalls nach Anhörung der Gläubigerversammlung rechts- oder pflichtwidrig handelnde Ausschußmitglieder aus wichtigem Grund zu entlassen und eine Neuwahl anderer Mitglieder herbeizuführen.[34] **29**

4. Unterstützung des Verwalters

Der Gläubigerausschuß hat den Verwalter bei seiner Geschäftsführung durch Auskunft und Rat nach Kräften zu unterstützen. Die **Pflicht zur Unterstützung** kommt insbesondere dann zum Tragen, wenn ein noch branchenunkundiger Verwalter das Unternehmen des Schuldners fortführt und im Gläubigerausschuß entsprechende Sachkunde vorhanden ist.[35] Eine Unterstützung kommt auch im Zusammenhang mit der Anbahnung und der Abwicklung von genehmigungspflichtigen Geschäften und bei der Vorbereitung und Führung von Rechtstreitigkeiten und sonstigen Auseinandersetzungen (zB mit Behörden und Versicherungen) in Betracht.[36] Wenn Mitglieder des Betriebsrats des Schuldners in dem Gläubigerausschuß vertreten sind, können diese dem Verwalter wertvolle Unterstützung für mit den Arbeitnehmern zu führende Verhandlungen sein. Für den Bereich der neuen Bundesländer ist dieser Personenkreis meist eine wichtige Informationsquelle, um die innerbetrieblichen Verhältnisse, insbe- **30**

---

31 Vgl. *Haarmeyer/Wutzke/Förster* § 15 GesO Rn. 36 mwN.
32 Vgl. *Haarmeyer/Wutzke/Förster* § 15 GesO Rn. 33 a unter Hinweis auf die Kommentierung bei Kilger/*K.Schmidt* zu §§ 88, 89 KO.
33 Vgl. *Haarmeyer/Wutzke/Förster* § 15 GesO Rn. 33 a; Kuhn/*Uhlenbruck* § 87 KO Rn. 6.
34 Vgl. *Haarmeyer/Wutzke/Förster* § 15 GesO Rn. 33 b; Kuhn/*Uhlenbruck* § 87 KO Rn. 6.
35 Vgl. *Smid*/Zeuner § 15 GesO Rn. 72.
36 Vgl. Kuhn/*Uhlenbruck* § 88 KO Rn. 1.

sondere Vermögensverhältnisse zu ermitteln. Auch bei der Veräußerung von Grundstücken oder sonstigem Anlagevermögen können die Gläubigerausschußmitglieder dem Verwalter wertvolle Unterstützung leisten, weil sie aufgrund ihrer Orts- und Marktkenntnisse die örtlichen Verhältnisse häufig besser beurteilen können als der Verwalter.

5. Kontrollpflicht

31 Die Kontrollpflicht des Gläubigerausschusses umfaßt die Pflicht, sich **vom Gang der Geschäfte zu unterrichten**, Bücher und Schriften einzusehen und den Kassenbestand anhand des Buchwerks zu überprüfen. Er muß überwachen, ob der Verwalter seinen Pflichten zeitgerecht nachkommt und hat etwaige Pflichtverletzungen des Verwalters dem Gericht mitzuteilen.[37] Ein Weisungsrecht steht dem Gläubigerausschuß gegenüber dem Verwalter aber nicht zu.[38]

a) Berichterstattung

32 Der Gläubigerausschuß kann von dem Verwalter jederzeit **Berichterstattung** über die Lage des Verfahrens und über seine Geschäftsführung verlangen (vgl. § 15 Abs. 6 Satz 2 GesO). Deshalb ist der Verwalter auf Anfrage verpflichtet, beispielsweise über folgendes zu berichten:

— den Stand von Masseprozessen,
— die Fortführung des schuldnerischen Unternehmens,
— die Abwicklung einzelner Geschäfte,
— den Stand eines Versteigerungsverfahrens,
— Einnahmen und Ausgaben,
— die Möglichkeit einer Abschlagsverteilung.

33 Um seinen Überwachungspflichten zu genügen, kann der Ausschuß vom Verwalter **Rechnungslegung fordern** und unmittelbare Kontrollen vornehmen. Zu diesem Zweck hat der Verwalter auf Verlangen den Mitgliedern des Gläubigerausschusses **Zugang zu sämtlichen betrieblichen Unterlagen und Betriebsstätten** des Schuldners zu gewähren.

34 Soweit der Verwalter einem **Auskunftsersuchen nicht nachkommt**, kann sich der Gläubigerausschuß an das Gesamtvollstreckungsgericht wenden. Dieses hat den Verwalter im Rahmen seiner Aufsichtspflicht zur Einhaltung seiner Pflichten gegenüber dem Gläubigerausschuß anzuhalten. Angesichts seiner nur eingeschränkten Aufsichtsmittel (vgl. hierzu im einzelnen § 10 Rn. 12 ff.) wird dem Gericht bei einer unberechtigten Weigerung des Verwalters allerdings nur der Weg bleiben, diesen aus wichtigem Grund gemäß § 8 Abs. 3 GesO **abzuberufen** und einen anderen Verwalter einzusetzen. Meist dürfte eine

---

37 Vgl. Kuhn/*Uhlenbruck* § 88 KO Rn. 1.
38 *Haarmeyer/Wutzke/Förster* § 15 GesO Rn. 34.

diesbezügliche Androhung des Gerichts ausreichen, um den Verwalter zur Einhaltung seiner Pflichten zu veranlassen.

b) Kassenprüfung

Die Überwachungspflicht des Gläubigerausschusses schließt die **Kassenprüfungspflicht** ein.[39] Nach § 88 Abs. 2 Satz 2 KO ist der Gläubigerausschuß in einem Konkursverfahren verpflichtet, wenigstens einmal monatlich eine Kassenprüfung vorzunehmen. Dabei erstreckt sich die Prüfungspflicht nicht nur auf Barbestände, sondern auch auf Konten und Belege. Zum Teil wird in der Literatur vertreten, daß dieser Prüfungsmaßstab auch in Gesamtvollstreckungsverfahren gilt.[40] Anders als in der Konkursordnung ist für das Gesamtvollstreckungsverfahren aber eine regelmäßige Kassenprüfungspflicht nicht ausdrücklich geregelt. Deshalb dürften die konkursrechtlichen Grundsätze nicht ohne weiteres auf den Geltungsbereich der Gesamtvollstreckungsordnung übertragbar sein. Ob die Kassenprüfung einmal monatlich geschehen muß, hängt vom Einzelfall ab. Im Normalfall dürfte eine Kassenprüfung in Abständen von drei bis sechs Monaten ausreichend sein. **35**

Der Gläubigerausschuß sollte mit der Kassenprüfung eines seiner Mitglieder beauftragen,[41] soweit dies nach dem Umfang des Verfahrens sachgerecht ist. Insbesondere im Fall der Insolvenz eines Großunternehmens dürfte die Überwachung für ein einzelnes Gläubigerausschußmitglied aber nicht immer ohne weiteres durchführbar sein. Eine Überprüfung durch den Gläubigerausschuß ist in einem solchen Fall selbst oft nur möglich, wenn sich unter seinen Mitgliedern sachkundige Personen, etwa ein Wirtschaftsprüfer und/oder Steuerberater befinden. Soweit es sich um ein sehr umfangreiches Verfahren handelt, wird der Gläubigerausschuß zur Erfüllung der ihm gesetzlich auferlegten Überwachungspflicht regelmäßig auf Kosten der Masse einen Wirtschaftsprüfer oder eine Wirtschaftsprüfungsgesellschaft hinzuziehen.[42] Für Schäden, die der Masse aus fehlerhaften Handlungen solcher Beauftragten entstehen, haftet der Gläubigerausschuß den Gläubigern unmittelbar (vgl. § 278 BGB; vgl. auch Rn. 62 ff.). **36**

c) Interessenkollisionen

Schwierigkeiten ergeben sich dann, wenn Ausschußmitglieder durch Einsichtnahme in die Bücher einen **Informationsvorsprung** gegenüber anderen Gläubigern zu erlangen suchen. Deshalb kann es das Verfahrensinteresse gebieten, sämtlichen oder einzelnen Gläubigerausschußmitgliedern bestimmte Informationen vorzuenthalten, wie beispielsweise die Einzelheiten eines geplanten Anfechtungsprozesses gegen ein Gläubigerausschußmitglied oder ein diesem **37**

---

39 *Haarmeyer/Wutzke/Förster* § 15 GesO Rn. 38 a.
40 *Haarmeyer/Wutzke/Förster* § 15 GesO Rn. 38 a.
41 *Smid*/Zeuner § 15 GesO Rn. 75; Kuhn/*Uhlenbruck* § 88 KO Rn. 1a.
42 Vgl. Hess/Kropshofer § 88 KO Rn. 2; ihm folgend Kuhn/*Uhlenbruck* § 88 KO Rn. 2 b.

nahestehendes Unternehmen.[43] Der Verwalter darf einzelne Ausschußmitglieder oder den Gläubigerausschuß insgesamt von einer Mitwirkung auch zeitweilig ausschließen, wenn eine Interessenkollision gegeben ist oder aber die Gefahr einer für die Masse nachteiligen Nutzung des gewonnenen Insiderwissens besteht.[44] Das Mitwirkungs- und Informationsrecht des Gläubigerausschusses muß dort seine Grenze finden, wo die Ausübung dieser Rechte dem Interesse einzelner Gläubiger oder Gläubigergruppen zuwiderläuft.

6. Zustimmungspflichtige Rechtsgeschäfte

38 Nach § 15 Abs. 6 Satz 4 GesO bedürfen **bedeutsame Rechtsgeschäfte** des Verwalters der Zustimmung des Gläubigerausschusses. Die von der Gesamtvollstreckungsordnung beispielhaft als bedeutsam eingestuften Rechtsgeschäfte des Verwalters,

> „...Kreditaufnahmen, Übernahme von Verbindlichkeiten, Erwerb und Veräußerung von Grundstücken...“

sind stets **zustimmungspflichtig**. Darüber hinaus sind andere Rechtshandlungen zustimmungspflichtig, wenn sie

> „...erhebliche Auswirkungen auf den Bestand des verwalteten Vermögens haben...“.

39 Von dem Verwalter ist daher in jedem Einzelfall zu prüfen, ob eine Rechtshandlung erhebliche Auswirkungen auf den Bestand des verwalteten Vermögens haben kann. Hierzu können beispielsweise die folgenden Handlungen zählen[45]:

- Abschluß eines Sozialplanes,
- Vornahme einer Abschlagsverteilung,
- Ablehnung der Aufnahme unterbrochener Prozesse,
- Verzicht auf Ansprüche oder Erhebung von Klagen,
- ggf. Abschluß gerichtlicher oder außergerichtlicher Vergleiche, da hiermit ein Anspruchsverzicht verbunden sein kann,
- Verkauf des Warenlagers oder des Geschäftes des Schuldners im Ganzen,
- Gründung von Gesellschaften und
- Feststellung von Bilanzen.

Das Erfordernis der Zustimmung des Gläubigerausschusses zu Rechtshandlungen des Verwalters ist jedoch für die Wirksamkeit der Handlungen ohne Bedeutung.[46]

40 In der **Praxis** wird das Zustimmungserfordernis des Gläubigerausschusses höchst unterschiedlich gehandhabt. Teilweise wird der Gläubigerausschuß von

---

43 So auch Kuhn/*Uhlenbruck* § 88 KO Rn. 4 a.

44 Vgl. Kuhn/*Uhlenbruck* § 88 KO Rn. 4 d.

45 Vgl. auch die Ausführungen bei *Hess/Binz/Wienberg* § 15 GesO Rn. 48 ff.; *Smid/*Zeuner § 15 GesO Rn. 77 ff.; *Haarmeyer/Wutzke/Förster* § 15 GesO Rn. 35.

46 BGA Rpfleger 1995, 375.

den Verwaltern nur für die in § 15 Abs. 6 Satz 4 GesO zu Beginn genannten Darlehensaufnahmen und Grundstücksveräußerungen eingeholt. Oftmals wird der Gläubigerausschuß auch erst nach Vornahme eines Geschäfts um Genehmigung ersucht; hierbei geht der Verwalter allerdings das Risiko ein, daß der Gläubigerausschuß seine Zustimmung zu der betreffenden Handlung nicht erteilt. Es empfiehlt sich daher, den Gläubigerausschuß zuvor um Einwilligung zu ersuchen. Ob die Maßnahme später durchgeführt wird, unterliegt allein der Entscheidungsbefugnis des Verwalters.[47]

Es ist aber auch festzustellen, daß Verwalter über die in § 15 Abs. 6 Satz 4 **41**
GesO aufgeführten Geschäfte hinaus eine Vielzahl auch **unbedeutender Handlungen** dem Gläubigerausschuß zur Zustimmung vorlegen. Sofern der Gläubigerausschuß die Zustimmung zu an sich nicht zustimmungspflichtigen Geschäften erklärt, steht § 15 GesO dem nicht entgegen. Zu berücksichtigen ist jedoch die hiermit einhergehende Möglichkeit einer Haftung der Mitglieder des Gläubigerausschusses, die die daneben bestehende Haftung des Verwalters selbst allerdings unberührt läßt. Sollte der Gläubigerausschuß die Zustimmung für ein solches Geschäft versagen, ist der Verwalter an diese Entscheidung gebunden.[48]

III. Arbeitsweise des Gläubigerausschusses

Die Gesamtvollstreckungsordnung enthält ebenso wie die Konkursordnung **42**
keine Vorschriften über die Geschäftsführung des Gläubigerausschusses. In beiden Gesetzen sind lediglich Normen über die Beschlußfassung enthalten. Zur Regelung des Ablaufes seiner Tätigkeit kann der Gläubigerausschuß sich eine Geschäftsordnung geben (vgl. hierzu das Muster Nr. 22); er kann aber auch seine Arbeitsweise von Fall zu Fall bestimmen.[49]

1. Einberufung einer Gläubigerausschußsitzung

Das Recht zur und die Form der Einberufung einer Gläubigerausschußsitzung **43**
sind weder in der Gesamtvollstreckungsordnung noch in der Konkursordnung geregelt. Deshalb ist es grundsätzlich Sache des Gläubigerausschusses selbst, die Einzelheiten der Einberufung zu regeln.

a) Recht zur Einberufung

Hat sich der Gläubigerausschuß eine **Geschäftsordnung** gegeben (vgl. Muster **44**
22), erfolgt die Einberufung nach deren Bestimmungen. Eine Geschäftsordnung wird üblicherweise vorsehen, daß Gläubigerausschußsitzungen nach Absprache mit dem Verwalter vom Ausschußvorsitzenden -im Verhinderungsfall von

47 Kuhn/*Uhlenbruck* §§ 133, 134 KO Rn. 1 c.
48 Kuhn/*Uhlenbruck* §§ 133, 134 KO Rn. 1 c.
49 Vgl. Kuhn/*Uhlenbruck* § 90 KO Rn. 1.

seinem Stellvertreter – einberufen werden. Den einzelnen Ausschußmitgliedern und dem Verwalter sollte das Recht eingeräumt werden, die Einberufung einer Gläubigerausschußsitzung beim Vorsitzenden oder seinem Stellvertreter zu beantragen.[50]

45 Fehlen derartige Festlegungen, wird – in Übereinstimmung mit einer verbreiteten Übung – der Verwalter ohne weiteres zur Einberufung berechtigt sein,[51] zumal er zur Vornahme bestimmter Handlungen (vgl. § 15 Abs. 6 Satz 4 GesO; siehe oben Rn. 38 ff.) die Zustimmung des Gläubigerausschusses benötigt. Da der Gläubigerausschuß den Verwalter bei seiner Geschäftsführung aber auch zu unterstützen und zu überwachen hat (vgl. Rn. 30), kann der Gläubigerausschuß insgesamt selbst eine Ausschußsitzung ohne den Verwalter und ohne Abstimmung mit ihm einberufen.[52]

46 Darüber hinaus wird man auch dem einzelnen Ausschußmitglied im Hinblick auf den Pflichtenkreis des Gläubigerausschusses und dem damit verbundenen persönlichen Haftungsrisiko (vgl. Rn. 62 ff.) das Recht zur Einberufung einer Gläubigerausschußsitzung einräumen müssen, wenn dies erforderlich ist. Dies ist zB der Fall, wenn das mit der Kassenprüfung beauftragte Ausschußmitglied erhebliche Unregelmäßigkeiten feststellt.

b) Form und Frist

47 Die Frage, ob die Einberufung der Gläubigerausschußsitzung unter Bekanntgabe einer **Tagesordnung** zu erfolgen hat, ist ebenfalls in der Gesamtvollstreckungsordnung nicht geregelt und gegebenenfalls in der Geschäftsordnung festzulegen. Die Mitglieder des Gläubigerausschusses sollten darauf hinwirken, daß der Einberufende die vorgesehene Tagesordnung **rechtzeitig bekanntgibt**. Auch die für die zu fassenden Beschlüsse erforderlichen **Unterlagen** sind jedem Gläubigerausschußmitglied so rechtzeitig zur Verfügung zu stellen, daß eine sachgerechte Vorbereitung möglich ist. Es kann im Hinblick auf das jedes Gläubigerausschußmitglied treffende Haftungsrisiko niemandem zugemutet werden, Beschlüsse ohne hinreichende Kenntnis des Sachverhaltes zu fassen.

48 Sinnvollerweise sollten darüber hinaus **Mindestfristen** zwischen der Einladung und dem Sitzungstermin sowie für die Mitteilung von Änderungs- und Ergänzungsvorschlägen eingehalten werden. Im Regelfall sollte zwischen der Einladung und dem vorgesehenen Termin ein Zeitraum von wenigstens zwei Wochen liegen. Es bietet sich an, den Termin vor der Einladung unter den – regelmäßig nicht sehr zahlreichen – Mitgliedern des Gläubigerausschusses abzustimmen.

49 Die Einberufung ist an **keine bestimmte Form** gebunden. Sie sollte aber regelmäßig, soweit möglich, schriftlich erfolgen.

---

50 Vgl. *Uhlenbruck*, Gläubigerberatung in der Insolvenz, S. 393.
51 Vgl. Jäger/*Lent* § 90 KO Rn. 1.
52 Vgl. Jäger/*Lent* § 90 KO Rn. 1.

2. Sitzungsteilnehmer

Der **Teilnehmerkreis** an den Gläubigerausschußsitzungen ist zunächst auf die Gläubigerausschußmitglieder bzw. bei juristischen Personen auf deren Vertreter beschränkt (vgl. oben Rn. 14). Es entspricht zwar ständiger Übung, daß der Verwalter an den Sitzungen des Gläubigerausschusses teilnimmt, da diese im Regelfall auch von dem Verwalter einberufen werden, sofern über zustimmungspflichtige Geschäfte beraten werden soll. Dessen ungeachtet kann der Gläubigerausschuß aber auch ohne den Verwalter tagen.[53] Der Schuldner bzw. die Geschäftsführung des Schuldners kann ebenfalls zur Sitzung der Gläubigerausschusses gebeten werden. Dies ist etwa dann sinnvoll, wenn zur Entscheidungsfindung Informationen des Schuldners hilfreich sein können. Gläubiger und unbeteiligte Dritte können an den Sitzungen teilnehmen, soweit dies keine Nachteile für die Interessen der Gläubiger mit sich bringt. **50**

Soweit es Unstimmigkeiten über den Teilnehmerkreis geben sollte, ist im Zweifelsfalle eine Entscheidung des Gläubigerausschusses über die Teilnahmeberechtigung in der Sitzung gemäß § 15 Abs. 1 Satz 5 GesO herbeizuführen (vgl. zur Beschlußfassung Rn. 57). **51**

3. Ablauf von Gläubigerausschußsitzungen

Der Ablauf der Gläubigerausschußsitzungen ist in der Gesamtvollstreckungsordnung ebenfalls nicht geregelt. Nur über die Beschlußfassung enthält das Gesetz eine Bestimmung. Weitere Vorgaben ergeben sich aus der Art der Tätigkeit und dem Haftungsrisiko der Gläubigerausschußmitglieder. **52**

Die in der Sitzung des Gläubigerausschusses zu erörternden Themen werden seinen Mitgliedern zumeist vorher durch eine Tagesordnung angekündigt. Erörterungen und Beschlüsse des Gläubigerausschusses sollten protokolliert werden. **53**

a) Tagesordnung

Inhaltlich kann in einer Sitzung jedes im Zusammenhang mit der Gesamtvollstreckung stehende Thema angesprochen und ein Beschluß hierüber herbeigeführt werden, auch wenn es vorher nicht auf der Tagesordnung angekündigt worden war. Voraussetzung ist jedoch, daß die Ausschußmitglieder sich sachgerecht vorbereiten können und alle Mitglieder damit einverstanden sind. Bei Auseinandersetzungen über den Inhalt der Tagesordnung entscheidet der Gläubigerausschuß durch Beschluß. Denn nach Sinn und Zweck der gesetzlichen Regelungen kann er über alle ihn betreffenden Fragen Beschlüsse fassen, soweit ihnen nicht zwingend gesetzliche Bestimmungen entgegen stehen. **54**

Sofern die Sitzung der Beschlußfassung über zustimmungspflichtige Geschäfte dient, hat der Verwalter stets dafür Sorge zu tragen, daß **sämtliche Mitglieder** **55**

---

53 Jäger/*Lent* § 90 KO Rn. 1.

des Gläubigerausschusses sich **rechtzeitig** und **umfassend** über den Beschlußgegenstand informieren können.

56 Wenn diese Voraussetzung nicht gegeben ist, sollte eine vom Verwalter erbetene Zustimmung verweigert werden, bis jedes einzelne Ausschußmitglied sich hinreichend Sachverhaltskenntnis über den Zustimmungsgegenstand verschaffen konnte. Das einzelne Gläubigerausschußmitglied sollte sich insoweit nicht unter Entscheidungsdruck setzen lassen. Es empfiehlt sich, etwaige Unstimmigkeiten in dieser Hinsicht im Protokoll festzuhalten. Im Hinblick auf das nicht unerhebliche Haftungsrisiko ist bei ungenügender Information die Beschlußfassung gegebenenfalls zu vertagen.

b) Beschlußfassung, Stimmrecht

57 Beschlüsse des Gläubigerausschusses werden mit **einfacher Mehrheit der anwesenden Mitglieder** gefaßt (§ 15 Abs. 6 Satz 5 GesO). Bei Stimmengleichheit ist der Beschluß abgelehnt. Bei einem aus zwei Mitgliedern bestehenden Gläubigerausschuß bedarf es demnach der Einstimmigkeit. Die Vorschrift des § 15 Abs. 6 Satz 5 GesO ist zwingendes Recht („erfolgen") und kann in einer Geschäftsordnung nicht modifiziert werden.

58 Keine Regelung enthält die Gesamtvollstreckungsordnung für die Frage, ob ein Gläubiger im Falle einer **Interessenkollision** von der Beschlußfassung ausgeschlossen ist. Zur Beantwortung dieser Frage läßt sich der allgemeine Rechtsgedanke heranziehen, daß in eigenen Angelegenheiten grundsätzlich das Stimmrecht ruht (vgl. §§ 34 BGB; 47 Abs. 4 GmbHG; 43 Abs. 6 GenG). Aus dieser Selbstbeschränkung folgt allerdings noch nicht, daß ein Gläubigerausschußmitglied schon dann nicht mitstimmen darf, wenn dessen wirtschaftliche oder rechtliche Belange von der Abstimmung lediglich berührt werden. Die Stimmbeschränkung gilt nur, wenn der Beschluß ein mit dem Gläubigerausschußmitglied selbst oder mit einem ihm nahestehenden Unternehmen zu schließendes Rechtsgeschäft bzw. ein zwischen ihm und der Gesamtvollstrekkungsmasse geführten oder zu führenden Rechtsstreit betrifft.[54]

59 Aus dem unterschiedlichen Wortlaut von § 15 Abs. 6 Satz 5 GesO einerseits und § 90 KO andererseits läßt sich ableiten, daß im Gegensatz zum Konkursverfahren im Gesamtvollstreckungsverfahren eine Beschlußfassung auf schriftlichem, fernmündlichem oder telegrafischem Wege unzulässig ist.[55] Damit ist für eine wirksame Beschlußfassung zwingend die Einberufung einer Gläubigerausschußsitzung erforderlich, bei der die Gläubigerausschußmitglieder über die anstehenden Themen **persönlich** beschließen müssen.

---

54 Jäger/*Lent* § 90 KO Rn. 4; BGH WM 1985, 422, 424; vgl. auch *Hess/Binz/Wienberg* § 15 GesO Rn. 54.

55 *Hess/Binz/Wienberg* § 15 GesO Rn. 52.

c) Protokoll

Der Gläubigerausschuß sollte aus seiner Mitte einen Sitzungsleiter und einen **Protokollführer** bestimmen. Eine **Protokollierung** der Verhandlungen und Beschlüsse ist zwar nicht zwingend vorgeschrieben, dennoch ist die Anfertigung eines möglichst detaillierten Protokolls zweckmäßig, um die Arbeit und die Beschlüsse des Gläubigerausschusses zu dokumentieren. Nach Ausfertigung des Protokolls sollte dieses an die Ausschußmitglieder mit der Bitte übersandt werden, eventuelle Einwendungen oder Ergänzungen zum Protokoll vorzubringen. Dieses Verfahren erspart den Beteiligten bei späteren Unstimmigkeiten Diskussionen über den tatsächlichen Sitzungsverlauf. **60**

Das endgültige Protokoll sollte von dem Versammlungsleiter und dem Protokollführer **unterzeichnet** und dem Gesamtvollstreckungsgericht zugeleitet werden. Soweit in dem Protokoll Gegenstände enthalten sind, die einer vertraulichen Behandlung bedürfen, ist darauf hinzuwirken, daß die Protokollabschrift getrennt von der Gesamtvollstreckungsakte bei Gericht verwahrt wird. **61**

4. Haftung der Gläubigerausschußmitglieder

Die Haftung der Gläubigerausschußmitglieder ist in der Gesamtvollstreckungsordnung nicht geregelt. Für den Geltungsbereich der Konkursordnung bestimmt § 89 KO, daß die Mitglieder des Gläubigerausschusses für die Erfüllung der ihnen obliegenden Pflichten allen Beteiligten verantwortlich sind. Im Gesamtvollstreckungsverfahren haften die Mitglieder des Gläubigerausschusses gegenüber allen anderen Gläubigern oder Dritten[56] für alle Schäden, die aufgrund einer schuldhaften Pflichtverletzung entstehen. **62**

a) Anspruchsgrundlagen

Die einzelnen Mitglieder des Gläubigerausschusses sind dafür verantwortlich, daß die dem Gläubigerausschuß kraft Gesetzes übertragenen Aufgaben pflichtgemäß erfüllt werden.[57] Kommt der Gläubigerausschuß diesen Verpflichtungen nicht nach, so hat er grundsätzlich für den Ersatz des aus der Pflichtverletzung entstehenden Schadens einzustehen.[58] Auf welche materielle **Anspruchsgrundlage** die Haftung zu stützen ist, ist unklar. **63**

aa) Positive Forderungsverletzung

Eine Haftung von Gläubigerausschußmitgliedern kann sich insbesondere aus einer positiven Forderungsverletzung („pFV“) eines gesetzlichen Schuldverhält- **64**

---

56 Vgl. *Haarmeyer/Wutze/Förster* § 15 GesO Rn. 33 c, die vom „Beteiligten im haftungsrechtlichen Sinne“ sprechen.

57 *Smid*/Zeuner § 15 GesO Rn. 22.

58 So die allgemeine Ansicht, vgl. *Haarmeyer/Wutzke/Förster* § 15 GesO Rn. 38; *Smid*/Zeuner § 15 GesO Rn. 22; Kilger/*K.Schmidt* § 15 GesO Anm. 3 a).

nisses ergeben. Es ist allgemein anerkannt, daß die Haftung für pFV nicht nur beim Verstoß gegen vertragliche Pflichten, sondern auch bei Verletzungen von Pflichten aus gesetzlichen Schuldverhältnissen eingreift.[59] Ein derartiges gesetzliches Schuldverhältnis liegt vor, weil die Gläubigerausschußmitglieder als gesetzliches Hilfsorgan des Verwalters (vgl. oben Rn. 26) gemäß § 15 Abs. 6 GesO die Pflicht haben, die Interessen aller Gläubiger zu vertreten. Sie nehmen damit zumindest auch fremde Vermögensinteressen wahr und schulden demgemäß dem Personenkreis, dessen Interessen sie zu schützen haben, eine ordnungsgemäße Erfüllung der gesetzlich angeordneten Aufgaben. Es ist deshalb konsequent, wenn die Gläubigerausschußmitglieder bei einer schuldhaften Verletzung der ihnen obliegenden Schutz- und Überwachungspflichten denjenigen, die hierdurch einen Schaden erleiden, Ersatz leisten müssen. So haften die Mitglieder des Gläubigerausschusses unter Umständen neben dem Verwalter (vgl. § 8 Abs. 2 GesO), wenn sie einer in übertriebener Eile erfolgten Unternehmensveräußerung zugestimmt haben.[60] Zu beachten ist, daß der Bundesgerichtshof die Rechtsprechung des Reichsgerichts zu § 282 BGB zu einer Beweislastverteilung nach Verantwortungsbereichen fortentwickelt hat. Danach hat der Schuldner, vorliegend also die Mitglieder des Gläubigerausschusses, im Rahmen einer pFV zu beweisen, daß er die Pflichtverletzung nicht zu vertreten hat, sofern die Schadensursache aus seinem Verantwortungsbereich hervorgegangen ist.[61]

bb) Unerlaubte Handlung

65 Eine Haftung von Gläubigerausschußmitgliedern kommt auch aus **§ 823 Abs. 1** und/oder aus **§ 823 Abs. 2 BGB** in Betracht.

66 Ein Schadensersatzanspruch aus § 823 **Abs. 1** BGB dürfte vielfach ausscheiden, weil durch die Pflichtverletzung den Betroffenen zumeist nur ein Vermögensschaden erwachsen wird. Das Vermögen als solches ist aber kein sonstiges Recht im Sinne von § 823 Abs. 1 BGB und deshalb vom Schutzbereich dieser Norm nicht erfaßt. Ein Ersatzanspruch aus dieser Vorschrift ist deshalb allenfalls dann gegeben, wenn in Eigentumsrechte oder sonstige von § 823 Abs. 1 BGB geschützte absolute Rechtsgüter eingegriffen wird. Zu denken ist in diesem Zusammenhang vor allem an Sicherungsrechte.

67 Im Hinblick auf eine Haftung nach **§ 823 Abs. 2 BGB** ist zu berücksichtigen, daß die Mitglieder des Gläubigerausschusses sich der Untreue (**§ 266 StGB**) schuldig machen können, wenn sie die Masse durch vorsätzliche Verletzung gesetzlicher Aufgaben beeinträchtigen und dies zu einem Schaden führt.[62] Denn

---

59 Palandt/*Heinrichs* § 276 BGB Rn. 104; MünchKomm/*Emmerich* vor § 275 BGB Rn. 294.

60 Vgl. hierzu BGH ZIP 1985, 423, 427.

61 Vgl. im einzelnen Palandt/*Heinrichs* § 282 BGB Rn. 6 mwN.

62 Vgl. Jäger/*Lent* § 82 KO Rn. 1.

sie nehmen zumindest auch fremde Vermögensinteressen (anderer Gläubiger) wahr.

68 Weiterhin kommt als Schutzgesetz iSd. § 823 Abs. 2 BGB die Vorschrift des **§ 15 Abs. 6 GesO**[63] in Betracht. Die in § 15 Abs. 6 GesO normierte Unterstützungs- und Überwachungspflicht des Gläubigerausschusses dient nach ihrem Sinn und Zweck dem Schutz der Gläubiger und ist daher als Schutzgesetz im Sinne von § 823 Abs. 2 BGB anzusehen.[64] Schließlich kann ein Schadensersatzanspruch auf **§ 826 BGB** gestützt werden, wenn das Verhalten des betreffenden Ausschußmitgliedes vorsätzlich ist und als sittenwidrig eingestuft werden kann.[65]

b) Kausalität

69 Eine Pflichtverletzung des Gläubigerausschusses oder einzelner seiner Mitglieder kann nur zu einer Haftung führen, wenn bei pflichtgemäßer Verhaltensweise der Schaden nicht eingetreten wäre. Die Haftung wegen Verletzung der Überwachungspflicht ist daher dann abzulehnen, wenn nachgewiesen werden kann, daß der Verwalter einen Schaden verursachenden Vertrag mit einem Dritten ohne Zustimmung oder gegen den ausdrücklichen Willen der Ausschußmitglieder ohnehin abgeschlossen hätte.

c) Verschulden

70 Eine Haftung des Gläubigerausschußmitglieds setzt ferner voraus, daß dieses ihm obliegende Pflichten **vorsätzlich** oder **fahrlässig** verletzt.[66] Die Gläubigerausschußmitglieder müssen sich selbständig über ihren Pflichtenkreis informieren und können sich nicht darauf berufen, nicht über die Pflichten im einzelnen belehrt worden zu sein. Wer es unterläßt, sich hinreichend zu informieren, handelt fahrlässig.[67] Eine schuldhafte Pflichtverletzung liegt insbesondere dann vor, wenn der Gläubigerausschuß seine Überwachungspflicht vorwerfbar nicht oder nicht hinreichend wahrnimmt. Grundsätzlich erstreckt sich diese Pflicht auf die Überwachung der gesamten Geschäftsführung des Verwalters. Auf die Angaben und Berichte des Verwalters dürfen sich die Ausschußmitglieder nicht ohne weiteres verlassen. Sie haben die Richtigkeit der gemachten Angaben und der Geschäftsbücher vielmehr selbst zu überprüfen.[68] Unterlassen sie diese Prüfung, so handeln sie fahrlässig. Besondere Sorgfalt und intensive Beaufsichtigung ist dann geboten, wenn sich Anhaltspunkte für eine nicht ordnungsgemäße Geschäftsführung durch den Verwalter ergeben.

---

63 Smid/Zeuner § 15 GesO Rn. 22.
64 So *Smid*/Zeuner § 15 GesO Rn. 22.
65 *Smid*/Zeuner § 15 GesO Rn. 22.
66 Kuhn/*Uhlenbruck* § 89 KO Rn. 16.
67 *Haarmeyer/Wutzke/Förster* § 15 GesO Rn. 33 c; Kuhn/*Uhlenbruck* § 89 KO Rn. 1 c. [?]
68 Kuhn/*Uhlenbruck* § 89 KO Rn. 11.

d) Gesamtschuldnerische Haftung

71 Da im Bereich der Gesamtvollstreckungsordnung die Verantwortlichkeit den Gläubigerausschuß als Kollegialorgan betrifft (siehe oben Rn. 23), haften die einzelnen Ausschlußmitglieder nach den §§ 421, 426 BGB als Gesamtschuldner.

e) Geltendmachung des Schadens

72 Soweit der Masse durch das Verhalten des Gläubigerausschusses ein Schaden entstanden ist, kann **während des Gesamtvollstreckungsverfahrens** nur der Verwalter den Ersatzanspruch geltend machen. Dies folgt aus dem in § 8 Abs. 2 GesO normierten Verwaltungs- und Verfügungsrecht des Verwalters. **Nach Einstellung der Gesamtvollstreckung** (§ 19 GesO) steht das Klagerecht dem Schuldner sowie jedem Gläubiger zu.[69]

73 Entsteht durch die Tätigkeit des Gläubigerausschusses aber nur einzelnen Personen ein Schaden, beispielsweise durch die Veräußerung eines mit einem Pfandrecht belasteten Gegenstandes, so kann der Geschädigte den **nicht zur Masse gehörigen** Schadenersatzanspruch schon während des Gesamtvollstreckungsverfahrens durchsetzen.[70] Gleiches gilt für den Fall, daß lediglich ein bestimmter Gläubiger geschädigt wurde.

5. Vermögensschadenhaftpflichtversicherung der Ausschußmitglieder

74 Da die Tätigkeit des Gläubigerausschusses im allgemeinen mit betragsmäßig nicht unbedeutenden Haftungsrisiken verbunden ist, sollte der Gläubigerausschuß darauf bestehen, daß vor Aufnahme seiner Tätigkeit durch den Verwalter zu Lasten der Masse (vgl. dazu § 27 Rn. 5) eine besondere Vermögensschadenhaftpflichtversicherung abgeschlossen wird. Die Deckungssumme sollte sich an dem voraussichtlichen maximalen Haftungsrisiko orientieren. Es ist darauf zu achten, daß jedes Ausschußmitglied gleichmäßig versichert ist und die Versicherungsdauer durch entsprechende Verlängerungsoptionen an die Laufzeit des Verfahrens angepaßt werden kann.

75 Für den Fall, daß eine Versicherung erst abgeschlossen wird, nachdem der Gläubigerausschuß seine Tätigkeit bereits aufgenommen hat, bietet es sich an, daß die Versicherung als „Rückwärtsversicherung" auf das Datum der Bestellung des Gläubigerausschusses vereinbart wird. Dies ist erforderlich und in der Praxis üblich, weil die Gläubigerausschußmitglieder bereits ab diesem Zeitpunkt für eventuelle Schäden haften. Wenn Gläubigerausschußmitglieder juristische Personen sind, die als Verteter nicht in ihrem Unternehmen beschäftigte Personen in den Gläubigerausschuß entsenden, muß der Versicherungsschutz

69 Kuhn/*Uhlenbruck* § 89 KO Rn. 2.
70 Kuhn/Uhlenbruck § 89 KO Rn. 3.

sowohl die juristische Person als auch deren externen Vertreter umfassen. Ist eine juristische Person Versicherungsnehmer, sehen die Versicherungsbedingungen zumeist nur vor, daß der Versicherungsschutz ausschließlich Verstöße abdeckt, die ihren Organen und Angestellten zur Last fallen. Ein externer Vertreter sollte auf eine entsprechende Erweiterung des Versicherungsschutzes hinwirken, da ihm anderenfalls ein nicht durch die Versicherung abgedeckter Regreß drohen könnte.

Umstritten ist, ob der Aufwand für eine persönliche Vermögensschadenhaft- **76**
pflichtversicherung unter die erstattungsfähigen Auslagen der Gläubigerausschußmitglieder fällt.[71] Da die Tätigkeit des Gläubigerausschusses mit hohen Risiken behaftet sein kann, ist es den Mitgliedern nicht zuzumuten, diese Risiken ohne eine entsprechende Absicherung zu tragen oder die (zum Teil relativ hohen) Versicherungsprämien aus dem eigenen Vermögen zu entrichten. Die Versicherungsprämien sind deshalb jedenfalls dann erstattungsfähige, von der Masse zu tragende Auslagen,[72] sofern sie sich im üblichen Rahmen bewegen.

---

71 Vgl. Kuhn/*Uhlenbruck* § 91 KO Rn. 5.

72 Im Ergebnis ähnlich *Haarmeyer/Wutzke/Förster* § 15 GesO Rn. 33 f.

§ 12 Weitere Informations- und Mitwirkungsrechte der Gläubiger

Übersicht

1 Aus der Ausgestaltung des Gesamtvollstreckungsverfahrens als staatlich überwachter Selbstverwaltung der Gläubiger (vgl. § 1 Rn. 1) folgt, daß jeder Gläubiger zur Wahrung und Wahrnehmung seiner Rechte im Verfahren gegenüber dem Verwalter und dem Gericht Informations- und Auskunftsrechte geltend machen kann. In bestimmtem Umfang besteht für Gläubiger auch die Möglichkeit, bei der Durchführung der Aufgaben des Verwalters mitzuwirken. Diese Möglichkeiten sind in der Praxis vor allem für die Gläubiger von Bedeutung, die nicht Mitglied eines Gläubigerausschusses (dazu oben § 11) sind.

I. Informationsrechte

2 Informationen über den Ablauf des Gesamtvollstreckungsverfahrens kann sich der Gläubiger nicht nur während der Versammlungen und Termine verschaffen, die beim Gesamtvollstreckungsgericht stattfinden. Für die Wahrung der Rechte des Gläubigers ist auch die Möglichkeit der Akteneinsicht besonders wichtig.

3 Darüber hinaus lassen sich Informationen durch an den Verwalter gerichtete Auskunftsbegehren erhalten.

1. Informationen in Gläubigerversammlungen, Prüfungsterminen und Schlußterminen

Die Möglichkeit der Gläubiger, sich über das Verfahren und dessen Fortgang zu informieren, besteht zunächst im Rahmen der Gläubigerversammlungen, der Prüfungstermine und schließlich des Schlußtermins. In der Gläubigerversammlung und im Schlußtermin (vgl. § 20 Rn. 41 f.) ist der Verwalter verpflichtet, den Gläubigern **mündlich Bericht zu erstatten** und auf Fragen zu antworten. Für den Prüfungstermin besteht eine solche Pflicht zwar nicht, dennoch ist es bei vielen Gesamtvollstreckungsgerichten üblich, die Prüfungstermine auch zur Berichterstattung durch den Verwalter zu nutzen und den Gläubigern Gelegenheit zu geben, an den Verwalter Fragen über den Ablauf des Gesamtvollstreckungsverfahrens zu richten (zum Prüfungstermin vgl. § 9). 4

Meistens liegen zwischen Gläubigerversammlungen sowie dem ersten oder weiteren Prüfungsterminen längere Zeiträume, häufig sogar Jahre. Wird der Zeitraum zu lang oder das Informationsbedürfnis der Gläubiger sehr groß, besteht die Möglichkeit, beim Gesamtvollstreckungsgericht die **Einberufung einer weiteren Gläubigerversammlung** anzuregen (vgl. § 12 Rn. 30) oder zu beantragen (zu den Anforderungen an einen solchen Antrag vgl. § 8 Rn. 46 ff.). Dies wird aber häufig nur das letzte Mittel sein, um Informationen zu beschaffen. Es ist besonders wirksam, wenn etwa die erste Gläubigerversammlung es versäumt hat, dem Verwalter bestimmte Pflichten zur Berichterstattung aufzuerlegen. 5

Normalerweise wird sich der Gläubiger die benötigten Informationen aber durch Einsicht in die Gesamtvollstreckungsakte verschaffen können. 6

2. Akteneinsicht

In der ersten Gläubigerversammlung wird dem Verwalter üblicherweise die Pflicht auferlegt, in regelmäßigen Abständen – zumeist alle sechs Monate – Bericht über den Ablauf und Stand des Gesamtvollstreckungsverfahrens zu erstatten (vgl. § 8 Rn. 37). In ihren Zwischenberichten erläutern die Verwalter den Stand der Verwertung und die bisher erzielten Ergebnisse; auch von tatsächlichen und rechtlichen Schwierigkeiten, wie zB Einbrüchen in Betriebsgebäuden, Auseinandersetzungen mit einzelnen Gläubigern oder der unerwarteten Geltendmachung von Rechten durch Dritte wird berichtet. Diese Berichte gelangen zur Gesamtvollstreckungsakte. Darüber hinaus enthält die Gesamtvollstreckungsakte Schreiben anderer Gläubiger an das Gericht, Anfragen des Gerichts an den Verwalter und dessen Antworten. Ebenso werden die Anträge des Sequesters, des Verwalters oder von Gläubigerausschußmitgliedern auf Festsetzung einer Vergütung oder Bewilligung eines Vorschusses zur Akte genommen. Durch Akteneinsicht in die Gesamtvollstreckungsakte kann sich der Gläubiger daher in der Regel ein Bild vom Stand des Verfahrens und den zu erwartenden Quotenaussichten machen. 7

a) Akteneinsichtsrecht der Verfahrensbeteiligten

8 Das Akteneinsichtsrecht der Gläubiger findet seine gesetzliche Grundlage in § 299 Abs. 1 ZPO iVm. § 1 Abs. 3 GesO.[1]

9 Ist das Verfahren noch nicht eröffnet, so steht das Einsichtsrecht zunächst nur dem **Schuldner** und gegebenenfalls dem **antragstellenden Gläubiger** zu.[2] Erst **nach Eröffnung** dürfen sämtliche Gläubiger Einsicht nehmen, und zwar auch noch nach Beendigung des Gesamtvollstreckungsverfahrens.[3] Der Begriff des Gläubigers ist weit auszulegen. Hierunter fallen zB auch Gläubiger von Aus- und Absonderungsrechten[4] sowie Gläubiger, deren Forderungen im Prüfungstermin lediglich vorläufig bestritten worden sind. Die **Einsichtnahme** findet grundsätzlich in den Räumen des Gerichts statt. Das Gericht ist nicht verpflichtet, die Akten an Gläubiger zu versenden. Einzelne Gesamtvollstreckungsgerichte sind aber bereit, den Gläubigern oder deren Vertretern gegen Übernahme der hierdurch entstehenden Kosten Kopien aus der Akte zu schicken. Der Gläubiger kann grundsätzlich jederzeit – zu den Geschäftszeiten des Gesamtvollstreckungsgerichts -Einsicht verlangen.[5] Dies gilt auch dann, wenn – ein häufig anzutreffendes Problem – die Akte sich im Geschäftsgang befindet. In der Praxis empfiehlt es sich daher, den Zeitpunkt der Akteneinsicht zuvor telefonisch mit der Geschäftsstelle abzustimmen.

10 Wird die Einsichtnahme abgelehnt, so steht dem Einsichtsberechtigten hiergegen die **Erinnerung** gemäß § 576 Abs. 1 ZPO iVm. § 1 Abs. 3 GesO zu. Gegen die ablehnende Entscheidung des Rechtspflegers oder Richters ist die **Beschwerde** nach § 567 ff. ZPO iVm. § 1 Abs. 3 GesO gegeben.[6] Sofern sich eine Akte über einen längeren Zeitraum nach Auskunft des Gerichtes im Geschäftsgang befindet, ist es sachdienlich, das Gericht abschließend um einen Termin zur Einsichtnahme zu bitten. Entspricht das Gericht auch dieser Bitte nicht, kommt die Untätigkeit in ihrer Wirkung einer Ablehnung gleich mit der Folge, daß dem Gläubiger auch insoweit das Rechtsmittel der Erinnerung zustehen muß. Im äußersten Falle ist die Erhebung einer Dienstaufsichtsbeschwerde in Betracht zu ziehen.

b) Akteneinsichtsrecht dritter Personen

11 Sofern die Position als Gläubiger (noch) nicht feststeht oder (noch) nicht belegbar ist, kann die die Einsicht begehrende Person gemäß § 299 Abs. 2 ZPO wie ein an dem Verfahren nicht beteiligter Dritter bei dem Vorstand des Amtsgerichtes (Amtsgerichtsdirektor oder Präsident) Akteneinsicht beantragen.

---

1 Vgl. *Haarmeyer/Wutzke/Förster* § 1 GesO Rn. 267.
2 Vgl. Kuhn/*Uhlenbruck* § 72 KO Rn. 4.
3 Vgl. Kuhn/*Uhlenbruck* § 72 KO Rn. 4.
4 Vgl. Kuhn/*Uhlenbruck* § 72 KO Rn. 4 a.
5 Vgl. MünchKomm/*Prütting* § 299 ZPO Rn. 11.
6 Vgl. MünchKomm/*Prütting* § 299 ZPO Rn. 14 f; Stein/Jonas/*Leipold* § 299 ZPO Rn. 31 und Anhang II. 1. und 4.

Wird ein rechtliches Interesse an der Einsicht glaubhaft gemacht, so kann Akteneinsicht ohne Zustimmung des Schuldners und des Verwalters gewährt werden.[7] Ein rechtliches Interesse für die Akteneinsicht besteht zB, wenn der Verwalter die Forderung im Prüfungstermin bestritten hat und Informationen aus der Akte zur gerichtlichen Geltendmachung des Anspruchs erforderlich sind; dies ist zB für den von der Quotenerwartung abhängigen Streitwert (vgl. § 15 Rn. 24 ff.) der Fall.

Kann der Gläubiger ein derartiges rechtliches Interesse nicht geltend machen, so ist die Zustimmung von Schuldner und Verwalter erforderlich. Wird die Akteneinsicht nicht gestattet, so hat gemäß §§ 23, 25 EGGVG das zuständige Oberlandesgericht über den Antrag auf Akteneinsicht zu entscheiden.[8] **12**

Liegen die Voraussetzungen zur Gewährung der Akteneinsicht vor, darf das Gericht diese nur ablehnen, wenn ein mißbräuchlicher Umgang mit der Akte zu befürchten ist; in diesem Fall ist das Gericht allerdings zugleich verpflichtet, die Akteneinsicht zu verweigern.[9] **13**

II. Auskunftspflicht des Verwalters

Kann der Gläubiger hinreichende Informationen durch Einsicht in die Gesamtvollstreckungsakte nicht erlangen, wird er sich mit **Fragen** vornehmlich an den Verwalter wenden. Das Bestehen und der Umfang von Auskunftspflichten des Verwalters und des Gerichts hängt vom Anlaß des Auskunftsbegehrens ab. **14**

1. Anfragen nach dem Stand des Verfahrens

Weder der Verwalter noch das Gericht sind verpflichtet, dem einzelnen Gläubiger auf Anfrage individuelle Auskünfte zum Stand des Verfahrens zu erteilen oder Bericht zu erstatten. Dies ist unter dem Gesichtspunkt der Vermeidung unnötiger Verfahrensverzögerung durch zahlreiche Einzelanfragen gerechtfertigt.[10] **15**

Der Verwalter **hat** jedoch **Auskunft zu erteilen**, wenn etwa Anfragen nach dem Stand des Verfahrens durch ein berechtigtes Interesse der Gläubiger an einem zügigen Fortgang des Verfahrens begründet werden. So vor allem, wenn der Verwalter seiner Berichtspflicht nicht nachkommt. In derartigen Fällen müssen die Gläubiger sowohl vom Verwalter als auch vom Gericht Auskunft über den weiteren Fortgang des Verfahrens verlangen können, zB darüber, wann mit einem Bericht des Verwalters zu rechnen ist. **16**

7 Vgl. Kuhn/*Uhlenbruck* § 72 KO Rn. 4 a.
8 Vgl. hierzu Kuhn/*Uhlenbruck* § 72 KO Rn. 4 a; §§ 23, 25 EGGVG.
9 Vgl. Kuhn/*Uhlenbruck* § 72 KO Rn. 4 e.
10 Vgl. in diesem Sinne auch *Hess/Binz/Wienberg* § 8 GesO Rn. 171. und Hess/*Binz* KO § 8 GesO Rn. 95.

2. Anfragen zur Wahrung von Verfahrensrechten

17 Anfragen von einzelnen Gläubigern werden vielfach im Zusammenhang mit der Wahrung von Verfahrensrechten notwendig. Ist eine Forderung bestritten, so ist es zB wegen der Erhebung einer Klage gemäß § 11 Abs. 3 GesO von Bedeutung, ob kurzfristig mit einem Schlußtermin zu rechnen ist. Solche Informationen sind durch Akteneinsicht in die Gerichtsakten oder Nachfrage beim Gericht in der Regel nicht zu erhalten, da sie im wesentlichen im Kenntnisbereich des Verwalters liegen. In solchen Fällen hat der **Verwalter** die gewünschten Auskünfte zu erteilen, was ihm regelmäßig aufgrund seiner Tätigkeit ohne besonderen Aufwand möglich ist.

18 Es kann dabei auch für den Gläubiger sinnvoll sein, anstatt einer Anfrage direkt Einsicht in die Verfahrensakten des Verwalters zu begehren. Widersetzt dieser sich dem Wunsch nach Auskunft oder **Akteneinsicht**, so trägt er das Haftungsrisiko, wenn dem Gläubiger hieraus ein Nachteil entsteht.

3. Anfragen zur materiellen Durchsetzung der eigenen Forderung

19 Bei materiellen Anfragen im Zusammenhang mit einer im Gesamtvollstreckungsverfahren zu berücksichtigenden Forderung (zB Unterlagen, die Aufschluß über das Bestehen der Forderung geben können) ist der **Verwalter** grundsätzlich zur **Auskunftserteilung** verpflichtet.[11] Dies gilt auch, soweit die Auskunft die Masse betrifft.[12]

20 Die Auskunftspflicht des Verwalters endet jedoch, wo die Art oder der Umfang des Auskunftsbegehrens die weitere ordnungsgemäße und zügige Durchführung des Verfahrens ungebührlich beeinträchtigen würde.[13] Der Verwalter hat deshalb die beteiligten Interessen gegeneinander abzuwägen, wenn ein Auskunftsersuchen an ihn herangetragen wird.[14]

21 Erscheint die Auskunftserteilung zu zeitaufwendig, kann der Gläubiger anstelle der Auskunft **Akteneinsicht** verlangen; bei Fragen, die den materiellen Bestand von Forderungen betreffen, wird sich die Antwort auf die begehrte Auskunft allerdings häufig eher aus den Geschäftsunterlagen des Schuldners ergeben, die der Verwalter nicht zur Einsicht bereitzuhalten muß. In diesem Fall kann der Gläubiger den Verwalter bitten, auch diese Unterlagen zur Einsichtnahme zur Verfügung zu stellen. Wird dies verweigert, bleibt der Verwalter auskunftspflichtig. Das gilt auch dann, wenn sich die notwendigen Informationen den Geschäftsunterlagen nicht entnehmen lassen, der Verwalter aber gleichwohl Kenntnis hat oder sich diese beschaffen kann.

---

11 Vgl. *Hess/Binz/Wienberg* § 8 GesO Rn. 169; Hess/*Binz* KO § 8 GesO Rn. 93; Kuhn/*Uhlenbruck* § 6 KO Rn. 53 mwN.

12 Vgl. Kuhn/*Uhlenbruck* § 6 KO Rn. 53 mwN.

13 *Smid*/Zeuner § 15 GesO Rn. 68.

14 Vgl. Kuhn/*Uhlenbruck* § 6 KO Rn. 53.

4. Anfragen im Zusammenhang mit Sicherungsrechten

Im Hinblick auf den Bestand und die Verwertung von Gegenständen sowie den Bestand oder Einzug von Forderungen des Schuldners, die Gläubigern als Sicherheit dienen, wird der **Verwalter** grundsätzlich über eine Übersicht und Kenntnisse verfügen, die den Gläubigern in der Regel nicht zugänglich sind, da sie keine Einsicht in die Geschäftsunterlagen haben. Insoweit ist der Verwalter zur Auskunft verpflichtet, soweit dies im Rahmen des Gesamtvollstreckungsverfahrens möglich und zumutbar ist.[15] Allerdings wird der Verwalter verlangen können, daß das Sicherungsgut durch den Gläubiger, soweit es diesem möglich ist, bezeichnet wird. **22**

Der Verwalter kann in Einzelfällen, wenn die Auskunftserteilung die Verfahrensbearbeitung verzögern würde, dem Auskunftsbegehren ebenfalls in der Weise nachkommen, daß er dem Gläubiger Einsicht in die Geschäftsunterlagen gewährt. Sind die verlangten Informationen aus den überlassenen Unterlagen nicht zu gewinnen oder wird die Einsicht verweigert, so bleibt der Verwalter auskunftspflichtig, wenn anzunehmen ist, daß er aufgrund seiner Tätigkeit entweder die erforderlichen Kenntnisse besitzt oder diese eher beschaffen kann als der Gläubiger. Sofern der Verwalter das Sicherungsgut jedoch aufgelistet und/oder bereits verwertet hat, ist er in jedem Fall zur Auskunftserteilung verpflichtet.[16] **23**

III. Unterstützung und Überwachung des Verwalters

Die Zusammenarbeit zwischen den Gläubigern und dem Verwalter ist in der Gesamtvollstreckungsordnung nur für den Sonderfall geregelt, daß ein **Gläubigerausschuß** bestellt worden ist. Wie bereits erwähnt, sieht § 15 Abs. 6 Satz 1 GesO für diesen Fall vor, daß der Gläubigerausschuß den Verwalter bei seiner Geschäftsführung „zu unterstützen und zu überwachen“ hat (vgl. § 11 Rn. 30). **24**

Darüber hinaus enthält das Gesetz keine ausdrückliche Verpflichtung der Gläubiger, den Verwalter bei der Erfüllung seiner Aufgaben zu unterstützen. Ihnen ist es daher unbenommen, sich auf die Anmeldung ihrer Forderungen zu beschränken und den weiteren Verlauf des Verfahrens abzuwarten. Dabei haben Gläubiger, die gemeinsam mindestens ein Fünftel der angemeldeten Forderungsbeträge vertreten, jederzeit auch später noch die Möglichkeit, auf die Bestellung eines Gläubigerausschusses hinzuwirken, der den Verwalter unterstützt und überwacht (vgl. § 15 Abs. 1, 2 GesO und § 11 Rn. 30). Ist ein Gläubigerausschuß bereits gewählt, kann die Gläubigerversammlung auch eine **25**

15 Vgl. BGHZ 49, 11, 13 ff.; BGHZ 70, 86, 89 (zur Auskunftspflicht eines Konkursverwalters); OLG Naumburg Urt. v. 22.12.1994, Az. 2 u 33/94, (zur Auskunftspflicht eines Verwalters unter I. 3. lit. d).

16 Zu dieser Frage ist zur Zeit ein Revisionsverfahren vor dem Bundesgerichtshof anhängig (Az. 2 U 33/94).

Änderung der Zusammensetzung des Gläubigerausschusses durch einen entsprechenden Antrag beim Gericht herbeizuführen versuchen. Eine Abwahl eines Gläubigerausschußmitgliedes durch die Gläubigerversammlung ist hingegen nicht möglich (vgl. hierzu § 11 Rn. 18).

26 Ist ein Gläubiger nicht im Gläubigerausschuß vertreten oder wurde ein Gläubigerausschuß nicht bestellt, bestehen für die Gläubiger in begrenztem Maße Möglichkeiten, den Verwalter zu unterstützen und zu überwachen. In Betracht kommen insbesondere **Hinweise** an den Verwalter oder an das Gericht sowie **Anträge** an das Gericht. In Ausnahmefällen ist auch die Beteiligung der Gläubiger an einer vom Verwalter vorgeschlagenen **Fortführungsgesellschaft** denkbar.

1. Hinweise an den Verwalter oder das Gericht

27 Die Gläubiger haben die Möglichkeit, durch Hinweise an den Verwalter oder das Gesamtvollstreckungsgericht auf das Gesamtvollstreckungsverfahren Einfluß zu nehmen. Im Gegensatz zu formellen Anträgen an das Gericht (vgl. unten Rn. 33) soll durch einen solchen Hinweis nicht in die Befugnisse des Verwalters eingegriffen werden.

28 Der Verwalter wird substantiierte Anregungen in der Regel aufgreifen. Denn sie helfen ihm nicht nur bei der Erfüllung seiner Aufgaben (vgl. §§ 8 ff. GesO), sondern können auch zur Vermeidung von Fehlern beitragen, für die der Verwalter allen Beteiligten nach § 8 Abs. 1 Satz 2 GesO verantwortlich ist. Ebenso greifen die Gesamtvollstreckungsgerichte gern nützliche Anregungen von Gläubigern auf. Allein die Weitersendung der Gläubigeranregung an den Verwalter mit der Bitte um Stellungnahme[17] führt häufig schon zur Lösung des Problems, weil der Verwalter gelegentlich der Vorbereitung einer Stellungnahme auch tätig wird.
Folgende Beispiele denkbarer Hinweise mögen hier genannt sein:

a) Hinweise und Anregungen an den Verwalter

29 — Hinweise auf Forderungen des Schuldners, die dem Verwalter unbekannt sind oder die dieser nach dem Inhalt seines Berichtes zur ersten Gläubigerversammlung übersehen hat;
— Hinweise auf Beweismittel zur Geltendmachung von Anfechtungsrechten des Verwalters nach § 10 GesO oder (bei Kapitalgesellschaften in Gesamtvollstreckung) zur Durchsetzung von Ansprüchen des Schuldners aus Konzernhaftung;
— Hinweise auf Möglichkeiten zur Veräußerung von Massegegenständen;
— rechtliche Anregungen.

17 So zB die Praxis des AG Magdeburg.

b) Hinweise und Anregungen an das Gericht

— Anregungen zur Rubrumsberichtigung (vgl. § 6 Rn. 94 ff.); 30
— Anregungen zur Einberufung einer Gläubigerversammlung, soweit die Einberufung nicht nach § 15 Abs. 1 Satz 2 GesO erzwungen werden kann oder soll (vgl. § 8 Rn. 49);
— Beschwerden über Versäumnisse des Verwalters (etwa bei der Beantwortung von Anfragen);
— Stellungnahmen zu Vergütungsanträgen des Verwalters oder der Mitglieder eines Gläubigerausschusses (vgl. § 25 Rn. 1 und § 27 Rn. 6);
— Information des Gesamtvollstreckungsgerichtes durch Übersendung von Kopien aus der Korrespondenz mit dem Verwalter oder von Schriftsätzen des Verwalters in einem mit dem Gläubiger geführten Rechtsstreit, soweit die Schriftsätze erhebliche Hinweise (zB Wertangaben) für das Gesamtvollstreckungsverfahren enthalten; dies ist zB der Fall, wenn der Verwalter die Zuständigkeit des Landgerichtes für einen mit dem Gläubiger geführten Rechtsstreit mit dem Argument rügt, daß nach neuerer Erkenntnis das Vermögen des Schuldners entgegen der Einschätzung in den Berichten zur Gläubigerversammlung nicht werthaltig sei und daher für nicht bevorrechtigte Gläubiger nur mit einer „Null-Quote“ gerechnet werden könne.

Anlaß für solche Hinweise und Anregungen werden sich oftmals aus einer **aktiven Begleitung** des Gesamtvollstreckungsverfahrens durch den Gläubiger ergeben. Hierzu gehört beispielsweise die Teilnahme an Gläubigerversammlungs- und Prüfungsterminen, die regelmäßige Einsicht in die Gesamtvollstrekkungsakte oder auch in die Akten des Verwalters. Durch die Auseinandersetzung mit den Einzelheiten des Gesamtvollstreckungsverfahrens können dem Gläubiger, der das Verfahren mit dem ihm eigenen Detailwissen beobachtet, verfahrenserhebliche Themenkreise auffallen, auf die er den Verwalter oder das Gericht im Interesse der Massemehrung oder -erhaltung hinweisen sollte. 31

Ergänzend kann es sinnvoll sein, sich dem Verwalter als **Gesprächspartner** anzubieten. Gerade in kleineren Gesamtvollstreckungsverfahren, in denen zur Vermeidung von Massekosten kein Gläubigerausschuß bestellt worden ist, bietet sich dies an. Gelegentlich begrüßen es Verwalter auch, wenn der Gläubiger seinen **Einfluß gegenüber Dritten** zum Nutzen der Masse geltend macht. In der Praxis ist es z.B. schon vorgekommen, daß ein Verwalter ein Unternehmen oder wesentliche Gegenstände des Schuldners nur dank der Kontakte eines Gläubigers veräußern konnte. Ein **gemeinsames Vorgehen** mit dem Verwalter ist insbesondere für besicherte Gläubiger von Interesse, damit eine schnellere Verwertung der Gegenstände und höhere Erlöse erzielt werden (vgl. auch § 18 Rn. 17 ff.). 32

2. Anträge an das Gericht

33 Hat ein Gläubiger Bedenken gegenüber der Tätigkeit des Verwalters, kann er sich mit dem Antrag an das Gericht wenden, daß dieses von seinen Aufsichtsbefugnissen nach § 8 Abs. 3 GesO Gebrauch machen möge (vgl. auch § 10 Rn. 11). Ein solcher Antrag sollte – auch im Interesse einer weiteren kooperativen Zusammenarbeit mit dem Verwalter – nur bei dem Verdacht auf **krasse Verfehlungen** des Verwalters gestellt werden. Häufig lassen sich Auseinandersetzungen mit einem Verwalter auf anderem Wege zügiger beilegen.

3. Beteiligung an Fortführungsgesellschaften

34 Eine gesteigerte Form der Unterstützung des Verwalters stellt die Beteiligung des Gläubigers **an Fortführungsgesellschaften** dar, die der Verwalter gemeinsam mit einem oder mehreren Gläubigern mit dem Ziel errichtet, eine bessere Verwertung der Masse herbeizuführen.[18] Die Gründung solcher Gesellschaften liegt außerhalb des Auftrages des Verwalters nach § 8 Abs. 2 GesO, die Masse in Besitz zu nehmen, zu verwalten und zu verwerten. Sie dürfte jedoch mit Zustimmung der Gläubigerversammlung zulässig sein.
Der Gläubiger wird aber im einzelnen abwägen müssen, ob eine Beteiligung an einer solchen Gesellschaft für ihn sinnvoll ist. Gezwungen werden kann er hierzu nicht: Seine Verhandlungsposition ist insbesondere in Fällen, in denen seine Forderungen dinglich abgesichert sind, ausgesprochen stark.[19] Ist ein Gläubigerausschuß bestellt, so ist dessen Zustimmung gemäß § 15 Abs. 6 GesO erforderlich, da die Übertragung von Vermögenswerten auf eine Fortführungsgesellschaft erhebliche Auswirkungen auf den Bestand des verwalteten Vermögens hat.

35 Die Gründung einer solchen Fortführungsgesellschaft bringt keine spezifisch **gesamtvollstreckungsrechtlichen** Probleme mit sich. Daher wird von der Darstellung von Einzelheiten abgesehen.

IV. Kooperation mit anderen Gläubigern

36 Die Kooperation der Gläubiger untereinander ist in der Gesamtvollstreckungsordnung nicht geregelt. Den Gläubigern steht es aber frei, ihre Rechte im Gesamtvollstreckungsverfahren in Abstimmung mit anderen Gläubigern wahrzunehmen.

37 Zur Durchsetzung von Rechten ist es gelegentlich erforderlich oder sinnvoll, mit anderen Gläubigern Kontakt aufzunehmen. Insbesondere zur Einberufung

---

18 Vgl. den Überblick bei Uhlenbruck, Gläubigerberatung in der Insolvenz, S. 429-435 sowie Einzelheiten bei Groß, Sanierung durch Fortführungsgesellschaften, 2. Aufl. Köln 1988, Kap. IV Rn. 11; Kap. XII ff., insbesondere Kap. XII Rn. 16, Kap. XIII Rn. 13 und Kap. XIV Rn. 63 ff.

19 So zutreffend Uhlenbruck, Gläubigerberatung in der Insolvenz, S. 433.

einer Gläubigerversammlung durch Gläubiger nach § 15 Abs. 1 GesO (vgl. § 8 Rn. 47 ff.) oder zur Vorbereitung eines erwünschten Abstimmungsergebnisses in der Gläubigerversammlung kann die **Abstimmung zwischen den Gläubigern** auch außerhalb von Gläubigerversammlungen entscheidend sein. Umgekehrt lassen sich durch Abstimmungsgespräche bereits im Vorfeld der Gläubigerversammlung auch unerwünschte (kostenträchtige) Abstimmungergebnisse und unnötige Konfrontationen vermeiden. Durch die Teilnahme an Gläubigerversammlungen oder Prüfungsterminen lernen sich Gläubiger untereinander kennen. Durch Einsicht in die Gesamtvollstreckungsakte läßt sich, insbesondere in der Zeit ab dem ersten Prüfungstermin, die Identität anderer Gläubiger feststellen.

Über die einfache Abstimmung einer gemeinsamen Haltung gegenüber dem Verwalter und dem Gericht hinaus geht die Bildung von **Sicherheitenpools** (auch: „Sicherheiten-Verwertungsgemeinschaften“[20]) durch gesicherte Gläubiger. Diese können vor oder nach Eröffnung eines Gesamtvollstreckungsverfahrens vereinbart werden. Der Abschluß solcher Poolvereinbarungen, die insbesondere der Ausräumung von Beweisschwierigkeiten dienen[21], ist auch zur Durchsetzung von Rechten in Gesamtvollstreckungsverfahren möglich.[22] Durch den Abschluß solcher Poolvereinbarungen werden aber in den Pool eingebrachte Rechte, die individuell etwa mangels hinreichender Bestimmbarkeit nicht durchsetzbar sind, nicht wirksam.[23] Ebenso ist eine Poolvereinbarung zwischen dinglich gesicherten und ungesicherten Gläubigern nach § 138 BGB unwirksam, wenn sie das Ziel verfolgt, zu Lasten der Masse überschießende, freie dingliche Sicherheiten durch ungesicherte Forderungen auszufüllen.[24] Da der Abschluß einer Poolvereinbarung keine spezifisch **gesamtvollstreckungsrechtlichen** Probleme mit sich bringt, wird von einer eingehenderen Darstellung zum Thema Poolverträge abgesehen.[25] 38

Mehrere Gläubiger, denen aufgrund zu ihren Gunsten bestehender **Grundpfandrechte** ein Recht zur abgesonderten Befriedigung zusteht (vgl. hierzu § 16 Rn. 11 ff.), können ein Interesse an einer gemeinsamen Einigung mit dem Verwalter über die Verwertung des der Sicherung dienenden Grundstückes haben. Im Wege der Zwangsversteigerung kann häufig nur ein geringerer Erlös erzielt werden als bei einer Verwertung im Wege des freihändigen Verkaufes. Dies ist vor allem bei Gläubigern zu bedenken, die durch **nachrangige** 39

---

20 Vgl. den der Entscheidung LG Köln ZIP 1992, 851 zu Grunde liegenden Sachverhalt.

21 Vgl. BGH BB 1988, 2340 (unter 1.) und BB 1982, 890, 892 (unter III.4.).

22 *Smid*/Zeuner § 12 GesO Rn. 23; *Hess/Binz/Wienberg* § 12 GesO Rn. 75 ff.; Hess/*Binz* KO § 12 GesO Rn. 75ff.

23 *Hess/Binz/Wienberg* § 12 GesO Rn. 77; vgl. auch BGH BB 1982; 890, 892 (unter III.4).

24 *Haarmeyer/Wutzke/Förster* § 12 GesO Rn. 16; *Hess/Binz/Wienberg* § 12 GesO Rn. 80; Hess/*Binz* KO § 12 GesO Rn. 80.

25 Zu den Einzelheiten vgl. *Hess/Binz/Wienberg* § 12 GesO Rn. 75 ff.; Hess/*Binz* KO § 12 GesO Rn. 75 ff.; Kuhn/*Uhlenbruck* § 43 KO Rn. 44 c; siehe auch *Jauernig*, Zwangspoool von Sicherungsgläubigern im Konkurs, ZIP 1980, 318-327.

Grundschulden oder Hypotheken gesichert sind. In diesem Fall würden aus dem Versteigerungserlös zunächst die vorrangigen Belastungen abgelöst werden, so daß nachrangige Grundpfandrechte erlöschen, ohne daß auf sie ein Anteil am Erlös entfällt. Verwertet der Verwalter das Grundstück also durch freihändigen Verkauf, kann er dies nur mit den im Grundbuch eingetragenen Belastungen tun, sofern nicht sämtliche, auch nachrangig gesicherte Gläubiger die Löschung des zu ihren Gunsten eingetragenen Rechts bewilligen. In dieser Situation kann es deshalb sinnvoll sein, sich mit dem Verwalter und mit den vorrangig oder nachrangig gesicherten Gläubigern über eine Verwertung durch freihändigen Verkauf in der Weise zu verständigen, daß vor der Durchführung der Verwertung eine Vereinbarung über die Verwendung des erzielten Erlöses zwischen dem Verwalter und den betroffenen Gläubigern getroffen wird.

§ 13 Vorab zu begleichende Ansprüche

Übersicht

Nach § 13 GesO hat der Verwalter **mit Einwilligung des Gerichts** bestimmte Ansprüche „vorab", dh. vor der Schlußverteilung, zu begleichen. Gläubiger derartiger Forderungen sind sogenannte **Massegläubiger**. Sie stehen außerhalb des Gesamtvollstreckungsverfahrens und können ihre Forderungen in voller Höhe einschließlich der auflaufenden Zinsen weiterhin einklagen bzw. Zwangsvollstreckungsmaßnahmen in die Masse betreiben.[1] Die Unterscheidung, die in der Konkursordnung über die Vorwegbefriedigung von Ansprüchen (§§ 57 ff.) zwischen Masseschulden und Massekosten getroffen wird, findet sich in der Gesamtvollstreckungsordnung nicht. Im einzelnen handelt es sich um folgende Ansprüche: **1**

I. Durch die Verwaltung entstandene notwendige Ausgaben

Zu den durch die Verwaltung entstandenen notwendigen Ausgaben, die vorab zu begleichen sind, gehören nach dem Wortlaut des **§ 13 Abs. 1 Nr. 1** GesO **2**

> „...diejenigen, die durch den Abschluß oder die Erfüllung von Verträgen, durch die Geltendmachung von Forderungen und Rechten des Schuldners sowie durch die Ablösung von Pfandrechten entstehen".

Danach ist zwischen drei Fallgruppen zu unterscheiden, die jedoch nicht abschließend sind: **3**

1. Erfüllung von Verträgen

Zu den Ausgaben für die Erfüllung von Verträgen zählen die für die Begleichung folgender Forderungen notwendigen Beträge: **4**

---

1 Vgl. *Smid*/Zeuner § 13 GesO Rn. 6.

— Lohn- und Gehaltsforderungen der nach Eröffnung des Verfahrens weiterbeschäftigten Arbeitnehmer (vgl. oben § 14 Rn. 19);
— Ansprüche aus sämtlichen Verträgen, die nach Eröffnung entweder Kraft gesetzlicher Anordnung fortbestehen und nicht gekündigt werden (vgl. zB § 9 Abs. 3 GesO für Miet- und Pachtverträge),
— Ansprüche aus Verträgen, die der Verwalter nach Eröffnung des Gesamtvollstreckungsverfahrens abgeschlossen hat.[2]

2. Geltendmachung von Forderungen des Schuldners

5 Zu den Ausgaben, die durch die Geltendmachung der Forderungen des Schuldners entstehen, gehören zB die Gerichts- und Anwaltskosten im Falle der gerichtlichen Durchsetzung dieser Ansprüche,[3] und auch die Kosten, die durch die außergerichtliche Einschaltung eines Rechtsanwaltes entstehen.

3. Ablösung von Pfandrechten

6 Während die beiden zuvor genannten Anspruchsgruppen sich auch ohne besondere Erwähnung zwanglos als „durch die Verwaltung entstanden" einordnen lassen, gilt dies nicht in gleicher Weise für durch die Ablösung von Pfandrechten entstandenen Ausgaben. Die Ablösung von Pfandrechten gehört nicht unmittelbar zu den Verwaltungsaufgaben des Verwalters, sondern ist eine ihm durch § 12 Abs. 1 GesO eingeräumte Möglichkeit, mit der er verhindern kann, daß ein Pfandgläubiger das Pfandgut zur Verwertung herausverlangt (vgl. hierzu im einzelnen § 16 Rn. 11 ff., 16 ff.). Da sich aus § 12 GesO ergibt, daß ein Pfandrechtsgläubiger ohnehin einen vorrangigen Zahlungsanspruch hat, kommt der Nennung in § 13 Abs. 1 Nr. 1 GesO lediglich die Funktion zu, den Rang innerhalb der vorab zu befriedigenden Forderungen festzulegen.

4. Weitere durch die Verwaltung entstandene notwendige Ausgaben

7 Zu den in § 13 Abs. 1 Nr. 1 GesO nicht ausdrücklich erwähnten Ausgaben zählen ferner die öffentlichen Abgaben und notwendige Versicherungsbeiträge[4] sowie für die Verwertung des Vermögens entstandene Makler- oder Versteigerungskosten.[5]

2 Vgl. *Hess/Binz/Wienberg* § 13 GesO Rn. 30 ff.; *Haarmeyer/Wutzke/Förster* § 13 GesO Rn. 20.
3 *Haarmeyer/Wutzke/Förster* § 13 GesO Rn. 20; *Smid*/Zeuner § 13 GesO Rn. 20.
4 *Haarmeyer/Wutzke/Förster* § 13 GesO Rn. 19; *Smid*/Zeuner § 13 GesO Rn. 15.
5 *Smid*/Zeuner § 13 GesO Rn. 15.

II. Gerichtskosten

Vorab zu begleichende Ansprüche nach **§ 13 Abs. 1 Nr. 2** GesO sind zunächst die Ansprüche auf Erstattung von Gerichtsgebühren und Auslagen, die sich nach dem Gerichtskostengesetz (GKG) und dem Kostenverzeichnis zum GKG bestimmen (vgl. § 24). Die Vergütung des Verwalters, des Sequesters und gegebenenfalls der Mitglieder des Gläubigerausschusses, ergeben sich im wesentlichen aus der Verordnung über die Vergütung des Konkursverwalters, des Vergleichsverwalters, der Mitglieder des Gläubigerausschusses und der Mitglieder des Gläubigerbeirates vom 25.05.1960[6] (vgl. zur Vergütung im einzelnen § 27). Diese Verordnung ist gemäß § 21 Abs. 1 GesO im Gesamtvollstreckungsverfahren anzuwenden. Diese Ausgaben fallen ebenfalls unter § 13 Abs. 1 Nr. 2 GesO und sind vorab zu begleichen. **8**

III. Lohn-, Gehalts- und andere Forderungen

Zu den vorab zu begleichenden Ansprüchen gehören (mit Einschränkungen) die Lohn- und Gehaltsforderungen der Arbeitnehmer des Schuldners sowie die Ansprüche der Träger der Sozialversicherung und der Bundesanstalt für Arbeit (§ 13 Abs. 1 Nr. 3 GesO). Hinsichtlich dieser Ansprüche kann auf die Ausführungen zu § 14 verwiesen werden. Die Frage, ob Bereicherungsansprüche eines Gläubigers gegen die Masse eine einfache Konkursforderung gemäß § 17 Abs. 3 Nr. 4 GesO darstellen oder ob sie gemäß § 13 GesO vorab zu begleichen sind, wird in der Rechtssprechung unterschiedlich beantwortet.[7] Für ihre Behandlung als vorab zu befriedigende Forderungen spricht vor allem, daß kein Grund ersichtlich ist, weshalb nicht die Gläubiger in Gesamtvollstreckungsverfahren wie in Konkursverfahren behandelt werden sollen und demgemäß ihre Bereicherungsansprüche gemäß § 59 Abs. 1 Nr. 4 KO als Masseverbindlichkeit eingestuft werden müssen. Auch die künftige Regelung in § 55 Abs. 1 Nr. 3 InsO behandelt die Ansprüche aus ungerechtfertigter Bereicherung als Masseverbindlichkeiten.[8] **9**

IV. Einwilligung des Gerichts zur Vorabbefriedigung

Der Wortlaut des § 13 Abs. 1 GesO macht die Vorabbefriedigung von der Einwilligung des Gerichtes abhängig. Diese wird das Gericht in der Regel zu erteilen haben. Bei den vorab zu befriedigenden Ansprüchen handelt es sich **10**

---

6 vgl. Anhang II. 6.

7 Für die Behandlung als vorab zu begleichende Forderung: LG Meiningen ZIP 1995, 1690 ff.; für die Behandlung als einfache Konkursforderung: LG Mönchengladbach ZIP 1995, 1840 f.

8 Vgl. hierzu auch die ausführliche Begründung des LG Meiningen ZIP 1995, 1690, 1691.

nämlich um von den Gläubigern einklagbare Ansprüche, die der Verwalter, so sie erfolgreich eingeklagt werden, unabhängig von der Einwilligung des Gerichts zu befriedigen hat. Es kann deshalb nicht in das Ermessen des Gerichts gestellt sein, wann welche Ansprüche vorab befriedigt werden. Deshalb wird die „Einwilligung“ zumeist als „Abstimmungskonsens“ verstanden.[9] Aufgrund der vorstehenden Erwägungen dürfte allerdings eine derartige Abstimmung nicht erforderlich und keine zwingende Voraussetzung für die Wirksamkeit der Vorabbefriedigung sein. Sie erscheint allenfalls unter dem Aspekt geboten, daß das Gericht den **Überblick über den Gang des Verfahrens** behält. Seine Zustimmung wird das Gericht allenfalls dann verweigern dürfen, wenn es aufgrund tatsächlicher Anhaltspunkte zu der Auffassung gelangt, daß der vorab zu begleichende Anspruch nicht oder nicht in der geltend gemachten Höhe besteht.

---

9 In diesem Sinne *Haarmeyer/Wutzke/Förster* § 13 GesO Rn. 16 f; ihm folgend *Hess/Binz/Wienberg* § 13 GesO Rn. 1; *Smid*/Zeuner § 13 GesO Rn. 10.

§ 14 Die Rechte der Arbeitnehmer in der Gesamtvollstreckung

Übersicht

Auszug aus dem Arbeitsförderungsgesetz im Anhang II. 5.

Die Arbeitnehmer des Schuldners bilden im Gesamtvollstreckungsverfahren **1** eine besondere Gläubigergruppe. Die aus dem Sozialstaatsgedanken folgende Schutzbedürftigkeit der Arbeitnehmer ist im Gesamtvollstreckungsverfahren zu berücksichtigen. Dies mit der Folge, daß Kündigungen nicht ohne weiteres ausgesprochen werden können. Darüber hinaus gelten für die Arbeitnehmer Schutzvorschriften und Vorrechte gegenüber den anderen Gläubigern.

I. Gesamtvollstreckung und bestehende Arbeitsverhältnisse

2 Umfassende Regelungen über die Behandlung der Arbeitsverhältnisse sieht die Gesamtvollstreckungsordnung nicht vor. Insofern besteht kein wesentlicher Unterschied zum Insolvenzrecht der alten Bundesländer. Allerdings gibt es einige wichtige Unterschiede zur Konkurs- und Vergleichsordnung, auf die im folgenden näher eingegangen wird.

1. Arbeitsverhältnisse in der Sequestration

3 Für die Zeit zwischen der Antragstellung und der gerichtlichen Entscheidung über die Eröffnung der Gesamtvollstreckung kann das Gericht gemäß § 2 Abs. 3 GesO die Sequestration anordnen (vgl. § 5 Rn. 23 ff.).

4 Auf die Arbeitsverhältnisse hat die Sequestration keinen Einfluß, da der Sequester keine eigene Rechtsposition gegenüber den Arbeitnehmern einnimmt.[1] Im Rahmen des Verwaltungsauftrags ist der Sequester nur berechtigt, Sicherungsmaßnahmen durchzuführen (vgl. § 5 Rn. 25 f.).[2] Der Schuldner bleibt Arbeitgeber unter Beibehaltung aller Rechte und Pflichten. Die gegenseitigen Rechte und Pflichten von Arbeitgeber und Arbeitnehmern, die sich aus den Arbeitsverträgen, den zwingenden arbeitsrechtlichen Vorschriften, dem Betriebsverfassungsrecht und dem Tarifrecht ergeben, bleiben unverändert bestehen.[3] Der Sequester hat dementsprechend keinerlei Rechte und Pflichten gegenüber den Arbeitnehmern. Er ist nicht berechtigt, Kündigungen auszusprechen und/oder Sozialpläne mit dem Betriebsrat zu verhandeln. Allenfalls kann aufgrund besonderer Anordnung des Gerichts im Rahmen der Sequestration bestimmt werden, daß der Schuldner als Arbeitgeber bei der Durchführung jedweder Maßnahmen, auch wenn sie arbeitsrechtlicher Natur sind, die Zustimmung des Sequesters einzuholen hat.

2. Arbeitsverhältnisse bei Unterbrechung des Verfahrens nach GUG

5 Sollte das Gericht gemäß § 3 Abs. 1 GUG auf Antrag eines Garantiegebers die Unterbrechung des Gesamtvollstreckungsverfahrens im Rahmen vorläufiger Maßnahmen gemäß § 2 Abs. 3 GesO beschließen, bleibt die Arbeitgeberstellung des Schuldners ebenfalls unberührt.[4] Allerdings kann das Gericht gemäß § 9 GUG auch insoweit vorläufige Sicherungsmaßnahmen iSd. § 2 Abs. 3 GesO anordnen. Im Rahmen derartiger Sicherungsmaßnahmen kann die Funk-

---

1 Gottwald/*Heinze*, Nachtrag GesO S. 176 Rn. 5.
2 *Haarmeyer/Wutzke/Förster* § 2 GesO Rn. 154 und 176.
3 Gottwald/*Heinze*, Nachtrag GesO S. 176 Rn. 5.
4 Gottwald/*Heinze*, Nachtrag GesO S. 189 Rn. 2.

tion des Schuldners als Arbeitgeber auf einen vorläufigen Verwalter übertragen werden. Dies ist vom Gericht jedoch besonders anzuordnen. Nur bei Vorliegen eines entsprechenden Beschlusses wäre die Rechtstellung des Verwalters, der im Sinne des § 9 GUG bestellt worden ist, mit der eines nach der Gesamtvollstreckungsordnung ernannten Verwalters nach Eröffnungsbeschluß vergleichbar.[5]

3. Arbeitsverhältnisse nach Eröffnung des Verfahrens

Die Eröffnung des Gesamtvollstreckungsverfahrens berührt den Fortbestand eines Arbeitsverhältnisses nicht.[6] Der Verwalter übernimmt die arbeits- und/oder betriebsverfassungsrechtlichen Pflichten, die zuvor gegenüber dem Betriebsinhaber bestanden haben. Die arbeitsrechtlichen Regelungen gelten im Grundsatz weiterhin. Der Verwalter hat die Betriebsvereinbarungen, Tarifverträge und sonstigen Rechte zu beachten.[7] Lediglich § 9 GesO enthält eine besondere Regelung im Hinblick auf die Kündigungsmöglichkeiten des Verwalters.[8] **6**

a) Fortbestand und Kündigung von Arbeitsverhältnissen

Der Verwalter hat gemäß § 9 Abs. 2 GesO die Möglichkeit, die nach Eröffnung des Gesamtvollstreckungsverfahrens unverändert fortbestehenden Arbeitsverhältnisse unabhängig von einer vereinbarten Kündigungsfrist **unter Einhaltung der gesetzlichen Kündigungsfristen** zu kündigen (§ 9 Abs. 2 GesO). Das gleiche Recht steht dem Arbeitnehmer zu. Wird das Arbeitsverhältnis durch Kündigung beendet, hat der Arbeitnehmer gegenüber dem Verwalter einen Anspruch auf Ausstellung einer **Arbeitsbescheinigung**, in der alle Tatsachen zu bescheinigen sind, die für die Entscheidung über den Anspruch auf Arbeitslosengeld erheblich sein können (§ 133 AFG). **7**

Als gesetzliche Kündigungsfrist kommen zunächst die Fristen aus § 622 BGB in Betracht, die seit Inkrafttreten des Kündigungsfristengesetzes (KündFG) auch in den neuen Bundesländern Anwendung findet.[9] Nach § 622 BGB betragen die Kündigungsfristen je nach Dauer des Arbeitsverhältnisses zwischen 4 Wochen und 7 Monaten. **8**

Umstritten ist die Frage, ob tarifvertraglich vereinbarte Kündigungsfristen den gesetzlichen Fristen gleichzustellen[10] oder ob sie wie einzelvertragliche Fristen **9**

---

5 Gottwald/*Heinze*, Nachtrag GesO S. 176 f. Rn. 6.

6 BAG ZIP 1988, 389 (zur Konkursordnung); Smid/Zeuner/*Müller* § 9 GesO Rn. 85; *Hess/Binz/ Wienberg* § 9 GesO Rn. 20; *Haarmeyer/Wutzke/Förster* § 9 GesO Rn. 22.

7 Gottwald/*Heinze*, Nachtrag GesO S. 177 Rn. 8.

8 Vgl. hierzu auch Gottwald/*Heinze*, Nachtrag GesO S.177 Rn. 7.

9 Artikel 5 KündFG, BGBl. 1993 I, 1668.

10 So BAG AP Nr. 5 zu § 22 KO; BAG ZIP 1995, 849 mit Anm. von *Barth* EWIR 1995, 779; LAG Köln ZIP 1983, 215; KR-Weigand, § 22 KO Rn. 18; Herschel, BB 1984, 987; Smid/Zeuner/*Müller* § 9 GesO Rn. 74.

zu behandeln sind. Im letzteren Fall würde ausschließlich die gesetzliche Frist ohne Berücksichtigung des Tarifvertrages zur Anwendung kommen.[11]

10 Die Tarifbindung bleibt auch nach Eröffnung des Verfahrens bestehen.[12] Für den Bereich der Konkursordnung begründet die **Rechtsprechung** die Gleichstellung von tarifvertraglichen Kündigungsfristen und gesetzlichen Fristen mit dem Hinweis auf § 2 EGKO, ferner der Interessenlage und auch damit, daß Tarifverträge materiell Gesetzen gleichstünden.[13] Wenn die Tarifvertragsparteien die Möglichkeit haben, Arbeitsverhältnisse in einem Tarifvertrag zu regeln, muß darauf vertraut werden, daß auf diesem Wege ein auch für Arbeitsvertragsparteien und die Allgemeinheit interessengerechtes Ergebnis entsteht.[14] Im übrigen werden tarifvertragliche Klauseln unmittelbar Inhalt der betroffenen Arbeitsverhältnisse und stehen damit in ihrer Wirkung einem Gesetz gleich.[15]

11 Folge dieser Gleichstellung ist es, daß auch tarifliche „Unkündbarkeitsklauseln" fortgelten.[16] Bei Stillegung des Betriebs wird der Verwalter dennoch die Arbeitsverhältnisse außerordentlich unter Berücksichtigung einer Auslauffrist kündigen können.[17]

12 Die Möglichkeit des Verwalters, Arbeitsverhältnisse zu kündigen, läßt die **Kündigungschutzbestimmungen unberührt**.[18] Hieraus ergibt sich folgendes:

aa) Kündigungsschutzgesetz und Betriebsverfassungsgesetz

13 Das **Kündigungsschutzgesetz** und insbesondere § 1 KSchG sind in vollem Umfang anwendbar. Der Verwalter hat die soziale Rechtfertigung einer jeden Kündigung zu prüfen und zu berücksichtigen. Die Sozialauswahl ist zu beachten.

— Bei der Kündigung von **Betriebsratsmitgliedern** findet § 15 KSchG Anwendung. Danach sind ordentliche Kündigungen nur zum Zeitpunkt der Betriebsstillegung zulässig.

---

11 So Staudinger/*Neumann* § 626 BGB Rn. 99; Jaeger/Henckel § 22 KO Rn. 24; Henkel zu LAG Köln EZA Nr. 3 zu § 22 KO; Kuhn/Uhlenbruck § 22 KO Rn. 11; Hess/Kropshofer § 22 KO Rn. 366.

12 *Hess/Binz/Wienberg* § 9 GesO Rn. 129.

13 BAG AP Nr. 5 zu § 22 KO; Grunsky, Das Arbeitsverhältnis im Konkurs- und Vergleichsverfahren S. 20.

14 BAG AP Nr. 5 zu § 22 KO; Grunsky, Das Arbeitsverhältnis im Konkurs- und Vergleichsverfahren S. 20.

15 KR-Weigand, § 22 KO Rn. 18.

16 BAG AP Nr. 5 zu § 22 KO.

17 BAG AP Nr. 5 zu § 22 KO; BAG AP Nr. 86 zu § 626 BGB; KR-Becker § 1 Kündigungsschutzgesetz Rn. 329.

18 Smid/Zeuner/*Müller* § 9 GesO Rn. 85; *Haarmeyer/Wutzke/Förster* § 9 GesO Rn. 39; Grunsky, Das Arbeitsverhältnis in Konkurs- und Vergleichsverfahren, S. 29 (zu § 22 KO).

— Der **Betriebsrat** ist gemäß § 102 Abs. 1 BetrVerG vor jeder Kündigung anzuhören.[19]

bb) Sonstige Kündigungsschutzbestimmungen

Die **übrigen Schutzbestimmungen**, wie zB das Schwerbehindertengesetz und das Mutterschutzgesetz, finden auch während des Gesamtvollstreckungsverfahrens Anwendung.[20] **14**

— § 9 Abs. 3 **Mutterschutzgesetz** sieht vor, daß die Kündigung von der obersten Landesbehörde in besonderen Fällen für zulässig erklärt werden kann. Als besonderer Fall wurde die im Konkurs erfolgende Betriebstillegung angesehen.[21] Da das Mutterschutzgesetz der Arbeitnehmerin die Sorge um ihren Arbeitsplatz abnehmen soll, könnte dieses Ziel bei einer Betriebstillegung ohnehin nicht erreicht werden.
— Das **Bundeserziehungsgeldgesetz** sieht in § 18 ebenfalls ausdrücklich vor, daß die zuständige oberste Landesbehörde in besonderen Fällen eine Kündigung ausnahmsweise für zulässig erklären kann. Ansonsten gilt auch dort das Kündigungsverbot.
— Für **Schwerbehinderte** gilt der besondere Kündigungsschutz weiter. Vor der Kündigung muß die Zustimmung der Hauptfürsorgestelle eingeholt werden. Die Zustimmung ist unter den in § 19 Schwerbehindertengesetz geregelten Voraussetzungen zu erteilen. Bei einer Betriebsstillegung gilt dies insbesondere dann, wenn nach der Kündigung der Lohn noch wenigstens drei Monate weiterbezahlt wird.
— Die Monatsfrist gemäß § 18 Abs. 3 Schwerbehindertengesetz wird durch die Eröffnung des Gesamtvollstreckungsverfahrens nicht unterbrochen[22]. Der Verwalter muß bei Zustellung des Zustimmungsbescheids der Hauptfürsorgestelle an den Schuldner die seitdem laufende Frist entsprechend beachten.[23]
— Gemäß § 15 Abs. 2 Berufsbildungsgesetz (BBiG) können **Ausbildungsverhältnisse** nach der Probezeit nur aus einem wichtigen Grund ohne Einhaltung einer Kündigungsfrist gekündigt werden. Hieraus zu schließen, daß es keine gesetzliche Kündigungsfrist im Sinne des § 9 Abs. 2 GesO gibt[24], wäre jedoch nicht interessengerecht und würde den Sinn und Zweck des § 15 Abs. 2 Nr. 1 BBiG im Konkurs in sein Gegenteil verkehren.[25] Zu einer

---

19 Grunsky, Das Arbeitsverhältnis in Konkurs- und Vergleichsverfahren, S. 30; Hess/Binz/Wienberg § 9 GesO Rn. 289.
20 Smid/Zeuner/*Müller* § 9 GesO Rn. 107 ff., *Haarmeyer/Wutzke/Förster* § 9 GesO Rn. 33, 46 und 50; Smid, Gesamtvollstreckungsverfahren, § 9 II 2 b.
21 BVerwG AP § 9 MuSchG Nr. 5.
22 Grunsky, Das Arbeitsverhältnis im Konkurs- und Vergleichsverfahren, S. 40 mwN.
23 KR-Etzel §§ 15-20 Schwerbehindertengesetz Rn. 127; LAG Düsseldorf ZIP 1982, 737.
24 So die früher herrschende Meinung zu § 22 KO: Böhle-Stamschräder/Kilger 14. Auflage § 22 KO Anm. 7; ArbG Bochum ZIP 1985, 1515.
25 Grunsky, Das Arbeitsverhältnis im Konkurs- und Vergleichsverfahren, S. 42.

interessengerechten Lösung kommt man auch nicht bei entsprechender Anwendung des § 622 BGB.[26] Vielmehr soll das Ausbildungsverhältnis bei Fortführung des Betriebes durch den Konkursverwalter weiterhin unkündbar sein.[27] Sofern der Betrieb stillgelegt werden soll, wird eine entsprechende Anwendung des § 15 Abs. 4, 5 KSchG zu einem interessengerechten Ergebnis führen.[28]

— Will der Auszubildende selbst kündigen, ist er an die Beschränkungen des § 15 Abs. 2 Nr. 2 BBiG gebunden.[29]

— Einen besonderen Kündigungsschutz haben gemäß § 58 Abs. 1 a) AGB-DDR **Kämpfer gegen den Faschismus und Verfolgte des Faschismus.**[30] Ihnen kann nur bei einer Betriebstillegung und mit vorheriger Zustimmung des zuständigen Arbeitsamtes ordentlich gekündigt werden. Dieser Kündigungsschutz gilt unbefristet. Er dürfte heute allerdings nur noch geringe Bedeutung haben.

b) Nach Eröffnung des Gesamtvollstreckungsverfahrens begründete Arbeitsverhältnisse

15 Bei Arbeitsverhältnissen, die der Verwalter nach Eröffnung des Gesamtvollstreckungsverfahrens neu begründet, ist zu unterscheiden zwischen denjenigen, die der Verwalter als eigenständiger Arbeitgeber abschließt, und solchen, die er in Wahrnehmung der abgeleiteten Arbeitgeberfunktionen vereinbart.

16 Die vom Verwalter als eigenständigem Arbeitgeber begründeten Arbeitsverhältnisse bleiben im Gesamtvollstreckungsverfahren außer Betracht, da die Arbeitnehmer nicht in einem direkten Vertragsverhältnis zum Schuldner stehen. Die Löhne und Gehälter dieser Arbeitnehmer gehören entweder gem. § 5 Abs. 1 Vergütungsverordnung zu den durch die Verwaltervergütung abgegoltenen Kosten des Verwalters oder zu den Auslagen, die durch die Einstellung von Hilfskräften für bestimmte Aufgaben im Rahmen der Verwaltung tatsächlich erwachsen. Im letzteren Fall handelt es sich um besondere Kosten, die gesondert aus der Masse bezahlt werden.[31]

17 Die Arbeitnehmer, die vom Verwalter in Wahrnehmung seiner abgeleiteten Arbeitgeberfunktion eingestellt werden, bleiben nach Beendigung des Gesamtvollstreckungsverfahrens als normale Arbeitnehmer beim Schuldner beschäftigt.[32] Auch im übrigen ergeben sich keine Unterschiede gegenüber den bereits bestehenden Arbeitsverhältnissen.

---

26 Hess/*Hess* § 22 KO 813 ff; Kilger/*K.Schmidt* § 22 KO Anm. 3 d.

27 Hess/*Hess* § 22 KO Rn. 813 ff.; Kilger/*K.Schmidt* zu § 22 KO Anm. 3 d; offen gelassen von BAG AP Nr. 9 zu § 22 KO.

28 Grunsky, Das Arbeitsverhältnis im Konkurs- und Vergleichsverfahren, S. 43 mwN.

29 Hess/*Hess* § 22 KO Rn. 855; Grunsky, Das Arbeitsverhältnis im Konkurs- und Vergleichsverfahren, S. 46.

30 *Haarmeyer/Wutzke/Förster* § 9 GesO Rn. 47.

31 Eickmann vor § 1 VergVO Rn. 62 und § 5 VergVO Rn. 16 ff.

32 Gottwald/*Heinze*, Nachtrag GesO S. 179 Rn. 14.

c) Vorrangige Befriedigung der Lohnansprüche der Arbeitnehmer

Hinsichtlich der Lohn- und Gehaltsansprüche der Arbeitnehmer ist zu unterscheiden zwischen solchen, die **nach** Eröffnung des Gesamtvollstreckungsverfahrens, und denjenigen, die **vor** deren Eröffnung enstanden sind. **18**

aa) Nach Eröffnung entstandene Lohnansprüche

Nach Eröffnung des Gesamtvollstreckungsverfahrens entstandene Lohn- und Gehaltsforderungen der Arbeitnehmer sind grundsätzlich vorrangig gemäß § 13 Abs. 1 Nr. 1 GesO **vor den Verfahrenskosten** vorab zu befriedigen. Sie sind **notwendige Ausgaben der Verwaltung**, die durch die Erfüllung von Verträgen entstehen.[33] Das gilt jedoch nur dann, wenn der Verwalter Arbeitnehmer zu Lasten der Masse **weiterbeschäftigt** oder nach Eröffnung des Gesamtvollstreckungsverfahrens **neu einstellt**. **19**

Der Verwalter hat die Möglichkeit, den Arbeitnehmern unmittelbar nach Verfahrenseröffnung **zu kündigen** und sie **gleichzeitig freizustellen**. In diesem Fall sind die bis zum Ablauf der Kündigungsfrist anfallenden Lohnansprüche nicht als „durch die Verwaltung entstandene" notwendige Ausgaben anzusehen; die Lohnansprüche der Arbeitnehmer werden dadurch auf Rangklasse 3 gemäß § 13 Abs. 1 Nr. 3 lit. a) GesO **zurückgestuft**.[34] Hierdurch wird die **Hemmschwelle für die Verfahrenseröffnung** erheblich gesenkt, weil das Gericht bzw. der für die Prüfung der Verfahrenseröffnung eingesetzte Sachverständige die Möglichkeit der Rückstufung von Lohn- und Gehaltsansprüchen gegenüber den Gerichtskosten (vgl. § 13 Abs. 1 Nr. 2 GesO) bedenken kann. Dies hat zur Folge, daß die für die Eröffnung eines Verfahrens erforderlichen Kosten gemäß § 13 Abs. 1 Nr. 2 GesO erheblich häufiger gedeckt sein werden, weil vorrangige Gehaltsansprüche von Arbeitnehmern die Masse nicht auszehren. Demgemäß trägt die Möglichkeit der Rückstufung von Lohn- und Gehaltsforderungen von Rangklasse 1 auf Rangklasse 3 dazu bei, daß Gesamtvollstreckungsverfahren seltener deshalb eingestellt werden müssen, weil die Verfahrenskosten nicht gedeckt sind.[35] **20**

Nach einer in der Literatur vertretenen Ansicht sind Lohn-und Gehaltsansprüche **stets** an dritter Stelle gemäß § 13 Abs. 1 Nr. 3 GesO zu begleichen.[36] Diese Meinung berücksichtigt aber nicht hinreichend die verschiedenen vom Gesetz gebildeten Fallgruppen: Da § 13 Abs. 1 Nr. 3 lit. a) (2. Alternative) GesO die Möglichkeit der Kündigung nebst Freistellung durch den Verwalter zuläßt und nur diese Lohnansprüche in die dritte Rangklasse einordnet, folgt im Umkehr- **21**

---

33 *Haarmeyer/Wutzke/Förster* § 13 GesO Rn. 20, 21; Fitting/Auffahrth/Kaiser/*Heiter* § 17 GesO Rn. 3; Smid/Zeuner/*Smid* § 13 GesO Rn. 14.

34 *Haarmeyer/Wutzke/Förster* § 13 Rn. 26.

35 *Haarmeyer/Wutzke/Förster* § 13 GesO Rn. 29.

36 Smid, Gesamtvollstreckung S. 106 § 9 II 2 a; Gottwald/*Heinze*, Nachtrag GesO S. 186 Rn. 2; Grunsky, Das Arbeitsverhältnis im Konkurs- und Vergleichsverfahren, S. 79.

schluß, daß Lohn- und Gehaltsansprüche im Falle der Weiterbeschäftigung durch den Verwalter in die erste Rangklasse einzuordnen sind.

22 Im Falle der Weiterbeschäftigung oder Neueinstellung von Arbeitnehmern durch den Verwalter sind Urlaubsvergütungen sowie Weihnachtsgratifikationen ebenfalls im Rang des § 13 Abs. 1 Nr. 1 GesO zu befriedigen.[37]

bb) Vor Eröffnung entstandene Ansprüche

23 Erst an **dritter Stelle** (nach den durch die Verwaltung entstandenen Ausgaben und den Verfahrenskosten) sind vorab zu begleichen die Lohn- und Gehaltsforderungen von Arbeitnehmern, die vor Eröffnung des Verfahrens entstanden sind. Dieser Vorrang wird aber auf Ansprüche für die Zeit bis **höchstens 6 Monate** vor der Verfahrenseröffnung begrenzt (§ 13 Abs. 1 Nr. 3 lit. a), 1. Alternative GesO).

24 Auch Lohn- und Gehaltsansprüche von Arbeitnehmern, die noch früher als 6 Monate vor Eröffnung des Gesamtvollstreckungsverfahrens entstanden sind, werden vom Gesetz bevorzugt behandelt: Soweit derartige Forderungen für die Zeit **bis zu 12 Monaten** vor der Eröffnung der Gesamtvollstreckung nicht erfüllt sind, werden sie gemäß § 17 Abs. 3 Nr. 1 lit. a) GesO im Rahmen der Schlußverteilung ranggleich mit den Forderungen der Träger der Sozialversicherung und der Bundesanstalt für Arbeit wegen der Rückstände für die letzten 12 Monate vor der Eröffnung der Gesamtvollstreckung und den Forderungen aus einem vom Verwalter vereinbarten Sozialplan befriedigt.[38] Diese vorrangige Erfüllung erfolgt aber nur, soweit die Lohn- und Gehaltsforderungen nicht bereits gemäß § 13 GesO vorab zu begleichen sind.

25 Sollten die Ansprüche der Arbeitnehmer bereits länger als 12 Monate vor der Verfahrenseröffnung begründet worden sein, gehören sie gemäß § 17 Abs. 3 Nr. 4 GesO zu den nicht bevorrechtigten Forderungen.[39] Insoweit hat der Gesetzgeber die Gesamtvollstreckungsordnung der entsprechenden Rangrücktrittsvorschrift in § 59 Abs. 2 KO angepaßt.[40]

26 Gemäß § 13 Abs. 1 Nr. 3 lit. b) GesO werden als Masseschulden mit dem gleichen Rang neben den Lohn- und Gehaltsforderungen vorab befriedigt auch die Ansprüche der **Träger der Sozialversicherung** und der **Bundesanstalt für Arbeit** auf Beiträge einschließlich Säumniszuschläge und auf Umlagen wegen

---

37 *Haarmeyer/Wutzke/Förster* § 13 GesO Rn. 22, 23.

38 Vgl. Erläuterung zu Kapitel III der Anlage II des Einigungsvertrages, zu Sachgebiet A, Abschnitt II Nr. 1 (BR-Drucks. 605/90, BT-Drucks. 11/7817), abgedruckt im Anhang III.3.)

39 Gottwald/*Heinze*, Nachtrag GesO S. 187 Rn. 5.

40 Erläuterung zu Kapitel III der Anlage II des Einigungsvertrages zu Sachgebiet A, Abschnitt II Nr. 1 (BR-Drucks. 605/90, BT-Drucks. 11/7817), abgedruckt im Anhang III.3.

der Rückstände für die letzten sechs Monate vor Eröffnung des Gesamtvollstreckungsverfahrens.[41]

cc) Konkursausfallgeld

Die Arbeitnehmer haben gemäß §§ 141 a ff. AFG[42] für die letzten drei Monate des Arbeitsverhältnisses vor Eröffnung des Gesamtvollstreckungsverfahrens ein **Wahlrecht**, ob sie für diesen Zeitraum Konkursausfallgeld in Anspruch nehmen oder ihre Ansprüche als Masseschulden gegen den Verwalter geltend machen. 27

Konkursausfallgeld wird gemäß § 141 a AFG von der Bundesanstalt für Arbeit für alle Arbeitsbezüge einschließlich derjenigen für die Zeit bezahlten Urlaubs gezahlt. Der Arbeitnehmer hat den **Antrag auf Konkursausfallgeld innerhalb von zwei Monaten nach Eröffnung** des Gesamtvollstreckungsverfahrens **selbst** zu stellen (§ 141 e Abs. 1 AFG).[43] Bei der Zwei-Monats-Frist handelt es sich um eine **Ausschlußfrist**. Hat der Arbeitnehmer die Ausschlußfrist aus Gründen versäumt, die er nicht zu vertreten hat (zB schwere Krankheit), so steht ihm der Anspruch auf Konkursausfallgeld gleichwohl zu, wenn er den Antrag innerhalb von zwei Monaten nach Wegfall des Hindernisses stellt (§ 141 e Abs. 3 AFG).[44] 28

Der Arbeitnehmer hat seinen Antrag bei dem **Arbeitsamt** zu stellen, **in dessen Bezirk die für den Arbeitnehmer zuständige Lohnabrechnungsstelle des Arbeitgebers liegt** (§ 141 e Abs. 2, Satz 1 AFG). Das Konkursausfallgeld entspricht in seiner Höhe dem gezahlten Nettolohn (§ 141 d Abs. 1 AFG). Lohnsteuer wird hierauf nicht geschuldet.[45] 29

Ausländische Arbeitnehmer stehen inländischen gleich.[46] Allerdings haben ausländische Arbeitnehmer, die in einer im Ausland gelegenen Betriebsstätte des inländischen Gemeinschuldners tätig sind, keinen Anspruch auf Konkursausfallgeld, weil die Bestimmungen des AFG nur für inländische Betriebsstätten und deren Arbeitnehmer gelten.[47] 30

Soweit Konkursausfallgeld gezahlt wird, gehen die Ansprüche der Arbeitnehmer auf Lohn- und Gehaltszahlungen gemäß § 141 m AFG auf die Bundesanstalt für Arbeit über. 31

---

41 Vgl. Erläuterung zu Kapitel III der Anlage II des Einigungsvertrages, zu Sachgebiet A, Abschnitt II Nr. 1 (BR-Drucks. 605/90, BT-Drucks. 11/7817), abgedruckt in Anhang III.3; Gottwald/*Heinze*, Nachtrag GesO S. 187 Rn. 3.

42 Die §§ 141 a – 141 n sind im Anhang II.5 abgedruckt.

43 Smid/Zeuner/*Klöver* GesO Rn. 45.

44 Smid/Zeuner/*Klöver* GesO Rn. 45.

45 Zeuner in Smid (Hrsg.) § 13 GesO Rn. 11.

46 Kilger/*Schmidt* § 59 KO Anm. 5 c.

47 LSG München IPPrax 82, 191; Kilger/*Schmidt* § 59 KO Anm. 5 c.

d) Ansprüche von Arbeitnehmern für von ihnen gemachte Erfindungen

32 Bevorrechtigt sind auch die Ansprüche der Arbeitnehmer aus von ihnen gemachten Erfindungen, die sich aus dem Gesetz über Arbeitnehmererfindungen ergeben (z.B. § 9 Arbeitnehmererfindergesetz). In § 17 GesO ist eine solche Bevorrechtigung zwar nicht vorgesehen, jedoch bestimmt **§ 27 Abs. 2 Arbeitnehmererfindungsgesetz** für die Konkursordnung, daß derartige Ansprüche an zweiter Vorrangstelle stehen. Diese spezialgesetzliche Aussage ist auch im Anwendungsbereich der Gesamtvollstreckungsordnung zu berücksichtigen. Die in § 27 Abs. 2 Arbeitnehmererfindungsgesetz aufgezählten Forderungen sind daher nach denen des § 17 Abs. 3 Nr. 1 GesO zu berücksichtigen, aber vor denen des § 17 Abs. 3 Nr. 2 GesO.[48]

e) Abfindungs- und Schadenersatzansprüche der Arbeitnehmer

33 Abfindungsansprüche, die bei Weiterbeschäftigung des Arbeitnehmers ihren Grund in der Kündigung des Verwalters nach Eröffnung des Gesamtvollstreckungsverfahrens haben (vgl. dazu Rn. 17), sind nach § 13 Abs. 1 Nr. 1 GesO vorab zu begleichen. Im übrigen sind die Abfindungsforderungen weder vorab zu begleichen noch bevorrechtigt[49] und fallen damit in die Rangklasse gemäß § 17 Abs. 3 Nr. 4 GesO.

34 Für Schadenersatzansprüche der Arbeitnehmer, die im Anwendungsbereich der Konkursordnung im Falle der Kündigung durch den Verwalter nach § 22 Abs. 2 KO bestehen, gibt es in der Gesamtvollstreckungsordnung keine Rechtsgrundlage.[50] Derartige Schadensersatzansprüche können sich danach nur aus den allgemeinen gesetzlichen Regelungen ergeben. Eine Bevorrechtigung gibt es für solche Ansprüche nicht.

f) Karenzentschädigungen aus einer Wettbewerbsabrede

35 Umstritten ist, ob Karenzentschädigungen aus einer Wettbewerbsabrede als bevorrechtigte Forderung gegenüber der Masse erfaßt sind. Teilweise wird auf die Regelung der Konkursordnung Bezug genommen, nach der Karenzentschädigungen bevorrechtigt sind.[51] Die Gegenansicht verweist auf eine fehlende ausdrückliche entsprechende Bestimmung in der Gesamtvollstreckungsordnung und verneint dementsprechend ein Vorrecht.[52]

36 Der Gegenansicht ist zu folgen. Während § 61 Abs. 1 Ziffer 1 b KO ausdrück-

---

48 So auch Kilger/*Schmidt* § 17 GesO Anm. 4 b; *Haarmeyer/Wutzke/Förster* § 17 GesO Rn. 113; aA *Hess/Binz/Wienberg* § 17 GesO Rn. 85 a.

49 *Haarmeyer/Wutzke/Förster* § 9 GesO Rn. 52; Smid/Zeuner/*Klöver* § 17 GesO Rn. 21.

50 *Haarmeyer/Wutzke/Förster* § 9 GesO Rn. 38.

51 *Hess/Binz/Wienberg* § 17 GesO Rn. 29; Smid/Zeuner/*Klöver* § 17 GesO Rn. 21.

52 *Grunsky*, Das Arbeitsverhältnis im Konkurs- und Vergleichsverfahren, S. 77; Smid/Zeuner/*Klöver* § 17 GesO Rn. 23.

lich die Karenzentschädigung als bevorrechtigte Forderung ausweist, fehlt eine entsprechende Vorschrift in der Gesamtvollstreckungsordnung. Der Gesetzgeber hätte die Möglichkeit gehabt, eine entsprechende Regelung vorzunehmen. Aus der Tatsache, daß er dies nicht getan hat, ist zu ersehen, daß eine Bevorrechtigung von Karenzentschädigungen im Bereich der Gesamtvollstreckungsordnung nicht gewollt war.

4. Einfluß eines vom Gesamtvollstreckungsverwalters veranlaßten Betriebsübergangs auf die Arbeitsverhältnisse

Der Verwalter hat gemäß § 17 Abs. 1 GesO die Aufgabe, das gepfändete Vermögen des Schuldners zu verwerten und den Erlös der Verteilung zuzuführen. Im Rahmen der Verwertung kann es daher erforderlich sein, den Betrieb oder einen Betriebsteil des Unternehmens zu veräußern. Im Gegensatz zur Regelung in den alten Bundesländern findet für den Fall des Betriebsübergangs § 613 a BGB bis zum 31.12.1998 keine Anwendung im Beitrittsgebiet; § 613 a BGB regelt die zwingende Übernahme des Arbeitsverhältnisses durch den Erwerber eines Betriebs oder Betriebsteils. Die Unanwendbarkeit von § 613 a BGB ergibt sich aus Artikel 32 Nr. 3 EGInsO vom 05.10.1994[53] in Verbindung mit Artikel 232 § 5 Abs. 2 Nr. 1 EGBGB.[54] Damit gehen die Arbeitsverhältnisse aufgrund des Betriebsübergangs nicht automatisch auf den Übernehmer über. Dementsprechend scheitert die Wirksamkeit einer Kündigung, die wegen einer Betriebsübertragung ausgesprochen wird, nicht an § 613 a Abs. 4 BGB.[55] **37**

Fraglich ist allerdings, ob § 613 a BGB auch dann ausgeschlossen ist, wenn das Gesamtvollstreckungsverfahren über das Vermögen eines Unternehmens eröffnet wird, dessen **Sitz** in den **neuen** Bundesländern liegt, das aber auch eine oder einige **Betriebsstätten** in den **alten** Bundesländern hat und der Verwalter diese Betriebsstätten veräußert und überträgt. Nach dem Wortlaut müßte auch hinsichtlich dieser in den alten Bundesländern liegenden Betriebsstätten die Anwendbarkeit des § 613 a BGB ausgeschlossen sein. Die Zielsetzung der Ausschlußregelung, die wirtschaftliche Anpassungskrise in den neuen Bundesländern möglichst schnell zu überwinden, legt es allerdings nahe, die Ausnahmeregelung auf Betriebsstätten in den alten Bundesländern nicht anzuwenden. **38**

---

53 BGBl 1994 I S. 2911.

54 Kilger/*Schmidt* § 9 GesO Anm. 4 a.

55 *Grunsky*, Das Arbeitsverhältnis im Konkurs- und Vergleichsverfahren, S. 87. Die Vorschrift in § 613 a Abs. 4 BGB bestimmt:
„(4) Die Kündigung des Arbeitsverhältnisses eines Arbeitnehmers durch den bisherigen Arbeitgeber oder durch den neuen Inhaber wegen des Übergangs eines Betriebs oder eines Betriebsteils ist unwirksam. Das Recht zur Kündigung des Arbeitsverhältnisses aus anderen Gründen bleibt unberührt.“

II. Sozialplanansprüche in der Gesamtvollstreckung

39 Das Sozialplankonkursgesetz, das die Behandlung von Sozialplänen in Konkurs- und Vergleichsverfahren in den alten Bundesländern regelt, findet in den neuen Bundesländern keine Anwendung.[56] Die Gesamtvollstreckungsordnung enthält insoweit eigene Regelungen.
Voraussetzung für die Vereinbarung eines Sozialplans ist grundsätzlich, daß der Betrieb einen **Betriebsrat** hat, da Sozialpläne gemäß §§ 111, 112 BetrVerfG nur mit Betriebsräten vereinbart werden können. In betriebsratslosen Betrieben können Sozialpläne nicht vereinbart werden.

1. Vor der Eröffnung des Gesamtvollstreckungsverfahrens abgeschlossene Sozialpläne

40 Im Unterschied zu der Rechtslage in den alten Bundesländern berücksichtigt **§ 17 Abs. 3 Nr. 1 lit. c) GesO** nur Sozialpläne, die **nach Eröffnung** des Gesamtvollstreckungsverfahrens aufgestellt worden sind. Der Sequester darf daher grundsätzlich keine Sozialpläne mit dem Betriebsrat vereinbaren. Daraus folgt, daß Sozialplanansprüche, die auf vor Eröffnung des Verfahrens vereinbarten oder von der Einigungsstelle beschlossenen Sozialplänen beruhen, keine bevorrechtigte Behandlung im Gesamtvollstreckungsverfahren erfahren. Sie sind vielmehr gemäß § 17 Abs. 3 Nr. 4 GesO wie alle übrigen Forderungen zu behandeln.[57]

2. Nach Eröffnung des Gesamtvollstreckungsverfahrens abgeschlossene Sozialpläne

41 Gemäß § 17 Abs. 3 Nr. 1 lit. c) GesO werden Forderungen aus einem vom Verwalter vereinbarten Sozialplan **erstrangig** mit den Lohn- und Gehaltsforderungen und den Forderungen der Sozialversicherungsträger bei der Verteilung berücksichtigt. Dies gilt jedoch nur, soweit die Summe der Sozialplanforderungen

— nicht höher ist als der Gesamtbetrag von **drei Bruttomonatsverdiensten** der von einer Entlassung betroffenen Arbeitnehmer **und**
— **ein Drittel** der insgesamt in Gesamtvollstreckungsverfahren zu verteilenden Erlöses aus der Verwertung der Masse nicht übersteigt.

Die drei Monatsverdienste bilden eine absolute Obergrenze, während ein Drittel des zu verteilenden Erlöses eine relative Obergrenze darstellt.

---

56 Gottwald/*Heinze*, Nachtrag GesO S. 187 f Rn. 8.

57 Fitting/Auffarth/Kaiser/*Heither* § 17 GesO Rn. 14; Gottwald/*Heinze*, Nachtrag GesO S. 187 f. Rn. 8; Smid, Gesamtvollstreckung S. 109; aA für die analoge Anwendung von § 3 SozialplanKonkursG: Bichlmeier/*Oberhofer* Konkurshandbuch III S. 103.

Der zulässige Gesamtbetrag im Sinne des § 17 Abs. 3 Nr. 1 lit. c) GesO ist ein Höchstbetrag, bei dessen Überschreitung der gesamte Sozialplan **nichtig** wird.[58] Durch spezielle Regelungen im Sozialplan, die es erlauben, das Volumen herabzusetzen, kann man ungewollte Überschreitungen vermeiden. **42**

Erweist sich im Schlußtermin der zu verteilende Erlös als so gering, daß die Sozialplanverpflichtungen die relative Höchstgrenze („ein Drittel des zu verteilenden Erlöses") überschreiten, führt dies nicht zur Nichtigkeit des Sozialplans. Stattdessen sind die im Sozialplan festgehaltenen Ansprüche der Arbeitnehmer zu berichtigen[59] und die sozialen Ansprüche entsprechend herabzusetzen. **43**

Seinem Wortlaut nach ist § 17 Abs. 3 Nr. 1 lit. c) GesO nicht auf Sozialpläne anwendbar, die nach Eröffnung des Verfahrens von der Einigungsstelle aufgestellt werden.[60] Diese Folge, die eine erhebliche Abweichung gegenüber der Regelung des § 2 SozialplankonkursG[61] darstellt, erscheint unbillig, sofern die Einigungsstelle sich bei der Aufstellung des Sozialplanes an die übrigen Vorgaben des § 17 Abs. 3 Nr. 1 c) GesO hinsichtlich der Höchstbeträge hält. Es wird sich insofern die Frage stellen, ob § 17 Abs. 3 Nr. 1 c) GesO für den Fall, daß die Einigungsstelle einen Sozialplan innerhalb der dort definierten Höchstgrenzen aufstellt, analog Anwendung findet. Anderenfalls wären die Arbeitnehmer praktisch völlig in der Hand des Verwalters, der den Betriebsrat vor die Wahl stellen kann, einen von ihm aufgestellten Sozialplan zu akzeptieren oder den von der Einigungsstelle aufgestellten Sozialplan als sonstige Forderung im Sinne des § 17 Abs. 3 Nr. 4 GesO behandelt zu wissen. Diese hätte dann den schlechtesten Rang. In der Literatur wird daher vereinzelt vertreten, daß § 17 Abs. 3 Nr. 1 lit. c) GesO nur die Gestaltungsfreiheit des Verwalters beschränken will, im übrigen aber auch auf Sozialpläne der Einigungsstelle – und zwar unbegrenzt – Anwendung finden soll.[62] Diese Ansicht findet jedoch keine Stütze im Gesetzeswortlaut.[63] **44**

3. Anmeldung von Sozialplanansprüchen

Haben die Arbeitnehmer den Sozialplan – wie im Regelfall -mit dem Verwalter abgeschlossen, erübrigt sich eine Anmeldung dieser Forderungen beim Verwal- **45**

---

58 Fitting/Auffarth/Kaiser/*Heither* § 17 GesO Rn. 12.

59 So Berscheid, Konkurs, Gesamtvollstreckung, Sanierung Rn. 178; *Haarmeyer/Wutzke/Förster* § 17 GesO Rn. 111; Kilger/*Schmidt* § 17 GesO Anm. 4 a.

60 Fitting/Auffarth/Kaiser/*Heither* § 17 GesO Rn. 10.

61 § 2 des Gesetzes über den Sozialplan im Konkurs- und Vergleichsverfahren bestimmt:
„In einem Sozialplan, der nach der Eröffnung des Konkursverfahrens aufgestellt wird, kann für den Ausgleich oder die Milderung der wirtschaftlichen Nachteile, die den Arbeitnehmern infolge der geplanten Betriebsänderung entstehen, ein Gesamtbetrag bis zu zweieinhalb Monatsverdiensten (§ 10 Abs. 3 des Kündigungsschutzgesetzes) der von einer Entlassung betroffenen Arbeitnehmer vorgesehen werden."

62 Fitting/Auffarth/Kaiser/*Heither* § 17 GesO Rn. 10.

63 Vgl. *Hess/Binz/Wienberg* § 17 GesO Nr. 38.

ter. Wurde der Sozialplan hingegen bereits vor Eröffnung des Gesamtvollstrekkungsverfahrens abgeschlossen, sind die Forderungen aus dem Sozialplan als Forderungen gemäß Rangklasse § 17 Abs. 1 Nr. 4 GesO beim Verwalter anzumelden.

4. Abschlagszahlungen

46 Aufgrund der relativen Begrenzung des Sozialplanvolumens wird der Verwalter aus Haftungsgründen regelmäßig zunächst nur **Abschlagszahlungen** auf Sozialplanabfindungen zahlen, bis die Teilungsmasse feststeht. Da dies erst im Schlußtermin der Fall ist, können die Arbeitnehmer nicht mit einer schnellen vollständigen Auszahlung rechnen[64] (zur Zulässigkeit von Abschlagszahlungen vgl. § 20 Rn. 70 ff.).

III. Ansprüche auf Nachteilsausgleich

47 Die Gesamtvollstreckungsordnung enthält keine besonderen Vorschriften über die Behandlung von Forderungen auf Nachteilsausgleich gemäß § 113 BetrVG für den Fall, daß der Verwalter entgegen seiner Verpflichtung gemäß § 111 BetrVG mit dem Betriebsrat keinen Interessenausgleich vor Durchführung einer betriebsändernden Maßnahme, wie zB einer Massenentlassung, vereinbart. Sind entsprechende Forderungen durch eine Betriebsänderung vor Eröffnung des Verfahrens entstanden, sind sie als nicht bevorrechtigte Forderung gemäß § 17 Abs. 3 Nr. 4 GesO zu behandeln.[65]

48 Sollten Handlungen des Verwalters Nachteilsausgleichsansprüche auslösen, stellt sich die Frage, ob diese als durch die Verwaltung entstandene notwendige Ausgaben nach § 13 Abs. 1 Nr. 1 GesO[66] vorab zu befriedigen sind oder nach § 17 Abs. 3 Nr. 1 lit. c) GesO als bevorrechtigte Forderungen[67] behandelt werden. Nach dem insoweit eindeutigen Gesetzeswortlaut kann nur eine bevorrechtigte Forderung gemäß § 17 Abs. 3 Nr. 1 lit. c) GesO vorliegen, da sich § 13 Abs. 1 Nr. 1 GesO nur auf notwendige Ausgaben der Verwaltung einschließlich derjenigen bezieht, die durch den Abschluß oder die Erfüllung von Verträgen entstehen. Die vorrangige Behandlung nach § 17 Abs. 3 Nr. 1 lit. c) GesO kann allerdings nur im Umfang der für Sozialplanforderungen angegebenen Höchstgrenze (vgl. oben Rn. 41 ff.) berücksichtigt werden. Der Wortlaut des § 17 Abs. 3 Nr. 1 lit. c) letzter Halbsatz GesO („entsprechendes „ gilt für ....) gibt einen deutlichen Hinweis darauf, daß für außerhalb eines

---

64 *Hess/Binz/Wienberg* § 17 GesO Rn. 63.

65 Fitting/Auffarth/Kaiser/*Heither* § 17 GesO Rn. 6; *Haarmeyer/Wutzke/Förster* § 17 GesO Rn. 118.

66 So Fitting/Auffarth/Kaiser/*Heither* § 17 GesO Rn. 6; vgl. auch *Hess/Binz/Wienberg* § 17 GesO Rn. 28.

67 So *Berscheid*, Konkurs, Gesamtvollstreckung, Sanierung Rn. 178; *Haarmeyer/Wutzke/Förster* § 17 GesO Rn. 111; Kilger/Schmidt § 17 GesO Anm. 4 a.

Sozialplans zu gewährende Leistungen die Höchstgrenze hinsichtlich der Sozialplanforderungen entsprechend gelten.

IV. Arbeitnehmer in der Gläubigerversammlung

Als Gläubiger sind die Arbeitnehmer grundsätzlich Mitglieder der Gläubigerversammlung und hieran teilnahmeberechtigt. Dies gilt zunächst dann, wenn Lohnforderungen aus der Zeit vor Eröffnung des Gesamtvollstreckungsverfahrens noch nicht bezahlt wurden und sie insoweit einen Anspruch gegenüber dem Schuldner begründen. **49**

Keinen Anspruch gegenüber dem Schuldner haben die Arbeitnehmer, wenn sie vom Arbeitsamt **Konkursausfallgeld** erhalten haben und keine **weiteren Gehaltsansprüche** gegenüber dem Schuldner bestehen. In Höhe des Konkursausfallgeldes ist der Anspruch der Arbeitnehmer auf Lohn- und Gehaltszahlungen gemäß § 141 m AFG auf die Bundesanstalt für Arbeit übergegangen, so daß diese Gläubigerin geworden ist und nur sie die Gläubigerrechte ausüben kann. Beschränken sich die Forderungen der Arbeitnehmer auf Beträge, für die sie Konkursausfallgeld erhalten, sind die Arbeitnehmer daher ab Zahlung des Konkursausfallgeldes nicht mehr berechtigt, an Gläubigerversammlungen teilzunehmen und bei Beschlußfassungen der Gläubigerversammlung mitzubestimmen. Sie können aber vom Versammlungsleiter ausnahmsweise nach § 175 Abs. 2 Satz 1 GVG zur Gläubigerversammlung zugelassen werden (vgl. § 8 Rn. 16). **50**

Wenn Arbeitnehmern nur Lohn- und Gehaltsforderungen zustehen, die nach Eröffnung des Gesamtvollstreckungsverfahrens entstanden sind, haben sie einen Anspruch gegen den Verwalter auf vorrangige Befriedigung gemäß § 13 Abs. 1 Nr. 1 GesO vor allen Forderungen im Sinne von § 17 GesO. Die Arbeitnehmer sind daher wie andere Masse-Gläubiger auch nicht berechtigt, an der Gläubigerversammlung teilzunehmen, können aber vom Versammlungsleiter gemäß § 175 Abs. 2 Satz 1 GVG zugelassen werden (vgl. § 8 Rn. 16). **51**

§ 15 Klageweise Durchsetzung von Forderungen

Übersicht

1 Im Prüfungstermin können der Verwalter oder andere Gläubiger angemeldete Forderungen eines Gläubigers bestreiten (vgl. § 9 Rn. 28 ff.). Um die Voraussetzungen dafür zu schaffen, mit der bestrittenen Forderung am weiteren Gesamtvollstreckungsverfahren und der Schlußverteilung teilnehmen zu können, sieht die Gesamtvollstreckungsordnung die Möglichkeit der Klage des Gläubigers gegen den Bestreitenden vor. Der Bestreitende ist in der Praxis fast immer der Verwalter.

2 Beruht die bestrittene Forderung auf einem vollstreckbaren Titel, ist es Sache des Verwalters oder des bestreitenden Gläubigers, Klage gegen den Gläubiger der titulierten Forderung zu erheben. Besondere Fragen ergeben sich, wenn ein vor Eröffnung des Gesamtvollstreckungsverfahrens begonnener Prozeß durch das Verfahren unterbrochen wird (vgl. hierzu § 6 Rn. 63 ff.).

I. Klagen des Gläubigers

3 Hat der Verwalter oder ein anderer Gläubiger eine nicht bereits vor Eröffnung des Gesamtvollstreckungsverfahrens titulierte Forderung des Gläubigers im Prüfungstermin bestritten, kann der Gläubiger seine Forderung nach dem Wortlaut des Gesetzes „nur durch eine Klage gegen den Bestreitenden geltend machen" (§ 11 Abs. 3 Satz 1 GesO).

4 In der Praxis trifft dies freilich nur zu,

— wenn der Verwalter oder ein anderer Gläubiger die Forderung im Prüfungstermin bestreitet

— **und** insbesondere im Falle des „vorläufigen Bestreitens" (zum Begriff vgl. § 9 Rn. 40), die Forderung auch nicht nachträglich vor Klageerhebung anerkennt (zur vorherigen Fristsetzung für das Anerkenntnis siehe § 9 Rn. 42).

Bestreitet ein Verwalter die Forderung nur „vorläufig", weil ihm zB noch einige **5** vom Gläubiger beizubringende Unterlagen fehlen, läßt sich das Anerkenntnis der Forderung häufig auch im Wege der **gütlichen Einigung** ohne einen Rechtsstreit erwirken (zum nachträglichen Anerkenntnis vgl. § 9 Rn. 51 ff.). Gleiches gilt für Fälle, in denen die Anerkennung einer Forderung ausschließlich von einer noch höchstrichterlich zu klärenden Rechtsfrage abhängt und der Gläubiger sich mit dem Verwalter darauf einigt, zunächst eine höchstrichterliche Entscheidung in einem anderen Rechtsstreit abzuwarten (vgl. zur Möglichkeit von Stillhaltevereinbarungen § 18 Rn. 8 ff. und Muster 24).

Kann der Gläubiger ein nachträgliches Anerkenntnis seiner Forderung im **6** gütlichen Wege nicht erwirken, muß er die Forderung im Klagewege durchsetzen, wenn er am weiteren Gesamtvollstreckungsverfahren und an der Schlußverteilung teilnehmen möchte. Die ursprünglich umstrittene Frage[1], welches Gericht zuständig ist, wurde inzwischen durch eine zum 01.07.1994 in Kraft getretene Gesetzesänderung entschieden. Hingegen ist zur Zeit noch unklar, welche Klageart der Gläubiger wählen muß.

1. Zuständigkeit

Nach der seit dem 01.07.1994 geltenden Fassung von § 11 Abs. 3 Satz 3 GesO[2] **7** ist für die Klage des Gläubigers, dessen Forderung im Prüfungstermin nicht anerkannt wurde, das Gericht **„örtlich zuständig"**, in dessen **Bezirk das Gesamtvollstreckungsgericht** seinen Sitz hat. Im Gegensatz zur früheren Fassung von § 11 Abs. 3 Satz 3 GesO[3] enthält der Wortlaut dieser Bestimmung keinen Hinweis mehr auf eine ausschließliche Zuständigkeit. Aus der Streichung des Wortes „ausschließlich" in § 11 Abs. 3 Satz 3 GesO folgt, daß die Bestimmung heute nur noch eine besondere örtliche Zuständigkeit regelt. Dem Gläubiger steht es daher frei, den Verwalter oder einen bestreitenden Gläubiger an seinem **allgemeinen Gerichtsstand** zu verklagen (vgl. §§ 12 ff. ZPO).

Der Gläubiger und der Verwalter können auch eine **Gerichtsstandsvereinbarung** treffen, sofern der Gläubiger und der Schuldner Kaufleute (vgl. § 38 **8** ZPO) sind.[4] Der Verwalter ist als Kaufmann zu behandeln, wenn der Schuldner

1 Vgl. zum Streit Graf Brockdorff, § 11 Abs. 3 Satz 3 GesO: Örtliche oder sachliche Zuständigkeitsnorm? ZIP 1993, 980-987.

2 Vgl. Art. 5 Ziff. 1 des Gesetzes zur Änderung des Rechtspflegergesetzes und anderer Gesetze, BGBl. I 1994, S. 1374, 1375 sowie Art. 11 zu seinem Inkrafttreteten am 01.07.1994.

3 § 11 Abs. 3 Satz 3 GesO a.F. bestimmte wörtlich: „Für die Klage ist ausschließlich das Gericht zuständig, bei dem die Gesamtvollstreckung durchgeführt wird."

4 Dies gilt nicht, wenn der Gläubiger seinen Sitz oder Wohnsitz im europäischen Ausland hat. Dann ist lediglich eine schriftliche Gerichtsstandsvereinbarung erforderlich (vgl. Art. 17 EuGVU; Art. 17 Lugano-Übereinkommen).

Kaufmann und das zugrundeliegende Geschäft von ihm als Kaufmann abgeschlossen worden war.[5] Der Abschluß einer solchen Vereinbarung kann insbesondere in den Fällen im Interesse beider Parteien liegen, wenn die Klage mit der Geltendmachung von Aus- oder Absonderungsrechten verbunden werden kann und hierfür – wie im Falle einer Grundschuld – ein ausschließlicher, von dem für die Klage auf Anerkennung der Forderung abweichender Gerichtsstand besteht (§ 24 ZPO; vgl. zu Gerichtsstandsvereinbarungen auch § 18 Rn. 3).

9 Die **sachliche und die funktionale Zuständigkeit** sind in der Gesamtvollstreckungsordnung nicht geregelt. Die sachliche Zuständigkeit (Amts- oder Landgericht) hängt vom Wert des Streitgegenstandes ab (§§ 23, 71 GVG iVm § 1 ZPO). Die funktionale Zuständigkeit (Zuständigkeit der Zivilgerichte oder spezielle Zuständigkeiten zB des Arbeits-, Sozial-oder Verwaltungsgerichts) ist nach den üblichen Abgrenzungskriterien zu bestimmen (zB §§ 13 GVG, 40 VwGO, §§ 2 ff ArbGG).[6] Die Anwendbarkeit dieser allgemeinen Vorschriften ergibt sich bereits aus § 11 Abs. 3 Satz 1 GesO. Danach ist der Gläubiger auf die Geltendmachung seiner Forderung im Rechtsweg **außerhalb des Gesamtvollstreckungsverfahrens**[7] verwiesen. Dieser Hinweis führt auch zur Anwendbarkeit der für solche Prozesse geltenden Zuständigkeitsregelungen, soweit die Gesamtvollstreckungsordnung nicht – wie für die örtliche Zuständigkeit – eine besondere Bestimmung enthält. Darüber hinaus läßt sich die Anwendbarkeit der allgemeinen Bestimmungen zur sachlichen Zuständigkeit mit einer entsprechenden Anwendung von § 146 Abs. 2 und 5 KO begründen.[8]

10 Sind die Parteien Kaufleute im Sinne der Ausführungen zu Rn. 8, sollte die Klage nach §§ 94 ff. GVG vor der **Kammer für Handelssachen** erhoben werden.[9] Wird die Klage vor der Zivilkammer erhoben, könnte der Verwalter die Verweisung des Rechtsstreits an die Kammer für Handelssachen beantragen (§ 97 Abs. 1 GVG), was zu einer Verzögerung des Rechtsstreits führen kann.

---

5 OLG Naumburg, Beschluß vom 04.08.1993 (2 W 3/93); vgl. auch – für Rechtsstreitigkeiten unter Beteiligung eines Konkursverwalters – LG Tübingen MDR 1954, 302; LG Köln ZIP 1980, 1071; *Thomas/Putzo* § 95 GVG Rn. 2; Zöller/*Gummer* § 95 GVG Rn. 3.

6 In diesem Sinne zB Beschluß des OLG Naumburg, Az. 2 W 3/93, 04.08.1993 (unveröffentlicht).

7 Vgl. *Smid*/Zeuner § 11 GesO Rn. 54.

8 Vgl. in diesem Sinne auch bereits OLG Naumburg ZIP 1993, 797 und Beschluß vom 04.08.1993 (Az. 2 W 3/93, unveröffentlicht); OLG Dresden ZIP 1993, 1123; LG Dresden ZIP 1993, 1193 (alle zu § 11 Abs. 3 aF GesO, für die sich ebenfalls das Problem der sachlichen Zuständigkeit stellte; insoweit sind diese Entscheidungen übertragbar).

9 OLG Naumburg, Beschluß vom 04.08.1993 (2 W 3/93); vgl. auch – für Rechtsstreitigkeiten unter Beteiligung eines Konkursverwalters – LG Tübingen MDR 1954, 302; LG Köln ZIP 1980, 1071; *Thomas/Putzo* § 95 GVG Rn 2; Zöller/*Gummer* § 95 GVG Rn 3.

2. Klageart

Die überwiegende Meinung in der Kommentarliteratur und ein überwiegender Teil der aktuellen Rechtsprechung gehen davon aus, daß die an § 146 KO angelehnte Regelung in § 11 Abs. 3 Satz 1 GesO dem Gläubiger die Möglichkeit einer **Feststellungsklage** einräumt.[10] Der Antrag des Gläubigers könnte etwa wie folgt lauten: **11**

> „...... **festzustellen**, daß der Klägerin im Gesamtvollstreckungsverfahren über das Vermögen der XY GmbH mit Sitz in ... eine Forderung von DM ..... gemäß § 17 Abs. 3 Nr. 4 GesO zusteht."

Im Hinblick auf den Wortlaut von § 11 Satz 3 GesO erscheint es allerdings zweifelhaft, ob eine Feststellungsklage zulässig und nicht die Erhebung einer (gegenüber einer Feststellungsklage vorrangigen[11]) Leistungsklage geboten ist. Im Gegensatz zu § 146 Abs. 2 Satz 1 KO enthält § 11 Abs. 3 GesO das Wort „Feststellung" nicht. Er lautet: **12**

> „Ein Gläubiger, dessen Forderung vom Verwalter oder einem anderen Gläubiger ganz oder teilweise nicht **anerkannt** wurde, kann seine Forderung nur durch eine Klage gegen den Bestreitenden geltend machen."

Der Wortlaut des Gesetzes stellt also auf ein **Anerkenntnis** ab. Dieses beinhaltet aber das Erfordernis der Abgabe einer Willenserklärung, die nur im Wege der Leistungsklage vom Verwalter oder vom bestreitenden Gläubiger erzwungen werden kann (arg. § 894 ZPO).[12] Ist der Schuldner zur Abgabe einer Willenserklärung verurteilt, so gilt die Erklärung nach § 894 Abs. 1 ZPO mit Rechtskraft des Urteils als abgegeben. Ein Feststellungsurteil hingegen führt diese Fiktion nicht herbei, sondern erschöpft sich in seiner deklaratorischen Feststellungswirkung. Es ist daher auch nicht vollstreckungsfähig.[13] **13**

Die Feststellung der Forderung in einem Feststellungsurteil allein reicht auch deshalb nicht aus, da die Gesamtvollstreckungsordnung im Gegensatz zur Konkursordnung keine Feststellungsfiktion für den Fall enthält, daß „ein erhobener Widerspruch beseitigt ist" (§ 144 Abs. 1 KO). Auch aus diesem systematischen Unterschied zwischen der Gesamtvollstreckungsordnung und der Konkursordnung folgt, daß die Klage gegen den Bestreitenden als **Lei-** **14**

---

10 So in der Literatur: Kilger/*K. Schmidt* § 11 GesO Anm. 4; *Smid*/Zeuner § 11 GesO Rn. 54 ff; H*aarmeyer/Wutzke/Förster* § 11 GesO Rn. 57 ff, 58; *Hess/Binz/Wienberg* § 11 GesO Rn. 50; Hess/*Binz* KO § 11 GesO Rn. 48; in der Rechtsprechung: OLG Naumburg 22.12.1994, Az. 2 U 33/94 (konkludent, ohne auf die Klageart besonders einzugehen); OLG Brandenburg, Urt. v. 11.05.1995 (Az. 8 U 84/94), unter I. 2.

11 Vgl. Zöller/*Greger* § 256 ZPO Rn. 7.

12 Vgl. auch Zöller/*Greger*, Vor § 252 ZPO Rn. 3; aA OLG Brandenburg, Urt. v. 11.05.1995 (Az. 8 U 84/94), unter I. 2 (nur eine Feststellungsklage sei zulässig, weil das auf eine Feststellungsklage hin ergehende Urteil früher als ein auf eine Leistungsklage hin ergehendes Urteil „als Grundlage für die Eintragung in das Verzeichnis" vollstreckbar sei).

13 Vgl. Zöller/*Greger* § 256 ZPO Rn. 1.

stungsklage zu erheben ist.[14] Der Leistungsantrag könnte zB wie folgt gefaßt werden:

> „....., den Beklagten zu verurteilen, die von der Klägerin im Gesamtvollstreckungsverfahren über das Vermögen der XY GmbH mit Sitz in ... zur Rangklasse gemäß § 17 Abs. 3 Nr. 4 GesO angemeldete Forderung in Höhe von DM ... **anzuerkennen.**"

15 Solange die Rechtslage nicht abschließend geklärt ist, empfiehlt es sich, den Inhalt des Klageantrages gegebenenfalls in der mündlichen Verhandlung mit dem Prozeßgericht zu erörtern. In der Klageschrift kann der Leistungsantrag angekündigt werden. Das Gericht muß wohl einen richterlichen Hinweis gemäß § 139 ZPO geben, falls es den Feststellungsantrag für die richtige Klageart hält. Allerdings sollte mit dem Gericht vor Umstellung des Antrages die Problematik erörtert werden. Insbesondere, daß der Verwalter wohl erneut verklagt werden muß, wenn er die festgestellte Forderung gleichwohl nicht anerkennt. Ein Kostenrisiko dürfte bei der vorgeschlagenen Vorgehensweise nicht bestehen, da es sich um denselben Streitgegenstand handelt[15].

II. Verteidigung gegen Klagen des Verwalters oder eines bestreitenden Gläubigers

16 Hält der Verwalter oder ein anderer Gläubiger die Forderung eines Gläubigers für unbegründet, wird er sie im Prüfungstermin bestreiten. Es liegt dann am Gläubiger, den Verwalter oder den bestreitenden Gläubiger nach dem Prüfungstermin noch von der Berechtigung der Forderung zu überzeugen oder die Forderung im Klagewege durchzusetzen. Dem Verwalter oder dem bestreitenden Gläubiger steht hingegen ein Klagerecht nur zu, wenn die Forderung des Gläubigers auf einem vollstreckbaren Titel beruht.

1. Negative Feststellungsklage gegen titulierte Forderungen des Gläubigers

17 Beruht die bestrittene Forderung auf einem – wenn auch nur vorläufig – vollstreckbaren Titel[16], so muß nach § 11 Abs. 3 Satz 2 GesO der Verwalter Klage gegen den Gläubiger erheben, falls er dessen Forderung und damit auch die Teilnahme an der Schlußverteilung für ungerechtfertigt hält.[17] (Zum Teilnahmerecht an der Schlußverteilung vgl. § 20 Rn. 6). Der Inhaber einer

---

14 In diesem Sinne AG Magdeburg, 08.09.1994, Az. 12 C 1284/94, rechtskräftig; LG Cottbus, 20.10.1994, Az. 17 O 99/93, abgeändert durch die in Fn. 10 zitierte Entscheidung des OLG Brandenburg.

15 Vgl. OLG Brandenburg, Urteil vom 11.05.1995 (AZ 8 U 84/94): Neufassung des Tenors der landgerichtlichen Entscheidung „Zur Klarstellung".

16 Vgl. die Aufzählung möglicher Vollstreckungstitel bei *Hess/Binz/Wienberg*, § 11 GesO Rn. 59; Hess/*Binz* KO § 11 GesO Rn. 57;

17 Vgl. *Smid*/Zeuner § 11 GesO Rn. 61 ff.

titulierten Forderung wird damit wesentlich besser gestellt als ein Gläubiger, dessen Forderung nicht tituliert ist.

Voraussetzung für diese Besserstellung ist zunächst, daß der Titel bereits **bei Eröffnung des Gesamtvollstreckungsverfahrens** besteht.[18] Ferner muß der Titel spätestens im Prüfungstermin vorgelegt werden.[19] 18

Der Verwalter oder der bestreitende Gläubiger können in diesem Fall eine **negative Feststellungsklage** (§ 256 Abs. 1 ZPO) erheben mit dem Antrag festzustellen, daß dem Gläubiger die angemeldete Forderung nicht zusteht. Für die Bestimmung des **zuständigen Gerichts** kann auf die Ausführungen für Klagen des Gläubigers gegen den Verwalter verwiesen werden (oben Rn. 7 ff.). Nach § 11 Abs. 3 Satz 3 GesO hat der Verwalter insbesondere die Möglichkeit, die Klage vor dem Gericht zu erheben, bei dem die Gesamtvollstreckung durchgeführt wird. 19

Für einen Gläubiger wird die Möglichkeit der Erhebung einer negativen Feststellungsklage gegen einen anderen Gläubiger nur selten von Interesse sein. Es ist aber denkbar, daß dem bestreitenden Gläubiger zB Umstände bekannt sind, aus denen sich die Kondizierbarkeit einer Unterwerfungserklärung des Schuldners unter die Zwangsvollstreckung im Verhältnis zu einem anderen Gläubiger ergibt. Wenn die Kenntnis solcher Umstände den Gläubiger veranlaßt hat, die Forderung im Prüfungstermin zu bestreiten, eröffnet ihm § 11 Abs. 3 Satz 2 GesO die Möglichkeit, gegen den anmeldenden Gläubiger im Wege der Klage vorzugehen. 20

2. Unzulässigkeit negativer Feststellungsklagen des Verwalters gegen nicht titulierte Forderungen des Gläubigers

In § 11 Abs. 3 GesO hat der Gesetzgeber die Rollen zwischen Verwalter und Gläubiger abschließend geregelt: nicht titulierte bestrittene Forderungen können nur vom Gläubiger im Wege der Klage geltend gemacht werden (vgl. dazu Rn. 3 ff.). Erhebt der Gläubiger eine solche Klage nicht, sind sie vom Verwalter im Gesamtvollstreckungsverfahren nicht weiter zu beachten. Für die Erhebung einer negativen Feststellungsklage des Verwalters gegenüber dem Gläubiger, dessen Forderung nicht tituliert ist, besteht damit auch **kein Rechtsschutzbedürfnis.**[20] 21

Es kommt in der Praxis gleichwohl vor, daß ein Verwalter -auch im Wege der Widerklage gegenüber einer Herausgabeklage zur Durchsetzung eines Pfandrechtes -eine negative Feststellungsklage erhebt. Gegenüber solchen Klagen reicht es aus, die Unzulässigkeit dieser Klageart einzuwenden. Jede andere Auslegung von § 11 Abs. 3 GesO würde möglicherweise dazu führen, daß Verwalter zu Lasten der Masse in unbegrenzter Zahl Prozesse führen können. 22

18 *Hess/Binz/Wienberg*, § 11 GesO Rn. 60; Hess/*Binz* KO § 11 GesO Rn. 58;
19 *Hess/Binz/Wienberg*, § 11 GesO Rn. 61; Hess/*Binz* KO § 11 GesO Rn. 59;
20 *Smid*/Zeuner § 11 GesO Rn 60.

III. Kosten

23 Für die Höhe der Gerichts- und Anwaltskosten sind im wesentlichen die zu erwartenden Quoten maßgebend.

1. Gerichtskosten

24 Die Kosten eines auf Anerkennung der Forderung gerichteten Rechtsstreits gegen den Verwalter richten sich nach dem **Wert des Streitgegenstandes** (§ 2 ZPO iVm. § 12 f. GKG). Dieser Wert hängt vom wirtschaftlichen Interesse der Parteien an der Entscheidung des Gerichtes ab und ist vom Gericht nach § 3 ZPO festzusetzen. Nach der von der Praxis auch im Anwendungsbereich der Gesamtvollstreckungsordnung entsprechend herangezogenen Bestimmung des § 148 KO[21] ist der Streitwert danach vom Gericht nach freien Ermessen nach dem Verhältnis von **Teilungs- zur Schuldenmasse**, also der **zu erwartenden Quote** festzusetzen.

25 **Maßgeblicher Zeitpunkt für die Quoteneinschätzung** ist die Zustellung der Klage beim Verwalter.[22] Das Gericht hat den Verwalter daher aufzufordern, zu der Quotenerwartung substantiiert vorzutragen. Der Gläubiger kann in der Klageschrift anregen, daß das Gericht den Verwalter zu einem entsprechenden Vortrag auffordert; im übrigen kann sich der Gläubiger bei Berechnung des Kostenvorschusses zunächst auf die letzten Äußerungen des Verwalters zur Quotenerwartung in einem Zwischenbericht oder einer Gläubigerversammlung stützen.

26 Der Verwalter kann eine unrichtige Schätzung korrigieren, wenn die Fehleinschätzung auf der Vernachlässigung bekannter oder erkennbarer Umstände im Zeitpunkt der Bemessung beruht.[23] Veränderungen zwischen der Zustellung der Klage und dem Zeitpunkt der letzten mündlichen Verhandlung sind hingegen nicht zu beachten.[24]

27 Kann der Gläubiger mit keiner Quote rechnen (sogenannte **„Null-Quoten-Fälle“**), ist nach der mittlerweile wohl überwiegenden Ansicht vom Mindestwert von derzeit DM 600, – nach § 11 GKG auszugehen.[25] Nach anderer Ansicht kann das Gericht bei der Streitwertfestsetzung aber auch berücksichtigen, daß die Erwirkung eines Vollstreckungstitels für den Gläubiger auch später – nach Beendigung des Gesamtvollstreckungsverfahrens – noch von Bedeutung sein

21 OLG Naumburg ZIP 1995, 575, 576; LG Magdeburg 08.09.1994, Az. 12 C 1284/94 (unveröffentlicht).

22 Vgl. OLG Naumburg ZIP 1995, 575, 576 („Anhängigkeit der Klage“).

23 So wiederum OLG Naumburg ZIP 1995, 575, 576.

24 OLG Naumburg ZIP 1995, 575, 576 (unter 2 vor a); LG Magdeburg 08.09.1994, Az. 12 C 1284/94 (unveröffentlicht).

25 BGH MDR 1993, 287; OLG Hamm ZIP 1984, S. 1258; LG Magdeburg 08.09.1994, Az. 12 C 1284/94 (unveröffentlicht); Zöller/*Schneider* § 3 ZPO Rn 16 unter „Konkursfeststellungsklage“.

kann.[26] Hierauf kommt es aber im Verhältnis zwischen dem Gläubiger und dem Verwalter nicht an, da der Rechtsstreit nur die Durchsetzung der Forderungen des Gläubigers im Gesamtvollstreckungsverfahren betrifft. Hinzu kommt für Gesamtvollstreckungsverfahren über das Vermögen juristischer Personen, daß diese im Anschluß an ein Gesamtvollstreckungsverfahren zumeist im Handelsregister gelöscht werden. Lediglich bei einem Verfahren über das Vermögen einer **natürlichen Person** kann ein Titel auch nach Abschluß des Gesamtvollstreckungsverfahrens von nennenswerter Bedeutung sein. Nur in diesen Fällen erscheint es zulässig, wenn das Gericht einen bestimmten Mindestwert des zu erzielenden Vollstreckungstitels festlegt, der mit 10% des Nennwertes der Forderungen bemessen werden kann.[27]

2. Anwaltskosten

Da sich der **Gegenstandswert** (§ 7 BRAGO) an den für Gerichtsgebühren geltenden Wertvorschriften anlehnt (§ 8 Abs. 1 BRAGO), hängen die Anwaltsgebühren ebenfalls von der Quoteneinschätzung im Zeitpunkt der Zustellung der Klage ab. In einem Null-Quoten-Verfahren beträgt der Gegenstandswert danach nur DM 600,–. **28**

3. Gebührenermäßigung gemäß dem Einigungsvertrag

Nach dem Einigungsvertrag ist von den entstehenden Gerichts- und Rechtsanwaltsgebühren unter den nachfolgenden Voraussetzungen ein Abschlag von 20 % vorzunehmen. **29**

a) Gerichtsgebühren

Die sich aus dem Gerichtskostengesetz ergebenden Gebühren ermäßigen sich immer dann um 20 %, wenn der Kostenschuldner (vgl. §§ 49 ff. GKG) seinen allgemeinen Gerichtsstand (vgl. § 12 ff. ZPO) in den fünf neuen Bundesländern hat. Die Ermäßigung erstreckt sich auch auf andere Kostenschuldner, die als Sekundärschuldner gemäß § 58 Abs. 2 GKG in Anspruch genommen werden, selbst wenn diese ihren allgemeinen Gerichtsstand nicht in den fünf neuen Bundesländern haben. Der in § 11 Abs. 3 GKG festgesetzte Mindesbestrag einer Gerichtsgebühr in Höhe von DM 20,00 ermäßigt sich hingegen nicht.[28] Wenn nach den gesetzlichen Vorschriften des Gerichtskostengesetzes (vgl. §§ 12 ff. GKG) ein Mindestwert oder ein fiktiver Wert festgelegt ist, weil genügende tatsächliche Anhaltspunkte für die Bestimmung des Wertes nicht bestehen, kann das Gericht darüber hinaus unter Berücksichtigung aller Um- **30**

---

26 In diesem Sinne Baumbach/Lauterbach/Albers/*Hartmann* Anh § 3 ZPO Rn. 74 mwN.

27 Für diesen Prozentsatz: Baumbach/Lauterbach/Albers/*Hartmann* Anh § 3 ZPO Rn. 74 mwN.

28 Einigungsvertrag Anlage I Kapitel III Sachgebiet A Abschnitt III Ziff. 19a.

stände des Einzelfalls, insbesondere des Umfanges und der Bedeutung der Sache und der Vermögens- und Einkommensverhältnisse der Beteiligten, einen um bis zu einem Drittel geringeren Wert festsetzen.[29]

31 Umstritten war, ob der Gebührenabschlag von 20 % auch vorzunehmen ist, wenn der Kostenschuldner seinen allgemeinen Gerichtsstand in den **neuen** Bundesländern hat, aber Gebührentatbestände nach dem Gerichtskostengesetz bei Gerichten der **alten** Bundesländer auslöst, insbesondere wenn er **vor Gerichten der alten Bundesländer** klagt. Nach der bislang wohl überwiegenden Auffassung ermäßigen sich die nach dem Gerichtskostengesetz entstehenden Gebühren **nicht,** weil das Gerichtskostengesetz in der durch den Einigungsvertrag modifizierten Fassung nur im Beitrittsgebiet gilt.[30] Für die Tätigkeit eines Gerichts der alten Bundesländer findet das Gerichtskostengesetz in seiner durch den Einigungsvertrag modifizierten Fassung nach dieser Auffassung keine Anwendung, so daß die Gebühren in voller Höhe entstehen sollen.[31] Nach anderer Ansicht ist der Gebührenabschlag stets vorzunehmen, wenn der Kostenschuldner seinen Sitz im Beitrittsgebiet hat.[32] Dieser Auffassung hat sich der BGH in einer Entscheidung vom 14.11.1995 angeschlossen.[33] Nach dieser Entscheidung hat der Kostenschuldner stets einen Anspruch auf eine Ermäßigung der Gerichtsgebühren um 20 % nach Anl. I Kap. III Sachgebiet A Abschn. III Nr. 19 lit. a EinigungsV, wenn dieser seinen allgemeinen Gerichtsstand im Beitrittsgebiet hat. Zur Begründung verweist der BGH auf den Wortlaut des Einigungsvertrages und auf die der Regelung zugrundeliegende gesetzgeberische Motivation. Ziel der Gebührenermäßigung ist es, den abweichenden Vermögens- und Einkommensverhältnissen im Gebiet der früheren DDR Rechnung zu tragen, und zwar generell-abstrakt, sofern der Kostenschuldner seinen allgemeinen Gerichtsstand in diesem Gebiet hat. Es kommt nicht darauf an, ob die Gebührenermäßigung im Einzelfall gerechtfertigt ist.[34] Es kommt also nicht auf die tatsächliche Vermögenslage des jeweiligen Kostenschuldners an.

b) Rechtsanwaltsgebühren

32 Die nach der Bundesgebührenordnung für Rechtsanwälte (**BRAGO**) entstehenden Gebühren ermäßigen sich bei der Tätigkeit von Rechtsanwälten, die ihre **Kanzlei** auf dem Gebiet der fünf neuen Bundesländer eingerichtet haben, um

---

29 Einigungsvertrag Anlage I Kapitel III Sachgebiet A Abschnitt III Ziff. 19b.

30 Vgl. Einigungsvertrag Anlage I Kapitel III (Einleitung).

31 In diesem Sinne LG Köln MDR 1993, 1248; Schneider § 11 GKG Vorbem.; s. auch KG DtZ 1992, 395; Hanseatisches OLG Bremen, Beschluß vom 21.09.1993, Az. 2 U 15/93; LG Dortmund Beschl. AnwBl. 3/95; OLG München Jur Büro 1995, 147, 148.

32 In diesem Sinne LG Hamburg, Kostenerhebung in den Klagverfahren 409 0 98/95 und 406 0 86/95; LG Düsseldorf, Beschluß gegen Erinnerung über die Kostenerhebung in dem Klagverfahren 36 O 40/95 (Mai 1995); OLG Köln DtZ 1995, 212; so jetzt auch Kostenerhebung des BGH im Revisionsverfahren XI ZR 39/95.

33 BGH, Beschluß vom 14.11.1995 DtZ 1996, 59, 60

34 BGH aaO.

20 %, und zwar **unabhängig davon, ob diese Rechtsanwälte vor Gerichten oder Behörden in den alten oder neuen Bundesländern auftreten.** Die Gebühren ermäßigen sich in gleicher Weise, wenn ein Rechtsanwalt, gleichgültig ob dieser seine Kanzlei in den alten oder neuen Bundesländern eingerichtet hat, vor Gerichten oder Behörden, die ihren Sitz in den neuen Bundesländern haben, im Auftrag eines Beteiligten tätig wird, der seinen Wohnsitz oder Sitz ebenfalls im Beitrittsgebiet hat.

Die gemäß § 11 Abs. 2 BRAGO festgesetzte Mindestgebühr von DM 20, – **33**
ermäßigt sich hingegen in keinem Falle.[35]

4. Kostentragung

Die Pflicht zur Tragung der Prozeßkosten ergibt sich aus § 91 ff. ZPO. Hat **34**
der Verwalter dem Gläubiger durch sein Verhalten Anlaß zu Klagerhebung gegeben, trifft ihn die Kostentragungspflicht nach § 93 ZPO auch dann, wenn der Verwalter gegen sich ein Anerkenntnisurteil (§ 307 ZPO) ergehen läßt. Dies gilt sowohl in den Fällen, in denen der Verwalter eine zur Tabelle angemeldete Forderung bestreitet, ohne sie zuvor zu prüfen[36], als auch in den Fällen, in denen der Verwalter die Forderung des Gläubigers pauschal bestreitet (etwa im Hinblick auf das Ausstehen einer höchstrichterlichen Rechtsprechung in einer den Anspruch berührenden abstrakten Rechtsfrage).[37]

35 Einigungsvertrag Anlage I Kapitel III Sachgebiet A Abschnitt 3 Ziff. 26.

36 LG Bonn MDR 1990, 558; *Haarmeyer/Wutzke/Förster* § 11 GesO Rn. 60; vgl. auch den Sonderfall OLG Dresden EWIR § 937 ZPO 1/95.

37 Thüringer Oberlandesgericht, Beschluß vom 27.02.1995 (5 U 174/94).

§ 16 Sicherungsrechte und ihre Durchsetzung

Übersicht

1 Sicherungsrechte begründen für den Gläubiger Aus- oder Absonderungsrechte, die gegebenenfalls gerichtlich geltend gemacht werden müssen. Sie können im Anwendungsbereich der Gesamtvollstreckungsordnung nach zwei Rechtsordnungen begründet worden ein,

— nach dem Recht der ehemaligen DDR oder
— nach bundesdeutschem Recht.

Die nachfolgenden Darlegungen beschränken sich auf nach bundesdeutschem Recht begründete Sicherungsrechte. Wegen der Besonderheiten bei nach DDR-Recht bestellten Sicherheiten wird auf die Ausführungen zu § 23 verwiesen.

I. Aussonderungsrechte / Absonderungsrechte

2 Da der Pfändung gemäß § 7 Abs. 2 GesO neben dem gesamten pfändbaren Vermögen des Schuldners auch alle im **Besitz** des Schuldners befindlichen Sachen sowie die vom Schuldner genutzten Grundstücke oder Gebäude unterliegen (vgl. § 6 Rn. 27 ff.), werden von der Beschlagnahmewirkung des § 7

GesO zunächst auch Gegenstände umfaßt, die dem Schuldner nicht gehören oder an denen Dritten ein Befriedigungsrecht zusteht.

Um derartige Rechte Dritter in der Insolvenz des Schuldners zu wahren, ist in der Konkursordnung ein Aussonderungsrecht (§§ 43 ff. KO) bzw. ein Absonderungsrecht (§§ 47 ff. KO) vorgesehen. Die Gesamtvollstreckungsordnung verwendet diese Begriffe nicht. Gleichwohl dient § 12 Abs. 1 und 2 GesO der gleichen Zielsetzung.[1] Nach § 12 Abs. 1 Satz 1, **1. Alt.** GesO sind Gegenstände, an denen Dritten ein **Eigentumsrecht** zusteht, vom Verwalter an die Berechtigten herauszugeben; in § 12 Abs. 1 Satz 1, **2. Alt.** GesO ist bestimmt, daß Gegenstände, an denen Dritten ein **Pfandrecht** zusteht, vom Verwalter an die Berechtigten herauszugeben sind, wenn er nicht das Pfandrecht durch Zahlung ablöst. Zum Teil sind aber auch Eigentumsrechte im zivilrechtlichen Sinne als Pfandrecht iSv. § 12 Abs. 1 Satz 1, 2. Alt. GesO zu behandeln (vgl. unten Rn. 16 ff.) **3**

1. „Aussonderung“ gemäß § 12 Abs. 1 Satz 1, 1. Alt. GesO (Eigentumsrechte)

Der Eigentümer eines der Beschlagnahme unterliegenden Gegenstandes kann die Aussonderung dieses Gegenstandes aus der Masse, das heißt dessen Herausgabe verlangen. **4**

a) Begriff der Aussonderung

Der in § 12 Abs. 1 Satz 1, 1. Alt. GesO geregelte Fall soll im Grundsatz diejenigen Situationen erfassen, in denen Dritten auch nach der Konkursordnung ein Aussonderungsrecht zustehen würde.[2] Der Aussonderungsanspruch gewährt dem Dritten die Möglichkeit, die Nichtzugehörigkeit eines Gegenstandes zur Masse geltend zu machen[3] und dessen Herausgabe zu verlangen. Hinsichtlich des Herausgabeanspruchs wird in der Konkursordnung (§ 43 KO) auf die außerhalb des Konkursverfahrens geltenden Gesetze verwiesen. Die Vorschrift des § 12 Abs. 1 Satz 1, 1. Alt. GesO gewährt diesen Anspruch hingegen unmittelbar.[4] **5**

b) Von der Aussonderung betroffene Rechte

Nach dem Wortlaut des § 12 Abs. 1 Satz 1, 1. Alt. GesO können Dritte, die **Eigentümer** eines Gegenstandes der Pfändungsmasse sind, vom Verwalter die Herausgabe des Gegenstandes verlangen. Dies gilt auch für Sicherungseigentum **6**

---

1 Kilger/*K.Schmidt*, § 12 GesO Anm. 1; Smid/*Zeuner* § 12 GesO Rn. 2, 4, 29; *Haarmeyer/Wutzke/Förster* § 12 GesO Rn. 3.
2 Vgl. Smid/*Zeuner* § 12 GesO Rn. 4.
3 Kuhn/*Uhlenbruck* § 43 KO Rn. 1 b; Kilger/*K.Schmidt* § 43 KO Anm. 1.
4 Vgl. Smid/*Zeuner* § 12 GesO Rn. 5.

aufgrund eines **einfachen Eigentumsvorbehaltes.**[5] Soll der Eigentumsvorbehalt noch der Besicherung weiterer Verträge dienen (sogenannter Kontokorrentvorbehalt als Unterfall des erweiterten Eigentumsvorbehaltes[6]), so wird er allerdings grundsätzlich als Pfandrecht behandelt (vgl. § 12 Abs. 1 Satz 1, 2. Alt. GesO und unten Rn. 11 ff., 18). Die Herausgabe des Gegenstandes aufgrund von Eigentum kann nur insoweit verlangt werden, als der Eigentumsvorbehalt die eigentliche Kaufpreisforderung betrifft.[7] Der Eigentumsvorbehalt kann also nicht mehr durchgesetzt werden, wenn die Kaufpreisforderung für den vom Eigentumsvorbehalt betroffenen Gegenstand erloschen ist.

7 Die Vorschrift in § 12 Abs. 1 Satz 1, 1. Alt. GesO ist im Unterschied zu der bis zum 03.10.1990 geltenden Gesamtvollstreckungsverordnung (vgl. § 1 Rn. 4) nicht auf das Eigentum beschränkt, das an **Sachen** iSv. § 90 BGB begründet werden kann. Die durch den Einigungsvertrag in die Gesamtvollstreckungsordnung eingeführte Formulierung **„Eigentum an Gegenständen"**[8] reicht wesentlich weiter: In das der Gesamtvollstreckung unterliegende Vermögen sollen nach dem Sinn und Zweck von § 12 Abs. 1 GesO nur Sachen im Sinne von § 90 BGB und Gegenstände fallen, die dem Schuldner „gehören", nicht aber solche, an denen ihm keine Rechte zustehen.[9] Die Bestimmung in § 12 Abs. 1 GesO begründet daher für den Gläubiger einen Herausgabeanspruch nicht nur an Sachen im zivilrechtlichen **Eigentum** des Gläubigers, sondern auch an Rechten, deren **Inhaber** der Gläubiger und nicht der Schuldner ist.[10] Deshalb umfaßt der Herausgabeanspruch auch die Freigabe von beschränkten dinglichen oder persönlichen Rechten und von Grundpfandrechten an Sachen im Eigentum von Dritten, die vom Verwalter zu Unrecht für die Masse beansprucht werden[11] (zu Grundpfandrechten, die der Sicherung von Forderungen des Gläubigers gegenüber dem Schuldner oder Dritten dienen vgl. unten Rn. 17).

8 Sofern das Grundbuch im Hinblick auf ein dem Gläubiger zustehendes beschränktes dingliches Recht unrichtig ist, kann der Gläubiger die Bewilligung zur **Grundbuchberichtigung** verlangen (§ 894 BGB).[12]

9 Zur Aussonderung berechtigen auch **Immaterialgüterrechte** (zB Urheber- und

---

5 Zum verlängerten Eigentumsvorbehalt siehe unten Rn. 18.

6 Vgl. zum Begriff im einzelnen Palandt/*Putzo* § 455 BGB Rn. 14 ff, 18; *Serick*, Eigentumsvorbehalt und Sicherungsübertragung Bd. V S. 196 ff.; Bd. VI S. 571, 695 ff.

7 So Kuhn/*Uhlenbruck* § 43 KO Rn. 42 f; Smid/*Zeuner* § 12 Rn. 24; *Hess/Binz/Wienberg* § 12 GesO Rn. 42, 147.

8 Anlage II zum Einigungsvertrages Kapitel III, Sachgebiet A, Abschnitt II Nr. 1 lit. b) gg); vgl. die Anlage zum Schreiben des Bundesministers der Justiz vom 10.08.1990 an den Bundesminister des Inneren – Arbeitsgruppe „Kabinettausschuß deutsche Einheit" (AGIdB-1086/2).

9 *Hess/Binz/Wienberg* § 12 GesO Rn. 15.

10 Vgl. Smid/*Zeuner* § 12 GesO Rn. 6; ähnlich auch Kilger/*K.Schmidt* § 12 GesO Anm. 2.

11 Vgl. Kilger/*K.Schmidt* § 43 KO Anm. 5.

12 Vgl. Kilger/*K.Schmidt* § 12 GesO Anm. 2.

Erfinderrechte)[13], **zur Sicherung an den Gläubiger abgetretene oder dem Gläubiger verpfändete**[14] **Forderungen** des Schuldners gegen Dritte und sonstige Vermögensrechte.[15]

Schließlich gewährt das **Sicherungseigentum** dem Sicherungsgeber in der Insolvenz des Sicherungsnehmers ein Aussonderungsrecht[16], da das Sicherungseigentum nicht endgültig im Eigentum des Sicherungsnehmers verbleiben soll und es deshalb im Zeitpunkt des Beginns des Gesamtvollstreckungsverfahrens dem Sicherungsgeber zugeordnet werden muß.[17] **10**

2. „Absonderung" gemäß § 12 Abs. 1 Satz 1, 2. Alt. GesO (Pfandrechte)

Der Inhaber eines Pfandrechtes im Sinne der Gesamtvollstreckungsordnung **11**
kann die abgesonderte Befriedigung aus dem mit dem Pfandrecht belasteten Gegenstand verlangen; die Gesamtvollstreckungsordnung spricht auch insoweit von „Herausgabe" des betroffenen Gegenstandes. Gelegentlich werden Gläubiger zur gemeinsamen Durchsetzung von Absonderungsrechten auch einen sogenannten Poolvertrag abschließen.

a) Umfang und Inhalt des Absonderungsanspruchs

Falls Gläubigern ein Pfandrecht an Gegenständen zusteht, die von der Pfän- **12**
dungswirkung erfaßt worden sind, muß der Verwalter diese „herausgeben", wenn er nicht das Pfandrecht durch Zahlung ablöst.

Der Herausgabeanspruch hat in diesem Fall einen anderen Inhalt als in § 12 **13**
Abs. 1 Satz 1 1. Alt. GesO. Steht Dritten ein Eigentumsrecht zu, so können sie den Gegenstand endgültig aus der Pfändungsmasse entfernen, weil er nicht zur Masse gehört. Der Inhaber eines Pfandrechtes hat jedoch keinen Anspruch auf den Gegenstand selbst, sondern ist lediglich berechtigt, im Umfang des Pfandrechtes Befriedigung aus dem verhafteten Gegenstand zu suchen. Deshalb bleibt die Zugehörigkeit des Gegenstandes zur Masse in diesem Fall bestehen. Die Herausgabepflicht des Verwalters ist nur auf die Duldung der Verwertung durch den Pfandrechtsinhaber beschränkt.[18] Der Pfandrechtsinhaber darf den Gegenstand somit zu seiner Befriedigung verwerten, bevor die Pfändungsmasse

---

13 Smid/*Zeuner* § 12 GesO Rn. 6; Kuhn/*Uhlenbruck* § 43 KO Rn. 56; Kilger/*K.Schmidt* § 43 KO Anm. 8.

14 So ausdrücklich Erläuterung zu Kapitel III der Anlage II des Einigungsvertrags, zu Sachgebiet A, Abschnitt II Nr. 1 (BR-Drucks. 605/90, BT-Drucks. 11/7817), abgedruckt in Anhang III.3.

15 Vgl. Smid/*Zeuner* § 12 GesO Rn. 6.

16 Kuhn/*Uhlenbruck* § 43 KO Rn. 15 b, c; Kilger/*K.Schmidt* § 43 KO Anm. 9; *Haarmeyer/Wutzke/Förster* § 12 GesO Rn. 18; *Hess/Binz/Wienberg* § 12 GesO Rn.90.

17 Vgl. BGHZ 72, 141, 145 f; Smid/*Zeuner* § 12 GesO Rn. 27; Kuhn/*Uhlenbruck* § 43 KO Rn. 15 b f.

18 Vgl. Smid/*Zeuner* § 12 GesO Rn. 43; Kuhn/*Uhlenbruck* § 47 KO Rn. 1.

an nicht in dieser Weise gesicherte Gläubiger verteilt wird. Dieses Verwertungsrecht wird im Konkursrecht als **Absonderungsrecht** bezeichnet.[19]

14 Die Verwertung erfolgt regelmäßig im Wege der **Zwangsversteigerung oder der Zwangsverwaltung**, die der Inhaber des Sicherungsrechtes betreiben kann. Dem steht das grundsätzliche Verbot von Einzelzwangsvollstreckungsmaßnahmen in § 7 Abs. 3 GesO (vgl. oben § 6 Rn. 37) nicht entgegen, da die Verwertung im Rahmen von Absonderungsrechten außerhalb des Insolvenzverfahrens steht.[20]

15 Der Verwalter kann die bevorzugte Befriedigung aus dem Pfandrecht **abwenden,** wenn er die durch das Pfandrecht gesicherte Forderung bezahlt. Diese Regelung trägt dem Umstand Rechnung, daß ein Pfandrecht stets zur Sicherung einer Hauptforderung dient, deren Befriedigung der Gläubiger vorrangig erstrebt.

b) Von der Absonderung betroffene Rechte

16 Zu einem Herausgabeanspruch im Sinne eines Absonderungsrechtes führen folgende Sicherungsrechte:

17 — Sowohl rechtsgeschäftlich vereinbarte als auch gesetzlich entstandene **Pfandrechte** begründen ein Absonderungsrecht[21]; hierzu zählen auch Grundpfandrechte,[22] die der Sicherung von Forderungen des Gläubigers gegenüber dem Schuldner oder Dritten dienen[23] (zur Abstimmung mit anderen Gläubigern über die Verwertung von Grundpfandrechten vgl. § 12 Rn. 38).
Demgegenüber steht dem Inhaber eines vor Eröffnung des Gesamtvollstreckungsverfahrens wirksam entstandenen **Pfändungspfandrechts** kein Recht auf vorzugsweise Befriedigung zu.[24] Dies gilt auch für die **Zwangssicherungshypothek**, die ebenfalls mit der Eröffnung der Gesamtvollstreckung ihre Wirksamkeit verliert.[25]

18 — Ferner besteht bei der Vereinbarung eines **verlängerten Eigentumsvorbehaltes** ein Absonderungsrecht,[26] also in den Fällen, bei denen der Eigen-

---

19 Vgl. hierzu Kuhn/*Uhlenbruck* § 47 KO Rn. 1; Kilger/*K.Schmidt* § 47 KO Anm. 1.

20 Vgl. Kilger/*K.Schmidt* § 47 KO Anm. 5; Kuhn/*Uhlenbruck* § 47 KO Rn. 4; aA LG Memmingen ZIP 1995, 1537, 1538 und AG Halle-Saalkreis ZIP 1995, 1538, 1539f., die jedoch nicht darlegen, in welcher Form – wenn nicht durch Zwangsversteigerung oder Zwangsverwaltung – der Herausgabeanspruch des Grundpfandrechtsgläubigers zu realisieren ist.

21 *Haarmeyer/Wutzke/Förster* § 12 GesO Rn. 39, 41; *Hess/Binz/Wienberg* § 12 GesO Rn. 143.

22 Vgl. Kilger/*K.Schmidt* § 12 GesO Anm. 2,; Smid/*Zeuner* § 12 GesO Rn. 43.

23 Vgl. Kilger/*K.Schmidt* § 43 KO Anm. 5.

24 BGH ZIP 1995, 480 f. mit zustimmender Anm. *Pape*; aA Smid/*Zeuner* § 12 GesO Rn. 47; *Hess/Binz/Wienberg* § 12 GesO Rn. 201 (jeweils noch vor Verkündung der zitierten Entscheidung des Bundesgerichtshofs).

25 So *Pape*, Anmerkung (zu BGH ZIP 1995, 480), ZIP 1995, 482, 483.

26 Vgl. dazu ausführlich Kuhn/*Uhlenbruck* § 43 KO Rn. 36 mwN.

tumsvorbehalt über den Kaufgegenstand hinaus auch den durch Verarbeitung der Kaufsache entstandenen Gegenstand oder die aus der Weiterveräußerung entstehende Forderung erfaßt.[27] Soll der Eigentumsvorbehalt noch der Besicherung weiterer Verträge dienen (sogenannter **Kontokorrentvorbehalt** als Unterfall des erweiterten Eigentumsvorbehaltes[28]) und wird er zur Befriedigung von Forderungen aus diesen weiteren Verträgen geltend gemacht, besteht ein Absonderungsrecht in Höhe jener Forderungen, für die der Eigentumsvorbehalt außerhalb der eigentlichen (Kaufpreis)forderung vereinbart worden war.[29] Denn sowohl der verlängerte Eigentumsvorbehalt als auch der Kontokorrentvorbehalt bezwecken vornehmlich die Besicherung von Forderungen und sind damit einem Pfandrecht ähnlich.[30]

— Weiterhin steht dem **Sicherungsnehmer (Sicherungseigentümer)** in der Insolvenz des Sicherungsgebers ein Absonderungsrecht zu; das Sicherungseigentum ist in diesem Fall wie ein Pfandrecht zu behandeln (vgl. auch § 7 EGZGB). Die unterschiedliche Behandlung des Sicherungseigentums in der Insolvenz des Sicherungsnehmers und des Sicherungsgebers (vgl. oben Rn. 10) läßt sich damit erklären, daß für den Sicherungsnehmer die Sicherungsfunktion im Vordergrund steht und dadurch eine dem Pfandrecht vergleichbare Interessenlage besteht. Der Sicherungsgeber verliert hingegen im Regelfall sein Eigentum nur für einen begrenzten Zeitraum und erwirbt aufgrund des Rückübertragungsanspruches während dieser Zeit ein Anwartschaftsrecht auf das Eigentum.[31] **19**

c) Poolverträge

Gläubiger, die Sicherungsrechte an Gegenständen der Pfändungsmasse geltend **20**
machen, können sich hierzu in sogenannten Pools zusammenschließen. Inhalt des Poolvertrages ist in der Regel, daß jeder Gläubiger, der dem Pool beitritt, eine bestimmte Quote erhält, ohne daß er die ihm eingeräumte Sicherheit im einzelnen nachweisen muß. Durch die Poolbildung können daher Kollisionen von Sicherungsrechten vermieden werden (vgl. § 12 Rn. 38 f.).

---

27 Vgl. Palandt/*Putzo* § 455 BGB Rn. 17; *Serick*, Eigentumsvorbehalt und Sicherungsübertragung Bd. V S. 261 ff., 409 ff. .

28 Vgl. zum Begriff im einzelnen wiederum Palandt/*Putzo* § 455 BGB Rn. 14 ff, 18; *Serick*, Eigentumsvorbehalt und Sicherungsübertragung Bd. V S. 196 ff.; Bd. VI S. 571, 695.

29 Kuhn/*Uhlenbruck* § 43 KO Rn.43; Smid/*Zeuner* § 12 GesO Rn. 24; *Hess/Binz/Wienberg* § 12 GesO Rn. 43, 147.

30 So auch Kuhn/*Uhlenbruck* § 43 KO Rn. 43 c.

31 *Hess/Binz/Wienberg* § 12 GesO Rn. 88 mwN.; Smid/*Zeuner* § 12 GesO Rn. 26.

3. Bestimmtheit und Bestimmbarkeit

21 Der Herausgabeanspruch aus § 12 Abs. 1 GesO kann nur auf Gegenstände gerichtet sein, die bestimmt oder bestimmbar sind.[32] Für nach dem 03.10.1990 begründete Rechte ist dabei der für das bundesdeutsche Recht entwickelte Maßstab anzulegen.[33] Für Sicherungsrechte, die nach dem Recht der DDR vereinbart worden sind (vgl. § 23 Rn. 6 ff.), kann dieser Maßstab jedoch nur eingeschränkt herangezogen werden.[34]

4. Aussetzung der Verwertung, § 12 Abs. 2 GesO

22 Machen Dritte Rechte iSd. § 12 Abs. 1 GesO gegenüber dem Verwalter geltend, so darf dieser gemäß § 12 Abs. 2 GesO die davon betroffenen Gegenstände bis zu einer Entscheidung über das Bestehen des behaupteten Rechts nicht verwerten. In diesem Punkt ist die Gesamtvollstreckungsordnung strenger als die entsprechende Vorschrift des § 127 KO.

23 Rechtsgeschäfte, die unter Verstoß gegen dieses Verbot vorgenommen werden, sind den Erwerbern gegenüber gleichwohl wirksam. Der Verwalter ist dem Eigentums- oder Pfandrechtsinhaber für aus der verbotswidrigen Verwertung erwachsende Vermögenseinbußen aber **schadensersatzpflichtig** (vgl. § 8 Abs. 1 Satz 2 GesO).[35]

5. Ersatzaussonderung / Ersatzabsonderung

24 Kann der Verwalter aufgrund einer wirksamen Veräußerung vor oder nach Eröffnung des Gesamtvollstreckungsverfahrens einen Gegenstand aus dem Schuldnervermögen nicht mehr aus- oder absondern, ist zu überlegen, ob der Aus- oder Absonderungsberechtigte stattdessen die ausstehende oder nach der Verfahrenseröffnung zur Masse erbrachte Gegenleistung verlangen kann. Das Konkursverfahren sieht diese Möglichkeit in § 46 KO für Gegenstände vor, die der Aussonderung unterliegen. Die Vorschrift wird entsprechend auf Gegenstände angewandt, die der abgesonderten Befriedigung dienen.[36]

25 Die Gesamtvollstreckungsordnung enthält eine entsprechende Regelung nicht. Daraus ist in der Literatur zum Teil abgeleitet worden,[37] daß nur die Möglichkeit bestehe, Ansprüche aus ungerechtfertigter Bereicherung oder unerlaubter

---

32 Vgl. Kuhn/*Uhlenbruck* § 43 KO Rn. 3 mwN.; ihm folgend Smid/*Zeuner* § 12 GesO Rn. 13.

33 Vgl. etwa zur Sicherungsübereignung BGH WM 1993, 2161 f.

34 Vgl. OLG Köln ZIP 1994, 76, 78 f; vgl. auch für vor dem 01.07.1990 vereinbarten Sicherheiten das aus § 23 Abs. 1 Vertragsgesetz abzuleitende Gebot der Bestimmbarkeit.

35 *Haarmeyer/Wutzke/Förster* § 12 GesO Rn. 43; Smid/*Zeuner* § 12 GesO Rn. 131; *Hess/Binz/ Wienberg* § 12 GesO Rn. 275.

36 Vgl. nur Kuhn/*Uhlenbruck* § 46 KO Rn. 4 ff.; Kilger/*K.Schmidt* § 46 KO Anm. 9 f.

37 Smid/*Zeuner* § 12 GesO Rn. 37; *Gottwald*, Nachtrag GesO S. 64 Rn. 22.

Handlung gegen den Verwalter geltend zu machen. In Betracht kommt aber auch eine analoge Anwendung des § 46 KO im Gesamtvollstreckungsverfahren.

Wie oben (Rn. 3) bereits dargelegt, entspricht § 12 GesO seiner Funktion nach den Bestimmungen der §§ 43 ff., 47 ff. KO.[38] Ein Grund, die Aus- und Absonderungsberechtigten im Gesamtvollstreckungsverfahren anders zu behandeln als im Konkursverfahren, ist nicht ersichtlich. Gegenüber den allgemeinen Rechtsvorschriften des BGB ist § 46 KO speziell auf die insolvenzrechtliche Situation von Aus- und Absonderungsberechtigten zugeschnitten. Es erscheint deshalb insbesondere zur Verwirklichung der Rechtsvereinheitlichung geboten und sachgerecht, § 46 KO im Gesamtvollstreckungsverfahren analog anzuwenden.[39] Hierfür spricht auch die Übernahme einer inhaltlich vergleichbaren Regelung zur Ersatzaussonderung in die Insolvenzordnung (§ 48 InsO).[40] 26

Demnach kann der Aus- oder Absonderungsberechtigte verlangen, daß der Verwalter den aus der Verwertung erzielten Erlös bis zur Höhe des Wertes des Eigentums- oder Pfandrechts an ihn vorrangig auskehrt. 27

II. Gerichtliche Geltendmachung

Aus- und Absonderungsrechte kann der Berechtigte erforderlichenfalls klageweise geltend machen (zur Durchsetzung im Wege der Einigung mit dem Verwalter vgl. § 18 Rn. 8 ff.). Dies ist in § 12 Abs. 1 Satz 2 GesO ausdrücklich vorgesehen. Der Berechtigte kann dem Verwalter aber auch im Wege der einstweiligen Verfügung die Verwertung eines Gegenstandes untersagen lassen, an dem er Rechte geltend macht, wenn er die Vereitelung seiner Rechte durch die Verwertung befürchten muß. 28

1. Durchsetzung im Klagewege, § 12 Abs. 1 Satz 2 GesO

Um eine gerichtliche Entscheidung über das Bestehen des Eigentums- oder Pfandrechts zu erhalten, kann der Gläubiger gemäß § 12 Abs. 1 Satz 2 GesO auf **Herausgabe des Gegenstandes** oder **Feststellung des Sicherungsrechts** klagen. Unterläßt er dies, kann der Verwalter dem Berechtigten im Interesse der Vermeidung von Verzögerungen bei der Verwertung eine Frist setzen, binnen derer dieser den Nachweis der Klageerhebung zu erbringen hat. Erhebt der 29

---

38 Vgl. Anhang II.2.

39 So auch *Hess/Binz/Wienberg* § 12 GesO Rn. 210; vgl. auch *dies.* § 5 GesO Rn. 70; aA LG Leipzig ZIP 1995, 1841 f. (im Zeitpunkt der Veröffentlichung nicht rechtskräftig), das die Ablehnung der analogen Anwendung von § 46 KO jedoch im wesentlichen mit allgemeinen rechtspolitischen Erwägungen begründet und die Vorschrift von § 48 InsO nicht in die Überlegungen mit einbezieht.

40 Vgl. auch schon § 55 RegE InsO und dessen Begründung, BT-Drucks. 12/2443 vom 15.04.1992.

Berechtigte innerhalb der gesetzten Frist keine Klage, so kann der Verwalter im Wege der **negativen Feststellungsklage** seinerseits auf Feststellung klagen, daß das vom Berechtigten behauptete Recht nicht besteht (vgl. dazu unten Rn. 36 ff.). Läßt der Gläubiger die ihm vom Verwalter gesetzte Frist verstreichen, bleibt das Eigentums-oder Pfandrecht aber hiervon unbeschadet bestehen.[41]

a) Zuständiges Gericht

30 Die **örtliche Zuständigkeit** richtet sich nach den **allgemeinen Zuständigkeitsbestimmungen** in §§ 12 ff. ZPO. Demzufolge ist das Gericht am Wohnsitz des Beklagten, hier also des Verwalters, zuständig (§ 12 ZPO);[42] für die negative Feststellungsklage des Verwalters ist das Gericht am allgemeinen Gerichtsstand des Gläubigers (§§ 12, 13 ZPO) zuständig. In Fällen, in denen es um die Herausgabe eines Grundstücks geht, ist der ausschließliche Gerichtsstand der Belegenheit gemäß § 24 ZPO zu beachten. Im übrigen besteht die Möglichkeit einer Gerichtsstandsvereinbarung mit dem Verwalter gemäß §§ 38, 40 ZPO (vgl. § 18 Rn. 3), sofern kein ausschließlicher Gerichtsstand gegeben ist.

31 Die in § 11 Abs. 3 Satz 3 GesO getroffene Regelung zur besonderen örtlichen Zuständigkeit des Gesamtvollstreckungsgerichts für Klagen zur Geltendmachung von Forderungen iSd. § 11 Abs. 3 Satz 2 GesO (dazu § 15 Rn. 7 ff.) gilt **nicht** für Klagen zur Durchsetzung von Eigentums- oder Pfandrechten gemäß § 12 Abs. 1 Satz 2 GesO. Diese Auslegung ist vor allem im Hinblick darauf geboten, daß der in der früheren Fassung der Gesamtvollstreckungsordnung diesbezüglich enthaltene Verweis auf die für Forderungsfeststellungsklagen normierte Zuständigkeit des Gesamtvollstreckungsgerichtes (§§ 10 Abs. 1, 9 Abs. 3 GesVO) bei der Neufassung nicht beibehalten wurde.[43]
Die **sachliche Zuständigkeit** richtet sich ebenfalls nach den allgemeinen Vorschriften der ZPO und des Gerichtsverfassungsgesetzes, dh. maßgeblich ist der Wert des Streitgegenstandes.

b) Fallkonstellationen einer Herausgabe- oder Stufenklage

32 Begehrt der Berechtigte die **Herausgabe eines Gegenstandes**, so bereitet der auf die Herausgabe des genau zu bezeichnenden Gegenstandes gerichtete Klageantrag keine besonderen Schwierigkeiten. Teilweise ist es aber auch erforderlich, zunächst vom Verwalter **Auskunft** zu verlangen. Folgende Konstellationen sollten bei der Formulierung der Klageanträge bedacht werden:

---

41 Anders noch § 11 Abs. 3 GesVO.

42 So die Rechtsprechung, vgl. BGH NJW 1984, 739 und teilweise die Literatur, vgl. Kilger § 11 KO Anm. 5; aA: *Hess/Binz/Wienberg* § 12 GesO Rn. 270 (Gerichtsstand des Verwaltungssitzes der Masse); unklar: *Smid*/Zeuner § 12 GesO Rn. 115 f.; vgl. hingegen Smid/*Zeuner*, 1. Aufl., § 12 GesO Rn. 40 (Wohnsitz des Schuldners).

43 So auch *Haarmeyer/Wutzke/Förster* § 12 GesO Rn. 47 f; im Ergebnis so ebenfalls *Hess/Binz/ Wienberg* § 12 GesO Rn. 270; *Smid*/Zeuner § 12 GesO Rn. 115.

— Weiß der Berechtigte nicht, ob der Verwalter den Sicherungsgegenstand bereits verwertet hat, kann er Auskunft verlangen. Im Falle der bereits vorgenommenen Verwertung ist ein Anspruch auf Herausgabe oder Auskehr des Erlöses (Ersatzaussonderung, -absonderung) sowie gegebenenfalls gezogener Nutzungen geltend zu machen. **33**

— Ist dem Berechtigten der Gegenstand des Sicherungsrechts oder sein Umfang nicht im einzelnen bekannt, kann er zunächst Auskunft über den Bestand an Waren und/oder Forderungen verlangen. Diese Fallkonstellation kann zB eintreten, wenn zur Sicherheit künftige Warenbestände oder künftige Forderungen abgetreten worden sind. Hinsichtlich der gepfändeten Bestände kann zudem Auskunft darüber verlangt werden, wo sich die Bestände im einzelnen befinden. **34**

In den vorstehenden Fällen ist die Klage als **Stufenklage** (§ 254 ZPO) zu erheben, mit der vom Verwalter zunächst Auskunft und anschließend Zahlung der sich aus der Auskunft ergebenden Erlöse und Nutzungen begehrt wird. **35**

c) Verteidigung gegenüber einer negativen Feststellungsklage des Verwalters

Solange der Gläubiger keine Klage zur Durchsetzung seiner geltend gemachten Eigentums- oder Pfandrechte erhebt, ist der Verwalter nach den allgemeinen Voraussetzungen von § 256 ZPO berechtigt, eine negative Feststellungsklage gegen den Gläubiger zu erheben. Ein **Rechtsschutzinteresse** für eine solche Klage besteht zumindest dann, wenn der Verwalter den Gläubiger unter Fristsetzung aufgefordert hat, sein Eigentums- oder Pfandrecht gemäß § 12 Abs. 1 GesO gerichtlich geltend zu machen.[44] **36**

Der Verwalter kann im Wege einer solchen negativen Feststellungsklage feststellen lassen, daß dem Gläubiger das geltend gemachte Eigentums- oder Pfandrecht nicht zusteht. Anderenfalls hätte es der Gläubiger in der Hand, den Fortgang des Verfahrens und die Verwertung der betroffenen Gegenstände allein durch die Geltendmachung von Eigentums- oder Pfandrechten auf unbestimmte Zeit zu verhindern. Denn die Verwertung solcher Gegenstände ist nach § 12 Abs. 2 GesO allein schon aufgrund der Geltendmachung solcher Rechte auszusetzen (vgl. hierzu § 16 Rn. 22 f.). **37**

Das **Rechtsschutzinteresse** für eine negative Feststellungsklage **erlischt**, wenn der Gläubiger seinerseits eine Leistungsklage auf Herausgabe des Gegenstandes erhebt.[45] Der Verwalter ist in diesem Fall gezwungen, die Erledigung des Rechtsstreits zu erklären, wenn die Feststellungsklage nicht im Zeitpunkt der Erhebung der Leistungsklage bereits entscheidungsreif war.[46] **38**

---

44 *Smid*/Zeuner § 12 GesO Rn. 128.

45 Vgl. BGHZ 18, 22, 24 (unter I.); BGH NJW 1987, S. 2680, 2681; BGH WM 1990, 695, 696; Zöller/*Greger* § 256 ZPO Rn. 7; Baumbach/Lauterbach/Albers*Hartmann* § 256 ZPO Rn. 84; *Thomas/Putzo* § 256 ZPO Rn. 19.

46 Baumbach/Lauterbach/Albers/*Hartmann* § 256 ZPO Rn. 84.

39 Hat der Gläubiger zur Durchsetzung seiner Eigentums- oder Pfandrechte eine einstweilige Verfügung gegen den Verwalter auf Unterlassung der Verwertung gemäß §§ 935, 940 ZPO erwirkt[47], kann der Verwalter den Antrag stellen, dem Gläubiger nach §§ 936, 926 ZPO eine Frist zur Erhebung der Hauptsacheklage zu setzen (vgl. auch unten Rn. 44). Läßt der Gläubiger die Frist verstreichen, ist auf Antrag des Verwalters die Aufhebung der einstweiligen Verfügung durch Endurteil auszusprechen (§ 926 Abs. 2 ZPO), und der Verwalter kann seinerseits negative Feststellungsklage erheben.

d) Streitwert

40 Der Streitwert für einen Auskunftsanspruch (vgl. Rn. 33 ff.) beträgt in der **ersten Instanz** einen Bruchteil des Hauptanspruchs[48], da der wirtschaftliche Zweck des Auskunftsverlangens darin besteht, eine Grundlage für den Hauptanspruch zu schaffen.[49] Für die **Berufung** ist hingegen zu unterscheiden: Unterliegt der Gläubiger in erster Instanz, entspricht der **Beschwerdewert** (§ 511 a ZPO) dem erstinstanzlichen Streitwert.[50] Unterliegt hingegen der Verwalter, ist der Wert des Beschwerdegegenstandes allein nach dem voraussichtlichen Aufwand der Auskunftserteilung zu bemessen.[51]

2. Einstweiliges Verfügungsverbot

41 Der Berechtigte kann ein Interesse daran haben, eine ihm zur Kenntnis gelangende drohende Verwertung des Gegenstandes, an dem ihm ein Aus- oder Absonderungsrecht zusteht, im Wege der einstweiligen Verfügung zu unterbinden. Dies ist grundsätzlich zulässig.

a) Zuständiges Gericht

42 Die Zuständigkeit für das einstweilige Verfügungsverfahren richtet sich ebenfalls nach den allgemeinen Vorschriften der ZPO und des Gerichtsverfassungsgesetzes. Es kann hier deshalb auf die Ausführungen zur klageweisen Durchsetzung (vgl. oben Rn. 29 ff.) verwiesen werden.

b) Antragsbegehren

43 Mit der einstweiligen Verfügung kann nur eine vorläufige Regelung in bezug auf den Streitgegenstand begehrt werden. Diese wird regelmäßig darin bestehen, dem Verwalter aufzuerlegen, den betreffenden Gegenstand nicht zu verwerten oder die Verwertung auszusetzen, bis eine rechtskräftige Entscheidung über das

---

47 Vgl. zB OLG Bremen ZIP 1993, 1418; OLG Köln ZIP 1994, 76.
48 St. Rspr., vgl. BGH (GS) ZIP 1995, 506, 508.
49 Vgl. wiederum BGH (GS) ZIP 1995, 506, 508.
50 Vgl. BGH (GS) ZIP 1995, 506, 507 f.
51 BGH (GS) ZIP 1995, 506, 508.

Bestehen eines Rechts iSv. § 12 Abs. 1 GesO ergangen, eine einvernehmliche Regelung zwischen dem Verwalter und dem Berechtigten über die Verwertung getroffen oder aber der Gegenstand oder die Forderung durch Zahlung abgelöst worden ist[52] (für eine vertragliche Vereinbarung mit dem Verwalter vgl. § 18 Rn. 18 f.).

Der Verwalter kann auf die Dauer einer vom Gläubiger im Wege der einstweiligen Verfügung erwirkten Aussetzung der Verwertung gegebenenfalls dadurch einwirken, daß er bei dem für die einstweilige Verfügung zuständigen Gericht beantragt, dem Gläubiger eine **Frist zur Erhebung der Hauptsacheklage** zu setzen (§§ 936, 926 ZPO). **44**

c) Verfügungsanspruch und Verfügungsgrund

Der Anordnungsanspruch ergibt sich daraus, daß es dem Verwalter bis zu einer Entscheidung über das Bestehen des Rechts gemäß § 12 Abs. 2 GesO verboten ist, die Gegenstände, hinsichtlich derer Streit besteht, zu verwerten.[53] Die den Anordnungsgrund begründende Eilbedürftigkeit wird regelmäßig dann bestehen, wenn der Verwalter bereits mit den Verwertungsmaßnahmen begonnen hat oder tatsächliche Umstände vorliegen, die eine drohende Verwertung als wahrscheinlich erscheinen lassen.[54] **45**

---

52 Vgl. zB OLG Köln ZIP 1994, 76, 77.

53 Vgl. hierzu ausführlich OLG Köln ZIP 1994, 76, 77 ff.; *Haarmeyer/Wutzke/Förster* § 12 GesO Rn. 42; *Hess/Binz/Wienberg* § 12 GesO Rn. 274.

54 Vgl. zum Verfügungsgrund ausführlich OLG Köln ZIP 1994, 76, 80 f.

§ 17 Abwehr von Anfechtungshandlungen des Verwalters

Übersicht

1 Nach § 10 GesO kann der Verwalter bestimmte Rechtshandlungen des Schuldners anfechten. Sofern die Rechtshandlungen gegenüber Dritten vorgenommen wurden, die zugleich Gläubiger in dem betreffenden Gesamtvollstreckungsverfahren sind, können diese sich im Falle der Anfechtung unter verschiedenen Gesichtspunkten verteidigen.

I. Form und Frist der Anfechtung

2 In § 10 Abs. 1 GesO ist keine bestimmte **Form** für die Ausübung des Anfechtungsrechts durch den Verwalter vorgegeben. Kommt der Anfechtungsgegner dem mit der Anfechtung verbundenen Rückabwicklungsverlangen des Verwalters nicht nach, muß die Anfechtung **im Wege der Klage** geltend gemacht werden.[1] Dies schließt auch die Geltendmachung als Einrede oder Einwendung im Prozeß sowie im Wege der Widerklage ein.[2]

3 Die **Frist** für die Erklärung der Anfechtung beträgt **zwei Jahre** ab dem Zeitpunkt der Eröffnung der Gesamtvollstreckung (§ 10 Abs. 2 GesO). Damit ist die Frist nach der Gesamtvollstreckungsordnung doppelt so lang wie die in § 41 Abs. 1 KO vorgesehene Jahresfrist (und ebenso lang wie die in § 146 Abs. 1 InsO genannte Frist).

4 Fraglich ist, ob nach Ablauf der Anfechtungsfrist die Anfechtung noch **einredeweise** geltend gemacht werden kann, wie dies § 41 Abs. 2 KO vorsieht. Eine

1 Vgl. BGHZ 52, 343; 58, 47; 62, 199; 95, 255 (zur Anfechtung nach der Konkursordnung); Smid/*Zeuner* § 10 GesO Rn. 34; *Hess/Binz/Wienberg* § 10 GesO Rn. 44.

2 *Haarmeyer/Wutzke/Förster* § 10 GesO Rn. 28 mwN.; Smid/*Zeuner* § 10 GesO Rn. 34.

dem § 41 Abs. 2 KO vergleichbare Bestimmung ist in die Gesamtvollstreckungsordnung nicht aufgenommen worden.

5 Grundsätzlich ist die Konkursordnung im Geltungsbereich der Gesamtvollstreckungsordnung nicht analog anzuwenden (vgl. oben § 3 Rn. 22) Eine entsprechende Anwendung kommt nur in Betracht, wenn die Gesamtvollstreckungsordnung eine planwidrige Regelungslücke enthält, die durch eine Bestimmung der Konkursordnung sinnvoll geschlossen werden kann. Dies könnte man im Hinblick auf § 41 Abs. 2 KO verneinen und die einredeweise Geltendmachung von Anfechtungsgründen ausschließen,[3] da in § 10 GesO bei Einführung der Anfechtungsmöglichkeit zum 01.07.1990 selbst ausführliche Bestimmungen darüber getroffen wurden, inwiefern Rechtshandlungen des Schuldners vom Verwalter angefochten werden können. Hinzukommt, daß die Gesamtvollstreckungsordnung eine wesentlich längere Anfechtungsfrist vorsieht als die Konkursordnung und man deshalb das Bedürfnis, bei Versäumung der Anfechtungsfrist die einredeweise Geltendmachung der Anfechtung weiter zuzulassen, verneinen könnte. Schließlich ist die Gesamtvollstreckungsordnung darauf angelegt, Gesamtvollstreckungsverfahren kurzfristig abzuwickeln.[4] Die Zulassung von Anfechtungen nach Ablauf der Anfechtungsfrist würde diesem Anliegen zuwiderlaufen.[5] Hierfür spricht z.B. § 146 InsO, der in Absatz 1 für den Anfechtungsanspruch eine Verjährungsfrist von zwei Jahren seit Eröffnung des Insolvenzverfahrens vorsieht und gleichwohl in Absatz 2 bestimmt, daß nach Verjährung des Anfechtungsanspruches dieser weiterhin einredeweise geltend gemacht werden kann. Im Ergebnis ist dieser Auffasssung nicht zu folgen, da der vom Bundesverfassungsgericht betonte Gesetzeszweck der Gesamtvollstreckungsverordnung, eine zügige Abwicklung des Verfahrens ermöglichen, im Vordergrund steht.[6]

II. Verteidigung gegenüber einzelnen Anfechtungsgründen

6 Sämtliche Anfechtungsgründe, auf die sich der Verwalter stützt, sind von ihm substantiiert darzulegen und gegebenenfalls unter Beweis zu stellen; zum Teil kommen ihm dabei Beweiserleichterungen zugute.[7] Die Tatbestände, bei denen die Gesamtvollstreckungsordnung eine Anfechtung erlaubt, weichen teilweise von denen der Konkursordnung ab. Für jeden vom Verwalter behaupteten

---

3 In diesem Sinne LG Dresden, Urt. v. 15.04.1994 (Az. 48 O 831/93); offengelassen aber in der Berufungsentscheidung zu diesem Urteil: OLG Dresden, Urt. vom 20.12.1994 (Az. 7 U 609/94).

4 BVerfG ZIP 1995, 923, 924

5 So LG Magdeburg, Urteil vom 24.11.1995, Az: 33 0 469/95

6 Vgl. Smid/*Zeuner* § 10 GesO Rn. 93 (unter Hinweis auf Billigkeitsgründe); Gottwald/*Huber*, Nachtrag „GesO“ S. 87 Rn. 16 (mit noch anderer Begründung).

7 Vgl. Smid/*Zeuner* § 10 GesO Rn. 50, 60, 70, 91.

Anfechtungsgrund sollte der Gläubiger deshalb zunächst überprüfen, ob es sich überhaupt um einen Anfechtungsgrund im Sinne von § 10 GesO handelt.

1. Absichtsanfechtung

7 Die Absichtsanfechtung gemäß § 10 **Abs. 1 Nr. 1** GesO setzt voraus, daß **der Schuldner** in der Absicht gehandelt hat, andere Gläubiger zu benachteiligen und dem **von der Rechtshandlung betroffenen Dritten** diese Absicht bekannt war. Beide Tatsachen hat der Verwalter darzulegen und zu beweisen.[8]

2. Anfechtung wegen entgeltlicher Leistungen an „nahestehende Personen"

8 Der in § 10 **Abs. 1 Nr. 2** GesO genannte Anfechtungsgrund stellt auf „dem Schuldner nahestehende Personen" als betroffenem Personenkreis ab. Im Wirtschaftsverkehr dürfte es dem Verwalter häufig schwerfallen darzulegen, daß der von der Rechtshandlung betroffene Gläubiger eine dem Schuldner nahestehende Person ist. Auch insoweit trifft den Verwalter die Darlegungs- und Beweislast.[9] Anhaltspunkte für die Beschreibung des nahestehenden Personenkreises lassen sich den in der Insolvenzordnung (InsO) vom 05.10.1994 (vgl. § 1 Rn. 10) vorgesehenen Legaldefinitionen entnehmen. Das erforderliche Näheverhältnis kann gemäß § 138 InsO aufgrund einer persönlichen, einer gesellschaftsrechtlichen oder einer sonstigen besonderen Verbindung zwischen dem Schuldner und dem betroffenen Dritten gegeben sein.[10]

9 Kann der Verwalter darlegen und beweisen, daß der von der Rechtshandlung betroffene Gläubiger eine dem Schuldner nahestehende Person ist, die Rechtshandlung zum Nachteil der anderen Gläubiger und entgeltlich im letzten Jahr vor der Eröffnung vorgenommen wurde, **obliegt dem Gläubiger der Beweis dafür,** daß ihm die Absicht der Benachteiligung der übrigen Gläubiger nicht bekannt war (§ 10 Abs. 1 Nr. 2, 2. Halbsatz GesO).[11] Bis zur Widerlegung durch den Gläubiger wird die Benachteiligungsabsicht und die Kenntnis des Leistungsempfängers hiervon vermutet.[12]

---

8 *Haarmeyer/Wutzke/Förster*, § 10 GesO Rn. 55; Smid/*Zeuner* § 10 GesO Rn. 50; vgl, auch BGH KTS 1995, 498, 501.

9 Vgl. *Haarmeyer/Wutzke/Förster* § 10 GesO Rn. 68; Smid/*Zeuner* § 10 GesO Rn. 60.

10 Vgl. Smid/*Zeuner* § 10 GesO Rn. 54 ff.; vgl. zum Begriff der „nahestehenden Person" auch BGH KTS 1995, 498, 502f. .

11 Vgl. auch Smid/Zeuner § 10 GesO Rn. 60.

12 BGH KTS 1995, 498, 504f. .

3. Anfechtung wegen unentgeltlicher Übertragung von Vermögenswerten auf Dritte

Bei der Prüfung, ob eine Rechtshandlung eine **unentgeltliche** Übertragung von Vermögenswerten auf Dritte und damit gemäß **§ 10 Abs. 1 Nr. 3** GesO anfechtbar ist, kommt es entscheidend darauf an, ob der Schuldner über einen Vermögensgegenstand verfügt hat, ohne dafür einen äquivalenten Gegenwert zu erhalten. Die Rechtshandlung ist deshalb nicht nur anfechtbar, wenn der Schuldner überhaupt keinen Gegenwert erhalten hat, wie zB bei einer reinen **Schenkung**. Sie ist auch im Falle einer sogenannten **„gemischten Schenkung"** anfechtbar, bei der der Schuldner einen Gegenwert erhält, der dem Wert seiner Verfügung nicht entspricht, sondern geringer ist. Das Gleichgewicht zwischen Leistung und Gegenleistung kann dabei nicht nur bei den typischen Veräußerungsgeschäften gestört sein. Auch bei gesellschaftsrechtlichen Ausgliederungen, Abspaltungen und anderen Rechtsgeschäften ist zu überprüfen, ob sich Leistung und Gegenleistung entsprechen. **10**

Zu beachten ist bei der Anfechtung gemäß § 10 Abs. 1 Nr. 3 GesO der **Zeitraum**, innerhalb dessen die angefochtene Rechtshandlung vorgenommen worden sein muß. Dieser beträgt für die Übertragung von Vermögenswerten auf dem Schuldner **nahestehende Personen** (vgl. § 17 Rn. 8) **zwei Jahre** vor Eröffnung des Gesamtvollstreckungsverfahrens. **Im übrigen** können nur unentgeltliche Verfügungen innerhalb des **letzten Jahres vor Eröffnung** des Gesamtvollstreckungsverfahrens eine anfechtbare Rechtshandlung gemäß § 10 Abs. 1 Nr. 3 GesO begründen. **11**

Der Verwalter hat auch in diesem Fall dem von der Anfechtung betroffenen Gläubiger darzulegen und gegebenenfalls zu beweisen, aufgrund welcher Umstände er die Rechtshandlung für anfechtbar gemäß § 10 Abs. 1 Nr. 3 GesO hält.[13] **12**

4. Anfechtung von Rechtshandlungen nach Zahlungseinstellung oder nach Antrag auf Eröffnung der Gesamtvollstreckung

Nach **§ 10 Abs. 1 Nr. 4** GesO kann der Verwalter Rechtshandlungen des Schuldners anfechten, wenn sie **13**

- **nach Zahlungseinstellung** oder dem **Antrag auf Eröffnung** der Gesamtvollstreckung und
- gegenüber Personen vorgenommen wurden, denen zur Zeit der Handlung die **Zahlungsunfähigkeit** oder der **Antrag auf Eröffnung** der Gesamtvollstreckung **bekannt war** oder nach den Umständen bekannt sein mußte.

Auch hier trifft den Verwalter die Darlegungs- und Beweislast für den Anfech- **14**

---

13 Vgl. Smid/*Zeuner* § 10 GesO Rn. 70; Gottwald/*Huber* Nachtrag S. 79 Rn. 5.

tungstatbestand.[14] Er muß Indizien darlegen und beweisen, aus denen sich ergibt, daß dem angegriffenen Gläubiger die Zahlungsunfähigkeit oder der Antrag auf Eröffnung den „Umständen“ nach bekannt sein mußte. Der maßgebliche Zeitpunkt hierfür ist die Vornahme der Rechtshandlung. Es sind somit von dem Verwalter diejenigen Umstände vorzutragen, aus denen sich ergibt, daß der betroffene Gläubiger **im Zeitpunkt der Vornahme der Rechtshandlung** entsprechende Kenntnis hatte bzw. hätte haben müssen. Bei der Beurteilung von Rechtshandlungen, die vor dem 01.07.1990 vorgenommen wurden, sind demzufolge die besonderen Umstände aufgrund der Wirtschaftsordnung der DDR zu berücksichtigen. So war zu DDR-Zeiten die Zahlungsunfähigkeit eines Betriebes praktisch ausgeschlossen und deshalb eine Kenntnis um die Zahlungsunfähigkeit eines Schuldners[15] kaum denkbar.

5. Im Grundbuch einzutragende Rechte

15 Wenn die angefochtene Rechtshandlung auf die Einräumung eines Rechts gerichtet war, zu dessen Wirksamkeit die Eintragung des Rechts im Grundbuch erforderlich ist (von Interesse sind hier vor allem Hypotheken und Grundschulden), gilt die Rechtshandlung **nicht erst** als in dem Zeitpunkt vorgenommen, in dem das Recht in das Grundbuch **eingetragen** worden ist. In § **10 Abs. 3** GesO wird diesbezüglich vielmehr bestimmt, daß die Handlung als in dem Zeitpunkt vorgenommen gilt,

— in dem die übrigen Voraussetzungen für das Wirksamwerden erfüllt sind,
— die vom Schuldner abgegebene Willenserklärung für ihn bindend geworden ist und
— der andere Teil die **Eintragung beantragt** hat.

14 Smid/*Zeuner* § 10 GesO Rn. 91; Gottwald/*Huber* Nachtrag S. 84 Rn. 16 ff. .
15 Vgl. *Smid*/Zeuner, Einl GesO Rn. 11; *Hillmann*, DB 1995, S. 613, 615 linke Sp.

§ 18 Vereinbarungen mit dem Verwalter zur Durchsetzung von Gläubigerrechten

Übersicht

Siehe auch in Anhang I folgende Muster:
Muster 23: Vereinbarung über die Verwertung von Sicherheiten und Hinterlegung des Verwertungserlöses bis zur Klärung der Forderungsberechtigung
Muster 24: Stillhaltevereinbarung

1 Allen Parteien eines Gesamtvollstreckungsverfahrens dient es, wenn Auseinandersetzungen zwischen dem Verwalter und einzelnen Gläubigern über die Abwicklung des Gesamtvollstreckungsverfahrens und die Verwertung der Masse das Verfahren so wenig wie möglich belasten. Für am wirtschaftlichen Ergebnis interessierte Gläubiger besteht in der Regel kein Grund, an streitigen Rechtspositionen festzuhalten, wenn der Verwalter die Gläubiger bis zur Beendigung der Auseinandersetzungen anderweitig absichert. Aus der Sicht des Verwalters ist der Abschluß einer Vereinbarung mit einem Gläubiger sinnvoll, wenn sie der Abwicklung des Gesamtvollstreckungsverfahrens und den wirtschaftlichen Interessen der Masse dient. In Betracht kommen insbesondere **prozeßvorbereitende und prozeßgestaltende Verträge**, deren Abschluß sich auf die Art und Weise der Durchführung eines Rechtsstreits auswirkt, aber auch **prozeßvermeidende Verträge**. Von Vorteil kann für den Gläubiger und die Masse auch die Beauftragung des Verwalters mit der **Verwertung von Sicherungsgut** sein.

I. Prozeßvorbereitende und prozeßgestaltende Verträge

2 Aus den besonderen Umständen des einzelnen Gesamtvollstreckungsverfahrens kann sich die Notwendigkeit zum Abschluß einzelner prozeßgestaltender Vereinbarungen mit dem Verwalter ergeben.

1. Gerichtsstandsvereinbarung

3 In einigen Fällen wird sich die Abstimmung mit dem Verwalter auf den Abschluß von Gerichtsstandsvereinbarungen begrenzen, die nach Fortfall der ausschließlichen örtlichen Zuständigkeit der Gerichte, in dessen Bezirk das Gesamtvollstreckungsgericht seinen Sitz hat (vgl. § 11 Abs. 3 Satz 3 GesO und oben § 15 Rn. 7), uneingeschränkt abgeschlossen werden können. Insbesondere können Leistungs-oder Feststellungsklagen, die die Anerkennung von angemeldeten Forderungen betreffen (vgl. § 15 Rn. 3 ff.), mit Klagen zur Durchsetzung von Sicherungsrechten (vgl. 16 Rn. 28 ff.) aufgrund einer Gerichtsstandsvereinbarung an jedem deutschen Gericht gemeinsam erhoben werden. Hiermit läßt sich vermeiden, daß für die Anerkennung von Forderungen und die Durchsetzung von Eigentums-und/oder Pfandrechten vor verschiedenen Gerichten geklagt werden müßte. Falls auch noch Grundstücksrechte streitig sind, wäre ohne eine Gerichtsstandsvereinbarung im „ungünstigsten" Fall Klage vor drei verschiedenen Gerichten zu erheben. Es ist in diesen Fällen am kostengünstigsten, hinsichtlich der Forderungen und Sicherungsrechte, die nicht grundstücksbezogen sind, die Zuständigkeit des für die grundstücksbezogenen Fragen ausschließlich zuständigen Gerichts zu vereinbaren. (Zu den Voraussetzungen für eine zulässige Gerichtsstandsvereinbarung vgl. § 15 Rn. 8 ff.).

2. Verwertungsvereinbarung und anschließender Rechtsstreit über den Verwertungserlös

4 Als wirtschaftlich sinnvoll kann sich auch eine Vereinbarung mit dem Verwalter über die Verwertung von Gegenständen erweisen, an denen der Gläubiger nach seiner Auffassung Eigentums- oder Pfandrechte hat, während sie nach der Ansicht des Verwalters ganz oder teilweise zur Masse gehören. Nach § 12 Abs. 2 GesO ist der Verwalter ohne die Zustimmung des Gläubigers an der Verwertung solcher Gegenstände gehindert. Um in diesen Fällen nicht eine vom Verwalter bekannte Verwertungsmöglichkeit ungenutzt zu lassen, empfiehlt es sich, dem Verwalter vor Beginn eines Rechtsstreites die Verwertung der mit dem Eigentums- oder Pfandrecht belasteten Gegenstände zu gestatten. Zur Wahrung der Rechte der Gläubiger könnte sich der Verwalter im Gegenzug verpflichten, den Käufer des Gegenstandes anzuweisen, den Veräußerungserlös auf ein vom Verwalter und vom Gläubiger gemeinsam zu eröffnendes **Gemeinschaftskonto** einzuzahlen, über das nur entsprechend dem Inhalt eines rechtskräftigen Urteils zwischen dem Verwalter und dem Gläubiger oder einer einvernehmlichen Regelung beider Parteien verfügt werden kann.

5 Eine derartige Verwertungsvereinbarung kann **auch noch während eines Rechtsstreites** über das Bestehen eines Sicherungsrechtes getroffen werden, wenn sich für den Verwalter eine günstige Verwertungsmöglichkeit ergibt. Ein Beispiel für eine derartige Vereinbarung in einem Fall, in dem der Verwalter den

vom Gläubiger aus einer Hypothek geforderten Betrag zunächst hinterlegt hatte[1], bietet das **Muster** Nr. 23.

Beim **Abschluß** einer Vereinbarung mit dem Verwalter über die Errichtung eines Gemeinschaftskontos sollte darauf geachtet werden, daß die kontoführende Bank verpflichtet wird, auch dem Gläubiger Kontoauszüge zuzuschicken. Zur Vereinfachung der Abwicklung des täglichen Geschäftes kann der Verwalter bis auf Widerruf ermächtigt werden, gegenüber der Bank die für die höchstverzinsliche Anlage der auf dem Gemeinschaftskonto verbuchten Guthabenbeträge erforderlichen Erklärungen auch im Namen des Gläubigers abzugeben. **6**

Dem Verwalter und der Masse erwachsen aus dem Abschluß einer derartigen Vereinbarung keine Nachteile, da der Masse im Falle des Obsiegens im Rechtsstreit gegen den Gläubiger die Guthaben auf dem Gemeinschaftskonto allein zustehen. Gelegentlich kommt es aber vor, daß sich einzelne Verwalter dem Abschluß einer solchen Vereinbarung über die Einrichtung eines Gemeinschaftskontos widersetzen, da sie grundsätzlich über Konten nur allein verfügen wollen. Stattdessen sind sie bereit, sich dem Gläubiger gegenüber schriftlich zu verpflichten, den Erlös aus der Veräußerung des Sicherungsgegenstandes auf einem getrennten Konto zu verwalten. Es ist Sache des Gläubigers zu entscheiden, ob er sich auf ein solches Angebot einlassen möchte. Als Inhaber des Sicherungsrechtes ist er aufgrund der Regelung in § 12 Abs. 2 GesO in einer aus juristischer Sicht verhandlungsstarken Position, da ohne seine Zustimmung keine Verwertung erfolgen darf. **7**

II. Prozeßvermeidende Vereinbarungen

Insbesondere im Hinblick auf die Vielzahl der noch nicht höchstrichterlich entschiedenen Rechtsfragen zum DDR-Recht und zum DDR-Folgerecht hängt die Entscheidung des Verwalters über die Anerkennung einer Forderung oder eines Pfandrechts gelegentlich ausschließlich von der **Klärung einer Rechtsfrage** ab. Wenn der Gläubiger oder der Verwalter bereits anderweitig einen Rechtsstreit führen, in dem die streitige Rechtsfrage voraussichtlich geklärt werden wird, kommt der Abschluß einer Stillhaltevereinbarung für andere Gesamtvollstreckungsverfahren in Betracht. Gleiches gilt, wenn Dritte einen solchen Rechtsstreit führen und der Gläubiger oder der Verwalter eine Zugriffsmöglichkeit auf die Entscheidungen in jenem Rechtsstreit haben. Durch den Abschluß einer solchen Stillhaltevereinbarung können die Kosten für einen Prozeß vermieden werden, ohne daß dadurch die Position des Gläubigers oder des Verwalters eingeschränkt wird. **8**

Die einfachste **Form der Stillhaltevereinbarung** besteht in einer schlichten **Erklärung des Verwalters**, den Ausgang eines bestimmten Rechtsstreites abzuwarten und keinen Schlußtermin anzuberaumen, ohne den Gläubiger **9**

---

1 Vgl. aber die strengen Voraussetzungen zur Hinterlegung in §§ 372 ff. BGB.

rechtzeitig vorher zu informieren. Dem Gläubiger steht es frei, aufgrund einer solchen Erklärung des Verwalters von einer Klageerhebung abzusehen. Beantragt der Verwalter gleichwohl einen Schlußtermin, ohne den Gläubiger zu informieren, steht dem Gläubiger im Hinblick auf den durch die Erklärung des Verwalters geschaffenen Vertrauenstatbestand grundsätzlich ein Schadensersatzanspruch gem. § 8 Abs. 1 Satz 2 GesO zu.[2]

10 Eine solche Erklärung des Verwalters schützt den Gläubiger aber nicht hinreichend: Für die bestrittene Forderung könnte ihm kein Stimmrecht zustehen (vgl. § 8 Rn. 24 ff.). Ferner besteht das Risiko, daß die Forderung im Schlußtermin nicht berücksichtigt wird, weil der Gläubiger ohne Verschulden des Verwalters nicht rechtzeitig vom Schlußtermin erfährt (zB wegen eines Postzustellungsfehlers) und nicht mehr rechtzeitig vor dem Schlußtermin eine Klage zur Anerkennung seiner Forderung erheben kann. Daher sollte der Gläubiger auf den Abschluß einer weitergehenden, vom Verwalter und vom Gläubiger **unterzeichneten Stillhaltevereinbarung** bestehen, mit der sich der Verwalter verpflichtet, die vom Gläubiger geltend gemachte Forderung in das Vermögensverzeichnis aufzunehmen und anzuerkennen. Der Gläubiger kann sich im Gegenzug verpflichten, Rechte aus dem durch den Tabelleneintrag erworbenen Vollstreckungstitel – selbst im Falle einer Kündigung der Stillhaltevereinbarung – nur aufgrund einer einvernehmlichen Regelung mit dem Verwalter oder aufgrund eines rechtskräftigen Urteils geltend zu machen. Ergänzend kommen folgende Absprachen in Betracht:

11 — Der Gläubiger sollte sich das Recht einräumen lassen, im Gesamtvollstreckungsverfahren **alle Rechte wahrzunehmen**, die einem Gläubiger nach der Gesamtvollstreckungsordnung zustehen, wenn seine Forderung anerkannt ist.

12 — Für den Fall der Verteilung des Erlöses gem. § 18 GesO sollte mit dem Verwalter ein **Gemeinschaftskonto** eingerichtet werden, auf dem der auf die Forderung des Gläubigers entfallende Erlös einzuzahlen ist (vgl. oben Rn. 4 ff. zu den Einzelheiten der Vereinbarung über die Errichtung eines Gemeinschaftskontos).

13 — Um die Rechte des Verwalters zu wahren, sollte ferner vereinbart werden, daß der Gläubiger bis zur Klärung der Rechtsfrage verpflichtet ist, dem Verwalter auf Anfordern den **vollstreckbaren Tabellenauszug** auszuhändigen, sobald der bankmäßige Nachweis vorliegt, daß der volle auf die Quote des Gläubigers entfallende Betrag auf dem Gemeinschaftskonto eingezahlt ist. Der Gläubiger kann den vollstreckbaren Tabellenauszug später vom Verwalter zurückerhalten, wenn sich beide nach Klärung der Rechtsfrage über die Anerkennung der Forderung geeinigt haben oder wenn der Gläubiger nach Kündigung der Stillhaltevereinbarung in einem Rechtsstreit über die Anerkennung der Forderung obsiegt hat.

---

2 Vgl. BGH WM 1987, 695 (zur Haftung des Konkursverwalters gegenüber Verhandlungs- und Vertragspartnern).

— Für **Vorbehalts- und Sicherungseigentum sowie Pfandrechte** empfiehlt sich eine Absprache darüber, daß sie ausschließlich einvernehmlich verwertet werden. Die aus der Verwertung erzielten Erlöse sollten ebenfalls auf das Gemeinschaftskonto eingezahlt werden. 14

— Die Partei, die am **Musterrechtsstreit** beteiligt ist oder die Entscheidungen in diesem Rechtsstreit als erste erfährt, sollte verpflichtet werden, ohne besondere Aufforderung und ohne schuldhaftes Zögern jeweils den Inhalt der **Entscheidungen** der Instanzgerichte in dem Musterprozeß **bekanntzugeben**. Auf der Grundlage des Urteils können die Parteien der Stillhaltevereinbarung dann binnen einer in der Stillhaltevereinbarung festzulegenden Frist, z.B. zwei Monaten, Einvernehmen darüber zu erzielen, ob die Entscheidung als für die Zwecke des Gesamtvollstreckungsverfahrens bindend anerkannt werden soll. Für den Fall, daß es binnen der Frist nicht zu einer Einigung kommt, kann im Interesse des Verwalters als auch des Gläubigers ein **Kündigungsrecht** vorgesehen werden. Dabei kann vereinbart werden, daß nach einer Kündigung der Stillhaltevereinbarung der Verwalter bis zur Klärung der streitigen Rechtsfragen den quotenmäßig auf den Gläubiger entfallenden Erlös nicht anderweitig verteilt und der Gläubiger auch im Falle der Kündigung der Stillhaltevereinbarung nicht ohne schriftliche einvernehmliche Regelung oder aufgrund eines rechtskräftigen Urteils aus dem vollstreckbaren Tabellenauszug vorgeht. 15

Das Muster Nr. 24 setzt die vorstehenden Grundideen um. Es ist in der Praxis erprobt worden. Nach Entscheidung einer Rechtsfrage durch ein Instanzgericht in einem Musterrechtsstreit haben sich der Gläubiger und der Verwalter einvernehmlich auf die Anerkennung der Entscheidung des Instanzgerichtes für das Gesamtvollstreckungsverfahren geeinigt. Der Verwalter hat daraufhin auf Verlangen des Gläubigers erklärt, keine Rechte aus der Stillhaltevereinbarung mehr abzuleiten. Zugleich hat er den Gläubiger ermächtigt, aus dem vollstreckbaren Tabellenauszug uneingeschränkt vorzugehen. 16

III. Vereinbarungen über die Verwertung von Vorbehalts- und Sicherungseigentum sowie mit Pfandrechten belasteten Gegenständen

In Fällen, in denen der Verwalter Vorbehalts- oder Sicherungseigentum oder das Pfandrecht eines Gläubigers **anerkennt**, kann es wirtschaftlich sinnvoll sein, den Verwalter – gegebenenfalls gegen Zahlung einer Vergütung an die Masse – damit zu beauftragen, diese Gegenstände gemeinsam mit anderen Vermögensgegenständen des Schuldners zu veräußern. Eine solche Vereinbarung dient dem Gläubiger, weil er auf seine Sicherungsrechte ohne großen Aufwand (Beauftragung und Beaufsichtigung von spezialisierten Verwertungsunternehmen) Zah- 17 lungen erhält. Dem Verwalter ist häufig an einer solchen Verfahrensweise gelegen, weil er dadurch Geld zur Masse ziehen kann.

18 Besteht **Streit über die Wirksamkeit** der vom Gläubiger geltend gemachten Pfandrechte oder dessen Sicherungseigentum, kommt es gelegentlich auch zu einer vergleichsweisen Einigung, aufgrund derer der Verwalter nach Abzug der Kosten beispielsweise 20% bis 25% des Erlöses zur Masse zieht, während der Rest an den Gläubiger ausgekehrt wird. Solch eine pragmatische Lösung bietet sich an, wenn die vom Streit betroffenen Gegenstände verderblich sind und ihr Wert bei wirtschaftlicher Betrachtung weder zeitraubende juristische Einigungsgespräche noch die Führung eines Rechtsstreits rechtfertigen. Alternativ besteht die Möglichkeit, dem Verwalter die Verwertung zu gestatten und sich anschließend mit ihm über den Erlös zu streiten (vgl. oben Rn. 4 ff.).

19 Sind Gläubiger durch ein Absonderungsrecht begründende Grundpfandrechte besichert (vgl. § 16 Rn. 17), kann die Einigung mit dem Verwalter über die freihändige Verwertung des Grundstückes im Interesse der Gläubiger und des Verwalters liegen. Die Verwertung im Wege des freihändigen Verkaufs wird regelmäßig zu einem höheren Erlös führen als eine Zwangsversteigerung. Der höhere Erlös führt aus Gläubigersicht zu einer besseren Verwertung der Grundpfandrechte und aus Verwaltersicht zu einer Vermehrung der Masse.

KAPITEL 4: Beendigung des Gesamtvollstreckungsverfahrens

§ 19 Vergleich

Übersicht

Siehe auch in Anhang I folgende Muster:

Muster 25: Öffentliche Ladung des Gerichts zur Beschlußfassung über den Vergleichsvorschlag

Muster 26: Vergleichsvorschlag

Muster 27: Bürgschaftserklärung gemäß § 16 Abs. 3 GesO

Muster 28: Veröffentlichung des Vergleichsvorschlags

Ein in einem gesonderten Verfahren abzuschließender Vergleich bietet eine **1**

Möglichkeit, das Gesamtvollstreckungsverfahren im Interesse aller Beteiligten vorzeitig zu beenden.

I. Begriff und Zweck des Vergleichs

2 Der in § 16 GesO geregelte Vergleich des Schuldners mit den nicht bevorrechtigten Gläubigern ist eine Kombination aus einem Vergleich nach der Vergleichsordnung und einem Zwangsvergleich nach der Konkursordnung. Die Vorschrift regelt im Vorgriff auf die Insolvenzrechtsreform (§§ 253 ff. InsO)[1] den Vergleich in einem einheitlichen Insolvenzverfahren.[2]

3 Als Instrument der Unternehmenssanierung bietet der Vergleich die Möglichkeit, das Gesamtvollstreckungsverfahren unter weitgehender Berücksichtigung der Interessen aller Beteiligten zu beenden. Vorteile hat der Vergleich insbesondere für den Schuldner; denn er ist mit einem Teilerlaß der Forderungen verbunden und bietet die Gewähr dafür, daß nach Verfahrensabschluß Nachforderungen gegen den Schuldner nicht mehr bestehen. Dies gilt auch für den Fall, daß der Schuldner sich später wirtschaftlich erholen sollte. Den Gläubigern ist zumeist dadurch gedient, daß sie aufgrund der von Dritten bereitgestellten Mittel mit einer höheren Quote auf ihre Forderung rechnen können, als im Falle der weiteren Abwicklung des Gesamtvollstreckungsverfahrens. Darüber hinaus bietet der Vergleich für die Gläubiger regelmäßig den Vorteil, daß sie zügiger befriedigt werden als bei vollständiger Durchführung des Gesamtvollstreckungsverfahrens.

4 Diese Vorteile gelten insbesondere für die Gesamtvollstreckung über das Vermögen eines Unternehmens. Sie führt regelmäßig zu einer für alle Beteiligten nicht wünschenswerten Vernichtung von Vermögenswerten durch Zerschlagung des Unternehmens mit der Konsequenz, daß nur der sogenannte „Zerschlagungswert" realisiert werden kann. Der oft sehr viel höhere Wert des Unternehmens, der erzielt werden könnte, wenn das Unternehmen als Ganzes veräußert würde („Fortführungswert"), geht bei einer derartigen Zerschlagung verloren.

5 Trotz der Vorteile des sanierenden Vergleichs eines in Gesamtvollstreckung befindlichen Unternehmens wird von der Möglichkeit des § 16 GesO in der Praxis äußerst selten Gebrauch gemacht.[3]

II. Voraussetzungen des Vergleichs

6 Nach Maßgabe der Vorschrift von § 16 GesO kann das Gesamtvollstreckungsverfahren auf Antrag des Schuldners durch einen Vergleich beendet werden,

---

1 Vgl. Anhang II.3.
2 Kilger/*K.Schmidt*, § 16 GesO Anm.1; kritisch *Smid*/Zeuner § 16 GesO Rn 1.
3 Den Autoren sind aus insgesamt ca. 250 Gesamtvollstreckungsverfahren nur zwei bekannt, in denen dies geschehen ist.

wenn die nicht bevorrechtigten Gläubiger den Vergleichsvorschlag mit der hierfür erforderlichen Mehrheit annehmen und das Gericht den Vergleich bestätigt.

1. Antrag des Schuldners und **Vergleichsvorschlag**

Ein Vergleich kann ausschließlich auf **Antrag des Schuldners** abgeschlossen werden (§ 16 Abs. 1 GesO). 7

Ist eine **Personenmehrheit** Schuldner (etwa im Falle einer OHG), so ist ein von **allen Personen gemeinsam** gestellter Antrag und einheitlich unterbreiteter Vergleichsvorschlag erforderlich.[4] 8

Der Antrag kann bis zur Genehmigung der Schlußverteilung gestellt werden (vgl. § 16 Abs. 2 GesO). Hiermit ist der Zeitpunkt der **Bestätigung des Verteilungsvorschlages** durch das Gericht gemäß § 18 Abs. 2 GesO gemeint, nicht etwa die Prüfung des Abschlußberichtes des Verwalters nach § 18 Abs. 4 GesO. Dies ergibt sich zum einen aus handschriftlichen Vermerken in den Materialien zur Entstehungsgeschichte der Gesamtvollstreckungsordnung. Zum anderen ist die Masse im Zeitpunkt der Prüfung des Abschlußberichtes bereits verteilt, so daß ein Vergleich nicht mehr durchführbar wäre. 9

Der vom Schuldner gestellte Antrag nach § 16 Abs. 1 GesO ist noch **kein bindendes Angebot**, sondern lediglich die Ankündigung, den Gläubigern im Vergleichstermin einen (dann bindenden) Vergleichsvorschlag zu unterbreiten. Folglich kann der Schuldner seinen Vergleichsvorschlag bis zu der in § 16 Abs. 4 GesO vorgesehenen Abstimmung ändern, ergänzen oder zurücknehmen.[5] 10

2. Vergleichsvorschlag als Bestandteil des Antrages

Gesetzlich nicht geregelt ist, ob dem Vergleichsantrag ein bereits in allen Einzelheiten ausformulierter **Vergleichsvorschlag beizufügen** ist. Aufgrund der weitreichenden Wirkung des Vergleichsantrages ist aber davon auszugehen, daß ein den Kriterien des § 16 Abs. 3 GesO genügender Vergleichsvorschlag bei Antragstellung mit eingereicht werden muß. 11

Dies ist erforderlich, weil mit dem Antrag der Abschluß des Gesamtvollstreckungsverfahrens nach § 18 GesO noch im letzten Moment verhindert werden kann. Denn selbst wenn ein Vergleichsantrag erst unmittelbar vor der Bestätigung des Verteilungsvorschlages gestellt wird, führt dies nach überwiegender Ansicht zur Aussetzung der Bestätigung durch das Gericht, und zwar selbst dann, wenn der Verteilungsvorschlag mit der Gläubigerversammlung schon erörtert worden ist. Nur so kann nämlich die Berücksichtigung des Vergleichvorschlages und die damit verbundene Begünstigung des Schuldners gewährlei- 12

---

4 *Haarmeyer/Wutzke/Förster* § 16 GesO Rn. 9; *Hess/Binz/Wienberg* § 16 GesO Rn. 21, *Smid* § 16 GesO Rn. 11.

5 *Smid*/Zeuner § 16 GesO Rn. 12; *Hess/Binz/Wienberg* § 16 GesO Rn. 22.

stet werden. Die **Gläubiger** können deshalb der Behandlung des Vergleichsvorschlages auch nicht den Einwand unzulässiger Verfahrensverzögerung entgegenhalten.[6]

13 Aufgrund der vorstehenden Erwägungen sind die mit der Einreichung eines Vergleichsantrages verbundenen weitreichenden Folgen nur dann zu rechtfertigen, wenn dem Antrag ein die Voraussetzungen des § 16 Abs. 3 GesO erfüllender Vergleichsvorschlag beigefügt wird.

3. Behandlung des Antrags durch das Gericht

14 Wird ein Vergleich beantragt, hat das Gericht zunächst zu prüfen, ob der dem Antrag beigefügte Vergleichsvorschlag den Voraussetzungen des § 16 Abs. 3 GesO entspricht. Der im Unterschied zu § 173 KO neben der Einreichung des Vergleichsvorschlages zusätzlich erforderliche Antrag des Schuldners gemäß § 16 Abs. 1 GesO macht lediglich dann Sinn, wenn über den Antrag sachlich entschieden wird. Diese Entscheidung ist nur anhand der Kriterien des § 16 Abs. 3 GesO möglich und sinnvoll.

15 Kommt das Gericht zu dem Ergebnis, daß der Antrag unzureichend ist, etwa weil der Vergleichsvorschlag fehlt oder den Kriterien des § 16 Abs. 3 GesO nicht genügt, muß es den Schuldner, gegebenenfalls unter Fristsetzung, zunächst zur Nachbesserung auffordern. Dies gilt zumindest bei Vorliegen schwerwiegender Mängel.

16 Erfüllt der Vergleichsvorschlag die vorgegebenen Inhaltsanforderungen nicht oder kommt der Schuldner der Nachbesserungsaufforderung des Gerichts nicht nach bzw. dient der Antrag offensichtlich der Verschleppung des Gesamtvollstreckungsverfahrens, so ist der Antrag zurückzuweisen. Darüber hinaus kann die Zurückweisung auch aufgrund der in § 175 KO aufgelisteten, in der Person des Schuldners liegenden Gründe (etwa die strafrechtliche Verfolgung des Schuldners wegen Konkursstraftaten) erfolgen. Da die Vergleichsunwürdigkeit in der Gesamtvollstreckungsordnung nicht geregelt ist, jedoch in gleicher Weise wie bei einem nach der Konkursordnung abgewickelten Verfahren vorliegen kann, ist die analoge Anwendung dieser Vorschrift auf das Gesamtvollstreckungsverfahren sachgerecht.

17 Der Zurückweisungsbeschluß ist mit der sofortigen Beschwerde gemäß § 20 GesO anfechtbar.[7]

18 Weist das Gericht den Antrag nicht zurück, so hat es die Gläubiger zu einem Vergleichstermin (vgl. hierzu unten Rn. 36 ff.) zu laden. Den Vergleichsvorschlag werden die Gerichte regelmäßig nicht an die einzelnen Gläubiger übersenden, sondern lediglich die Vergleichsquote in der Ladung oder der öffentlichen Bekanntmachung nennen. Deshalb sollten die Gläubiger sich durch Einsichtnahme beim Gericht oder Anfrage beim Verwalter rechtzeitig vor dem

6 *Hess/Binz/Wienberg* § 16 GesO Rn. 19.
7 Vgl. *Hess/Binz/Wienberg* § 16 GesO Rn. 23.

Vergleichstermin darum bemühen, Kenntnis vom Inhalt des Vergleichsvorschlages zu erlangen. Das Gericht sollte im Rahmen der öffentlichen Bekanntmachung des Vergleichstermins bzw. in der Ladung darauf hinweisen, daß der Antrag in der Geschäftsstelle des Gerichts zur Einsichtnahme für die Gläubiger ausliegt.

4. Inhalt des Vergleichsvorschlages

Die zwingenden Bestandteile eines Vergleichsvorschlages gibt § 16 Abs. 3 GesO vor. Der Vorschlag muß insbesondere Angaben darüber enthalten, in welcher Weise die Befriedigung der Gläubiger erfolgen soll und wie die Begleichung der Forderungen der Gläubiger sichergestellt wird.[8] **19**

a) Vollständige Befriedigung bevorrechtigter und vorab zu befriedigender Gläubiger

Die Regelung in § 16 Abs. 3 Satz 2, 1. Halbsatz GesO schreibt für den Vergleichsvorschlag zwingend vor, daß aus dem Vergleich die „vorab zu befriedigenden und die bevorrechtigten Gläubiger ... voll befriedigt werden" müssen. Der Wortlaut der Bestimmung geht also davon aus, daß bevorrechtigte Forderungen, etwa die der Arbeitnehmer, in **voller Höhe** zu befriedigen sind.[9] **20**

Vereinzelt wird in der Literatur die Ansicht vertreten,[10] daß ein Vergleich auch dann zulässig sein müsse, wenn die bevorrechtigten Forderungen nicht in voller Höhe befriedigt werden können. Zu denken ist etwa an den Fall, daß die bevorrechtigten Forderungen bei Beendigung des Gesamtvollstreckungsverfahrens ohne Abschluß eines Vergleiches lediglich zu 50 % befriedigt werden könnten (masseunzulängliches Verfahren), bei Abschluß eines Vergleiches aber eine Befriedigung zu 60 % erfolgen kann und die nichtbevorrechtigten Gläubiger noch eine Quote von 2 % erhalten. Diese Konstellation kann dann entstehen, wenn ein Gesellschafter des Schuldners, eine Bank oder ein sonstiger Dritter an der Fortführung des Unternehmens interessiert ist und die erforderlichen Mittel für eine entsprechende Erhöhung der Quote zur Verfügung stellt. **21**

Folgt man dieser wirtschaftlich vernünftigen Mindermeinung, so kann ein Vergleich in derartigen Fällen jedoch nur dann als zulässig angesehen werden, wenn **alle betroffenen Gläubiger** dem Vergleich zustimmen. Deshalb muß in dem vorstehend dargestellten Fall bereits dem Vergleichsvorschlag die Verzichtserklärung aller bevorrechtigten Gläubiger auf ihr Vorrecht oder die Verzichtserklärung der bevorrechtigten Gläubiger auf ihre Forderung in Höhe der Differenz des angemeldeten Nominalbetrages zu der vergleichsweise angebotenen Quote beigefügt sein. Andernfalls hat das Gericht den Vergleichsantrag **22**

---

8 Vgl. Anhang I Muster 26, welches die Vorgaben für einen Vergleichsvorschlag umsetzt.

9 *Smid*/Zeuner § 16 GesO Rn. 18; *Hess/Binz/Wienberg* § 16 GesO Rn 39.

10 Bichlmeier § 16 GesO Anm. 4.

wegen Nichterfüllung der Voraussetzungen des § 16 Abs. 3 Satz 2 GesO zurückzuweisen.

b) Bestimmtheit des Vergleichsvorschlages

23 Der Vergleichsvorschlag muß **bestimmt**, dh. er muß so ausgestaltet sein, daß die Gläubiger ihm entnehmen können, welcher Betrag ihnen für ihre jeweiligen Forderungen zukommt und zu welchem Zeitpunkt und auf welche Art sie befriedigt werden sollen.[11]

c) Arten des Vergleichs

24 Insbesondere folgende drei Typen von Vergleichen haben sich herausgebildet:

aa) Quotenvergleich

25 Der Quotenvergleich sieht vor, daß die Gläubiger eine bestimmte Quote auf die angemeldete Forderung erhalten. Regelmäßig wird in derartigen Fällen ein Teilerlaß in Höhe der restlichen Forderungen vereinbart. Statt eines Teilerlasses oder verbunden mit ihm kann auch eine Stundung der Forderungen bzw. der verbleibenden Restforderungen vereinbart werden.[12]

bb) Liquidationsvergleich

26 Im Falle eines Liquidationsvergleichs überläßt der Schuldner die gesamte Aktivmasse den Gläubigern zu einer von vornherein nach der Höhe der angemeldeten Forderungen festgelegten anteilsmäßigen Befriedigung. Als Gegenleistung hierfür werden ihm die nach der Verwertung verbleibenden Restforderungen erlassen, um jedes Recht der Nachforderung eines Gläubigers auszuschließen.[13]

cc) Verbindung von Quoten- und Liquidationsvergleich

27 Die Kombination von Quoten- und Liquidationsvergleich wird dann häufig gewählt, wenn die Gläubiger befürchten, daß die ihnen zur Liquidation übergebenene Vermögensmasse im Rahmen der Verwertung weniger erbringen wird als eine gedachte, feststehende Mindestquote. Den Gläubigern wird in diesen Fällen eine Mindestquote garantiert, die sie unabhängig vom tatsächlichen Ergebnis der Verwertung der ihnen überlassenen Aktivmasse des Schuldners erhalten.

28 Für den Fall, daß das Liquidationsergebnis eine bessere als die Mindestquote ergibt, kann die Besserstellung ausgeschlossen werden. Erreicht wird dies durch

---

11 *Haarmeyer/Wutzke/Förster* § 16 GesO Rn. 10; *Smid*/Zeuner § 16 GesO Rn. 17;
12 *Smid*/Zeuner § 16 GesO Rn. 15; *Hess/Binz/Wienberg* § 16 GesO Rn. 28.
13 Vgl. Kuhn/*Uhlenbruck* § 174 KO Rn. 1 a; *Smid*/Zeuner § 16 GesO Rn. 16.

die Abrede, daß die Liquidation bzw. die Verwertung der Aktivmasse dann endet, wenn innerhalb einer festgelegten Frist die zuvor ebenfalls festgelegte Quote erreicht wird. Sobald dies geschehen ist, erlangt der Schuldner wieder die volle Verfügungsbefugnis über die Restvermögensmasse, und zwar unter Ausschluß einer Nachforderung eines Gläubigers.[14]

d) Gleichbehandlung aller nicht bevorrechtigten Gläubiger

Durch den Vergleich müssen allen nicht bevorrechtigten Gläubigern gleiche Rechte gewährt werden (§ 16 Abs. 3 Satz 2, 2. Halbsatz GesO). Es dürfen danach grundsätzlich für einzelne nicht bevorrechtigte Gläubiger oder Gläubigergruppen keine niedrigeren Quoten festgelegt werden, als für die übrigen an dem Vergleich beteiligten Gläubiger.[15] **29**

aa) Behandlung nicht angemeldeter und bestrittener Forderungen

Dem Gleichbehandlungsgrundsatz unterliegen auch alle nicht angemeldeten und bestrittenen Forderungen.[16] Dies ergibt sich aus den Rechtswirkungen des Vergleichs. Dieser wirkt für **alle** Gläubiger des Schuldners gleichermaßen, unabhängig davon, ob sie ihre Forderungen angemeldet haben, der Verwalter ihre Forderung bestritten hat oder ihnen die Eröffnung des Gesamtvollstreckungsverfahrens sogar unbekannt ist[17] (vgl. hierzu Rn. 46). **30**

bb) Ungleichbehandlung mit Zustimmung des betroffenen Gläubigers

Teilweise wird in der Literatur die Auffassung vertreten,[18] die Schlechterstellung einzelner Gläubiger oder Gläubigergruppen (etwa aufgrund eines geringeren Quotenangebots oder der Sicherheitsleistung nur für einen Teil der Gläubiger) sei zulässig, wenn die betroffenen Gläubiger ausdrücklich **zustimmen**. Begründet wird diese Auffassung damit, daß es Fälle gebe, in denen Gläubiger wirtschaftliche oder auch steuerliche Gründe haben könnten, um eine derartige „Zurücksetzung“ im Gesamtvollstreckungsverfahren hinzunehmen.[19] **31**

Dem ist zuzustimmen. Es muß grundsätzlich möglich sein, daß ein Gläubiger auf sein Gleichbehandlungsrecht verzichtet. Dies entspricht einem wesentlichen Grundsatz unserer Rechtsordnung, nach dem jede Person auf ihre gesetzlich eingeräumten Rechte verzichten kann. Insbesondere im Hinblick auf den Zweck des Fortsetzungsvergleichs, die Sanierung des Unternehmens zu ermög- **32**

14 Vgl. hierzu die ausführliche Darstellung von Kuhn/*Uhlenbruck* § 174 KO Rn. 1 b ff.
15 *Haarmeyer/Wutzke/Förster* § 16 GesO Rn. 17; *Hess/Binz/Wienberg* § 16 GesO Rn. 42.
16 Vgl. *Hess/Binz/Wienberg* § 16 GesO Rn. 42.
17 *Haarmeyer/Wutzke/Förster* § 16 GesO Rn. 39; *Hess/Binz/Wienberg* § 16 GesO Rn. 63.
18 *Smid*/Zeuner § 16 GesO Rn. 20.
19 AA *Hess/Binz/Wienberg* § 16 GesO Rn 44.

lichen, sollte die Vergleichsvereinbarung nicht daran scheitern, daß Großgläubiger nicht auf einen Teil ihrer Quote verzichten dürfen. Dieses Ergebnis läßt sich dogmatisch auch mit dem Argument begründen, daß die freiwillige Schlechterstellung eines Gläubigers im Vergleich wirtschaftlich identisch ist mit einer teilweisen Rücknahme der Forderungsanmeldung, die jedem Gläubiger zusteht.

33 Der „zurückgesetzte" Gläubiger muß seine Zustimmung zu der Benachteiligung jedoch mündlich oder schriftlich gegenüber dem zuständigen Gericht **ausdrücklich erklären**. Konkludent – etwa durch ein bestimmtes Abstimmungs- oder Gesamtverhalten – kann ein Gläubiger sein Einverständnis mit der Zurücksetzung nicht erklären.[20] Insbesondere können Gläubiger, die im Termin nicht anwesend sind, von einer Zurücksetzung nicht erfaßt werden.

e) Sicherstellung der Vergleichsquote

34 § 16 Abs. 3 Satz 1 GesO legt als weiteren (**jedoch nicht zwingenden**) Bestandteil des Vergleichsvorschlags fest, daß den Gläubigern für die Erfüllung ihrer Ansprüche aus dem Vergleich **Sicherheit** geleistet werden soll. Zu denken ist insoweit insbesondere an die Bürgschaft eines Dritten (vgl. Anhang I Muster 27), eine Bankgarantie, die Bestellung von Grundschulden an Grundstücken des Schuldners oder die Verpfändung von beweglichen Vermögensgegenständen und Wertpapieren.[21]

35 Die Sicherheitsleistung ist zwar nicht zwingender Bestandteil des Vergleichsvorschlags; dieser muß aber Angaben darüber enthalten, ob die Vergleichsquoten der Gläubiger besichert werden sollen oder nicht. Ist eine Sicherstellung vorgesehen, so muß die Sicherheitsleistung zum Zeitpunkt des Vergleichsvorschlags noch nicht vorliegen, sondern kann noch im Vergleichstermin selbst gestellt werden.[22]

5. Vergleichstermin

36 Der Vergleichsvorschlag wird in der Gläubigerversammlung nur für die nicht bevorrechtigten Gläubiger zur Abstimmung gestellt. Der Grund hierfür liegt darin, daß die bevorrechtigten Gläubiger bzw. die vorab zu befriedigenden Gläubiger regelmäßig volle Befriedigung ihrer Forderungen erhalten (vgl. hierzu oben Rn. 20). Weitere Anhörungen vor dem Vergleichstermin – wie etwa in den §§ 177, 178 KO vorgesehen – sind nicht erforderlich; der Vergleichsvorschlag ist also auch nicht einem ggf. gebildeten Gläubigerausschuß zur Überprüfung und Stellungnahme einzureichen. Der Vorschlag ist allerdings vor der Abstimmung in der Gläubigerversammlung zu beraten (§ 15 Abs. 5 Satz 1 GesO).

---

20 *Smid*/Zeuner § 16 GesO Rn. 20.
21 *Smid*/Zeuner § 16 GesO Rn. 22.
22 *Hess/Binz/Wienberg* § 16 GesO Rn. 36.

a) Stimmrecht

Über den Vergleichsvorschlag ist im Rahmen einer Gläubigerversammlung abzustimmen (§ 16 Abs. 4 GesO). Stimmberechtigt sind „die nicht bevorrechtigten Gläubiger". Die Vorschrift unterscheidet also nicht ausdrücklich zwischen Forderungen, die der Verwalter anerkannt hat und solchen, die er vorläufig oder endgültig bestritten hat. Es ist jedoch nicht davon auszugehen, daß die Gläubiger bestrittener, also gegebenenfalls auch offensichtlich unbegründeter Forderungen bei der Abstimmung über einen Vergleichsvorschlag uneingeschränkt stimmberechtigt sind. Da die Gläubiger über den Vergleichsvorschlag im Rahmen einer Gläubigerversammlung abstimmen, gelten für das Stimmrecht die allgemeinen Grundsätze. Wenn sich die Gläubiger nicht einigen können, hat deshalb das Gericht das Stimmrecht durch Beschluß festzusetzen (vgl. oben § 8 Rn. 24 f.). **37**

Von den zur Abstimmung zugelassenen Gläubigern wird über den Vergleich beschlossen. Der Vergleich gilt als angenommen, wenn **kumulativ** sowohl die **nach Köpfen gezählte einfache Stimmenmehrheit** der anwesenden nicht bevorrechtigten Gläubiger erzielt wird und diese Mehrheit zugleich **drei Viertel der Forderungsbeträge der anwesenden Gläubiger** auf sich vereint (§ 16 Abs. 4 Satz 3 -4 GesO).[23] **38**

b) Verbindung von Prüfungstermin und Vergleichstermin

Die Gesamtvollstreckungsordnung läßt im Unterschied zu § 180 KO, der eine Verbindung von Prüfungs- und Vergleichstermin nur auf Antrag von Schuldner oder Gläubigerausschuß vorsieht, grundsätzlich die Verbindung beider Termine durch das Gesamtvollstreckungsgericht zu.[24] Diese Verbindung dürfte nicht nur für den ersten, sondern auch für alle weiteren (der Prüfung von verspätet angemeldeten Forderungen dienenden) Prüfungstermine zulässig sein. **39**

6. Bestätigung des Vergleichs durch das Gericht

Nach Annahme des Vergleichsvorschlags durch die Gläubigerversammlung hat das Gericht den Vergleich zu bestätigen, damit dieser Wirksamkeit entfalten kann. **40**

a) Umfang der Überprüfung

Die Vorschrift des § 16 Abs. 5 GesO läßt offen, wie weit die Überprüfungsmöglichkeit des Gerichts geht. Entsprechend der herrschenden Meinung in der Literatur ist die Bestätigung des Vergleichs zu versagen, wenn die hierfür **41**

---

23 Vgl. Erläuterung zu Kapitel III der Anlage II des Einigungsvertrages zu Sachgebiet A, Abschnitt II Nr. 1 (abgedruckt in Anhang III.3.).

24 *Smid*/Zeuner § 16 GesO Rn. 27.

erforderlichen materiellen und formellen Voraussetzungen nicht gegeben sind.[25] Dies sind einmal die Voraussetzungen des § 16 Abs. 3 Satz 2 GesO. Ferner ist davon auszugehen, daß in entsprechender Anwendung des § 175 KO bei Vorliegen eines der dort genannten Tatbestände (etwa strafrechtliche Verfolgung des Schuldners wegen Konkursstraftaten) ebenfalls die Bestätigung des Vergleichs durch das Gericht versagt werden muß.[26] Regelmäßig wird das Gericht in diesem Fall aber bereits den Vergleichsantrag zurückgewiesen haben (vgl. oben Rn. 14 ff.).

42 Eine Literaturauffassung[27] geht allerdings sehr viel weiter und vertritt die Ansicht, daß in Anlehnung an die Fassung des § 89 RegEInsO[28] sowie der Begründung hierzu das Gericht vor allem auch die **unangemessene Benachteilung** eines Teils der Gläubiger zu überprüfen hat. Danach soll dem Vergleich dann die Bestätigung zu versagen sein, wenn rechtliche oder wirtschaftliche Interessen eines Gläubigers eindeutig und nicht nur geringfügig verletzt werden. Gegen diese Ansicht spricht zunächst, daß der Inhalt des § 89 RegEInsO in den Gesetz gewordenen Text der Insolvenzordnung nicht übernommen wurde.[29] Darüber hinaus wird auch verkannt, daß **nach der Insolvenzordnung zunächst** das **Insolvenzgericht** den Insolvenzplan zu überprüfen hat, bevor er der Gläubigerversammlung zur Abstimmung vorgelegt wird. Anders also als nach der Gesamtvollstreckungsordnung, wo in erster Linie **die Gläubiger** über den Plan entscheiden und auch selbst darüber abstimmen, ob sie gegebenenfalls geringfügige Benachteiligungen in Kauf nehmen, hat in der jetzigen Fassung des § 231 InsO das Insolvenzgericht den Insolvenzplan von Amts wegen zurückzuweisen, wenn „ein vom Schuldner vorgelegter Plan offensichtlich keine Aussicht auf Annahme durch die Gläubiger oder auf Bestätigung durch das

---

25 Vgl. nur *Hess/Binz/Wienberg* § 16 GesO Rn. 58; Kilger/*K.Schmidt* § 16 GesO Anm. 2 d).

26 Siehe *Smid*/Zeuner § 16 GesO Rn 39.

27 *Haarmeyer/Wutzke/Förster* § 16 GesO Rn. 35 ff.

28 § 89 RegEInsO bestimmt zur Aufhebung eines Beschlusses der Gläubigerversammlung:
(1) Wird durch einen Beschluß der Gläubigerversammlung ein Teil der Gläubiger unangemessen benachteiligt, so hat das Insolvenzgericht den Beschluß aufzuheben, wenn ein absonderungsberechtigter Gläubiger, ein nicht nachrangiger Insolvenzgläubiger oder der Insolvenzverwalter dies in der Gläubigerversammlung beantragt.
(2) Eine unangemessene Benachteiligung im Sinne des Absatzes 1 liegt insbesondere vor, wenn einige Gläubiger im Hinblick auf ihre besonderen rechtlichen oder wirtschaftlichen Interessen durch den Beschluß erheblich schlechter gestellt werden, als sie ohne den Beschluß stünden, und in dem Beschluß keine Vorsorge dafür getroffen wird, daß diese Schlechterstellung durch Sicherheitsleistung, Ausgleichszahlungen oder in anderer Weise beseitigt wird.
(3) Die Aufhebung des Beschlusses ist öffentlich bekanntzumachen. Gegen die Aufhebung steht jedem absonderungsberechtigten Gläubiger und jedem nicht nachrangigen Insolvenzgläubiger die sofortige Beschwerde zu. Gegen die Ablehnung des Antrags auf Aufhebung steht dem Antragsteller die sofortige Beschwerde zu.

29 Vgl. § 78 InsO.

Gericht hat" (§ 231 Abs. 1 Nr. 2 InsO). Die Beurteilung der Aussicht auf Annahme eines Insolvenzplans durch die Gläubiger obliegt hingegen nach § 16 GesO gerade nicht dem Gericht. Der Vergleich wird dem Gericht erst dann vorgelegt, wenn die Gläubiger – ggf. auch unter der Maßgabe, daß sie hierdurch geringfügige Benachteiligungen erleiden (vgl. oben Rn. 21 f.) – über den Plan abgestimmt haben.

b) Versagung der Bestätigung

Das Gericht hat im Rahmen seiner Aufsichtspflicht danach nur die Befugnis, die Bestätigung eines Vergleichs zu versagen, der offensichtlich auf unlautere Weise zustande gekommen ist, wie dies in § 16 Abs. 5 Satz 3 GesO ausdrücklich statuiert wird. Die weitere Fallgestaltung dieser Vorschrift, nach der dem Vergleichsvorschlag die Bestätigung versagt werden darf, wenn ein Teil der Gläubiger unangemessen benachteiligt wird, liegt nur vor, wenn gerade die bei Abstimmung über den Vergleichsvorschlag überstimmten Gläubiger durch den Vergleich benachteiligt werden. **43**

Der Fall des **unlauteren Zustandekommens** eines Vergleichs liegt etwa vor, wenn eine zweifelhafte und hohe Forderung von dem Verwalter kurz vor der Abstimmung über den Vergleich anerkannt worden ist und hiermit sowohl das Stimmrecht als auch die Berechtigung auf Ansprüche aus dem Vergleich gewährt wurden.[30] **44**

c) Die Bestätigung

Die Bestätigung des Vergleichs durch das Gesamtvollstreckungsgericht erfolgt durch **Beschluß**, der veröffentlicht wird (vgl. Anhang I Muster 28). Dies gilt auch für die Versagung der Bestätigung. Diesen Beschluß des Gesamtvollstreckungsgerichts kann der Gläubiger oder – im Falle der Versagung der Bestätigung – der Schuldner mit der sofortigen Beschwerde gemäß §§ 20 GesO, 577 ZPO (vgl. § 6 Rn. 117 ff.) angreifen. **45**

7. Rechtswirkungen des Vergleichs

Der Vergleich wirkt für und gegen **alle Gläubiger** nicht bevorrechtigter Forderungen, unabhängig davon, ob die Forderungen anerkannt oder bestritten worden sind und die Gläubiger für oder gegen den Vergleich gestimmt haben.[31] Dies gilt nach dem Wortlaut des § 16 Abs. 5 Satz 2 GesO auch für nicht angemeldete Forderungen. **46**

Kein Gläubiger kann daher nach Unanfechtbarkeit des Beschlusses des Gesamtvollstreckungsgerichts noch aus seinen Forderungen gegen den Schuldner **47**

---

30 Vgl. *Hess/Binz/Wienberg* § 16 GesO Rn 61.

31 *Haarmeyer/Wutzke/Förster* § 16 GesO Rn. 39; *Hess/Binz/Wienberg* § 16 GesO Rn. 62.

vorgehen. Rechte gegen den Schuldner bestehen ausschließlich im Rahmen des abgeschlossenen Vergleichs.

8. Vollstreckbarer Titel

48 Aus dem rechtskräftigen Vergleich findet die Vollstreckung gegen den Schuldner statt (§ 16 Abs. 6 GesO). Das Gericht hat den Gläubigern anerkannter Forderungen eine vollstreckbare auszugsweise Ausfertigung des Vergleichs zu erteilen.

49 Die Gläubiger bestrittener Forderungen müssen sich für die Vollstreckung ihres Anspruchs aus dem Vergleich einen gesonderten Vollstreckungstitel beschaffen. Dies hat in einem gesonderten Erkenntnisverfahren, insbesondere also durch eine Klage gegen den Schuldner auf Zahlung der Vergleichsquote zu geschehen.[32]

---

32 Vgl. Jäger/*Weber* § 194 KO Rn. 3; *Hess/Binz/Wienberg* § 16 GesO Rn. 66.

§ 20 Verteilung und Schlußtermin

Übersicht

Siehe auch im Anhang I folgende Muster:

Muster 29: Veröffentlichung zur beabsichtigten Abschlagsverteilung an bevorrechtigten Gläubiger und Ladung zur Gläubigerversammlung

Muster 30: Antrag des Verwalters auf Anberaumung eines Schlußtermins

Muster 31: Schlußverzeichnis

Muster 32: Ergebnisrechnung des Verwalters

Muster 33: Schlußbericht des Verwalters

Muster 35: Antrag des Gläubigers auf Erteilung einer vollstreckbaren auszugsweisen Ausfertigung

Muster 36: Vollstreckbare auszugsweise Ausfertigung

1 Nach Abschluß der Verwertung hat der Verwalter einen **Verteilungsvorschlag** aufzustellen, der in einem **Schlußtermin** mit dem Gläubiger zu erörtern ist. Der durch das Gericht **bestätigte** Verteilungsvorschlag bildet die Grundlage der **Schlußverteilung**.

I. Verteilungsvorschlag

2 Gemäß § 17 Abs. 2 GesO hat der Verwalter nach Abschluß der Verwertung auf der Grundlage der in seinem Vermögensverzeichnis aufgeführten angemeldeten und anerkannten Forderungen und unter Berücksichtigung der gesetzlich vorgeschriebenen Rangordnung einen Vorschlag über die Reihenfolge ihrer Erfüllung aufzustellen (Verteilungsvorschlag), vgl. auch Anhang I Muster 30.

1. Grundlage des Verteilungsvorschlages

3 Grundlage für den Verteilungsvorschlag ist die zur Verteilung stehende Masse.[1] Bei ihr handelt es sich um die durch die Verwertungsmaßnahmen des Verwalters erzielten Erlöse, aus denen vorab die in § 13 GesO genannten Kosten und Forderungen zu begleichen sind. Die dort genannten Gläubiger nehmen deshalb an der Schlußverteilung nicht teil und sind deshalb auch nicht in den Verteilungsvorschlag aufzunehmen. Nur wenn auch nach Befriedigung dieser zu befriedigenden Ansprüche noch verteilbare Masse verbleibt, kann der Verwalter den Gläubigern und dem Gericht nach Maßgabe der §§ 17 Abs. 2 und 18 GesO einen Verteilungsvorschlag unterbreiten (zu den vorab zu begleichenden Ansprüchen vgl. oben § 13).

2. Gliederung des Verteilungsvorschlages

4 Die Vorschrift von § 17 Abs. 2 GesO enthält keine Angaben darüber, wie der dort genannte „Vorschlag" inhaltlich ausgestaltet sein muß. Insbesondere läßt sich ihr nicht entnehmen, ob der Verteilungsvorschlag inhaltlich der in § 86 KO geregelten **Schlußrechnung** entsprechen muß. Die Schlußrechnung nach § 86 KO umfaßt nach wohl herrschender Auffassung zur Konkursordnung[2]

- das **Schlußverzeichnis**,
- eine **Ergebnisrechnung** in Form einer Einnahme- und Ausgabenrechnung oder einer Schlußbilanz sowie
- einen **Schlußbericht** als Geschäftsführungsbericht und als Erläuterung zur Verfahrensabwicklung, deren zahlenmäßiges Ergebnis ihren Niederschlag in der Ergebnisrechnung und dem Schlußverzeichnis gefunden hat.

---

1 Gottwald/*Eickmann* Nachtrag GesO S. 98 Rn. 1.

2 *Bähner* KTS 1991, S. 347, 348; Kuhn/*Uhlenbruck* § 86 KO Rn. 6 a; Kilger/*K.Schmidt* § 86 KO Anm. 1 a).

Da der Verwalter in einem Gesamtvollstreckungsverfahren den Gläubigern gegenüber Rechnungslegung schuldet (vgl. § 15 Abs. 5 Satz 2 GesO), ist davon auszugehen, daß auch der Gesamtvollstreckungsverwalter eine **Schlußrechnung** zu erstellen hat[3]. Dies gilt insbesondere deshalb, weil ein Verteilungsvorschlag nur auf der Grundlage einer Schlußrechnung erstellt werden kann und ohne die Schlußrechnung weder aussagekräftig noch überprüfbar ist. Der **Verteilungsvorschlag** ist deshalb wie eine Schlußrechnung im Konkursverfahren zu erstellen. Er hat die oben genannten Bestandteile zu enthalten, für die folgendes gilt: **5**

a) Wichtigster Bestandteil des Verteilungsvorschlages ist das **Schlußverzeichnis.**[4] Es bildet die Grundlage für die Verteilung des Erlöses aus der unter Berücksichtigung der gemäß § 13 GesO vorab zu befriedigenden oder bereits befriedigten Ansprüche zur Verfügung stehende Masse. Das Schlußverzeichnis gründet sich auf das Vermögensverzeichnis (vgl. Anhang I Muster 19). In ihm sind folgende Forderungen aufzuführen: **6**

— festgestellte und unbedingte Forderungen;
— streitig gebliebene Forderungen, wenn der Gläubiger Klage erhoben hat oder die Forderung tituliert ist[5] (wenn der Gläubiger in dem Rechtsstreit gegen den Verwalter unterliegt, wird regelmäßig eine Nachtragsverteilung erfolgen, dazu unten Rn. 77 ff.);
— festgestellte und auflösend bedingte Forderungen (diese werden in entsprechender Anwendung von § 66 KO wie unbedingte Forderungen behandelt;
— festgestellte und aufschiebend bedingte Forderungen (diese sind in entsprechender Anwendung von § 154 KO wie unbedingte Forderungen zu behandeln);
— Forderungen absonderungsberechtigter Gläubiger, wenn und soweit
  — sie auf das Absonderungsrecht verzichtet haben und/oder
  — der eingetretene Ausfall nachgewiesen ist.

Verschuldet verspätet angemeldete Forderungen im Sinne von § 14 GesO finden im Schlußverzeichnis keine Berücksichtigung.

b) Der Verteilungsvorschlag muß neben dem Schlußverzeichnis in einer **Ergebnisrechnung**[6] Auskunft darüber geben, ob und mit welchen Erlösen eine Verwertung des Schuldnervermögens erfolgt ist. Regelmäßig wird hierfür bei Handwerkern, Kleingewerbetreibenden und anderen Schuldnern, die nicht zur Buchführung und Erstellung einer Bilanz verpflichtet **7**

---

3 Im Ergebnis ebenso: *Haarmeyer/Wutzke/Förster* § 18 GesO Rn. 11; Kilger/*K.Schmidt* § 18 GesO Anm. 2 a), der auf die §§ 161, 162 KO verweist.
4 Vgl. Anhang I Muster 31.
5 Ebenso Gottwald/*Eickmann* Nachtrag GesO S. 99 Rn. 4.
6 Vgl. Anhang I Muster 32.

sind, eine Einnahmen- und Überschußrechnung ausreichen.[7] Bei bilanzierungspflichtigen Unternehmen ist eine Schlußbilanz zu erstellen.[8]

8 c) Der Ergebnisrechnung ist ein **Schlußbericht** beizufügen. Aus ihm muß der Verbleib des bei der Eröffnung des Gesamtvollstreckungsverfahrens vorhandenen Vermögens zu entnehmen sein (vgl. hierzu das Muster 33 im Anhang I).

3. Rangfolge der zu befriedigenden Forderungen

9 Bei dem Vorschlag für die Erfüllung der in das Schlußverzeichnis aufgenommenen Forderungen ist der Verwalter an § 17 Abs. 3 GesO gebunden.[9] Eine Vereinbarung des Verwalters mit einzelnen Gläubigern zur Begründung von Vorrechten ist unzulässig.[10]

10 Die in § 17 Abs. 3 Nr. **1 bis 3** GesO genannten Ansprüche der Gläubiger sind die sogenannten **bevorrechtigten Forderungen.** Diese Forderungen hat der Verwalter vor den nicht privilegierten Forderungen nach § 17 Abs. 3 Nr. 4 GesO und innerhalb des jeweils betroffenen Ranges im gleichen Verhältnis zu erfüllen. Die nichtbevorrechtigten Forderungen sind untereinander gleichrangig und nach den in § 17 Abs. 3 Nr. 1 bis 3 GesO genannten Ansprüchen zu befriedigen. Sie dürfen deshalb vom Verwalter erst dann berücksichtigt werden, wenn nach der Befriedigung der bevorrechtigten Forderungen noch verteilbare Masse übrig ist.

11 Der Katalog der bevorrechtigten Forderungen ist im Verhältnis zu den in § 61 Nr. 1 KO genannten wesentlich verkleinert. Er enthält insbesondere keine Ansprüche der Arbeitnehmer aus Wettbewerbsabreden und Handelsvertreterprovisionen. Dies ist wohl in der Intention des Gesetzgebers begründet, die Besonderheiten der Wirtschafts- und Sozialstruktur in der ehemaligen DDR zu berücksichtigen, in der derartige Ansprüche praktisch nicht bekannt waren. Diese unterschiedliche Handhabung der bevorrechtigten Forderungen im Vergleich der alten und neuen Bundesländer wird jedoch zunehmend unbefriedigender. Seit der Wiedervereinigung haben sich die wirtschaftlichen und sozialen Verhältnisse der fünf neuen und der elf alten Bundesländer angeglichen, so daß die unterschiedliche Behandlung etwa der Handelsvertreterprovisionen nach Gesamtvollstreckungsordnung und Konkursordnung kaum mehr zu rechtfertigen ist. Eine einheitliche Rechtslage wird erst mit dem Inkrafttreten der Insolvenzordnung am 1.1.1999 geschaffen werden.
Zu den bevorrechtigt zu befriedigenden Forderungen ist im einzelnen folgendes auszuführen:

---

7 Vgl. Gottwald/*Eickmann* § 65 GesO Rn. 26.

8 Vgl. Gottwald/*Eickmann* § 65 GesO Rn. 26; diese Frage ist streitig vgl. *Bähner* KTS 1991, S. 347, S. 349.

9 *Hess/Binz/Wienberg* § 17 GesO Rn. 8; *Smid*/Zeuner § 17 GesO Rn. 20.

10 *Hess/Binz/Wienberg* § 17 GesO Rn. 8; BGH WM 1965, 1175, 1176 (zur KO).

a) Arbeitnehmer und Sozialversicherungsträger

Bevorrechtigt sind nach § 17 Abs. 3 Nr. 1 lit. a) GesO die **Lohn- und Gehaltsforderungen** für die Zeit bis zu zwölf Monaten vor der Verfahrenseröffnung. Dies allerdings nur, soweit sie nicht bereits unter die vorab zu befriedigenden Ansprüche nach § 13 Abs. 1 Nr. 1 oder Nr. 3 lit. a) GesO fallen (vgl. § 14 Rn. 19 ff.). Zu den bevorrechtigten Forderungen nach § 17 Abs. 3 Nr. 1 lit. b) GesO zählen ferner die rückständigen Beitrags- und Umlageforderungen der Sozialversicherungsträger sowie der Bundesanstalt für Arbeit. 12

b) Sozialplanansprüche

Bevorrechtigt sind die Sozialplanansprüche der Arbeitnehmer. Der Vorschrift in § 17 Abs. 3 Nr. 1 lit. c) GesO steht keine vergleichbare Regelung in der Konkursordnung gegenüber. Im Gesamtvollstreckungsverfahren wird **der vom Verwalter vereinbarte Sozialplan** bis zu einer Höhe von drei Monatsverdiensten der betroffenen Arbeitnehmer bevorrechtigt befriedigt; zudem dürfen diese Forderungen ein Drittel des insgesamt zu verteilenden Erlöses nicht überschreiten. Vereinbart der Verwalter ein höheres Sozialplanvolumen, so ist diese Absprache gegenüber den Gläubigern und gegenüber dem Schuldner unwirksam (siehe § 14 Rn. 41 ff.).[11] 13

Sozialpläne, die der Schuldner oder ein Liquidator über das Betriebsvermögen des Schuldners vereinbart, genießen nicht die Bevorrechtigung des § 17 Abs. 3 Nr. 1 lit. c) GesO. Dies gilt ebenso für Sozialpläne, die vom Sequester abgeschlossen worden sind. Der Wortlaut dieser Vorschrift umfaßt ausdrücklich nur die vom Verwalter abgeschlossenen Sozialpläne. 14

c) Befriedigung innerhalb eines Ranges nach § 17 Abs. 3 Nr. 1 GesO

Die in § 17 Absatz 3 Nr. 1 GesO genannten Forderungen sind untereinander im gleichen Verhältnis bei der Verteilung zu berücksichtigen. Das bedeutet nicht, daß für jede der in Abs. 3 Nr. 1 lit. a) bis c) genannten Forderungsgruppen jeweils ein Drittel der Teilungsmasse zu verteilen ist.[12] Reicht die Masse nicht aus, um alle Forderungen dieses Ranges vollständig zu befriedigen, würde die Bildung von Forderungsgruppen zu einer ungleichmäßigen Befriedigung der Gläubiger dieses Ranges führen. Wenn etwa die Forderungshöhe der Gläubiger gemäß lit. a) hoch, diejenige der Gläubiger gemäß lit. b) jedoch gering ist, führt die Bedienung beider Gläubigergruppen aus jeweils einem Drittel der Teilungsmasse zu einer unterschiedlich hohen Befriedigung dieser im gleichen Rang stehenden Forderungen. Dies widerspricht der gesetzlichen Regelung des 15

11 *Haarmeyer/Wutzke/Förster* § 17 GesO Rn. 102 f.; *Hess/Binz/Wienberg* § 17 GesO Rn 37.

12 So aber *Haarmeyer/Wutzke/Förster* § 17 GesO Rn. 100.

§ 17 Abs. 3 GesO, nach der eine Befriedigung „innerhalb eines Ranges im gleichen Verhältnis" erfolgen muß.

d) Arbeitnehmererfindungsansprüche

16 Bevorrechtigt sind ferner **Arbeitnehmererfindungsansprüche**, die entsprechend § 27 Abs. 2 Arbeitnehmererfindungsgesetz nach den Gehaltsforderungen und damit vor den in § 17 Abs. 3 Nr. 2 und 3 GesO genannten Forderungen berücksichtigt werden müssen (siehe § 14 Rn. 32).

e) § 17 Abs. 3 Nr. 2 und 3 GesO

17 Nach den vorstehend aufgeführten Ansprüchen sind die Forderungen gemäß § 17 Abs. 3 Nr. 2 auf **Unterhalts- oder Familienaufwandszahlung** zu berücksichtigen, sofern sie sich nicht auf einen Zeitraum von mehr als zwölf Monaten vor Verfahrenseröffnung erstrecken.

18 Als letzte der bevorrechtigten Ansprüche nennt § 17 Abs. 3 Nr. 3 GesO **alle öffentlichen Abgabeforderungen**, die im Jahr vor der Verfahrenseröffnung fällig geworden sind. Dies betrifft Steuern, Zölle, Gebühren (beispielsweise für die Müllabfuhr), Beiträge (zB Erschließungsbeiträge) sowie Sonderabgaben und priviligiert den Fiskus.[13]

f) § 17 Abs. 3 Nr. 4 GesO

19 Erst nach Berücksichtigung sämtlicher bevorrechtigter Forderungen im Sinne von § 17 Abs. 3 Nr. 1 – 3 GesO ist die dann noch verfügbare Masse zur Verteilung für die anderen Gläubiger vorzusehen. Diese Forderungen stehen untereinander im gleichen Verhältnis.

4. Einreichung des Verteilungsvorschlages bei Gericht

20 Der Verwalter hat seinen Verteilungsvorschlag (Schlußverzeichnis, Ergebnisrechnung und Schlußbericht) zusammen mit allen anderen Angaben, Auszügen und Belegen beim Gericht einzureichen. In der Regel erfolgt gleichzeitig damit der Antrag des Verwalters auf Festsetzung seiner Vergütung (vgl. hierzu das Muster 34).

II. Schlußtermin

21 Der vom Verwalter aufgestellte Verteilungsvorschlag ist mit den Gläubigern in einem Schlußtermin zu erörtern. Erst nach Entscheidung über die bei der Erörterung erhobenen Einwendungen der Gläubiger ist der Verwalter in die Lage versetzt, die zu verteilende Masse endgültig festzustellen und die auf die

---

13 Siehe hierzu im einzelnen *Hess/Binz/Wienberg* § 17 GesO Rn. 66 ff.

einzelnen Gläubiger entfallende Quote zu errechnen.[14] Der Schlußtermin ist daher für den Gläubiger ein ausgesprochen wichtiger, wenn nicht sogar der wichtigste Abschnitt im Gesamtvollstreckungsverfahren. Hier wird er nicht nur darüber informiert, welchen Erlös der Verwalter aus der Verwertung der Vermögensmasse des Schuldners erzielen konnte, wie dieser Erlös verteilt werden soll und wie hoch dementsprechend die auf seine Forderungsanmeldung entfallende Quote sein wird. Im Schlußtermin hat der Gläubiger auch letztmalig die Möglichkeit, auf das Verfahren und die Höhe der auf ihn entfallenden Quote Einfluß zu nehmen, indem er etwa dem Verteilungsvorschlag des Verwalters nicht zustimmt, Einwendungen gegen die nicht erfolgte Verwertung von Massegegenständen erhebt oder rügt, daß Vermögen nicht zur Masse gezogen worden ist.

1. Zeitpunkt des Schlußtermins

Die Gesamtvollstreckungsordnung enthält keine Bestimmung darüber, wann der Schlußtermin stattfinden muß. Aus § 18 Abs. 1 Satz 1 GesO, wonach der vom Verwalter aufgestellte Verteilungsvorschlag im Schlußtermin zu erörtern ist, könnte geschlossen werden, daß der Schlußtermin anzuberaumen ist, sobald der **Verteilungsvorschlag** vorliegt. Dieser ist **nach dem Abschluß der Verwertung** aufzustellen (§ 17 Abs. 2 GesO). Hieraus leiten manche Gesamtvollstreckungsgerichte ab, daß der Schlußtermin schon stattfinden kann, wenn die Verwertung abgeschlossen ist. Entgegen einer solchen Praxis wird man aber den Schlußtermin erst dann abhalten dürfen, wenn nach der Verwertung zusätzlich auch rechtskräftig über die Aufnahme aller **verspätet angemeldeten** Forderungen (§ 14 GesO, siehe oben § 14 Rn. 57 ff.) entschieden wurde **und** die nachträglich in das Vermögensverzeichnis aufgenommenen Forderungen in einem gesonderten Termin geprüft worden sind. Denn die im Sinne von § 14 GesO unverschuldet verspäteten Forderungen, die nachträglich in das Verzeichnis aufgenommen werden, sind im Schlußtermin und bei der Verteilung zu berücksichtigen. **22**

Der zur Prüfung nachträglich in das Vermögensverzeichnis aufgenommener Forderungen durchzuführende Prüfungstermin kann nicht mit dem Schlußtermin gemeinsam stattfinden. An der Schlußverteilung können nämlich nur die anerkannten, rechtskräftig festgestellten Forderungen und Forderungen teilnehmen, die vom Gläubiger gerichtlich gegen den Bestreitenden geltend gemacht werden (siehe oben Rn. 6). Gläubiger, deren Forderung nachträglich in das Verzeichnis aufgenommen worden ist, müssen die Möglichkeit erhalten, diese Forderung im Falle des Bestreitens durch den Verwalter oder andere Gläubiger gerichtlich geltend zu machen, um an der Verteilung ebenfalls teilnehmen zu können. Würde der Schlußtermin am gleichen Tag wie die Prüfung der verspätetet angemeldeten Forderung stattfinden, hätten diese Gläubiger keine **23**

14 Siehe *Haarmeyer/Wutzke/Förster* § 18 GesO Rn. 6 f.; Kilger/*K.Schmidt* § 18 GesO Anm. 2 a).

Möglichkeit, sie gerichtlich geltend zu machen und würden, obwohl die Forderung möglicherweise besteht und auch in das Vermögensverzeichnis aufzunehmen ist, mit ihr im Gesamtvollstreckungsverfahren ausfallen. Dieser Prüfungstermin sollte deshalb so rechtzeitig stattzufinden, daß die Gläubiger gegebenenfalls vor dem Schlußtermin Klage erheben können, mindestens zwei Monate vor dem Schlußtermin.

24 Bleibt dies unbeachtet, ist folgende aus der Praxis entnommene Fallkonstellation denkbar:

> Ein Gläubiger meldet seine Forderung **unverschuldet verspätet** mehrere Monate nach Eröffnung des Gesamtvollstreckungsverfahrens an. Der erste Prüfungstermin ist zum Zeitpunkt der Anmeldung seit einigen Monaten verstrichen. Der **Verwalter** nimmt sich eine angemessene Zeit von mehreren Wochen, um zu prüfen, ob die Forderung unverschuldet verspätet angemeldet und daher in das Vermögensverzeichnis aufzunehmen ist. Er kommt zu dem Ergebnis, daß dies nicht der Fall sei und lehnt die Aufnahme der Forderung in das vorläufige Vermögensverzeichnis ab.
>
> Der Gläubiger ersucht nunmehr das Gesamtvollstreckungsgericht um Zustimmung zur Aufnahme der Forderung in das vorläufige Vermögensverzeichnis. Mit Zustimmung des Gerichts würde die ablehnende Entscheidung des Verwalters nach der Rechtsprechung des BGH[15] „überwunden" (vgl. § 14 Rn. 55). Das Gesamtvollstreckungsgericht benötigt mehrere Monate, um die verspätet angemeldete Forderung daraufhin zu prüfen, ob die Verspätung unverschuldet und daher die Forderung in das vorläufige Vermögensverzeichnis aufzunehmen ist. Das Gericht kommt zu dem Ergebnis, daß dies nicht der Fall ist und erteilt seine gemäß § 14 Abs. 1 GesO notwendige Zustimmung nicht. Der Gläubiger legt nun hiergegen die **sofortige Beschwerde** ein (vgl. § 14 Rn. 68 ff.) und ruft das zuständige Landgericht an.
>
> Unterstellt, das Landgericht stimmt letztlich der Aufnahme der verspätet angemeldeten Forderung zur Tabelle zu, so muß nun noch ein weiterer Prüfungstermin anberaumt werden, damit der Verwalter die Forderung prüfen und ggf. bestreiten kann. Denkbar ist durchaus -insbesondere bei kleineren, aber auch bei unkomplizierten größeren Verfahren –, daß dieses bereits abgewickelt ist und Schlußtermin anberaumt werden könnte, bevor endgültig über die Aufnahme einer verspätet angemeldeten Forderung in das vorläufige Vermögensverzeichnis entschieden bzw. die verspätet angemeldete und in das Vermögensverzeichnis aufgenommene Forderung geprüft werden konnte. Würde nun der Schlußtermin stattfinden können, ohne daß die Forderung geprüft ist und der Gläubiger Klage erhoben hat, fiele der Gläubiger vollständig mit seiner Forderung aus.

25 Aus systematischer Sicht spricht für die Trennung des Prüfungstermins und des Schlußtermins auch der Umstand, daß deren Verknüpfung – anders als in § 16 Abs. 4 Satz 2 GesO die Verbindung von Vergleichs- und Prüfungstermine -nicht ausdrücklich vom Gesetz zugelassen wird.

26 In der Praxis kommt es gleichwohl gelegentlich vor, daß zu einem Schlußtermin unmittelbar im Anschluß an einen Prüfungstermin geladen wird. In diesen Fällen hat der Gläubiger der noch nicht geprüften Forderung die Möglichkeit, gegen die Anberaumung des Schlußtermins die sofortige Beschwerde gemäß § 20 GesO (dazu § 6 Rn. 117 ff.) einzulegen.

---

15 BGH ZIP 1994, 157 ff.

2. Bekanntmachung und Ladung

Der Schlußtermin stellt eine besondere Gläubigerversammlung dar, die vom 27
Gesamtvollstreckungsgericht einzuberufen ist (siehe hierzu oben § 8 Rn. 5 ff.).

Besondere Vorschriften über die Einberufung (Form, Inhalt und Fristen) zum 28
Schlußtermin enthält § 18 GesO ebensowenig wie § 15 GesO für die Einberufung allgemeiner Gläubigerversammlungen.

a) Form

Nach dem vom Gesetzgeber wohl nicht in dieser Konsequenz bedachten 29
Wortlaut von § 1 Abs. 3 GesO iVm. §§ 193 ff. ZPO[16] ist die Ladung zu einem Schlußtermin durch **Zustellung** zu bewirken (siehe zu diesem Problemkreis oben § 8 Rn. 5 ff.). Ferner ist der Schlußtermin **öffentlich bekannt zu machen**, da nicht ausgeschlossen werden kann, daß es weitere Gläubiger gibt oder einzelne Gläubiger ihren Wohnsitz gewechselt haben.

b) Inhalt

Ebenso wie die Form ist auch der Inhalt der Bekanntmachung des Schlußter- 30
mins nicht geregelt. Regelmäßig soll die Ladung oder Veröffentlichung neben dem **Termin** und dem **Ort** der Gläubigerversammlung die **Summe der Forderungen** und des **Massebestandes** sowie die zu erwartende **Quote** für nicht bevorrechtigte Forderungen enthalten.

In der Ladung zum Schlußtermin wird im übrigen immer der Ort anzugeben 31
sein, an dem in den **Verteilungsvorschlag Einsicht** genommen werden kann. Dies ist regelmäßig die Geschäftsstelle des zuständigen Gesamtvollstreckungsgerichts.

c) Ladungsfristen

Die Gesamtvollstreckungsordnung schreibt – anders als etwa § 162 Satz 1 32
KO – eine bestimmte Einberufungsfrist nicht vor. Für die Ladungsfristen könnten nach § 1 Abs. 3 GesO die Vorschriften der Zivilprozeßordnung zu beachten sein. Hiernach würde allerdings lediglich eine Ladungsfrist von drei Tagen gelten (§ 217 ZPO). Eine derart kurze Frist ist jedoch für eine sachgerechte Vorbereitung des Schlußtermins durch alle Gläubiger nicht angemessen. Es wird deshalb davon auszugehen sein, daß die Einberufungsfrist im Ermessen des Gesamtvollstreckungsgerichts steht. Einzuhalten ist vom Gesamtvollstreckungsgericht eine **angemessene** Frist, die es den Gläubigern ermöglicht, den regelmäßig bei dem Gesamtvollstreckungsgericht ausliegenden Verteilungsplan

16 Vgl. Anhang II.4.

einzusehen. Die häufig von den Amtsgerichten gewährte Frist beträgt 6 – 8 Wochen und ist als angemessen anzusehen.

3. Folgen der Anberaumung des Schlußtermins

33 Der Gläubiger einer an der Verteilung teilnehmenden Forderung erhält die Möglichkeit, den Verteilungsvorschlag einzusehen.
Nach der Anberaumung des Schlußtermins droht dem Gläubiger einer angemeldeten und noch nicht anerkannten Forderung der Ausschluß von der Schlußverteilung.

a) Einsicht in den Verteilungsvorschlag

34 Der Gläubiger hat bis zum Schlußtermin die Möglichkeit, den Verteilungsvorschlag des Verwalters und damit alle mit diesem eingereichten Unterlagen einzusehen und auf Schlüssigkeit sowie auf die Frage, ob alle verwertbaren Vermögensgegenstände zur Masse gezogen worden sind, zu überprüfen.

35 Hierzu wird sich der Gläubiger regelmäßig auf die Geschäftsstelle des zuständigen Amtsgerichts begeben müssen. Kopien des Verteilungsvorschlags werden zumeist aufgrund seines Umfanges und des hierdurch für die Geschäftsstelle des Gesamtvollstreckungsgerichts entstehenden Aufwands nicht übersandt.

b) Ausschlußfrist für Klagen auf Anerkennung einer Forderung

36 Die Frage der Behandlung bestrittener Forderungen bei der Schlußverteilung ist in der Gesamtvollstreckungsordnung nicht geregelt. Die Konkursordnung bestimmt für diesen Fall in § 152 KO, daß ein Gläubiger, dessen Forderung bestritten worden ist, binnen zwei Wochen „nach Bekanntmachung" die Anhängigkeit der Klage auf Feststellung der Forderung zur Tabelle bei dem zuständigen Gericht nachzuweisen hat. Führt er diesen Nachweis nicht, so ist er mit seiner angemeldeten und bestrittenen Forderung endgültig von dem weiteren Verfahren ausgeschlossen.

37 Eine **analoge Anwendung** von § 152 KO scheidet aus.[17] Gegen eine Analogie spricht, daß Ausschlußfristen Ausnahmecharakter haben, weil sie einschneidende Folgen für die säumige Partei nach sich ziehen. Ferner würde die analoge Anwendung von Präklusionsnormen zu einer Verletzung des verfassungsrechtlich geschützten Anspruchs auf rechtliches Gehör führen, ohne daß eine ausdrückliche Anordnung des Gesetzgebers vorliegt. Die Anwendung von Vorschriften über Ausschlußfristen bedarf daher in besonderem Maße der Rechtsklarheit, sie sind eng auszulegen und damit einer Analogie nicht zugänglich.[18]

---

17 *Haarmeyer/Wutzke/Förster* § 18 GesO Rn. 7; Gottwald/*Eickmann* Nachtrag GesO S. 99 Rn. 9; aA *Hess/Binz/Wienberg* § 18 GesO Rn. 15.

18 BVerfGE 60, 1, 6; 69, 126, 136.

Auch dem Gericht, dem Verwalter und der Gläubigerversammlung dürfte es verwehrt sein, Ausschlußfristen zu setzen.[19] Derartige durch das Gesetz nicht ausdrücklich zugelassene Eingriffe in das Eigentum (Forderungen) der Gläubiger wären verfassungswidrig. Andererseits hätte aber die Zulassung zeitlich ungebundener Klagemöglichkeiten die nicht hinnehmbare Folge, daß die Gesamtvollstreckungsverfahren solange nicht zum Abschluß gebracht werden könnten, bis jeder einzelne Gläubiger, dessen Forderung bestritten ist, die Frage durch einen Rechtsstreit geklärt oder aber auf die Erhebung der Klage zur Durchsetzung seiner Forderung ausdrücklich verzichtet hat. Es wird deshalb Aufgabe der Rechtsprechung sein, gesamtvollstreckungsrechtliche Kriterien dafür zu entwickeln, bis wann der Gläubiger einer bestrittenen Forderung Klage zu erheben hat. Wägt man die verfassungsrechtlich garantierte Rechtsposition des Gläubigers auf Durchsetzung seiner Forderungen gegenüber dem der Gesamtvollstreckungsordnung zugrundeliegenden Prinzip der Verfahrensbeschleunigung ab, so ergibt sich bereits daraus, daß irgendwann ein letztmöglicher Zeitpunkt für den Nachweis der Klageerhebung gegeben sein muß. Hierbei handelt es sich um den **Zeitpunkt des Schlußtermins**, da in diesem über das Schlußverzeichnis, das Verwertungsergebnis und damit über die an die Gläubiger auszuschüttenden Beträge beschlossen wird. Mithin hat jeder Gläubiger, der im Schlußtermin nachweist, daß er Klage erhoben hat, das Recht, der Schlußverteilung zu widersprechen und Anspruch auf Aufnahme seiner Forderung in das Verzeichnis. Nach dem Schlußtermin erhobene Klagen entfalten keine Wirkung mehr, da das Verfahren bereits vorher seinen Abschluß gefunden hat. **38**

4. Durchführung des Schlußtermins

Die Leitung des Schlußtermins einschließlich der sogenannten Sitzungspolizei obliegt dem Gesamtvollstreckungsgericht, ebenso wie bei allen anderen Gläubigerversammlungen (siehe oben § 8 Rn. 14). Der Verwalter ist zur persönlichen Anwesenheit verpflichtet, kann sich also nicht vertreten lassen.[20] **39**

Im Schlußtermin wird der Verteilungsvorschlag (siehe Rn. 2 ff.) mit den Gläubigern und dem Verwalter erörtert. Einzugehen ist hierbei auf das vom Verwalter zu erstellende Schlußverzeichnis und die Ergebnisrechnung nebst Schlußbericht sowie ferner auf die Behandlung der nicht verwertbaren Vermögensgegenstände. **40**

a) Behandlung des Verteilungsvorschlags im Schlußtermin

Nach dem Wortlaut von § 18 Abs. 1 GesO ist der Verteilungsvorschlag mit den Gläubigern und dem Verwalter „zu erörtern", „im Ergebnis des Schlußtermins" zu ändern oder zu ergänzen und danach zu bestätigen. Ob das Gesamt- **41**

19 So Gottwald/*Eickmann* Nachtrag GesO S. 99 Rn. 9.
20 *Haarmeyer/Wutzke/Förster* § 18 GesO Rn. 14.

vollstreckungsgericht, der Verwalter oder die Gläubigerversammlung den Verteilungsvorschlag ändern oder ergänzen und danach billigen darf, ist dieser Regelung nicht zu entnehmen. Einigkeit besteht nur dahingehend, daß der Verwalter den von ihm selbst aufgestellten Vorschlag nicht bestätigen kann[21] und das Gericht den „im Ergebnis des Schlußtermins" geänderten oder ergänzten Verteilungsvorschlag zu bestätigen hat (18 Abs. 2 Satz 1 und Abs. 1 Satz 2 GesO).[22] Dagegen wird die Frage, wie und von wem der Verteilungsvorschlag des Verwalters geändert oder ergänzt werden kann, in der Rechtsprechung und Literatur uneinheitlich oder gar nicht behandelt. Insbesondere ist unklar, welche Befugnisse einzelnen Gläubigern oder der Gläubigerversammlung zukommen. Zu trennen ist dabei zwischen den einzelnen Bestandteilen des Verteilungsvorschlages. Dabei ergibt sich folgende unterschiedliche Rechtslage:

aa) Einwendungen gegen das Schlußverzeichnis

42 Es ist zunächst fraglich, wie **Einwendungen** einzelner Gläubiger gegen das **Schlußverzeichnis** (vgl. hierzu Rn. 6) zu behandeln sind. Denkbar ist beispielsweise, daß der Verwalter die Forderung eines Gläubigers in das Schlußverzeichnis nicht aufgenommen hat, obwohl diese anerkannt oder gerichtlich festgestellt ist. Ebenso kann es vorkommen, daß der Verwalter eine unverschuldet verspätet angemeldete Forderung nicht geprüft und nicht in das Schlußverzeichnis aufgenommen hat. Solche Forderungen können bei der Schlußverteilung nicht berücksichtigt werden, weil sie im Schlußverzeichnis nicht enthalten sind.[23] Der Gläubiger darf deshalb die Unterlassung der Aufnahme seiner Forderung in das Schlußverzeichnis im Schlußtermin rügen. Das **Gesamtvollstreckungsgericht** hat über seine Einwendung in entsprechender Anwendung von § 162 KO (übernommen auch in § 194 Abs. 2 und 3 InsO) durch Beschluß zu entscheiden.[24] Gegen diese Entscheidung steht den betroffenen Gläubigern die **sofortige Beschwerde** nach § 20 GesO zu.

bb) Ergebnisrechnung und Schlußbericht

43 Fraglich ist darüber hinaus, ob und wie die Gläubigerversammlung auch zur **Ergebnisrechnung** nebst **Schlußbericht** (vgl. hierzu Rn. 8) anzuhören ist oder hierüber abzustimmen hat. Es ist denkbar, daß die Gläubigerversammlung

44 — anzuhören ist, es aber dem **Verwalter** freisteht, die Einwendungen aufzugreifen sowie den Verteilungsvorschlag zu ändern[25] oder

---

21 Vgl. *Smid*/Zeuner § 18 GesO Rn. 11 f.; *Haarmeyer/Wutzke/Förster* § 18 GesO Rn. 16 ff.; Gottwald/*Eickmann* Nachtrag GesO S. 99 Rn. 5.

22 Vgl. *Smid*/Zeuner § 18 GesO Rn. 12 f.; *Haarmeyer/Wutzke/Förster* § 18 GesO Rn. 16 ff.; Gottwald/*Eickmann* Nachtrag GesO S. 99 Rn. 6.

23 *Hess/Binz/Wienberg* § 18 GesO Rn. 14; *Haarmeyer/Wutzke/Förster* § 18 GesO Rn. 18; *Smid*/ Zeuner § 18 GesO Rn. 11.

24 So wohl Gottwald/*Eickmann* Nachtrag GesO S. 99 Rn. 5 f.

25 So LG Dresden, Beschluß vom 02.03.1995, Gz. 2-T-0767/94 (nicht veröffentlicht).

— anzuhören ist, aber das **Gericht** über die Einwendungen entscheidet und den Verwalter anweist, den Verteilungsvorschlag zu ändern[26] oder 45

— über den Verteilungsvorschlag und dessen Änderungen oder Ergänzungen **beschließt** und der Verwalter verpflichtet ist, diesen Beschluß umzusetzen.[27] 46

Die letztgenannte Variante verdient den Vorzug. Es ist nicht ausreichend, die Gläubigerversammlung lediglich anzuhören.[28] Dies ergibt sich bereits aus dem Wortlaut von § 18 Abs. 1 Satz 2 GesO, wonach der Verteilungsvorschlag im Ergebnis des Schlußtermins zu ändern oder zu ergänzen **ist**. Dies setzt voraus, daß der Schlußtermin ein **Ergebnis** hat, bei dessen Umsetzung dem Verwalter ein Ermessens- oder Beurteilungsspielraum nicht zusteht. Dieses Ergebnis kann nur erzielt werden, wenn über die unterschiedlichen Auffassungen der Gläubiger abgestimmt wird und der mehrheitliche Wille der Gläubiger in einem Beschluß zum Ausdruck kommt. Darüber hinaus ist zu beachten, daß die Entscheidung über die Ergebnisrechnung und den Schlußbericht die maßgebliche Grundlage für die Verteilung des Verwertungserlöses an die Gläubiger darstellt. Auf ihrer Grundlage wird die Quote berechnet. Ein Beschluß über das Einverständnis mit dem Verteilungsvorschlag des Verwalters ist daher als Ausdruck der Gläubigerselbstverwaltung in Gesamtvollstreckungsverfahren geboten[29] (vgl. auch § 16 Abs. 4 Satz 1 GesO zum Parallelfall der Verfahrensbeendigung durch Vergleich). 47

Der Gläubigerversammlung steht es auch zu, dem Verteilungsvorschlag mit der Begründung zu widersprechen, das Verfahren sei noch nicht abschlußreif. So kann beispielsweise vorgebracht werden, daß bestimmte Rechte oder Gegenstände nicht oder nicht vollständig verwertet worden sind. In diesem Fall hat der Verwalter die Verwertung nachzuholen. Es wäre dann – nach Beschlußfassung der Gläubigerversammlung – im Anschluß an die Verwertung der betreffenden Gegenstände ein neuer Schlußtermin anzuberaumen. 48

Die unterschiedliche Behandlung von Einwendungen der Gläubiger gegen das **Schlußverzeichnis** im Schlußtermin einerseits, über die ein Beschluß der Gläubigerversammlung nicht herbeizuführen ist (vgl. Rn. 6) und der **Ergebnisrechnung nebst Schlußbericht** andererseits rechtfertigt sich aus der unterschiedlichen Qualität der Erörterungsgegenstände. Einwendungen gegen das Schlußverzeichnis betreffen die Berücksichtigung eines einzelnen Gläubigers bei der Schlußverteilung. Demgegenüber geht es bei der Abnahme der Ergebnisrechnung nebst Schlußbericht um die Billigung der Verwertungstätigkeit des Verwalters insgesamt, von der alle Gläubiger gleichermaßen betroffen sind. 49

---

26 Gottwald/*Eickmann* Nachtrag GesO S. 99 Rn. 6.

27 *Smid*/Zeuner § 18 GesO Rn. 11.

28 *Smid*/Zeuner § 18 GesO Rn. 11; Kilger/*K.Schmidt* § 18 GesO Anm. 2 c); so wohl auch *Hess/ Binz/Wienberg* § 18 GesO Rn. 75.

29 *Smid*/Zeuner § 18 GesO Rn. 11; im Ergebnis ebenso Kilger/*K.Schmidt* § 18 GesO Anm. 2 c).

b) Behandlung nicht verwertbarer Vermögensgegenstände

50 Während die Konkursordnung vorschreibt, daß die Gläubigerversammlung über die Freigabe nicht verwertbarer Vermögensgegenstände zu beschließen hat (§ 162 Abs. 1 KO), findet sich eine vergleichbare Vorschrift in der Gesamtvollstreckungsordnung nicht. In § 18 Abs. 3 GesO ist lediglich bestimmt, daß den Gläubigern nicht verwertbare Sachen zum Schätzwert unter Anrechnung auf anerkannte Forderungen überlassen werden können und anderenfalls an den Schuldner herauszugeben sind. Eine Beschlußfassung hierüber ist im Gesamtvollstreckungsverfahren nicht erforderlich.[30] Der Umstand, daß bestimmte Vermögensgegenstände nicht verwertet werden konnten, ist bereits im Schlußbericht darzulegen und von der Gläubigerversammlung zu billigen. Hat die Gläubigerversammlung diese Billigung ausgesprochen, ist der Verwalter in der Behandlung dieser Gegenstände nach Maßgabe des § 18 Abs. 3 GesO frei.

5. Stimmrechte der Gläubiger

51 Im Schlußtermin sind diejenigen Gläubiger stimmberechtigt, deren angemeldete Forderungen in das Schlußverzeichnis aufgenommen worden sind. Stimmberechtigt sind auch die in das Schlußverzeichnis aufgenommenen Gläubiger bestrittener Forderungen, wenn sie spätestens im Schlußtermin die Klagerhebung nachweisen.[31] Gegen dieses Stimmrecht spricht zwar, daß hier Gläubiger über die Schlußverteilung abstimmen, die möglicherweise an der Schlußverteilung wegen einer späteren Abweisung ihrer Forderungsklage nicht teilnehmen werden. Andererseits würde aber ein Ausschluß dieser Gläubiger zur endgültigen Beeinträchtigung ihrer Rechtsposition führen, die im Falle des Obsiegens im Rechtsstreit über die Anerkennung der Forderung besteht. Aus diesem Grunde ist es auch nicht zulässig, daß im Schlußtermin das Gesamtvollstreckungsgericht über das Stimmrecht der Gläubiger bestrittener Forderungen entscheidet. Das Gesamtvollstreckungsgericht würde damit eine Entscheidung über eine anhängig gemachte Forderung treffen, die allein dem Prozeßgericht zukommt (vgl. § 11 Abs. 3 Satz 1 und 3 GesO).

III. Bestätigung des Verteilungsvorschlages durch das Gericht

52 Nach § 18 Abs. 1 GesO hat das zuständige Gericht den Verteilungsvorschlag zu prüfen und zu bestätigen, wenn er von der Gläubigerversammlung im Schlußtermin erörtert und genehmigt worden ist. Erst in der von der Gläubiger-

---

30 AA Kilger/*K.Schmidt* § 18 GesO Anm. 2 c); *Hess/Binz/Wienberg* § 18 GesO Rn. 75; *Haarmeyer/Wutzke/Förster* § 18 GesO Rn. 11.

31 AA *Haarmeyer/Wutzke/Förster* § 18 GesO Rn. 15; *Smid*/Zeuner § 18 Rn. 11.

versammlung genehmigten Form wird der Verteilungsvorschlag dem zuständigen Gericht zur Genehmigung übergeben.[32]

1. Umfang der Prüfung

Das Gericht hat aufgrund seiner überwachenden Funktion zu überprüfen, ob der Verteilungsvorschlag **materiell und wertmäßig** zutreffend ist.[33] Es prüft auch den Vergütungsvorschlag des Verwalters. Die Überprüfung der materiellen Richtigkeit des Verteilungsvorschlages und der Voraussetzungen hierfür, also die Prüfung, ob der Verwalter tatsächlich alle verwertbaren Vermögensgegenstände zur Masse gezogen hat, wird häufig von den Gerichten nicht durchgeführt. **53**

Für die Gläubiger ist es allerdings von entscheidender Bedeutung, daß die Gerichte ihrer Aufsichtspflicht in diesem Stadium des Verfahrens gerecht werden und den Verteilungsvorschlag auch hinsichtlich seiner materiellen Ansätze überprüfen, etwa hinsichtlich der Frage, ob alle einklagbaren Forderungen gerichtlich geltend gemacht und Grundstücke zur Masse gezogen wurden. Die Gläubiger werden – insbesondere dann, wenn sie nicht „Berufsgläubiger" sind – im Regelfalle nicht alle Verwalterberichte prüfen können, in denen Rechtsfragen und Zweifel hinsichtlich gegebenenfalls zur Masse zu ziehender Vermögenswerte erörtert werden. Häufig geschieht es aber, daß Verwalter in der ersten Gläubigerversammlung umfangreich darstellen, welche Ansprüche für die Masse klageweise geltend gemacht werden sollen, welche Vermögenswerte zur Masse zu ziehen sind und dergleichen mehr. Diese Ansätze werden aber sehr oft nicht weiterverfolgt. Die Gründe hierfür sind auch den Berichten für die Gläubigerversammlung, die den Gesamtvollstreckungsgerichten regelmäßig zuzugehen haben, nicht immer zu entnehmen, so daß eine eingehende Prüfung dieser Berichterstattung angezeigt ist. Anlaß zu einer Überprüfung können auch konkrete Beanstandungen von Gläubigern sein. **54**

2. Folge der Verweigerung der Bestätigung

In der Gesamtvollstreckungsordnung ist nicht geregelt, ob erneut eine Gläubigerversammlung stattzufinden hat, wenn der von der Gläubigerversammlung genehmigte Verteilungsvorschlag nicht die Bestätigung des Gerichts findet. Diese Frage ist zu bejahen. Die Gesamtvollstreckungsordnung legt erhebliches Gewicht auf die Autonomie der Gläubigerversammlung (vgl. § 1 Rn. 1). Diese wird also, wenn aufgrund fehlender Zustimmung des Gerichts zu einem ersten Verteilungsvorschlag ein weiterer Verteilungsvorschlag von dem Verwalter **55**

---

32 Ebenso *Haarmeyer/Wutzke/Förster* § 18 GesO Rn. 20; *Smid*/Zeuner § 18 GesO Rn. 11 f.

33 *Haarmeyer/Wutzke/Förster* § 18 GesO Rn. 20; Kilger/*K.Schmidt* § 18 GesO Anm. 2 d); LG München I KTS 1965, 243, 244; ausführlich *Bähner* KTS 1991, 347 f.

erstellt wird, erneut zusammenkommen und hierüber befinden müssen, es sei denn, die Beanstandungen können vom Verwalter noch im Schlußtermin ausgeräumt werden, und die Gläubigerversammlung stimmt sofort über den insoweit geänderten oder ergänzten Verteilungsvorschlag ab.

3. Möglichkeit der Bestätigung trotz Mißbilligung durch die Gläubigerversammlung

56 In der Gesamtvollstreckungsordnung nicht geregelt ist der Fall, daß die Gläubigerversammlung einen Verteilungsvorschlag des Verwalters nicht genehmigt, obwohl Zurückweisungsgründe nicht vorliegen. Es stellt sich dann die Frage, ob durch einen Beschluß des Gerichts gleichwohl der Verteilungsvorschlag – entgegen der Beschlußfassung der Gläubigerversammlung oder ohne ihre Abstimmung hierüber – vom Gericht bestätigt werden kann.

57 Für die Möglichkeit der Bestätigung durch das Gericht spricht, daß es keinen Grund gibt, ein abschlußreifes Verfahren nicht abzuschließen. In diesem Fall muß gegebenenfalls zu Gunsten der überstimmten Gläubiger und des Verwalters, die Herbeiführung der zutreffenden Rechtslage (Abschluß des Verfahrens und Verteilung der Masse) möglich sein. Sofern hierdurch Rechte der Gläubiger verletzt werden, können sie den Beschluß des Gerichts durch eine sofortige Beschwerde nach § 20 GesO überprüfen lassen.

4. Form der Bestätigung und Rechtsmittel

58 Die Bestätigung des Verteilungsvorschlags erfolgt durch **Beschluß** des Gerichts.

59 Lehnt das Gericht die Bestätigung des Verteilungsvorschlages ab, steht dem **Verwalter** hiergegen die **sofortige Beschwerde** nach § 20 GesO zu.[34]

60 Umstritten ist hingegen, ob der Beschluß, mit dem der von der Gläubigerversammlung genehmigte Verteilungsvorschlag vom Gericht bestätigt oder auch nicht bestätigt wird, vom **Schuldner** angefochten werden kann. Hierzu wird die Auffassung vertreten, daß die Bestätigung der Schlußverteilung vom Schuldner mit der sofortigen Beschwerde angefochten werden kann, wenn er durch den Beschluß beschwert ist, beispielsweise, wenn es ihm verwehrt wird, den Abschluß eines Vergleichs zu erreichen.[35] Dem ist zuzustimmen.

61 Sofern ein **Gläubiger** durch den Beschluß der Gläubigerversammlung beschwert ist, beispielsweise weil ein von ihm vorgebrachter Änderungsvorschlag über die Verfolgung masseerhöhender Ansprüche keine Mehrheit gefunden hat und das Gericht gleichwohl den Verteilungsvorschlag bestätigen würde, muß dem Gläubiger die sofortige Beschwerde zustehen.

---

34 *Haarmeyer/Wutzke/Förster* § 18 GesO Rn. 20; Kilger/*K.Schmidt* § 18 GesO Anm. 2 d).

35 *Haarmeyer/Wutzke/Förster* § 18 GesO Rn. 19; OLG Stuttgart KTS 1991, 335, 336.

IV. Schlußverteilung und Abschluß des Verfahrens

Im Anschluß an den Schlußtermin und die Bestätigung des Verteilungsvorschlags durch das Gericht findet die Schlußverteilung statt. Anschließend kann das Verfahren abgeschlossen werden. **62**

1. Schlußverteilung

Die Schlußverteilung beginnt, nachdem der Verteilungsvorschlag durch das Gericht bestätigt worden ist (vgl. oben Rn. 52 ff.). **63**

Die Verteilung wird in erster Linie durch Auszahlung der vorhandenen Barmittel vorgenommen, die nach Maßgabe des im Schlußverzeichnis enthaltenen Ranges (vgl. oben Rn. 9 ff.) und der Höhe der Forderung an die Gläubiger ausgekehrt werden. **64**

§ 18 Abs. 3 GesO sieht vor, daß nicht verwertbare Sachen, also Gegenstände, die zur Masse gehören, vom Verwalter aber nicht veräußert werden konnten, zum Schätzwert interessierten Gläubigern unter Anrechnung auf ihre Forderungen überlassen werden können. Im Regelfalle wird auf die Forderungen insoweit kein nennenswerter Betrag anzurechnen sein, da Gegenstände, die keinen Erwerber gefunden haben, nicht sehr werthaltig sein dürften. **65**

Nimmt der Verwalter die Schlußverteilung vor, obwohl das Gericht seinen Verteilungsvorschlag nicht bestätigt hat oder ohne daß zu diesem Zeitpunkt die gerichtliche Bestätigung vorliegt, haftet er nach Auffassung der überwiegenden Ansicht in der Literatur den Beteiligten für einen hieraus entstehenden Schaden persönlich.[36] Diese Rechtsauffassung ist zumindest zweifelhaft. Anders als bei einem Schlußtermin im Konkursverfahren haben im Gesamtvollstreckungsverfahren die Gläubiger vor Erteilung der Bestätigung des Gerichts die Gelegenheit, den Verteilungsvorschlag des Verwalters zu überprüfen und ihm gegebenenfalls die Genehmigung zu versagen. Wird der Verteilungsvorschlag des Verwalters mehrheitlich von der Gläubigerversammlung genehmigt und nimmt der Verwalter aufgrund dieses Verteilungsvorschlages dann die Verteilung vor, haben die der Verteilung zustimmenden Gläubiger ihre Ansprüche gegen den Verwalter verloren. Dies gilt auch für die Gläubiger, die an der Versammlung nicht teilgenommen haben. Diese Gläubiger haben durch das Fernbleiben ihre Rechte nicht wahrgenommen und dürfen deshalb die hieraus entstandenen Folgen nicht auf den Verwalter abwälzen. **66**

2. Abschluß des Verfahrens

Nach Beendigung der Schlußverteilung hat der Verwalter einen weiteren Bericht, den sogenannten **Abschlußbericht**, zu erstatten (§ 18 Abs. 4 GesO). **67**

---

36 *Haarmeyer/Wutzke/Förster* § 18 GesO Rn. 24; Kilger/*K.Schmidt* § 18 GesO Anm. 2 d).

Dieser hat ein vollständiges Bild seiner gesamten Tätigkeiten und aller getroffenen Maßnahmen **seit dem Schlußtermin** zu enthalten.[37] Das Gericht hat aufgrund seiner Aufsichtspflicht den Abschlußbericht des Verwalters nebst Anlagen zu prüfen.

68 Im Anschluß hieran ist das Gesamtvollstreckungsverfahren einzustellen (§ 19 Abs. 1 Nr. 1 GesO). Den Gläubigern ist auf Antrag eine vollstreckbare Ausfertigung aus dem Vermögensverzeichnis (vgl. Anhang I Muster 35, 36) zu erteilen (§ 18 Abs. 2 Satz 2 GesO).

V. Verteilung außerhalb der Schlußverteilung

69 Es kann sich bereits während des Verfahrens die Notwendigkeit ergeben, vorhandenes Vermögen an die Gläubiger im Wege einer **Abschlagszahlung** oder **Vorauszahlung** zu verteilen. Darüber hinaus kann es auch noch nach der Schlußverteilung im Anschluß an den Schlußtermin vorkommen, daß weitere Vermögenswerte ermittelt werden oder Rückstellungen aufzulösen sind. In diesem Falle erfolgt eine **Nachtragsverteilung**.

1. Abschlagzahlungen und Vorauszahlungen

70 Im Gegensatz zur Konkursordnung (§§ 149, 170 KO) sieht die Gesamtvollstreckungsordnung Abschlagszahlungen und Vorauszahlungen nicht vor.

71 Teilweise wird trotz der fehlenden Regelung für **Abschlagszahlungen** in der Literatur die Ansicht vertreten, daß diese grundsätzlich zulässig[38] und vorzunehmen wären, sofern hierfür hinreichend Masse vorhanden sei. Der Verwalter habe hierfür lediglich die Genehmigung der Gläubigerversammlung[39] oder des gegebenenfalls gewählten Gläubigerausschusses[40] einzuholen und die Verteilung in einem Verzeichnis zu dokumentieren. Dieser Auffassung kann nur unter Einschränkungen zugestimmt werden:

72 Es ist grundsätzlich davon auszugehen, daß alle nicht aufgrund von § 13 GesO vorab zu befriedigenden Ansprüche vor Zahlung hierauf erst in dem Verteilungsvorschlag berücksichtigt werden müssen, der im Schlußtermin zu genehmigen und danach zu bestätigen ist. Der Verwalter wird jedoch dann, wenn hinreichend bare Masse vorhanden ist, der Gläubigerversammlung vorschlagen können, Abschlagzahlungen vorzunehmen. Dies ist insbesondere hinsichtlich der Ansprüche bevorrechtigter Gläubigergruppen, wie etwa der Arbeitnehmer und ihrer Lohnansprüche, sachgerecht und angemessen (vgl. Anhang I Muster 29).

---

37 *Haarmeyer/Wutzke/Förster* § 18 GesO Rn. 31.

38 *Smid*/Zeuner § 18 GesO Rn. 23; *Hess/Binz/Wienberg* § 18 GesO Rn. 43; *Haarmeyer/Wutzke/Förster* § 18 GesO Rn. 36.

39 *Haarmeyer/Wutzke/Förster* § 18 GesO Rn. 36.

40 *Hess/Binz/Wienberg* § 18 GesO Rn. 44; Kilger/*K.Schmidt* § 17 Anm. 3 b).

Für die Zulässigkeit von Abschlagszahlungen spricht auch die Regelung in § 187 Abs. 2 InsO, nach der „Verteilungen" stattfinden können, „sooft hinreichende Barmittel in der Insolvenzmasse vorhanden sind." Die Insolvenzordnung beschränkt Vorab-Verteilungen aber im wesentlichen auf bevorrechtigte Gläubiger, gemäß § 187 Abs. 2 Satz 2 InsO sollen nachrangige Insolvenzgläubiger bzw. derartige Verteilungen nicht berücksichtigt werden. Diese Einschränkung ist für Gesamtvollstreckungsverfahren nicht zu übernehmen, da in diesem Verfahren das Prinzip der Gläubigerautonomie besonders ausgeprägt ist (vgl. § 1 Rn. 1). **73**

Die Gläubigerversammlung muß also darüber entscheiden können, ob eine Abschlagsverteilung erfolgen soll. Die Zustimmung des Gläubigerausschusses reicht dagegen nicht aus. Dies ergibt sich daraus, daß eine Abschlagsverteilung als eine vorgezogene Schlußverteilung anzusehen ist, zu der die Gläubigerversammlung ihre Zustimmung erteilen muß. **74**

Einer derartigen Gläubigerversammlung für die Zustimmung einer Abschlagsverteilung hat das übliche für die Einberufung einer Gläubigerversammlung notwendige Procedere vorauszugehen. Der Vorschlag des Verwalters für die Abschlagsverteilung (vgl. Muster 29) ist also öffentlich bekannt zu machen und hat die Art der Forderungen und die Summe der Forderungen anzugeben, die durch eine Abschlagsverteilung befriedigt werden sollen. Soweit dieses Verfahren von den Gesamtvollstreckungsgerichten gegenwärtig praktiziert wird, ist darauf hinzuweisen, daß die Ladungsfristen teilweise ausgesprochen kurz sind. Einige Gerichte veröffentlichen die Einberufung derartiger Gläubigerversammlungen erst zwei Wochen vor dem Termin. Zur Wahrung der Rechte in der Gläubigerversammlung sollte den Gläubigern aber hinreichend Zeit gelassen werden, um sich mit der Art und der Summe der geplanten Abschlagszahlungen vertraut zu machen. Hierfür sollte ein Zeitraum von mindestens **vier Wochen** zwischen der Veröffentlichung der Ladung und dem Termin eingehalten werden. Bei kürzeren Fristen sollten die Gläubiger, wenn der Abschlagsverteilungsvorschlag nicht hinreichend geprüft werden konnte, der Verteilung die Zustimmung versagen. **75**

Die Konkursordnung unterscheidet von den Abschlagszahlungen die **Vorauszahlungen** gemäß § 170 KO, die nur Vorrechtsgläubiger betreffen und allein mit Zustimmung des Gerichts zulässig sind.[41] Vereinzelt sind solche Vorauszahlungen auch im Anwendungsbereich der Gesamtvollstreckungsordnung unter Hinweis auf § 170 KO zugelassen worden.[42] Dies mit der Begründung, daß den bevorrechtigten Gläubigern – insbesondere den Arbeitnehmern – schon vor der allgemeinen Masseverteilung aus Billigkeitsgründen geholfen werden soll. Der Grundsatz der Gläubigerautonomie gebietet aber auch für Vorauszahlungen auf bevorrechtigte Forderungen im Sinne von § 17 Abs. 3 **76**

---

41 Vgl. nur Kilger/*K.Schmidt* § 170 KO Anm. 1.
42 AG Rostock, Beschluß v. 10.01.1995, Az. (61) 9 N 88/92 (unveröffentlicht).

Nr. 1 – 3 GesO, daß die Gläubigerversammlung zuvor gehört werden und zustimmen muß.

2. Nachtragsverteilung

77 Für Nachtragsverteilungen enthält die Gesamtvollstreckungsordnung im Gegensatz zur Konkursordnung (vgl. § 166 KO) ebensowenig wie für die Abschlagsverteilung eine Regelung. Jedoch wird die **Zulässigkeit** der Nachtragsverteilung im Falle der Verteilung eines nach Einstellung der Gesamtvollstreckung verbleibenden Überschusses von § 12 Abs. 3 Satz 2 GesO ausdrücklich vorausgesetzt. Sie muß zusätzlich dann möglich sein, wenn nach dem Vollzug der Schlußverteilung und der Einstellung des Verfahrens noch weitere Beträge zur Masse gezogen werden können bzw. verwertbare Gegenstände ermittelt werden. Dies kann zB der Fall sein, wenn die zunächst von einer Bank einbehaltene Zinsabschlagsteuer erst nach dem Schlußtermin der Masse zurückerstattet wird.

78 Für das **Verfahren** der Nachtragsverteilung ist mangels einer Bestimmung in der Gesamtvollstreckungsordnung auf § 166 KO zurückzugreifen. Allerdings ist auch dort das Verfahren lediglich fragmentarisch geregelt. Danach findet eine Nachtragsverteilung nur auf **Anordnung des Konkursgerichts** statt. Diese Anordnung bewirkt, daß die der Nachtragsverteilung unterfallenden Vermögensgegenstände weiterhin der Verwaltungs- und Verfügungsbefugnis des Verwalters unterliegen.

79 Die Nachtragsverteilung erfolgt aufgrund des bereits bestätigten Schlußverzeichnisses. Es wird keine Ausschlußfrist und kein neues Beschwerde- bzw. Erinnerungsverfahren in Gang gesetzt. Lediglich die in dem Schlußverzeichnis aufgeführten Forderungen werden berücksichtigt. Gläubiger verschuldet verspätet angemeldeter Forderungen im Sinne des § 14 GesO können sich also nicht an eine nach Abschluß des Verfahrens ermittelte Nachtragsmasse halten.[43] Häufig wird die Nachtragsverteilung insbesondere dann notwendig werden, wenn der Verwalter zum Zeitpunkt des Schlußtermins für streitige Forderungen, über die Feststellungsklagen anhängig sind, Rückstellungen zu bilden hatte und sich im Verlaufe der Rechtsstreitigkeiten herausstellt, daß die Forderungen nicht begründet und daher nicht in das Schlußverzeichnis aufzunehmen sind. Der Verwalter hat dann die für die Verfahrenskosten und die an den Gläubiger zu zahlende Quote vorsorglich gebildeten Rückstellungen aufzulösen und verhältnismäßig an die übrigen Gläubiger zu verteilen.

---

43 Vgl. Kilger/*K.Schmidt* § 166 KO Anm. 2.

§ 21 Die Einstellung des Gesamtvollstreckungsverfahrens

Übersicht

Siehe auch in Anhang I folgende Muster:
Muster 35: Antrag des Gläubigers auf Erteilung einer vollstreckbaren auszugsweisen Ausfertigung
Muster 36: Vollstreckbare auszugsweise Ausfertigung

Die Voraussetzungen, unter denen das Gesamtvollstreckungsverfahren durch **Einstellung** zu beenden ist, sind in § 19 GesO geregelt. Dabei sind an die Beendigung durch Einstellung verschiedene Rechtsfolgen geknüpft, die sich im einzelnen nicht aus dem Wortlaut der Gesamtvollstreckungsordnung ergeben. 1

I. Form der Einstellung

Die Einstellung der Gesamtvollstreckung erfolgt gemäß § 19 Abs. 2 GesO durch **Beschluß**, der dem Verwalter und dem Schuldner **förmlich zuzustellen** ist. Da die Gesamtvollstreckungsordnung keine nähere Festlegung trifft, wie die Zustellung zu erfolgen hat, kann das Gericht grundsätzlich zwischen den nach § 1 Abs. 3 GesO ergänzend anwendbaren §§ 166 ff. ZPO genannten Zustellungsformen wählen.[1] Im Hinblick auf eine bundeseinheitliche Handhabung ist mit Rücksicht auf die Vorschrift des § 77 Abs. 1 KO die Zustellung durch die Aufgabe zur Post zu empfehlen.[2] 2

1 *Smid*/Zeuner § 19 GesO Rn. 9.

3 Der Beschluß ist ferner **öffentlich bekannt zu machen** (§ 19 Abs. 2 Satz 1 GesO). Die Bekanntmachung erfolgt mindestens in einer regional verbreiteten Tageszeitung im Gerichtsbezirk des zuständigen Insolvenzgerichts. Außerdem ist der Beschluß auszugsweise im Bundesanzeiger zu veröffentlichen.[3] Daneben finden sich auch in den Amtsblättern der jeweiligen Bundesländer hin und wieder derartige Veröffentlichungen. Für die Bekanntmachungen gelten im übrigen die gleichen Erfordernisse wie für die Bekanntmachung des Eröffnungsbeschlusses (vgl. § 6 Rn. 76 ff.).

4 Die in § 6 Abs. 2 GesO genannten Adressaten sind gemäß § 19 Abs. 2 Satz 2 GesO von dem Einstellungsbeschluß durch formlose Übersendung des Einstellungsbeschlusses zu informieren. Hierbei handelt es sich vornehmlich um die **registerführenden Behörden**, die die Einstellung in den jeweiligen Registern vermerken müssen.[4] Schließlich ist der Einstellungsbeschluß den übrigen in § 6 Abs. 2 GesO genannten Stellen (etwa den Kreditinstituten des Schuldners und der zuständigen Industrie- und Handelskammer) zu übersenden,[5] da die Verweisung in § 19 Abs. 2 Satz 2 GesO als eine uneingeschränkte Verweisung auf § 6 Abs. 2 GesO zu verstehen ist. Zum einen macht es Sinn, dieselben Institutionen, die an der Verfahrenseröffnung beteiligt sind, auch in dessen Beendigung einzubeziehen. Zum anderen spricht die Art der Verwendung des Wortes „Behörde“ in § 19 Abs. 2 GesO dafür, daß der Gesetzgeber diesen Begriff nur untechnisch als Oberbegriff verwenden wollte. Denn die Verweisung in § 19 Abs. 2 GesO erfaßt jedenfalls auch registerführende Gerichte, die keine „Behörden“ sind.

II. Einstellungsgründe

5 Nach § 19 Abs. 1 GesO ist die Gesamtvollstreckung in den nachfolgenden Fällen einzustellen:

1. Einstellung nach Erlösverteilung und Prüfung des Abschlußberichts (§ 19 Abs. 1 Nr. 1 GesO)

6 Nach dem Schlußtermin (vgl. hierzu § 20 Rn. 39 ff.) und nach Verteilung des Erlöses (vgl. hierzu § 20 Rn. 63 ff) durch den Verwalter ist das Gericht nach § 19 Abs. 1 Nr. 1 GesO zunächst verpflichtet, den Abschlußbericht des Verwalters zu prüfen. Kommt das Gericht hierbei zu dem Ergebnis, daß das Verfahren **abschlußreif** ist, muß es von Amts wegen die Einstellung des

---

2 So auch *Smid*/Zeuner § 19 GesO Rn. 9; *Haarmeyer/Wutzke/Förster* § 19 GesO Rn. 27 (2. Auflage).

3 *Smid*/Zeuner GesO § 19 Rn. 10.

4 Vgl. *Smid*/Zeuner § 19 GesO Rn. 14 f; *Haarmeyer/Wutzke/Förster* § 19 GesO Rn. 28; *Hess/ Binz/Wienberg* § 19 GesO Rn. 49.

5 *Smid*/Zeuner § 19 GesO Rn. 13.

Gesamtvollstreckungsverfahrens beschließen.[6] Die gerichtliche Prüfung kann allerdings auch zur Ablehnung der Einstellung der Gesamtvollstreckung führen, wenn sich aufgrund des Abschlußberichts ergibt, daß beispielsweise der Erlös aus der Verwertung des Schuldnervermögens noch nicht vollständig verteilt ist oder andere Gründe der Einstellung des Verfahrens entgegenstehen.[7]

Ist das Verfahren grundsätzlich abschlußreif, wäre jedoch nach § 12 Abs. 3 **7**
GesO eine **Nachtragsverteilung** zwingend erforderlich, weil beispielsweise eine rechtskräftige Entscheidung über das Bestehen bestrittener Ansprüche noch nicht vorliegt, kann das Gesamtvollstreckungsverfahren nach dem Wortlaut des § 19 Abs. 1 Nr. 1 GesO noch nicht eingestellt werden, weil diese Vorschrift die vollständige Verteilung des Erlöses voraussetzt. Diese Auslegung führt jedoch zu einer unnötigen Verlängerung des Verfahrens, die die Rechtsstellung des Schuldners erheblich beeinträchtigt.[8] Denn der Schuldner bleibt weiterhin seiner Verwaltungs- und Verfügungsbefugnis enthoben, ohne daß der Zweck der Gesamtvollstreckung – die gleichmäßige Befriedigung aller Gläubiger – dies erfordert. Deshalb ist § 19 Abs. 1 Nr. 1 GesO dahingehend auszulegen, daß die Einstellung des Gesamtvollstreckungsverfahrens trotz einer zwingend erforderlichen Nachtragsverteilung zulässig ist, wenn **mit Zustimmung der Gläubigerversammlung** bestimmte und ausreichende Beträge für die Nachtragsverteilung zurückbehalten werden.[9] Die Einstellung des Verfahrens nach § 19 Abs. 1 Nr. 1 GesO sollte in einem derartigen Fall zumindest zulässig sein, wenn das Verfahren abschlußreif ist und es sich bei dem Schuldner um eine **natürliche Person** handelt. Vor allem natürliche Personen dürften ein Interesse daran haben, nach Abschluß des Gesamtvollstreckungsverfahrens wieder am Wirtschaftsleben teilzunehmen.

Für die Zulässigkeit der Verfahrenseinstellung vor der Nachtragsverteilung **8**
spricht auch die Vorschrift in § 12 Abs. 3 Satz 2 GesO, die diese Möglichkeit ausdrücklich voraussetzt.

2. Einstellung nach Vergleich (§ 19 Abs. 1 Nr. 2 GesO)

Das Verfahren ist nach § 19 Abs. 1 Nr. 2 GesO einzustellen, wenn ein **9**
Beschluß des Gerichts, mit dem ein gemäß § 16 GesO geschlossener Vergleich bestätigt wird (vgl. § 19 Rn. 45), Rechtskraft erlangt. Dies ist der Fall, wenn der bestätigende Beschluß nicht mehr mit der sofortigen Beschwerde gemäß § 20 GesO angefochten werden kann.[10]

---

6 *Haarmeyer/Wutzke/Förster* § 19 GesO Rn. 5.
7 *Smid*/Zeuner § 19 GesO Rn. 7.
8 Ähnlich *Smid*/Zeuner § 19 GesO Rn. 5.
9 Ähnlich *Haarmeyer/Wutzke/Förster* § 19 GesO Rn. 5.
10 Vgl. *Hess/Binz/Wienberg* § 19 GesO Rn. 9 f.

3. Einstellung des Verfahrens mangels Masse (§ 19 Abs. 1 Nr. 3 GesO)

10 Weiterhin kann das Gesamtvollstreckungsverfahren gemäß § 19 Abs. 1 Nr. 3 GesO eingestellt werden, wenn sich **während des Verfahrens** ergibt, daß die **Verfahrenskosten** (vgl. § 13 Rn. 2 ff.) aus der vorhandenen Masse **nicht (mehr) gedeckt** werden können (Massearmut bzw. Masseunzulänglichkeit). Sobald von dem Verwalter festgestellt wird, daß die zu erwartende Masse nicht ausreicht, um den Fortgang des Verfahrens zu sichern, ist die vorzeitige Beendigung des Verfahrens durch Einstellung geboten.[11]

11 Für die sich nach Verfahrenseröffnung herausstellende Masseunzulänglichkeit gibt es verschiedene Ursachen. So kann zum Beispiel die Eröffnung des Verfahrens ohne hinreichende Prüfung der Kostendeckung durch das zur Verfügung stehende Vermögen erfolgt sein. Massearmut kann ferner eintreten, weil nach Eröffnung des Verfahrens bisher unbekannte Masseverbindlichkeiten festgestellt werden oder entstanden sind, so daß mit der zunächst ausreichend erscheinenden Masse die Masseverbindlichkeiten nicht vollständig befriedigt werden können.[12] Auch kann ein bei Verfahrenseröffnung bestehender, aber unbekannt gebliebener Aus- oder Absonderungsanspruch dazu führen, daß weniger Masse zur Verfügung steht, als bei Eröffnung des Verfahrens angenommen werden konnte.

12 Die Verfahrenseinstellung ist in jedem Verfahrensstadium nach der Eröffnung möglich, wenn sich die Unzulänglichkeit der Masse herausstellt.[13] Dies folgt aus der Formulierung in § 19 Abs. 1 Nr. 3 GesO („während des Verfahrens").

13 Die Vorschrift des § 19 Abs. 1 Nr. 3 GesO entspricht weitgehend der konkursrechtlichen Bestimmung in § 204 Abs. 1 Satz 1 KO und der zukünftig geltenden Regelung in § 207 Abs. 1 Satz 1 InsO.[14] Allerdings bestimmen § 204 Abs. 1 KO und § 207 Abs. 1 InsO darüber hinaus, daß **die Einstellung des Verfahrens unterbleibt, wenn ein Massekostenvorschuß gezahlt wird**; ferner **soll** das Konkurs-bzw. Insolvenzgericht die Gläubigerversammlung vor der Einstellung mangels Masse anhören (§§ 204 Abs. 2 KO, 207 Abs. 2 InsO). Es ist umstritten, ob diese zusätzlichen Regelungen für die Verfahrenseinstellung auf das Gesamtvollstreckungsverfahren entsprechend anzuwenden sind.[15]

14 Da die in den alten Bundesländern anzuwendende Konkursordnung und die künftig in der gesamten Bundesrepublik geltende Insolvenzordnung in diesen Punkten aber übereinstimmen, erscheint eine entsprechende Anwendung dieser Regelungen im Wege einer Rechtsanalogie sachgerecht. Dies gilt um so mehr,

---

11 *Haarmeyer/Wutzke/Förster* § 19 GesO Rn. 9.
12 *Haarmeyer/Wutzke/Förster* § 19 GesO Rn. 9.
13 *Hess/Binz/Wienberg* § 19 GesO Rn. 16.
14 Vgl. Anhang III.2 und 3.
15 Vgl. für die Anwendbarkeit von § 204 KO *Smid*/Zeuner § 19 GesO Rn. 8; dagegen: *Haarmeyer/Wutzke/Förster* § 19 GesO Rn. 11.

als die Anhörung der Gläubigerversammlung auch dem in der Gesamtvollstreckungsordnung besonders ausgeprägten Prinzip der Gläubigerautonomie gerecht wird und die Gläubiger durch die Einberufung der Gläubigerversammlung die Möglichkeit erhalten, die Einstellung durch Zahlung eines Massekostenzuschusses abzuwehren.[16]

Auch im Gesamtvollstreckungsverfahren kann die Einstellung des Verfahrens **15**
durch die Leistung eines Massekostenvorschusses abgewendet werden. Es sind keine Gründe ersichtlich, weshalb den Gesamtvollstreckungsgläubigern nicht die Möglichkeit eingeräumt werden sollte, die Massearmut durch Leistung eines Kostenvorschusses zu beseitigen (vgl. zu der vergleichbaren Situation vor Eröffnung des Verfahrens § 6 Rn. 112). Außerdem trifft § 19 Abs. 1 Nr. 3 GesO keine Aussage darüber, in welcher Weise oder durch wen die Verfahrenskosten zu decken sind, so daß der erforderliche Betrag auch von Gläubigern oder sogar Dritten zur Verfügung gestellt werden kann.[17]

4. Einstellung auf Antrag des Schuldners (§ 19 Abs. 1 Nr. 4 GesO)

Das Verfahren ist schließlich gemäß § 19 Abs. 1 Nr. 4 GesO auf **Antrag des** **16**
Schuldners einzustellen, wenn alle Gläubiger dem Antrag zustimmen oder der Eröffnungsgrund (Zahlungsunfähigkeit und/oder Überschuldung) nachträglich entfällt.

Einzelnen Gläubigern steht ein solches Antragsrecht nicht zu. Nur der Schuld- **17**
ner kann nach § 19 Abs. 1 Nr. 4 GesO diesen Antrag stellen. Bei einer Mehrheit von Schuldnern (beispielsweise bei einer GbR oder OHG) müssen sämtliche Schuldner die Einstellung beantragen.[18]

a) Zustimmung der Gläubiger

Liegt ein ordnungsgemäßer Einstellungsantrag des Schuldners vor, müssen **18**
sämtliche Gläubiger, die dem Gericht in dem Verfahren bis zum Zeitpunkt der Antragstellung bekannt geworden sind, ihre **Zustimmung** zu der Einstellung erteilen. Anders als nach der konkursrechtlichen Regelung des § 202 Abs. 2 KO kommt es weder darauf an, ob die Frist zur Anmeldung von Forderungen bereits abgelaufen ist, noch spielt es eine Rolle, ob die Forderung bei dem Verwalter bereits angemeldet wurde. Ebenso ist es unerheblich, ob die Forderung von dem Verwalter anerkannt oder bestritten wurde.[19] Die Zustim-

---

16 In diesem Sinne auch *Haarmeyer/Wutzke/Förster* § 19 GesO Rn. 11.

17 So auch *Hess/Binz/Wienberg* § 19 GesO Rn. 20 f; im Ergebnis ebenfalls *Haarmeyer/Wutzke/ Förster* § 19 GesO Rn. 11 a.

18 *Haarmeyer/Wutzke/Förster* § 19 GesO Rn. 17 a.

19 AA *Hess/Binz/Wienberg* § 19 GesO Rn. 39 f; *Haarmeyer/Wutzke/Förster* § 19 GesO Rn. 18.

mungserklärung ist eine Prozeßhandlung. Sie kann deshalb weder unter einer Bedingung abgegeben noch widerrufen oder angefochten werden.[20]

b) Wegfall des Eröffnungsgrundes

19 Die Einstellung des Verfahrens auf Antrag des Schuldners kann ferner erfolgen, wenn der **Eröffnungsgrund** (Zahlungsunfähigkeit und/oder Überschuldung; vgl. hierzu im einzelnen § 4 Rn. 19 ff.) **nachträglich wegfällt**. In diesem Fall ist das Verfahren erst einzustellen, wenn der Insolvenzgrund zur Überzeugung des Gerichtes vollständig beseitigt ist, zB bei Zahlungsunfähigkeit der Schuldner seinen fälligen Zahlungsverpflichtungen wieder nachkommen kann oder bei Überschuldung das Vermögen die Schulden wieder deckt (vgl. im einzelnen § 4 Rn. 19 ff.). Der Schuldner hat die Beseitigung des Insolvenzgrundes durch Vorlage geeigneter Unterlagen glaubhaft zu machen.[21]

20 Da das Gericht in diesem Fall über die Einstellung ohne Zustimmung der Gläubiger oder des Verwalters entscheidet, muß es sehr sorgfältig prüfen, ob der Insolvenzgrund tatsächlich beseitigt worden ist. Hierzu kann es sachdienlich sein, die Gläubiger und/oder den Verwalter zur Stellungnahme aufzufordern. Eine hierauf gerichtete Pflicht des Gerichts besteht indes grundsätzlich nicht.[22]

c) Form der Einstellung

21 Wenn das Gericht zu der Überzeugung gelangt, daß die Voraussetzungen für eine Einstellung gegeben sind, hat es das Verfahren durch Beschluß einzustellen. Anderenfalls ist der Einstellungsantrag des Schuldners durch Beschluß zurückzuweisen.

III. Rechtsmittel

22 Einstellungsbeschlüsse, die nach Verteilung des Erlöses und nach Prüfung des Abschlußberichtes des Verwalters (§ 19 Abs. 1 Nr. 1 GesO) oder nach Eintritt der Rechtskraft des Vergleichsbeschlusses (§ 19 Abs. 1 Nr. 2 GesO) erfolgen, sind gemäß § 19 Abs. 3 GesO **unanfechtbar**. Denn die Gläubigerversammlung hat in diesem Fall dem Verteilungsvorschlag beziehungsweise dem Vergleich vor Einstellung des Verfahrens zugestimmt.

23 Demgegenüber können Einstellungsbeschlüsse, die auf §§ 19 Abs. 1 Nr. 3 oder 4 GesO gestützt sind (nachträgliche Massearmut, Schuldnerantrag), mit der **sofortigen Beschwerde** (vgl. § 6 117 ff.) angefochten werden. Dies kann insbesondere dann erforderlich sein, wenn die vorzeitige Beendigung des

20 Vgl. *Haarmeyer/Wutzke/Förster* § 19 GesO Rn. 19; zur KO ebenso Jäger/*Weber* §§ 202, 203 KO Rn. 3.

21 *Haarmeyer/Wutzke/Förster* § 19 GesO Rn. 24.

22 AA *Haarmeyer/Wutzke/Förster* § 19 GesO Rn. 24, die eine Anhörung der Gläubiger in einer Gläubigerversammlung für erforderlich halten.

Gesamtvollstreckungsverfahrens den Interessen aller oder einiger Gläubiger widerspricht. Beschwerdebefugt ist jeder betroffene Gläubiger.

Lehnt das Gericht einen Einstellungsantrag ab, steht dem Schuldner, gegebenenfalls auch dem Verwalter, hiergegen ebenfalls die **sofortige Beschwerde** gemäß § 20 GesO zu. 24

IV. Wirkung der Einstellung

Die Wirkungen der Einstellung des Gesamtvollstreckungsverfahrens sind in der Gesamtvollstreckungsordnung nicht ausdrücklich genannt. Sie sind unterschiedlicher Art. 25

1. Beendigung der Verfügungs- und Verwaltungsbefugnis

Die Einstellung der Gesamtvollstreckung beendet die dem Verwalter gemäß § 8 Abs. 2 GesO mit der Eröffnung des Verfahrens übertragene Verfügungs- und Verwaltungsbefugnis. Sie geht mit Rechtskraft der Einstellung ohne weiteren Rechtsakt wieder auf den Schuldner über.[23] 26

2. Beendigung der Prozeßführungsbefugnis

Der Verwalter verliert mit der Einstellung zugleich seine Prozeßführungsbefugnis. Die von ihm in seiner Funktion als Verwalter geführten Prozesse werden deshalb mit der Einstellung der Gesamtvollstreckung unterbrochen (§ 240 ZPO). Der bisherige Schuldner erlangt das Prozeßführungsrecht über sein bis dahin zur Masse gehörendes Vermögen zurück.[24] 27

3. Kompetenz des Verwalters für eine Nachtragsverteilung

In der Gesamtvollstreckungsordnung ist, anders als in der Konkursordnung (vgl. § 166 KO), nicht ausdrücklich geregelt, ob der Verwalter im Falle einer **Nachtragsverteilung** (vgl. hierzu § 20 Rn. 77) die Verwaltungs- und Verwertungsbefugnis wiedererlangt. Aus der in § 12 Abs. 3 GesO getroffenen Bestimmung ergibt sich aber, daß der Gesetzgeber insoweit stillschweigend von einer Verwaltungs- und Verfügungskompetenz des Verwalters für die nachträglich zu verteilenden Gegenstände ausgegangen ist. Denn die Vorschrift sieht vor, daß ein bei Einstellung des Gesamtvollstreckungsverfahrens verbleibender Überschuß „nachträglich zu verteilen" ist. Das Gericht sollte deshalb zur Vermeidung von Unklarheiten im Einstellungsbeschluß ausdrücklich die Ver- 28

---

23 Vgl. Kuhn/*Uhlenbruck* § 163 KO Rn. 6.

24 BGH ZIP 1982, 467, 468; Kuhn/*Uhlenbruck* § 6 KO Rn. 26 mwN; vgl. auch *Haarmeyer/Wutzke/Förster* § 19 GesO Rn. 26 b.

waltungs-, Verwertungs- und Verteilungskompetenz des Verwalters für die Nachtragsverteilung anordnen.[25]

4. Verjährungsunterbrechung

29 Mit der Einstellung des Verfahrens endet auch die durch die Forderungsanmeldung erwirkte Verjährungsunterbrechung. Wenn die Einstellung nach einem Abschluß des Verfahrens erfolgt oder aufgrund eines Vergleichs angeordnet wurde, können die Gläubiger aus dem Vermögensverzeichnis (§ 18 Abs. 2 Satz 2 GesO) oder aus dem Vergleich (§ 16 Abs. 6 GesO) vollstrecken. Diese Titel verjähren nach den allgemeinen Regeln und damit nach **30 Jahren** (§ 195 BGB). In den anderen Fällen müssen die Gläubiger -sofern dies wirtschaftlich sinnvoll und der Schuldner als juristische Person nicht im Register zu löschen ist -eine Klage gegen den Schuldner erheben, um die Verjährung erneut zu unterbrechen.

5. Herausgabe der Geschäftsunterlagen

30 Sobald das Verfahren eingestellt ist, hat der Verwalter dem Schuldner sämtliche Geschäftsunterlagen wieder zur Verfügung zu stellen, soweit sie nicht für eine Nachtragsverteilung benötigt werden. Der Schuldner ist zur Rücknahme verpflichtet[26]. In Übereinstimmung mit den handelsrechtlichen Vorschriften sind die Geschäftsunterlagen einer Gesellschaft nach Einstellung des Verfahrens zu verwahren (vgl. §§ 157 Abs. 2 HGB, 74 Abs. 1 GmbHG, 273 Abs. 2 AktG).[27]

6. Aufleben der Passivlegitimation des Schuldners

31 **Forderungen gegen den Schuldner** können nach Einstellung des Verfahrens im Wege der Vollstreckung gegen diesen geltend gemacht werden. Dies gilt im Verhältnis zu **natürlichen Personen** nicht, soweit die in § 18 Abs. 2 Satz 3 GesO angeordnete Restschuldbefreiung auf den Schuldner Anwendung findet. Eine Vollstreckung gegen juristische Personen scheidet aus, wenn diese im Handelsregister gelöscht worden und vermögenslos sind.

---

25 *Smid*/Zeuner § 19 GesO Rn. 18.
26 Vgl. Kuhn/*Uhlenbruck* § 163 KO Rn. 12 mwN.
27 Jäger/*Weber* § 117 KO Rn. 19.

KAPITEL 5: Sonderprobleme des DDR-Rechts und des DDR-Folgerechts

§ 22 Anwendbarkeit von DDR-Recht (Grundzüge)

Übersicht

Im Hinblick auf das nach dem Einigungsvertrag teilweise fortgeltende DDR-Recht sollen im folgenden einige Sonderprobleme dargestellt werden, die sich auch künftig noch bei der Abwicklung von Gesamtvollstreckungsverfahren ergeben können. Der Gesetzgeber nimmt sich dieser besonders gelagerten Fragen zwar zunehmend an, so zB im Sachenrechtsbereinigungsgesetz[1] und im Schuldrechtsänderungsgesetz[2]; gleichwohl ist auch in den nächsten Jahren das DDR-Recht und das DDR-Folgerecht (Wiedervereinigungsrecht) für die Beurteilung der Rechte der an einem Gesamtvollstreckungsverfahren beteiligten Personen von Bedeutung. Die Frage des anwendbaren Rechts ist daher im Einzelfall zu prüfen. Da die einzelnen Regelungen in verschiedenen Gesetzen verstreut und zum Teil schwer zugänglich sind, soll im folgenden auch auf Einzelheiten der Zusammenhänge eingegangen werden. **1**

Nach dem Einigungsvertrag vom 31.08.1990 (vgl. oben § 1 Rn. 4) gilt seit dessen Inkrafttreten am 03.10.1990[3] im Beitrittsgebiet grundsätzlich **Bundesrecht** in den Rechtsgebieten, die nach der Kompetenzordnung des Grundgesetzes (Art. 70 ff. GG) in die Zuständigeit des Bundesgesetzgebers fallen. Zu diesem Grundsatz bestehen allerdings einige **Ausnahmen**: **2**

---

1 Gesetz zur Sachrechtsbereinigung im Beitrittsgebiet (Sachenrechtsbereinigungsgesetz SachenRBerG) BGBl. 1994 I 2457; vgl. *Vossius*, Sachenrechtsbereinigungsgesetz, Einleitung Rn. 15 ff.

2 Gesetz zur Änderung schuldrechtlicher Bestimmungen im Beitrittsgebiet (Schuldrechtsänderungsgesetz – SchuldRÄndG) vom 21.09.1994, BGBl. 1994 I 2538.

3 Vgl. BGBl. 1990 I 2889.

I. Die Anwendbarkeit von Bundesrecht als Grundsatz

3 Nach Art. 8 des Einigungsvertrages und den durch **Anlage I** des Einigungsvertrages geschaffenen Übergangsvorschriften (sogenannten intertemporalen Normen) gilt im Beitrittsgebiet seit dem 03.10.1990 grundsätzlich bundesdeutsches Recht (vgl. zB die durch Anlage 1 des Einigungsvertrages geschaffenen Bestimmungen in Art. 230 Abs. 2 EGBGB zur Geltung des BGB und des EGBGB im Beitrittsgebiet[4]). Die intertemporalen Überleitungsvorschriften sehen im wesentlichen vor, daß nach dem 03.10.1990 geschaffene und am 03.10.1990 noch nicht abgeschlossene Tatbestände nach neuem Bundesrecht zu beurteilen sind.[5] Daher läßt sich die Geltung von Bundesrecht in den Bereichen als Grundsatz begreifen, in denen der Bundesgesetzgeber nach der Kompetenzordnung des Grundgesetzes zuständig ist.

4 Ferner sind durch Art. 9 Abs. 2 Einigungsvertrag[6] einige Gesetze der ehemaligen DDR in den Rang eines Bundesgesetzes erhoben worden. Dies betrifft die in Anlage II des Einigungsvertrages genannten Gesetze – bei denen es sich vor allem um Gesetze handelt, die der DDR-Gesetzgeber im Jahr 1990 zur Vorbereitung auf die Marktwirtschaft oder den Beitritt zur Bundesrepublik Deutschland beschlossen hat. Beispiele bieten

— das Vermögensgesetz (VermG)[7] und
— das D-Markbilanzgesetz (DMBilG)[8],die beide in novellierter Fassung noch heute fortgelten.[9]

5 Das danach anwendbare Bundesrecht ist **verfassungskonform** anzuwenden. Diese Bedingung ist vom Einigungsgesetzgeber für das nach Art. 9 Abs. 2 Einigungsvertrag zum Bundesrecht erhobene DDR-Recht auch ausdrücklich

---

4 Einigungsvertrag Anlage I Kap. III Sachgeb. B, Abschn. II Nr. 1 – BGBl. 1990 II S. 885, 941, 950.

5 Vgl. Staudinger/*Rauscher* Art. 230 EGBGB Rn. 41, 89 f.

6 Vgl. § 2 Fn. 4.

7 Gesetz zur Regelung offener Vermögensfragen vom 23.09.1990 (Vermögensgesetz – VermG), abgedruckt in Anlage II zum Einigungsvertrag, Kap. III Sachgeb. B Abschn. I unter Ziff. 5; BGBl. II 885, 1159; mehrfach bekannt gemacht, geändert oder berichtigt; vgl. zuletzt:
– Bekanntmachung der Neufassung des Vermögensgesetzes vom 02.12.1994 (BGBl. 1994 I 3610, 3611);
– Änderung durch Artikel 1 des Gestzes zur Anpassung vermögensrechtlicher und anderer Vorschriften (Vermögensanpassungsgesetz – VermRAnpG) vom 04.07.1995, (BGBl. 1995 I 895);
– vgl. auch die zum 01.01.1999 vorgesehene Änderung durch Art. 101 EGInsO.

8 Gesetz über die Eröffnungsbilanz in Deutscher Mark und die Kapitalneufestsetzung (D-Markbilanzgesetz – DMBilG) vom 23.09.1990 (abgedruckt in Anlage II zum Einigungsvertrag, Kap. III Sachgebiet D Abschn. I, (BGBl. 1990 II 885, 1169); mehrfach bekannt gemacht, geändert oder berichtigt; vgl. zuletzt die Bekanntmachung der Neufassung des D-Markbilanzgesetzes vom 28.07.1994 (BGBl. 1994 I 1842).

9 Vgl. zur Einordnung des Vermögensgesetzes als fortgeltendes DDR-Recht: *Kimme*, Offene Vermögensfragen, vor §§ 1, 2 VermG Rn. 2.

festgehalten worden[10]. Ebenso hat der Einigungsgesetzgeber in Art. 9 Abs. 1, 2 und in Art. 10 Einigungsvertrag auch auf die Beachtung des europäischen Gemeinschaftsrechts bei der Anwendung von Bundesrecht hingewiesen.[11] Ergänzend gelten im Beitrittsgebiet die Staatsverträge, denen die Bundesrepublik Deutschland als Vertragspartei angehört (Art. 11 Einigungsvertrag).

II. Die Anwendbarkeit von DDR-Recht als Ausnahme

Zu dem genannten Grundsatz sehen die in Anlage I des Einigungsvertrages geschaffenen Überleitungsregelungen Ausnahmen vor, die insbesondere **vor der Wiedervereinigung abgeschlossene Rechtsvorgänge** betreffen. Unter welchen Voraussetzungen altes DDR-Recht anwendbar ist, war nach dem 03.10.1990 zunächst umstritten, da für vor dem 03.10.1990 entstandene „Altfälle“[12] nicht nur **zeitliche** (intertemporale), sondern auch **räumliche** (interlokale) Abgrenzungsfragen zwischen dem Recht des Beitrittsgebietes (Teilrechtsordnung Ost) und dem im früheren Bundesgebiet geltenden Recht (Teilrechtsordnung West)[13] zu lösen waren. 6

Mittlerweile hat der Bundesgerichtshof durch sein Urteil vom 01.12.1993 eine Prüfungsreihenfolge vorgegeben[14], die im folgenden zugrunde gelegt werden soll. Danach sind folgende vier Prüfungsschritte zu beachten: 7

a) Zunächst ist in einem ersten Schritt die „vorrangige Frage“ zu klären, ob das Recht des Beitrittsgebietes (Teilrechtsordnung Ost) oder das im früheren Bundesgebiet geltende Recht (Teilrechtsordnung West) maßgebend ist. Die dafür erforderlichen und vom Einigungsvertrag vorausgesetzten **interlokalen Kollisionsregeln** sind nicht gesetzlich normiert. Statt dessen ist auf die vom Bundesgerichtshof bereits vor der Wiedervereinigung entwickelten deutsch-deutschen Kollisionsregeln zurückzugreifen.[15] Danach sind die zur Abgrenzung von deutschem Recht gegenüber ausländischem Recht geschaffenen Regelungen des internationalen Privatrechts (insbesondere in

---

10 S. Art. 9 Abs. 2 Einigungsvertrag iVm. Art. 3 Einigungsvertrag sowie BGHZ 124, 270, 277.

11 Zur unmittelbaren Anwendbarkeit des Rechts der Europäischen Gemeinschaften vgl. die – vorrangig einschlägige -Rechtsprechung des Gerichtshofs: EuGH 15.07.1964, Rs. 6/64 (Costa/E.N.E.L.), Slg. 1964, 1251, 1270 (Schlußantrag Lagrange 1281, 1284 ff.); st. Rspr., vgl. nur EuGH 19.06.1990, Rs. C-213/89 (The Queen/Factortame Ltd. u.a.), Slg. 1990, I-2466, 2473 (insbesondere Rn. 18) bis 2474 und EuGH 19.11.1991, verb. Rs. C-6/90 und 9/90 (Francovich und Bonifaci/Italienische Republik) NJW 1992, 165, 166-167 Rn. 31-32.

12 Zum Begriff vgl. Staudinger/*Rauscher* Art. 230 EGBGB Rn. 45 m.w.N.

13 So die Begriffsbildung des Bundesgerichtshofes in BGHZ 124, 270, 272.

14 BGHZ 124, 270; auch abgedruckt in IPRax 1995, 114 mit kritischer Anmerkung *Dörner*, Interlokales Erbrecht nach der Wiedervereinigung – ein schwacher Schlußstrich, IPRax 1995, 89- 92.

15 BGHZ 124, 270, 272.

Art. 3 ff. EGBGB) entsprechend zur Abgrenzung der beiden deutschen Teilrechtsordnungen heranzuziehen. Kommt es hiernach auf die Staatsangehörigkeit einer Person an, ist statt dessen auf den „gewöhnlichen Aufenthalt der Anknüpfungsperson“ abzustellen.[16]

8 Ein in der Praxis besonders wichtiges Beispiel: Ist über die Wirksamkeit einer Hypothek zu entscheiden, die möglicherweise nach altem DDR-Recht wirksam entstanden ist (vgl. zu den strengen Voraussetzungen des DDR-Rechts § 23 Rn. 10 ff.), so beginnt die Prüfung mit der Lösung der interlokalen Frage. Nach dem entsprechend anwendbaren (bundesdeutschen) internationalen Privatrecht entscheidet über den sachenrechtlichen Vorgang das Recht des Ortes, an dem sich die Sache zur Zeit des sachenrechtlich relevanten Vorganges befand.[17] Liegt das Grundstück, das von der Hypothek erfaßt werden soll, im Beitrittsgebiet, ist die Teilrechtsordnung Ost anwendbar.

9 b) In einem zweiten Schritt ist sodann die **intertemporale Frage** zu klären, also die Abgrenzung des seit dem 03.10.1990 geltenden Rechts von dem bis zum 02.10.1990 in der ehemaligen DDR geltenden Recht. Hierbei sind die Übergangsvorschriften im sechsten Teil des Einführungsgesetzes zum Bürgerlichen Gesetzbuch (Art. 230 bis 236) heranzuziehen. Nach Art. 230 Abs. 2 EGBGB ist danach – von wenigen arbeitsrechtlichen und kindschaftsrechtlichen Ausnahmen abgesehen – das Bürgerliche Gesetzbuch „nach Maßgabe der folgenden Übergangsvorschriften“ anzuwenden. Eine solche Übergangsvorschrift enthält zB Art. 233 § 3 Abs. 1 Satz 1 EGBGB, die bestimmt:

> „Rechte, mit denen eine Sache oder ein Recht am Ende des Tages vor dem Wirksamwerden des Beitritts belastet ist, bleiben mit dem sich aus dem bisherigen Recht ergebenden Inhalt und Rang bestehen, soweit sich nicht aus den nachstehenden Vorschriften ein anderes ergibt.“

Danach ist zB die Wirksamkeit einer bis zum 02.10.1990 im Grundbuch eingetragenen Hypothek nach altem DDR-Recht zu beurteilen.[18]

10 c) Führen die interlokal- und intertemporalrechtlichen Prüfungen zum Recht der ehemaligen DDR, so sind in einem dritten Schritt die im **DDR-Recht** für den Sachverhalt heranzuziehenden Vorschriften **zu ermitteln und auszulegen.**[19] Dabei sind insbesondere auch Rechtsänderungen im

---

16 BGHZ 124, 270, 272; vgl. auch schon zum interlokalen Privatrecht BGHZ 40, 32, 35; BGHZ 85, 16, 22; BGHZ 91, 186, 194 ff. sowie *Brödermann/Rosengarten*, IPR Rn. 190 f., 203 und *v. Bar*, Internationales Privatrecht, Bd. 1, Rn. 283-294.

17 Vgl. BGH WM 1987, 871, 873; *Ferid*, Internationales Privatrecht, 3. Aufl. 1986 Rn. 7-8; *Brödermann/Rosengarten*, IPR Rn. 350.

18 Zur Anwendbarkeit von Art. 233 § 3 EGBGB auf Hypotheken vgl. MünchKomm/*Quack*, Einigungsvertrag Rn. 254; Staudinger/*Rauscher*, Art. 233 § 3 EGBGB Rn. 11.

19 Vgl. BGHZ 124, 270, 274.

DDR-Recht aus der Zeit unmittelbar vor dem Beitritt zur Bundesrepublik zu beachten. So hat der DDR-Gesetzgeber im Jahr 1990 noch zahlreiche Regelungen abgeändert oder -insbesondere zum 01.07.1990 – außer Kraft gesetzt.[20] Auch im intertemporalen DDR-Recht ist aber grundsätzlich auf das im Zeitpunkt eines Rechtsvorganges geltende Recht zurückzugreifen.[21] Wurde die beispielhaft erwähnte Hypothek also zB im Mai 1990 eingetragen, gilt das zu diesem Zeitpunkt noch geltende Hypothekenrecht (vgl. zu den Rechtsänderungen im Hypothekenrecht § 23 Rn. 7 ff.).

Bei der Bestimmung der nach DDR-Recht anwendbaren Vorschriften sind **11**
aber nicht nur DDR-intertemporale Fragen, sondern auch **sachliche Abgrenzungsregelungen** des DDR-Rechts heranzuziehen. So unterschied das DDR-Recht zB bis zum 30.06.1990 zwischen dem für Rechtsbeziehungen **zwischen Bürgern** geschaffenen Zivilgesetzbuch[22] und dem auf **Wirtschaftsrechtsverhältnisse** (also zB zwischen mehreren volkseigenen Betrieben) anwendbaren Vertragsgesetz.[23]

d) Abschließend ist zu prüfen, ob die Anwendung und Auslegung von altem **12**
DDR-Recht **mit dem Grundgesetz vereinbar** ist.[24] Dies wird häufig deswegen der Fall sein, weil bereits das am 02.10.1990 im Beitrittsgebiet geltende DDR-Recht eine rechtsstaatliche Auslegung und Anwendung aller, auch alter DDR-Gesetze gebot. Eine entsprechende Auslegungsvorgabe enthielt sowohl Art. 4 des Staatsvertrages über die Schaffung einer Währungs-, Wirtschafts- und Sozialunion zwischen der Bundesrepublik

---

20 Vgl. zB das Gesetz über die Änderung oder Aufhebung von Gesetzen der DDR vom 28.06.1990, DDR-GBl. I 483 (abgedruckt bei Staudinger/*Rauscher* Anh. Art. 230-236 EGBGB Nr. 9); das Gesetz zur Änderung oder Ergänzung des ZGB der DDR – erstes Zivilrechtsänderungsgesetz – vom 28.06.1990, DDR-GBl. I 524 (abgedruckt bei Staudinger/ *Rauscher* Anh. Art. 230-236 EGBGB Nr. 11) und die Verordnung über die Änderung und Aufhebung von Gesetzen der DDR – Änderungs- und Aufhebungsverordnung – vom 28.06.1990, DDR-GBl. I 509 (abgedruckt bei Staudinger/*Rauscher* Anh. Art. 230-236 EGBGB Nr. 10).

21 Vgl. zB § 14 der in der vorigen Fußnote zitierten Änderungs- und Aufhebungsverordnung vom 28.06.1990 und § 6 Abs. 1 EGBGB.

22 Vgl. Präambel zum ZGB, Abs. 2 Satz 2: „Die Aufgabe des sozialistischen Zivilrechts als Teil des einheitlichen Rechts besteht darin, die gesellschaftlichen Beziehungen **im Bereich der Versorgung der Bevölkerung** mit materiellen Gütern und Leistungen, insbesondere mit Wohnraum, Konsumgütern und Dienstleistungen, mit hoher Wirksamkeit zu gestalten.“ (Fettdruck hinzugefügt).

23 Gesetz über das Vertragssystem in der sozialistischen Wirtschaft vom 25.03.1982 (DDR-GBl. 1982 I 293); vgl. auch die grundsätzlich Feststellung Nr. 2/1983 des Staatlichen Vertragsgerichtes zum Vorrang des Vertragsgesetzes gegenüber dem Zivilgesetzbuch, abgedruckt in: Vertragsgesetz, Textausgabe, hrsg. vom Staatlichen Vertragsgericht, (Ost-)Berlin 1987, S. 99.

24 BGHZ 124, 270, 277.

Deutschland und der Deutschen Demokratischen Republik vom 18.05.1990[25] als auch Art. 1 des DDR-Gesetzes über Verfassungsgrundsätze[26].

13 Nur wenn diese vier „Prüfungsklippen" überwunden sind, lassen sich heute aus altem DDR-Recht noch Rechte herleiten. Daß dies aber ausnahmsweise noch möglich ist, belegen die folgenden Ausführungen zu kredit- und sicherungsrechtlichen Fragen (§ 23).

---

25 BGBl. 1990 II 537; DDR-GBl. 1990 I 232.

26 Gesetz zur Änderung und Ergänzung der Verfassung der Deutschen Demokratischen Republik (Verfassungsgrundsätze) vom 17.06.1990, DDR-GBl. I S. 299.

§ 23 Kredit- und sicherungsrechtliche Fragen

Übersicht

1 Für eine Übergangszeit werden in Gesamtvollstreckungsverfahren noch nach DDR-Recht begründetete Kredit- und Sicherungsrechte zu berücksichtigen sein. Im folgenden soll einigen ausgewählten kredit- und sicherungsrechtlichen Fragen nachgegangen werden, die auch heute noch für zahlreiche Gesamtvollstreckungsverfahren von Bedeutung sind.

I. Forderungsqualität von Altkrediten

2 In zahlreichen Gesamtvollstreckungsverfahren treten Inhaber von zu DDR-Zeiten begründeten Darlehensforderungen als Gläubiger auf; hierdurch wird eine Vielzahl anderer Gläubiger gegebenenfalls durch die anteilige Verringerung ihrer Quoten betroffen. Unter diesen Umständen ist in vielen Gesamtvollstreckungsverfahren die Frage zu klären, ob die Forderungen aus solchen „Altkrediten“ anzuerkennen sind.

1. Der Begriff „Altkredite"

3 Unter Altkrediten sind Darlehensforderungen zu verstehen, die in der Zeit vor dem 01.07.1990 in der ehemaligen DDR begründet worden sind. Hierzu zählen insbesondere die in Art. 25 Abs. 7 Einigungsvertrag und § 56 e DMBilG[1] genannten Kredite, die von den Kreditinstituten der DDR auf der Grundlage der **Kreditverordnung** vom 28.01.1982[2] an Wirtschaftseinheiten der DDR ausgereicht wurden. In diesem Zusammenhang ist auf die Legaldefinition für den Begriff „Wirtschaftseinheiten" in § 2 Abs. 1 des **Vertragsgesetzes**[3] hinzuweisen. Danach sind Wirtschaftseinheiten:

1. volkseigene Kombinate,
2. volkseigene Betriebe der Kombinate (Kombinatsbetriebe),
3. volkseigene Betriebe, die keinem Kombinat angehören und volkseigene Einrichtungen,
4. sozialistische Genossenschaften und ihre rechtsfähigen Betriebe und Einrichtungen,
5. Betriebe von Parteien und gesellschaftlichen Organisationen,
6. andere Betriebe und Einrichtungen, die staatliche Aufgaben und staatliche Planauflagen erhalten und
7. rechtsfähige sozialistische Gemeinschaften und rechtsfähige gemeinschaftliche Einrichtungen.

2. Einordnung als wirksame Kreditforderungen

4 Im Hinblick auf die Kreditausreichung im Rahmen der Planwirtschaft ist in der Literatur – und von vielen Verwaltern – die Ansicht vertreten worden, Altkredite würden keine Darlehen darstellen, die als Gläubigerforderungen zu berücksichtigen wären.[4] Im Hinblick auf die gesetzlichen Regelungen im Staatsvertrag vom 18.05.1990 (vgl. oben § 22 Rn. 12), im Einigungsvertrag vom 31.08.1990 (vgl. § 1 Rn. 4), im D-Markbilanzgesetz (vgl. § 22 Rn. 4) und in anderen gesetzlichen Regelungen hat der Bundesgerichtshof mittlerweile jedoch wieder-

1 Gesetz über die Eröffnungsbilanz in deutscher Mark und die Kapitalneufestsetzung (D-Markbilanzgesetz – DMBilG -) vom 23.09.1990 (BGBl 1990 II 885, 1169, 1245); zuletzt geändert durch das Gesetz zur Änderung des Vermögensgesetzes und anderer Vorschriften – 2. Vermögensrechtsänderungsgesetz (2. VermRÄndG) – vom 14.07.1992 (BGBl I S. 1284).

2 Verordnung vom 28.01.1982 über die Kreditgewährung und die Bankkontrolle der sozialistischen Wirtschaft – Kreditverordnung – (DDR-GBl. I 126; zuletzt geändert durch die Vierte Verordnung über die Kreditgewährung und die Bankkontrolle der sozialistischen Wirtschaft – 4. Kreditverordnung vom 02.03.1990, DDR-GBl. 1990, I 114).

3 Gesetz über das Vertragssystem in der sozialistischen Wirtschaft vom 25.03.1982 (DDR-GBl. 1982 I 293.

4 Vgl. zB Claussen, ZIP 1990, 1173, 1174; Vogler, DWiR 1991, 303, 304; Clemm/*Burghart* § 11 GesO Rn. 21 ff.

holt entschieden, daß Altkrediten Forderungsqualität zukommt.[5] Hierfür spricht insbesondere das Argument, daß die Einigungsgesetzgeber grundsätzlich von der Umstellung **aller** Forderungen und Verbindlichkeiten von Mark der DDR auf Deutsche Mark im Verhältnis 2 : 1 ausgegangen sind.[6] Forderungen aus Altkreditverträgen sind damit im Ergebnis als wirksame Kreditforderungen einzustufen.[7]

3. Anforderungen an die Wirksamkeit von Altkrediten

Da Altkreditverträge vor dem 01.07.1990 abgeschlossen worden sind (oben Rn. 5
3), werden sich als Kreditgeber und Kreditnehmer heute die Rechtsnachfolger der ursprünglichen Vertragsparteien gegenüberstehen. In vielen Fällen haben sie im Wege der Novation (§ 305 BGB) die Altkreditverbindlichkeiten auf eine neue bürgerlich-rechtliche Grundlage gestellt (§ 607 BGB). In anderen Fällen haben Parteien des Altkreditvertrages Feststellungsvereinbarungen geschlossen, mit denen der Schuldner auf Einwendungen gegenüber dem Bestand und der Höhe der Forderung verzichtet hat.[8] Nur in den verbleibenden Fällen wird bei Anwendung der Maßstäbe des DDR-Rechts (also insbesondere der Kreditverordnung vom 28.01.1982, vgl. oben Rn. 3) zu prüfen, ob ein Kreditvertrag wirksam abgeschlossen worden ist.

II. Nach DDR-Recht begründete Sicherheiten (Grundpfandrechte)

In der Zeit vor dem 03.10.1990 nach DDR-Recht begründete Sicherheiten sind 6
auch heute noch wirksam. Es ist nicht Aufgabe einer Darstellung über den Gläubiger in der Gesamtvollstreckung, ausführlich und umfassend auf die nach DDR-Recht begründeten Sicherheiten einzugehen.[9] Nachfolgend soll deshalb

---

5 BGH ZIP 1993, 1909, 1910 ff.; WM 1994, 2075, 2076; BGH ZIP 1995, 909 sowie BGH – XI ZR 133/94 – (Beschluß vom 14.03.1995, unveröffentlicht, Nichtannahme der Revision gegen ein Urteil des OLG Dresden vom 09.06.1994 – 7 U 0042/94 –, das ebenfalls die Forderungsqualität von Altkrediten bestätigt hat); vgl. in diesem Sinne auch bereits *Hommelhoff/Habighorst*, Gewerbliche Staatsbank-Kredite und ihre Behandlung nach DDR-Beitritt, ZIP 1992, 665-679.

6 Anlage 2 Art. 7 § 1 Abs. 1 des ersten Staatsvertrages vom 18.05.1990. Vgl. zum ganzen auch Hommelhoff/Habighorst, Gewerbliche Staatsbank – Kredite und ihre Behandlung nach DDR-Beitritt, ZIP 1992, 665 – 679.

7 Im Ergebnis nunmehr ebenso *Haarmeyer/Wutzke/Förster* § 1 GesO Rn. 155; Hess/*Binz* KO § 8 GesO Rn. 65; vgl. aus der jüngsten Rechtsprechung in diesem Sinne zB Brandenburgisches Oberlandesgericht, Urteil vom 11.05.1995 (Az. 8 U 84/94), unter II. 3 ff.

8 In diesem Sinne zB OLG Dresden, Urteil vom 28.03.1994, Az. 2 U 1531/93 (unveröffentlicht).

9 Vgl. zu diesem Themenkreis MünchKomm/*Eickmann*, Einigungsvertrag Rn. 377 ff. (zu Hypotheken); MünchKomm/Quack/*Dammrau*, Einigungsvertrag Rn. 262 ff. (zu

lediglich ein Überblick über die nach DDR-Recht begründeten Sicherheiten gegeben werden, die im Hinblick auf die Ab- und Aussonderungsrechte nach § 12 GesO (vgl. § 16 Rn. 3) noch heute für zahlreiche Gesamtvollstreckungsverfahren von Bedeutung sind. Der Gläubiger kann daran interessiert sein, solche Sicherungsrechte im Wege der Aus- oder Absonderung geltend zu machen. Der Verwalter ist im Interesse der Massemehrung daran interessiert, die Durchsetzung unwirksam bestellter Sicherheiten abzuwehren. Das gilt insbesondere für Grundpfandrechte. Demgegenüber sind im Hinblick auf den Zeitablauf seit 1990 nach DDR-Recht begründete Mobiliarsicherheiten[10] oder abgetretene Forderungen heute häufig nicht mehr von wirtschaftlicher Bedeutung. Auf sie soll deshalb auch nicht eingegangen werden.

7 Bei der Darstellung der Grundpfandrechte ist entsprechend der Entwicklung des DDR-Rechts zu unterscheiden zwischen

— vor dem 01.01.1976,
— vor dem 01.07.1990 und
— vor dem 03.10.1990

begründeten Grundpfandrechten. Auf diese aus dem DDR-Recht folgende Unterscheidung kommt es an, da nach der in das EGBGB übernommenen intertemporalen Regelung des Einigungsvertrages (vgl. § 22 Rn. 9) eine vor dem 03.10.1990 ordnungsgemäß eingetragene Hypothek -vorbehaltlich einer späteren Bereinigung – mit **dem sich aus dem bisherigen Recht ergebenden** Inhalt und Rang bestehen bleibt.[11] Nach den intertemporalen Regelungen des Einigungsvertrages gilt das alte DDR-Recht darüber hinaus unter bestimmten Voraussetzungen auch für nach dem 03.10.1990 eingetragene Hypotheken.

1. Vor dem 01.01.1976 begründete Hypotheken

8 Zu dem am 01.01.1976 in der DDR in Kraft getretenen Zivilgesetzbuch[12] sieht § 6 Abs. 1 des Einführungsgesetzes (EGZGB) vor, daß vor Inkrafttreten des Zivilgesetzbuches begründete Grundstücksbelastungen nach dem hierfür gel-

---

Mobiliarsicherheiten); Staudinger/*Rauscher* Art. 233, § 3 Rn. 9 ff. (zu Hypotheken- und Mobiliarsachenrechten).

10 Das ZGB und – zwischen dem 12.03.1990 und dem 30.06.1990 – die 4. Kreditverordnung (vgl. oben Rn. 3 Fn. 2) sahen einige zum Teil von den Regelungen des BGB abweichende Möglichkeiten der Besicherung von Ansprüchen durch Mobilien und andere Sicherungsrechte vor. So gestatteten das ZGB und die 4. Kreditverordnung (vgl. § 448 ZGB, § 1 der 4. Kreditverordnung) insbesondere zur Besicherung der Ansprüche von Kreditinstituten die Begründung von **Pfandrechten ohne Übergabe der Sache**. Zur Wirksamkeit solcher Verpfändungsverträge vgl. zB OLG Dresden, Urteil vom 09.06.1994, Az. 7 U 0042/94; das Urteil ist rechtskräftig, da die Revision mit Beschluß des Bundesgerichtshofs vom 14.03.1995, Az. IX ZR 133/94, nicht angenommen wurde.

11 Zur Anwendbarkeit von Art. 233 § 3 EGBGB auf Hypotheken implizit auch MünchKomm/ *Quack*, Einigungsvertrag Rn. 254.

12 Vgl. § 1 EGZGB (DDR-GBl. 1975 I, S. 517).

tenden Recht (dem Bürgerlichen Gesetzbuch) zu beurteilen sind. Die allgemeinen Bestimmungen des ZGB sollen nach dieser Bestimmung aber gleichwohl bei der Ausübung dieser Rechte, also etwa Fragen der Zahlung und der Verjährung,[13] und auf die Verfügung (insbesondere Übertragung) dieser Rechte aus einer alten Hypothek, angewendet werden (§ 6 Abs. 2, 3 EGZGB). Damit ist zB die Frage, ob eine vor dem 01.01.1976 eingetragene Hypothek aufgrund von Ereignissen während der Geltung des Zivilgesetzbuches mittlerweile zu Unrecht eingetragen ist, nach den Bestimmungen des Zivilgesetzbuches zu prüfen.[14]

Seit dem 03.10.1990 richten sich die Übertragungen von solchen alten Hypotheken und andere Verfügungen über solche Rechte nach den Bestimmungen des Bürgerlichen Gesetzbuches (Art. 233 § 6 Abs. 2 EGBGB). **9**

2. Nach dem 01.01.1976 und vor dem 01.07.1990 begründete Hypotheken

Das am 01.01.1976 in Kraft getretene Zivilgesetzbuch (vgl. oben Rn. 8) sieht zur **10** Besicherung von Forderungen **gegenüber DDR-Bürgern** lediglich in §§ 452 ff. ZGB die Hypothek in der Form der Sicherungshypothek als zulässiges Grundpfandrecht vor.[15] Die Voraussetzungen für die Bestellung einer Hypothek zu Lasten eines DDR-Bürgers unterscheiden sich danach, ob der Sicherungsnehmer eine Privatperson oder aber ein Kreditinstitut, ein volkseigener Betrieb oder staatliche Organe und Einrichtungen waren.

Forderungen **gegenüber volkseigenen Wirtschaftseinheiten** konnten hingegen **11** bis 12.03.1990 nicht hypothekarisch abgesichert werden. Erst in der Vorbereitungsphase auf die Marktwirtschaft und spätere Vereinigung mit der Bundesrepublik Deutschland wurde dieser Rechtszustand durch die 4. Kreditverordnung[16] abgeändert.

a) Hypotheken zur Besicherung von Forderungen von Privatpersonen gegenüber DDR-Bürgern

Zur Sicherung **bestimmter** Geldforderungen konnten **DDR-Bürger** Grund- **12** stücke und Gebäude belasten, an denen selbständiges Gebäudeeigentum bestand. Verfügte ein Bürger über mehrere Grundstücke und reichte keines der in Betracht gezogenen Grundstücke für sich allein genommen für die ausreichende Besicherung der Forderung aus[17], so konnten auch mehrere Grundstücke mit

---

13 So die Hinweise im Kommentar zum ZGB § 6 EGZGB Anm. 2.1.

14 Vgl. Kommentar zum ZGB § 6 EGZGB Anm. 2.1. und 2.2.; Staudinger/*Rauscher* 233 § 6 EGBGB Rn. 19.

15 Vgl. *Westen/Schleider*, S. 98, 542; Kommentar zum ZGB § 452 Anm. 1.2.

16 Vierte Verordnung über die Kreditgewährung und die Bankkontrolle der sozialistischen Wirtschaft – 4. Kreditverordnung – vom 02.03.1990, DDR-GBl. 1990 I 414.

17 So Kommentar zum Zivilgesetzbuch, § 452, Anm. 1.4.

einer **Gesamthypothek** belastet werden. Für den Inhalt, die Entstehung und die Rechtswirkung der Hypothek enthielt das Zivilgesetzbuch zum Teil strenge, von den bis zum 31.12.1974 auch in der DDR geltenden Regelungen des Bürgerlichen Gesetzbuches abweichende Vorschriften.

aa) Inhalt und Abhängigkeit der Hypothek von der Forderung

13 Bis zur Abänderung der Regelungen des Zivilgesetzbuches zur Hypothek durch das am 01.07.1990 in Kraft getretene erste Zivilrechtsänderungsgesetz[18] konnte ein **Grundstück oder ein Gebäude** in persönlichem Eigentum grundsätzlich nur mit einer Hypothek zur Sicherung einer Forderung belastet werden, die im wirtschaftlichen Zusammenhang mit dem Grundstück stand und sich gegen den Grundstückseigentümer richtete (§ 452 Abs. 3 aF ZGB). Die Akzessorietät zwischen Forderung und Hypothek war damit besonders eng ausgestaltet.[19] Auf folgendes ist in diesem Zusammenhang hinzuweisen:

14 Bürger konnten ihre Grundstücke grundsätzlich nur zur Besicherung **eigener Verbindlichkeiten**, nicht aber zur Besicherung von Verbindlichkeiten eines Dritten verwenden. Außerdem konnten nicht sämtliche Grundstücke mit einer Hypothek belastet werden, sondern nur solche Grundstücke, die der Befriedigung der Wohn- oder Erholungsbedürfnisse eines Bürgers und seiner Familie dienten. Die Belastung von Mehrfamilienmietshäusern oder gewerbsmäßig genutzten Grundstücken hingegen war unzulässig.[20]

15 Gebäude waren in der Regel wesentliche Bestandteile des Grundstücks, auf das sie gebaut waren (§§ 295 Abs. 1, 467 ZGB). Unter bestimmten Voraussetzungen konnte ein Gebäude aber auch Gegenstand eigener Rechte sein und unabhängig vom Grundstück mit einer Hypothek belastet werden. Das ZGB kannte insbesondere die Einräumung eines **Nutzungsrechts** an einem Grundstück zugunsten von Bürgern, die dann an den von ihnen auf dem Grundstück errichteten Gebäuden selbständiges Eigentum erlangten (vgl. § 286 Abs. 1 Nr. 1 ZGB iVm. § 288 Abs. 4 ZGB, § 291 ZGB iVm. § 292 Abs. 3 ZGB, § 296 Abs. 1 ZGB).[21] Diese Regelung galt nicht für Wochenendhäuser und andere Baulichkeiten, die der Erholung, Freizeitgestaltung oder ähnlichen Bedürfnissen der Bürger dienten und in Ausübung eines vertraglich vereinbarten Nutzungsrechtes errichtet wurden. Auf diese war nach § 296 Abs. 1 Satz 2 ZGB Mobiliarsachenrecht anzuwenden.

16 Die nach dem ZGB errichtete Hypothek ist mit der gesicherten Forderung **untrennbar verbunden**. Sie besteht nur in der jeweiligen Höhe der Forderung

18 Gesetz zur Änderung oder Ergänzung des ZGB der DDR – 1. Zivilrechtsänderungsgesetz – vom 28.06.1990, DDR-GBl. I 524.
19 *Westen/Schleider*, S. 542.
20 Kommentar zum ZGB, § 453 ZGB, Anm. 3.1.
21 Vgl. zu Einzelheiten des Nutzungsrechts an Gebäuden §§ 287 ff. ZGB, auf die die Regelung in § 286 Abs. 1 Nr. 1 ZGB verweist sowie MünchKomm/*v. Oefele*, Einigungsvertrag, Rn. 297 ff.

einschießlich Zinsen und Nebenforderungen (§ 454 Abs. 1 ZGB). Erlischt die Forderung, erlischt auch die Hypothek (§ 454 Abs. 2 ZGB). Durch die Befriedigung der Forderung wird die Grundbucheintragung über die Hypothek unrichtig. Der Grundstückseigentümer hat einen Anspruch auf Berichtigung,[22] den im Gesamtvollstreckungsverfahren der Verwalter geltend machen kann.

Der gemäß § 452 Abs. 3 a.F. ZGB erforderliche **wirtschaftliche Zusammen-** 17
hang zwischen der zu sichernden Forderung und dem Grundstück liegt zB vor, wenn die Hypothek der Sicherung einer Restkaufpreisforderung oder der Sicherung eines Darlehens zur Errichtung von Gebäuden, Anlagen oder Anpflanzungen sowie zur Finanzierung von Instandhaltungs-, Um-, Ausbau- oder Modernisierungsmaßnahmen dient.[23] Die Einhaltung dieser Vorschriften wurde durch das Erfordernis der staatlichen Genehmigung in § 453 Abs. 1 Satz 2 ZGB sichergestellt. Sollte gleichwohl eine Hypothek unter Verstoß gegen diese Vorschriften im Grundbuch eingetragen worden sein, ist die vertragliche Einigung über die Hypothekenbestellung gem. § 68 Abs. 1 Nr. 1 ZGB nichtig, weil der Inhalt der Vereinbarung gegen ein gesetzlich geregeltes Verbot verstößt. Es besteht in diesen Fällen auch heute noch ein Anspruch auf Berichtigung des Grundbuchs.

bb) Entstehen und Rechtswirkung der Hypothek

Die zur Besicherung von Forderungen eines DDR-Bürgers bestellte Hypothek 18
setzt einen schriftlichen Vertrag zwischen Grundstückseigentümer und Gläubiger voraus, der der Beglaubigung und der staatlichen Genehmigung bedurfte (§ 453 Abs. 1 Satz 1 bis 2 ZGB). Die Hypothek entstand aber erst mit der Eintragung im Grundbuch (§ 453 Abs. 1 Satz 3 ZGB). Der Rang der Hypothek bestimmt sich nach dem Zeitpunkt ihres Entstehens (§ 453 Abs. 2 ZGB). Durch vertragliche Vereinbarung mit den betroffenen Hypothekengläubigern konnte eine abweichende Rangfolge vereinbart werden, die mit Eintragung im Grundbuch wirksam wurde.[24] Hypotheken zur Sicherung von Forderungen gegenüber DDR-Bürgern sind im Verhältnis zu Aufbauhypotheken nachrangig (vgl. Rn. 22).

Im Falle der Nichterfüllung der gesicherten Forderung durch den Grundstücks- 19
eigentümer ist der Gläubiger der Hypothek berechtigt, wegen der Forderung sowie der Kosten der Rechtsverfolgung die Vollstreckung in das Grundstück zu betreiben. Wurde eine Gesamthypothek bestellt, so hat der Gläubiger die Wahl, in jedes der Grundstücke ganz oder zu einem Teil zu vollstrecken (§ 455 Abs. 1 ZGB).

Nach Eröffnung eines Gesamtvollstreckungsverfahrens sind die Rechte aus der 20
Hypothek als Pfandrechte nach § 12 GesO geltend zu machen. Die Vorschrift erfaßt auch Immobiliarsachenrechte (vgl. § 16 Rn. 17).

---

22 Kommentar zum ZGB, § 454, Anm. 2.1.

23 Vgl. Kommentar zum ZGB, § 452, Anm. 3.2 mit weiteren Beispielen.

24 Kommentar zum ZGB, § 453 ZGB, Anm. 2.2.

b) Hypotheken zur Besicherung von Forderungen der Kreditinstitute, volkseigener Betriebe oder staatlicher Organe und Einrichtungen gegenüber DDR-Bürgern

21 An die wirksame Bestellung von Hypotheken zur Besicherung der Forderungen von Kreditinstituten, volkseigenen Betrieben, staatlichen Organen und Einrichtungen stellt das Zivilgesetzbuch **wesentlich geringere Voraussetzungen** als für Hypotheken zur Besicherung von Forderungen an DDR-Bürger. So wurde die Beschränkung auf persönliches Eigentum und der wirtschaftliche Zusammenhang zwischen der zu sichernden Forderung und dem Grundstück (vgl. oben Rn. 17) für solche Forderungen nicht verlangt (§ 452 Abs. 3 Satz 2 ZGB). Ferner bedurfte der schriftliche Vertrag zwischen Grundstückseigentümer und Gläubiger keiner Beglaubigung und keiner staatlichen Genehmigung (vgl. §§ 453 Abs. 1 Satz 2 aF ZGB).

22 Grundstücke zur Sicherung von Krediten, die von Kreditinstituten **für Baumaßnahmen** abgegeben wurden, konnten mit einer **Aufbauhypothek** belastet werden (§ 456 Abs. 1 ZGB). Nach der seit dem 01.07.1990 aufgehobenen Fassung von § 456 Abs. 3 ZGB hatte eine Aufbauhypothek Vorrang vor anderen Hypotheken. Nach § 458 aF ZGB wurden Zinszahlungen und Tilgungsleistungen auf bereits bestehende Hypothekenforderungen gestundet, wenn ein Grundstück mit einer Aufbauhypothek belastet und deshalb eine Zinszahlung oder Tilgung bereits bestehender Hypothekenforderungen nur teilweise oder gar nicht möglich war.[25] Nach § 3 des Gesetzes zur Änderung oder Ergänzung des ZGB der DDR – 1. Zivilrechtsänderungsgesetz – vom 28.06.1990[26] iVm. mit den Übergangsregelungen des Einigungsvertrages (vgl. hierzu § 20 Rn. 6 ff.) sind diese Regelungen auf vor dem 01.07.1990 begründete Aufbauhypotheken noch heute anwendbar.[27]

c) Hypotheken zur Besicherung von Forderungen gegenüber volkseigenen Betrieben

23 Die bereits im Hinblick auf die Schaffung eines marktwirtschaftlich ausgerichteten Wirtschaftssystems geschaffene Vierte Verordnung über die Kreditgewährung und die Bankkontrolle der sozialistischen Wirtschaft – 4. Kreditverordnung – vom 02.03.1990[28] erweiterte die Rechte der Kreditinstitute erheblich für die Zeit zwischen dem 12.03.1990 und dem 30.06.1990.[29] Erstmals sollten auch Forderungen gegenüber volkseigenen Betrieben hypothekarisch abge-

---

25 Vgl. Kommentar zum ZGB, § 458 ZGB Rn. 1-3.
26 DDR-GBl. 1990 I Seite 524.
27 So auch MünchKomm/*Eickmann*, Einigungsvertrag Rn. 378, Fn. 3 (konkludent).
28 DDR-GBl. 1990 I Seite 114.
29 Vgl. zum Inkrafttreten der 4. Kreditverordnung § 2 Abs. 1; zu ihrem Außerkrafttreten § 13 Nr. 6 der Verordnung über die Änderung oder Aufhebung von Rechtsvoschriften vom 28.06.1990 (Änderungs- und Aufhebungsverordnung, ÄndAufhVO), DDR-GBl. I Seite 509, 512.

sichert werden können. Den Banken wurde das Recht eingeräumt, für bereits gewährte Kredite nachträglich Sicherheiten zu verlangen (§ 2 Abs. 2 Satz 1 der 4. Kreditverordnung). Hypotheken, die aufgrund der 4. Kreditverordnung bestellt wurden, sollten – ebenso wie nach dem ZGB begründete Hypotheken (§ 453 Abs. 1 Satz 2 ZGB) – mit der Eintragung im Grundbuch entstehen.[30]

3. In der Zeit zwischen dem 01.07.1990 und dem 02.10.1990 begründete Hypotheken

Bei der Überprüfung von ab dem 01.07.1990 vereinbarten und beantragten Hypotheken sind die **Gesetzesänderungen** zu beachten, die der Gesetzgeber der DDR zum 01.07.1990 beschlossen hat (vgl. § 22 Rn. 10).[31] Dabei handelt es sich um folgende Gesetze: **24**

— Aufhebung der strengen Regelungen zur Akzessorietät in § 452 Abs. 3 a.F. ZGB (vgl. oben Rn. 13 ff.): Ein Grundstück konnte damit auch zur Besicherung von Forderungen belastet werden, die in keinem wirtschaftlichen Zusammenhang mit dem Grundstück standen. Die Abhängigkeit der Hypothek von der Forderung wurde insgesamt neu gestaltet (§ 454 nF ZGB).[32] **25**

— Abänderung der Regelungen zur Entstehung der Hypothek in § 443 Abs. 1 ZGB: Die Erklärungen des Grundstückseigentümers bedurften nunmehr – auch bei der Bestellung einer Hypothek zugunsten eines Kreditinstitutes – der Beglaubigung oder der Beurkundung (§ 453 Abs. 1 Satz 2 nF ZGB).[33] **26**

— Zulassung der Höchstbetragshypothek (§ 454 a ZGB).[34] **27**

— Gleichstellung von Aufbauhypotheken mit normalen Hypotheken: Der in §§ 456 Abs. 3, 458 aF ZGB (vgl. oben Rn. 22) festgeschriebene Vorrang der Aufbauhypotheken wurde abgeschafft. **28**

— Aufhebung der erst im März 1990 geschaffenen Möglichkeit (vgl. oben Rn. 23) der **nachträglichen** Besicherung von Altkrediten durch Hypotheken.[35] **29**

---

30 § 1 Abs. 1 aE der 4. Kreditverordnung (eingefügt als § 14 Abs. 4 in die Kreditverordnung von 1982).

31 § 91 des 1. Zivilrechtsänderungsgesetzes iVm. Ziff. 9 der Anlage (vgl. dazu § 20 Rn. 20).

32 Abgedruckt bei MünchKomm/*Eickmann*, Einigungsvertrag Rn. 378. Vgl. § 1 des 1. Zivilrechtsänderungsgesetzes iVm Ziff. 9 der Anlage (dazu oben Rn. 6 ff.).

33 Abgedruckt bei Münch/Komm/*Eickmann*, Einigungsvertrag Rn. 378.

34 Abgedruckt bei Münch/Komm/*Eickmann*, Einigungsvertrag Rn. 378.

35 § 13 Nr. 6 der Verordnung über die Änderung oder Aufhebung von Rechtsvorschriften vom 28.06.1990 (Änderungs- und Aufhebungsverordnung, ÄndAufhVO), DDR-GBl. 1990 I Seite 509, 512.

4. Nach dem 03.10.1990 eingetragene Hypotheken

30 War der **Antrag** auf Eintragung einer Hypothek **vor dem 03.10.1990** gestellt, die Hypothek aber noch nicht eingetragen worden, folgt die Anwendung des zu DDR-Zeiten geltenden materiellen Rechts aus Art. 233 § 7 Abs. 2 Satz 1 EGBGB, der bestimmt:

„Ein Recht nach den am Tag **vor** dem Wirksamwerden des Beitritts geltenden Vorschriften **kann nach diesem Tage gemäß diesen Vorschriften noch begründet werden,** wenn hierzu die Eintragung in das Grundbuch erforderlich ist **und diese beim Grundbuchamt vor dem Wirksamwerden des Beitritts beantragt worden ist.“** (Hervorhebungen hinzugefügt).“

31 Verfahrensrechtlich wird die materiell-rechtlich wirkende Regelung in Art. 233 § 7 Abs. 2 Satz 1 EGBGB durch eine weitere intertemporale Vorschrift in Anlage I, Kapitel III, Sachgebiet B, Abschnitt III, Nr. 1, Buchstabe f) des Einigungsvertrages ergänzt. Sie bestimmt:

„Anträge auf Eintragung in das Grundbuch, die vor dem Wirksamwerden des Beitritts beim Grundbuchamt eingegangen sind, sind von diesem nach den am Tag vor dem Wirksamwerden des Beitritts geltenden Verfahrensvorschrifen zu erledigen.“

32 Damit sind am 03.10.1990 noch nicht bearbeitete, nach DDR-Recht gestellte Anträge auf Eintragung einer Hypothek auch seit diesem Stichtag sowohl materiell-rechtlich als auch verfahrensrechtlich nach altem DDR-Recht zu beurteilen.[36] Ebenso ist die Wirksamkeit von Hypothekenübertragungen, die vor dem 03.10.1990 erfolgt sind, oder für die vor dem 03.10.1990 ein Antrag auf Eintragung des neuen Gläubigers gemäß § 454 Abs. 3 ZGB gestellt worden ist, nach altem DDR-Recht zu beurteilen. Auf die Übertragung von Hypotheken in der Zeit ab dem 03.10.1990 sind nach Art. 233 § 6 Abs. 1 EGBGB hingegen die Vorschriften des BGB anzuwenden, die auch für die Übertragungen von Sicherungshypotheken (§ 1184 BGB) gelten.

33 Bei der Überprüfung der Wirksamkeit von solchen nach DDR-Recht bestellten Sicherungsrechten sind die Voraussetzungen des DDR-Rechts zu beachten. Insbesondere sind bei der Überprüfung der Wirksamkeit von Sicherungsrechten, die aufgrund der 4. Kreditverordnung bestellt worden sind, wegen des Vorrangs des Wirtschaftsrechts vor dem Zivilrecht zunächst die Bestimmungen der 4. Kreditverordnung und des Vertragsgesetzes (vgl. § 1 Abs. 2 Vertragsgesetz) und nur subsidiär die Regelungen des ZGB heranzuziehen.[37]

---

36 So auch das Kammergericht Berlin, ZIP 1992, 1658.

37 Siehe die in § 22 Rn. 23 genannte „grundsätzliche Feststellung Nr. 2/1983“ sowie OLG Dresden, Urteil vom 09.06.1994 (Az. 7 U 0042/94); vgl. auch BGH ZIP 1993, 1909, 1910.

KAPITEL 6: Gebühren, Vergütungen und Auslagenerstattung

§ 24 Gerichtsgebühren

Übersicht

Siehe auch im Anhang II das Kostenverzeichnis (Auszug) und den Abdruck der Tabelle zu § 11 Abs. 2 GKG

Für die Tätigkeit in einem Gesamtvollstreckungsverfahren stehen dem Gesamt- 1
vollstreckungsgericht Gebühren zu (für Gerichtskosten in streitigen Verfahren siehe § 15 Rn. 24 ff., 30 f.). Diese bestimmen sich nach den Vorschriften des Gerichtskostengesetzes (GKG) für Konkursverfahren, die nach dem Einigungsvertrag auch für das Gesamtvollstreckungsverfahren gelten.[1] Darüber hinaus hat das Gericht Anspruch auf Erstattung der Auslagen, beispielsweise für die Kosten der Veröffentlichungen und der beauftragten Gutachter/Sequester.[2]

Vgl. Erläuterung zu anlage II Nr. 1 Maßgabe b) des Einigungsvertrages, BT-Drucks. 11/7817; *Hartmann*, Übersicht § 35 GKG Rn. 1 unter Hinweis auf den Einigungsvertrag Anlage I Kapitel III Sachgebiet A Abschnitt 3 Ziff. 28 a) Satz 2.

In diesem Sinne LG Frankfurt/Oder ZIP 1995, 485.

I. Gebührentatbestand und Gebührenanzahl

2 Die Höhe und die Anzahl der Gerichtsgebühren richtet sich nach der durch den Gebührentatbestand bestimmten Tätigkeit des Gerichts. Die so ermittelte Gebührenanzahl ist mit dem nach § 11 Abs. 2 GKG[3] zu errechnenden Betrag für eine Gebühr zu multiplizieren. Die Höhe dieser Gebühr ist dabei wertabhängig.

3 Der Gebührentatbestand und die Anzahl der zu zahlenden Gebühren ergeben sich aus dem Kostenverzeichnis der Anlage 1 zum Gerichtskostengesetz (§ 11 Abs. 1 GKG).[4] Im Teil 4 Ziff. II. des Kostenverzeichnisses ist unter den laufenden Nummern 4210 bis 4230 sowie in den Nummern 4400 und 4402 im einzelnen geregelt, welche Anzahl an Gebühren für einzelne Gebührentatbestände zu entrichten sind. Zu unterscheiden sind Gebührentatbestände für das Eröffnungsverfahren (**Eröffnungsgebühr**) und die Durchführung des Verfahrens (**Durchführungsgebühr**). Ferner entstehen uU. Gebühren für das Beschwerdeverfahren gegen die Entscheidungen des Gerichts, die mit der sofortigen Beschwerde angegriffen werden können (**Beschwerdegebühr**).

4 Soweit ein weiterer Prüfungstermin abgehalten wird, entsteht für jede geprüfte Forderung eine Gebühr von DM 25, – (Kostenverzeichnis Nr. 4230).

5 Erstattungsfähige **Auslagen** des Gerichtes können neben den Gutachter- und Sequesterkosten auch in Gestalt von Kosten für Fotokopien entstehen, die erforderlich geworden sind, weil ein antragstellender Gläubiger eine vom Gericht geforderte Ablichtung nicht eingereicht hat. Die Schreibauslagen betragen für jede Seite DM 1, – für die ersten 50 Seiten und DM 0,30 für jede weitere Seite (vgl. Nr. 9000 des Kostenverzeichnisses zu § 11 GKG iVm. § 56 Abs. 1 Satz 2 GKG).

---

3 § 11 Abs. 2 GKG lautet: Die Gebühren richten sich nach dem Wert des Streitgegenstandes (Streitwert), soweit nichts anderes bestimmt ist. Die Gebühr bei einem Streitwert bis 600 DM beträgt 50 DM. Die Gebühr erhöht sich bei einem

Streitwert bis … DM	für jeden angefangenen Betrag von weiteren … DM	um … DM
3.000	600	20
10.000	1.000	15
20.000	2.000	30
50.000	5.000	45
100.000	10.000	60
400.000	30.000	200
1.000.000	60.000	295
über 1 Mio.	100.000	300

4 Die maßgeblichen Passagen des Kostenverzeichnisses sind im Anhang III.7 abgedruckt.

II. Wertberechnung und Gebührenhöhe

Die Wertberechnung hängt in erster Linie davon ab, wer den Antrag auf Eröffnung eines Gesamtvollstreckungsverfahrens gestellt oder Beschwerde gegen den Eröffnungsbeschluß bzw. den Beschluß über die Ablehnung der Eröffnung gestellt hat. 6

1. Gegenstandswert für die Berechnung der Eröffnungs- und Durchführungsgebühr bei Schuldnerantrag

Stellt der Schuldner den Antrag auf Eröffnung des Gesamtvollstreckungsverfahrens, so bestimmt sich der Wert für die Berechnung der Eröffnungs- und Durchführungsgebühr nach der im Zeitpunkt der Verfahrensbeendigung vorhandenen Aktivmasse; übersteigt die Aktivmasse die im Zeitpunkt der Verfahrensbeendigung vorhandene Schuldenmasse, sind die Gebühren nach der Schuldenmasse zu berechnen (§ 37 Abs. 1 – 3 GKG). 7

Die **Aktivmasse** umfaßt das dem Schuldner gehörende, der Pfändung unterliegende Vermögen einschließlich der Früchte, Nutzungen und Zinsen. Hiervon sind die zur Befriedigung der absonderungsberechtigten Gläubiger erforderlichen Beträge abzuziehen.[5] 8

Die **Schuldenmasse** umfaßt die Gesamtheit aller anerkannten oder, falls es an einer Anerkennung fehlt, aller angemeldeten und nicht zurückgenommenen Forderungen einschließlich der Nebenforderungen bis zum Zeitpunkt der Verfahrenseröffnung.[6] Für den Gläubiger sind diese Gebühren – nur – insoweit von Interesse, als sie aus der Masse zu zahlen sind und somit seine Quote mindern. 9

2. Gegenstandswert für die Berechnung der Eröffnungs- und Durchführungsgebühr bei Gläubigerantrag

Stellt der Gläubiger den Antrag auf Eröffnung eines Gesamtvollstreckungsverfahrens, so richtet sich der für die Bestimmung der Höhe zu ermittelnde Wert von Eröffnungs- und Durchführungsgebühr, für die er Kostenschuldner oder Haftender ist (vgl. dazu Rn. 18 ff.), nach dem **Nominalbetrag seiner Forderung** (§ 37 Abs. 4 GKG). Dies gilt auch dann, wenn der Gläubiger einen geringeren Betrag als den tatsächlich geschuldeten angegeben hat. Nebenforderungen werden bei der Wertberechnung nicht berücksichtigt.[7] 10

Sofern der Nominalbetrag der Forderung die vorhandene Aktivmasse übersteigt, ist der geringere **Wert der Aktivmasse** zugrundezulegen. Dies gilt auch dann, wenn der Antrag von dem Gläubiger zurückgenommen oder die Verfah- 11

---

5 *Hartmann* § 37 GKG Rn. 2, 3.
6 Vgl. *Hartmann* § 37 GKG Rn. 5.
7 Für Schuldnerantrag vgl. *Hartmann* § 37 GKG Rn. 2 ff., § 37 GKG Rn. 7.

renseröffnung mangels Masse zurückgewiesen wird[8] (zur Berechnung der Aktivmasse vgl. Rn. 8 f.). Auch hier ist der Wert zum Zeitpunkt der Beendigung des Gesamtvollstreckungsverfahrens maßgeblich.[9]

3. Gegenstandswert für die Berechnung der Gebühr für das Beschwerdeverfahren

12 Für die Ermittlung des Gegenstandswertes für die Berechnung der Beschwerdegebühr sind folgende Fallgruppen zu unterscheiden:

13 Bei einer Beschwerde des **Schuldners** gegen den Beschluß über die **Eröffnung** des Gesamtvollstreckungsverfahrens (§ 5 GesO) oder den Beschluß über die Bestätigung des **Vergleichs** (§ 16 Abs. 5 GesO) richtet sich der Beschwerdewert wie im Falle der Eröffnungs- und Durchführungsgebühr nach dem Wert der Aktivmasse oder aber nach der Schuldenmasse, wenn diese geringer ist (§§ 38 Abs. iVm. 37 Abs. 1 – 3 GKG;[10] zur Berechnung von Aktiv- und Schuldenmasse vgl. Rn. 8 f.). Der Wert der Beschwerde eines **Gläubigers** gegen den Beschluß über die Bestätigung eines Vergleichs bestimmt sich dagegen nach dem Nominalbetrag der Forderung unter Berücksichtigung der Vergleichsquote (§ 38 Satz 3 GKG).[11]

14 Wurde das Verfahren aufgrund eines **Gläubigerantrages** eröffnet, ist für die Beschwerde gegen den Eröffnungsbeschluß der Nominalbetrag der Forderung zugrundezulegen, es sei denn, die Aktivmasse ist geringer (siehe oben Rn. 11).

15 In allen übrigen Fällen einer Beschwerde gegen einen gerichtlichen Beschluß ist der Gegenstandswert nach dem Interesse des Beschwerdeführers zu schätzen (§ 35 GKG iVm. § 3 ZPO).[12] Die Beschwerdegebühr fällt in einem solchen Verfahren aber nur dann an, wenn die Beschwerde verworfen oder zurückgewiesen wird. Bei jedem anderen Ergebnis entsteht keine Gebühr;[13] dies gilt auch dann, wenn der Beschwerdeführer die Beschwerde zurücknimmt.

4. Gebührenhöhe

16 Die im konkreten Fall zu zahlende Gebühr ist anhand des Gebührentatbestandes und der sich daraus ergebenden Gebührenanzahl (vgl. Rn. 2 ff.) zu ermitteln. Dabei richtet sich gemäß § 11 Abs. 2 GKG die Höhe der einzelnen Gebühr nach dem Wert des Streitgegenstandes (zur Wertermittlung vgl. Rn. 6 ff.). Die Mindestgebühr beträgt bis zu einem Streitwert von DM 600, –

---

8 *Hartmann* § 37 GKG Rn. 9; aA LG Krefeld Rechtspfleger 1983, 332; LG Mainz Rechtspfleger 1986, 110 (Die Landgerichte sind der Auffassung, daß auch in diesen Fällen der Nominalbetrag der Forderung maßgeblich sei).

9 *Hartmann* § 37 GKG Rn. 6.

10 *Hartmann* § 38 GKG Rn. 1, 5.

11 *Hartmann* § 38 GKG Rn. 4.

12 *Hartmann* § 38 GKG Rn. 6.

13 *Hartmann* KV 4402 Rn. 1.

DM 50, – . Sie bestimmt sich im übrigen nach der Anlage 2 zu § 11 Abs. 2 GKG.[14]

Gebühren ermäßigen sich um 20 %, wenn der Kostenschuldner (vgl. hierzu 17
Rn. 18 ff.) seinen allgemeinen Gerichtsstand in den fünf neuen Bundesländern hat (siehe im einzelnen § 15 Rn. 29 ff.).[15]

III. Gebührenschuldner und Fälligkeit

Die Frage, wer die als Gerichtskosten anfallenden Gerichtsgebühren und 18
Auslagen zu zahlen hat, beantwortet sich danach, ob das Gesamtvollstreckungsverfahren eröffnet oder der Antrag auf Eröffnung des Verfahrens abgelehnt bzw. zurückgenommen wird.

1. Schuldner bei Verfahrenseröffnung

Im Falle der Verfahrenseröffnung hat der **Schuldner** die Gerichtskosten zu 19
tragen. Diese sind vorab aus der Masse zu begleichen (§ 50 Abs. 2 GKG; § 13 Abs. 1 Nr. 2 GesO).[16]

Darüber hinaus bestimmt das Gerichtskostengesetz, daß auch der **antragstel-** 20
lende Gläubiger neben dem Schuldner bzw. der Masse für die **Eröffnungsgebühren haftet** (§ 50 Abs. 1 Satz 1 GKG). Der Gläubiger haftet allerdings nicht für die Auslagen des Gerichts im Zusammenhang mit der Eröffnung des Verfahrens, die dem Gericht für die Gesamtvollstreckung zustehende Durchführungsgebühr und die Auslagen, die im Zusammenhang mit der Durchführung des Verfahrens entstehen können.

2. Schuldner bei Ablehnung der Verfahrenseröffnung

Im Falle der Ablehnung der Eröffnung des Gesamtvollstreckungsverfahrens 21
oder der Zurücknahme des Eröffnungsantrags haben der antragstellende Gläubiger oder – bei einem Eigenantrag – der Schuldner die dem Gericht zustehende **Eröffnungsgebühr** zu tragen und die angefallenen **Auslagen** zu erstatten (§ 50 Abs. 1 Satz 1 und 2 GKG).

Möglich ist jedoch auch eine abweichende Kostenentscheidung des Gerichts. 22
Diese kann beispielsweise dann sachgerecht sein, wenn die Forderung des den Gesamtvollstreckungsantrag stellenden Gläubigers vor Verfahrenseröffnung vom Schuldner bezahlt wird. In einem solchen Fall soll nach der überwiegenden Meinung in Rechtsprechung und Literatur die Erklärung der Erledigung der Hauptsache durch den befriedigten Gläubiger möglich sein mit der Folge, daß

---

14 Vgl. Anhang II.8.
15 Einigungsvertrag Anlage 1 Kapitel III Sachgebiet A Abschnitt III Ziff. 19 a.
16 *Smid*/Zeuner § 13 GesO Rn. 11; Kuhn/*Uhlenbruck* § 103 KO Rn. 34.

das Gericht dem Schuldner bei Vorliegen der Voraussetzungen des § 91 a ZPO die angefallenen Kosten auferlegt.[17]

3. Kostentragungspflicht bei weiterem Prüfungstermin

23 Wenn aufgrund einer verspätet angemeldeten Forderung ein weiterer Prüfungstermin durchgeführt werden muß, hat der betreffende Gläubiger in entsprechender Anwendung von § 142 Abs. 3 KO die Gebühren und Auslagen des weiteren Prüfungstermins zu tragen.[18]

4. Fälligkeit der Gebühren

24 Die **Eröffnungsgebühr** wird mit Eingang des Antrages beim Gericht fällig (§ 61 GKG).[19] Die erste Durchführungsgebühr entsteht mit Erlaß des Eröffnungsbeschlusses. Eine weitere Durchführungsgebühr wird nach Ablauf der Anmeldefrist und die dritte Gebühr nach Abschluß des Verfahrens erhoben.[20]

25 Nach der Antragstellung hat das Gericht von Amts wegen zu ermitteln, ob eine die Verfahrenskosten deckende Masse vorhanden ist. Das Gericht kann von dem Antragsteller einen Vorschuß zur Deckung der Auslagen erheben (§ 68 Abs. 3 Satz 1 GKG). Es ist aber nicht statthaft, die amtlichen Ermittlungen von der Einzahlung eines Vorschusses abhängig zu machen.[21]

26 Haben die von dem Gericht in dem Eröffnungsverfahren durchgeführten Ermittlungen ergeben, daß eine die sämtlichen Verfahrenskosten deckende Masse nicht vorhanden ist, so kann das Gericht dem Antragsteller aufgeben, einen hierfür ausreichenden Kostenvorschuß einzuzahlen und dem Antragsteller androhen, den Eröffnungsantrag bei Nichtzahlung zurückzuweisen, da eine die Verfahrenskosten deckende Masse nicht vorhanden ist (vgl. hierzu Anhang I Muster 3 § 6 Rn. 106 ff., 112).

---

17 Vgl. Kuhn/*Uhlenbruck* § 103 KO Rn. 3 f. (ausführlich und mwN.); vgl. auch *Smid* EWIR § 2 GesO 5/95.

18 *Hartmann* § 50 GKG Rn. 3, 8.

19 *Hartmann* KV 4210/4211 Rn. 5.

20 Gottwald/*Delhaes* § 119 Rn. 24.

21 BGH MDR 1976, 396; Jäger/*Weber* § 75 KO Rn. 3; Kuhn/*Uhlenbruck* § 75 KO Rn. 7; zur Amtsvermittlungspflicht vgl. *Holzer* EWIR § 2 GesO 2/95.

§ 25 Vergütung des Verwalters und des Sequesters

Übersicht

Muster 34: Antrag des Verwalters auf Festsetzung der Verwaltervergütung; sowie Anhang II.6.

Für ihre Tätigkeit haben der Verwalter und der vor Eröffnung des Verfahrens eingesetzte Sequester einen Anspruch auf Zahlung einer **angemessenen** Vergütung.[1] Über die Höhe der Vergütung des Verwalters und die Erstattung seiner Auslagen entscheidet das Gesamtvollstreckungsgericht auf der Grundlage der Vergütungsverordnung[2] (vgl. § 21 Abs. 1 GesO und oben § 10 Rn. 21 ff.). Das gleiche gilt für die Vergütung des Sequesters. Diese Entscheidungen des Gerichtes berühren die Interessen der beteiligten Gläubiger nicht nur am Rande. Denn die Kosten des Verfahrens einschließlich der Vergütung des Verwalters sind vorrangig zu befriedigen (§ 13 Abs. 1 Nr. 2 GesO), so daß sich hierdurch die Masse zur Befriedigung der nachrangigen Forderungen schmälert. Vor diesem Hintergrund ist es auch für den Gläubiger wichtig, die Grundsätze für die Bestimmung der Verwalter- und Sequestervergütung zu kennen, um gegebenenfalls das Gericht auf fehlerhafte Ansätze bei der Vergütungsberechnung aufmerksam machen zu können (vgl. § 12 Rn. 27 ff.). **1**

Da sich die Sequestervergütung nach der Tätigkeitsvergütung für den Verwalter errechnet, soll bei der folgenden Darstellung ungeachtet der umgekehrten Reihenfolge ihrer zeitlichen Entstehung zunächst auf die Verwaltervergütung eingegangen werden. **2**

1 Vgl. zB AG Magdeburg, Beschluß vom 08.06.1995 (Az. N 84/91); *Haarmeyer/Wutzke/Förster* § 21 GesO Rn. 8 (jeweils unter Hinweis auf §§ 1835, 1836, 1987, 2221 BGB); ferner *Eickmann*, VergVO Anhang A Rn. 4 (zur Sequestervergütung), vgl. aber auch OLG Hamburg KTS 1977, 176 (das den Vergütungsanspruch auf §§ 675, 612, 632 BGB stützt).

2 Vgl. Anhang II.6.

I. Vergütung des Verwalters

3 Die Höhe der Vergütung des Verwalters richtet sich nicht wie die Gebühren des Gerichts nach der Aktivmasse (§ 37 GKG), sondern nach der sogenannten **Teilungsmasse**, auf die sich die Schlußrechnung erstreckt (§ 1 Abs. 1 VergVO). Aus der ermittelten Teilungsmasse wird eine **Regelgebühr** errechnet, die unter bestimmten Voraussetzungen erhöht wird (das Muster einer Vergütungsabrechnung eines Verwalters findet sich in Anhang I Muster 34).

1. Teilungsmasse als Grundlage der Gebührenberechnung

4 Unter dem Begriff der Teilungsmasse ist das **gesamte zur Masse gehörige Vermögen** zu verstehen. Es richtet sich gem. § 1 Abs. 1 VergVO nach dem in der Schlußrechnung ausgewiesenen Betrag. Hierzu gehört das nach § 7 Abs. 2 GesO der Pfändung unterliegende und vom Verwalter nach § 8 Abs. 2 GesO in Besitz genommene Vermögen. In der Schlußrechnung hat der Verwalter die Geschäftsführung und Abwicklung des Verfahrens darzustellen, um eine Überprüfung zu ermöglichen. Die Schlußrechnung muß dabei den Verbleib der zur Masse gehörenden Gegenstände klären und die Liquidation des Unternehmens als Abwicklungsverfahren darstellen (siehe oben § 20).[3]

5 Die Vergütungsverordnung orientiert sich damit für die Höhe der Verwaltervergütung am **Wert des verwalteten Vermögens**. Da der Wert des verwalteten Vermögens wesentlich davon abhängt, wie erfolgreich der Verwalter das vorhandene Vermögen verwertet und in welchem Umfang er Aus- und Absonderungsrechte abwehrt, ist die Vergütung des Verwalters in erheblichem Maße erfolgsorientiert ausgerichtet.[4]

6 Die Berechnungsgrundlage der Vergütung wird in § 2 VergVO im einzelnen wie folgt konkretisiert:

a) Berücksichtigung von Eigentums- und Pfandrechten

7 Nach § 2 Nr. 1 VergVO sind Massegegenstände, die mit **Absonderungsrechten** Dritter belastet sind, bei der Berechnung der Teilungsmasse nur insoweit zu berücksichtigen, als aus der Verwertung ein Überschuß für die Masse verbleibt. Für das Vermieterpfandrecht gilt dies nicht (§ 2 Nr. 1 Satz 2 VergVO).

8 Hieraus ergibt sich, daß **Aussonderungsrechte**, die außerhalb eines Insolvenzverfahrens zu berücksichtigen sind und auch nach der Gesamtvollstreckungsordnung durch Herausgabe des Gegenstandes befriedigt werden, bei der Berechnung der Teilungsmasse nicht zu berücksichten sind. Wenn in der Masse Gegenstände oder Rechte verbleiben, weil der Verwalter den Berechtigten durch eine Zahlung abgefunden haben sollte, ist diese Zahlung massemindernd zu berücksichtigen (§ 2 Nr. 2 VergVO).

---

3 Vgl. Kuhn/*Uhlenbruck* § 86 KO Rn. 1.
4 *Eickmann* § 1 VergVO Rn. 1.

b) Massekosten und Masseschulden

Da sich die Teilungsmasse am Wert des verwerteten Vermögens orientieren soll, werden die **Massekosten und Masseschulden** von der erzielten Teilungsmasse folgerichtig **nicht abgesetzt**. Massekosten und Masseschulden führen also nicht zu einer Minderung der Teilungsmasse und damit der Verwaltervergütung. 9

Eine Ausnahme gilt lediglich dann, wenn der Verwalter selbst als Rechtsanwalt tätig wird und hierfür entstandene Gebühren aus der Masse erhält (§ 2 Nr. 3 Satz 2 VergVO). 10

Massekosten, die dadurch entstehen, daß der Verwalter die Vertretung in einem Rechtsstreit nicht selbst übernimmt, sondern einem mit ihm in einer Sozietät verbundenen Kollegen überläßt, werden aber wieder wie andere Massekosten behandelt und sind nicht von der Teilungsmasse abzuziehen, denn diese werden von der auf die Person des Verwalters beschränkten Ausnahmeregelung in § 2 Nr. 3 Satz 2 VergVO nicht erfaßt. Einen Rechtsanwalt, der als Verwalter tätig wird, trifft nicht die Pflicht, für die Masse auf eigene Kosten mehr zu leisten, als Verwalter mit anderen Berufen leisten könnten und müßten.[5] 11

c) Sonstige in die Berechnung einfließende Positionen

Entsprechend dem Rechtsgedanken des § 389 BGB, nach welchem eine Aufrechnung auf den Zeitpunkt zurückwirkt, in dem sich die Forderungen erstmals aufrechenbar gegenüberstanden, sind nach § 2 Nr. 4 VergVO nur die nach der Verrechnung für die Masse verbleibenden **Überschüsse** zu berücksichtigen. 12

Führt der Verwalter den Geschäftbetrieb eines Schuldners fort, so wirkt sich das hierbei erzielte **Geschäftsergebnis** vergütungserhöhend aus. Nach § 2 Nr. 5 VergVO gehören die Einnahmen aus der Fortführung zur Teilungsmasse, soweit sich nach Abzug der Kosten ein Überschuß ergibt. Der hiernach zu berücksichtigende Betrag ist durch eine gesonderte Einnahmen- und Ausgabenrechnung zu ermitteln, die sich nur auf den Zeitraum der **Geschäftsfortführung** erstreckt.[6] 13

Von der Berechnung der Teilungsmasse ausgenommen bleiben ferner ein **Kostenvorschuß**, soweit dieser nicht vom Schuldner stammt (§ 2 Nr. 6 Satz 1 VergVO) sowie Forderungen, auf die ein Gläubiger verzichtet hat (§ 2 Nr. 6 Satz 2 VergVO). 14

d) Berechnungsbeispiel

Im folgenden soll an einem Beispiel die Ermittlung der Teilungsmasse dargestellt werden, dem folgende Annahmen zugrundeliegen: 15

---

5 Ebenso *Eickmann* § 2 VergVO Rn. 16 (mit weiteren Argumenten).

6 Vgl. im einzelnen hierzu: *Eickmann* § 2 VergVO Rn. 21 f.; *Hess/Binz/Wienberg* § 3 VergVO Rn. 8; *Hess* KO § 2 VergVO Rn. 8.

16 — Der in der Schlußrechnung ausgewiesene Bestand an **Bargeld und Bankguthaben** beläuft sich auf DM 1.500.000,00.
— Der Verwalter hat **Sicherungseigentum** im Werte von DM 25.000,00 an die Sicherungsgläubiger herausgegeben, nachdem hierüber ein Rechtsstreit (Rechtsstreit I) geführt wurde, den die Sicherungsgläubiger gewonnen haben.
— Ferner hat der Verwalter dem Vermieter des Schuldners **zur Ablösung seines Pfandrechtes** DM 5.000,00 gezahlt.
— In der Masse befinden sich noch schwer verkäufliche Warenbestände mit einem Verkehrswert von DM 100.000,00, für deren **Freigabe** der Verwalter an Absonderungsberechtigte DM 50.000,00 zahlte.
— In einem weiteren vom Verwalter angestrengten Rechtsstreit (Rechtsstreit II) hat das Gericht dem Beklagten auferlegt, 75 % der **Kosten** zu tragen. Der Verwalter hat in diesem Rechtsstreit aus der Masse DM 1.593,75 als Honorar erhalten.
— Die **Massekosten** des Verfahrens belaufen sich auf insgesamt DM 100.000,00, von denen bereits DM 25.000,00 getilgt wurden.
— Aus der **Fortführung des Geschäftsbetriebes** ergab sich ein Überschuß von DM 20.000,00.

Hieraus errechnet sich die Teilungsmasse wie folgt:

Bar-/Forderungsbestand	DM	1.500.000,00
urspr. in der Masse befindliches Sicherungseigentum	DM	0,00
Abfindung des Vermieterpfandrechtes	+ DM	5.000,00
Restwert der Warenbestände (100 TDM) abzüglich der Abfindungszahlung (50 TDM)	+ DM	50.000,00
Massekosten in Höhe der bisherigen Zahlung	+ DM	25.000,00
die **vom Gegner** an den Verwalter zu zahlenden Gebühren von bleiben unberücksichtigt	DM	0,00
Gewinn aus Geschäftsfortführung	+ DM	120.000,00
Teilungsmasse	**DM**	**1.600.000,00**

2. Regelgebühren

17 Nach § 3 VergVO erhält der Verwalter als Regelgebühr einen bestimmten Teilbetrag, der auf die Teilungsmasse bezogen ist. Unter Zugrundelegung des vorgenannten Beispiels ergibt sich folgende Berechnung, die auf den in § 3 VergVO genannten Prozentsätzen beruht:

Teilungsmasse:	1.600.000,00	
Prozentsatz	Teilbetrag der Teilungsmasse in DM	Vergütungsbetrag
15	10.000,00	1.500,00
12	40.000,00	4.800,00
6	50.000,00	3.000,00
2	400.000,00	8.000,00
1	500.000,00	5.000,00
	Teilungsmasse abzüglich bereits berücksichtiger Beträge:	
0,5	600.000,00	3.000,00
Regelvergütung		**25.300,00**

3. Umsatzsteuerausgleich

Dem Verwalter steht neben der Regelvergütung nach § 4 Abs. 5 Satz 2 VergVO ein Umsatzsteuerausgleich in Höhe der Hälfte des allgemeinen Steuersatzes zu, wenn seine Leistung wie üblich der Umsatzsteuer unterliegt.[7] Da aber die Regelvergütung (im Beispiel: DM 25.300,00) die Umsatzsteuer bereits beeinhaltet, kann diese auf die errechnete Vergütung nicht aufgeschlagen werden. Dem umsatzsteuerpflichtigen Verwalter wird deshalb ein gesetzlich festgelegter und gesondert zu berechnender Ausgleichsbetrag zugestanden (§ 4 Abs. 5 Satz 2 VergVO). 18

Der Umsatzsteuerausgleich in Höhe der Hälfte des allgemeinen Steuersatzes (§ 4 Abs. 5 Satz VergVO) wird bei einem Steuersatz von 15% wie folgt errechnet:[8] 19

$$\text{Ausgleichsbetrag} = \frac{\text{Regelvergütung x } 0{,}075}{1{,}075}$$

Dieser Betrag ist auf den aus der Masse zu zahlenden Regelvergütungsbetrag aufzuschlagen. Der damit errechnete Gesamtrechnungsbetrag ist aber als ein Bruttobetrag inklusive der gesetzlichen Umsatzsteuer von 15 % zu behandeln.

Für das oben genannte Beispiel erhöht sich die Regelvergütung damit um folgenden Ausgleichsbetrag: 20

$$1.765{,}12 = \frac{25.300{,}00 \text{ x } 0{,}075}{1{,}075}$$

---

7 *Eickmann* § 4 VergVO Rn. 34.

8 Vgl. *Eickmann* VergVO § Nr. 35; *Hess/Binz/Wienberg* § 4 VergVO Rn. 54; *Hess* KO § 4 VergVO Rn. 57.

21 Im Gesamtbetrag von DM 27.065,12 (DM 25.300,00 + 1.765,12), sind 15 % Umsatzsteuer und damit insgesamt DM 4.059,77 enthalten, die der Verwalter an das Finanzamt abzuführen hat. Der Masse wird dieser Betrag von ihrem Finanzamt im Wege des Vorsteuerabzuges erstattet,[9] so daß sie sich um diesen Betrag erhöht.[10] Der Verwalter hat hierfür gegenüber der Masse eine gesonderte Rechnung zu erteilen, die den Anforderungen des Umsatzsteuergesetzes entspricht. Da die Unternehmereigenschaft durch die Eröffnung des Insolvenzverfahrens nicht erlischt, erhält der Schuldner/die Masse die in der Rechnung enthaltene Vorsteuer erstattet.[11] Erstellt der Verwalter diese Rechnung nicht, ist er der Masse zum Schadensersatz verpflichtet,[12] wenn eine Steueranrechnung oder Erstattung nicht erfolgt.

4. Normalvergütung

22 Bei Erlaß der Vergütungsverordung im Jahre 1960, die zuletzt im Jahre 1979 geändert wurde, sind die Gegebenheiten des heutigen Wirtschaftslebens, und insbesondere die verbreitete Vereinbarung von Sicherungsrechten, nicht berücksichtigt worden. Deshalb entspricht es allgemeiner Auffassung, daß die nach der Vergütungsverordnung errechnete Regelvergütung die Tätigkeit des Verwalters nicht hinreichend honoriert. So wird allgemein davon ausgegangen, daß diese Vergütung zu erhöhen ist. Im allgemeinen wird in **Konkursverfahren** das **Vierfache** dieser Vergütung für ein sogenanntes „Normalverfahren" als angemessen angesehen und von den Gerichten auch festgesetzt.[13] Für die Vergütung des Verwalters in **Gesamtvollstreckungsverfahren** kann die Festsetzung einer **fünffachen Regelvergütung** für ein „Normalverfahren" als üblich und angemessen angesehen werden, da der Verwalter im Gesamtvollstreckungsverfahren auch das Vermögensverzeichnis führt.[14]

23 Als Normalverfahren ist ein Verfahren anzusehen,[15] wenn

— es bis zu 2 Jahre andauerte,
— Aus- oder Absonderungsrechte kaum geltend gemacht wurden,
— keine Geschäftsfortführung erfolgte,
— keine Haus- und Grundstücksverwaltung notwendig war,
— nicht mehr als 100 Gläubiger beteiligt waren.

---

9 Sehr str. vgl. *Eickmann* § 4 VergVO Rn. 37; zustimmend aber BFH ZIP 1986, S. 517.

10 Vgl. *Hess* KO § 4 VergVO Rn. 58; *Haarmeyer/Wutzke/Förster* § 21 Rn. 34 zur Sequestervergütung; BFH NJW 1986, S. 2970.

11 Sehr str. vgl. *Eickmann* § 4 VergVO Rn. 37; zustimmend aber BFH ZIP 1986, S. 517.

12 Vgl. *Hess* KO § 4 VergVO Rn. 58.

13 *Eickmann* § 4 VergVO Rn. 16.

14 Vgl. zB AG Magdeburg, Beschluß vom 08.06.1995 (N 84/91) zur Sequestervergütung); *Haarmeyer/Wutzke/Förster* § 21 GesO Rn. 19; vgl. kritisch auch *Eickmann* § 3 VergVO Rn. 1 (vier- bis fünffache Vergütung).

15 Vgl. *Eickmann* § 4 VergVO Rn. 6.

In dem vorgenannten Beispielsfall ergibt sich bei Zugrundelegung dieser Grundsätze eine **Normalvergütung** von DM 135.225,60 (5 x DM 27.065,12).

5. Konkrete Vergütung

Da im Einzelfall die Normalvergütung unangemessen sein kann, sieht § 4 Ver- **24**
gVO verschiedene Möglichkeiten ihrer Korrektur vor. Dazu bestimmt zunächst die Generalklausel des § 4 Abs. 1 VergVO, daß die Vergütung abweichend von der Normalvergütung festgesetzt werden kann, wenn die Umstände der Geschäftsführung es erfordern. In § 4 Abs. 2 VergVO werden einige Regelbeispiele genannt werden, die aber nicht als abschließend anzusehen sind.[16]

So enthalten nahezu alle Kommentare zur Konkursordnung[17] und der Gesamt- **25**
vollstreckungsordnung,[18] die sich mit Fragen der Vergütung befassen, eine Aufstellung der Umstände, die vergütungsrelevant sind. An dieser Stelle soll insbesondere auf die überzeugende Darstellung und Bewertung bei *Eickmann* verwiesen werden.[19] Hiernach sind die aus der auf Seite 312 abgedruckten Übersicht ersichtlichen Umstände zu berücksichtigen.

Die nach den einzelnen Abschnitten zu berücksichtigenden Zusatzmultiplikato- **26**
ren sind zum Regelvergütungssatz zu addieren. Unklar ist, ob alle anfallenden Zusatzmultiplikatoren zu summieren sind oder ob aus allen Erhöhungsfaktoren ein angemessener Wert gebildet werden sollte, der unter der Summe aller zu addierenden Werte liegt. Gegen die uneingeschränkte Addition spricht, daß es in großen, komplizierten und meist auch massereichen Verfahren bei einer Addition zu sehr hohen Vergütungen kommen kann, die im Einzelfall möglicherweise nicht angebracht sind.[20] Auch in der Praxis kommt es äußerst selten dazu, daß alle in Betracht kommenden Erhöhungstatbestände berücksichtigt werden. Aus den bislang bekannt gewordenen Vergütungsbeschlüssen, die ihren Niederschlag in der Literatur gefunden haben, sind insgesamt nicht mehr als 12 Multiplikatoren in Ansatz gebracht worden.[21] Im Ergebnis wird man davon ausgehen müssen, daß die Vergütung unter Anwendung der vorstehenden Faustregeltabelle anhand eines **angemessenen** Multiplikators festzusetzen ist.[22] Die addierten einzelnen Multiplikationsfaktoren geben deshalb lediglich einen Rahmen an, aus dem der dann anzuwendende Multiplikator zu entnehmen ist.

---

16 *Eickmann* § 4 VergVO Rn. 14; *Hess* KO § 4 VergVO Rn. 1.
17 Vgl. nur *Hess* KO § 4 VergVO Rn. 6.
18 *Haarmeyer/Wutzke/Förster* § 21 GesO Rn. 54-87; *Hess/Binz/Wienberg* § 4 VergVO Rn. 8-44.
19 *Eickmann* § 4 VergVO Rn. 15.
20 Vgl. LG Halle ZIP 1995, 486, 490.
21 Vgl. Zusammenstellung bei *Eickmann* § 4 GesO Anhang 2.
22 Ebenso LG Halle ZIP 1995, S. 486, 490.

Übersicht zu Rn. 25

Kriterium	Besondere Ausgestaltung	Zusatzmuliplikator, der zum Regelmultiplikator von 5 hinzu zu addieren ist
Aus und Absonderungsrechte (überdurchnittliche Zahl)	Ohne besondere Rechtsprobleme (Sicherungseigentum, einfacher EV ohne Verlängerungsformen)	+ 1
	Schwierige Rechtsfragen (verlängerter EV, mehrere Rohstofflieferanten mit Verarbeitungsklauseln)	+ 2
	Rechtlich und tatsächlich komplexe Verhältnisse (große Warenlager, Sicherungspool)	+ 3
Geschäftsfortführung	Fortführung eines **kleinen** Unternehmens mit nicht mehr als 10 Mitarbeitern	
	– bis zu 3 Monaten	+ 1
	– bis zu 1 Jahr	+ 2
	– länger als 1 Jahr	+ 2,5
	Fortführung eines **mittleren** Unternehmens mit bis zu 100 Arbeitnehmern	
	– bis zu 3 Monaten	+ 2
	– bis zu 1 Jahr	+ 3
	– länger als 1 Jahr	+ 3,5
	Fortführung eines **größeren** Unternehmens (über 100 Arbeitnehmer)	
	– bis zu 3 Monaten	+ 3
	– bis zu 1 Jahr	+ 4
	– länger als 1 Jahr	+ 4,5
Hausverwaltungen	Bis zu 20 Mietparteien	+ 1
	Mehr als 20 Mietparteien	+ 1,5
	besondere Erschwernisse (Umbaumaßnahmen, größere Reparaturen etc.)	+ 0,5
Verfahrensdauer	2 bis 3 Jahre	+ 0,5
	für jedes weitere Jahr	+ 0,25
Gläubigerzahl	100–200 Gläubiger	+ 0,5
	für weitere 100 je	+ 0,25
Sonstige	je	+ 1

6. Kosten und Auslagen des Verwalters

27 Mit der Vergütung des Verwalters sind regelmäßig auch seine allgemeinen Geschäftskosten abgegolten (§ 5 Abs. 1 Satz 1 VergVO). Der Masse kann folglich der Büroaufwand, der durch den Einsatz von Schreibkräften und Angestellten des Verwalters entsteht, nicht berechnet werden (§ 5 Abs.

Satz 2 und 3 VergVO). Derartige Kosten werden in der Praxis regelmäßig auch nicht in den Vergütungsantrag des Verwalters aufgenommen. Soweit der Verwalter für die Abwicklung eines Verfahrens **Hilfspersonal** benötigt, werden in der Regel die bisherigen Mitarbeiter des Schuldners (meist der Buchhaltung und des Vertriebes) gegen weitere Zahlung des Gehaltes bis zur Verwertung der Masse und Einziehung von Forderungen weiterbeschäftigt oder vom Verwalter aufgrund eines gesonderten Anstellungsvertrages beschäftigt. Ob und in welchem Umfange derartige Kosten als Massekosten oder Auslagen erstattungsfähig oder vom Verwalter aus seiner Vergütung zu bezahlen sind, wird uneinheitlich beurteilt.[23] Gläubiger eines Gesamtvollstreckungsverfahrens sollten jedenfalls die Schlußrechnung des Verwalters bei derartigen laufenden Kosten und Personalkosten daraufhin durchsehen, ob Besonderheiten augenfällig werden und gegebenenfalls im Schlußtermin den Verwalter um nähere Darlegung bitten.

Aus § 5 Abs. 1 Satz 4 VergVO ergibt sich, daß die Kosten der **Haftpflichtversicherung des Verwalters** nicht zu den erstattungsfähigen Auslagen gehören **28**
und von der Normalvergütung abgegolten werden. Wenn ein konkretes Verfahren **besondere** Haftungsrisiken birgt, die von der allgemeinen Haftpflichtversicherung des Verwalters nicht abgegolten sind, wird überwiegend die Erstattungsfähigkeit der hierdurch angefallenen Kosten bejaht.[24] Streitig ist aber, ob diese Kosten als Masseschulden bei der Festsetzung der Vergütungshöhe oder als Auslagen zu berücksichtigen sind.[25]

Bei der Beantwortung dieser Frage wird man um eine differenzierte Lösung **29**
nicht umhin kommen. Die Vergütungsverordnung geht offensichtlich davon aus, daß typische Versicherungsprämien nicht gesondert erstattet und damit auch nicht vergütet werden dürfen. In zahlreichen Verfahren bestehen aber Haftpflichtrisiken, die nicht als typisch angesehen werden können, zB die Risiken aus dem Betrieb eines Chemie- oder Pharmaunternehmens. Derartige atypische Haftpflichtbeiträge sollten dem Verwalter erstattet werden. Letztlich wird hier aber nur eine Einzelfallbetrachtung ein zutreffendes Ergebnis herbeiführen können. Keinesfalls kann es aber richtig sein, bei der Berechnung der Vergütung oder der erstattungsfähigen Auslagen die Kosten einer Haftpflichtversicherung, die Schäden aus der Mißachtung der dem Verwalter obliegenden Pflichten aus § 8 Abs. 1 Satz 2 GesO abdeckt, zu berücksichtigen.[26] Der Verwalter ist den Gläubigern und dem Schuldner zu einer ordnungsgemäßen Verwaltung verpflichtet und hat im Verletzungsfalle die diesen Beteiligten entstehenden Schäden zu ersetzen. Es kann daher nicht richtig sein, den

---

23 Vgl. *Hess* KO § 5 VergVO Rn. 1 f.; Smid/Zeuner/*Borchers* § 21 GesO Rn. 48; *Eickmann* § 5 VergVO Rn. 16 f.

24 Vgl. *Hess* KO § 5 VergVO Rn. 14; Kuhn/*Uhlenbruck* § 85 KO Rn. 10; *Eickmann* § 5 VergVO Rn. 11 mwN. in Fußnote 6.

25 Vgl. *Hess* KO § 5 VergVO Rn. 15 f. mit einer Darstellung des Streitstandes.

26 Entgegen der herrschenden Auffassung; vgl. *Hess* KO § 5 VergVO Rn. 14; Kuhn/*Uhlenbruck* § 85 KO Rn. 10; *Eickmann* § 5 VergVO Rn. 11 mwN. in Fußnote 6:

Schuldner und die Gläubiger mit den Kosten für das Risiko der nicht ordnungsgemäßen Verwaltung zu belasten.

II. Vergütung des Sequesters

30 Dem Sequester steht aufgrund seiner Tätigkeit ein Anspruch auf Vergütung zu. Es besteht Einigkeit darüber, daß sich die Vergütung des Sequesters an der Vergütung des späteren Verwalters orientiert und dem Sequester ein bestimmter Bruchteil der Verwaltervergütung zusteht.[27] Dabei ist als Berechnungsgrundlage vom **Wert des Vermögens** auszugehen, das der Verwaltung des Sequesters unterlag.[28] Hieraus ist eine **fiktive Verwaltervergütung** zu berechnen, aus der sich unter Ansatz eines **Bruchteiles** die Vergütung des Sequesters errechnet. Die Rechtsgrundlage dieses Vergütungsanspruches ist jedoch umstritten.[29]

1. Schätzwert als Grundlage der Gebührenabrechnung

31 Im Zeitpunkt der Festsetzung der Vergütung des Sequesters steht die spätere Teilungsmasse, die Grundlage der Gebührenberechnung des Verwalters ist (vgl. oben Rn. 4 ff.) noch nicht fest, da die Zahlen noch nicht bekannt sind. Dieser Wert kann somit für die Berechnung der Vergütung des Sequesters nicht verwendet werden.[30] Für die Festlegung der Vergütung des Sequesters ist deshalb vom **Schätzwert des verwalteten Vermögens** auszugehen, einschließlich etwaiger Aus- oder Absonderungsrechte im Zeitpunkt der Beendigung der Sequestration/Eröffnung der Gesamtvollstreckung,[31] wenn der Sequester auch mit der Sicherung dieser Rechte befaßt war.[32] Bei der Festsetzung der Werte ist von **echten** Vermögenswerten auszugehen, die der Sequester gegebenenfalls unter Zugrundelegung einer Sachverständigenbeurteilung zu belegen hat.[33]

2. Berechnung der fiktiven Verwaltervergütung

32 Im Unterschied zur Errechnung der Vergütung des Verwalters aus der Anwendung der Regelgebühren (vgl. dazu oben Rn. 17, 22) ist für die Festsetzung der **fiktiven Verwaltervergütung** als Grundlage der Berechnung der Sequestervergütung regelmäßig von der Angemessenheit des **vierfachen Regelsatzes** und der

---

27 Vgl. *Eickmann* VergVO Anhang A Rn. 6; *Haarmeyer/Wutzke/Förster* § 21 Rn. 14; Smid/Zeuner-*Borchers* § 21 Rn. 54; *Hess* KO § 3 VergVO Rn. 27.

28 BVerfG ZIP 1989, S. 384; LG Magdeburg, Beschluß vom 17.07.1995 (Az. 3 T 357/95, unveröffentlicht); *Hess* KO § 3 VergVO Rn. 27.

29 Vgl. oben Rn. 1 und *Eickmann* VergVO Anhang A Rn. 1 mwN; *Haarmeyer/Wutzke/Förster* § 21 GesO Rn. 4 ff.

30 *Eickmann* VergVO § 1 Rn. 14; *Haarmeyer/Wutzke/Förster* § 21 GesO Rn. 15.

31 *Eickmann* § 1 VergVO Rn. 15 unter Hinweis auf § 106 KO Abs. 2.

32 *Eickmann* § 1 VergVO Rn. 14; *Haarmeyer/Wutzke/Förster* § 21 GesO Rn. 14 ff.

33 So deutlich LG Magdeburg, Beschluß vom 17.07.1995 (Az. 3 T 357/95, unveröffentlicht).

Zubilligung eines Umsatzsteuerausgleiches auszugehen.[34] Denn der Grund für die Festsetzung des fünffachen Regelsatzes, die Führung der Tabelle, besteht erst im Gesamtvollstreckungsverfahren und nicht schon während der Sequestration.

Streitig ist, ob bei der Bemessung der fiktiven Verwaltervergütung auch **33** Erhöhungstatbestände nach § 4 VergVO (vgl. dazu oben Rn. 24 f.) Berücksichtigung finden dürfen. Dies wird man jedenfalls hinsichtlich der Regelbeispiele des § 4 Abs. 2 VergVO nicht annehmen können, da diese Tatbestände für die Sequestervergütung bereits bei der Berechnung der Teilungsmasse berücksichtigt werden. Weitere Erhöhungstatbestände können bei der Ermittlung des Bruchteiles berücksichtigt werden, die der Sequester von der Verwaltervergütung erhält.[35]

3. Ermittlung des Bruchteils der fiktiven Verwaltervergütung

Der Sequester erhält nur einen bestimmten Bruchteil der fiktiven Verwalterver- **34** gütung. Die Berücksichtigung nur eines Bruchteils rechtfertigt sich daraus, daß die Aufgabe des Verwalters die Verwaltung, Verwertung und Verteilung des Vermögens umfaßt, während die Tätigkeit des Sequesters sich auf die zeitlich beschränkte Sicherung und Verwaltung beschränkt (zum Tätigkeitsbereich des Sequesters vgl. § 5 Rn. 30).[36] In der Literatur werden als Bruchteilssätze Schwankungsbreiten von 5 % über 20 % bis 30 % und bis zu 50 % für die Vergütung genannt.[37] Für den Normalfall der Sequestertätigkeit wird üblicherweise ein Satz von 25 % der fiktiven Verwaltervergütung als **Normalvergütung** angenommen.[38]

Diese Normalvergütung ist bei besonderen Einzelfällen zu erhöhen. Folgende **35** beispielhaft genannte Tatbestände können vergütungserhöhend wirken:[39]

— Verwertungsmaßnahmen, wenn diese zur notwendigen Verwaltung gehören (Verderb oä.),
— Freisetzung von Arbeitnehmern,
— Einziehung von Forderungen, wenn dem Sequester hierfür die Befugnis erteilt wurde,
— Maßnahmen zur Erhöhung der Masse.

---

34 aA AG Magdeburg, Beschluß vom 08.06.1995 (Az. N 81/91): fünffacher Regelsatz.

35 Ähnlich *Hess/Binz/Wienberg* Anhang 1 Rn. 32; aA LG Halle ZIP 1995, S. 486, 490.

36 *Hess* KO § 3 VergVO Rn. 33.

37 *Eickmann* VergVO Anhang A Rn. 16; *Hess/Binz/Wienberg*, Anhang I Rn. 34; *Hess* KO § 3 VergVO Rn. 34; *Haarmeyer/Wutzke/Förster* § 21 GesO Rn. 19; Smid/Zeuner/*Borchers* § 21 GesO Rn. 54.

38 *Eickmann* VergVO Anhang A Rn. 16; *Hess/Binz/Wienberg* § 3 VergVO Rn. 34 unter Hinweis auf AG Köln, ZIP 1986, S. 1138; *Hess* KO § 3 VergVO Rn. 34; aA *Haarmeyer/Wutzke/Förster* § 21 GesO Rn. 22, wonach regelmäßig ein Satz von 30-35% angemessen sein soll, anders aber im Muster Anhang III. 1.

39 Vgl. hierzu weiter: *Eickmann* VergVO Anhang A Rn. 18.

§ 26 Rechtsanwaltsgebühren

Übersicht

Siehe auch im Anhang II den auszugsweisen Abdruck des Kostenverzeichnisses und den Abdruck der Tabelle 7 zu § 11 Abs. 2 GKG

1 Für die Bestimmung der Rechtsanwaltsgebühren, die für die Vertretung von Gläubigern in Gesamtvollstreckungsverfahren anfallen, ist nach der Bundesrechtsanwaltsgebührenordnung (BRAGO) maßgeblich die vom Rechtsanwalt tatsächlich erbrachte Tätigkeit (für Gebühren, die sich aus der Vertretung von Gläubigern in Rechtsstreitigkeiten mit dem Verwalter ergeben, vgl. § 15 Rn. 28, 32 ff.).

I. Gebührentatbestand

2 Die Vergütung eines den Gläubiger vertretenden Rechtsanwalts bestimmt sich zunächst danach, in welchem **Stadium des Gesamtvollstreckungsverfahrens** der Rechtsanwalt tätig ist und mit **welchen Aufgaben** er vom Gläubiger beauftragt wird. Dabei sind die in der Bundesrechtsanwaltsgebührenordnung zum Konkursverfahren enthaltenen Regelungen entsprechend für die Vertretung von Gläubigern im Gesamtvollstreckungsverfahren anzuwenden.[1]

1. Gebühren während des Eröffnungsverfahrens

3 Eine halbe Gebühr steht dem Rechtsanwalt für die **Vertretung eines Gläubigers zwischen** der **Stellung eines Gesamtvollstreckungsantrags und** dem Beschluß des Gesamtvollstreckungsgerichts über die **Eröffnung des Verfahrens** zu (§ 72, 2. Halbsatz BRAGO). Hierzu zählt beispielsweise der Auftrag, für einen Gläubiger einen Antrag auf Eröffnung des Gesamtvollstreckungsverfahrens zu stellen. Bei der **Bemessung des Gegenstandswerts** ist der Nominalbetrag der Forderung des Gläubigers zugrundezulegen (§ 77 Abs. 2 Satz 1, 1. Halbsatz BRAGO).

---

1 Erläuterung zu Anlage II Nr. 1 Maßgabe b) des Einigungsvertrages, BT-Drucks. 11/7817.

2. Gebühren für die Vertretung während des Gesamtvollstreckungsverfahrens / Gebühren für die Forderungsanmeldung

Für die **Vertretung** eines Gläubigers im Gesamtvollstreckungsverfahren **nach dessen Eröffnung** erhält der Rechtsanwalt ebenfalls eine halbe Gebühr (§ 73 BRAGO). Hiermit werden alle Tätigkeiten des Rechtsanwalts im Verfahren vergütet.[2] Dazu zählen insbesondere sämtliche im normalen Geschäftsbetrieb anfallenden Tätigkeiten wie die Beratung des Gläubigers, die Forderungsanmeldung, die Wahrnehmung von Gläubigerversammlungen und Prüfungsterminen, die Stellung von Anträgen sowie mündliche und schriftliche Verhandlungen mit dem Verwalter und den sonstigen Beteiligten. Für den **Gegenstandswert** der Gebühr ist auch hier der Nominalbetrag der Forderung des Gläubigers zugrundezulegen (§ 77 Abs. 2 Satz 1, 1. Halbsatz BRAGO). **4**

Erhält der Rechtsanwalt bereits eine Vergütung für die Vertretung des Gläubigers während der Eröffnung eines Gesamtvollstreckungsverfahrens (§ 72 BRAGO), ist diese nicht auf die Gebühr für die Vertretung des Gläubigers im Gesamtvollstreckungsverfahren anzurechnen.[3] **5**

Die für die Vertretung des Gläubigers anfallende halbe Gebühr ermäßigt sich auf eine 3/10 Gebühr, wenn der Gläubiger den Rechtsanwalt **nur mit der Anmeldung der Forderung** beim Verwalter beauftragt (§ 75 BRAGO). Auch hierbei ist der Nominalbetrag der Forderung des Gläubigers zugrundezulegen (§ 77 Abs. 2 Satz 1, 1. Halbsatz BRAGO). **6**

3. Gebühren für einen Vergleich (§ 16 GesO)

Für die Vertretung eines Gläubigers im Zusammenhang mit einem nach § 16 GesO angestrebten Vergleich steht dem Rechtsanwalt eine weitere volle Gebühr zu (§ 74 BRAGO). Diese besondere Vergütung ist im Gegensatz zur Vergleichsgebühr nach § 23 BRAGO erfolgsunabhängig und daher auch dann zu zahlen, wenn ein Vergleich nicht zustandekommt.[4] **7**

Bei der Bestimmung des **Gegenstandswerts** für die Vergleichsgebühr ist nicht der Nominalbetrag der Forderung, sondern die **voraussichtliche Höhe der Befriedigung des Gläubigers** zugrundezulegen (§ 77 Abs. 2 Satz 1, 2. Halbsatz BRAGO).[5] Kommt es zu einem Vergleich, ist daher die Höhe des aufgrund des Vergleichs an den Gläubiger zu zahlenden Betrages, andernfalls die voraus- **8**

---

2 Gerold/Schmidt/v.Eicken/*Madert* § 73 BRAGO Rn. 2; *Hartmann* § 73 BRAGO Rn. 2.

3 Gerold/Schmidt/v.Eicken/*Madert* § 73 BRAGO Rn. 7; *Hartmann* § 73 BRAGO Rn. 1.

4 Gerold/Schmidt/v.Eicken/*Madert* § 74 BRAGO Rn. 1; Riedel/Sußbauer/*Keller* § 74 BRAGO Rn. 2; *Hartmann* § 74 BRAGO Rn. 4.

5 Gerold/Schmidt/v.Eicken/*Madert* § 77 BRAGO Rn. 7.

sichtliche Höhe der Befriedigung des Gläubigers entsprechend § 148 KO maßgeblich.

9 Auf die Vergleichsgebühr nach § 74 BRAGO sind die für die Vertretung des Gläubigers sowohl während als auch nach der Eröffnung eines Gesamtvollstreckungsverfahrens nach §§ 72 und 73 BRAGO zu zahlenden Gebühren nicht anzurechnen.[6]

4. Gebühren für ein Beschwerdeverfahren

10 Beauftragt der Gläubiger den Rechtsanwalt mit der Einlegung einer sofortigen Beschwerde, beispielsweise gegen den Beschluß über die Eröffnung des Gesamtvollstreckungsverfahrens (vgl. hierzu oben § 6 Rn. 117 ff.) oder die Bestätigung des Vergleichs (§§ 16 Abs. 5 Satz 1, 20 GesO), so erhält der Rechtsanwalt hierfür 5/10 der in § 31 BRAGO im einzelnen bestimmten Gebühren (§ 76 BRAGO). Da über Beschwerden zumeist ohne mündliche Verhandlung entschieden wird, fällt im Normalfall nur eine 5/10 Prozeßgebühr an (§§ 76, 31 Abs. 1 Nr. 1 BRAGO). Die mit je 5/10 zu vergütenden Verhandlungs- und Beweisgebühren entstehen nur im Falle einer mündlichen Verhandlung oder Beweisaufnahme.[7]

11 Hinsichtlich des für die Gebührenrechnung zugrundezulegenden **Gegenstandswerts** ist nicht der Nominalbetrag der Forderung des Gläubigers, sondern, wie im Falle der Vergleichsgebühr, die **voraussichtliche Befriedigung des Gläubigers** maßgebend (§ 77 Abs. 2 Satz 1, 2. Halbsatz BRAGO; vgl. auch Rn. 8).

12 Auf die für das Beschwerdeverfahren anfallenden Gebühren sind die für die Vertretung des Gläubigers vor und nach Eröffnung des Gesamtvollstreckungsverfahrens nach §§ 72, 73 BRAGO zu zahlenden Gebühren **nicht** anzurechnen.[8]

II. Höhe der Gebühren

13 Die Höhe der Gebühren bemißt sich nach dem Gegenstandswert. Sie ist grundsätzlich in § 11 BRAGO geregelt und für die einzelnen Gegenstandswerte in der Gebührentabelle zu § 11 BRAGO festgelegt.

14 Aufgrund der Maßgaben im Einigungsvertrag ermäßigen sich die Gebühren um 20 % für die Tätigkeit von Rechtsanwälten, die den Sitz ihrer Kanzlei in den fünf neuen Bundesländern eingerichtet haben. Dies gilt auch, wenn eine überörtliche Sozietät Büros sowohl in den alten als auch in den neuen Bundesländern einschließlich des ehemaligen Ostteiles Berlins hat.

---

6 Gerold/Schmidt/v.Eicken/*Madert* § 74 BRAGO Rn. 2; Riedel/Sußbauer/*Keller* § 74 BRAGO Rn. 1; *Hartmann* § 74 BRAGO Rn. 1.

7 Gerold/Schmidt/v.Eicken/*Madert* § 76 BRAGO Rn. 2; Riedel/Sußbauer/*Keller* § 76 BRAGO Rn. 4.

8 Gerold/Schmidt/v.Eicken/*Madert* § 76 BRAGO Rn. 2.

Die Gebühren ermäßigen sich ebenfalls, wenn ein Rechtsanwalt, dessen Kanzlei in einem der alten Bundesländer liegt, vor einem Gesamtvollstreckungsgericht in Mecklenburg-Vorpommern, Brandenburg, Sachsen, Sachsen-Anhalt und Thüringen im Auftrag eines Beteiligten tätig wird, der seinen Wohnsitz oder Sitz in den neuen Ländern einschließlich des Ostteils von Berlin hat (vgl. auch § 15 Rn. 32 f.). 15

§ 27 Vergütung der Mitglieder des Gläubigerausschusses

Übersicht

Siehe auch Anhang II.6 Vergütungsverordnung

1 Nach § 21 Abs. 1 GesO richtet sich die Vergütung und Erstattung von Auslagen der Mitglieder des Gläubigerausschusses nach der „Verordnung über die Vergütung des Konkursverwalters, des Vergleichsverwalters, der Mitglieder des Gläubigerausschusses und der Mitglieder des Gläubigerbeirates" vom 25.05.1960[1] (VergVO).[2]

I. Vergütungshöhe und Auslagen

2 Den Mitgliedern eines Gläubigerausschusses steht ein nach Stundensätzen zu bemessender Anspruch auf Vergütung zu. Darüber hinaus sind ihnen die entstandenen Auslagen zu erstatten.

1. Höhe der Vergütung

3 Die Höhe der Vergütung bemißt sich nach § 13 VergVO. Sie richtet sich nach der Art und dem Umfang der Tätigkeit der Mitglieder des Gläubigerausschusses. Maßgebend hierfür ist im Regelfall der Zeitaufwand. Dabei darf das Gericht Besonderheiten der Tätigkeit berücksichtigen.[3] Weitere Kriterien für die Vergütung sind etwa tatsächliche und rechtliche Schwierigkeiten bei der Durchführung des Verfahrens, die Haftungsrisiken sowie die Qualifikation des einzelnen Ausschlußmitglieds.[4]

4 Der in § 13 VergVO genannte Regelsatz von DM 15,00 pro Stunde kann heute als nicht mehr vertretbar angesehen werden. Die Gebührensätze schwanken zumeist zwischen DM 25,00 und DM 250,00; ein Mindestsatz von DM 50,00 dürfte für ein qualifiziertes Ausschußmitglied heute der Regelfall sein.[5] Die

1 BGBl 1960 I 637; abgedruckt in Anhang II.6.
2 Vgl. Smid/Zeuner/*Borchers* § 21 GesO Rn. 5.
3 *Eickmann* § 13 VergVO Rn. 2; Kuhn/*Uhlenbruck* § 91 KO Rn. 1.
4 Kuhn/*Uhlenbruck* § 91 KO Rn. 1.
5 Kuhn/*Uhlenbruck* § 91 KO Rn. 1.

Mitglieder des Gläubigerauschusses sollten über den mit der Ausübung ihres Amtes verbundenen Zeitwand Aufzeichnungen machen. Andernfalls wird der Zeitaufwand vom Gesamtvollstreckungsgericht geschätzt.[6]

2. Erstattung von Auslagen

Die Ausschußmitglieder haben Anspruch auf Erstattung angemessener Ausla- 5
gen, die sie zur Erfüllung ihrer Aufgaben für erforderlich halten durften. Hierzu gehören vor allem Reise-, Telefon-, Telefax- und Schreibkosten sowie der Aufwand für Schreibmaterial und Kopien.[7] Umstritten ist, ob der Aufwand für eine persönliche Vermögenshaftpflichtversicherung unter die erstattungsfähigen Auslagen der Gläubigerausschußmitglieder fällt.[8] Da die Tätigkeit des Gläubigerausschusses mit hohen Risiken behaftet sein kann, ist es seinen Mitgliedern im Hinblick auf die geringe Vergütung nicht zuzumuten, diese Risiken ohne eine entsprechende Absicherung zu tragen oder die (zum Teil relativ hohen) Versicherungsprämien aus dem eigenen Vermögen zu entrichten.[9] Die Versicherungsprämien sind deshalb grundsätzlich erstattungsfähige Auslagen, wenn sie sich im üblichen Rahmen bewegen.

II. Erstattungsverfahren und Vorschüsse

Vergütung und Auslagen, die im einzelnen zu spezifizieren sind, werden auf 6
Antrag des Gläubigerausschusses vom Gericht oder vom Rechtspfleger durch **Beschluß** festgesetzt (vgl. auch § 10 Rn. 21). Zuvor kann es die Gläubigerversammlung hören.[10] Gegen diesen Beschluß steht den Gläubigern die sofortige Beschwerde bzw. die befristete Erinnerung zu.[11]

Ein **Vorschuß** auf Vergütungen und Auslagen des Gläubigerausschusses ist 7
nicht vorgesehen. Die Mitglieder des Gläubigerausschusses haben nach allgemeiner Meinung aber einen Anspruch auf einen Vorschuß, wenn das Verfahren über einen längeren Zeitraum läuft.[12]

Die vom Gericht festgesetzten Vergütungen und Auslagen des Gläubigeraus- 8
schusses sind vorab zu begleichende Ansprüche nach § 13 Abs. 1 Nr. 2 GesO (vgl. § 13 Rn. 8).

---

6 Zur Festsetzung der Vergütung nach anderen Maßstäben vgl. Kuhn/*Uhlenbruck* § 91 KO Rn. 1 b mwN.
7 Kuhn/*Uhlenbruck* § 91 KO Rn. 4.
8 Vgl. Kuhn/*Uhlenbruck* § 91 KO Rn. 5 mwN.
9 Ebenso Kuhn/*Uhlenbruck* § 91 KO Rn. 5.
10 So die Praxis des AG Cottbus.
11 Vgl. zum Festsetzungsverfahren im einzelnen *Eickmann* § 13 VergVO Rn. 12 ff.
12 Vgl. Kuhn/*Uhlenbruck* § 91 KO Rn. 3 mwN.

ANHANG I
Muster

Übersicht

Muster 1: **Antrag auf Eröffnung des Gesamtvollstreckungsverfahrens**[1]

Rechtsanwalt A
Hamburg
3.4.1995

An das
Amtsgericht Dresden
Abteilung Gesamtvollstreckung

Dresden

Antrag auf Eröffnung des Gesamtvollstreckungsverfahrens

Hiermit beantrage ich im Namen und Auftrag meiner Mandantin, der F-GmbH, Hamburg, die Eröffnung des Gesamtvollstreckungsverfahrens über das Vermögen der

Sch-GmbH

in Dresden. Eine auf mich lautende **Vollmacht** ist im Original beigefügt.

Die Voraussetzungen für die Eröffnung des Gesamtvollstreckungsverfahrens über die Sch-GmbH liegen vor:

1. Meine Mandantin hat gegen die Sch-GmbH eine fällige Forderung in Höhe von DM 60.000,00.

   Zur Glaubhaftmachung überreiche ich in Kopie als

   Anlage 1

   die auf die Sch-GmbH ausgestellte Rechnung meiner Mandantin vom 21.11.1994.

Vgl. im Text § 4 Rn. 51 ff.

Zur weiteren Glaubhaftmachung überreiche ich in Kopie als

Anlage 2

ein Schreiben der Sch-GmbH vom 16.12.1994, mit dem die Forderung ausdrücklich anerkannt wird.

2. Die Sch-GmbH ist zahlungsunfähig. Zur Glaubhaftmachung der Zahlungsunfähigkeit verweise ich auf das in Kopie als

Anlage 3

vorgelegte Schreiben vom 23.1.1995, in dem die Sch-GmbH selbst ihre Zahlungsunfähigkeit einräumt und bestätigt, daß der in Kopie als

Anlage 4

beigefügte Scheck über einen Teil der meiner Mandantin geschuldeten Summe mangels Deckung nicht eingelöst werden konnte.

Die Sch-GmbH hat bis heute ihre Schuld gegenüber meiner Mandantin nicht beglichen. Auch die Zwangsvollstreckung aus gegen die Schuldnerin erwirkten Titeln führte nicht zum Erfolg.

Glaubhaftmachung: Vorlage des Protokolls des Gerichtsvollziehers vom 15.3.1995, in Kopie als

Anlage 5

beigefügt.

Rechtsanwalt A

Muster 2: **Anhörung des Schuldners vor Eröffnung des Gesamtvollstreckungsverfahrens**[1]

Amtsgericht Dresden
Abteilung Gesamtvollstreckung

1.4.1995

Az.: N 4/95

P r o t o k o l l
der nichtöffentlichen Sitzung

Gegenwärtig:
Richter am Amtsgericht

In der Gesamtvollstreckungssache der Sch-GmbH in Dresden erscheint deren Geschäftsführer X. Er erklärt, daß er eine Vermögensübersicht nicht mitgebracht habe, aber bereit sei, die Fragen des Gerichts zu beantworten.

Der Geschäftsführer gibt an:

Das unbewegliche Anlagevermögen der Schuldnerin besteht nur aus einem Grundstück, das in Dresden, A-Straße belegen ist. Wie ich aus einem Gespräch mit einem Gutachter entnehmen konnte, hat es einen Wert von rund 1 Mio DM. Es ist belastet mit einer Grundschuld zugunsten der D-Bank AG, Filiale Dresden, mit einem Kapitalbetrag von 500.000,00 DM und 8 % Jahreszinsen. Ferner sind eingetragen Zwangshypotheken im Gesamtbetrag von rund 400.000,00 DM.

Die Schuldnerin hat Forderungen von 50.000,00 DM. Forderungsabtretungen bestehen nicht. Eingeklagt sind insgesamt etwa 30.000,00 DM.

Die beweglichen Anlagegüter, also mit dem Grundstück nicht verbundene Maschinen und Einrichtungsgegenstände, sowie Büroeinrichtungen dürften einen Wert von 500.000,00 DM bis 700.000,00 DM haben. Diese Gegenstände sind nicht sicherungsübereignet. Den Wert der Roh- und Hilfsstoffe sowie Halbfertigfabrikate schätze ich auf nicht mehr als 100.000,00 DM. Bei der Kreissparkasse in Dresden besteht ein Guthaben von rund 30.000,00 DM. Es dürfte heute Bargeld von 4.000,00 DM vorhanden sein.

Vgl. im Text § 6 Rn. 3 ff.

An Krediten sind 600.000,00 DM einschließlich Zinsen bei der D-Bank AG, Filiale Dresden aufgelaufen. Die D-Bank AG ist gesichert durch die erstrangige Grundschuld über 500.000,00 DM. Bei der A-Bank AG belaufen sich die Verbindlichkeiten einschließlich Zinsen zur Zeit auf rund 1.500.000,00 DM.
Die Kreissparkasse hat einen Kredit in Höhe von rund 400.000,00 DM gewährt. Effektiv sind 450.000,00 DM zur Verfügung gestellt worden.

Die Lieferantenschulden belaufen sich auf rund 150.000,00 DM.

Die Löhne und Gehälter für 12 Angestellte und Arbeiter für die Zeit ab 4/1995 in der Gesamthöhe von rund 60.000,00 DM sind rückständig.

Der Geschäftsführer genehmigt das Diktat des Richters und ist mit einer Übertragung in ein Protokoll sowie der nachträglichen Löschung des Bandes einverstanden.

Richter am AG

Muster 3: Gerichtliche Anforderung eines Kostenvorschusses[1]

Amtsgericht Dresden
Abteilung Gesamtvollstreckung

20.4.1995

Herrn
Rechtsanwalt A

Hamburg

Az.: N 4/95
Betr.: Sch-GmbH
Ihr Antrag vom 3.4.1995

Die vom Gericht durchgeführten Ermittlungen haben ergeben, daß eine die Verfahrenskosten deckende Masse zur Eröffnung des Gesamtvollstreckungsverfahrens nicht vorhanden ist.

Vor Eröffnung des Verfahrens müßte daher zunächst ein Kostenvorschuß eingezahlt werden, den das Gericht mit DM 5.000,00 festsetzt. Der Antragstellerin wird deshalb aufgegeben, binnen einer Frist von zehn Tagen den Kostenvorschuß einzuzahlen. Die Kosten des Verfahrens einschließlich der zu erwartenden Verwaltervergütung sind der antragstellenden Gläubigerin aufzuerlegen, da die Antragsgegnerin vermögenslos ist und eine ausreichend freie Masse nicht zu erzielen ist.

Sollte der Kostenvorschuß nicht eingezahlt werden, müßte das Gericht den Antrag auf Eröffnung des Gesamtvollstreckungsverfahrens mangels einer die Verfahrenskosten deckenden Masse ablehnen. Auf §§ 50 Abs. 1, 54 Ziff. 3, 58 Abs. 2 GKG wird insofern verwiesen.

Sie erhalten Gelegenheit zur Stellungnahme binnen zehn Tagen.

Richter am AG

---

[1] Vgl. im Text § 6 Rn. 111 f.; § 24 Rn. 26.

Muster 4: **Gerichtliche Anforderung der Glaubhaftmachung der Forderung des Gläubigers, der den Gesamtvollstreckungsantrag gestellt hat**

Amtsgericht Dresden
Abteilung Gesamtvollstreckung

20.4.1995

Az.: N 4/95
Sch-GmbH

Herrn
Rechtsanwalt A

Hamburg

Ihr Antrag auf Eröffnung des Gesamtvollstreckungsverfahrens vom 3.4.1995 wird beanstandet:

( ) Es fehlt eine zustellungsfähige Durchschrift des Gesamtvollstreckungsantrags. Sollte diese nicht binnen zwei Wochen zu den Akten nachgereicht werden, wird das Gericht von Amts wegen eine Ablichtung fertigen und 1,- DM pro Seite erheben (Nr. 9000 KostVerz, §§ 11, 56 Abs. 1 S. 2 GKG).

(X) Sie haben weder Ihre Forderung noch den Eröffnungsgrund ausreichend glaubhaft gemacht. Zur Glaubhaftmachung Ihrer Forderung ist der vollstreckbare Titel vorzulegen. Zur Glaubhaftmachung des Eröffnungsgrundes ist jedoch auch ausreichend, wenn Sie eine Fruchtlosigkeitsbescheinigung eines Gerichtsvollziehers oder Vollstreckungsbeamten oder das Protokoll der Abgabe der eidesstattlichen Versicherung des Antragsgegners vorlegen. Im übrigen wird auf § 294 ZPO hingewiesen.

( ) Aus dem von Ihnen vorgelegten Protokoll über die fruchtlose Pfändung ergibt sich, daß ein Pfändungsversuch nur in den Geschäftsräumen des Schuldners stattgefunden hat. Aus Ihrem Antrag ergibt sich, daß der Schuldner Inhaber einer Einzelfirma ist. Deshalb muß ein Pfändungsversuch sowohl in der Wohnung als auch im Geschäftslokal versteckter

---

[1] Vgl. § 4 Rn. 89 ff.

stattgefunden haben (vgl. Zöller-Stöber § 807 ZPO Rn. 14). Falls es sich bei der im Antrag angegebenen Adresse sowohl um die Privat-, als auch um die Geschäftsanschrift handelt, bitte ich, mir dieses ebenfalls mitzuteilen.

Es wird Ihnen eine Frist von zwei Wochen zur Behebung der Beanstandungen gesetzt. Andernfalls wird Ihr Antrag als unzulässig zurückgewiesen werden.

Richter am AG

Muster 5: **Anordnung der Sequestration**[1]

Amtsgericht Dresden
Abteilung Gesamtvollstreckung

25.4.1995

Az.: N 4/95

Sequestrationsbeschluß
vom 25.4.1995

In der Gesamtvollstreckungssache über das Vermögen der
Sch-GmbH

Geschäftsführer: Herr X

wird gemäß § 2 Abs. 3 GesO zur Sicherung der Masse und zum Schutz der Gläubiger folgendes angeordnet:

Gegen die Schuldnerin wird ein allgemeines Verfügungsverbot erlassen. Ihr wird insbesondere untersagt, Gegenstände ihres Vermögens zu belasten und Forderungen einzuziehen. Die Forderungen der Schuldnerin werden beschlagnahmt. Nur Leistungen an den Sequester haben schuldbefreiende Wirkung.

Es wird die

Sequestration

angeordnet.

Zum Sequester wird Rechtsanwalt V, Dresden
bestellt.

Er soll das vollstreckungsbefangene Vermögen der Schuldnerin sicherstellen, insbesondere Außenstände einziehen und einem für die Zwecke der Sequestration einzurichtendem Anderkonto zuführen. Verfügungen über der Sequestration unterliegende Vermögensgegenstände bedürfen der Zustimmung des Sequesters. Dies gilt auch für die Aufrechnung eines Gläubigers gegen Gut-

---

[1] Vgl. § 5 Rn. 13 ff.

schriften und Guthaben der Schuldnerin, die im Zeitpunkt der Anordnung der Sequestration noch nicht durch Verrechnung (Saldierung) untergegangen sind. Gegen die Schuldnerin eingeleitete Vollstreckungsmaßnahmen sind vorläufig einzustellen.

Der Sequester wird ermächtigt, Verhandlungen mit den in § 4 Abs. 1 GesO genannten Stellen zur Beseitigung der Zahlungsunfähigkeit und einer etwaigen Überschuldung (Sanierung) zu führen und die eingezogenen Gelder für die Fortführung des Betriebes der Schuldnerin zu verwenden.

Außerdem wird der Sequester beauftragt und gebeten, bis zum 30.5.1995 ein schriftliches Gutachten darüber zu erstatten, ob die Schuldnerin zahlungsunfähig oder überschuldet ist und ob im Fall der Eröffnung des Gesamtvollstreckungsverfahrens die Kosten aus der Masse gedeckt werden können.

Richter am AG

Muster 6: **Eröffnungsbeschluß**[1]

Amtsgericht Dresden
Abteilung Gesamtvollstreckung

9.6.1995

Az.: N 4/95

Eröffnungsbeschluß
vom 9.6.1995

In dem Verfahren zur Eröffnung der Gesamtvollstreckung über das Vermögen der

Sch-GmbH, Dresden

wird heute am 9.6.1995, 13.00 Uhr, die Gesamtvollstreckung eröffnet, da die durch das Gericht angeordneten und durchgeführten Ermittlungen ergeben haben, daß die Schuldnerin zahlungsunfähig und überschuldet ist. Fällige Verbindlichkeiten in Höhe von DM 300.000,00 können aus liquiden oder kurzfristig liquidierbaren Mitteln nicht mehr beglichen werden. Einem Aktivvermögen in Höhe von DM 784.000,00 stehen Verbindlichkeiten in Höhe von DM 3.150.000,00 gegenüber. Die Kosten des Verfahrens können aus der vorhandenen freien Masse in Höhe von voraussichtlich DM 624.000,00 gedeckt werden.

Der Schuldnerin wird die Verfügung über ihr Vermögen

v e r b o t e n

Die Verwaltung des Vermögens wird gem. § 5 Nr. 2 GesO einem Verwalter übertragen. Zum Verwalter wird

Rechtsanwalt V, Dresden

bestellt.

Forderungen sind bis zum **15.12.1995** bei dem Verwalter anzumelden. Vertreter eines Gläubigers haben ihre Vollmacht einzureichen oder diese spätestens im Termin vorzulegen.

---

[1] Vgl. § 6 Rn. 9 ff.

Zur Beschlußfassung über die Beibehaltung des ernannten oder die Wahl eines anderen Verwalters sowie über die Bestellung eines Gläubigerausschusses und ggf. die Wahrnehmung der Rechte aus § 15 GesO und die erste Gläubigerversammlung wird Termin für den

15.8.1995, 10.00 Uhr

und Termin zur Prüfung der angemeldeten Forderungen für den

15.6.1996, 10.00 Uhr

vor dem Amtsgericht Dresden, Saal 111, anberaumt.

Allen Personen,
- die eine zur Masse gehörige Sache in Besitz haben oder zur Masse etwas schulden, wird aufgegeben, nichts an die Schuldnerin auszuhändigen oder zu leisten,
- die eine zur Masse gehörige Sache in Besitz haben, jedoch wegen eigener Forderungen abgesonderte Befriedigung aus diesen Sachen in Anspruch nehmen wird die Verpflichtung auferlegt, dieses dem Verwalter bis zum

31.7.1995

anzuzeigen.

Die Post- und Telefonsperre wird angeordnet, sie erstreckt sich nicht auf Sendungen, die vom Verwalter oder vom Amtsgericht Dresden, Abteilung Gesamtvollstreckung, ausgehen.

Richter am AG

Muster 7: **Veröffentlichung des Eröffnungsbeschlusses**[1]

Amtliche
Bekanntmachungen

Dresdener Zeitung
vom 12.6.1995

Über das Vermögen der Sch-GmbH im Aufbau, Dresden, Geschäftsführer X ist am 9.6.1995 um 13.00 Uhr die Gesamtvollstreckung eröffnet worden. Verwalter ist Rechtsanwalt V, Dresden. Forderungen sind bis zum 15.12.1995 beim Verwalter anzumelden, andernfalls besteht die Gefahr, daß sie bei der Erlösverteilung unberücksichtigt bleiben. Termin zur Beschlußfassung über die Beibehaltung des vorläufig ernannten oder die Wahl eines anderen Verwalters sowie über die Bestellung eines **Gläubigerausschusses** und ggf. zur Wahrung der Rechte aus § 15 GesO wird auf den 15.8.1995 um 10.00 Uhr, Raum 111, Gerichtsstraße, Dresden bestimmt. Termin zur Prüfung angemeldeter Forderungen wird auf den 15.6.1996 um 10.00 Uhr, am zuvor genannten Ort bestimmt. Wer eine zur Masse gehörige Sache besitzt oder zur Masse etwas schuldet, darf nichts an den Schuldner aushändigen oder leisten und muß den Besitz der Sachen und die Forderungen, für die er aus der Masse gesonderte Befriedigung verlangt, dem Verwalter bis zum 31.7.1995 anzeigen.

Az.: N 4/95 Amtsgericht Dresden

---

[1] Vgl. § 6 Rn. 78 ff.; § 9 Rn. 10.

Muster 8: **Beschluß über die Aufhebung der Sequestration und Ablehnung der Eröffnung des Gesamtvollstreckungsverfahrens[1]**

Amtsgericht Dresden
Abteilung Gesamtvollstreckung

9.6.1995

Az.: N 4/95

Beschluß
vom 9.6.1995

In dem Verfahren zur Eröffnung der Gesamtvollstreckung über das Vermögen der

Sch-GmbH, Dresden

— Antragsgegnerin und Schuldnerin —

auf Antrag der

F-GmbH, Hamburg

— Antragstellerin —

Verfahrensbevollmächtigter: Rechtsanwalt A

wird der Antrag auf Eröffnung des Gesamtvollstreckungsverfahrens als unzulässig zurückgewiesen. Die Kosten hat die Antragstellerin zu tragen. Der Gegenstandswert wird auf DM 60.000,00 festgesetzt.

Der Sequestrationsbeschluß und das allgemeine Verfügungsverbot vom 25.4.1995 werden aufgehoben.

Gründe:

Die Antragstellerin hat wegen einer angeblichen Forderung in Höhe von DM 60.000,00 gegen die Schuldnerin einen Antrag auf Eröffnung des Gesamtvollstreckungsverfahrens gestellt. Daß Gericht hat den Antrag zugelassen, weil es die Überzeugung gewonnen hat, daß die Forderung glaubhaft ist.

---

[1] Vgl. § 6 Rn. 106 ff.

Gegenüber dem Antrag hat die Schuldnerin nunmehr Tatsachen dargelegt und belegt, die es zur Überzeugung des Gerichts als überwiegend wahrscheinlich erscheinen lassen, daß der Antragstellerin bereits die von ihr behauptete Forderung nicht zusteht.

Der Antrag der Antragstellerin ist damit unzulässig. Die Antragstellerin hat keine Antragsbefugnis nach § 2 Abs. 1 S. 2 GesO, weil sie nicht Gläubigerin ist.

Die Kostenentscheidung beruht auf § 91 ZPO in Verbindung mit § 1 Abs. 3 GesO.

Richter am AG

Muster 9: **Antrag auf Berichtigung des Rubrums**[1]

Rechtsanwalt A
Hamburg
8.9.1995

An das
Amtsgericht Dresden
Abteilung Gesamtvollstreckung

Dresden

Az: N 4/95

Berichtigungsantrag

in dem Gesamtvollstreckungsverfahren über das Vermögen der

Sch-GmbH im Aufbau.

Namens und in Vollmacht der F-GmbH beantrage ich, das Rubrum des Eröffnungsbeschlusses vom 9.6.1995 dahingehend zu berichtigen, daß die Schuldnerin als

Sch-GmbH

bezeichnet wird.

B e g r ü n d u n g:

Die richtige Firma der Schuldnerin ergibt sich aus dem Handelsregister; ein beglaubigter Auszug aus dem Handelsregister ist als

Anlage

n Original beigefügt.

er Berichtigungsanspruch folgt aus der entsprechenden Anwendung von 319 ZPO.

chtsanwalt A

Vgl. § 6 Rn. 96.

Muster 10: **Beschluß des Gerichts über einen Antrag auf Berichtigung des Rubrums**[1]

Amtsgericht Dresden
Abteilung Gesamtvollstreckung

15.9.1995

Az.: N 4/95

Beschluß

in dem Gesamtvollstreckungsverfahren über das Vermögen der

Sch-GmbH

Verwalter: Rechtsanwalt V, Dresden

Der Eröffnungsbeschluß vom 9.6.1995 wird wegen einer offenbaren Unrichtigkeit gemäß § 319 ZPO dahingehend berichtigt, daß die Schuldnerin nicht als „Sch-GmbH im Aufbau", sondern als „Sch-GmbH" firmiert.

Richter am AG

[1] Vgl. § 6 Rn. 96.

Muster 11: **Forderungsanmeldung und Anmeldung von Ansprüchen auf abgesonderte Befriedigung**[1]

Rechtsanwalt A
Hamburg
31.7.1995

Per Telefax vorab
Per Einschreiben/Rückschein

An den Verwalter
des Gesamtvollstreckungsverfahrens
über das Vermögen der Sch-GmbH

Herrn Rechtsanwalt
V

Dresden

Forderungsanmeldung und Geltendmachung von Ansprüchen auf abgesonderte Befriedigung

Gläubigerin: F-GmbH, Hamburg

Sehr geehrter Herr Kollege V,

im Gesamtvollstreckungsverfahren über das Vermögen der **Sch-GmbH** hat mich meine Mandantin, die F-GmbH, gebeten, ihre Interessen Ihnen gegenüber wahrzunehmen. Eine auf mich ausgestellte Vollmacht füge ich **im Original** bei.

1. Anmeldung von Forderungen

Namens und im Auftrage meiner Mandantin melde ich folgende Forderungen für den Ausfall an:

Forderung nach § 17 Abs. 3 Nr. 4 GesO:
Forderung auf Rückzahlung des Darlehens gemäß Vertrag vom 12.10.1994,

---

Vgl. § 7 Rn. 2 ff.

ausgezahlt am 13.10.1994 DM 60.000,00
zuzüglich 4 % Zinsen seit dem 14.10.1994 bis zum Tage der Verfahrenseröffnung.

Aufgrund der Eröffnung des Gesamtvollstreckungsverfahrens kündige ich namens und im Auftrage meiner Mandantin darüber hinaus den Darlehensvertrag vom 12.10.1994 aus wichtigem Grund fristlos.

2. Anmeldung von Rechten nach § 12 Abs. 1 GesO

Als

Anlage 1

überreiche ich ferner in Kopie den zwischen der Schuldnerin und meiner Mandantin geschlossenen Vertrag über die Bestellung von Sicherungseigentum an den darin im einzelnen bezeichneten Gegenständen und fordere Sie auf, diese bis zum

10.8.1995

meiner Mandantin herauszugeben oder mir bis zu diesem Zeitpunkt einen Vorschlag für die Ablösung des Sicherungseigentums durch Zahlung (§ 12 Abs. 1 Satz 1 GesO) zu unterbreiten.[2]

Mit freundlichen kollegialen Grüßen

Rechtsanwalt A

[2] Vgl. § 16 Rn. 11 ff., 19 sowie § 13 Rn. 6.

Muster 12: **Antrag des Gläubigers auf Zustimmung zur Aufnahme einer verspätet angemeldeten Forderung in das Vermögensverzeichnis**[1]

Rechtsanwalt A
Hamburg
5.2.1996

An das
Amtsgericht Dresden
Abteilung Gesamtvollstreckung

Dresden

Az. N 4/95
Gläubigerin: F-GmbH

Antrag auf Zustimmung zur Aufnahme von Forderungen in das Vermögensverzeichnis

In dem Gesamtvollstreckungsverfahren über das Vermögen der

Sch-GmbH

Namens und in Vollmacht der F-GmbH

„Antragstellerin"

beantrage ich,

1. der Aufnahme der mit Schreiben vom 17.12.1995 angemeldeten Forderung der Antragstellerin in Höhe von DM 9.000,00 in das vorläufige Vermögensverzeichnis der Schuldnerin zuzustimmen, den Verwalter anzuweisen, die Forderung in das Vermögensverzeichnis aufzunehmen und zu beschließen, daß die Forderung vom Verwalter zu prüfen ist;

2. einen nahen Termin zur Prüfung der unter 1. bezeichneten Forderung anzuberaumen.

---

[1] Vgl. § 7 Rn. 34 ff.

B e g r ü n d u n g:

I.
Zum Sachverhalt

1. Die Antragstellerin hat mit dem in Kopie als

Anlage 1

beigefügten Schreiben vom 17.12.1995 bei dem Verwalter auf Kaufpreiszahlung in Höhe von DM 9.000,00 aus Kaufverträgen angemeldet. Gleichzeitig hat die Antragstellerin die verspätete Anmeldung begründet und die Entschuldigungsgründe im Sinne des § 14 Abs. 1 GesO vorgetragen.

2. Mit Schreiben vom 10.1.1996, in Kopie als

Anlage 2

beigefügt, hat der Verwalter die Aufnahme der Forderung der Antragstellerin in das vorläufige Vermögensverzeichnis der Schuldnerin und die Prüfung der Forderung abgelehnt.

II.
Zur Rechtslage

Die verspätete Forderungsanmeldung der Antragstellerin war unverschuldet, da ... [wird ausgeführt], so daß die angemeldete Forderung in das vorläufige Vermögensverzeichnis gemäß § 14 Abs. 1 GesO aufzunehmen ist.

Rechtsanwalt A

Muster 13: **Beschwerde des Gläubigers wegen Nichtaufnahme einer verspätet angemeldeten Forderung in das Vermögensverzeichnis**[1]

Rechtsanwalt D
Dresden
17.4.1996

Landgericht Dresden
Dresden

In dem Gesamtvollstreckungsverfahren über das Vermögen der

Sch-GmbH

Az.: N 4/95

lege ich namens und in Vollmacht der F-GmbH, Hamburg, („**Beschwerdeführerin**") gegen den Beschluß des Amtsgerichts Dresden vom 10.4.1996, Az. N 4/95

Beschwerde

ein und beantrage,

den Beschluß aufzuheben und dem Antrag der Beschwerdeführerin auf Zustimmung zur Aufnahme der mit Schriftsatz vom 17.12.1995 angemeldeten Forderung in das vorläufige Vermögensverzeichnis der Schuldnerin stattzugeben.

Begründung:

1. Mit Schriftsatz vom 5.2.1996 (Anlage 1) beantragte die Beschwerdeführerin beim Amtsgericht Dresden, den Verwalter des oben genannten Gesamtvollstreckungsverfahrens anzuweisen, die mit Schreiben der Antragstellerin vom 17.12.1995 angemeldeten Forderungen (Anlage 2) in Höhe von DM 9.000,00 in die Gesamtvollstreckungstabelle aufzunehmen.

---

[1] Vgl. § 7 Rn. 69 ff.

2. Die von der Beschwerdeführerin verspätet angemeldete Forderung ist zur Tabelle aufzunehmen, da sie die Verspätung nicht im Sinne des § 14 Abs. 1 GesO verschuldet hat. [wird ausgeführt].

Rechtsanwalt D

Muster 14: **Beschluß des Gerichts über die Aufnahme einer verspätet angemeldeten Forderung in das Vermögensverzeichnis**[1]

Amtsgericht Dresden
Abteilung Gesamtvollstreckung

15.6.1996

Az.: N 4/95

Beschluß

in dem Gesamtvollstreckungsverfahren über das Vermögen der

Sch-GmbH

Verwalter: Rechtsanwalt V, Dresden

Auf Antrag der F-GmbH wird der Verwalter der Schuldnerin, Herr Rechtsanwalt V, angewiesen, die mit Schriftsatz der Antragstellerin vom 17.12.1995 angemeldete Forderung aus § 12 Abs. 2 des Gesetzes über die Spaltung der von der Treuhandanstalt verwalteten Unternehmen wegen Darlehensrückzahlungsverpflichtungen des vormaligen VEB Sch in Höhe von DM 9.000,00 in das vorläufige Vermögensverzeichnis der Schuldnerin aufzunehmen und die Forderung in einem vom Gericht anzuberaumenden Prüfungstermin zu prüfen.

Gründe:

....[wird ausgeführt]

Richter am AG

---

[1] Vgl. § 7 Rn. 56 ff.

Muster 15: **Antrag des Gläubigers auf Ergänzung der Tagesordnung für eine Gläubigerversammlung**[1]

Rechtsanwalt A
Hamburg
8.9.1996

An das
Amtsgericht Dresden
Abteilung Gesamtvollstreckung

Dresden

Az: N 4/95

Antrag zur Ergänzung der Tagesordnung für eine Gläubigerversammlung am 29.9.1996

im Gesamtvollstreckungsverfahren über das Vermögen der

Sch-GmbH

Namens und in Vollmacht der F-GmbH beantrage ich, die Tagesordnung für die Gläubigerversammlung am 28.9.1996 um den Tagesordnungspunkt

Ergänzung des Gläubigerausschusses

zu erweitern.

Die F-GmbH wird beantragen, als juristische Person in den Gläubigerausschuß aufgenommen zu werden.

Rechtsanwalt A

---

[1] Vgl. § 8 Rn. 45 ff.

Muster 16: **Zwischenbericht des Verwalters**[1]

Rechtsanwalt V
als Verwalter über das Vermögen
der Sch-GmbH im Aufbau

14.8.1995

Amtsgericht Dresden
Abteilung Gesamtvollstreckung

Dresden

Az: N 4/95

In dem Gesamtvollstreckungsverfahren über das Vermögen der

Sch-GmbH

erstatte ich im Anschluß an mein Gutachten vom 19.5.1995 folgenden

1. Zwischenbericht

zum Stand des Verfahrens:

I. Maßnahmen im Arbeitnehmerbereich

Zu Beginn meiner Tätigkeit als Verwalter habe ich die Arbeitsverhältnisse mit 6 von insgesamt 12 Arbeitnehmern gekündigt. Bedingt durch die Fortsetzung der Produktion wurde bis zum heutigen Tag der Personalbestand auf insgesamt 4 Arbeitnehmer reduziert. Bis Ende 1995 ist vorgesehen, diese Arbeitnehmer für dringend erforderliche Abwicklungsarbeiten weiterzubeschäftigen.

II. Kündigung von Dauerschuldverhältnissen/Information der Gläubiger

Die mir aus den Buchhaltungsunterlagen der Schuldnerin bekannt gewordenen Gläubiger wurden von mir gemäß § 6 Abs. 3 GesO über die Eröffnung des Verfahrens informiert. Zudem habe ich die für die Schuldne-

[1] Vgl. 8 Rn. 37 ff.

rin per Verfahrenseröffnung noch bestehenden Dauerschuldverhältnisse gekündigt, soweit nicht im Einzelfall vor dem Hintergrund einer geregelten Verfahrensabwicklung und/oder Masseanreicherung eine derartige Maßnahme untunlich war.

III. Fortgang der Interessentengespräche

Die bereits in der Sequestrationsphase begonnenen Gespräche zur Realisierung einer übertragenden Sanierung im Produktionsbereich konnten bislang noch nicht zu einem erfolgreichen Abschluß gebracht werden. Derzeit wird noch mit zwei weiteren Interessenten über eine mögliche Übernahme verhandelt. Die Gespräche gestalten sich dabei aus zweierlei Gründen schwierig. Zunächst hat die Hauptauftraggeberin der Schuldnerin von einer Erteilung neuer Aufträge wegen der ungewissen Zukunft des Unternehmens abgesehen. Die Einschätzung, daß eine übertragende Sanierung gleichwohl noch möglich und für einen Interessenten wirtschaftlich lukrativ sein könnte, beruht insbesondere darauf, daß die im Hause der Hauptauftraggeberin zuständigen Entscheidungsträger bei Neuausschreibungen das auf einen Erwerber übergeleitete Unternehmen der Schuldnerin wohlwollend berücksichtigen wollen.

Zur Zeit ist jedoch noch offen, ob und an welchen der Unternehmer, die Interesse an dem käuflichen Erwerb des beweglichen Anlagevermögens, der Roh-, Hilfs- und Betriebsstoffe sowie des Auftragsbestands und der Kundenkartei bekundet haben, letztlich eine Veräußerung stattfinden kann.

Über weitere Einzelheiten der Sanierungsbemühungen, die nach jetztigem Erkenntnisstand maximal einen zu erhaltenen Personalbestand von 2 bis 3 Mitarbeitern erwarten lassen, werde ich in der am 15.8.1995 stattfindenden Gläubigerversammlung berichten.

Rechtsanwalt V
Verwalter

Muster 17: **Protokoll des Gerichts über die erste Gläubigerversammlung**[1]

Amtsgericht Dresden
Abteilung Gesamtvollstreckung

15.8.1995

Az.: N 4/95

Anwesend: Rechtspfleger P

**Protokoll der
Ersten
Gläubigerversammlung
am 15.8.1995**

In dem Gesamtvollstreckungsverfahren über das Vermögen der

Sch-GmbH

1. Bei Aufruf erschienen:

a) der Verwalter, Rechtsanwalt V
b) der Geschäftsführer der Schuldnerin, Herr X
c) die folgenden Gläubiger und Bevollmächtigten von Gläubigern
Rechtsanwalt A für die F-GmbH
Arbeitnehmer N
Gläubiger C
Gläubiger D-Bank

Der Verwalter erstattete Bericht über die Gründe der Zahlungsunfähigkeit der Schuldnerin, über den Stand des Verfahrens und über die bisher von ihm ergriffenen Maßnahmen. Soweit sich die Sachlage zur Zeit übersehen läßt, steht für die nicht bevorrechtigten Gläubiger eine Quote von ungefähr 10-15% in Aussicht.

Das Stimmrecht wurde erörtert und und wie folgt festgestellt: [wird ausgeführt]

---

[1] Vgl. § 8 Rn. 15 ff.

2. Es wurde beschlossen:

a) Rechtsanwalt V wird in seinem Amt als Verwalter bestätigt.
b) Es soll ein Gläubigerausschuß gewählt werden. Gewählt wurden:
   (1) Arbeitnehmer N
   (2) Gläubiger C
   (3) Gläubiger D-Bank

   Die Gewählten nehmen die Wahl an.

c) Bezüglich der Fortführung oder Schließung des Geschäfts des Gemeinschuldners:

   ( ) Geschäft wird geschlossen.
   (x) Geschäft wird fortgeführt.
   ( ) Geschäft ist bereits geschlossen.

d) Die eingehenden Gelder sollen bei

   A-Bank AG, Filiale Dresden
   BLZ: 001 Kto.Nr. 002
   zu den dort üblichen Bedingungen hinterlegt werden.

e) Der Verwalter soll der Gläubigerversammlung und dem Gläubigerausschuß über die Verwaltung und Verwertung der Masse Bericht erstatten

   (x) im Prüfungstermin am 15.6.1996 und danach alle 6 Monate.

Die Beschlüsse wurden einstimmig gefaßt.

Rechtspfleger P

Muster 18: **Beschluß des Gerichts über die Anberaumung eines weiteren Prüfungstermin**[1]

Amtsgericht Dresden
Abteilung Gesamtvollstreckung

20.9.1996

Az.: N 4/95

Beschluß
vom 20.9.1996

in dem Gesamtvollstreckungsverfahren über das Vermögen der

Sch-GmbH

Verwalter: Rechtsanwalt V, Dresden

wird ein weiterer Termin zur Prüfung der angemeldeten Forderungen auf den

10.12.1996, 10.00 Uhr

im Gerichtsgebäude Dresden, Sitzungssaal 111, bestimmt.

Richter am AG

---

[1] Vgl. § 9 Rn. 58 ff.

Muster 19: **Vermögensverzeichnis des Verwalters**[1]

Verwalter:
Rechtsanwalt V
Dresden

V e r m ö g e n s v e r z e i c h n i s
Rang: § 17 Abs. 3 Nr. 4 GesO

Schuldnerin:
Sch-GmbH, Dresden
Prüfungstermin: 15.6.1996
Geschäfts-Nr.: N 4/95

Blatt 3

Lfd. Nr.	Gläubiger Name und Anschrift	Gläubiger Vertreter	Tag d. Anmeldung	Angemeldete Forderung	Grund der Forderung	Ergebnis der Forderungsprüfung			Bemerkungen
						Anerkannt	FDA* anerkannt	Bestritten	
→	Übertrag (v. Blatt 2	......,..	......,..	. . . .,..	......,..				
0001	F-GmbH, Hamburg	Rechtsanwalt A	31.7.1995	60.000,00	Darlehen	40.000,00	20.000,00		
0002	Strom AG, Dresden	--	2.8.1995	10.000,00	Stromlieferung		10.000,00		

[1] Vgl. § 9 Rn. 46 ff.
* FDA = Für den Ausfall

Muster 20: **Auszug aus dem Vermögensverzeichnis**

Verwalter:
Rechtsanwalt V
Dresden

F-GmbH

Hamburg

N 4/95

Tag der Anmeldung	Rang	Lfd. Nr.
31.7.95	§ 17 Abs. 3 Ziffer 4 GesO	11

Auszug aus dem Vermögensverzeichnis (§ 11 GesO)
(Kein Vollstreckungstitel!)

Schuldnerin im Gesamtvollstreckungsverfahren: Sch-GmbH, Dresden

Angemeldete Forderung in DM	Genaue Bezeichnung des Grundes der Forderung	Prüfungsergebnis und Erlösverteilung
40.000,00 20.000,00	Darlehen Darlehen	anerkannt für den Ausfall anerkannt
Bemerkungen/Berichtigungen:		

Gläubigervertreter: RA A, Hamburg

Dresden, den ......19..

Rechtsanwalt V
Verwalter

---

[1] Vgl. 9 Rn. 46 ff.

Muster 21: **Beschluß des Gerichts über die Bestellung als vorläufiges Mitglied des Gläubigerausschusses**[1]

Amtsgericht Dresden
Abteilung Gesamtvollstreckung

25.10.1995

Az.: N 4/95

Beschluß
vom 25.10.1995

in dem Gesamtvollstreckungsverfahren über das Vermögen der

Sch-GmbH

Verwalter: Rechtsanwalt V, Dresden

wird auf Antrag des aus beruflichen Gründen ausscheidenden Mitglieds des Gläubigerausschusses — Herrn N, Dresden
vom 20.10.1995 als vorläufiges Gläubigerausschußmitglied

die G-GmbH, Dresden

gemäß § 15 Abs. 2 Satz 3 GesO bestellt.

Die vorläufige Bestellung gilt bis zur möglichen Wahl durch eine eigens dazu einzuberufende Gläubigerversammlung.

Die G-GmbH wird ermächtigt, als vorläufiges Mitglied Herrn Rechtsanwalt G, Dresden zu benennen, im Verhinderungsfall kann ein anderer Vertreter benannt werden.

Die Entscheidung ergeht gerichtsgebührenfrei.

Rechtspfleger P

---

1 Vgl. § 11 Rn. 18 ff.

Muster 22: **Geschäftsordnung für den (gewählten) Geläubigerausschuß**[1]

Geschäftsordnung für den (gewählten) Gläubigerausschuß

Der Gläubigerausschuß stellt seine

Geschäftsordnung

wie folgt fest:

§ 1
Allgemeines

Der Gläubigerausschuß führt seine Geschäfte nach den Vorschriften der Gesetze und dieser Geschäftsordnung.

§ 2
Vorsitzender und Stellvertreter

(1) In der ersten Sitzung nach seiner Wahl durch die Gläubigerversammlung wählt der Gläubigerausschuß aus seiner Mitte einen Vorsitzenden und einen Stellverteter. Der Stellvertreter hat die Rechte und Pflichten des Vorsitzenden des Gläubigerausschusses, wenn dieser verhindert ist.

(2) Scheidet der Vorsitzende oder sein Stellvertreter vorzeitig aus dem Amt aus, so hat der Gläubigerausschuß unverzüglich eine Neuwahl für den Ausgeschiedenen vorzunehmen.

§ 3
Einberufung

(1) Der Gläubigerausschuß soll bis zum Abschluß der wesentlichen Verwertungsmaßnahmen seitens des Verwalters, in der Regel einmal im Kalendervierteljahr, er muß einmal im Kalenderhalbjahr einberufen werden.

(2) Die Sitzungen des Gläubigerausschusses werden durch seinen Vorsitzenden mindestens 14 Tage vorher schriftlich einberufen. In dringenden Fällen kann der Vorsitzende diese Frist angemessen verkürzen und mündlich, fernmündlich, fernschriftlich oder telegraphisch einberufen. Die Einberufung des Gläubigerausschusses soll in der Regel in Abstimmung mit dem Verwalter erfolgen.

---

[1] Vgl. § 11 Rn. 44 ff.

(3) Jedem Gläubigerausschußmitglied und dem Verwalter steht es frei, beim Vorsitzenden die Einberufung einer Gläubigerausschußversammlung anzuregen und Tagesordnungspunkte zu benennen. Der Vorsitzende ist verpflichtet, solche Anregungen binnen angemessener Frist umzusetzen.

(4) Die Sitzungen des Gläubigerausschusses finden in der Regel am Sitz der Schuldnerin statt. Im Einverständnis mit allen Mitgliedern des Gläubigerausschusses kann der Ausschuß auch an anderen Orten tagen.

(5) Mit der Einberufung sollen Ort und Uhrzeit der Sitzung sowie die Gegenstände der Tagesordnung und die voraussichtliche Dauer der Sitzung mitgeteilt werden. Ist eine Tagesordnung nicht ordnungsgemäß angekündigt worden, soll über die Gegenstände der Tagesordnung nur beschlossen werden, wenn vor der Beschlußfassung kein Gläubigerausschußmitglied widerspricht. Abwesenden Gläubigerausschußmitgliedern ist in einem solchen Fall Gelegenheit zu geben, binnen einer vom Vorsitzenden zu bestimmenden angemessenen Frist der Beschlußfassung zu widersprechen oder ihre Stimme schriftlich abzugeben. Der Beschluß wird erst wirksam, wenn die abwesenden Gläubigerausschußmitglieder innerhalb der bestimmten Frist nicht widersprochen haben.

§ 4
Beschlußfassung

(1) Beschlüsse des Gläubigerausschusses werden in der Regel in Sitzungen gefaßt. Außerhalb von Sitzungen können auf Anordnung des Vorsitzenden des Gläubigerausschusses schriftliche, telegraphische, fernschriftliche oder fernmündliche Beschlußfassungen erfolgen, wenn kein Mitglied diesem Verfahren innerhalb einer vom Vorsitzenden zu bestimmenden angemessenen Frist widerspricht. Für Abstimmungen außerhalb von Sitzungen gelten die folgenden Absätze 2 bis 7 entsprechend.

(2) Sitzungen werden vom Vorsitzenden des Gläubigerausschusses geleitet Der Vorsitzende bestimmt die Reihenfolge, in der die Punkte der Tagesordnung verhandelt werden, sowie die Art der Abstimmung.

(3) Der Gläubigerausschuß ist beschlußfähig, wenn an der Beschlußfassung mindestens die Hälfte seiner Mitglieder teilnimmt. Ein Mitglied nimmt auch dann an einer Beschlußfassung teil, wenn es sich in der Abstimmung der Stimme enthält.

(4) Abwesende Gläubigerausschußmitglieder können an Abstimmungen des Gläubigerausschusses dadurch teilnehmen, daß sie durch andere Gläubigerausschußmitglieder schriftliche Stimmabgaben überreichen lassen.

(5) Beschlüsse des Gläubigerausschusses werden mit einfacher Mehrheit der abgegebenen Stimmen gefaßt. Dabei gilt Stimmenthaltung nicht als Stimmabgabe.

(6) Über die Verhandlungen und Beschlüsse des Gläubigerausschusses sind Niederschriften anzufertigen, die vom Vorsitzenden zu unterzeichnen und allen Mitgliedern unverzüglich zuzuleiten sind.

§ 5
Schweigepflicht

(1) Die Mitglieder des Gläubigerausschusses haben über die ihnen bei ihrer Tätigkeit als Gläubigerausschußmitglied bekannt gewordenen Tatsachen, deren Offenbarung die Interessen der Schuldnerin oder eines Gläubiges beeinträchtigen könnte, Dritten gegenüber Stillschweigen zu bewahren. Diese Verpflichtung besteht auch nach Beendigung ihres Amtes. Dem Gebot der Schweigepflicht unterliegen insbesondere die Simmabgabe, der Verlauf der Debatte, die Stellungnahmen sowie persönliche Äußerungen der einzelnen Gläubigerausschußmitglieder.

(2) Lediglich gegenüber der Gläubigerversammlung und dem Gesamtvollstreckungsgericht sind die Mitglieder des Gläubigerausschusses über die Entwicklung des Gesamtvollstreckungsverfahrens und die Tätigkeit des Verwalters auskunftspflichtig.

§ 6
Ausschüsse

Der Gläubigerausschuß kann aus seiner Mitte Ausschüsse bilden, für die diese Geschäftsordnung sinngemäß gilt. Insbesondere kann der Gläubigerausschuß auch ein Mitglied mit der Kassenprüfung beauftragen.

Dresden, den

(Unterschriften)

Muster 23: **Vereinbarung über die Verwertung von Sicherheiten und Hinterlegung des Verwertungserlöses bis zur Klärung der Forderungsberechtigung**[1]

Vereinbarung

zwischen

1. Herrn Rechtsanwalt V
als Verwalter im Gesamtvollstreckungsverfahren über das Vermögen der Sch-GmbH, Dresden

— im folgenden „**Verwalter**" genannt —

und

2. der G-GmbH, vertreten durch ihren Geschäftsführer, Herrn G.

— im folgenden „**Gläubigerin**" genannt —

Präambel

Zwischen den Parteien ist gegenwärtig ein Rechtsstreit anhängig (Aktenzeichen 4 O 51/95 des Landgerichts Dresden). In diesem Rechtsstreit hat die Gläubigerin als Klägerin unter anderem beantragt,

festzustellen, daß die Klägerin im Gesamtvollstreckungsverfahren über das Vermögen der Sch-GmbH zur abgesonderten Befriedigung aus der gemäß dem Grundbucheintragungsantrag vom ......19.. am ......19.. im Grundbuch von ...... eingetragenen Grundschuld in Höhe von DM ......,.. nebst Zinsen betreffend das Grundstück der Flur, ... Flurstück ....., Liegenschafts-Kartei Nr. ... berechtigt ist.

Der Verwalter hat Klagabweisung beantragt.

Der Verwalter hat den sich seiner Ansicht nach aus der Hypothek ergebenden DM-Betrag zuzüglich Nebenforderungen und Zinsen beim Amtsgericht Dresden als Hinterlegungsstelle hinterlegt (insgesamt DM 40.000,00).

---

[1] Vgl. § 18 Rn. 4 ff.

Im Interesse der Ermöglichung einer möglichst raschen und sinnvollen Verwertung des in dem vorgenannten Antrag genannten Grundstückes und unter der **aufschiebenden Bedingung**,

daß die Vertragspartner gemeinsam nach § 13 Abs. 2 Nr. 1 HinterlO bei dem Amtsgericht Dresden die Herausgabe des hinterlegten Betrages auf das von den Parteien bei der D-Bank AG in Dresden unter der Konto Nr. 003 BLZ 001 eingerichtete Gemeinschaftskonto veranlassen und der hinterlegte Betrag auf diesem Konto eingegangen ist,

vereinbaren die Parteien folgendes:

§ 1

Die Gläubigerin verpflichtet sich, unverzüglich in gehöriger Form die Löschung der in der Präambel genannten, für sie eingetragenen Hypothek zu bewilligen.

Die Gläubigerin erklärt bereits mit Wirksamkeit dieses Vertrages ihr Einverständnis zu einer Verwertung des betreffenden Grundstücks im Rahmen des Gesamtvollstreckungsverfahrens über das Vermögen der Sch-GmbH, Dresden, Amtsgericht Dresden, Az: N 4/95).

§ 2

Die Gläubigerin wird im Einvernehmen mit dem Verwalter ihren Antrag in dem in der Präambel genannten Rechtsstreit dahingehend umstellen, daß der Verwalter als Beklagter verurteilt werden soll, in die Auskehrung des auf dem in der Präambel genannten Gemeinschaftskonto verbuchten Guthabens einschließlich aufgelaufener Zinsen an die Gläubigerin einzuwilligen.

§ 3

Die Parteien werden den Rechtsstreit fortführen. Die Auskehrung des auf das genannte Gemeinschaftskonto überwiesenen Betrages einschließlich der zwischenzeitlich auf diesem Konto angefallenen Zinsen wird entsprechend dem Inhalt eines rechtkräftigen Urteils in diesem Verfahren oder einer einvernehmlichen Regelung erfolgen.

§ 4

Die Gläubigerin bevollmächtigt den Verwalter bis auf Widerruf unter Befreiung von den Beschränkungen des § 181 BGB gegenüber der in der Präambel genannten Bank, die für die höchstverzinsliche Anlage der auf dem genannten Konto verbuchten Guthabenbeträge erforderlichen Erklärungen auch in ihrem

Namen abzugeben. Diese Bank soll beauftragt werden, der Gläubigerin sämtliche Auskünfte über das Gemeinschaftskonto zu erteilen und ihr Kontoauszüge direkt zuzuschicken.

Dresden, den

....
Gläubiger

....
Rechtsanwalt V
als Verwalter

Muster 24: **Stillhaltevereinbarung**[1]

Stillhaltevereinbarung
zwischen

1. Herrn Rechtsanwalt V
als Verwalter im Gesamtvollstreckungsverfahren über das Vermögen der Sch-GmbH, Dresden

— im folgenden „**Verwalter**" genannt —

und

2. Herrn G, Dresden

— im folgenden „**Gläubiger**" genannt —

Präambel:

Durch Beschluß des Amtsgerichts Dresden vom 9.6.1995 ist unter dem Aktenzeichen N 4/95 das Gesamtvollstreckungsverfahren über das Vermögen der Sch-GmbH eröffnet und die Verwaltung des Vermögens der Schuldnerin dem Verwalter übertragen worden.

Der Gläubiger hat in dem Gesamtvollstreckungsverfahren über die Sch-GmbH Forderungen aus Lieferungen in Höhe von DM 50.000,00 angemeldet.

Der Verwalter hat die Forderung des Gläubigers im Prüfungstermin vom 30.8.1995 bestritten.

In dem Gesamtvollstreckungsverfahren über das Vermögen der D-GmbH, (Amtsgericht Dresden, Aktenzeichen: N 26/94) und in weiteren Verfahren hat der Gläubiger Feststellungsklage erhoben, um u.a. die Rechtsfrage zu klären, die zwischen dem Gläubiger und dem Verwalter im vorliegenden Verfahren streitig sind.

Mit dem Ziel, bis zur Klärung der zwischen den Parteien noch streitigen Rechtsfragen in den vorgenannten Gerichtsverfahren dieses Gesamtvollstreckungsverfahren nicht mit einem Kosten verursachenden Prozeß zu belasten, und mit dem weiteren Ziel, die Position des Gläubigers und des Verwalters nicht durch Verwertungs-/Verteilungs-/Vollstreckungsmaßnahmen zu schädigen, vereinbaren die Parteien folgendes:

---

[1] Vgl. § 18 Rn. 8 ff.

§ 1

Der Verwalter erkennt die vom Gläubiger geltend gemachte Forderung in Höhe von DM 50.000,00 an und nimmt sie in das Vermögensverzeichnis der Schuldnerin auf.

§ 2

Der Gläubiger ist berechtigt, alle Rechte wahrzunehmen, die einem Gläubiger nach den Regelungen der Gesamtvollstreckungsordnung zustehen, dessen Forderung festgestellt worden ist.

§ 3

(1) Bei der Verteilung des Erlöses (einschließlich Teil-/Vorwegausschüttung) gemäß § 18 Gesamtvollstreckungsordnung wird der auf die Forderung des Gläubigers entfallende Teilerlös auf ein für diesen Zweck einzurichtendes „Und-Konto" (im folgenden „Konto" genannt) eingezahlt und festgelegt.

(2) Die Einzahlung auf das Konto hat hinsichtlich der Rechte aus der Feststellung der Forderung des Gläubigers zur Tabelle schuldbefreiende Wirkung, wenn sie mit der Maßgabe erfolgt, daß der Verwalter, ggf. sein Rechtsnachfolger im Gesamtvollstreckungsverfahren und der Gläubiger nur gemeinschaftlich zur Verfügung über das Konto berechtigt sind und eine Änderung der Verfügungsbefugnis ebenfalls nur gemeinschaftlich erfolgen kann. Die Auszahlung des Betrages inklusive der angefallenden Zinsen kann danach nur aufgrund übereinstimmender schriftlicher Weisung vorgenannter Parteien anteilig oder an den Verwalter/den Gläubiger allein erfolgen.

(3) Der Verwalter vertritt den Gläubiger bei der Kontoeröffnung und wird dafür Sorge tragen, daß die vorgenannten Verfügungsbeschränkungen in den Kontovertrag aufgenommen werden.

(4) Der Verwalter wird die Bank ferner anweisen, dem Gläubiger eine Ausfertigung des Antrags auf Eröffnung des Kontos und der Verfügungsbeschränkungsabrede zu übermitteln. Ferner hat die Bank die gesamte das Konto betreffende Korrespondenz mit beiden Kontoinhabern zu führen.

(5) Der Gläubiger bevollmächtigt den Verwalter bis auf Widerruf unter Befreiung von den Beschränkungen des § 181 BGB gegenüber der Bank, die für die höchstverzinsliche Anlage der auf dem genannten Konto verbuchten Guthabenbeträge erforderlichen Erklärungen auch in seinem Namen abzugeben.

(6) Nach Eingang vorgenannter Ausfertigung und des bankmäßigen Nachweises, daß der volle auf die Quote des Gläubigers entfallende Betrag auf das Konto eingezahlt ist, wird der Gläubiger dem Verwalter auf Anfordern den vollstreckbaren Tabellenauszug aushändigen.

§ 4

(1) Verwertungsmaßnahmen betreffend Sicherheiten, die zugunsten des Gläubigers bestellt sind (insbesondere Sicherungseigentum) werden der Verwalter und der Gläubiger ausschließlich einvernehmlich vornehmen. Die aus einer derartigen Verwertung erzielten Erlöse werden ebenfalls auf das in § 3 bezeichnete Konto überführt.

(2) Im übrigen gilt § 3 entsprechend.

§ 5

(1) Der Gläubiger wird dem Verwalter ohne besondere Aufforderung und ohne schuldhaftes Zögern jeweils den Inhalt der Entscheidungen der Instanzgerichte in den in der Vorbemerkung genannten Prozessen bekanntgeben. Anschließend werden die Parteien darüber Gespräche führen, ob sie das Urteil der jeweiligen Instanz des Musterprozesses bzw. eines der anderen Feststellungsverfahren als für sich verbindlich ansehen und durch entsprechende Erklärungen die Anerkennung des Anspruchs des Gläubigers bzw. die Rücknahme des geltend gemachten Anspruchs und die Freigabe der gemäß §§ 3 und 4 eingezahlten Beträge sowie der vom Gläubiger beanspruchten Sicherheiten rechtsverbindlich erklären oder diese Stillhaltevereinbarung für die nächste Instanz verlängern wollen.

(2) Kommt es nicht innerhalb einer Frist von 8 Wochen nach Bekanntgabe des Urteils gem. Abs. (1) S. 1 zu einer Vereinbarung der in Abs. (1) genannten Art, so kann jede Partei diese Stillhaltevereinbarung schriftlich kündigen. Dieses Recht kann mit einer Kündigungsfrist von 4 Wochen nach Ablauf der vorgenannten 8-Wochen-Frist ausgeübt werden.

(3) Für den Fall einer Kündigung dieser Stillhaltevereinbarung vor (vollständiger) Einzahlung auf das Konto gemäß § 3 und/oder § 4 gelten die nachfolgenden Regelungen, die von einer Kündigungserklärung unberührt bleiben:

a) Der Verwalter wird jegliche Verteilung des quotenmäßig auf den Gläubiger entfallenden Erlöses unterlassen, bis die Parteien durch Vereinbarung Einvernehmen über die streitigen Rechtsfragen hergestellt haben.

b) Kommt eine einvernehmliche Regelung nicht zustande, so ist der quotenmäßig auf den Gläubiger entfallende Betrag gemäß § 3 dieser Vereinbarung unverzüglich, spätestens nach Verwertung des Vermögens des

Schuldners auf das Konto einzuzahlen. Gleiches gilt für die Verwertungserlöse gem. § 4. Die Zustimmung zur Auszahlung an eine Partei allein bzw. eine anteilige Auszahlung gemäß § 3 Abs. 2 dieser Vereinbarung ist im Nichteinigungsfall durch eine Klage auf Erteilung der Erklärung gemäß § 894 ZPO zu erwirken.

c) Rechte aus dem durch den Tabelleneintrag erworbenen Vollstrekkungstitel vor der Einzahlung des auf den Gläubiger entfallenden Betrages gemäß § 3 und/oder § 4 dieser Vereinbarung wird der Gläubiger ausschließlich im Falle der einvernehmlichen Regelung oder aufgrund eines rechtskräftigen Urteils geltend machen.

(4) Im Falle einer Kündigung nach vollständiger Einzahlung auf das Konto gem. § 3 und/oder § 4 gilt Abs. (3) lit. b) S. 3 entsprechend. Dieser Absatz bleibt ebenfalls von einer Kündigungserklärung unberührt.

§ 6

(1) Die Parteien verpflichten sich gegenseitig, alle dem Zwecke dieser Vereinbarung dienenden und zu ihrer Aus- und Durchführung erforderlichen Erklärungen abzugeben und Rechtshandlungen vorzunehmen, damit der Zweck dieser Vereinbarung erreicht werden kann.

(2) Sollten Bestimmungen dieses Vertrages nicht rechtswirksam oder undurchführbar sein, so wird hierdurch die Gültigkeit der übrigen Bestimmungen dieses Vertrages nicht berührt. Anstelle der rechtsunwirksamen oder undurchführbaren Regelung soll eine andere Regelung treten, die — soweit rechtlich möglich — dem am nächsten kommt, was die Parteien nach Sinn und Zweck dieser Vereinbarung gewollt hätten, wenn sie bei Abschluß des Vertrages diesen Punkt bedacht hätten. Entsprechendes gilt für die Ausfüllung etwaiger Vertragslücken.

(3) Die Parteien sind sich bewußt, daß Vertragslücken oder die Undurchführbarkeit einzelner Bestimmungen im Hinblick auf die besonderen Verhältnisse entstehen können, unter denen dieser Vertrag abgeschlossen wurde. Dies gilt insbesondere im Hinblick auf die bei Abschluß dieser Vereinbarung noch nicht vorhersehbare Entwicklung von Gesetzgebung und Rechtsprechung.

Dresden, den	Dresden, den
....	....
	Rechtsanwalt V/Gläubiger

Muster 25: **Öffentliche Ladung des Gerichts zur Beschlußfassung über den Vergleichsvorschlag**[1]

Bundesanzeiger 15.12.1996

Amtsgericht Dresden

N 4/95 — 13.12.1996:

In dem Gesamtvollstreckungsverfahren über das Vermögen der Sch-GmbH, Dresden, wird auf Antrag des Verwalters, Rechtsanwalt V, Dresden, eine weitere Gläubigerversammlung zur Beschlußfassung über den Vergleichsvorschlag gemäß § 16 Abs. 1 S. 4 GesO anberaumt auf den 14.1.1997, 10.00 Uhr, Amtsgericht Dresden, Saal 111. Die Vergleichsquote wird 15 % betragen. Der Vergleichsvorschlag kann auf der Geschäftsstelle eingesehen werden.

Amtsgericht Dresden
Abteilung Gesamtvollstreckung

[1] Vgl. § 19 Rn. 18 ff.

Muster 26: **Vergleichsvorschlag**[1]

V e r g l e i c h

in dem Gesamtvollstreckungsverfahren
über das Vermögen der Sch-GmbH, Dresden.

I.
Bevorrechtigte Gläubiger

Die bevorrechtigten Gläubiger (§ 17 Abs. 3 Nr. 1 GesO) werden zu 100 % bedient, mithin

Gläubiger:	**angemeldeter Betrag:**
AOK Dresden	DM 3.400,00
Dresdener Ersatzkasse, Dresden	DM 13.300,00
Bundesanstalt für Arbeit, Dresden	DM 14.371,42

II.
Nichtbevorrechtigte Gläubiger

Die nichtbevorrechtigten Gläubiger (§ 17 Abs. 3 Nr. 4 GesO) werden mit einer Quote von 15 % ihrer angemeldeten Forderungen wie folgt befriedigt:

Gläubiger	**angemeldeter Betrag**	**davon 15 %**
FgmbH	DM 50.000,00	DM 7.500,00
Strom AG	DM 10.000,00	DM 1.500,00
[Weitere folgen]		

III.

Der Vergleichsbetrag gemäß I. und II. ist innerhalb von vier Wochen nach der Annahme dieses Vergleiches durch die Gläubigerversammlung und der Beschlußfassung durch das zuständige Gesamtvollstreckungsgericht zur Auszahlung fällig.

Dresden, 15.11.1996

Geschäftsführer X,
Sch-GmbH

---

[1] Vgl. § 19 Rn. 19 ff.

Muster 27: **Bürgschaftserklärung gemäß § 16 Abs. 3 GesO**

D-Bank AG
Filiale Dresden
15.11.1996

Bürgschaftserklärung

Hiermit übernehmen wir, die D-Bank AG, Filiale Dresden, für die sich in Gesamtvollstreckung befindliche

Sch-GmbH

die selbstschuldnerische Bürgschaft gemäß § 16 Abs. 3 GesO für Forderungen der bevorrechtigten und nichtbevorrechtigten Gläubiger aus einem das Verfahren der Gesamtvollstreckung beendenden Vergleich gem. § 16 GesO in Höhe von

DM 100.000,00
in Worten: einhunderttausend Deutsche Mark.

Wir verzichten auf die Einreden der Anfechtung, Aufrechnung und Vorausklage gemäß den §§ 770, 771 BGB.

Unsere Verpflichtung aus dieser Bürgschaft erlischt außer nach den gesetzlichen Erlöschungsgründen, wenn die Bürgschafturkunde zurückgegeben wird, spätestens jedoch am 15.11.1996.

D-Bank AG, Filiale Dresden

---

[1] Vgl. § 19 Rn. 34 ff.

Muster 28: **Veröffentlichung des Vergleichsvorschlags**[1]

Bundesanzeiger   15.2.1997

Amtsgericht Dresden

N 4/95 — 15.1.1997:
Gesamtvollstreckungsverfahren
über das Vermögen der **Sch-GmbH**, Dresden,
vertreten durch den Geschäftsführer X,
Dresden.

Der am 14.1.1997 durch die Gläubigerversammlung angenommene Vergleichsvorschlag zur Beendigung des Verfahrens gem. § 16 GesO wurde durch Gerichtsbeschluß vom 14.1.1997 gem. § 16 Abs. 5 GesO bestätigt. Die Vergleichsquote für nichtbevorrechtigte Gläubiger beträgt 15 %.

Amtsgericht Dresden
Abteilung Gesamtvollstreckung

---

[1] Vgl. § 19 Rn. 45.

Muster 29: **Veröffentlichung zur beabsichtigten Abschlagsverteilung an bevorrechtigte Gläubiger und Ladung zur Gläubigerversammlung**[1]

Bundesanzeiger 15.2.1997

Amtsgericht Dresden

N 4/95 — 15.1.1997:

In dem Gesamtvollstreckungsverfahren über das Vermögen der **Sch-GmbH**, Dresden, wird auf Antrag des Verwalters, Rechtsanwalt V, Dresden, Termin anberaumt zur Erörterung des Vorschlags des Verwalters vom 14.1.1997, voraussichtlich 428.313,25 DM vorab auf die bevorrechtigten Ansprüche im Sinne des § 17 Abs. 3 Nr. 1 b GesO (74.739,13 DM) und § 17 Abs. 5 Nr. 1 c GesO (353.574,12 DM) zu verteilen. Der Termin wird bestimmt auf den 21. März 1997, 9.30 Uhr, Saal 420, Amtsgericht Dresden, Königsbrücker Str. 68.

Der Vorabverteilungsvorschlag kann auf der Geschäftsstelle des Amtsgerichts, Zimmer 426, eingesehen werden.

Amtsgericht Dresden
Abteilung Gesamtvollstreckung

---

[1] Vgl. § 20 Rn. 70 ff.

Muster 30: **Antrag des Verwalters auf Anberaumung eines Schlußtermins**[1]

Rechtsanwalt V
Dresden
8.2.1997

An das
Amtsgericht Dresden
Abteilung Gesamtvollstreckung

Dresden

In dem Gesamtvollstreckungsverfahren über das Vermögen der
Sch-GmbH, Dresden
N 4/95

überreiche ich anliegend den **Verteilungsvorschlag** einschließlich:

1. **Ergebnisrechnung,**
2. **Schlußverzeichnis,**
3. **Schlußbericht,**
4. **Kassenbuch mit 30 Belegen,**

sowie einen

5. **Vergütungsantrag.**

Die Massekosten und Masseschulden sowie die Gerichtskosten sind noch nicht vollständig befriedigt worden.

Ich beantrage:
a) einen Schlußtermin anzuberaumen,
b) meine Vergütung sowie meine Auslagen festzusetzen,
c) mir die endgültige Gerichtskostenrechnung zuzustellen,
d) das Verfahren zu gegebener Zeit gemäß § 19 Abs. 1 Nr. 1 GesO einzustellen.

Rechtsanwalt V
Verwalter

[1] Vgl. § 20 Rn. 2 ff.

Muster 31: **Schlußverzeichnis**[1]

Schlußverzeichnis
in dem Gesamtvollstreckungsverfahren
über das Vermögen der
Sch-GmbH
Dresden
vertreten durch den Geschäftsführer
Herrn X
— N 4/95 —

---

[1] Vgl. § 20 Rn. 6 ff.

Zur Verteilung an die Gläubiger stehen insgesamt DM 20.000,00 zur Verfügung.
Dieser Betrag ist auf die bevorrechtigt und nicht bevorrechtigt zu befriedigenden Gläubiger wie folgt zu verteilen:

1. Bevorrechtigt zu befriedigende Gläubiger:

Nr. des Vermögensverzeichnisses	Gläubiger	angemeldeter Betrag	zu berücksichtigen	Ausschüttung
a) Arbeitnehmer und Sozialversicherungsträger (§ 17 Abs. 3 Nr. 2 lit. a)				
35	Herr F	1.000,00	1.000,00	1.000,00
68	AOK Dresden	2.500,00	2.500,00	2.500,00
b) Sozialansprüche (§ 17 Abs. 3 Nr. 1 lit. c)				
36	Frau G	1.500,00	1.500,00	1.500,00
c) Arbeitnehmerfindungsanspruch (§ 27 Abs. 2 Arbeitnehmerfindungsgesetz)				
36	Herr G	1.000,00	1.000,00	1.000,00
d) Unterhalts- und Abgabeforderung (§ 17 Abs. 3 Nr. 3)				
20	Finanzamt Dresden	2.000,00	2.000,00	2.000,00

2. Nicht bevorrechtigte Gläubiger § 17 Abs. 3 Nr. 4 GesO:

Nach Berücksichtigung der bevorrechtigen Ansprüche in Höhe von DM 8.700,00 können an die übrigen Gläubiger nach § 17 Abs. 3 Nr. 4 GesO noch DM 11.300,00 verteilt werden. Insgesamt sind bei der Verteilung Forderungen von DM 70.000,00 zu berücksichtigen, so daß auf jeden Gläubiger dieses Ranges auf die Forderung eine Ausschüttung in Höhe von 16,14% möglich ist. Da auch Forderungen berücksichtigt werden, über deren Bestehen ein Rechtsstreit schwebt, kann es im Falle eines Obsiegens des Verwalters zu einer Nachtragsverteilung hinsichtlich des auf diese Gläubiger entfallenden Betrags kommen.

Bei der Verteilung sind folgende Forderungen zu berücksichtigen:

Nr. des Vermögensverzeichnisses	Gläubiger	angemeldeter Betrag	zu berücksichtigen	Ausschüttung
a) festgestellte und unbedingte Forderungen,				
2	F-GmbH	60.000,00	40.000,00	6.456,00
3	Herr M.	5.000,00	5.000,00	807,00
b) festgestellte undd auflösend/aufschiebens bedingte Forderungen,				
7	A-GmbH	25.000,00	20.000,00	3.228,00

c) Forderungen absonderungsberechtigter Gläubiger, deren Ausfall nachgewiesen ist oder die auf ihr Recht verzichtet haben,				
11	B-GmbH	13.000,00	2.000,00	322,80
d) streitig titulierte Forderungen und Forderungen, über die ein Rechtsstreit schwebt.				
15	Herr Y	1.500,00	1.500,00	243,10
4	Frau D	1.500,00	1.500,00	243,10
				11.300,00

Rechtsanwalt V
Verwalter

Muster 32: **Schlußbericht des Verwalters**[1]

Rechtsanwalt V
als Verwalter
8.2.1997

Schlußbericht

in dem Gesamtvollstreckungsverfahren
über das Vermögen der
Sch-GmbH
Dresden
vertreten durch den Geschäftsführer
Herrn X

— N 4/95 —

---

[1] Vgl. § 20 Rn. 8 ff.

1. Einleitung:

Am 10.4.1995 hat die F-GmbH, Hamburg, beim Amtsgericht Dresden den Antrag auf Eröffnung des Gesamtvollstreckungsverfahrens über das Vermögen der Schuldnerin gestellt. Die Grundlage hierfür war die Zahlungseinstellung der Schuldnerin.

[Weitere Ausführungen zur Einleitung und Durchführung des Gesamtvollstreckungsverfahrens.]

2. Verfahrensabwicklung

Bei Eröffnung des Gesamtvollstreckungsverfahrens waren in dem Unternehmen 12 Mitarbeiter beschäftigt. 10 Mitarbeitern wurde unter Einhaltung der gesetzlichen Kündigungsfristen gekündigt. Die Konkursausfallgeldanträge wurden dem zuständigen Arbeitsamt fristgerecht eingereicht.

Der Termin zur ersten Gläubigerversammlung vor dem Amtsgericht Dresden wurde am 15.8.1995 abgehalten. [Weitere Ausführungen]

In diesem Gesamtvollstreckungsverfahren wurden Forderungen in Höhe von insgesamt DM 113.700,00 angemeldet. Gemäß § 17 Abs. 3 Nr. 1-3 GesO waren Forderungen in Höhe von DM 8.700,00 als bevorrechtigt und gemäß § 17 Abs. 3 Nr. 4 GesO in Höhe von 70.000,00 als nicht bevorrechtigt einzustufen. Nach eingehender Prüfung der angemeldeten Beträge und der mir vorgelegten Unterlagen habe ich Forderungen in Höhe von DM 78.700,00 anerkannt. Forderungen in Höhe von DM 35.000,00 wurden bestritten, da diese entweder auf Schätzungen beruhten oder nicht ausreichend nachgewiesen wurden. Prozesse über die Anerkennung dieser Forderungen werden geführt.

3. Erläuterung der Gesamtvollstreckungseröffnungsbilanz:

Gemäß der von mir per 9.6.1995 erstellten Gesamtvollstreckungseröffnungsbilanz konnten Aktiva in Höhe von DM 60.000,00 ermittelt werden. Demgegenüber standen Passiva in Höhe von DM 113.700,00, so daß sich eine rechnerische Überschuldung in Höhe von DM 53.700,00 ergab.

Die Bilanzwerte wurden gemäß §§ 252 ff. HGB in Ansatz gebracht.

Unter Berücksichtigung der Aus- und Absonderungsrechte sowie der vorab zu begleichenden Ansprüche gemäß § 13 GesO einschließlich der Gerichts- und Verwalterkosten errechnete sich ein verteilbarer Massebestand in Höhe von DM 20.000,00.

4. Erläuterung der Ergebnisrechnung

Gemäß der von mir erstellten Ergebnisrechnung per 10.2.1996 konnten insgesamt Einnahmen in Höhe von DM 55.000,00 verzeichnet werden.

Für die Bilanzpositionen Maschinen und maschinelle Anlagen, Betriebs- und Geschäftsausstattung sowie Produktionsanlagen konnten insgesamt Verwertungserlöse in Höhe von DM 115.000,00 erzielt werden. Hierbei handelt es sich zum einen um die Erlöse aus der Verwertung einer Maschine und zum anderen um Erlöse aus der Verwertung des Geschäftsbetriebes der Schuldnerin.

[Weitere Ausführungen zur Verwertung des Betriebsvermögens.]

Einnahmen aus der Betriebsfortführung mit zwei Mitarbeitern für die Zeit vom 9.6.1995 bis 15.12.1995 sind in Höhe von DM 39.900,00 angefallen.

Guthabenzinsen sowie sonstige zusätzliche Einnahmen wurden in Höhe von DM 100,00 erzielt.

Einnahmen laut Kassenbuch:

Insgesamt wurden laut Kassenbuch Einnahmen in Höhe von DM 55.000,00 verbucht.

Ausgaben laut Kassenbuch:

Zur Ablösung von Aus- und Absonderungsrechten wurden laut Kassenbuch Zahlungen in Höhe von DM 3.000,00 geleistet. Hierbei handelt es sich zum einen um diverse Lieferanten, deren Waren unter Eigentumsvorbehalt geliefert wurden und zum anderen um die Ablösung von Sicherungseigentum an der Ladeneinrichtung.

Im Rahmen der Abwicklung des Gesamtvollstreckungsverfahrens wurden die Masseschulden für Löhne und Gehälter in Höhe von DM 16.000,00 für soziale Abgaben in Höhe von DM 3.000,00 für die Betriebsfortführung in Höhe von DM 8.000,00 gezahlt.

Massekosten sind in Höhe von DM 5.000,00 zu entstanden.

In diesem Gesamtvollstreckungsverfahren sind insgesamt Ausgaben in Höhe von DM 35.000,00 angefallen.

Gesamtvollstreckungssonderkonto:

Das bei der D-Bank AG geführte Gesamtvollstreckungssonderkonto Nr. 002 weist per 1.2.1995 einen Guthabenbestand in Höhe von DM 20.000,00 aus.

Schlußbemerkung:

In meiner Eigenschaft als Verwalter über das Vermögen der Sch-GmbH versichere ich hiermit, daß sämtliche mir benannten Vermögensgegenstände soweit möglich veräußert wurden und der Erlös dem Gesamtvollstreckungssonderkonto gutgeschrieben wurde.

Dresden, den

Rechtsanwalt V
Verwalter

Muster 33: **Ergebnisrechnung des Verwalters**[1]

Rechtsanwalt V
Dresden
8.2.1997

An das
Amtsgericht Dresden
Abteilung Gesamtvollstreckung

Dresden

In dem Gesamtvollstreckungsverfahren über das Vermögen der

Sch-GmbH, Dresden

N 4/95

lege ich ich folgende **Ergebnisrechnung**:

1. Einnahmen lt. Kassenbuch:

	DM
Maschinen und maschinelle Anlagen	9.000,00
Produktionanlagen	2.000,00
Betriebs- und Geschäftsausstattung	4.000,00
Betriebsfortführung	39.900,00
Guthabenzinsen	100,00
Gesamt	55.000,00

2. Ausgaben lt. Kassenbuch

Aus- und Absonderungen	3.000,00
Masseschulden	16.000,00
Sozialabgaben	3.000,00
Kosten Betriebsfortführung	8.000,00
Massekosten	5.000,00
Gesamt	35.000,00

[1] Vgl. § 20 Rn. 4 und 7.

3. Bestand lt. Kassenbuch

Kontonummer: … **20.000,00**
Bank: …

Anliegend wird das Kassenbuch mit … Belegen überreicht.

Rechtsanwalt V
Verwalter

Muster 34: Antrag des Verwalters auf Festsetzung der Verwaltervergütung[1]

Rechtsanwalt V
als Verwalter über das Vermögen
der Sch-GmbH

Amtsgericht Dresden
Abteilung Gesamtvollstreckung

Dresden

Az: N 4/95

In dem Gesamtvollstreckungsverfahren über das Vermögen der

Sch-GmbH

beantrage ich hiermit die Festsetzung meiner Vergütung für meine Tätigkeit als Verwalter sowie meiner Barauslagen.

Ich bitte darum, bei der Festsetzung folgende Multiplikatoren anzuwenden:

a) Regelvergütung — 5-fach
(=5-fache Staffelvergütung)
— s.a. Eickmann, VergVO
Kommentar zur Vergütung im Insolvenzverfahren,
1989, § 3, Rn. 15 u. 16 und seine Kommentierungen
zur Vergütung nach der GesO —

b) Aus- und Absonderungen — /-fach
(überdurchschnittliche Zahl und zum Teil auch verbunden mit schwierigen Rechtsfragen)

c) Geschäftsfortführung — 1-fach
(Fortführung eines Unternehmens mit etwa 2 Arbeitnehmern für die Dauer von 6 Monaten. Die Einnahmen aus dieser Betriebsfortführung betrugen DM 39.900,00).

---

[1] Vgl. § 5 Rn. 3 ff.

d) Umfangreiche Tätigkeiten im Zusammenhang mit Kaug u.ä. (Es handelte sich dabei um die Schaffung der Voraussetzungen für die Zahlung des Konkursausfallgeldes für ... Arbeitnehmer.) /-fach

e) Verfahrensdauer (1 Jahr) /-fach

— zu b) u. e) s.a. Eickmann, aaO,§ 4 Rn. 7-15 —

insgesamt 6-fach

Der Berechnung bitte ich folgende Teilungsmasse zugrunde zu legen:

Gesamteinnahme lt. Journal	DM	55.000,00
abzüglich:		
Aus- und Absonderungen	DM	- 3.000,00
durchlaufende Posten	DM	- 0.000,00
Kosten der Betriebsfortführung (s. hierzu Eickmann, aaO, § 2 RZ 21/22)	DM	- 8.000,00
mithin	DM	44.000,00

Daraus ergibt sich eine 1-fache Vergütung von netto — entsprechend § 4 Abs. 5 VergVO	DM	5.580,00
Umsatzsteuerausgleich nach § 4 Abs. 5 Satz 2 VergVO (DM 5.580,00 x 0,075/1,075)	DM	389,30
Vergütung 1-fach —	DM	5.969,30
Vergütung 6-fach —	**DM**	**35.815,80**

Meine Auslagen, deren Entstehen ich versichere, betragen:

Porto (lt. Postausgangsbuch)	DM	200,00
Telefon und Fax (50 Einheiten à DM 0,23)	DM	11,50
Fahrtkosten (100 km à DM 0,42)	DM	42,00
insgesamt	DM	253,50
zuzüglich 15 % Mehrwertsteuer	DM	38,03
insgesamt	**DM**	**291,53**

Mit freundlichen Grüßen

Rechtsanwalt V
Verwalter

Muster 35: **Antrag des Gläubigers auf Erteilung einer vollstreckbaren auszugsweisen Ausfertigung**[1]

Rechtsanwalt A
Hamburg, den

An das
Amtsgericht Dresden
Abteilung Gesamtvollstreckung

Dresden

N 4/95

Antrag auf Erteilung einer vollstreckbaren auszugsweisen Ausfertigung

im Gesamtvollstreckungsverfahren über das Vermögen der

Sch-GmbH

Namens und in Vollmacht meiner Mandantin, der F-GmbH, Hamburg, beantrage ich die Übersendung

— einer Kopie des Einstellungsbeschlusses nach § 19 Abs. 1 Nr. 1 GesO und
— einer vollstreckbaren auszugsweisen Ausfertigung aus dem bestätigten Vermögensverzeichnis für die unter der laufenden Nummer 1 angemeldeten Forderung meiner Mandantin (§ 18 Abs. 2 Satz 2 GesO).

Rechtsanwalt A

---

[1] Vgl. § 20 Rn. 68 ff.

Muster 36: **Vollstreckbare auszugsweise Ausfertigung**[1]

Verwalter:
Rechtsanwalt V
Dresden

Amtsgericht Dresden
Abteilung Gesamtvollstreckung
F-GmbH

Hamburg

N 4/95

Tag der Anmeldung	Rang	Lfd. Nr.
20.7.95	§ 17 Abs. 3 Ziffer 4 GesO	11

Vollstreckbare auszugsweise Ausfertigung

Schuldnerin im Gesamtvollstreckungsverfahren: Sch-GmbH, Dresden

Angemeldete Forderung in DM	Genaue Bezeichnung des Grundes der Forderung	Prüfungsergebnis und Erlösverteilung
60.000,00	Darlehen	anerkannt; Quote von 10 % (4.750,00) vom Verwalter gezahlt am 20.4.1997***

Gläubigervertreter: RA A, Hamburg

Vorstehende Ausfertigung wird dem Gläubiger zum Zwecke der Zwangsvollstreckung erteilt.

Dresden, den

Urkundsbeamter der Geschäftsstelle:

---

[1] Vgl. § 20 Rn. 68 ff.

ANHANG II
Gesetzestexte

Übersicht

Verordnung über die Gesamtvollstreckung — Gesamtvollstreckungsordnung (GesO) —

Vom 6.6.1990 (Gbl.I Nr. 32 S. 285),
in der Fassung der Bekanntmachung vom 23.5.1991 (BGBl.I S.1185),
zuletzt geändert durch Gesetz vom 24.6.1994 (BGBl.I S.1374)

Übersicht

§ 1 Allgemeine Bestimmungen

(1) Die Gesamtvollstreckung erfolgt bei Zahlungsunfähigkeit einer natürlichen oder juristischen Person sowie einer nicht rechtsfähigen Personengesellschaft oder eines Nachlasses, bei einer juristischen Person oder einem Nachlaß auch im Falle der Überschuldung. Sie erfaßt das gesamte Vermögen des Schuldners mit Ausnahme der Sachen und Forderungen, die nach den Bestimmungen der Zivilprozeßordnung und anderer Rechtsvorschriften nicht der Vollstreckung unterliegen.

(2) Für die Gesamtvollstreckung ist das Kreisgericht zuständig, in dessen Bereich der Schuldner seinen Wohnsitz oder Sitz hat.

(3) Auf das Verfahren der Gesamtvollstreckung sind die Vorschriften der Zivilprozeßordnung entsprechend anzuwenden, soweit nachfolgend nichts anderes bestimmt ist.

(4) Soweit in Vorschriften des Handels- und Wirtschaftsrechts für Personen- und Kapitalgesellschaften besondere Bestimmungen über Konkursverfahren enthalten sind, ergänzen diese für ihren Bereich die Vorschriften der vorliegenden Gesamtvollstreckungsordnung. Wird in anderen Rechtsvorschriften

auf das Konkursverfahren verwiesen, treten an deren Stelle die Vorschriften dieses Gesetzes.

§ 2 Antragstellung

(1) Das Verfahren wird auf Antrag eröffnet. Antragsberechtigt sind der Schuldner und jeder Gläubiger. Der Gläubiger hat in seinem Antrag die Zahlungsunfähigkeit oder Überschuldung des Schuldners glaubhaft zu machen.

(2) Nach Eingang des Antrages ist die Einleitung der Gesamtvollstreckung durch das Gericht zu prüfen. Das Gericht hat alle Umstände zu ermitteln, die für die Gesamtvollstreckung von Bedeutung sind. Es kann insbesondere Zeugen und Sachverständige vernehmen und den Schuldner hören. Entscheidungen des Gerichts können ohne mündliche Verhandlung ergehen.

(3) Das Gericht kann durch Beschluß vorläufige Maßnahmen zur Sicherung einer Gesamtvollstreckung, insbesondere die Sicherung einzelner Vermögenswerte, Guthaben oder Forderungen des Schuldners anordnen sowie die Verfügungsbefugnis des Schuldners von der Zustimmung des Gerichts abhängig machen oder auf andere Weise beschränken.

(4) Gegen den Schuldner eingeleitete anderweitige Vollstreckungsmaßnahmen sind vorläufig einzustellen.

§ 3 Pflichten des Schuldners

(1) Der Schuldner hat dem Gericht
1. ein vollständiges Verzeichnis seines Vermögens,
2. ein Verzeichnis seiner Gläubiger unter Angabe der bestehenden Verpflichtungen,
3. ein Verzeichnis seiner Schuldner unter Angabe der bestehenden Forderungen vorzulegen.

(2) Der Schuldner hat die Richtigkeit und Vollständigkeit des Verzeichnisses zu versichern; er ist über die strafrechtlichen Folgen einer wissentlich falschen Versicherung zu belehren.

§ 4 Entscheidung über die Eröffnung des Verfahrens

(1) Vor der Entscheidung über die Eröffnung der Gesamtvollstreckung ist der Schuldner zu hören. Soweit der Schuldner ein Unternehmen betreibt, kann das Gericht die zuständige Wirtschafts- und Finanzbehörde sowie Banken, mit denen der Schuldner in Verbindung steht, zur Verfahrenseröffnung hören.

(2) Die Gesamtvollstreckung ist abzulehnen, wenn das Vermögen des Schuldners so gering ist, daß die Kosten des Verfahrens nicht gedeckt werden können, oder wenn durch die in Absatz 1 genannten Stellen die Gewähr für die Beseitigung der Zahlungsunfähigkeit gegeben ist.

(3) Der Beschluß über die Ablehnung des Antrages auf Eröffnung der Gesamtvollstreckung ist dem Schuldner und dem antragstellenden Gläubiger zuzustellen.

§ 5 Eröffnung der Gesamtvollstreckung

Die Gesamtvollstreckung ist durch Beschluß zu eröffnen (Eröffnungsbeschluß). In dem Beschluß ist
1. dem Schuldner die Verfügung über sein Vermögen zu verbieten;
2. die Verwaltung des Vermögens des Schuldners anzuordnen und eine geschäftskundige, vom Schuldner und von den Gläubigern unabhängige Person als Verwalter zu bestellen;
3. allen Gläubigern des Schuldners aufzugeben, innerhalb einer vom Gericht festgelegten Frist (Anmeldefrist) ihre Forderungen beim Verwalter anzumelden, anderenfalls sie bei der Erlösverteilung unberücksichtigt bleiben können;
4. allen denjenigen aufzugeben, die ein Eigentums- oder Pfandrecht an einer im Vermögen des Schuldners befindlichen beweglichen Sache beanspruchen, dieses Recht innerhalb der Anmeldefrist beim Verwalter geltend zu machen, da anderenfalls die Gefahr besteht, daß dieses Recht infolge der Verwertung der Sache erlischt;
5. allen denjenigen, die eine zum Vermögen des Schuldners gehörende Sache besitzen oder dem Schuldner zu einer Leistung verpflichtet sind, die Leistung an den Schuldner zu verbieten und aufzugeben, nur noch an den Verwalter zu leisten.

§ 6 Bekanntmachung

(1) Der Eröffnungsbeschluß ist in einer Tageszeitung und auszugsweise im Bundesanzeiger öffentlich bekanntzumachen.

(2) Der Eröffnungsbeschluß ist zu übersenden an
1. die zuständige Industrie- und Handelskammer bzw. Handwerkskammer;
2. das Zustellpostamt, für den Fall, daß die Entgegennahme der Sendungen nur durch den Verwalter erfolgen soll;
3. die Kreditinstitute des Schuldners;
4. die registerführenden Behörden mit dem Ersuchen um Eintragung der Eröffnung der Gesamtvollstreckung in das Register soweit das Unternehmen oder Grundstücke oder Gebäude des Schuldners in einem Register eingetragen sind.

(3) Der Verwalter hat denjenigen den Eröffnungsbeschluß zu übersenden, von denen bis zum Ablauf der Anmeldefrist bekannt wird, daß ihnen Forderungen oder sonstige Rechte gegen den Schuldner zustehen oder daß sie dem Schuldner zu einer Leistung verpflichtet sind.

§ 7 Pfändungswirkung

(1) Die Pfändung des Vermögens des Schuldners wird mit dem im Eröffnungsbeschluß genannten Zeitpunkt bewirkt.

(2) Der Pfändung unterliegen das gesamte pfändbare Vermögen des Schuldners und alle im Besitz des Schuldners befindlichen Sachen sowie die vom Schuldner genutzten Grundstücke oder Gebäude.

(3) Vor Eröffnung der Gesamtvollstreckung gegen den Schuldner eingeleitete Vollstreckungsmaßnahmen zugunsten einzelner Gläubiger verlieren ihre Wirksamkeit. Die Vollstreckungsverfahren sind an das Gericht zu verweisen, das die Gesamtvollstreckung durchführt.

(4) Eine nach der öffentlichen Bekanntmachung des Eröffnungsbeschlusses an den Schuldner erfolgte Leistung ist unwirksam, wenn sie nicht in das verwaltete Vermögen gelangt.

(5) War ein Gläubiger zum Zeitpunkt der Eröffnung des Verfahrens der Gesamtvollstreckung zur Aufrechnung berechtigt, so kann die Aufrechnung auch noch im Verfahren erklärt werden.

§ 8 Aufgaben des Verwalters

(1) Dem vom Gericht bestellten Verwalter ist eine Ernennungsurkunde auszustellen, aus der Umfang seiner Befugnisse ersichtlich wird. Er ist für die Erfüllung der ihm obliegenden Pflichten allen Beteiligten verantwortlich.

(2) Der Verwalter ist berechtigt und verpflichtet, das der Pfändung unterliegende Vermögen unverzüglich in Besitz zu nehmen, zu verwalten und durch Verkauf oder in anderer Weise darüber zu verfügen.

(3) Die Vermögensverwaltung unterliegt der Aufsicht des Gerichts. Das Gericht kann bei Vorliegen eines wichtigen Grundes den Verwalter abberufen und einen anderen Verwalter einsetzen.

§ 9 Beendigung gegenseitiger Verträge

(1) Ist ein gegenseitiger Vertrag zur Zeit der Eröffnung der Gesamtvollstreckung vom Schuldner und vom anderen Teil nicht oder nicht vollständig

erfüllt, so kann der Verwalter wählen, ob er die Erfüllung des Vertrages fordert oder ablehnt. Im letzteren Fall steht dem anderen Teil eine nicht bevorrechtigte Forderung zu. Ist zur Sicherung eines Anspruchs eine Vormerkung eingetragen, so kann der Gläubiger vom Verwalter die Erfüllung des Anspruchs verlangen, auch wenn der Schuldner dem Gläubiger gegenüber weitere Verpflichtungen übernommen hat und diese nicht oder nicht vollständig erfüllt sind.

(2) Mit dem Unternehmen des Schuldners bestehende Arbeitsverhältnisse können vom Verwalter und von den Arbeitnehmern, unabhängig von einer vereinbarten Kündigungsfrist, unter Einhaltung der gesetzlichen Frist gekündigt werden.

(3) Miet- und Pachtverhältnisse des Schuldners bestehen fort. Ist der Schuldner der Mieter oder Pächter, so kann das Miet- oder Pachtverhältnis vom Verwalter, unabhängig von einer vereinbarten Kündigungsfrist, unter Einhaltung der gesetzlichen Frist gekündigt werden.

§ 10 Anfechtung von Rechtshandlungen

(1) Der Verwalter kann Rechtshandlungen des Schuldners anfechten, wenn

1. sie in der Absicht vorgenommen wurden, die Gläubiger zu benachteiligen und dem Dritten diese Absicht bekannt war;
2. durch sie im letzten Jahr vor der Eröffnung der Gesamtvollstreckung zum Nachteil der Gläubiger entgeltliche Leistungen an dem Schuldner nahestehende Personen erbracht worden sind, sofern diese nicht beweisen, daß ihnen die Absicht der Benachteiligung nicht bekannt war;
3. sie innerhalb des letzten Jahres vor Eröffnung der Gesamtvollstreckung vorgenommen wurden und eine entgeltliche Übertragung von Vermögenswerten zum Gegenstand hatten; gegenüber dem Schuldner nahestehenden Personen beträgt die Frist 2 Jahre vor Eröffnung der Gesamtvollstreckung;
4. sie nach der Zahlungseinstellung oder dem Antrag auf Eröffnung der Gesamtvollstreckung gegenüber Personen vorgenommen wurden, denen zur Zeit der Handlung die Zahlungsunfähigkeit oder der Antrag auf Eröffnung der Gesamtvollstreckung bekannt war oder den Umständen nach bekannt sein mußte.

(2) Die Anfechtung kann nur innerhalb von 2 Jahren seit Eröffnung der Gesamtvollstreckung erfolgen.

(3) Ist für das Wirksamwerden einer Rechtshandlung eine Eintragung im Grundbuch erforderlich, so gilt die Handlung als in dem Zeitpunkt vorgenommen, in dem die übrigen Voraussetzungen für das Wirksamwerden erfüllt sind, die vom Schuldner abgegebene Willenserklärung für ihn bindend geworden ist und der andere Teil die Eintragung beantragt hat.

§ 11 Vermögensverzeichnis

(1) Der Verwalter hat ein Verzeichnis des Vermögens und der Verpflichtungen des Schuldners aufzustellen. Das Verzeichnis ist nach Ablauf der Anmeldefrist abzuschließen.

(2) Danach ist ein Prüfungstermin abzuhalten, in dem den Gläubigern und dem Verwalter Gelegenheit zur Stellungnahme und zum Bestreiten angemeldeter Forderungen gegeben wird. Der Schuldner hat sich zu den Forderungen zu erklären. Der Verwalter hat angemeldete Forderungen oder sonstige Rechte im Umfang des Anerkenntnisses in das Verzeichnis aufzunehmen und den Anmeldenden mitzuteilen.

(3) Ein Gläubiger, dessen Forderungen vom Verwalter oder einem anderen Gläubiger ganz oder teilweise nicht anerkannt wurde, kann seine Forderung nur durch eine Klage gegen den Bestreitenden geltend machen. Beruht die bestrittene Forderung auf einem vollstreckbaren Titel, muß der Verwalter oder der bestreitende Gläubiger Klage erheben. Für die Klage ist das Gericht örtlich zuständig, in dessen Bezirk das Gesamtvollstreckungsgericht seinen Sitz hat.

§ 12 Eigentums- und Pfandrechte Dritter

(1) Gegenstände, an denen Dritten ein Eigentums- oder Pfandrecht zusteht, sind vom Verwalter an die Berechtigten herauszugeben, wenn er nicht das Pfandrecht durch Zahlung ablöst. Verweigert der Verwalter die Herausgabe eines Gegenstandes oder die Anerkennung eines Pfandrechts, kann der Berechtigte auf Herausgabe oder auf Feststellung seines Rechts klagen.

(2) Die Verwertung der Gegenstände, die von Dritten beansprucht werden, ist bis zur Entscheidung über das Bestehen eines Eigentums- oder Pfandrecht auszusetzen.

(3) Der Verwalter hat auch die zur Deckung weiterer Verwaltungsaufgaben sowie die zur Erfüllung nicht anerkannter Forderungen erforderlichen Geldbeträge bis zur Einstellung der Gesamtvollstreckung bzw. bis zur Entscheidung über das Bestehen bestrittener Ansprüche zurückzubehalten. Ein bei Einstellung der Gesamtvollstreckung verbleibender Überschuß ist nachträglich zu verteilen.

§ 13 Vorab zu begleichende Ansprüche

(1) Aus den vorhandenen Mitteln hat der Verwalter mit Einwilligung des Gerichts vorab in folgender Reihenfolge zu begleichen:
1. die durch die Verwaltung entstandenen notwendigen Ausgaben einschließlich derjenigen, die durch den Abschluß oder die Erfüllung von Ver-

trägen, durch die Geltendmachung von Forderungen und Rechten des Schuldners sowie durch die Ablösung von Pfandrechten entstehen;
2. die Gerichtskosten für das Verfahren einschließlich der vom Gericht festgesetzten Vergütung des Verwalters und der Mitglieder des Gläubigerausschusses;
3. mit gleichem Rang
   a) Lohn- und Gehaltsforderungen von Arbeitnehmers, die im Unternehmen des Schuldners beschäftigt waren, höchstens für einen nicht länger als 6 Monate vor der Eröffnung der Gesamtvollstreckung zurückliegenden Zeitraum sowie für den Zeitraum, für den sie von ihrer Beschäftigung infolge einer Kündigung durch den Verwalter freigestellt sind;
   b) die Ansprüche der Träger der Sozialversicherung und der Bundesanstalt für Arbeit auf Beiträge einschließlich Säumniszuschläge und auf Umlagen wegen der Rückstände für die letzten 6 Monate vor Eröffnung der Gesamtvollstreckung.

(2) Gehen in Absatz 1 Nr. 3 Buchstabe a) bezeichnete Ansprüche für einen vor der Eröffnung der Gesamtvollstreckung liegenden Zeitraum nach § 141 m Abs. 1 des Arbeitsförderungsgesetzes[1] oder nach § 9 Abs. 3 Satz 1 des Vorruhestandsgesetzes auf die Bundesanstalt für Arbeit über, so werden sie mit dem Rang gemäß § 17 Abs. 3 Nr. 1 berichtigt. Das gleiche gilt für die in Absatz 1 Nr. 3 Buchstabe b) bezeichneten Ansprüche auf Beiträge, die nach § 141 n Abs. 2 Satz 1 des Arbeitsförderungsgesetzes[2] gegenüber dem Schuldner bestehen bleiben.

§ 14 Verspätet angemeldete Forderungen

(1) Der Verwalter hat nach Ablauf der Anmeldefrist eingehende Forderungsanmeldungen noch anzuerkennen und in das Vermögensverzeichnis aufzunehmen, wenn die Verspätung unverschuldet war und das Gericht zustimmt. Nach Bestätigung des Verteilungsvorschlags gemäß § 18 Abs. 1 ist eine Anerkennung verspätet angemeldeter Forderungen nicht mehr zulässig.

(2) Unterlagen über verspätet angemeldete und nicht anerkannte Forderung sind mit dem Hinweis zurückzugeben, daß die Forderung nach Beendigung der Gesamtvollstreckung nach Maßgabe des § 18 Abs. 2 Satz 3 gegen den Schuldner geltend gemacht werden kann.

§ 15 Gläubigerversammlung und Gläubigerausschuß

(1) Die Gläubigerversammlung wird durch das Gericht einberufen. Sie muß einberufen werden, wenn das vom Verwalter, vom Gläubigerausschuß oder

[1] Abgedruckt in Anhang II.5.
[2] Abgedruckt in Anhang II.5.

von Gläubigern beantragt wird, die mindestens ein Fünftel der angemeldeten Forderungsbeträge vertreten.

(2) Die Gläubigerversammlung kann aus dem Kreis der Gläubiger einen Gläubigerausschuß wählen. Zu Mitgliedern können auch sachkundige andere Personen gewählt werden. Bis zur Wahl kann das Gericht, soweit erforderlich, einen vorläufigen Gläubigerausschuß bestellen.

(3) In der ersten Gläubigerversammlung, die auf Bestellung des Verwalters folgt, kann ein anderer Verwalter gewählt werden, welcher der Bestellung durch das Gericht bedarf. Das Gericht kann die Bestellung des gewählten Verwalters versagen, wenn er nicht geeignet erscheint.

(4) Die Gläubigerversammlung findet unter Leitung des Gerichts statt. Beschlüsse werden mit einfacher Mehrheit der anwesenden Gläubiger gefaßt, diese müssen jedoch mehr als die Hälfte der Summe der Forderungsbeträge dieser Gläubiger auf sich vereinigen.

(5) Die Gläubigerversammlung beschließt über die Fortführung oder Schließung des Unternehmens des Schuldners und berät über den Abschluß eines Vergleichs. Sie kann festlegen, in welchem Umfang ihr oder dem Gläubigerausschuß durch den Verwalter Bericht zu erstatten bzw. Rechnung zu legen ist.

(6) Der Gläubigerausschuß hat den Verwalter bei seiner Geschäftsführung zu unterstützen und zu überwachen. Er ist berechtigt, vom Verwalter Berichterstattungen zu verlangen und Rechnungslegung zu fordern. Er kann dazu unmittelbare Kontrollen vornehmen. Bedeutsame Rechtsgeschäfte des Verwalters, wie Kreditaufnahmen, Übernahme von Verbindlichkeiten, Erwerb und Veräußerung von Grundstücken und andere Rechtshandlungen, die erhebliche Auswirkungen auf den Bestand des verwalteten Vermögens haben, bedürfen der Zustimmung des Gläubigerausschusses, soweit ein solcher bestellt ist. Beschlüsse des Gläubigerausschusses erfolgen mit einfacher Mehrheit der anwesenden Mitglieder.

§ 16 Vergleich

(1) Das Verfahren der Gesamtvollstreckung kann auf Antrag des Schuldner aufgrund eines Vergleichs beendet werden.

(2) Der Vergleich ist zwischen dem Schuldner und den nicht bevorrechtigten Gläubigern nach Abhaltung des allgemeinen Prüfungstermins und vor Genehmigung der Schlußverteilung abzuschließen.

(3) Der Vergleichsvorschlag muß angeben, in welcher Weise die Befriedigung der Gläubiger erfolgen sowie ob und in welcher Art eine Sicherstellung derselben bewirkt werden soll. Die vorab zu befriedigenden und die bevorrechtigten Gläubiger müssen dabei voll befriedigt werden; allen anderen Gläubigern sind gleiche Rechte zu gewähren.

(4) Zur Abstimmung über den Vergleichsvorschlag ist eine Gläubigerversammlung (Vergleichstermin) durchzuführen. Prüfungstermin und Vergleichstermin können verbunden werden. Die Annahme des Vergleichsvorschlages erfordert einfache Stimmenmehrheit der anwesenden Gläubiger und eine dreiviertel Mehrheit der Forderungsbeträge dieser Gläubiger. Stimmberechtigt sind nur die nicht bevorrechtigten Gläubiger.

(5) Der Vergleich bedarf der Bestätigung durch den Beschluß des Gerichts. Dieser wirkt auch für und gegen die Gläubiger, die sich nicht am Verfahren beteiligt haben. Die Bestätigung kann versagt werden, wenn der Vergleich auf unlautere Weise zustande gekommen ist oder einen Teil der Gläubiger unangemessen benachteiligt.

(6) Aus dem rechtskräftigen Vergleich findet die Vollstreckung statt. Hierzu sind den Gläubigern vollstreckbare auszugsweise Ausfertigungen des Vergleichs zu erteilen.

§ 17 Verwertung des Vermögens und Erfüllung der Forderungen

(1) Der Verwalter hat das gepfändete Vermögen des Schuldners zu verwerten und den Erlös der Verteilung zuzuführen.

(2) Nach Abschluß der Verwertung hat der Verwalter auf der Grundlage der in den Verzeichnissen aufgeführten anerkannten und angemeldeten Forderungen einen Vorschlag über die Reihenfolge ihrer Erfüllung aufzustellen.

(3) Die Erfüllung hat nach folgender Rangordnung und innerhalb eines Ranges im gleichen Verhältnis zu erfolgen:

1. mit gleichem Rang
   a) Lohn- und Gehaltsforderungen für die Zeit bis zu 12 Monaten vor der Eröffnung der Gesamtvollstreckung,
   b) die Forderungen der Träger der Sozialversicherung und der Bundesanstalt für Arbeit wegen der Rückstände für die letzten 12 Monate vor der Eröffnung der Gesamtvollstreckung auf Beiträge einschließlich Säumniszuschläge und auf Umlagen,
   c) Forderungen aus einem vom Verwalter vereinbarten Sozialplan, soweit die Summe der Sozialplanforderungen nicht größer ist als der Gesamtbetrag von 3 Monatsverdiensten der von einer Entlassung betroffenen Arbeitnehmer und ein Drittel des zu verteilenden Erlöses

nicht übersteigt; entsprechendes gilt für außerhalb eines Sozialplans zu gewährende Leistungen,
soweit die in den Buchstaben a) und b) genannten Forderungen nicht gemäß § 13 vorab zu begleichen sind;
2. Forderungen auf Zahlung von Unterhalt oder Familienaufwand für einen nicht länger als 12 Monate vor der Eröffnung der Gesamtvollstreckung zurückliegenden Zeitraum;
3. Steuern und Abgaben, die im letzten Jahr vor der Eröffnung der Gesamtvollstreckung fällig geworden sind, sowie Umlagen auf die Erzeugung von Kohle und Stahl und ähnliche Forderungen in internationalen Organisationen;
4. alle übrigen Forderungen.

§ 18 Verteilung

(1) Der Verteilungsvorschlag ist mit den Gläubigern und dem Verwalter in einem Schlußtermin zu erörtern. Im Ergebnis des Schlußtermins ist der Verteilungsvorschlag zu ändern oder zu ergänzen und danach zu bestätigen.

(2) Nach Bestätigung des Verteilungsvorschlages durch das Gericht hat der Verwalter die Verteilung vorzunehmen und den Gläubigern, deren Forderungen ganz oder teilweise nicht erfüllt wurden, unter Rücksendung eingereichter Unterlagen mitzuteilen, daß die nichterfüllte Forderung gegen den Schuldner im Wege der Vollstreckung geltend gemacht werden kann. Den Gläubigern sind vollstreckbare auszugsweise Ausfertigungen aus dem bestätigten Verzeichnis der Forderungen zu erteilen. Eine Vollstreckung findet nur statt, soweit der Schuldner über ein angemessenes Einkommen hinaus zu neuem Vermögen gelangt; dies gilt nicht, wenn der Schuldner vor und während des Verfahrens vorsätzlich oder grob fahrlässig zum Nachteil seiner Gläubiger gehandelt hat.

(3) Nicht verwertbare Sachen können Gläubiger zum Schätzwert unter Anrechnung auf anerkannte Forderungen überlassen werden. Anderenfalls sind sie dem Schuldner herauszugeben.

(4) Nach der Verteilung ist vom Verwalter darüber ein Abschlußbericht anzufertigen, der vom Gericht zu prüfen ist.

§ 19 Einstellung der Gesamtvollstreckung

(1) Die Gesamtvollstreckung ist einzustellen:
1. nach Verteilung des Erlöses und nach Prüfung des Abschlußberichts des Verwalters,
2. nach Eintritt der Rechtskraft des Vergleichsbeschlusses;

3. wenn sich während des Verfahrens ergibt, daß die Kosten des Verfahrens nicht gedeckt werden können;
4. wenn der Schuldner während des Verfahrens die Einstellung beantragt und entweder alle Gläubiger zustimmen oder der Eröffnungsgrund (§1 Abs. 1) beseitigt ist.

(2) Der Einstellungsbeschluß ist dem Schuldner und dem Verwalter zuzustellen und öffentlich bekanntzumachen. Die in § 6 Abs. 2 genannten Behörden sind von der Einstellung zu benachrichtigen.

(3) Der Beschluß ist unanfechtbar, wenn die Einstellung nach Abs. 1 Nr. 1 oder 2 erfolgt.

(4) Den registerführenden Behörden ist der Einstellungsbeschluß mit dem Ersuchen zu übersenden, die erforderlichen Eintragungen vorzunehmen.

§ 20 Rechtsmittel

Gegen Entscheidungen des Gerichts steht dem Schuldner und allen Betroffenen die sofortige Beschwerde zu.

§ 21 Ergänzende Vorschriften

(1) Die Vergütung und die Erstattung von Auslagen des Verwalters und der Mitglieder des Gläubigerausschusses richten sich nach der Verordnung über die Vergütung des Konkursverwalters, des Vergleichsverwalters, der Mitglieder des Gläubigerausschusses und der Mitglieder des Gläubigerbeirats in der im Bundesgesetzblatt Teil III, Gliederungsnummer 311-6, veröffentlichten bereinigten Fassung, zuletzt geändert durch Verordnung vom 11. Juni 1979 (BGBl. I S. 637), in der jeweils geltenden Fassung.

(2) Die Landesregierungen werden ermächtigt, durch Rechtsverordnung die Gesamtvollstreckungssachen einem Kreisgericht für die Bezirke mehrerer Kreisgerichte zuzuweisen, sofern die Zusammenfassung für eine sachliche Forderung und schnellere Erledigung der Verfahren zweckmäßig ist. Die Landesregierungen können die Ermächtigung durch Rechtsverordnung auf die Landesjustizverwaltungen übertragen. Die Erste Durchführungsbestimmung zur Verordnung über die Gesamtvollstreckung vom 31. Juli 1990 (Gbl. I Nr. 54, S. 1152) gilt bis zu ihrer Änderung nach Maßgabe des Landesrechts in dem in Artikel 3 des Einigungsvertrages genannten Gebiet als Rechtsverordnung im Sinne des Satzes 1 fort.

§ 22 Gesamtvollstreckung bei Auslandsberührung

(1) Ein ausländisches Gesamtvollstreckungs- oder Konkursverfahren erfaßt auch das im Inland befindliche Vermögen des Schuldners. Dies gilt nicht,
1. wenn das Gericht des Staates der Verfahrenseröffnung nach inländischem Recht nicht zuständig ist;
2. wenn das ausländische Verfahren den Grundprinzipien des inländischen Rechts widerspricht.

(2) Die Anerkennung eines ausländischen Verfahren schließt nicht aus, daß im Inland ein gesondertes Verfahren der Gesamtvollstreckung eröffnet wird, daß nur das im Inland befindliche Vermögen des Schuldners erfaßt.

(3) Ist im Ausland gegen den Schuldner ein Gesamtvollstreckungs- oder Konkursverfahren eröffnet, so bedarf es zur Eröffnung des inländischen Verfahrens der Gesamtvollstreckung nicht des Nachweises der Zahlungsunfähigkeit oder der Überschuldung.

(4) Absatz 1 gilt entsprechend für ein Konkursverfahren, das im Geltungsbereich der Konkursordnung eröffnet wird. Die Absätze 2 und 3 sind in diesem Fall nicht anzuwenden.

§ 23 Übergangsbestimmungen

Am 1. Juli 1990 nicht abgeschlossene Verfahren der Gesamtvollstreckung sind nach bisher geltendem Recht fortzuführen.

§ 24 (aufgehoben)

Konkursordnung (KO)

Vom 10. Februar 1877 (RGBl. S. 351),
in der Fassung der Bekanntmachung vom 20. Mai 1898 (RGBl. S. 617),
zuletzt geändert durch Gesetz vom 25. Juli 1994 (BGBl. I S. 1744)

(Auszug)

§ 15
Relativ unwirksamer Rechtserwerb

(Satz 2)

Die Vorschriften der §§ 878, 892, 893 des Bürgerlichen Gesetzbuchs, § 3 Abs. 3, §§ 16, 17 des Gesetzes über Rechte an eingetragenen Schiffen und Schiffsbauwerken vom 15. November 1940 (Reichsgesetzbl. I S. 1499) und § 20 Abs. 3 der Seerechtlichen Verteilungsordnung vom 25. Juli 1986 (BGBl. I S. 1130) bleiben unberührt.

§ 43
Anspruch auf Aussonderung

Die Ansprüche auf Aussonderung eines dem Gemeinschuldner nicht gehörigen Gegenstandes aus der Konkursmasse auf Grund eines dinglichen oder persönlichen Rechts bestimmen sich nach den außerhalb des Konkursverfahrens geltenden Gesetzen.

§ 44
Verfolgungsrecht

(1) Der Verkäufer oder Einkaufskommissionär kann Waren, welche von einem anderen Orte an den Gemeinschuldner abgesendet und von dem Gemeinschuldner noch nicht vollständig bezahlt sind, zurückfordern, sofern nicht dieselben schon vor der Eröffnung des Verfahrens an dem Orte der Ablieferung angekommen und in den Gewahrsam des Gemeinschuldners oder einer anderen Person für ihn gelangt sind.

(2) Die Bestimmungen des § 17 finden Anwendung.

§ 45
(nichtig)

§ 46
Ersatzaussonderung

Sind Gegenstände, deren Aussonderung aus der Konkursmasse hätte beansprucht werden können, vor der Eröffnung des Verfahrens von dem Gemeinschuldner oder nach der Eröffnung des Verfahrens von dem Verwalter veräußert worden, so ist der Aussonderungsberechtigte befugt, die Abtretung des Rechts auf die Gegenleistung, soweit diese noch aussteht, zu verlangen. Er kann die Gegenleistung aus der Masse beanspruchen, soweit sie nach der Eröffnung des Verfahrens zu derselben eingezogen worden ist.

§ 47
Unbewegliche Gegenstände

Zur abgesonderten Befriedigung dienen die Gegenstände, welche der Zwangsvollstreckung in das unbewegliche Vermögen unterliegen (unbewegliche Gegenstände), für diejenigen, welchen ein Recht auf Befriedigung aus denselben zusteht.

§ 53
Anmeldung nicht erforderlich

Soweit ein Gläubiger zu einer Aufrechnung befugt ist, braucht er seine Forderung im Konkursverfahren nicht geltend zu machen.

§ 54
Nichtliquide Forderungen

(1) Die Aufrechnung wird nicht dadurch ausgeschlossen, daß zur Zeit der Eröffnung des Verfahrens die aufzurechnenden Forderungen oder die eine von ihnen noch betagt oder noch bedingt war, oder die Forderung des Gläubigers nicht auf einen Geldbetrag gerichtet war.

(2) Eine betagte Forderung des Gläubigers ist zum Zwecke der Aufrechnung nach der Vorschrift des § 65 zu berechnen.

(3) Zum Zwecke der Aufrechnung einer aufschiebend bedingten Forderung bei dem Eintritte der Bedingung kann der Gläubiger Sicherstellung insoweit verlangen, als die Forderung der von ihm einzuzahlenden Schuld gleichkommt.

(4) Eine nicht auf Geld gerichtete Forderung des Gläubigers ist zum Zwecke der Aufrechnung nach den Vorschriften der §§ 69, 70 zu berechnen.

§ 55
Unzulässigkeit der Aufrechnung

Eine Aufrechnung im Konkursverfahren ist unzulässig:
1. wenn jemand vor oder nach der Eröffnung des Verfahrens eine Forderung an den Gemeinschuldner erworben hat und nach der Eröffnung etwas zur Masse schuldig geworden ist;
2. wenn jemand dem Gemeinschuldner vor der Eröffnung des Verfahrens etwas schuldig war und nach derselben eine Forderung an den Gemeinschuldner erworben hat, auch wenn diese Forderung vor der Eröffnung für einen anderen Gläubiger entstanden war;
3. wenn jemand vor der Eröffnung des Verfahrens dem Gemeinschuldner etwas schuldig war und eine Forderung an den Gemeinschuldner durch ein Rechtsgeschäft mit demselben oder durch Rechtsabtretung oder Befriedigung eines Gläubigers erworben hat, falls ihm zur Zeit des Erwerbes bekannt war, daß der Gemeinschuldner seine Zahlungen eingestellt hatte, oder daß die Eröff nung des Verfahrens beantragt war. Die Vorschrift des § 33 findet entsprechende Anwendung.

Die Aufrechnung ist zulässig, wenn der Erwerber zur Übernahme der Forderung oder zur Befriedigung des Gläubigers verpflichtet war und zu der Zeit, als er die Verpflichtung einging, weder von der Zahlungseinstellung noch von dem Eröffnungsantrage Kenntnis hatte.

§ 56
Ersatzpflicht

Die Bestimmung des § 50 findet entsprechende Anwendung auf den Fall, daß ein im Auslande wohnender Schuldner nach dem Rechte des Auslandes eine nach § 55 unzulässige Aufrechnung mit der ihm abgetretenen Konkursforderung vornimmt.

§ 63
Ausgeschlossene Forderungen

Im Konkursverfahren können nicht geltend gemacht werden:
1. die seit der Eröffnung des Verfahrens laufenden Zinsen;
2. die Kosten, welche den einzelnen Gläubigern durch ihre Teilnahme an dem Verfahren erwachsen;
3. Geldstrafen, Geldbußen, Ordnungsgelder und Zwangsgelder sowie solche Nebenfolgen einer Straftat oder Ordnungswidrigkeit, die zu einer Geldzahlung verpflichten;
4. Forderungen aus einer Freigebigkeit des Gemeinschuldners unter Lebenden oder von Todes wegen.

§ 68
Gesamtschuldner

Wird über das Vermögen mehrerer oder einer von mehreren Personen, welche nebeneinander für dieselbe Leistung auf das Ganze haften, das Konkursverfahren eröffnet, so kann der Gläubiger bis zu seiner vollen Befriedigung in jedem Verfahren den Betrag geltend machen, den er zur Zeit der Eröffnung des Verfahrens zu fordern hatte.

§ 73
Verfahrensgrundsätze; sofortige Beschwerde

(3) Soweit dieses Gesetz nicht ein anderes bestimmt, findet gegen die Entscheidungen im Konkursverfahren die sofortige Beschwerde, gegen Entscheidungen des Beschwerdegerichts die sofortige weitere Beschwerde statt.

§ 76
Öffentliche Bekanntmachungen

(1) Die öffentlichen Bekanntmachungen erfolgen durch mindestens einmalige Einrückung in das zur Veröffentlichung amtlicher Bekanntmachungen des Gerichts bestimmte Blatt; die Einrückung kann auszugsweise geschehen. Die Bekanntmachung gilt als bewirkt mit dem Ablaufe des zweiten Tages nach der Ausgabe des die Einrückung oder die erste Einrückung enthaltenden Blattes.

(2) Das Gericht kann weitere Bekanntmachungen anordnen.

(3) Die öffentliche Bekanntmachung gilt als Zustellung an alle Beteiligten, auch wenn dieses Gesetz neben ihr eine besondere Zustellung vorschreibt.

§ 146
Feststellungsklagen

(1) Den Gläubigern streitig gebliebener Forderungen bleibt überlassen, die Feststellung derselben gegen die Bestreitenden zu betreiben. Zu diesem Behufe hat das Gericht den Gläubigern einen Auszug aus der Tabelle in beglaubigter Form zu erteilen.

(2) Auf die Feststellung ist im ordentlichen Verfahren Klage zu erheben. Für die Klage ist das Amtsgericht, bei welchem das Konkursverfahren anhängig ist und, wenn der Streitgegenstand zur Zuständigkeit der Amtsgerichte nicht gehört, das Landgericht ausschließlich zuständig, zu dessen Bezirke der Bezirk des Konkursgerichts gehört.

(3) War zur Zeit der Eröffnung des Konkursverfahrens ein Rechtsstreit über die Forderung anhängig, so ist die Feststellung derselben durch Aufnahme des Rechtsstreits zu verfolgen.

(4) Die Feststellung kann nur auf den Grund gestützt und nur auf den Betrag gerichtet werden, welcher in der Anmeldung oder dem Prüfungstermine angegeben ist.

(5) Die Bestimmungen des ersten, dritten und vierten Absatzes finden auf Forderungen, für deren Feststellung ein besonderes Gericht, eine Verwaltungsbehörde oder ein Verwaltungsgericht zuständig ist, entsprechende Anwendung.

(6) Der Widerspruch gegen eine Forderung, für welche ein mit der Vollstreckungsklausel versehener Schuldtitel, ein Endurteil oder ein Vollstreckungsbefehl vorliegt, ist von dem Widersprechenden zu verfolgen.

(7) Die obsiegende Partei hat die Berichtigung der Tabelle zu erwirken.

§ 148
Streitwert

Der Wert des Streitgegenstandes eines Prozesses über die Richtigkeit oder das Vorrecht einer Forderung ist mit Rücksicht auf das Verhältnis der Teilungs- zur Schuldenmasse von dem Prozeßgerichte nach freiem Ermessen festzusetzen.

§ 152
Ausschlußfrist

Konkursgläubiger, deren Forderungen nicht festgestellt sind und für deren Forderungen ein mit der Vollstreckungsklausel versehener Schuldtitel, ein Endurteil oder ein Vollstreckungsbefehl nicht vorliegt, haben bis zum Ablaufe einer Ausschlußfrist von zwei Wochen nach der öffentlichen Bekanntmachung dem Verwalter den Nachweis zu führen, daß und für welchen Betrag die Feststellungsklage erhoben oder das Verfahren in dem früher anhängigen Prozesse aufgenommen ist. Wird der Nachweis nicht rechtzeitig geführt, so werden die Forderungen bei der vorzunehmenden Verteilung nicht berücksichtigt.

§ 170
Vorauszahlungen auf bevorrechtigte Forderungen

Zahlungen auf festgestellte bevorrechtigte Forderungen kann der Verwalter mit Ermächtigung des Gerichts unabhängig von den Verteilungen leisten.

§ 207
Aktiengesellschaft

(1) Über das Vermögen einer Aktiengesellschaft findet das Konkursverfahren außer dem Falle der Zahlungsunfähigkeit in dem Falle der Überschuldung statt.

(2) Nach Auflösung einer Aktiengesellschaft ist die Eröffnung des Verfahrens so lange zulässig, als die Verteilung des Vermögens nicht vollzogen ist.

§ 208
Antragsberechtigte bei Konkurs einer AG

(1) Zu dem Antrage auf Eröffnung des Verfahrens ist außer den Konkursgläubigern jedes Mitglied des Vorstandes und jeder Liquidator berechtigt.

(2) Wird der Antrag nicht von allen Mitgliedern des Vorstandes oder allen Liquidatoren gestellt, so ist derselbe zuzulassen, wenn die Zahlungsunfähigkeit oder Überschuldung glaubhaft gemacht wird. Das Gericht hat die übrigen Mitglieder oder Liquidatoren nach Maßgabe des § 105 Abs. 2, 3 zu hören.

§ 209
Personengesellschaften

(1) Im Falle der Zahlungsunfähigkeit einer offenen Handelsgesellschaft, einer Kommanditgesellschaft oder einer Kommanditgesellschaft auf Aktien findet über das Gesellschaftsvermögen ein selbständiges Konkursverfahren statt. Über das Vermögen einer Kommanditgesellschaft auf Aktien findet das Konkursverfahren auch im Falle der Überschuldung statt. Gleiches gilt für das Konkursverfahren über das Vermögen einer offenen Handelsgesellschaft oder Kommanditgesellschaft, wenn kein persönlich haftender Gesellschafter eine natürliche Person ist, es sei denn, daß zu den persönlich haftenden Gesellschaftern eine andere offene Handelsgesellschaft oder Kommanditgesellschaft gehört, bei der ein persönlich haftender Gesellschafter eine natürliche Person ist.

(2) Die Vorschrift des § 207 Abs. 2 findet entsprechende Anwendung.

§ 210
Antragsberechtigte bei Konkurs von Personengesellschaften

(1) Zu dem Antrage auf Eröffnung des Verfahrens ist außer den Konkursgläubigern jeder persönlich haftende Gesellschafter und jeder Liquidator berechtigt.

(2) Wird der Antrag nicht von allen persönlich haftenden Gesellschaftern oder allen Liquidatoren gestellt, so ist er zuzulassen, wenn bei einer Kommanditgesellschaft auf Aktien oder bei einer offenen Handelsgesellschaft oder Kommanditgesellschaft der in § 209 Abs. 1 Satz 3 bezeichneten Art die Zahlungsunfähigkeit oder die Überschuldung, bei einer anderen offenen Handelsgesellschaft oder Kommanditgesellschaft die Zahlungsunfähigkeit glaubhaft gemacht wird. Das Gericht hat die übrigen persönlich haftenden Gesellschafter oder die Liquidatoren nach Maßgabe des § 105 Abs. 2, 3 zu hören.

(3) Bei einer offenen Handelsgesellschaft oder Kommanditgesellschaft der in § 209 Abs. 1 Satz 3 bezeichneten Art gelten § 208 Abs. 2 und § 210 Abs. 2 für die organschaftlichen Vertreter und die Liquidatoren der zur Vertretung der Gesellschaft ermächtigten Gesellschafter sinngemäß. Gleiches gilt, wenn die organschaftlichen Vertreter ihrerseits Gesellschaften der in § 209 Abs. 1 Satz 3 bezeichneten Art sind oder sich die Verbindung von Gesellschaften in dieser Art fortsetzt.

§ 211
Zwangsvergleich bei Konkurs von Personengesellschaften

(1) Ein Zwangsvergleich kann nur auf Vorschlag aller persönlich haftenden Gesellschafter geschlossen werden.

(2) Der Zwangsvergleich begrenzt, soweit er nicht ein anderes festsetzt, zugleich den Umfang der persönlichen Haftung der Gesellschafter.

§ 212
Konkurs eines Gesellschafters

(1) In dem Konkursverfahren über das Privatvermögen eines persönlich haftenden Gesellschafters können die Gesellschaftsgläubiger, wenn das Konkursverfahren über das Gesellschaftsvermögen eröffnet ist, Befriedigung nur wegen desjenigen Betrags suchen, für welchen sie in dem letzteren Verfahren keine Befriedigung erhalten.

(2) Bei den Verteilungen sind die Anteile auf den vollen Betrag der Gesellschaftsforderungen zurückzubehalten, bis der Ausfall bei dem Gesellschaftsvermögen feststeht.

(3) Im übrigen finden auf die bezeichneten Forderungen die Vorschriften der §§ 64, 96 entsprechende Anwendung.

Insolvenzordnung (InsO)

Vom 5. Oktober 1994 (BGBl. S. 2893, 2898)

(Auszug)

§ 207
Einstellung mangels Masse

(Absatz 1 Satz 1)

(1) Stellt sich nach der Eröffnung des Insolvenzverfahrens heraus, daß die Insolvenzmasse nicht ausreicht, um die Kosten des Verfahrens zu decken, so stellt das Insolvenzgericht das Verfahren ein.

§ 253
Rechtsmittel

Gegen den Beschluß, durch den der Insolvenzplan bestätigt oder die Bestätigung versagt wird, steht den Gläubigern und dem Schuldner die sofortige Beschwerde zu.

Zivilprozeßordnung (ZPO)

In der Fassung vom 12. September 1950 (BGBl. S. 533),
zuletzt geändert durch Gesetz vom 4. November 1994 (BGBl. I. S.3346)

(Auszug)

§ 36
Gerichtliche Bestimmung der Zuständigkeit

Das zuständige Gericht wird durch das im Rechtszuge zunächst höhere Gericht bestimmt:

1. Wenn das an sich zuständige Gericht in einem einzelnen Falle an der Ausübung des Richteramtes rechtlich oder tatsächlich verhindert ist;
2. wenn es mit Rücksicht auf die Grenzen verschiedener Gerichtsbezirke ungewiß ist, welches Gericht für den Rechtsstreit zuständig sei;
3. wenn mehrere Personen, die bei verschiedenen Gerichten ihren allgemeinen Gerichtsstand haben, als Streitgenossen im allgemeinen Gerichtsstand verklagt werden sollen und für den Rechtsstreit ein gemeinschaftlicher besonderer Gerichtsstand nicht begründet ist;
4. wenn die Klage in dem dinglichen Gerichtsstand erhoben werden soll und die Sache in den Bezirken verschiedener Gerichte belegen ist;
5. wenn in einem Rechtsstreit verschiedene Gerichte sich rechtskräftig für zuständig erklärt haben;
6. wenn verschiedene Gerichte, von denen eines für den Rechtsstreit zuständig ist, sich rechtskräftig für unzuständig erklärt haben.

§ 203
Öffentliche Zustellung; Zulässigkeit

(1) Ist der Aufenthalt einer Partei unbekannt, so kann die Zustellung durch öffentliche Bekanntmachung erfolgen.

(2) Die öffentliche Zustellung ist auch dann zulässig, wenn bei einer im Ausland zu bewirkenden Zustellung die Befolgung der für diese bestehenden Vorschriften unausführbar ist oder keinen Erfolg verspricht.

(3) Das gleiche gilt, wenn die Zustellung aus dem Grunde nicht bewirkt werden kann, weil die Wohnung einer nach den §§ 18 bis 20 des Gerichtsverfassungsgesetzes der Gerichtsbarkeit nicht unterworfenen Person der Ort der Zustellung ist.

§ 204
Anordnung und Ausführung der öffentlichen Zustellung

(1) Die öffentliche Zustellung wird, nachdem sie auf Antrag der Partei vom Prozeßgericht bewilligt ist, durch die Geschäftsstelle von Amts wegen besorgt. Über den Antrag kann ohne mündliche Verhandlung entschieden werden.

(2) Zur öffentlichen Zustellung wird ein Auszug des zuzustellenden Schriftstücks und eine Benachrichtigung darüber, wo das Schriftstück eingesehen werden kann, an die Gerichtstafel angeheftet.

(3) Enthält das zuzustellende Schriftstück eine Ladung oder eine Aufforderung nach § 276 Abs. 1 Satz 1, so ist außerdem die einmalige Einrükkung eines Auszugs des Schriftstücks in den Bundesanzeiger erforderlich. Das Prozeßgericht kann anordnen, daß der Auszug noch in andere Blätter und zu mehreren Malen eingerückt werde.

§ 206
Wirkungszeitpunkt der öffentlichen Zustellung

(1) Das eine Ladung oder eine Aufforderung nach § 276 Abs. 1 Satz 1 enthaltende Schriftstück gilt als an dem Tage zugestellt, an dem seit der letzten Einrückung des Auszugs in die öffentlichen Blätter ein Monat verstrichen ist. Das Prozeßgericht kann bei Bewilligung der öffentlichen Zustellung den Ablauf einer längeren Frist für erforderlich erklären.

§ 214
Ladung

Die Ladung zu einem Termin wird von Amts wegen veranlaßt.

§ 216
Terminsbestimmung

(1) Die Termine werden von Amts wegen bestimmt, wenn Anträge oder Erklärungen eingereicht werden, über die nur nach mündlicher Verhandlung entschieden werden kann oder über die mündliche Verhandlung vom Gericht angeordnet ist.

(2) Der Vorsitzende hat die Termine unverzüglich zu bestimmen.

(3) Auf Sonntage, allgemeine Feiertage oder Sonnabende sind Termine nur in Notfällen anzuberaumen.

§ 217
Ladungsfrist

Die Frist, die in einer anhängigen Sache zwischen der Zustellung der Ladung und dem Terminstag liegen soll (Ladungsfrist), beträgt in Anwaltsprozessen mindestens eine Woche, in anderen Prozessen mindestens drei Tage, in Meß- und Marktsachen mindestens vierundzwanzig Stunden.

§ 218
Entbehrlichkeit der Ladung

Zu Terminen, die in verkündeten Entscheidungen bestimmt sind, ist eine Ladung der Parteien unbeschadet der Vorschriften des § 141 Abs. 2 nicht erforderlich.

§ 219
Terminsort

(1) Die Termine werden an der Gerichtsstelle abgehalten, sofern nicht die Einnahme eines Augenscheins an Ort und Stelle, die Verhandlung mit einer am Erscheinen vor Gericht verhinderten Person oder eine sonstige Handlung erforderlich ist, die an der Gerichtsstelle nicht vorgenommen werden kann.

(2) Der Bundespräsident ist nicht verpflichtet, persönlich an der Gerichtsstelle zu erscheinen.

§ 220
Aufruf der Sache; versäumter Termin

(1) Der Termin beginnt mit dem Aufruf der Sache.

(2) Der Termin ist von einer Partei versäumt, wenn sie bis zum Schluß nicht verhandelt.

§ 233
Wiedereinsetzung in den vorigen Stand

War eine Partei ohne ihr Verschulden verhindert, eine Notfrist oder die Frist zur Begründung der Berufung, der Revision oder der Beschwerde nach §§ 621e, 629a Abs. 2 oder die Frist des § 234 Abs. 1 einzuhalten, so ist ihr auf Antrag Wiedereinsetzung in den vorigen Stand zu gewähren.

§ 240
Unterbrechung durch Konkurs

Im Falle der Eröffnung des Konkurses über das Vermögen einer Partei wird das Verfahren, wenn es die Konkursmasse betrifft, unterbrochen, bis es nach den für den Konkurs geltenden Vorschriften aufgenommen oder das Konkursverfahren aufgehoben wird.

§ 319
Berichtigung des Urteils

(1) Schreibfehler, Rechnungsfehler und ähnliche offenbare Unrichtigkeiten, die in dem Urteil vorkommen, sind jederzeit von dem Gericht auch von Amts wegen zu berichtigen.

(2) Über die Berichtigung kann ohne mündliche Verhandlung entschieden werden. Der Beschluß, der eine Berichtigung ausspricht, wird auf dem Urteil und den Ausfertigungen vermerkt.

(3) Gegen den Beschluß, durch den der Antrag auf Berichtigung zurückgewiesen wird, findet kein Rechtsmittel, gegen den Beschluß, der eine Berichtigung ausspricht, findet sofortige Beschwerde statt.

§ 567
Zulässigkeit

(1) Das Rechtsmittel der Beschwerde findet in den in diesem Gesetz besonders hervorgehobenen Fällen und gegen solche eine mündliche Verhandlung nicht erfordernde Entscheidungen statt, durch die ein das Verfahren betreffendes Gesuch zurückgewiesen ist.

(2) Gegen Entscheidungen über die Verpflichtung, die Prozeßkosten zu tragen, ist die Beschwerde nur zulässig, wenn der Wert des Beschwerdegegenstandes zweihundert Deutsche Mark übersteigt. Gegen andere Entscheidungen über Kosten ist die Beschwerde nur zulässig, wenn der Wert des Beschwerdegegenstandes einhundert Deutsche Mark übersteigt.

(3) Gegen Entscheidungen der Landgerichte im Berufungsverfahren und im Beschwerdeverfahren ist eine Beschwerde nicht zulässig. Ausgenommen sind die Entscheidungen nach §§ 46, 71, 89 Abs. 1 Satz 3, §§ 135, 141 Abs. 3, §§ 372a, 380, 387, 390, 406, 409 und 411 Abs. 2 . Die Vorschriften über die weitere Beschwerde bleiben unberührt.

(4) Gegen die Entscheidungen der Oberlandesgerichte ist eine Beschwerde nicht zulässig. 2 § 519b, § 542 Abs. 3 in Verbindung mit § 341 Abs. 2, § 568a sowie § 17a Abs. 4 des Gerichtsverfassungsgesetzes bleiben unberührt.

§ 568
Zuständigkeit; weitere Beschwerde

(1) Über die Beschwerde entscheidet das im Rechtszuge zunächst höhere Gericht.

(2) Gegen die Entscheidung des Beschwerdegerichts findet eine weitere Beschwerde statt, wenn dies im Gesetz besonders bestimmt ist. Sie ist nur zulässig, soweit in der Entscheidung ein neuer selbständiger Beschwerdegrund enthalten ist.

(3) Entscheidungen der Landgerichte über Prozeßkosten unterliegen nicht der weiteren Beschwerde.

§ 568a
Weitere sofortige Beschwerde

Beschlüsse des Oberlandesgerichts, durch die über eine sofortige Beschwerde gegen die Verwerfung des Einspruchs gegen ein Versäumnisurteil entschieden wird, unterliegen der weiteren sofortigen Beschwerde, sofern gegen ein Urteil gleichen Inhalts die Revision stattfinden würde; §§ 546, 554 b gelten entsprechend.

§ 569
Einlegung und Form

(1) Die Beschwerde wird bei dem Gericht eingelegt, von dem oder von dessen Vorsitzenden die angefochtene Entscheidung erlassen ist; sie kann in dringenden Fällen auch bei dem Beschwerdegericht eingelegt werden.

(2) Die Beschwerde wird durch Einreichung einer Beschwerdeschrift eingelegt. Sie kann auch durch Erklärung zu Protokoll der Geschäftsstelle eingelegt werden, wenn der Rechtsstreit im ersten Rechtszug nicht als Anwaltsprozeß zu führen ist oder war, wenn die Beschwerde die Prozeßkostenhilfe betrifft oder wenn sie von einem Zeugen oder Sachverständigen erhoben wird.

§ 570
Neues Vorbringen

Die Beschwerde kann auf neue Tatsachen und Beweise gestützt werden.

§ 571
Abhilfe oder Vorlegung

Erachtet das Gericht oder der Vorsitzende, dessen Entscheidung angefochten wird, die Beschwerde für begründet, so haben sie ihr abzuhelfen; andernfalls ist die Beschwerde vor Ablauf einer Woche dem Beschwerdegericht vorzulegen.

§ 572
Aufschiebende Wirkung; einstweilige Anordnungen

(1) Die Beschwerde hat nur dann aufschiebende Wirkung, wenn sie gegen eine der in den §§ 380, 390, 409, 613 erwähnten Entscheidungen gerichtet ist.

(2) Das Gericht oder der Vorsitzende, dessen Entscheidung angefochten wird, kann anordnen, daß ihre Vollziehung auszusetzen sei.

(3) Das Beschwerdegericht kann vor der Entscheidung eine einstweilige Anordnung erlassen; es kann insbesondere anordnen, daß die Vollziehung der angefochtenen Entscheidung auszusetzen sei.

§ 573
Verfahren

(1) Die Entscheidung über die Beschwerde kann ohne mündliche Verhandlung ergehen.

(2) Ordnet das Gericht eine schriftliche Erklärung an, so kann sie durch einen Anwalt abgegeben werden, der bei dem Gericht zugelassen ist, von dem oder von dessen Vorsitzenden die angefochtene Entscheidung erlassen ist. In den Fällen, in denen die Beschwerde zum Protokoll der Geschäftsstelle eingelegt werden darf, kann auch die Erklärung zum Protokoll der Geschäftsstelle abgegeben werden.

§ 574
Prüfung der Zulässigkeit

Das Beschwerdegericht hat von Amts wegen zu prüfen, ob die Beschwerde an sich statthaft und ob sie in der gesetzlichen Form und Frist eingelegt ist. Mangelt es an einem dieser Erfordernisse, so ist die Beschwerde als unzulässig zu verwerfen.

§ 575
Zurückverweisung

Erachtet das Beschwerdegericht die Beschwerde für begründet, so kann es dem Gericht oder Vorsitzenden, von dem die beschwerende Entscheidung erlassen war, die erforderliche Anordnung übertragen.

§ 576
Erinnerung

(1) Wird die Änderung einer Entscheidung des beauftragten oder ersuchten Richters oder des Urkundsbeamten der Geschäftsstelle verlangt, so ist die Entscheidung des Prozeßgerichts nachzusuchen.

(2) Die Beschwerde findet gegen die Entscheidung des Prozeßgerichts statt.

(3) Die Vorschrift des ersten Absatzes gilt auch für den Bundesgerichtshof und die Oberlandesgerichte.

§ 577
Sofortige Beschwerde

(1) Für die Fälle der sofortigen Beschwerde gelten die nachfolgenden besonderen Vorschriften.

(2) Die Beschwerde ist binnen einer Notfrist von zwei Wochen, die mit der Zustellung, in den Fällen der §§ 336 und 952 Abs. 4 mit der Verkündung der Entscheidung beginnt, einzulegen. Die Einlegung bei dem Beschwerdegericht genügt zur Wahrung der Notfrist, auch wenn der Fall für dringlich nicht erachtet wird. Liegen die Erfordernisse der Nichtigkeits- oder der Restitutionsklage vor, so kann die Beschwerde auch nach Ablauf der Notfrist innerhalb der für diese Klagen geltenden Notfristen erhoben werden.

(3) Das Gericht ist zu einer Änderung seiner der Beschwerde unterliegenden Entscheidung nicht befugt.

(4) In den Fällen des § 576 muß auf dem für die Einlegung der Beschwerde vorgeschriebenen Wege die Entscheidung des Prozeßgerichts binnen der Notfrist nachgesucht werden. Das Prozeßgericht hat das Gesuch, wenn es ihm nicht entsprechen will, dem Beschwerdegericht vorzulegen.

§ 577a
Anschlußbeschwerde

Der Beschwerdegegner kann sich der Beschwerde anschließen, selbst wenn er auf die Beschwerde verzichtet hat oder die Beschwerdefrist verstrichen ist.

Die Anschließung verliert ihre Wirkung, wenn die Beschwerde zurückgenommen oder als unzulässig verworfen wird. Hat sich der Gegner einer befristeten Beschwerde vor Ablauf der Beschwerdefrist angeschlossen und auf die Beschwerde nicht verzichtet, gilt die Anschließung als selbständige Beschwerde.

Arbeitsförderungsgesetz (AFG)

Vom 25. Juni 1969 (BGBl. I S. 582),
zuletzt geändert durch Gesetz vom 5. Oktober 1994 (BGBl. I S. 2911)

(Auszug)

Vierter Abschnitt: Leistungen bei Arbeitslosigkeit und bei Zahlungsunfähigkeit des Arbeitgebers
Dritter Unterabschnitt. Konkursausfallgeld

§ 141 a Anspruch auf Konkursausfallgeld

Arbeitnehmer haben bei Zahlungsunfähigkeit ihres Arbeitgebers nach diesem Unterabschnitt Anspruch auf Ausgleich ihres ausgefallenen Arbeitsentgelts (Konkursausfallgeld).

§ 141 b Anspruchsvoraussetzungen

(1) Anspruch auf Konkursausfallgeld hat ein Arbeitnehmer, der bei Eröffnung des Konkursverfahrens über das Vermögen seines Arbeitgebers für die letzten der Eröffnung des Konkursverfahrens vorausgehenden drei Monate des Arbeitsverhältnisses noch Ansprüche auf Arbeitsentgelt hat. Der Anspruch auf Konkursausfallgeld ist nicht dadurch ausgeschlossen, daß der Arbeitnehmer vor der Eröffnung des Konkursverfahrens gestorben ist. Für die Zeit nach Beendigung des Arbeitsverhältnisses bestehende Ansprüche auf Arbeitsentgelt begründen keinen Anspruch auf Konkursausfallgeld.

(2) Zu den Ansprüchen auf Arbeitsentgelt gehören alle Ansprüche aus dem Arbeitsverhältnis, die unabhängig von der Zeit, für die sie geschuldet werden, Masseschulden nach § 59 Abs. 1 Nr. 3 Buchstabe a der Konkursordnung sein können.

(3) Der Eröffnung des Konkursverfahrens stehen bei der Anwendung der Vorschriften dieses Unterabschnittes gleich:
1. die Abweisung des Antrags auf Eröffnung des Konkursverfahrens mangels Masse,
2. die vollständige Beendigung der Betriebstätigkeit im Geltungsbereich dieses Gesetzes, wenn ein Antrag auf Eröffnung des Konkursverfahrens nicht gestellt worden ist und ein Konkursverfahren offensichtlich mangels Masse nicht in Betracht kommt.

(4) Hat der Arbeitnehmer in Unkenntnis des Abweisungsbeschlusses nach Absatz 3 Nr. 1 weitergearbeitet oder die Arbeit aufgenommen, so treten an die Stelle der letzten dem Abweisungsbeschluß vorausgehenden drei Monate

des Arbeitsverhältnisses die letzten dem Tag der Kenntnisnahme vorausgehenden drei Monate des Arbeitsverhältnisses.

(5) Der Arbeitgeber ist verpflichtet, einen Beschluß des Konkursgerichts, mit dem ein Antrag auf Eröffnung des Konkursverfahrens über sein Vermögen mangels Masse abgewiesen worden ist, dem Betriebsrat oder, soweit ein Betriebsrat nicht besteht, den Arbeitnehmern unverzüglich bekanntzugeben.

(6), (7) (aufgehoben)

§ 141 c Anspruchsausschluß

Ansprüche auf Arbeitsentgelt, die der Arbeitnehmer durch eine Rechtshandlung erworben hat, die nach den Vorschriften der Konkursordnung angefochten worden ist, begründen keinen Anspruch auf Konkursausfallgeld; das gleiche gilt, wenn der Konkursverwalter von seinem Recht Gebrauch macht, die Leistungen zu verweigern. Ist ein Konkursverfahren nicht eröffnet worden, so begründen die Ansprüche auf Arbeitsentgelt keinen Anspruch auf Konkursausfallgeld, wenn die Rechtshandlung im Falle des Konkurses nach den Vorschriften der Konkursordnung angefochten werden könnte. Soweit Konkursausfallgeld auf Grund von Ansprüchen auf Arbeitsentgelt zuerkannt worden ist, die nach Satz 1 und 2 keinen Anspruch auf Konkursausfallgeld begründen, ist es zu erstatten.

§ 141 d Höhe des Konkursausfallgeldes

(1) Das Konkursausfallgeld ist so hoch wie der Teil des um die gesetzlichen Abzüge verminderten Arbeitsentgelts für die letzten der Eröffnung des Konkursverfahrens vorausgehenden drei Monate des Arbeitsverhältnisses, den der Arbeitnehmer noch zu beanspruchen hat. § 141 c gilt entsprechend.

(2) Ist der Arbeitnehmer im Inland nicht einkommensteuerpflichtig und unterliegt das Konkursausfallgeld nach den für ihn außerhalb des Geltungsbereichs des Einkommensteuergesetzes maßgebenden Vorschriften nicht der Steuer, so ist das Arbeitsentgelt nach Absatz 1 um die Steuern zu vermindern, die im Falle der Steuerpflicht im Inland durch Abzug vom Arbeitslohn erhoben würden. Das gleiche gilt in den Fällen, in denen der Arbeitnehmer im Inland einkommensteuerpflichtig ist, die Steuern jedoch nicht durch Abzug vom Arbeitslohn erhoben werden.

§ 141 e Verfahren bei der Gewährung von Konkursausfallgeld

(1) Das Konkursausfallgeld wird vom zuständigen Arbeitsamt auf Antrag gewährt. Der Antrag ist innerhalb einer Ausschlußfrist von zwei Monaten nach Eröffnung des Konkursverfahrens zu stellen. Hat der Arbeitnehmer die

Ausschlußfrist aus Gründen versäumt, die er nicht zu vertreten hat, so wird das Konkursausfallgeld gewährt, wenn der Antrag innerhalb von zwei Monaten nach Wegfall des Hindernisses gestellt worden ist. Der Arbeitnehmer hat die Versäumung der Ausschlußfrist zu vertreten, wenn er sich nicht mit der erforderlichen Sorgfalt um die Durchsetzung seiner Ansprüche bemüht hat.

(2) Zuständig ist das Arbeitsamt, in dessen Bezirk die für den Arbeitnehmer zuständige Lohnabrechnungsstelle des Arbeitgebers liegt. Hat der Arbeitgeber keine Lohnabrechnungsstelle im Geltungsbereich dieses Gesetzes, so ist das Arbeitsamt zuständig, in dessen Bezirk das Konkursgericht seinen Sitz hat.

(3) Kann das Arbeitsamt die Höhe der nicht erfüllten Arbeitsentgeltansprüche nicht in angemessener Zeit endgültig feststellen, so hat es diese Ansprüche unter Berücksichtigung der Arbeitsentgeltansprüche vergleichbarer Arbeitnehmer in vergleichbaren Betrieben und der getroffenen Feststellungen zu schätzen. Stellt sich nachträglich heraus, daß der Arbeitnehmer einen höheren Arbeitsentgeltanspruch hatte, so ist das Konkursausfallgeld insoweit neu festzusetzen.

(4) (aufgehoben)

§ 141 f Vorschuß auf Konkursausfallgeld

(1) Das Arbeitsamt hat einen angemessenen Vorschuß auf das Konkursausfallgeld zu zahlen, wenn der Arbeitnehmer dies beantragt und dem Arbeitsamt die folgenden oder gleichwertige Bescheinigungen vorliegen:
1. die letzte Arbeitsentgeltabrechnung und
2. eine schriftliche Erklärung des Arbeitgebers, des Konkursverwalters, eines für die Lohnabrechnung des Arbeitgebers zuständigen Arbeitnehmers oder des Betriebsrates darüber, für welchen Zeitraum und in welchem Umfang der Arbeitgeber die Ansprüche seiner Arbeitnehmer auf Arbeitsentgelt nicht erfüllt hat.

(2) Der Vorschuß ist auf das Konkursausfallgeld anzurechnen. Soweit der Vorschuß das Konkursausfallgeld übersteigt, ist er vom Empfänger zu erstatten.

§ 141 g Auskunftspflicht

Der Arbeitgeber, der Konkursverwalter, die Arbeitnehmer sowie Personen, die Einblick in die Arbeitsentgeltunterlagen hatten, sind verpflichtet, dem Arbeitsamt alle Auskünfte zu erteilen, die zur Durchführung der Vorschriften dieses Unterabschnittes erforderlich sind.

§ 141 h Pflichten des Konkursverwalters

(1) Der Konkursverwalter hat auf Verlangen des Arbeitsamtes unverzüglich für jeden Arbeitnehmer, für den ein Anspruch auf Konkursausfallgeld in Betracht kommt, die Höhe des Arbeitsentgelts für die letzten der Eröffnung des Konkursverfahrens vorausgehenden drei Monate des Arbeitsverhältnisses sowie die Höhe der gesetzlichen Abzüge und der zur Erfüllung der Ansprüche auf Arbeitsentgelt bewirkten Leistungen zu bescheinigen; er hat auch zu bescheinigen, inwieweit die Ansprüche auf Arbeitsentgelt gepfändet, verpfändet oder abgetreten sind. Dabei hat er den von der Bundesanstalt vorgesehenen Vordruck zu benutzen.

(2) Der Arbeitgeber und die Arbeitnehmer sowie sonstige Personen, die Einblick in die Arbeitsentgeltunterlagen hatten, sind verpflichtet, dem Konkursverwalter alle Auskünfte zu erteilen, die er für die Bescheinigung nach Absatz 1 Satz 1 benötigt.

(3) In den Fällen, in denen ein Konkursverfahren nicht eröffnet wird (§ 141 b Abs. 3) oder nach § 204 der Konkursordnung eingestellt worden ist, sind die Pflichten des Konkursverwalters nach Absatz 1 vom Arbeitgeber zu erfüllen.

§ 141 i Auszahlung des Konkursausfallgeldes

Der Konkursverwalter hat auf Verlangen des Arbeitsamtes unverzüglich das Konkursausfallgeld zu errechnen und auszuzahlen, wenn ihm dafür geeignete Arbeitnehmer des Betriebes zur Verfügung stehen und das Arbeitsamt die Mittel für die Auszahlung des Konkursausfallgeldes bereitstellt. Für die Abrechnung hat er den von der Bundesanstalt vorgesehenen Vordruck zu benutzen. Kosten werden nicht erstattet.

§ 141 k Anspruchsübergang, Pfandrecht

(1) Soweit die Ansprüche auf Arbeitsentgelt vor Stellung des Antrages auf Konkursausfallgeld auf einen Dritten übertragen worden sind, steht der Anspruch auf Konkursausfallgeld diesem zu. Ein Vorschuß nach § 141 f Abs. 1 steht ihm nur zu, wenn die Übertragung wegen einer gesetzlichen Unterhaltspflicht erfolgt ist.

(2) Soweit die Ansprüche auf Arbeitsentgelt vor Stellung des Antrages auf Konkursausfallgeld gepfändet oder verpfändet worden sind, wird hiervon auch der Anspruch auf Konkursausfallgeld erfaßt. Absatz 1 Satz 2 gilt entsprechend.

(2a) Soweit die Ansprüche auf Arbeitsentgelt vor Eröffnung des Konkursverfahrens zu ihrer Vorfinanzierung übertragen oder verpfändet worden sind, besteht ein Anspruch auf Konkursausfallgeld nur, wenn im Zeitpunkt der Übertragung oder Verpfändung der neue Gläubiger oder Pfandgläubiger nicht zugleich Gläubiger des Arbeitgebers oder an dessen Unternehmen beteiligt war. Dasselbe gilt, wenn Satz 1 durch andere Gestaltungen umgangen wird.

(3) Pfandrechte, die an den Ansprüchen auf Arbeitsentgelt bestehen, die auf die Bundesanstalt nach § 141 m übergegangen sind, erlöschen, wenn das Arbeitsamt das Konkursausfallgeld an den Berechtigten gezahlt hat.

§ 141 l Pfändbarkeit

(1) Der Anspruch auf Konkursausfallgeld kann selbständig nicht verpfändet oder übertragen werden, bevor das Konkursausfallgeld beantragt worden ist. Eine Pfändung des Anspruches auf Konkursausfallgeld vor diesem Zeitpunkt gilt als mit der Maßgabe ausgesprochen, daß sie den Anspruch auf Konkursausfallgeld erst von diesem Zeitpunkt an erfaßt.

(2) Der Anspruch auf Konkursausfallgeld kann wie der Anspruch auf Arbeitseinkommen gepfändet, verpfändet oder übertragen werden, nachdem das Konkursausfallgeld beantragt worden ist.

§ 141 m Übergang des Konkursausfallgeldes auf Bundesanstalt

(1) Die Ansprüche auf Arbeitsentgelt, die den Anspruch auf Konkursausfallgeld begründen, gehen abweichend von § 115 des Zehnten Buches Sozialgesetzbuch bereits mit der Stellung des Antrages auf Konkursausfallgeld auf die Bundesanstalt über.

(2) Die gegen den Arbeitnehmer begründete Anfechtung nach der Konkursordnung findet gegen die Bundesanstalt statt.

§ 141 n Zahlung von Versicherungsbeiträgen

(1) Pflichtbeiträge zur gesetzlichen Kranken- und Rentenversicherung sowie zur sozialen Pflegeversicherung und Beiträge zur Bundesanstalt für Arbeit, die auf Arbeitsentgelte für die letzten der Eröffnung des Konkursverfahrens vorausgehenden drei Monate des Arbeitsverhältnisses entfallen und bei Eröffnung des Konkursverfahrens noch nicht entrichtet worden sind, entrichtet das Arbeitsamt auf Antrag der zuständigen Einzugsstelle. Die Einzugsstelle hat dem Arbeitsamt die Beiträge nachzuweisen und dafür zu sorgen, daß die Beschäftigungszeit und das beitragspflichtige Bruttoarbeitsentgelt einschließlich des Arbeitsentgelts, für das Beiträge nach Satz 1 entrichtet werden, dem zuständigen Rentenversicherungsträger mitgeteilt werden. §§ 141 c, 141 e, Abs. Satz 1, Abs. 2, 3, § 141 h Abs. 1 und 3 gelten entsprechend.

(2) Die Ansprüche auf die in Absatz 1 Satz 1 genannten Beiträge bleiben gegenüber dem Arbeitgeber bestehen. Soweit Zahlungen geleistet werden, hat die Einzugsstelle dem Arbeitsamt die nach Absatz 1 Satz 1 entrichteten Beiträge zu erstatten.

(3) (aufgehoben)

Verordnung über die Vergütung des Konkursverwalters, des Vergleichsverwalters, der Mitglieder des Gläubigerausschusses und der Mitglieder des Gläubigerbeirats (VergVO)

Vom 25. Mai 1960 (BGBl I, 329),
zuletzt geändert durch Verordnung vom 11. Juni 1979 (BGBl I, 637)

Erster Abschnitt. Vergütung des Konkursverwalters

§ 1 Berechnungswert

(1) Die Vergütung des Konkursverwalters wird nach der Teilungsmasse berechnet, auf die sich die Schlußrechnung erstreckt.

(2) Ist der Gesamtbetrag der Konkursforderungen geringer, so ist dieser maßgebend.

§ 2 Ermittlung des Berechnungswertes

Die Teilungsmasse ist im einzelnen wie folgt zu bestimmen:

1. Massegegenstände, die mit Absonderungsrechten (z.B. Hypotheken, Vertrags- oder Pfändungspfandrechten, Rechten aus einer Sicherungsübereignung) belastet sind, werden nur insoweit berücksichtigt, als aus ihnen ein Überschuß zur Masse geflossen ist oder voraussichtlich noch fließen wird. Gegenstände, die dem Vermieterpfandrecht unterliegen, werden jedoch voll berücksichtigt, auch wenn aufgrund des Pfandrechts Zahlungen aus der Masse an den Vermieter geleistet sind.

2. Werden Aus- oder Absonderungsrechte abgefunden, so wird die aus der Masse hierfür gewährte Leistung vom Sachwert der Gegenstände, auf die sich diese Rechte erstrecken, abgezogen.

3. Massekosten und Masseschulden werden nicht abgesetzt. Beträge, die der Konkursverwalter als Rechtsanwaltsgebühren aus der Masse erhält, werden jedoch in Abzug gebracht. Gehen verauslagte Prozeß- oder Vollstrekkungskosten wieder ein, so werden sie gegen die verauslagten Kosten verrechnet.

4. Steht einer Forderung eine Gegenforderung gegenüber, so wird lediglich der bei einer Verrechnung sich ergebende Überschuß berücksichtigt.

5. Wird das Geschäft des Gemeinschuldners weitergeführt, so ist aus den Einnahmen nur der Überschuß zu berücksichtigen, der sich nach Abzug der Ausgaben ergibt.

6. Ein zur Durchführung des Verfahrens von einem anderen als dem Gemeinschuldner geleisteter Vorschuß oder ein zur Erfüllung eines Zwangsvergleichs zur Masse geleisteter Zuschuß bleibt außer Betracht. Gleiches gilt für den Verzicht eines Gläubigers auf seine Forderung.

§ 3
Staffelvergütung; mehrere Verwalter

(1) Der Konkursverwalter erhält in der Regel
von den ersten 10 000 DM
der Teilungsmasse 15 v.H.,
von dem Mehrbetrag bis zu 50 000 DM
der Teilungsmasse 12 v.H.,
von dem Mehrbetrag bis zu 100 000 DM
der Teilungsmasse 6 v.H.,
von dem Mehrbetrag bis zu 500 000 DM
der Teilungsmasse 2 v.H.,
von dem Mehrbetrag bis zu 1 000 000 DM
der Teilungsmasse 1 v.H.,
von dem darüber hinausgehenden Betrag 1/2 v.H.

(2) Die Vergütung soll in der Regel mindestens 400 DM betragen.

(3) Sind mehrere Konkursverwalter nebeneinander bestellt, so sind die Vergütungen so zu berechnen, daß sie zusammen den Betrag nicht übersteigen, der in dieser Verordnung als Vergütung für einen Konkursverwalter vorgesehen ist.

§ 4
Abweichungen von der Regelvergütung; Nachtragsverteilung; Umsatzsteuer

(1) Die Vergütung ist abweichend vom Regelsatz (§§ 1 bis 3) festzusetzen, wenn Besonderheiten der Geschäftsführung des Konkursverwalters es erfordern.

(2) Eine den Regelsatz übersteigende Vergütung ist insbesondere festzusetzen, wenn

a) die Bearbeitung von Aus- und Absonderungsrechten einen erheblichen Teil der Verwaltertätigkeit ausgemacht hat, ohne daß die Teilungsmasse entsprechend größer geworden ist oder

b) der Verwalter zur Vermeidung von Nachteilen für die Konkursmasse das Geschäft weitergeführt oder er Häuser verwaltet hat und die Teilungsmasse nicht entsprechend größer geworden ist.

(3) Ein Zurückbleiben hinter dem Regelsatz kann insbesondere gerechtfertigt sein, wenn
a) der Konkursverwalter in einem früheren Vergleichsverfahren als Vergleichsverwalter erhebliche Vorarbeiten für das Konkursverfahren geleistet und dafür eine entsprechende Vergütung erhalten hat oder
b) die Masse bereits zu einem wesentlichen Teil verwertet war, als der Konkursverwalter das Amt übernahm oder
c) das Konkursverfahren vorzeitig beendet wird (etwa durch Aufhebung des Eröffnungsbeschlusses oder durch Einstellung des Verfahrens) oder
d) die Teilungsmasse groß war und die Geschäftsführung verhältnismäßig geringe Anforderungen an den Konkursverwalter stellte.

(4) Ob und in welcher Höhe Nachtragsverteilungen besonders vergütet werden, bestimmt das Gericht nach billigem Ermessen unter Berücksichtigung der Umstände des Einzelfalles.

(5) In der Vergütung ist die vom Konkursverwalter zu zahlende Umsatzsteuer enthalten. Wird für die Leistung des Konkursverwalters jedoch eine Umsatzsteuer nach § 12 Abs. 1 des Umsatzsteuergesetzes erhoben, so erhält er einen Ausgleich in Höhe der Hälfte des Betrages, der sich aus der Anwendung des allgemeinen Steuersatzes auf die sonstige Vergütung ergibt.

§ 5
Allgemeine Geschäftsunkosten; Auslagen

(1) Durch die Vergütung sind die allgemeinen Geschäftsunkosten abgegolten. Zu den allgemeinen Geschäftsunkosten gehört der Büroaufwand des Konkursverwalters. Schreibgebühren und Gehälter von Angestellten, die im Rahmen ihrer laufenden Arbeiten auch bei der Konkursverwaltung beschäftigt werden, können der Masse nicht — auch nicht anteilig — in Rechnung gestellt werden. Gleiches gilt für die Kosten einer Haftpflichtversicherung.

(2) Zu den allgemeinen Geschäftsunkosten gehören nicht die besonderen Unkosten, die dem Verwalter im Einzelfall (z.B. durch die Einstellung von Hilfskräften für bestimmte Aufgaben im Rahmen der Konkursverwaltung oder durch Reisen) tatsächlich erwachsen. Durch Absatz 1 wird nicht ausgeschlossen, daß diese besonderen Unkosten als Auslagen erstattet werden, soweit sie angemessen sind.

§ 6
Festsetzungsverfahren

(1) Vergütung und Auslagen werden auf Antrag des Konkursverwalters vom Konkursgericht festgesetzt. Die Festsetzung erfolgt für Vergütung und Auslagen gesondert.

(2) Der Antrag soll tunlichst gestellt werden, wenn die Schlußrechnung an das Konkursgericht übersandt wird.

(3) In dem Antrag ist anzugeben und näher darzulegen, inwieweit die in der Schlußrechnung ausgewiesenen Einnahmen als Teilungsmasse anzusehen sind.

(4) Auslagen hat der Konkursverwalter einzeln anzuführen und zu belegen. Ist zweifelhaft, ob eine Aufwendung als Masseschuld nach § 59 KO oder als eine nach § 85 KO zu erstattende Auslage anzusehen ist, so hat er den Posten zu erläutern. Dies kann erforderlich werden, wenn Entschädigungen an Hilfskräfte gezahlt worden sind, die zur Beaufsichtigung des Geschäfts, zur Ordnung des Lagers oder zur Bestandsaufnahme herangezogen wurden; hatte der Verwalter diese Aufgaben eigenen Angestellten übertragen, so ist dies anzugeben.

§ 7
Vorschuß

Der Konkursverwalter kann aus der Masse einen Vorschuß auf die Vergütung und Auslagen entnehmen, wenn das Konkursgericht es genehmigt. Die Genehmigung soll erteilt werden, wenn das Konkursverfahren ungewöhnlich lange dauert oder besonders hohe Auslagen erforderlich werden.

Zweiter Abschnitt. Vergütung des Vergleichsverwalters

§ 8
Berechnungswert

(1) Die Vergütung des Vergleichsverwalters wird nach dem Aktivvermögen des Schuldners berechnet. Das Aktivvermögen ergibt sich aus der mit dem Vergleichsantrag eingereichten Vermögensübersicht (§ 5 VglO); Berichtigungen, die sich im Laufe des Verfahrens (etwa auf Grund der Angaben des Schuldners oder auf Grund von Ermittlungen des Gerichts oder des Vergleichsverwalters) ergeben, werden berücksichtigt.

(2) Für die Bestimmung des Aktivvermögens gilt im einzelnen folgendes:
1. Der Wert von Gegenständen, die mit Absonderungsrechten belastet sind, wird nur insoweit in Ansatz gebracht, als er den Wert dieser Rechte übersteigt.

2. Werden Aus- oder Absonderungsrechte abgefunden, so sind von dem Wert der Gegenstände die Abfindungsbeträge abzusetzen.
3. Steht einer Forderung eine Gegenforderung gegenüber, so ist lediglich der bei einer Verrechnung sich ergebende Überschuß zu berücksichtigen.
4. Die zur Erfüllung des Vergleichs von einem Dritten geleisteten Zuschüsse bleiben außer Betracht.

(3) Ist der Gesamtbetrag der Vergleichsforderungen geringer als das Aktivvermögen des Schuldners, so ist für die Berechnung der Vergütung des Vergleichsverwalters der Gesamtbetrag der Vergleichsforderungen maßgebend.

§ 9
Vergütungshöhe

Der Vergleichsverwalter erhält als Vergütung in der Regel 1/2 der in § 3 Abs. 1 für den Konkursverwalter bestimmten Sätze, in der Regel jedoch mindestens 300 DM.

§ 10
Abweichungen von der Regelvergütung; Umsatzsteuer

(1) § 4 Abs. 1 gilt für den Vergleichsverwalter entsprechend.

(2) Eine den Regelsatz übersteigende Vergütung ist insbesondere festzusetzen, wenn
a) die Prüfung von Aus- und Absonderungsrechten einen erheblichen Teil der Verwaltertätigkeit ausgemacht hat oder
b) durch die Ausübung des Mitwirkungsrechts bei Rechtsgeschäften des Schuldners nach § 57 VglO oder durch Maßnahmen mit Rücksicht auf Verfügungsbeschränkungen des Schuldners nach §§ 58 ff VglO oder infolge anderer, durch das Verfahren bedingter Umstände die Verwaltertätigkeit besonders umfangreich war.

(3) Ein Zurückbleiben hinter dem Regelsatz kann insbesondere gerechtfertigt sein, wenn
a) das Vergleichsverfahren durch Einstellung vorzeitig beendet wurde oder
b) das Aktivvermögen des Schuldners groß war und das Verfahren verhältnismäßig geringe Anforderungen an den Verwalter stellte oder
c) der Verwalter ausnahmsweise zum Vergleichsverwalter bestellt wurde, obwohl er vor Stellung des Antrags auf Eröffnung des Vergleichsverfahrens zur Vorbereitung des Vergleichsantrags tätig war und für die vorbereitende Tätigkeit ein Entgelt erhalten hat.

(4) § 4 Abs. 5 gilt für den Vergleichsverwalter entsprechend.

§ 11
Abgeltungsbereich der Vergleichsverwaltervergütung; vorläufiger Vergleichsverwalter; Verwalter im Nachverfahren

(1) Für den Umfang der durch die Vergütung des Vergleichsverwalters abgegoltenen Tätigkeit und den Ersatz der besonderen Auslagen gilt § 5 entsprechend. Die Vergütung deckt in der Regel auch die Auslagen des Verwalters für die Prüfung der Bücher oder der Abschätzung der Warenbestände des Schuldners (§ 43 Abs. 1 Satz 2 VglO).

(2) Eine Tätigkeit, die der Vergleichsverwalter vor der Eröffnung des Vergleichsverfahrens als vorläufiger Verwalter ausgeübt hat, wird nicht besonders vergütet. Wird der vorläufige Verwalter nicht zum Vergleichsverwalter bestellt, so erhält er für seine Tätigkeit als vorläufiger Verwalter einen angemessenen Bruchteil der in § 9 für den Vergleichsverwalter vorgesehenen Regelvergütung. § 10 gilt entsprechend.

(3) Die Tätigkeit des Vergleichsverwalters in einem Nachverfahren nach § 96 VglO wird besonders vergütet (§ 43 Abs. 2 Satz 3 VglO). Die Vergütung wird nach der Art und dem Umfang der Tätigkeit des Verwalters im Nachverfahren bemessen; zu berücksichtigen ist, inwieweit der Vergleich erfüllt worden ist. Die Vergütung soll in der Regel einen angemessenen Bruchteil der Vergütung für das Vergleichsverfahren nicht überschreiten.

§ 12
Festsetzungsverfahren; Vorschuß

(1) Vergütung und Auslagen werden von dem Vergleichsgericht getrennt festgesetzt.

(2) Die Festsetzung erfolgt alsbald nach der Beendigung des Amtes des Vergleichsverwalters oder — wenn das Verfahren nicht mit der Bestätigung des Vergleichs endet — alsbald nach der Bestätigung des Vergleichs. Für das Nachverfahren werden die Vergütung und die Auslagen alsbald nach dessen Beendigung festgesetzt.

(3) Vorschußzahlungen auf die Vergütung und den Auslagenersatz soll das Gericht nur in Ausnahmefällen bewilligen.

Dritter Abschnitt. Entschädigung der Mitglieder des Gläubigerausschusses und des Gläubigerbeirats

§ 13

(1) Die Vergütung der Mitglieder des Gläubigerausschusses im Konkursverfahren richtet sich nach der Art und dem Umfang ihrer Tätigkeit. Maßgebend ist im allgemeinen der erforderliche Zeitaufwand. Die Vergütung beträgt regelmäßig 15 DM je Stunde. Dies gilt auch für die Teilnahme an einer Gläubigerausschußsitzung und für die Vornahme einer Kassenprüfung.

(2) Der Anspruch der Mitglieder des Gläubigerbeirats auf Ersatz für Zeitversäumnis im Vergleichsverfahren bestimmt sich nach dem erforderlichen Zeitaufwand. Absatz 1 Satz 2 und 4 gilt entsprechend.

Kostenverzeichnis
(Anlage 1 zu § 11 Abs. 1 GKG)

(Auszug)

Nr.	Gebührentatbestand	Gebührenbetrag oder Satz der Gebühr nach § 11 Abs. 2 GKG
1.	**Eröffnungsverfahren**	
4210	Verfahren über den Antrag des Gemeinschuldners auf Konkurseröffnung. Dies gilt nicht für ein Verfahren, in dem über die Eröffnung des Anschlußkonkurses entschieden wird.	0,5
4211	Verfahren über den Antrag eines Gläubigers auf Konkurseröffnung Die Gebühr entfällt, wenn ein ausgesetzer Antrag auf Konkurseröffnung (§ 46 VerglO) a) durch Überleitung des Vergleichsverfahrens in das Konkursverfahren (§ 102 VerglO) gegenstandslos wird oder b) nach § 84 VerglO als nicht gestellt gilt.	0,5 - mindestens 200 DM
2.	**Durchführung des Konkursverfahrens** einschließlich des Verfahrens zur Abnahme der eidesstattlichen Versicherung nach § 125 KO und des Verfahrens über Anträge auf Erzwingung der Abgabe der eidesstattlichen Versicherung	
a)	**Verfahren auf Antrag des Gemeinschuldners** auch wenn das Verfahren gleichzeitig auf Antrag eines Gläubigers eröffnet wurde	
4220	Durchführung des Verfahrens Die Gebühr entfällt, wenn der Eröffnungsbeschluß auf Beschwerde aufgehoben wird.	2,5
4221	Verfahren wird vor Ablauf der Anmeldefrist nach §§ 202, 204 KO oder nach § 3 des Ausführungsgesetzes zum deutsch-österreichischen Konkursvertrag eingestellt: Die Gebühr ermäßigt sich auf	0,5
4222	Verfahren wird nach Ablauf der Anmeldefrist nach §§ 202, 204 KO oder nach § 3 des Ausführungsgesetzes zum deutsch-österreichischen Konkursvertrag eingestellt: Die Gebühr ermäßigt sich auf	1,5
b)	**Verfahren auf Antrag eines Gläubigers**, Anschlußkonkurs (§ 102 VerglO)	
4225	Durchführung des Verfahrens: Die Gebühr entfällt, wenn der Eröffnungsbeschluß auf Beschwerde aufgehoben wird.	3
4226	Verfahren wird vor Ablauf der Anmeldefrist nach §§ 202, 204 KO oder nach § 3 des Ausführungsgesetzes zum deutsch-österreichischen Konkursvertrag eingestellt: Die Gebühr ermäßigt sich auf	1
4227	Verfahren wird nach Ablauf der Anmeldefrist nach §§ 202, 204 KO oder nach § 3 des Ausführungsgesetzes zum deutsch-österreichischen Konkursvertrag eingestellt: Die Gebühr ermäßigt sich auf	2

c)	**Besonderer Prüfungstermin** (§ 142 KO)	
4230	Prüfung von Forderungen je Gläubiger	DM 25,0
IV.	**Beschwerdeverfahren**	
4400	Verfahren über die Beschwerde gegen die Entscheidung über den Antrag auf Konkurseröffnung	1
4402	Verfahren über nicht aufgeführte Beschwerden, die nicht nach anderen Vorschriften gebührenfrei sind: Soweit die Beschwerde verworfen oder zurückgewiesen wird	0,5

Tabelle zu § 11 Abs. 2 GKG

Streitwert bis ... DM	Gebühr ... DM	Streitwert bis ... DM	Gebühr ... DM
600	50	70.000	775
1.200	70	80.000	835
1.800	90	90.000	895
2.400	110	100.000	955
3.000	130	130.000	1.155
4.000	145	160.000	1.355
5.000	160	190.000	1.555
6.000	175	220.000	1.755
7.000	190	250.000	1.955
8.000	205	280.000	2.155
9.000	220	310.000	2.355
10.000	235	340.000	2.555
12.000	265	370.000	2.755
14.000	295	400.000	2.955
16.000	325	460.000	3.250
18.000	355	520.000	3.545
20.000	385	580.000	3.840
25.000	430	640.000	4.135
30.000	475	700.000	4.430
35.000	520	760.000	4.725
40.000	565	820.000	5.020
45.000	610	880.000	5.315
50.000	655	940.000	5.615
60.000	715	1.000.000	5.905

Bei Streitwerten über DM 1.000.000,-- erhöht sich die Gebühr für jeden angefangenen Betrag von DM 100.000,-- um DM 300,-- (§ 11 Abs. 2 S. 3 GKG)

ANHANG III
Materialien zur Gesetzgebungsgeschichte

Übersicht

1. Materialien zur Ergänzung der GesVO 1975 im Gesetzentwurf zum Staatsvertrag vom 18.5.1990 (BT-Drucks. 11/7350)

Deutscher Bundestag — **Drucksache 11/7350**
11. Wahlperiode

7.6.90

Gesetzentwurf
der Bundesregierung

Entwurf eines Gesetzes zu dem Vertrag vom 18. Mai 1990 über die Schaffung einer Währungs-, Wirtschafts- und Sozialunion zwischen der Bundesrepublik Deutschland und der Deutschen Demokratischen Republik

...

Vertrag über die Schaffung einer Währungs-, Wirtschafts- und Sozialunion zwischen der Bundesrepublik Deutschland und der Deutschen Demokratischen Republik

...

Artikel 4
Rechtsanpassung

(1) ... Die Deutsche Demokratische Republik hebt bis zur Errichtung der Währungsunion die in der Anlage III bezeichneten Vorschriften auf oder ändert sie ...

Anlage III

Von der Deutschen Demokratischen Republik aufzuhebende oder zu ändernde Rechtsvorschriften

I. ...

II. ....

6. Die Verordnung über die Gesamtvollstreckung vom 18. Dezember 1975 (GBl. I 1976 Nr. 1 S. 5) wird um Vorschriften für den Konkurs von Unternehmen ergänzt.

..

Zu Nummer 6:

Die derzeit geltende Verordnung über die Gesamtvollstreckung enthält ein Insolvenzrecht, das auf die Insolvenz mittlerer und größerer Unternehmen nicht ausreichend ausgerichtet ist. Eine marktwirtschaftlich orientierte Rechtsordnung muß aber ein mindestens notdürftig funktionierendes Insolvenzrecht für solche Unternehmen bereitstellen, die sich im Rahmen und unter den Bedingungen der Marktwirtschaft nicht behaupten können. Als Zwischenlösung ist deshalb die Verordnung über die Gesamtvollstreckung, beispielsweise durch stärkere Berücksichtigung der Gläubigerinteressen, Möglichkeiten eines konkursabwendenden Vergleichs und durch die Schaffung von Anfechtungsmöglichkeiten, so auszubauen, daß sie den Anforderungen der Praxis entspricht. Danach wird auf der Grundlage der in der Bundesrepublik Deutschland vorhandenen Vorarbeiten ein gemeinschaftliches Insolvenzrecht zu schaffen sein.

2. Ministerratsbeschluß zur Ergänzung der GesVO 1975

Ministerrat
der Deutschen Demokratischen Republik

Beschluß des Ministerrates
10 / 13 / 90
vom 6. Juni 1990

...

B e s c h l u ß

zur Verordnung über die Gesamtvollstreckung und über die Verordnung über die Vollstreckung in Grundstücke
vom 6. Juni 1990

1. Die Verordnung über die Gesamtvollstreckung — Gesamtvollstreckungsverordnung — und die Verordnung über die Vollstreckung in Grundstücke — Grundstücksvollstreckungsverordnung — werden bestätigt.

2. Die Verordnungen sind im Gesetzblatt der DDR Teil I zu veröffentlichen.

B e g r ü n d u n g

1. zum Entwurf der Verordnung über die Gesamtvollstreckung

2. ...

Beide Verordnungsentwürfe beruhen auf entsprechende Festlegungen im Staatsvertrag vom 18.5.1990 über die Schaffung einer Währungs-, Wirtschafts- und Sozialunion zwischen der BRD und der DDR und dienen dazu, die sich daraus ergebenden Verpflichtungen der DDR zur Änderung bzw. Ergänzung ihrer Gesetzgebung zu erfüllen (vgl. dazu Anlage III Ziffer 6 und Ziffer 21).

Zu 1.:

Die Einführung der sozialen Marktwirtschaft in der DDR führt zu grundlegenden Veränderungen in der Eigentumsordnung und den Wirtschaftsmechanismen. Die bisherigen volkseigenen Betriebe werden in Kapitalgesellschaften umgewandelt, die gleichberechtigt mit anderen privaten Unternehmen am Wirtschaftsverkehr teilnehmen und für ihre Handels- und Wirtschaftsfähigkeit das volle Geschäftsrisiko tragen. Für den Fall der Überschuldung oder Zahlungsunfähigkeit der Wirtschaftseinheiten und Unternehmen ist ein gesetzlich geregeltes Verfahren zur Sicherung der Gläubigeransprüche notwendig. Dieser Forderung entspricht die derzeit geltende Gesamtvollstreckungsordnung aus dem Jahr 1975 nicht im genügenden Maße. Sie entstand auf der Grundlage der Dominanz des rechtlich umfassend geschützten Volkseigentums und war dementsprechend im wesentlichen auf den Einzelschuldner ausgerichtet, der als Inhaber eines kleinen Privatbetriebes in Konkurs ging. Die Erweiterung der Gesamtvollstreckungsordnung auch für mittlere und größere Unternehmen erforderte zahlreiche Ergänzungen im Interesse eines funktionstüchtigen Verfahrens, wie z.B. die Eröffnung des Verfahrens durch richterlichen Beschluß, die Stellung und Aufgaben der Gläubigerversammlung und des Gläubigerausschusses, die Sicherung von Arbeitnehmerinteressen, die Anfechtung von Rechtshandlungen des Schuldners, den Vergleich und Regelungen über das Verfahren bei Auslandsberührung. Eine Novellierung der Gesamtvollstreckungsverordnung war aufgrund dieser Situation nicht ausreichend, deshalb wurde der Weg einer Neufassung gewählt.

Die Erarbeitung des vorliegenden Entwurfs einer neuen Verordnung über die Gesamtvollstreckung vollzog sich in Abstimmung mit der Arbeitsgruppe Insolvenzrecht des Bundesjustizministeriums. Dort wird seit längerem eine neue Gesetzgebung zum Insolvenzrecht vorbereitet, welche die überholte Konkursordnung aus dem Jahre 1877 ersetzen soll. Hinweise aus den geplanten Insolvenzrechtsbestimmungen flossen in den DDR-Entwurf ein. Weitere Gesetzgebungsarbeiten werden ein gesamtdeutsches Insolvenzrechtsverfahren zum Ziel haben. Für die Übergangsphase bis dahin entspricht der vorliegende Entwurf dem Regelungsbedarf in der DDR.

In der Verordnung werden die Rechte und Pflichten der Beteiligten exakt fixiert. Die Gesamtvollstreckung ist so ausgestaltet, daß es sich nicht um ein herkömmliches Vollstreckungsverfahren handelt, sondern die Durchführung den Beteiligten weitgehend selbst unter Leitung des Gerichtes obliegt. Es handelt sich um ein Verfahren der staatlich überwachten Selbstverwaltung, das der gleichmäßigen Befriedigung der Gläubiger aus dem pfändbaren Vermögen des Schuldners, unter Ausschluß eines individuellen Einzeleingriffs, dient.

In ihr wird nicht nur der klassische Fall der Liquidation von Unternehmern in Form von natürlichen und juristischen Personen sowie nicht rechtsfähigen Personengesellschaften geregelt, sondern auch die Möglichkeit der Sanierung über den konkursbeendenden Vergleich. Als eine Besonderheit sieht die Gesamtvollstreckungsverordnung eine Möglichkeit der Restschuldbefreiung vor. Diese Regelung trägt fortschrittlichen Charakter, da die bundesdeutsche Insolvenzgesetzgebung eine solche erst im Entwurf vorsieht.

Mit dem Entwurf liegt eine Rechtsvorschrift vor, die auch im Falle ansteigender Unternehmenskonkurse die Funktionsfähigkeit der sozialen Marktwirtschaft gewährleistet.

Zu 2.:

...

3. Materialien zur Überleitung der GesVO in bundesdeutsches Recht durch den Einigungsvertrag (BR-Drucks. 605/90, BT-Drucks. 11/7817)

Bundesrat **Drucksache 605/90**

(= BT-Drucks. 11/7817, S. 8, 59 ff.)

11.9.90

Unterrichtung

durch die Bundesregierung

Erläuterungen zu den Anlagen zum Vertrag zwischen der Bundesrepublik Deutschland und der Deutschen Demokratischen Republik über die Herstellung der Einheit Deutschlands vom 31. August 1990
— Einigungsvertrag —

...

Zu Kapitel II der Anlage I

Zu Sachgebiet A

...

Zu Abschnitt I

Zu Nummern 1 bis 6 (Insolvenzrecht)

Im Bereich des Insolvenzrechts soll im Einigungsvertrag die Lösung des Staatsvertrages vom 18. Mai 1990 über die Errichtung einer Währungs-, Wirtschafts- und Sozialunion zwischen der Bundesrepublik Deutschland und der Deutschen Demokratischen Republik (BGBl. II S. 518) beibehalten werden. Danach sollen die Konkursordnung, die Vergleichsordnung und die dazugehörigen Nebengesetze in den Ländern der früheren DDR nicht eingeführt werden. Dort soll vielmehr das bisherige Insolvenzrecht der Deutschen Demokratischen Republik fortgelten. Dieses ist in Gestalt der Verordnung über die Gesamtvollstreckung vom 6. Juni 1990 (GBl. I Nr. 32 S. 285) an die Bedürfnisse einer sozialen Marktwirtschaft angepaßt worden. Mit der zweiten Verordnung über die Gesamtvollstreckung — Unterbrechung des Verfahrens — vom 25. Juli 1990 (GBl. I Nr. 45 S. 782) enthält es zudem Regelungen, die auf der Verordnung über die Gesamtvollstreckung aufbauend den besonderen Übergangsschwierigkeiten der Wirtschaftsunternehmen in der Deutschen Demokratischen Republik gerecht werden. Dieses Insolvenzrecht ist mit seinen knappen Regelungen einfacher zu handhaben als das bundesdeutsche Insolvenzrecht, das zudem in hohem Maße reformbedürftig ist. Durch die Beibehaltung des bisherigen Insolvenzrechts der Deutschen Demokratischen Republik, das marktwirtschaftlichen Anforderungen zunächst genügt, kann daher eine Überforderung der Gerichte vermieden werden. Die Rechtseinheit soll in der kommenden Legislaturperiode durch die vorgesehene Gesamtreform des Insolvenzrechts hergestellt werden.

Bei dieser Lösung sind von der grundsätzlichen Geltung des Bundesrechts die Konkursordnung, die Vergleichsordnung und die entsprechenden Einführungsgesetze auszunehmen (zu Art. IV des Einführungsgesetzes zu dem Gesetz betreffend Änderungen der Konkursordnung vgl. unten Abschnitt III). Entsprechendes gilt für das Sozialplangesetz und das Gesetz zur Schaffung eines Vorrechts für Umlagen auf die Erzeugung von Kohle und Stahl, da die Verordnung über die Gesamtvollstreckung vom 6. Juni 1990 insoweit bereits entsprechende Regelungen enthält.

Zu Kapitel III der Anlage II

Zu Sachgebiet A

...

Zu Abschnitt II

Zu Nummer 1 (Verordnung über die Gesamtvollstreckung — Gesamtvollstreckungsverordnung)

Nach der oben dargestellten Konzeption soll das in dem in Artikel 3 genannten Gebiet bisher geltende Insolvenzrecht beibehalten werden. Das erfordert zunächst die Beibehaltung der Verordnung über die Gesamtvollstrekkung vom 6. Juni 1990. Dies kann allerdings nicht ohne Änderungen und Maßgaben erfolgen. Das sind zunächst die allgemeinen Maßgaben; z.B. ergibt sich aus der allgemeinen Maßgabe b) zum Rechtspflegerecht (Anlage I Kapitel III Sachgebiet A Abschnitt III Nr. 28 b)), daß die bisherigen Verweisungen auf die Zivilprozeßordnung der Deutschen Demokratischen Republik in Zukunft als Verweisungen auf die einheitlich geltende Zivilprozeßordnung zu verstehen sind.

Hinzu kommen Änderungen und besondere Maßgaben:

Durch die Maßgabe a) soll erreicht werden, daß die Verordnung über die Gesamtvollstreckung den gleichen Rang in der Normenhierarchie des Bundes erhält wie die Konkursordnung. Um dies deutlich zu machen, erhält die Gesamtvollstreckungsverordnung entsprechend Buchstabe b) aa) und bb) in Anlehnung an die Konkursordnung den Titel „Gesamtvollstreckungsordnung"; ihr verordnungstypischer, jetzt obsoleter Einleitungssatz wird gestrichen. Die Gesamtvollstreckungsordnung kann wie die Konkursordnung nur durch den Bundesgesetzgeber geändert werden. Dieser wird in seiner Gestaltungsfreiheit durch den Vertrag nicht eingeschränkt.

Buchstabe b) sieht weitere Änderungen der Gesamtvollstreckungsordnung vor, die notwendig sind, um den Veränderungen der Gesamtrechtslage durch diesen Vertrag gerecht zu werden. Es handelt sich hierbei zum Teil um redaktionelle Anpassungen, die keiner Erläuterung bedürfen, zum Teil aber auch um sachliche Änderungen.

In § 1 Abs. 1 Satz 1 wird klargestellt, daß auch über das zu einem Nachlaß gehörende Vermögen die Gesamtvollstreckung erfolgen kann. Abweichend von der entsprechenden Regelung der Konkursordnung ist die Gesamtvollstreckung auch bei Zahlungsunfähigkeit zulässig. Aufgrund der allgemeinen Maßgabe a) Satz 2 zum Rechtspflegerecht sind im übrigen die spezifischen Vorschriften der Konkursordnung zum Nachlaßkonkurs (§§ 214 ff. KO) in Ergänzung der Gesamtvollstreckungsordnung entsprechend anzuwenden.

§ 1 Abs. 2 Satz 2, der die Verteilung der Aufgaben zwischen Richter und Sekretär betrifft, wird aufgehoben. Für die Aufgabenverteilung innerhalb des Gerichts sind in Zukunft das Rechtspflegergesetz und die in diesem Vertrag dazu vorgesehenen Maßgaben einschlägig (vgl. Anlage I Kapitel III Sachgebiet A Abschnitt III Nr. 3).

§ 6 Abs. 1 Satz 1, die Vorschrift über die öffentliche Bekanntmachung des Eröffnungsbeschlusses, wird in Anlehnung an die entsprechenden Bestimmungen der Konkursordnung (§ 76 Abs. 1 Satz 1, § 111 Abs. 2) dahin geändert, daß die Veröffentlichung nicht nur in einer Tageszeitung, sondern auch im Bundesanzeiger erfolgen muß.

In § 9 soll der Begriff des „Werktätigen" entsprechend der bundesdeutschen Terminologie durch den Begriff des „Arbeitnehmers" ersetzt werden.

In § 12 wird durchgängig der Begriff der „Sache" durch den Begriff des „Gegenstands" ersetzt, um Zweifel über die Geltung dieser Bestimmung für Forderungen zu beseitigen; Pfandrechte an Forderungen muß der Verwalter ebenso respektieren wie Pfandrechte an Sachen.

Die Neufassung des § 13 enthält insoweit eine sachliche Änderung, als die Ansprüche der Sozialversicherungsträger den Arbeitnehmeransprüchen gleichgestellt werden (Absatz 1 Nr. 3 Buchstabe a). Zugleich wird als Absatz 2 eine Rangrücktrittsvorschrift eingefügt, die § 59 Abs. 2 der Konkursordnung entspricht.

Im Wortlaut der §§ 15 und 16 wird verdeutlicht, welche Gläubigermehrheiten für einen Beschluß der Gläubigerversammlung und für die Zustimmung zu einem Vergleich erforderlich sind.

In § 17 werden Lohnansprüche der Arbeitnehmer, Ansprüche der Sozialversicherungsträger und Sozialplanansprüche gleichrangig in Absatz 3 Nr. 1 eingestuft.

Das Rechtsmittelrecht des § 20 muß an den Fortfall der Zivilprozeßordnung der Deutschen Demokratischen Republik angepaßt werden. Die Beschwerde, die nach diesem Gesetz automatisch befristet war, muß zur „sofortigen Beschwerde" werden, wie sie auch im Rechtsmittelsystem der Konkursordnung vorgesehen ist. Sie wird entsprechend der Konkursordnung für alle Entscheidungen des Gerichts vorgesehen.

Der bisherige § 21 wird aufgehoben, da sich die Kosten künftig nach dem Gerichtskostengesetz und der Bundesrechtsanwaltsgebührenordnung, so wie sie in dem in Artikel 3 des Vertrags genannten Gebiet eingeführt werden, richten sollen. An seiner Stelle wird eine neue Vorschrift eingefügt. Sie schafft in ihrem Absatz 1 die bislang fehlende Vergütungsregelung. Die Verordnung über die Vergütung des Konkursverwalters, des Vergleichsverwalters, der Mitglieder des Gläubigerausschusses und der Mitglieder des Gläubigerbeirats vom 25. Mai 1960 wird auch für die Vergütung und die Erstattung von Auslagen des Verwalters und der Mitglieder des Gläubigerausschusses nach der Gesamtvollstreckungsordnung maßgebend. In Absatz 2 wird die Möglichkeit geschaffen, durch landesrechtliche Verordnungen Gesamtvollstreckungssachen für die Bezirke mehrerer Kreisgerichte bei einem Kreisgericht zu konzentrieren. Er entspricht § 71 Abs. 3 der Konkursordnung. Dabei ist ergänzend vorgesehen, daß die Durchführungsbestimmung des Ministers der Justiz vom 31. Juli 1990, die die Zuständigkeit für Gesamtvollstreckungssachen auf verschiedene Kreisgerichte konzentriert, bis zu einer entsprechenden Änderung nach Maßgabe des Landesrechts als Landesrechtsverordnung fortgilt.

Die Vorschrift über die Gesamtvollstreckung bei Auslandsberührung, § 22, wird um einen neuen Absatz 4 zum interlokalen Insolvenzrecht ergänzt. Auch insoweit soll der in Absatz 1 niedergelegte Grundsatz der Universalität gelten: Ein Konkursverfahren nach der Konkursordnung entfaltet seine Wirkungen auch im Geltungsbereich der Gesamtvollstreckungsordnung. Durch den Ausschluß der Absätze 2 und 3 wird erreicht, daß bei einem Schuldner, der seinen Sitz im Geltungsbereich der Konkursordnung hat, kein gesondertes Gesamtvollstreckungsverfahren über das im Geltungsbereich der

Gesamtvollstreckungsordnung belegene Vermögen eröffnet werden kann, sondern nur ein einheitliches Konkursverfahren. Der umgekehrte Fall wird von der Maßgabe zu d) erfaßt.

Die Maßgabe c) ergänzt die in Anlage I vorgesehene Nichtübertragung der Vergleichsordnung. Verweisungen auf die Vergleichsordnung müssen in dem in Artikel 3 des Vertrags genannten Gebiet leerlaufen, soweit sie nicht durch eine entsprechende Anwendung des Gesamtvollstreckungsrechts ausgefüllt werden können.

Die Maßgabe d) betrifft das interlokale Insolvenzrecht im Geltungsbereich der Konkursordnung. Sie enthält eine parallele Regelung zu dem neuen § 22 Abs. 4 der Gesamtvollstreckungsordnung.

Zu Nummer 2 (Zweite Verordnung über die Gesamtvollstreckung — Unterbrechung des Verfahrens)

Auch diese Verordnung soll fortbestehen. Sie soll ebenso wie die Verordnung über die Gesamtvollstreckung vom 6. Juni 1990 in den Rang eines Bundesgesetzes gehoben werden. Auch sie kann fortan nur durch den Bundesgesetzgeber geändert werden. Der Bundesgesetzgeber ist auch hier in seiner Gestaltungsfreiheit nicht durch den Vertrag eingeschränkt.

Wie bei der Gesamtvollstreckungsordnung ergeben sich redaktionelle Anpassungen.

ANHANG IV
Entscheidungsverzeichnisse

Übersicht

1. Übersicht über die zur Gesamtvollstreckungsordnung veröffentlichten Entscheidungen, geordnet nach Paragraphen;

Stand: 15.11.1995. Auf weitere unveröffentlichte Entscheidungen zur Gesamtvollstreckungsordnung wird im Text hingewiesen.

Paragraph	Entscheidung/Datum/Az.	DtZ	EWiR	KTS
§ 1 GesO	**Bundesgerichte**			
	BGH Nichtannahmebeschluß v. 8.12.1994 IX ZR 177/94			
	Oberlandesgerichte			
	OLG Naumburg Beschl. v. 3.2.1994 2 W 55/93			
	OLG Naumburg Beschl. v. 9.5.1994 5 W 11/94			
	OLG Rostock Beschl. v. 23.6.1994 1 W 71/94			
	Landgerichte/Bezirksgerichte			
	LG Halle Beschl. v. 10.5.1993 2 T 53/93		93/883	93/627
	LG Leipzig Beschl. v. 10.3.1993 7 O 2520/93	93/318		
	LG Magdeburg Beschl. v. 27.12.1993 3 T 463/93			
	LG Magdeburg Beschl. v. 8.2.1995 3 T 27/95		95/665	
	LG Stendal Beschl. v. 24.5.1994 22 T 40/94			
	LG Dresden Urt. v. 6.12.1994 41 O 804/94			
	LG Dresden Beschluß v. 22.11.1994 49 T 97/94			
	LG Stendal Beschl. v. 5.4.1995 22 T 38/95		95/775	

MDR	RPfleger	ViZ	ZIP	WM	NJW	OLG-NL
		5/40				
			94/398			94/144
			94/1031			95/65
						95/66
			93/1036			
			94/578			
			95/579			
			94/1034	94/1978		
			95/491			
			95/233			
			95/1106			

Paragraph	Entscheidung/Datum/Az.	DtZ	EWiR	KTS
	LG Frankfurt/O. Beschl. v. 5.7.1995 16 T 145/95			
	Oberverwaltungsgerichte			
	OVG Sachsen-Anhalt Beschl. v. 12.4.1994 2 M 31/93			
§ 2 GesO	**Bundesgerichte**			
	BGH Nichtannahmebeschluß v. 8.12.1994 IX ZR 177/94			
	BGH Urt. v. 15.12.1994 IX ZR 252/93		95/465	
	BGH Urt. v. 13.6.1995 IX ZR 137/94	95/325		
	Oberlandesgerichte			
	OLG Dresden Urt. v. 25.5.1993 3 U 153/93			
	OLG Dresden Urt. v. 30.12.1994 5 U 1260/93	95/133		
	KG Urt. v. 11.11.1994 7 U 856/94			
	Landgerichte/Bezirksgerichte			
	LG Dresden Urt. v. 3.12.1993 10 O 2597/93			
	LG Halle Beschl. v. 18.12.1992 2 T 97/92	93/219		
	LG Halle Beschl. v. 10.5.1993 2 T 53/93		93/883	93/627
	LG Magdeburg Beschluß v. 27.12.1993 3 T 463/93			
	LG Magdeburg Beschl. v. 14.11.1994 3 T 493/94			
	LG Magdeburg Beschl. v. 8.2.1995 3 T 27/95		95/665	

MDR	RPfleger	ViZ	ZIP	WM	NJW	OLG-NL
			95/1211			
			94/1130			
		95/40				
			95/225	95/352		
			95/1200	95/1375	95/2497	
						94/142
						95/97
			95/53	95/541		
				94/476		
			93/152			
			93/1036			
			94/578			
	95/224					
			95/579			

Paragraph	Entscheidung/Datum/Az.	DtZ	EWiR	KTS
	LG Stendal Beschl. v. 24.5.1994 22 T 40/94			
	LG Chemnitz Urt. v. 6.2.1995 8 O 2987/94			
	LG Frankfurt/O. Beschluß v. 30.1.1995 16 T 444/94			
	LG Frankfurt/O. Beschl. v. 5.7.1995 16 T 145/95		95/993	
	LG Halle Beschl. v. 9.12.1994 2 T 203/94			
	LG Cottbus Beschluß v. 11.11.1994 5 T 255/94			
	LG Stralsund Urt. v. 15.2.1995 4 O 434/94		95/853	
	LG Magdeburg Beschl. v. 8.2.1995 3 T 27/95			
	LG Halle Beschl. v. 10.10.1995 2 T 457/94			
	LG Stendal Beschl. v. 5.4.1995 22 T 38/95		95/775	
	LG Meiningen Beschl. v. 27.4.1995 1 T 98/95		95/777	
	Amtsgerichte/Kreisgerichte			
	KrG Cottbus-Stadt Beschl. v. 20.5.1991 31 VN 11/90			
	AG Halle-Saalkreis Beschl. v. 29.6.1993 27 N 63/93			
	AG Halle-Saalkreis Beschl. v. 30.8.1993 27 N 63/93			
	Oberverwaltungsgerichte			
	OVG Bautzen Urt. v. 16.8.1994 1 S 173/94	95/254		

MDR	RPfleger	ViZ	ZIP	WM	NJW	OLG-NL
			94/1034	94/1978		
			95/860			
			95/485			
			95/1211			
			95/486			
			95/234			
			95/578			
			95/579			
			95/1757			
			95/1106			
			92/590			
			93/1669			
			93/1667			

Paragraph	Entscheidung/Datum/Az.	DtZ	EWiR	KTS
	OVG Berlin Beschl. v. 30.6.95 OVG 3 S 16.93			
	Verwaltungsgerichte			
	VG Berlin Beschl. v. 7.12.1992 VG 26 A 748.92			93/397
§ 3 GesO	**Bundesgerichte**			
	BGH Nichtannahmebeschluß v. 8.12.1994 IX ZR 177/94			
	Landgerichte/Bezirksgerichte			
	LG Dresden Urt. v. 3.8.1993 9 O 3061/93			
	LG Stendal Beschl. v. 5.4.1995 22 T 38/95		95/775	
	LG Stendal Beschl. v. 24.5.1994 22 T 40/94			
	Oberverwaltungsgerichte			
	OVG Sachsen-Anhalt Beschl. v. 12.4.1994 2 M 31/93			
§ 4 GesO	**Landgerichte/Bezirksgerichte**			
	LG Stendal Beschl. v. 5.4.1994 22 T 38/95		95/775	
§ 5 GesO	**Bundesgerichte**			
	BVerfG Beschl. v. 29.12.1994 1 BvL 52/92	95/239	95/365	
	Oberlandesgerichte			
	OLG Brandenburg Urt. v. 22.4.1994 B 11 47/93			
	Landgerichte/Bezirksgerichte			
	LG Dresden Urt. v. 3.8.1993 9 O 3061/93			
	LG Dresden Beschl. v. 29.6.1994 2 T 0261/94			

MDR	**RPfleger**	**ViZ**	**ZIP**	**WM**	**NJW**	**OLG-NL**
			95/1432			
			93/469			
		95/40				
			93/1581			
			95/1106			
			94/1034	94/1978		
			94/1130			
			95/1106			
			95/393			
			94/1288			
			93/1581			
			94/1200			

Paragraph	Entscheidung/Datum/Az.	DtZ	EWiR	KTS
	Oberverwaltungsgerichte			
	OVG Sachsen-Anhalt Beschl. v. 12.04.1994 2 M 31/93			
	Verwaltungsgerichte			
	VG Berlin Beschl. v. 7.12.1992 VG 26 A 748.92			93/397
§ 6 GesO	**Oberlandesgerichte**			
	OLG Dresden Urt. v. 29.11.93 2 U 1011/93			
	OLG Naumburg Beschl. v. 22.9.1993 4 W 102/93	94/78		
	Landgerichte/Bezirksgerichte			
	LG Dresden Urt. v. 28.6.1993 43 C 208/92		93/887	
	LG Dresden Beschl. v. 10.10.1994 2 T 0542/94			
	LG Halle Beschl. v. 18.12.1992 2 T 97/92	93/219	93/453	
	LG Stendal Beschl. v. 8.4.1993 22 T 33/93	93/317		
	LG Halle Beschl. v. 9.12.1994 2 T 203/94			
	Amtsgerichte/Kreisgerichte			
	AG Dresden Beschl. v. 7.3.1994 35 N 24/92			
§ 7 GesO	**Bundesgerichte**			
	BVerwG Urt. v. 18.3.1993 7 C 13.92		93/1079	93/686
	BGH Urt. v. 26.11.1994 IX ZR 99/94			
	BGH Urt. v. 26.1.1995 IX ZR 99/94		95/467	95/339

MDR	RPfleger	ViZ	ZIP	WM	NJW	OLG-NL
			94/1130			
			93/469			
			93/1286			94/21
			93/1573	93/2018		
			93/1505			
			94/1793			
			93/152			
		93/514				
			95/486			
			94/494			
		93/354	93/1032			
			95/480	95/596		
95/489	95/308		95/480	95/596	95/1159	

Paragraph	Entscheidung/Datum/Az.	DtZ	EWiR	KTS
	BGH Urt. v. 13.6.1995 IX ZR 137/94	95/325		
	BGH Urt. v. 3.8.1995 IX ZR 34/95		95/881	
	Oberlandesgerichte			
	OLG Bremen Urt. v. 4.3.1993 2 U 72/92			
	OLG Hamm Urt. v. 26.5.1994 21 U 176/92	94/410		
	OLG Dresden Beschl. v. 12.9.1994 3 W 607/94			
	Thüringer OLG Urt. v. 14.3.1995 5 U 508/94			
	KG Urt. v. 11.11.1994 7 U 856/94			
	Landgerichte/Bezirksgerichte			
	LG Dresden Urt. v. 3.12.1993 10 O 2597/93			
	LG Dresden Urt. v. 1.7.1994 6 O 3163/93			
	LG Gera Urt. v. 5.5.1994 4 O 292/93	94/253		
	LG Chemnitz Beschl. v. 3.2.1995 7 T 5369/94			
	LG Chemnitz Urt. v. 6.2.1995 8 O 2987/94			
	LG Magdeburg Urt. v. 22.12.1994 6 O 2738/94			
	LG Stuttgart Urt. v. 12.4.1995 5 S 426/94			
	LG Magdeburg Beschl. v. 8.2.1995 3 T 27/95		95/665	

MDR	RPfleger	ViZ	ZIP	WM	NJW	OLG-NL
			95/1200	95/1375	95/2497	
95/1021	95/514		95/1425	95/1695	94/2715	
			93/1418			
			94/1198			
			95/144			
				95/858		
			95/53	95/541		
				94/476		
			94/1710			
			95/306			
			95/860			
			95/233			
			95/1035			
			95/579			

Paragraph	Entscheidung/Datum/Az.	DtZ	EWiR	KTS
	LG Memmingen Beschl. v. 10.4.1995 4 T 315/95			
	LG Meiningen Beschl. v. 27.4.1995 1 T 98/95		95/777	
	Amtsgerichte/Kreisgerichte			
	AG Dresden Beschl. v. 7.3.1994 35 N 24/92			
	AG Halle-Saalkreis Beschl. v. 9.5.1995 55 L 1/95 u. 55 L 3/95		95/883	
§ 8 GesO	**Bundesgerichte**			
	BVerwG Urt. v. 18.3.1993 7 C 13.92		93/1079	93/686
	BGH Urt. v. 27.4.1995 IX ZR 102/94	95/292	95/887	95/512
	Oberlandesgerichte			
	OLG Naumburg Beschl. v. 22.12.1993 4 W 173/93	94/250		94/283
	Landgerichte/Bezirksgerichte			
	LG Halle Beschl. v. 22.10.1993 2 T 247/93			
	LG Halle Beschl. v. 28.1.1994 2 T 284/93			
	Amtsgerichte/Kreisgerichte			
	AG Halle-Saalkreis Beschl. v. 29.6.1993 27 N 63/93			
	AG Halle-Saalkreis Beschl. v. 30.8.1993 27 N 63/93			
	AG Halle-Saalkreis Beschl. v. 13.10.1993 50 N 15/92			
	AG Halle-Saalkreis Beschl. v. 5.11.1993 50 N 18/91			
	Oberverwaltungsgerichte			
	OVG Sachsen-Anhalt Beschl. v. 12.4.1994 2 M 31/93			

MDR	RPfleger	ViZ	ZIP	WM	NJW	OLG-NL
			95/1537			
			94/494			
			95/1538			
		93/354	93/1032			
95/808	95/429		95/932	95/1165		
			94/162			
			93/1739			
			94/572			
			93/1669			
			93/1667			
			93/1743			
			93/1912			
			94/1130			

Paragraph	Entscheidung/Datum/Az.	DtZ	EWiR	KTS
	OVG Sachsen Urt. v. 21.4.1994 1 S 12/93		95/579	
	OVG Berlin Beschl. v. 30.6.1995 OVG 3 S 16.93			
§ 9 GesO	**Bundesgerichte**			
	BAG Urt. v. 9.3.1995 2 AZR 848/94		95/779	
	Oberlandesgerichte			
	OLG Hamm Urt. v. 26.5.1994 21 U 176/92	94/410		
§ 10 GesO	**Bundesgerichte**			
	BGH Beschl. v. 4.12.1992 BLW 26/92	93/120		93/265
	BGH Urt. v. 6.4.1995 IX ZR 61/94	95/285	95/781	95/498
	Oberlandesgerichte			
	OLG Dresden Urt. v. 25.5.1993 3 U 153/93			
	OLG Dresden Urt. v. 19.4.1994 3 U 47/94			
	Thüringer OLG Urt. v. 14.3.1995 5 U 508/94			
	KG Urt. v. 11.11.1994 7 U 856/94			
	Landgerichte/Bezirksgerichte			
	LG Dresden Urt. v. 3.12.1993 10 O 2597/93			
	LG Gera Urt. v. 5.5.1994 4 O 292/93	94/253		
	LG München I Urt. v. 15.3.1995 15 S 20341/91		95/581	
	LG Chemnitz Urt. v. 6.2.1995 8 O 2987/94			

MDR	RPfleger	ViZ	ZIP	WM	NJW	OLG-NL
			95/856			
			95/1432			
			95/849			
			94/1198			
93/393		93/207	93/238	93/397		
95/918			95/1021	95/1155		
						94/142
			94/1128	94/1138		
				95/858		
			95/53	95/541		
				94/476		
			95/1035			
			95/860			

Paragraph	Entscheidung/Datum/Az.	DtZ	EWiR	KTS
	Amtsgerichte/Kreisgerichte			
	KrG Neuruppin Beschl. v. 21.5.1992 2 LW 67/91			92/569 Ls
§ 11 GesO	**Bundesgerichte**			
	BVerfG Beschl. v. 29.12.1994 1 BvL 52/92	95/239	95/365	
	BGH Urt. v. 22.10.1992 IX ZR 159/92	93/121		93/229
	BGH Urt. v. 27.4.1995 IX ZR 102/94	95/292	95/887	95/512
	Oberlandesgerichte			
	OLG Naumburg Beschl. v. 28.4.1993 4 W 31/93	93/316	93/685	93/396
	OLG Dresden Beschl. v. 8.7.1993 1 AR 73/93	93/32		93/626
	OLG Dresden Urt. v. 26.7.1993 2 U 865/93			93/626
	OLG Dresden Urt. v. 29.11.1993 2 U 1011/93			
	OLG Dresden Urt. v. 19.1.1995 7 U 888/94		95/667	
	OLG Brandenburg Beschl. v. 30.1.1995 8 W 148/94			
	OLG Dresden Beschl. v. 14.6.1995 7 W 0918/94		95/825	
	Landesarbeitsgerichte			
	LAG Brandenburg Beschl. v. 2.6.1993 3 Ta 37/93		93/1205	
	Landgerichte/Bezirksgerichte			
	LG Dresden Urt. v. 3.3.1993 45 O 200/92	93/317		95/627
	LG Dresden Urt. v. 28.6.1993 43 C 208/92		93/887	

MDR	RPfleger	ViZ	ZIP	WM	NJW	OLG-NL
			92/963			
			95/393			
92/137	92/211	93/72	92/1785	92/36		
95/808	95/429		95/932	95/1165		
			93/797	93/1395		
			93/1194			
			93/1193			94/20
			93/1826			
			95/665			
	95/382					
			93/1829			
			93/1123			
			93/1505			

Paragraph	Entscheidung/Datum/Az.	DtZ	EWiR	KTS
	LG Dresden Urt. v. 3.8.1993 9 O 3061/93			
	LG Halle Urt. v. 16.6.1993 21 O 01/93			
	LG Leipzig Beschl. v. 10.3.1993 7 O 2520/93	93/318		
	BezG Magdeburg Urt. v. 4.11.1992 2 S 36/92			93/222
	LG Potsdam Urt. v. 13.10.1994 7 S 74/94			
	LG Berlin Beschl. v. 30.8.1995 81 T 526/95			
§ 12 GesO	**Oberlandesgerichte**			
	OLG Bremen Urt. v. 4.3.1993 2 U 72/92			
	OLG Dresden Urt. v. 9.12.1993 7 U 103/93		94/59	
	OLG Köln Urt. v. 14.10.1993 21 U 10/93			
	Landgerichte/Bezirksgerichte			
	LG Dresden Beschl. v. 29.6.1994 2 T 0261/94			
	BezG Erfurt Urt. v. 19.3.1993 1 U 68/91			93/67
	LG Leipzig Urt. v. 2.3.1995 3 HKO 3110/93			
	LG Memmingen Beschl. v. 10.4.1995 4 T 315/95			
	LG Meiningen Beschl. v. 27.4.1995 1 T 98/95		95/777	
	Amtsgerichte/Kreisgerichte			
	AG Halle Saalkreis Beschl. v. 9.5.1995 55 L 1/95 u. 55 L 3/95		95/883	

MDR	RPfleger	ViZ	ZIP	WM	NJW	OLG-NL
			93/1581			
			93/1424			
		93/164	92/1800	93/592		
			94/1879			
			95/1613			
			93/1418			
			94/402			
			94/76			
			94/1200			
			92/1112	92/2071		
			95/1841			
			95/1537			
			95/1538			

Paragraph	Entscheidung/Datum/Az.	DtZ	EWiR	KTS
§ 13 GesO	**Oberlandesgerichte**			
	OLG Naumburg Beschl. v. 3.2.1994 2 W 55/93			
	OLG Dresden Beschl. v. 14.6.1995 7 W 0918/94		95/825	
	Landgerichte/Bezirksgerichte			
	LG Dresden Urt. v. 8.7.1993 4 O 1783/93		93/985	93/627
	LG Frankfurt/O. Beschl. v. 30.1.1995 16 T 444/94		95/363	
	BezG Erfurt Urt. v. 19.12.1991 1 U 22/91			92/569 Ls
	LG München I Urt. v. 15.3.1995 15 S 20341/91		95/581	
	LG Mönchengladbach urt. v. 13.7.1995 10 0 2/94			
	LG Meiningen Urt. v. 26.7.1995 3 0 1072/94		95/885	
	Oberverwaltungsgerichte			
	OVG Sachsen Urt. v. 21.4.1994 1 S 12/93		95/579	
	OVG Sachsen Urt. v. 16.8.1994 1 S 173/94	95/254	95/793	
§ 14 GesO	**Bundesgerichte**			
	BVerfG Beschl. v. 29.12.1994 1 BvL 52/92	95/239	95/365	
	BVerfG Urteil v. 26.4.1995 1 BvL 19/94 (1 BvR 1454/94)	95/323	95/669	95/443
	BGH Urt. v. 25.11.1993 IX ZR 84/93		94/153	94/252
	BGH Urt. v. 27.4.1995 IX ZR 102/94	95/292	95/887	95/512

MDR	RPfleger	ViZ	ZIP	WM	NJW	OLG-NL
			94/398			94/144
			93/1269	93/1143		
			95/485			
			92/881			
			95/764			
			95/1840			
			95/1690			
			95/856			
			95/852			
			95/393			
95/1020	95/427		95/923		95/1078	
94/368			94/157	94/318	94/524	
95/808	95/429		95/932	95/1165		

Paragraph	Entscheidung/Datum/Az.	DtZ	EWiR	KTS
	Oberlandesgerichte			
	OLG Brandenburg Urt. v. 22.4.1994 B 11 47/93			
	OLG Dresden Beschl. v. 8.7.1993 1 AR 73/93	93/32		93/626
	OLG Dresden Urt. v. 26.7.1993 2 U 865/93			93/626
	OLG Dresden Urt. v. 29.11.93 2 U 1011/93		94/269	
	Landgerichte/Bezirksgerichte			
	LG Dresden Urt. v. 28.6.1993 43 C 208/92		93/887	
	LG Dresden Urt. v. 3.8.1993 9 O 3061/93			
	LG Dresden Beschl. v. 28.4.1994 2 T 0248/94			
	LG Dresden Beschl. v. 29.6.1994 2 T 0261/94			
	LG Dresden Beschl. v. 10.10.1994 2 T 0542/94			
	BezG Frankfurt/Oder Beschl. v. 28.1.1992 12 T 3/92			
	BezG Frankfurt/Oder Beschl. v. 14.4.1992 13 T 33/92	92/332		92/569 Ls
	LG Potsdam Urt. v. 13.10.1994 7 S 74/94			
	LG Magdeburg Beschl. v. 5.1.1995 3 T 563/94			
	LG Berlin Beschl. v. 30.8.1995 81 T 526/95			
	Amtsgerichte/Kreisgerichte			
	AG Dresden Beschl. v. 7.3.1994 35 N 24/92			

MDR	RPfleger	ViZ	ZIP	WM	NJW	OLG-NL
			94/1288			
			93/1194			
			93/1193			94/20
			93/1826			94/21
			93/1505			
			93/1581			
			94/961			
			94/1200			
			94/1793			
			92/284			
			92/878			
			94/1879			
	95/268		95/144			
			95/1613			
			94/494			

Paragraph	Entscheidung/Datum/Az.	DtZ	EWiR	KTS
	AG Dresden Beschl. v. 6.6.1994 35 N 24/92			
	AG Halle-Saalkreis Vorlagebeschl. v. 10.12.1992 50 N 21/92			
	AG Frankfurt/O. Beschl. v. 14.7.1995 3 N 488/95		95/995	
§ 15 GesO	**Bundesgerichte**			
	BGH Urt. v. 5.1.1995 IX ZR 241/93	95/169	95/361	95/327
	Oberlandesgerichte			
	OLG Naumburg Beschl. v. 22.12.1993 4 W 173/93	94/250		94/283
	Landgerichte/Bezirksgerichte			
	BezG Leipzig Beschl. v. 22.5.1992 2 T 72/92			93/67
	LG Magdeburg Beschl. v. 16.2.1995 3 T 69/95		95/469	
§ 16 GesO				
§ 17 GesO	**Bundesgerichte**			
	BVerfG Beschl. v. 29.12.1994 1 BvL 52/92	95/239	95/365	
	Oberlandesgerichte			
	OLG Naumburg Beschl. v. 23.1.1995 7 W 34/94			
	OLG Dresden Urt. v. 26.4.1995 12 U 670/94		95/875	
	OLG Dresden Beschl. v. 14.6.1995 7 W 0918/94		95/825	
	Landesarbeitsgerichte			
	LAG Brandenburg Beschl. v. 2.6.1993 3 Ta 37/93			
	Landgerichte/Bezirksgerichte			
	BezG Erfurt Urt. v. 19.12.1991 1 U 22/91			92/569 Ls

MDR	RPfleger	ViZ	ZIP	WM	NJW	OLG-NL
			94/1036			
			93/961			
			95/1614			
	95/375		95/290	95/628		
			94/162			
			92/1506	92/311		
			95/578			
			95/393			
						95/263
			95/1701			
			93/1829			
			92/881			

Paragraph	Entscheidung/Datum/Az.	DtZ	EWiR	KTS
	LG Halle Urt. v. 16.6.1993 21 O 01/93			
	LG Meiningen Urt. v. 26.7.1995 3 0 1072/94		95/885	
	Oberverwaltungsgerichte			
	OVG Sachsen Urt. v. 21.4.1994 1 S 12/93		95/579	
§ 18 GesO	**Amtsgerichte/Kreisgerichte**			
	AG Dresden Beschl. v. 7.3.1994 35 N 24/92			
§ 19 GesO	**Landgerichte/Bezirksgerichte**			
	LG Halle Beschl. v. 9.12.1994 2 T 203/94			
§ 20 GesO	**Bundesgerichte**			
	BGH Urt. v. 25.11.1993 IX ZR 84/93			94/252
	BGH Urt. v. 27.4.1995 IX ZR 102/94		95/887	
	Oberlandesgerichte			
	OLG Brandenburg Urt. v. 22.4.1994 B 11 47/93			
	OLG Naumburg Beschl. v. 22.12.1993 4 W 173/93	94/250		94/283
	OLG Naumburg Beschl. v. 9.5.1994 5 W 11/94			
	OLG Rostock Beschl. v. 5.8.1993 1 W 69/93			
	OLG Rostock Beschl. v. 23.6.1994 1 W 71/94			
	Landgerichte/Bezirksgerichte			
	LG Dresden Beschl. v. 29.6.1994 2 T 0261/94			

MDR	RPfleger	ViZ	ZIP	WM	NJW	OLG-NL
			93/1424			
			95/1690			
			95/856			
			94/494			
			95/486			
94/368			94/157	94/318	94/524	
			95/932	95/1165		
				94/1228		
			94/162			
			94/1031			95/65
			93/1417			
						95/66
			94/1200			

Paragraph	Entscheidung/Datum/Az.	DtZ	EWiR	KTS
	LG Halle Beschl. v. 18.12.1992 2 T 97/92	93/219		
	BezG Leipzig Beschl. v. 22.5.1992 2 T 72/92			93/67
	LG Potsdam Urt. v. 13.10.1994 7 S 74/94			
	LG Magdeburg Beschl. v. 8.2.1995 3 T 27/95		95/665	
	LG Magdeburg Beschl. v. 16.2.1995 3 T 69/95		95/469	
	LG Magdeburg Beschl. v. 27.7.1995 3 T 356/95			
	LG Frankfurt/O. Beschl. v. 30.1.1995 16 T 444/94		95/363	
§ 21 GesO	**Bundesgerichte**			
	BGH Urt. v. 30.6.1992 X ARZ 371/92	92/330	92/993	93/100
	BGH Urt. v. 5.1.1995 IX ZR 241/93	95/169	95/361	95/327
	Landgerichte/Bezirksgerichte			
	LG Halle Beschl. v. 9.12.1994 2 T 203/94			
	LG Magdeburg Beschl. v. 27.7.1995 3 T 356/95			
	LG Frankfurt/O. Beschl. v. 30.1.1995 16 T 444/94		95/363	
	Amtsgerichte/Kreisgerichte			
	KrG Cottbus-Stadt Beschl. v. 20.5.1991 31 VN 11/90			
§ 22 GesO				
§ 23 GesO				
Kompetenzkonflikt zwischen Gesamtvollstreckungs- und Konkursgericht	LG Göttingen Beschl. v. 9.12.1994 6 T 181/94			

MDR	RPfleger	ViZ	ZIP	WM	NJW	OLG-NL
			93/152			
			92/1506	92/311		
			94/1879			
			95/579			
			95/578			
			95/1372			
			95/485			
92/1179			92/1274	92/1632		
	95/375		95/290	95/628		
			95/486			
			95/1372			
			95/485			
			92/590			
	95/309		95/580			

2. Übersicht über die zur Gesamtvollstreckungsordnung veröffentlichten Entscheidungen, geordnet nach Gerichten;

Stand: 15.11.1995

Auf weitere unveröffentlichte Entscheidungen zur Gesamtvollstreckungsordnung wird im Text hingewiesen.

Entscheidung/Datum/Az.	Paragraphen	DtZ	EWiR	KTS
Bundesgerichte				
BVerfG Beschl. v. 29.12.1994 1 BvL 52/92	**GesO §§ 5; 11; 14; 17**	95/239	95/365	
BVerfG Urteil v. 26.4.1995 1 BvL 19/94 (1 BvR 1454/94)	**GesO § 14 Abs. 1 S. 1, Abs. 2**	95/323	95/669	95/443
BGH Urt. v. 30.6.1992 X ARZ 371/92	**GesO § 21 Abs. 2**	92/330	92/993	93/100
BGH Urt. v. 22.10.1992 IX ZR 159/92	**GesO § 11 Abs. 3**	93/121	93/151	93/229
BGH Beschl. v. 4.12.1992 BLW 26/92	**GesO § 10 Abs. 1 Nr. 3**	93/120		93/265
BGH Urt. v. 25.11.1993 IX ZR 84/93	**GesO §§ 14 Abs. 1 S. 1; 20**		94/153	94/252
BGH Urt. v. 26.11.1994 IX ZR 99/94	**GesO § 7 Abs. 3 S. 1**			
BGH Nichtannahmebeschluß v. 8.12.1994 IX ZR 177/94	**GesO §§ 1 Abs. 1 S. 1; 2 Abs. 3; 3 Abs. 3;** KO § 15 S. 2			95/297
BGH Urt. v. 15.12.1994 IX ZR 252/93	**GesO § 2 Abs. 3**		95/465	
BGH Urt. v. 5.1.1995 IX ZR 241/93	**GesO §§ 15 Abs. 6 S. 4; 21 Abs. 1**; KO § 85;	95/169	95/361	95/327
BGH Urt. v. 26.1.1995 IX ZR 99/94	**GesO § 7 Abs. 3 S. 1**		95/467	95/339
BGH Urt. v. 6.4.1995 IX ZR 61/94	**GesO § 10 Abs. 1 Nr. 1 u. 2**	95/285	95/781	95/498
BGH Urt. v. 27.4.1995 IX ZR 102/94	**GesO §§ 8 Abs. 3; 11 Abs. 3; 14 Abs. 1 S. 1**	95/292	95/887	95/512

MDR	RPfleger	ViZ	ZIP	WM	NJW	OLG-NL
			95/393			
95/1020	95/427		95/923	95/1078		
92/1179			92/1274	92/1632		
92/137	92/211	93/72	92/1785	92/36		
93/393		93/207	93/238	93/397		
94/368			94/157	94/318	94/524	
			95/480	95/596		
		95/40				
			95/225	95/352		
	95/375		95/290	95/628		
95/489	95/308		95/480	95/596	95/1159	
95/918			95/1021	95/1155		
95/808	95/429		95/932	95/1165		

Entscheidung/Datum/Az.	Paragraphen	DtZ	EWiR	KTS
BGH Urt. v. 13.6.1995 IX ZR 137/94	**GesO §§ 1 Abs. 3 und Abs. 4; 7 Abs. 3 S. 1, Abs. 5**	95/325		
BGH Urt. v. 3.8.1995 IX ZR 34/95	**GesO § 7 Abs. 3 S. 1**		95/881	
BVerwG Urt. v. 18.3.1993 7 C 13.92	**GesO §§ 7; 8**		93/1079	93/686
BAG Urt. v. 9.3.1995 2 AZR 484/94	**GesO § 9 Abs. 2;** EGKO § 2		95/779	
Oberlandesgerichte				
KG Urt. v. 11.11.1994 7 U 856/94	**GesO §§ 2 Abs. 3; 7 Abs. 5; 10 Abs. 1 Nr. 4;** KO §§ 55; 30 Nr. 2			
OLG Brandenburg Urt. v. 22.4.1994 B 11 47/93	**GesO §§ 5; 14; 20**			
OLG Brandenburg Beschl. v. 30.1.1995 8 W 148/94	**GesO § 11**			
OLG Bremen Urt. v. 4.3.1993 2 U 72/92	**GesO §§ 7; 12**			
OLG Dresden Urt. v. 25.5.1993 3 U 153/93	**GesO §§ 2; 10**			
OLG Dresden Beschl. v. 8.7.1993 1 AR 73/93	**GesO §§ 11; 14**	93/32		93/626
OLG Dresden Urt. v. 26.7.1993 2 U 865/93	**GesO §§ 11; 14**			93/626
OLG Dresden Urt. v. 29.11.1993 2 U 1011/93	**GesO §§ 6; 11; 14 Abs. 1**		94/269	
OLG Dresden Urt. v. 9.12.1993 7 U 103/93	**GesO § 12;** KO §§ 49 Abs. 1 Nr. 4; 127		94/59	
OLG Dresden Urt. v. 19.4.1994 3 U 47/94	**GesO §§ 7 Abs. 5; 10 Abs. 1 Nr. 4;** KO § 55 Nr. 1			
OLG Dresden Beschl. v. 12.9.1994 3 W 607/94	**GesO § 7 Abs. 3**			

MDR	RPfleger	ViZ	ZIP	WM	NJW	OLG-NL
			95/1200	95/1375	95/2497	
95/1021	95/514		95/1425	95/1695	94/2715	
		93/354	93/1032			
			95/849			
			95/53	95/541		
			94/1288			
	95/382					
			93/1418			
						94/142
			93/1194			
			93/1193			94/20
			93/1826			94/21
			94/402			
			94/1128	94/1138		
			95/144			

Entscheidung/Datum/Az.	Paragraphen	DtZ	EWiR	KTS
OLG Dresden Urt. v. 30.12.1994 5 U 1260/93	**GesO § 2**	95/133		
OLG Dresden Urt. v. 19.1.1995 7 U 888/94	**GesO § 11 Abs. 3**		95/667	
OLG Dresden Urt. v. 26.4.1995 12 U 670/94	**GesO § 17**		95/875	
OLG Dresden Beschl. v. 14.6.1995 7 W 0918/94	**GesO §§ 11, 13, 17**		95/825	
OLG Hamm Urt. v. 26.5.1994 21 U 176/92	**GesO §§ 7 Abs. 5; 9**; KO § 54	94/410		
OLG Köln Urt. v. 14.10.1993 21 U 10/93	**GesO § 12**			
OLG Naumburg Beschl. v. 28.4.1993 4 W 31/93	**GesO § 11 Abs. 3 S. 3**; KO § 146	93/316	93/685	93/396
OLG Naumburg Beschl. v. 22.9.1993 4 W 102/93	**GesO § 6 Abs. 2**; KO § 73 Abs. 2	94/78		
OLG Naumburg Beschl. v. 22.12.1993 4 W 173/93	**GesO §§ 8; 15; 20**; KO §§ 79; 80; 90	94/250		94/283
OLG Naumburg Beschl. v. 3.2.1994 2 W 55/93	**GesO §§ 1; 13**; KO § 73			
OLG Naumburg Beschl. v. 9.5.1994 5 W 11/94	**GesO § 20**; KO § 73			
OLG Naumburg Beschl. v. 23.1.1995 7 W 34/94	**GesO § 17 Abs. 3;** KO § 148			
OLG Rostock Beschl. v. 5.8.1993 1 W 69/93	**GesO § 20**; KO § 73			
OLG Rostock Beschl. v. 23.6.1994 1 W 71/94	**GesO §§ 1 Abs. 3; 20**; KO § 73			
Thüringer OLG Urt. v. 14.3.1995 5 U 508/94	**GesO §§ 7 Abs. 5; 10 Abs. 1 S. 4**			
Landesarbeitsgericht				
LAG Brandenburg Beschl. v. 2.6.1993 3 Ta 37/93	**GesO §§ 11 Abs. 3 S. 3; 17 Nr. 1 lit. a**; KO § 146 Abs. 5		93/1205	

MDR	RPfleger	ViZ	ZIP	WM	NJW	OLG-NL
						95/97
			95/665			
			95/1701			
			94/1198			
			94/76			
			93/797	93/1395		
			93/1573	93/2018		
			94/162			
			94/398			94/144
			94/1031			95/65
						95/263
			93/1417			
						95/66
				95/858		
			93/1829			

Entscheidung/Datum/Az.	Paragraphen	DtZ	EWiR	KTS
Landgerichte/Bezirksgerichte				
LG Berlin Beschl. v. 30.8.1995 81 T 526/95	**GesO §§ 14 Abs. 1 S. 1; 11 Abs. 1**			
LG Dresden Urt. v. 3.3.1993 45 O 200/92	**GesO § 11 Abs. 3**	93/317		95/627
LG Dresden Urt. v. 28.6.1993 43 C 208/92	**GesO §§ 6; 11; 14 Abs. 1**		93/887	
LG Dresden Urt. v. 8.7.1993 4 O 1783/93	**GesO § 13**		93/985	93/627
LG Dresden Urt. v. 3.8.1993 9 O 3061/93	**GesO §§ 3; 5 f.; 11; 14;** KO §§ 138; 142			
LG Dresden Urt. v. 3.12.1993 10 O 2597/93	**GesO §§ 2; 7; 10;** KO §§ 30; 31; 55			
LG Dresden Beschl. v. 28.4.1994 2 T 0248/94	**GesO § 14 Abs. 1 S. 1**			
LG Dresden Beschl. v. 29.6.1994 2 T 0261/94	**GesO §§ 5; 12; 14; 20**			
LG Dresden Urt. v. 1.7.1994 6 O 3163/93	**GesO § 7 Abs. 3**			
LG Dresden Beschl. v. 10.10.1994 2 T 0542/94	**GesO §§ 6 Abs. 3; 14**			
LG Dresden Beschl. v. 22.11.1994 49 T 97/94	**GesO §§ 1 ff.**			
LG Dresden Urt. v. 6.12.1994 41 O 804/94	**GesO §§ 1 ff.;** KO § 68			
BezG Erfurt Urt. v. 19.12.1991 1 U 22/91	**GesO §§ 13; 17**			92/569 Ls
BezG Erfurt Urt. v. 19.3.1993 1 U 68/91	**GesO § 12**			93/67
BezG Frankfurt/Oder Beschl. v. 28.1.1992 12 T 3/92	**GesO § 14**			

MDR	RPfleger	ViZ	ZIP	WM	NJW	OLG-NL
			95/1613			
			93/1123			
			93/1505			
			93/1269	93/1143		
			93/1581			
				94/476		
			94/961			
			94/1200			
			94/1710			
			94/1793			
			95/233			
			95/491			
			92/881			
			92/1112	92/2071		
			92/284			

Entscheidung/Datum/Az.	Paragraphen	DtZ	EWiR	KTS
BezG Frankfurt/Oder Beschl. v. 14.4.1992 13 T 33/92	**GesO § 14 Abs. 1 S. 1**	92/332		92/569 Ls
LG Gera Urt. v. 5.5.1994 4 O 292/93	**GesO §§ 7 Abs. 5;** **10 Abs. 1 Nr. 4;** KO §§ 30 Nr. 1; 106	94/253		
LG Halle Beschl. v. 18.12.1992 2 T 97/92	**GesO §§ 2; 6; 20;** KO § 121	93/219	93/453	
LG Halle Beschl. v. 10.5.1993 2 T 53/93	**GesO §§ 1; 2;** KO § 105		93/883	93/627
LG Halle Urt. v. 16.6.1993 21 O 01/93	**GesO §§ 11; 17**			
LG Halle Beschl. v. 22.10.1993 2 T 247/93	**GesO § 8 Abs. 3 S. 2**			
LG Halle Beschl. v. 28.1.1994 2 T 284/93	**GesO § 8 Abs. 3 S. 2**			
LG Halle Beschl. v. 9.12.1994 2 T 203/94	**GesO §§ 2 Abs. 3;** **6 Abs. 1; 19; 21;** KO § 76;	95/663		
LG Halle Beschl. v. 10.10.1995 2 T 457/94	**GesO § 2**			
BezG Leipzig Beschl. v. 22.5.1992 2 T 72/92	**GesO §§ 15 Abs. 4; 20;** KO § 95 Abs. 2			93/67
LG Leipzig Beschl. v. 10.3.1993 7 O 2520/93	**GesO §§ 1 Abs. 2;** **11 Abs. 3**; KO § 146	93/318		
LG Leipzig Urt. v. 2.3.1995 3 HKO 3110/93	**GesO § 12;** KO § 46			
BezG Magdeburg Urt. v. 4.11.1992 2 S 36/92	**GesO § 11 Abs. 2 S. 3**			93/222
LG Magdeburg Beschl. v. 27.12.1993 3 T 463/93	**GesO §§ 1 Abs. 3;** **2 Abs. 2**			
LG Magdeburg Beschl. v. 14.11.1994 3 T 493/94	**GesO § 2 Abs. 3**			
LG Magdeburg Urt. v. 22.12.1994 6 O 2738/94	**GesO § 7 Abs. 3**			

MDR	RPfleger	ViZ	ZIP	WM	NJW	OLG-NL
			92/878			
			93/152			
			93/1036			
			93/1424			
			93/1739			
			94/572			
			95/486			
			95/1757			
			92/1506	92/311		
			95/1841			
		93/164	92/1800	93/592		
			94/578			
	95/224					
			95/233			

Entscheidung/Datum/Az.	Paragraphen	DtZ	EWiR	KTS
LG Magdeburg Beschl. v. 5.1.1995 3 T 563/94	**GesO § 14 Abs. 1 S. 1;** KO § 142			
LG Magdeburg Beschl. v. 8.2.1995 3 T 27/95	**GesO §§ 1 Abs. 1; 2 Abs. 1, 2; 7 Abs. 3; 20;** KO §§ 105 Abs. 1, 2; 109		95/665	
LG Magdeburg Beschl. v. 16.2.1995 3 T 69/95	**GesO §§ 15 Abs. 4; 20**		95/469	
LG Magdeburg Beschl. v. 27.7.1995 3 T 356/95	**GesO §§ 20; 21**			
LG Memmingen Beschl. v. 10.4.1995 4 T 315/95	**GesO §§ 12 Abs. 1; 7 Abs. 3**			
LG Meiningen Beschl. v. 27.4.1995 1 T 98/95	**GesO §§ 7 Abs. 3 S. 1; 2 Abs. 4; 12 Abs. 1;** KO §§ 14; 47		95/777	
LG Meiningen Urt. v. 26.7.1995 3 O 1072/94	**GesO §§ 13; 17;** KO § 59 Abs. 1 Nr. 4,		95/885	
LG Mönchengladbach Urt. v. 13.7.1995 12 0 2/94	**GesO § 13;** KO §§ 59 I Nr. 4; 60			
LG Potsdam Urt. v. 13.10.1994 7 S 74/94	**GesO §§ 11 Abs. 3; 14 Abs. 1 S. 1; 20**			
LG Stendal Beschl. v. 8.4.1993 22 T 33/93	**GesO § 6 Abs. 2 Nr. 2;** KO § 121	93/317		
LG Stendal Beschl. v. 24.5.1994 22 T 40/94	**GesO § 1 Abs. 1; 2 Abs. 1, 3**			
LG Stendal Beschl. v. 5.4.1995 22 T 38/95	**GesO § 4 Abs. 2**		95/775	
LG Chemnitz Beschl. v. 3.2.1995 7 T 5369/94	**GesO § 7 Abs. 3**			
LG Chemnitz Urt. v. 6.2.1995 8 O 2987/94	**GesO §§ 2 Abs. 3; 7 Abs. 5; 10 Abs. 1;** KO §§ 30;55			
LG Frankfurt/O. Beschl. v. 30.1.1995 16 T 444/94	**GesO §§ 13 Abs. 1 Nr. 2; 20; 21 Abs. 1**		95/363	
LG Frankfurt/O. Beschl. v. 5.7.1995 16 T 145/95	**GesO § 2**		95/993	

MDR	RPfleger	ViZ	ZIP	WM	NJW	OLG-NL
	95/268		95/144			
			95/579			
			95/578			
			95/1372			
			95/1537			
			95/1690			
			95/1840			
			94/1879			
		93/514				
			94/1034	94/1978		
			95/1106			
			95/306			
			95/860			
			95/485			
			95/1211			

Entscheidung/Datum/Az.	Paragraphen	DtZ	EWiR	KTS
LG Cottbus Beschl. v. 11.11.1994 5 T 255/94	**GesO § 2 Abs. 1**; KO § 105 Abs. 1			
LG Stralsund Urt. v. 15.2.1995 4 O 434/94	**GesO § 2 Abs. 3**		95/853	
LG München I Urt. v. 15.3.1995 15 S 20341/91	**GesO §§ 10 Abs. 1 Nr. 4; 13**		95/581	
LG Stuttgart Urt. v. 12.4.1995 5 S 426/94	**GesO § 7 Abs. 5;** KO § 54			
LG Göttingen Beschl. v. 9.12.1994 6 T 181/94	Kompetenzkonflikt zwischen Gesamtvollstreckungs- und Konkursgericht			
Amtsgerichte/Kreisgerichte				
KrG Cottbus-Stadt Beschl. v. 20.5.1991 31 VN 11/90	**GesO §§ 2 Abs. 3;** **21 Abs. 1**;			
AG Dresden Beschl. v. 7.3.1994 35 N 24/92	**GesO §§ 6; 7; 14; 18;** KO §§ 37; 41			
AG Dresden Beschl. v. 6.6.1994 35 N 24/92	**GesO § 14**			
AG Frankfurt/O. Beschl. v. 14.7.1995 3 N 488/95	**GesO § 14**		95/995	
AG Frankfurt/O. Beschl. v. 30.8.1995 81 T 526/95	**GesO § 14 Abs. 1**			
AG Halle-Saalkreis Vorlagebeschl. v. 10.12.1992 50 N 21/92	**GesO § 14**			
AG Halle-Saalkreis Beschl. v. 29.6.1993 27 N 63/93	**GesO §§ 2 Abs. 3;** **8 Abs. 3**			
AG Halle-Saalkreis Beschl. v. 30.8.1993 27 N 63/93	**GesO §§ 2; 8**			
AG Halle-Saalkreis Beschl. v. 13.10.1993 50 N 15/92	**GesO § 8 Abs. 3 S. 2**			
AG Halle-Saalkreis Beschl. v. 5.11.1993 50 N 18/91	**GesO § 8 Abs. 3 S. 2**			

MDR	RPfleger	ViZ	ZIP	WM	NJW	OLG-NL
			95/234			
			95/578			
			95/764			
			95/1035			
	95/309		95/580			
			92/590			
			94/494			
			94/1036			
			95/1614			
			95/1614			
			93/961			
			93/1669			
			93/1667			
			93/1743			
			93/1912			

Entscheidung/Datum/Az.	Paragraphen	DtZ	EWiR	KTS
AG Halle-Saalkreis Besch. v. 9.5.1995 55 L 1/95 55 L 3/95	**GesO §§ 12 Abs. 1, 2; 7 Abs. 3**		95/883	
KrG Neuruppin Beschl. v. 21.5.1992 2 LW 67/91	**§ 10 GesO**			92/569 Ls
Oberverwaltungsgerichte				
OVG Sachsen-Anhalt Beschl. v. 12.4.1994 2 M 31/93	**GesO §§ 1; 3; 5; 8;** KO §§ 6; 114; 117			
OVG Bautzen Urt. v. 16.8.1994 1 S 173/94	**GesO §§ 13 Abs. 1 Nr. 1**; KO §§ 3 Abs. 1, 6 Abs. 2, 58	95/254	95/793	
OVG Sachsen Urt. v. 21.4.1994 1 S 12/93	**GesO §§ 8 Abs. 2; 13 Abs. 1 Nr. 1; 17**		95/579	
OVG Berlin Beschl. v. 30.6.1995 OVG 3 S 16.93	**GesO §§ 2; 8**			
Verwaltungsgerichte				
VG Berlin Beschl. v. 7.12.1992 VG 26 A 748.92	**GesO §§ 2 Abs. 3; 5 Nr. 2**			93/397

MDR	RPfleger	ViZ	ZIP	WM	NJW	OLG-NL
			95/1528			
			92/963			
			94/1130			
			95/852			
			95/856			
			95/1432			
			93/469			

ANHANG V
Örtliche Zuständigkeiten

Übersicht

1. Gesamtvollstreckungsgerichte und ihre Zuständigkeitsbereiche — Stand: 1.12.1995 —

Gesamtvollstreckungsgericht	Zuständigkeitsbereich
I. Brandenburg	
AG Cottbus 03046 Cottbus Gerichtsplatz 2 03006 Postfach 100642 Telefon: (0355) 63 7-427 Telefax: (0355) 63 7-200	AG Bad Liebenwerda AG Cottbus AG Guben AG Lübben AG Senftenberg
AG Frankfurt (Oder) 15230 Frankfurt (Oder) Logenstraße 13/13 15203 Postfach 351 Telefon: (0335) 36 6-518 Telefax: (0335) 36 6-216	AG Bad Freienwalde AG Bernau AG Eberswalde AG Eisenhüttenstadt AG Frankfurt (Oder) AG Fürstenwalde AG Schwedt AG Strausberg
AG Neuruppin 16816 Neuruppin Karl-Gustav-Straße 18a 16802 Postfach 1352 Telefon: (03391) 5966-0 Telefax: (03391) 5061 09	AG Neuruppin AG Oranienburg AG Prenzlau AG Zehdenick
AG Potsdam 14467 Potsdam Hegelallee 8 14409 Postfach 600951 Telefon: (0331) 28 75-315 Telefax: (0331) 29 2748	AG Brandenburg AG Königs Wusterhausen AG Luckenwalde AG Nauen AG Potsdam AG Rathenow AG Zossen

Gesamtvollstreckungsgericht	Zuständigkeitsbereich

II. Mecklenburg-Vorpommern

Gesamtvollstreckungsgericht	Zuständigkeitsbereich
AG Schwerin 19053 Schwerin Demmlerplatz 1-2 Telefon: (0385) 74 15 260 Telefax: (0385) 57 91 83	AG Gadebusch AG Grevesmühlen AG Hagenow AG Ludwigslust AG Lübz AG Parchim AG Schwerin AG Sternberg AG Wismar
AG Rostock 18057 Rostock Zochstraße Telefon: (0381) 49 57 232, 243 Telefax: (0381) 49 57-242	AG Bad Doberan AG Bützow AG Güstrow AG Rostock AG Teterow
AG Stralsund 18439 Stralsund Heilgeiststraße 2-3 Tel: (03831) 25 7456 Telefax: (03831) 28 0143	AG Anklam AG Bergen AG Greifswald AG Grimmen AG Ribnitz-Damgarten AG Stralsund AG Wolgast
AG Neubrandenburg 17033 Neubrandenburg Friedrich-Engels-Ring 1 17009 Postfach 1904 Telefon: (0395) 566 68 57 Telefax: (0395) 566 66 89	AG Altentreptow AG Demmin AG Malchin AG Neubrandenburg AG Neustrelitz AG Pasewalk AG Röbel AG Strasburg AG Ueckermünde AG Waren

Gesamtvollstreckungsgericht	Zuständigkeitsbereich
III. Sachsen-Anhalt	
AG Dessau 06844 Dessau Willy-Lohmann-Str. 33 Telefon: (0340) 202-1213 Telefax: (0340) 202-1289	AG Bernburg AG Bitterfeld AG Dessau AG Köthen AG Wittenberg AG Zerbst
AG Halle-Saalkreis 06112 Halle Landsberger Straße 13-15 Telefon: (0345) 220-4401/3 Telefax: (0345) 220-5190	AG Eisleben AG Halle-Saalkreis AG Hettstedt AG Merseburg AG Naumburg AG Nebra AG Querfurt AG Sangerhausen AG Weißenfels AG Zeitz
AG Magdeburg 39110 Magdeburg Liebknechtstr. 65-91 Telefon: (0391) 60 6-6054 Telefax: (0391) 60 6 60 05	AG Aschersleben AG Halberstadt AG Haldensleben AG Magdeburg AG Oschersleben AG Quedlinburg AG Schönebeck AG Staßfurt AG Wansleben AG Wernigerode AG Wolmirstedt
AG Stendal 39576 Stendal Scharnhorststraße 14 39555 Postfach 161 Telefon: (03931) 58-2028 Telefax: (03931) 58-2000	AG Burg AG Gardelegen AG Genthin AG Havelberg AG Klötze AG Osterburg AG Salzwedel AG Stendal

Gesamtvollstreckungsgericht	Zuständigkeitsbereich
IV. Sachsen	
AG Chemnitz 09130 Chemnitz Fürstenstr. 21 09005 Postfach 524 Telefon: (0371) 45 3-10 40 Telefax: (0371) 45 3-10 73	AG Annaberg AG Aue AG Auerbach AG Chemnitz AG Freiberg AG Hainichen AG Hohenstein-Ernstthal AG Marienberg AG Plauen AG Stollberg AG Zwickau
AG Dresden 01099 Dresden Königsbrücker Straße 68 Telefon: (0351) 446-3687, 3688 Telefax: (0351) 446-3699	AG Bautzen AG Dippoldiswalde AG Dresden AG Görlitz AG Hoyerswerda AG Kamenz AG Löbau AG Meißen AG Pirna AG Riesa AG Weißwasser AG Zittau
AG Leipzig 04177 Leipzig Angerstr. 40-44 Telefon: (0341) 49 40-136, 150 Telefax: (0341) 49 40-127	AG Borna AG Döbeln AG Eilenburg AG Grimma AG Leipzig AG Oschatz AG Torgau

Gesamtvollstreckungsgericht	**Zuständigkeitsbereich**

V. Thüringen

Gesamtvollstreckungsgericht	Zuständigkeitsbereich
AG Erfurt 99084 Erfurt Am Johannistor 23 Telefon: (0361) 5601-126, 129, 249 Telefax: (0361) 5601-444	AG Apolda AG Arnstadt AG Artern AG Erfurt AG Gotha AG Sömmerda AG Weimar
AG Gera 07545 Gera Amthorstraße 11 Telefon: (0365) 833 7100 Telefax: (0365) 833 7129	AG Altenburg AG Gera AG Greiz AG Jena AG Lobenstein AG Pößneck AG Rudolstadt AG Saalfeld AG Stadtroda
AG Meiningen 98617 Meiningen Friedensiedlung 9 98603 Postfach 101 Telefon: (03693) 462-512 Telefax: (03693) 462-521	AG Bad Salzungen AG Hilburghausen AG Ilmenau AG Meiningen AG Schmalkalden AG Sonneberg AG Suhl
AG Mühlhausen 99974 Mühlhausen Untermarkt 17 Telefon: (03601) 49 94-46 Telefax: (03601) 49 94 44	AG Bad Langensalza AG Eisenach AG Heiligenstadt AG Mühlhausen AG Nordhausen AG Sondershausen AG Worbis

2. Amtsgerichte und die für sie zuständigen Gesamtvollstreckungsgerichte

Amtsgerichte	Gesamtvollstreckungsgerichte
Altenburg	AG Gera
Altentreptow	AG Neubrandenburg
Anklam	AG Stralsund
Annaberg	AG Chemnitz
Apolda	AG Erfurt
Arnstadt	AG Erfurt
Artern	AG Erfurt
Aschersleben	AG Magdeburg
Aue	AG Chemnitz
Auerbach	AG Chemnitz
Bad Doberan	AG Rostock
Bad Freienwalde	AG Frankfurt (Oder)
Bad Langensalza	AG Mühlhausen
Bad Liebenwerda	AG Cottbus
Bad Salzungen	AG Meiningen
Bautzen	AG Dresden
Bergen	AG Stralsund
Bernau	AG Frankfurt (Oder)
Bernburg	AG Dessau
Bitterfeld	AG Dessau
Borna	AG Leipzig
Brandenburg	AG Potsdam
Burg	AG Stendal
Bützow	AG Rostock
Chemnitz	AG Chemnitz
Cottbus	AG Cottbus
Demmin	AG Neubrandenburg
Dessau	AG Dessau
Dippoldiswalde	AG Dresden
Döbeln	AG Leipzig
Dresden	AG Dresden
Eberswalde	AG Frankfurt (Oder)
Eilenburg	AG Leipzig
Eisenach	AG Mühlhausen
Eisenhüttenstadt	AG Frankfurt (Oder)
Eisleben	AG Halle-Saalkreis
Erfurt	AG Erfurt
Frankfurt (Oder)	AG Frankfurt (Oder)
Freiberg	AG Chemnitz

Fürstenwalde	AG Frankfurt (Oder)
Gadebusch	AG Schwerin
Gardelegen	AG Stendal
Genthin	AG Stendal
Gera	AG Gera
Görlitz	AG Dresden
Gotha	AG Erfurt
Greifswald	AG Stralsund
Greiz	AG Gera
Grevesmühlen	AG Schwerin
Grimma	AG Leipzig
Grimmen	AG Stralsund
Guben	AG Cottbus
Güstrow	AG Rostock
Hagenow	AG Schwerin
Hainichen	AG Chemnitz
Halberstadt	AG Magdeburg
Haldensleben	AG Magdeburg
Halle-Saalkreis	AG Halle-Saalkreis
Havelberg	AG Stendal
Heiligenstadt	AG Mühlhausen
Hettstedt	AG Halle-Saalkreis
Hilburghausen	AG Meiningen
Hohenstein-Ernstthal	AG Chemnitz
Hoyerswerda	AG Dresden
Ilmenau	AG Meiningen
Jena	AG Gera
Kamenz	AG Dresden
Klötze	AG Stendal
Königs Wusterhausen	AG Potsdam
Köthen	AG Dessau
Leipzig	AG Leipzig
Löbau	AG Dresden
Lobenstein	AG Gera
Lübben	AG Cottbus
Luckenwalde	AG Potsdam
Ludwigslust	AG Schwerin
Lübz	AG Schwerin
Magdeburg	AG Magdeburg
Malchin	AG Neubrandenburg
Marienberg	AG Chemnitz
Meiningen	AG Meiningen
Meißen	AG Dresden
Merseburg	AG Halle-Saalkreis
Mühlhausen	AG Mühlhausen

Nauen	AG Potsdam
Naumburg	AG Halle-Saalkreis
Nebra	AG Halle-Saalkreis
Neubrandenburg	AG Neubrandenburg
Neuruppin	AG Neuruppin
Neustrelitz	AG Neubrandenburg
Nordhausen	AG Mühlhausen
Oranienburg	AG Neuruppin
Oschatz	AG Leipzig
Oschersleben	AG Magdeburg
Osterburg	AG Stendal
Parchim	AG Schwerin
Pasewalk	AG Neubrandenburg
Pirna	AG Dresden
Plauen	AG Chemnitz
Pößneck	AG Gera
Potsdam	AG Potsdam
Prenzlau	AG Neuruppin
Quedlinburg	AG Magdeburg
Querfurt	AG Halle-Saalkreis
Rathenow	AG Potsdam
Ribnitz-Damgarten	AG Stralsund
Riesa	AG Dresden
Röbel	AG Neubrandenburg
Rostock	AG Rostock
Rudolstadt	AG Gera
Saalfeld	AG Gera
Salzwedel	AG Stendal
Sangerhausen	AG Halle-Saalkreis
Schmalkalden	AG Meiningen
Schönebeck	AG Magdeburg
Schwedt	AG Frankfurt (Oder)
Schwerin	AG Schwerin
Senftenberg	AG Cottbus
Sömmerda	AG Erfurt
Sondershausen	AG Mühlhausen
Sonneberg	AG Meiningen
Stadtroda	AG Gera
Staßfurt	AG Magdeburg
Stendal	AG Stendal
Sternberg	AG Schwerin
Stollberg	AG Chemnitz
Stralsund	AG Stralsund
Strasburg	AG Neubrandenburg
Strausberg	AG Frankfurt (Oder)

Suhl	AG Meiningen
Teterow	AG Rostock
Torgau	AG Leipzig
Ueckermünde	AG Neubrandenburg
Wansleben	AG Magdeburg
Waren	AG Neubrandenburg
Weimar	AG Erfurt
Weißenfels	AG Halle-Saalkreis
Weißwasser	AG Dresden
Wernigerode	AG Magdeburg
Wismar	AG Schwerin
Wittenberg	AG Dessau
Wolgast	AG Stralsund
Wolmirstedt	AG Magdeburg
Worbis	AG Mühlhausen
Zehdenick	AG Neuruppin
Zeitz	AG Halle-Saalkreis
Zerbst	AG Dessau
Zittau	AG Dresden
Zossen	AG Potsdam
Zwickau	AG Chemnitz

Stichwortverzeichnis

Die fetten Zahlen beziehen sich auf die Paragraphen, die mageren auf die Randnummern.

Jesch / Ley / Racky / Winterstein / Kuhn

Kommentar zum Investitionsvorranggesetz

2., neubearbeitete und erweiterte Auflage

Von

Dr. Volkmar Jesch, Rechtsanwalt in Dresden,
Nikolaus Ley, Rechtsanwalt und Notar in Berlin,
Klaus Racky, Rechtsanwalt in Berlin,
Ingo Winterstein, Rechtsanwalt in Frankfurt am Main,
Bernhard Kuhn, Rechtsanwalt in Dresden.

(Sammlung Guttentag)

20,5 x 14,5 cm. X, 639 Seiten. 1996. Gebunden. ISBN 3 11 014351 8

Sind auf ein Grundstück oder Unternehmen in den neuen Bundesländern Rückübertragungsansprüche angemeldet, darf bis zum Abschluß des Rückübertragungsverfahrens über diese Vermögenswerte nicht verfügt werden. Das Investitionsvorranggesetz (InVorG) vom 14. Juli 1992 bildet das Gegengewicht zu dem Verfügungsverbot, indem es nach Prüfung im Einzelfall eine behördliche Aufhebung des Verbots vorsieht. Voraussetzung hierfür ist die Verpflichtung eines Investors zur Durchführung investiver Maßnahmen für den betroffenen Vermögenswert. Mit dem InVorG ist es dem Gesetzgeber gelungen, die schon vorher gesetzlich formulierte Leitidee des Investitionsvorrangs durch ein System von Verfahrens- und Folgenregelungen abzurunden und so das Risiko für alle Beteiligten kalkulierbarer zu machen. Dreieinhalb Jahre nach seinem Inkrafttreten hat sich das InVorG trotz Schwächen in Einzelbereichen bewährt. Die Bundesregierung hat durch Rechtsverordnung vom 8. Dezember 1995 geregelt, daß Verfahren nach dem InVorG über 1995 hinaus bis zum 31. Dezember 1998 eingeleitet werden können. Die Durchführung dieser Verfahren wird Berater, Behörden und Gerichte noch weit über diesen Zeitpunkt hinaus beschäftigen.

Zweieinhalb Jahre nach Abschluß des Manuskripts der Erstauflage verarbeiten die Autoren in der vollständig überarbeiteten Neuauflage sowohl die große Anzahl von zwischenzeitlich ergangenen Gerichtsentscheidungen, als auch die Stimmen vieler engagierter Autoren. Aus ihrer Beratungspraxis haben die Autoren Anregungen und Fragestellungen aufgegriffen, die bisher weder in der Rechtsprechung noch im Schrifttum hinreichend behandelt, geschweige denn geklärt worden sind. Die zweite Auflage bringt den Kommentar auf den Stand vom 15. September 1995. Zum Teil konnten auch noch spätere Informationen verwertet werden.